国家社会科学基金一般项目(批准号:13BTQ034)

西夏遗民文献整理与研究

张琰玲 编著

凤凰出版社

图书在版编目（CIP）数据

西夏遗民文献整理与研究 / 张琰玲编著. -- 南京 : 凤凰出版社, 2019.11
ISBN 978-7-5506-3036-9

Ⅰ. ①西… Ⅱ. ①张… Ⅲ. ①西夏－文献－研究 Ⅳ. ①K246.306

中国版本图书馆CIP数据核字(2019)第227655号

书　　名	西夏遗民文献整理与研究
编　　著	张琰玲
责任编辑	陈晓清
出版发行	凤凰出版社(原江苏古籍出版社) 发行部电话025-83223462
出版社地址	南京市中央路165号,邮编:210009
出版社网址	http://www.fhcbs.com
照　　排	南京凯建图文制作有限公司
印　　刷	扬州皓宇图文印刷有限公司 扬州市食品工业园连心路68号,邮编:225002
开　　本	718×1005毫米　1/16
印　　张	34.5
字　　数	638千字
版　　次	2019年11月第1版　2019年11月第1次印刷
标准书号	ISBN 978-7-5506-3036-9
定　　价	128.00元 (本书凡印装错误可向承印厂调换,电话:0514-87825262)

目　录

编写说明

1. 文献收录时代，上限始于元太祖成吉思汗建立蒙古帝国(1206 年)，下限止于明弘治十五年(1502)。

2. 文献来源，主要依据元、明、清史籍，文集，方志，家谱，考古资料，金石碑刻，田野调查，以及当代史学研究著述等。凡各种文献所见西夏遗民信息无论字数多少都予以收录，且同一家族人物文献集中在一起，便于检索和研究使用。

3. 文献出处，另起一行，标注在文献之后。

4. 文献编排顺序：第一，《元史》、《新元史》有传的人物史料为一组，排列顺序以《元史》为主，《元史》无传的，辅以《新元史》，散见史料补充在个人条目下；第二，散见于其他各种文献的西夏遗民史料，有确切纪年的为一组，按时间先后编排，无时间记载的文献为一组；第三，《〈述善集〉校注》所涉及的西夏遗民文献为一组；第四，待考人物文献为一组。

5. 人物小传：第一，家族人物小传以功绩卓著的长辈为主；第二，单个西夏遗民，其史料比较丰富的有小传；第三，文献本身就是个人简介，或者信息量小的，无小传。

6. 人物世系表，只列世系、姓名，女性配偶附男性之后；子女有姓名的，冠以姓名，无姓名的，冠以×××子(女)，或×××孙(孙女)。

7. 研究篇，收录了课题组成员有关西夏遗民问题研究论文数篇。

8. 整理篇引用文献目录，依据整理篇文献的先后顺序，并按时代先后编排。

9. 国内外西夏遗民研究著述目录，按文献发表的年代编排。

编写说明

1．[illegible]

2．[illegible]

3．[illegible]

4．[illegible]

5．[illegible]

[illegible]

绪　论

西夏是11—13世纪党项以今宁夏地区为主体建立的少数民族地方割据政权，存续190年，经历十帝，先后与宋、辽、金对峙，对当时及后世产生了深远影响。学界一般将西夏灭亡后原居住、生活在其境内的各民族统称为西夏遗民，元代又将西夏称为"唐兀"，既指西夏的党项族，又包括西夏的汉族、吐蕃、回鹘、沙陀各族。公元1227年，元灭西夏后，大部分普通西夏遗民留在了故土[①]，他们的个人信息无史料记载。但那些有迹可寻的西夏遗民，在元朝的政治、军事、经济、文化、宗教各种机构担任要职，作出许多建树，为巩固元王朝政权作出很大贡献。[②] 本书以前人研究为基础，对男性西夏遗民信息进行了梳理与补充，同时，对女性西夏遗民信息也进行了检索，共检出女性西夏遗民298名，嫁入西夏家族的女性154人，其中有姓氏者145人，有名字者9人。西夏族生女144人中有明确婚姻记载的生女66人，未婚的74人，早卒的4人。对西夏遗民人物的信息整理，初步勾勒出了元代西夏遗民家族的人物关系与发展变化，尤其是通过对女性西夏遗民的探讨，基本能够反映出元代女性西夏遗民的社会地位、社会关系等，揭示了民族融合的有关情况。

在研究西夏遗民问题上，一个极其重要的研究线索就是西夏遗民文献，学界对西夏遗民文献早有研究，但是研究还有许多空白之处。科学研究的目的就是不断总结前人的成果并推陈出新，有所突破。西夏遗民文献散见于元明清典籍中，这些文献能够从一个侧面反映西夏遗民不同历史时期与其所处时代、民族的密切关系，以及与其他民族融合发展的轨迹。如何对史书，元、明、清文集，方志，家谱，金石碑刻，考古资料，田野调查资料，以及当代研究著述中所涉及的西夏遗民文献进行系统整理，科学分类，为西夏遗民研究提供一份比较翔实的史料，是

---

① 元代的西夏遗民主要居住在西夏故地，除原居的回鹘人外，这一地区从元代起开始大量迁入汉人、蒙古人，还从中亚迁来伊斯兰教徒（白滨：《西夏遗民述论》，《民大史学》（第2辑），民族出版社，1997年，第52页）。在西夏故地设甘肃等处行中书省，下辖七路，即甘州路、永昌路、肃州路、沙洲路、亦集乃路、宁夏府路和兀剌海路等，后又专设西夏中兴等路行尚书省，任用原西夏贵族直接掌管西夏故地事务，还设立由原西夏军官世家子弟组成的唐兀侍卫军（胡玉冰：《传统典籍中汉文西夏文献研究》，中国社会科学出版社，2007年，第177页）。

② 白滨：《西夏遗民述论》，《民大史学》（第2辑），民族出版社，1997年，第52页。

本书研究的重点。

西夏的兴起与衰亡是构成中古世纪中国历史不可或缺的一环，以西夏王朝的创建者党项羌为核心的西夏境内各民族是构成中华民族的一分子，探究他们的繁衍和发展，不仅对深入研究中华民族多元一体格局的形成具有不可替代的典型意义，而且可以帮助我们了解历史时期我国少数民族发展、演变及民族融合的历程，深化对当代我国民族由来及民族关系、民族发展等相关问题的认识，进而为今日民族政策与民族地区的发展提供有益的借鉴。西夏遗民研究是西夏研究领域中一个极其重要的课题，也是解开西夏遗民消亡的重大历史之谜的钥匙。清末民初，学界开始对西夏遗民问题进行研究。屠寄的《蒙兀儿史记》和柯绍忞的《新元史・氏族表》均专列唐兀氏，王桐龄的《中国民族史》上编"内延史部"通过对中国各民族之间的杂居、通婚、收养、改姓、语言、风俗等方面的分析与研究，揭示出中华民族对内融合的相关史实，其中涉及元代西夏遗民 60 余人。陈垣的《元西域人华化考》从儒学、佛道两教、文学、美术、礼俗等方面论证了 132 位西域人华化的具体事例，其中出仕元朝的唐兀人有 9 位。1882 年和 1931 年，英国人巴贝尔与渥尔芬登分别对生活在甘、青、川交界地带的木雅人进行了调查。前者误将藏语的安多方言当成弭药语，后者误认嘉戎语为西夏语。① 1933 年，王静如先生发表的《论四川羌语及弭药语与西夏语》(《西夏研究》第 2 辑，国立中央研究院历史语言研究所单刊甲种之 11)一文对这一错误进行了纠正。1944 年，四川大学邓少琴教授利用在木雅地区实地调查时所收集的资料写成《西康木雅乡西吴王考》(南京中国学典印馆，1945 年)一书，首次提出木雅人为西夏遗民的观点，得到吴天墀等人的支持。② 卜平《西夏遗民调查结束：获得丰富原始资料》(《宁夏社会科学》〔试刊号〕1981 年)，李范文《西夏遗民调查记》(《宁夏社会科学》1981 年第 1 期)，上官剑壁《四川的木雅人与西夏》(《宁夏社会科学》1994 年第 3 期)，周群华《党项、"弭药"与四川西夏遗民》(《宁夏社会科学》1993 年第 4 期)，黄颢《藏文史书中的弭药》(《青海民族学院学报》1985 年第 4 期)及《二十世纪国内藏学界有关西夏研究》(杜建录《二十世纪西夏学》，宁夏人民出版社，2004 年)，聂鸿音《勒尼——一种未知的古代藏缅语》(《宁夏大学学报》1996 年第 5 期)，卢梅、聂鸿音《藏文史料中的木雅诸王考》(《民族研究》1996 年第 5 期)，池田功《木雅语语音结构的几个问题》(《内陆ァジァ言语の研究》第 13 号，1998 年)，黄振华《西夏龙(洛)族试考——兼谈西夏遗民南迁及其他》(《中国藏学》1998 年第 4 期)，桑珠《西夏王族迁入西藏时间献疑》(《甘肃民族研究》1986 年第 4 期)，石泰安著、耿昇译《西藏的文明》(中国藏学出版社，1999 年)，牛达生《西藏的西夏遗民》(《宁夏日

---

① 杜建录：《二十世纪西夏学》，宁夏人民出版社，2004 年，第 225 页。

② 吴天墀：《西夏史稿》，四川人民出版社，1982 年，第 136 页。

报,1999 年 8 月 13 日》),王宏伟、鲁正华《尼泊尔民族志》(中国藏学出版社,1989 年)等著述分别介绍了木雅人的来源、西藏与尼泊尔境内的西夏遗民迁徙与分布情况。1950 年,日本学者佐口透《蒙古帝国时期的唐古特》(《史学杂志》第 59 编 12 号);1963 年,札奇斯钦《元史中的唐古——唐兀惕》(《中国边政》第 12 卷第 3 期);1965 年,苏联西夏学专家克恰诺夫《论成吉思汗入侵西夏人的历史命运》(《亚洲民族研究所简报》第 76 期)等文章也对西夏遗民问题有所探讨。

1962 年,河北省保定市韩庄发现了两座记载西夏遗民内容的明代西夏文石幢,涉及建幢者、寺院住持、书手、死僧、西夏供养人等多种身份的姓名 80 多个。这两座石幢的发现,将西夏文的使用下限延至明代中叶。1984 年,保定市颉庄村附近发现《大元敕赐故顺天路达鲁花赤河西老索神道碑铭》,记载了老索家族四代人从元太祖至元末的主要事迹。郑绍宗、王静如《保定出土明代西夏文石幢》(《考古学报》1977 年第 1 期),史金波、白滨《明代西夏文经卷和石幢初探》(《考古学报》1977 年第 1 期)与《明代西夏文经卷和石幢再探》(白滨编《西夏史论文集》,宁夏人民出版社,1984 年),李范文《关于明代西夏文经卷的年代和石幢的名称问题》(《考古》1979 年第 5 期),周圣国《保定西夏人探源——从西夏文经幢、老索神道看保定西夏人》(《文物春秋》1995 年第 3 期),彭向前《西夏遗民初到保定时间考》(《保定学院学报》2008 年第 1 期),梁松涛《〈河西老索神道碑铭〉考释》(《民族研究》2007 年第 2 期)等文章分别围绕出土碑文对河北西夏遗民进行了研究。邓文韬《元代西夏遗民讷怀事迹补考》(《西夏研究》2013 年第 3 期)搜集相关文献中有关讷怀的史料并进行比对研究,认为刘岳申《瑞芝堂记》所记河南参政张讷与老索曾孙讷怀为同一人。孙继民《元代西夏遗民踪迹的新发现——元〈重修鹿泉神应庙碑〉考释》(《宁夏社会科学》2011 年第 2 期)对河北鹿泉留存的元代《重修鹿泉神应庙碑》题记进行了考释,依据"□书省委官□本县驿唐兀氏文舜卿"等信息认为获鹿县也有一支西夏遗民存在,或者至少在这一带进行驿站管理等活动。

1976 年,白滨、史金波两位先生对酒泉市文化馆珍藏的两块石碑碑文进行了研究,发表《大元肃州路也可达鲁花赤世袭之碑考释——论元代党项人在河西的活动》一文(《民族研究》1979 年第 1 期),首次公布了《大元肃州路也可达鲁花赤世袭之碑》,引起学界重视并开唐兀昔李钤部家族研究之端。1990 年,河北省大名县出土元代唐兀人李爱鲁墓碑。2013 年,大名县又出土一方夏汉文合璧的"宣差大名路达鲁花赤小李钤部公墓志"。围绕已知文献和墓碑所涉及的相关问题,汤开建《〈大元肃州路也可达鲁花赤世袭之碑〉补释》(《中国史研究》1983 年第 4 期),朱建路、刘佳《〈元代唐兀人李爱鲁墓志〉考释》(《民族研究》2012 年第 3 期),赵生泉《〈元代唐兀人李爱鲁墓志考释〉补正》(《宁夏社会科学》2015 年第 4 期),朱建路《〈元代唐兀人李爱鲁墓志〉释补》(《宁夏社会科学》2015 年第 4 期),刘广瑞、朱建路《大名新出夏汉文合璧墓志铭的价值和意义》(《光明日报》2014年5月21日),刘广瑞《河北新出西夏文墓志铭简释》(《西夏研究》2014年第3期),朱建路《元代〈宣差大名路达鲁花赤小李钤部公墓志〉考释》(《民族研究》2014年第6期),史金波《河北邯郸大名出土小李钤部公墓志刍议》(《河北学刊》2014年第4期),王颋《元代大名路达鲁花赤唐兀人昔李氏世系考》(《北方民族大学学报》2009年第1期),敖特根《西夏沙州守将昔里钤部》(《敦煌学辑刊》2004年第1期),李正宇《以千骑降夏的瓜州王是谁?》(《敦煌研究》1991年第2期),邓如萍《昔里钤部及沙陀后裔的神话:宗谱的忧虑与元代家族史》(《西夏研究》2015年第4期)等文章对昔里钤部家族碑文、家族姓氏、族源、世系、文化等诸多方面进行了详尽探讨。昔李氏先祖出仕西夏,1226年降元,其家族由此直至元末世袭大名路达鲁花赤与肃州达鲁花赤,长期活跃在元代军政舞台之上。对于这一家族的研究,从一个侧面揭示了作为西夏遗民的昔李氏家族进入元代上层社会后的地位、作用、民族融合等重要问题,另一方面也反映出其两大去向:一支迁往河北大名繁衍生息,一支留在西夏故地肃州定居生活。

1981年,史金波、吴峰云前往安徽省合肥市,对元代唐兀人余阙的后裔进行调查。据相关史料记载,余阙祖籍河西武威,其父沙剌臧卜到庐州做官,遂为庐州人。在调查中,他们不但根据《庐州府志》提供的线索找到了余阙的后人余章元、余国铨,而且还在合肥市小南门外的二里桥和桐城洪涛山分别发现了《余氏宗谱》与《洪涛山余氏宗谱》。结合这次调查结果,史金波、吴峰云先后撰写《党项人余阙及其后裔调查记》(《民族研究通讯》1981年第3期)、《西夏后裔在安徽》(《安徽大学学报》1983年第1期)等文章,系统论述了落籍安徽的余阙及其后裔的家族来源与历史变迁。李绍明《对蒙古族之西昌〈余氏族谱〉考辨》(《四川文物》1988年第4期)一文依据西昌礼州《余氏族谱》、合江焦滩《余氏族谱》和犍为余氏《蒙族源流》,对余氏的族源问题作了考辨。韩志远《朱元璋与安庆余阙接壤说质疑》(《社会科学战线》1987年第2期),张积礼《略论余阙》(《兰州大学学报》1988年第1期),邱强《余阙在婺州的文化活动考略》(《民族文学研究》2008年第1期)等文章都从不同侧面对余阙进行了研究。马明达《也谈安徽的西夏后裔》(《宁夏社会科学》1984年第4期)认为从《元史》中可以找到安徽西夏人后裔的来源,除余阙一族移居安徽外,还有王姓家族,即西夏后裔王翰。据此,马明达撰写《元末西夏人那木翰事迹考述》(《西北民族研究》1991年第2期)一文,对王翰生平及其在潮州的活动作了详尽探讨。还有,李佩伦《论元代宁夏诗人王翰》(《宁夏社会科学》1993年第4期),殷晓燕《论党项羌人王翰及其诗歌创作》(《中央民族大学学报》2007年第2期),王忠阁《王翰的诗与元明之际的社会变迁》(《宁夏社会科学》2008年第6期),袁宗刚《望国孤忠徒自愤,持身直道更何求——王翰遗民心态初探》

(《重庆师范大学学报》2013 年第 6 期)等文章对王翰及其诗歌、遗民心态作了分析。

1983 年,河南省濮阳市城东柳屯乡杨十八郎村的重要文物"大元赠敦武校尉军民万府百夫长唐兀公碑"与唐兀氏祖茔公之于世,是证明杨十八郎村杨氏为党项族后裔的主要物证。此碑为元顺帝至正十六年(1356)立石,碑文记载杨崇喜家族人物共五代 92 人,其中男性 45 人,女性 47 人。唐兀氏祖籍武威,世居宁夏路贺兰山。曾祖唐兀台,归元后随皇子南征,担任弹压之职。祖父闾马居于开州濮阳,为蒙古侍卫亲军百夫长,赠敦武校尉。父达海,左翊蒙古侍卫百户长、忠显校尉。崇喜,国子上舍生,左翊蒙古侍卫百户,重儒教,立乡约,做慈善,兴学校。根据唐兀公碑所提供的线索,任崇岳、穆朝庆两位先生前往濮阳考察党项后裔,查访到杨氏家族族谱及记载杨氏事迹的书籍——《述善集》。经过分析该书所记与唐兀碑铭信息相互印证,得知现今居住在濮阳市柳屯乡十余个自然村里的西夏遗民共有 3500 多人。随后,任崇岳、穆朝庆《略谈河南省的西夏遗民》(《宁夏社会科学》1986 年第 2 期)及《〈大元赠敦武校尉军民万户府百夫长唐兀公碑铭〉笺注》(《宁夏社会科学》1987 年第 1 期),桑朝凤、郭用和《唐兀公碑》(《甘肃民族研究》1986 年第 4 期),罗矛昆、许生根《河南省濮阳地区西夏遗民调查》(《宁夏社会科学通讯》1987 年第 3 期),张德萱、张相梅《元代盝顶式建筑模型——〈唐兀公碑〉》(《中原文物》1992 年第 1 期)及《河南濮阳元代唐兀公碑》(《中原文物》1996 年第 3 期),焦进文《濮阳县发现元代乡规民约》(《中国文化报》1993 年 12 月 15 日),焦进文、张唤书《〈龙祠乡约〉——中原地区最早的乡规民约》(载《龙乡寻根》河南教育出版社 1996 年)等文章对《唐兀公碑》与《述善集》作了介绍与初步研究。20 世纪 90 年代,学界围绕《述善集》形成了研究高潮。1997 年 4 月和 1999 年 4 月,濮阳市两次召开"唐兀氏家乘及《述善集》学术研讨会",对《述善集》、《唐兀公碑》与濮阳西夏遗民历史文化进行了比较全面的探讨,相关成果集中收录于 2001 年结集出版的《〈述善集〉研究论集》一书之中。杨富学、焦进文《元代西夏遗民文献〈述善集〉校注》(甘肃人民出版社 2001 年)对《述善集》进行了点校与汻释,同时以附录形式收入了多篇杨氏家谱资料和与《述善集》相关的历代乡约,为元代濮阳西夏遗民研究提供了丰富而珍贵的资料。近年以来,学界围绕《述善集》相关史料,探讨了宋元理学对濮阳西夏遗民的影响、元末西夏遗民的乡村建设、河南濮阳西夏遗民的家族文化等深层次问题。[①] 另外,任崇岳《浚州达鲁花赤

---

① 胡若飞:《从〈述善集〉匾额看河南濮阳西夏遗民的家族文化》,《西夏研究》2010 年第 4 期。黄顺义:《蒙元西夏遗民唐兀崇喜及其家族历史文化变迁散论》,郑州大学硕士论文,2011 年。王君、杨富学:《〈龙祠乡约〉所见元末西夏遗民的乡村建设》,《宁夏社会科学》2013 年第 1 期。杨富学、胡蓉:《从〈述善集〉看宋元理学对濮阳西夏遗民的影响》,《西北师大学报》2017 年第 4 期,马晓英:《元代儒学的民间化俗实践——以〈述善集〉和〈龙祠乡约〉为中心》,《哲学动态》2017 年第 12 期。

追封魏郡伯墓碑考释》(《宁夏社会科学》1995 年第 2 期)一文依据 1974 年在河南省浚县发掘出土的《中义大夫汉阳府墓志》,分析认为汉阳知府哈剌哈孙是曾任浚州达鲁花赤的西夏遗民述哥察儿之子,证明浚县有一支西夏遗民后代。王俊伟、周峰《元代新安县的西夏遗民》(《薪火相传——史金波先生 70 寿辰西夏学国际学术研讨会论文集》,中国社会科学出版社,2012 年)和王泽《论西夏党项遗裔进入中原的时间》(《河南社会科学》2012 年第 11 期)等文都是对河南西夏遗民的研究。

1994—1995 年,陕西省西安市先后发现 10 部西夏李氏世谱,分别为《湟郡李氏家谱》、《李氏家谱》、《李氏家乘》、《李氏历代世系图》、《海东李氏家谱》、《海东李氏家乘》、《李氏世系表》、《西夏李氏世谱》、《鲜卑族源流通考》、《李氏世谱》。李培业撰文《西夏皇族后裔考》(《西北大学学报》1995 年第 3 期)和《西夏皇族后裔再考》(《西羌文化》1997 年第 1 期),指出青海李土司"为西夏国主后裔",至今已发展到 10 余万人,此说引起学界激烈争论。李范文《西夏皇裔调查纪实》(《丝绸之路》1995 年第 2 期,《宁夏文史》1995 年第 11 辑),熊西平《揭开西夏王室失踪之谜》(《陕西档案》1995 年第 6 期)支持该观点,而史金波、白滨、聂鸿音《西夏后裔考论》(载《辽金西夏史研究》,天津古籍出版社,1997 年),白滨《寻找被遗忘的王朝》(山东画报出版社,1997 年)在肯定这些文献价值的同时,对所谓"皇族世谱"观点进行了考驳。学界认为西夏李氏世谱尽管有诸多不实之处,但其所收资料极为丰富与珍贵,需要进一步以科学态度认真鉴别、整理与研究。此外,王继光《跋〈李南哥墓志〉》(《青海社会科学》1994 年第 3 期)认为李南哥先世居于西夏,其家族很可能是党项人。

现居住昆明的斡氏后裔朵舜年撰文《西夏宰相斡道冲及其子孙的足迹》(《宁夏社会科学》2000 年第 4 期),对其祖辈及后裔作了详尽介绍,指出斡道冲的后裔自朵儿赤开始改为朵姓,史籍中曾将"朵"写作"多"、"窝"。据不完全统计,斡道冲的后裔迄今已繁衍至 24 代,总人数达到数千,主要散居在云南省昆明、禄劝、武定、大理、丽江、玉溪、东川、昭通等市县和北京、上海、四川等地。李范文《国内首次发现西夏国相斡道冲的家谱和后裔》(《银川晚报》2001 年 11 月 15 日)及李范文、杨慎德《寻访西夏国相斡道冲的后裔》(《宁夏画报》2002 年 2 月 20 日)两篇文章,对云南境内的西夏遗民斡氏家族作了介绍与宣传。魏淑霞《元代的西夏遗民——斡氏家族》(《西北第二民族学院学报》2008 年第 2 期)不仅对元代西夏遗民的相关情况作了梳理,而且重点研究了斡氏家族的事迹及其家族发展变化的轨迹。

此外,孟楠《略论元代的察罕及其家族》(《内蒙古大学学报》2003 年第 3 期),陆宁《唐兀人察罕家族研究》(《宁夏大学学报》2007 年第 6 期)对蒙元时期察罕一族五代一百多年间的政治生活与婚姻关系作了梳理研究。徐悦《蒙元时期西夏遗民高氏及其后裔》(《宁夏大学学报》2008 年第 3 期),陈广恩《元唐兀高氏家族考略》(《元史及民族与边疆研究集刊》第 22 集,2010 年),马云《浅谈西夏后裔高智耀和察罕家族的汉化及成因》(山东大学 2011 年硕士论文),刘晓《高智耀卒年考证产生的相关问题——兼与赵华富诸先生商榷》(《隋唐辽宋金元史论丛》,上海古籍出版社 2012 年)等文章对西夏遗民高氏一族进行了研究,有学者怀疑高氏家族疑为蕃化汉人。王颋《元唐兀人刘伯温的家世与仕履》(《西北第二民族学院学报》2008 年第 6 期)详细探究了唐兀人刘伯温的生平仕履,揭示了刘氏的仕宦生涯由武到文的发展变化。周峰《元代西夏遗民杨朵儿只父子事迹考述》(《民族研究》2014 年第 3 期)以北京市石景山区文物管理所收藏的元代杨朵儿只墓碑为主,不仅对杨朵儿只及其子杨文书讷的生平事迹作了梳理研究,而且介绍了北京市朝阳区王四营乡南豆各庄村发现的元代西夏遗民宣政院判官耿完者秃墓碑、北京市房山区史家营镇曹家房村瑞云寺遗址出土的《故大行禅师通圆懿公功德碑》、曲阜孔庙内所立《至正七年唐兀氏大都子敬题名碣》的相关内容,揭示了元代大都和曲阜地区的西夏遗民信息。此外,周峰还首次对山东巨野县西夏遗民秃满台家族世系与秃满台仕履作了考释,同时对居于河北的元代西夏遗民买住的两通德政碑作了探究,研究了其到浙江松阳履职的政绩。[①] 邱树森、陈广恩《元唐兀人星吉生平考论》(《西夏研究》2013 年第 1 期)对星吉的一生作了考察研究,其家族五代仕元,星吉本人历官江南行台御史大夫,湖广、江西行省平章政事,参与镇压红巾军起义。星吉深受儒家思想熏陶,忠君爱国,最后以死殉国。据《大明一统志》卷一《京师》记载,星吉之子入明后归葬其父于顺天府西北玉河乡,说明星吉家族已定居北京。20 世纪七八十年代以来,新闻界和部分学者还认为定居西藏的夏尔巴人和宁夏中卫市长滩村拓姓皆为西夏后裔。由于这两种说法目前均未见到任何有力证据,只能存疑。

学界对西夏遗民史料进行了更为深入、广泛的整理与研究。1983 年,韩荫晟《党项与西夏资料汇编》上卷第一、二册由宁夏人民出版社出版;2000 年,全 9 册、4 卷、550 万字的巨著出齐。韩先生首次对西夏遗民资料进行了搜集整理与研究,为学界提供了一份较为全面的西夏遗民史料汇编。汤开建《元代西夏人物表》(《甘肃民族研究》1986 年第 1 期)及《续表》(载《暨南史学》第 2 辑,暨南大学出版社,2003 年)、《元代西夏人的政治地位》(《甘肃民族研究》1987 年第 1、2 期合刊)、《元代西夏人的历史贡献》(《青海社会研究》1987 年第 6 期)等文章利用元

---

① 周峰:《元代西夏遗民秃满台家族考》,《薪火相传——史金波先生 70 寿辰西夏学国际学术研讨会论文集》,中国社会科学出版社,2012 年,第 119—128 页。周峰:《元代西夏遗民买住的两通德政碑》,《西夏学》第十一辑,上海古籍出版社,2015 年,第 252—256 页。

明史籍、文集等资料，对元代西夏遗民的人物信息进行了辑录介绍，并对其相关活动与事迹进行了系统研究。张琰玲、孙颖慧《元代西夏女性遗民人物史料整理与研究》（《图书馆理论与实践》2013年第10期），邓文韬《蒙元时期西夏遗民人物补表》（《西夏学》第十一辑，上海古籍出版社，2015年）等文也对西夏遗民人物信息作了补充整理与研究。

随着西夏遗民文物、文献的不断发现与刊布，西夏遗民研究不再仅仅局限于个案探讨，开始出现深层次阐释。白滨《元代唐兀氏与西夏遗民》一文对唐兀氏作了详细论述，明确区分了西夏、河西、唐兀氏的不同内涵。此外，俄罗斯学者克恰诺夫著、高焕之译《唐兀惕和蒙古的文化联系》（《蒙古学资料与情报》1984年第3期），史金波《蒙元时期党项上层人物的活动》（《民族史论丛》第1辑，中华书局，1987年）及《西夏的汉族和党项民族的汉化》（《中南民族大学学报》2013年第1期），李蔚《蒙元时期党项人物事迹述评》（《固原师范专科学校学报》2004年第4期），白滨《西夏遗民述论》（载《民大史学》第2辑，民族出版社，1997年），陈旭《吸收与融合——元代西夏遗民社会地位及其民族融合的历史考察》（《西北第二民族学院学报》2008年第2期），孟楠《浅析元代西夏人组成的军队》（《中央民族学院学报》1991年第3期），《元代西夏遗民婚姻研究》（《宁夏社会科学》1992年第2期）及《元代西夏遗民的迁徙及其与其他民族的融合》（《宁夏大学学报》1995年第3期），杨富学《二十世纪西夏遗民研究》（载杜建录《二十世纪西夏学》，宁夏人民出版社，2004年）与《元政府护持学校文告两件——元代西夏遗民兴学档案之一》（《档案》2001年第2期），李娜《元代江南地区西夏人的社会活动》（西北师范大学2012年硕士论文），石坤《从黑水城出土汉文文书看元亦集乃路的西夏遗民》（《敦煌学辑刊》2005年第2期），邓文韬《元代唐兀怯薛考论》（《西夏研究》2015年第2期）、《元代西夏遗民进士补考——兼论元朝对西夏遗民的文教政策》（《西夏学》第九辑，上海古籍出版社，2013年）、《元代西夏遗裔婚姻若干问题补释》（《西夏研究》2017年第4期）等文也从多个侧面探讨了西夏遗民的文化、民族融合、教育、婚姻等问题。

纵观百年西夏遗民研究，内容广泛，成果颇丰。近年来不断涌现的有关西夏遗民文物、文献的新发现，为进一步深入研究提供了第一手资料。目前，学界基本理清了西夏灭亡后西夏遗民的迁徙原因、路线、规模及其民族演变、融合历程，从而揭示出党项消亡的内在原因和中华民族多元一体格局形成的动因。

第一部分　西夏遗民文献整理篇

一、察儿皇后

察儿，又作察合，生卒年不详。西夏国主李安全之女，嫁成吉思汗，为皇后。

（1）察儿皇后　右第三斡耳朵

（明）宋濂等撰：《元史》卷一百六，第2695—2696页，中华书局，1976年。

（2）引河水灌城，堤没，水外溃，遂撤围，遣所俘太傅讹答入中兴招谕，安全纳女察合以和。

屠寄撰：《蒙兀儿史记》卷三，第45页，《元史二种》（下），上海古籍出版社，2012年。

（3）秋，复征西夏，入孛王庙。其主失相儿忽出降，献女为好。

（清）何秋涛校：《元圣武亲征录》，第169页，《四库全书存目丛书·史部第45册》，齐鲁书社，1996年。

（4）成吉思自那里征合申种，其主不儿罕降，将女子名察合的献与成吉思，说："俺听得皇帝的声名，曾怕有来。如今俺与你做右手出气力，俺本是城郭内住的百姓，若有紧急征进，卒急不能到，蒙恩赐时，将俺地面所产骆驼、毛段子、鹰鹞，常进贡皇帝。"说罢，遂将本国驼只科敛，直至赶逐不动，送将来了。

佚名撰，鲍思陶点校：《元朝秘史》卷十三，第174页，齐鲁书社，2005年。

（5）太祖也遂皇后，察合皇后以下附。

柯劭忞撰：《新元史》卷一百四，第481页，《元史二种》（上），上海古籍出版社，2012年。

（6）察合皇后，嵬名氏西夏主李安全之女，太祖伐西夏，围中兴府，安仝献女乞和。

柯劭忞撰：《新元史》卷一百四，第482页，《元史二种》（上），上海古籍出版社，2012年。

（7）曲也怯律公仕西夏，官至金紫光禄大夫、平章政事。太祖天兵至河西，得金紫公之幼子察罕，敏慧通达，遂蒙信重。时夏人未服从也，围其城五旬弗解，夏人弗能支，遣金紫以讲和使，见太祖和林，奉夏主之女请为购以解。

（元）虞集撰：《道园类稿》卷四十二，第279页，《元人文集珍本丛刊》（六），新文丰出版公司，1985年。

（8）二十八日，泊窝里朵之东，宣使先生往奏禀皇后。奉旨请师渡河。其水东北流，弥漫没轴，绝流以济。入营驻车。南岸车帐千百，日以醍醐、湩酪为供。

汉、夏公主皆送寒具等。食黍米斗白金十两，满五十两可易面八十斤。盖面出阴山之后二千余里。西域贾胡以橐驼负至也。

(元)李志常著，党宝海译注：《长春真人西游记》，第35页，河北人民出版社，2001年。

二、文献昭圣皇后

唐兀氏，生卒年不详。元武宗海山之妃，生文宗，谥文献昭圣皇后。

(1) 文宗圣明元孝皇帝，讳图帖睦尔，武宗之次子，明宗之弟也。母曰文献昭圣皇后，唐兀氏。大德三年，武宗总兵北边，帝以八年春正月癸亥生。

(明)宋濂等撰：《元史》卷三十二，第703页，中华书局，1976年。

(2) 辛丑，中书省议追尊皇妣亦乞烈氏曰仁献章圣皇后，唐兀氏曰文献昭圣皇后，命有司具册宝。

(明)宋濂等撰：《元史》卷三十三，第730页，中华书局，1976年。

(3) 丁丑，文献昭圣皇后神御殿月祭，特命如列圣故事。

(明)宋濂等撰：《元史》卷三十三，第732页，中华书局，1976年。

(4) 癸巳，诏累朝神御殿之在诸寺者，各制名以冠之：……武宗曰仁寿，文献昭圣皇后曰昭寿……

(明)宋濂等撰：《元史》卷三十五，第780页，中华书局，1976年。

(5) 妃子唐兀氏　文宗母也，天历二年追谥文献昭圣皇后。

(明)宋濂等撰：《元史》卷一百六，第2698页，中华书局，1976年。

(6) 妃二人：……唐兀氏，生文宗，天历二年追谥文献昭圣皇后。

(明)宋濂等撰：《元史》卷一百一十四，第2875页，中华书局，1976年。

(7) 武宗一庙，未立后主配享，集群臣廷议之。鲁曾抗言："先朝以武宗皇后真哥无子，不立其主。"时伯颜为右丞相，以为明宗之母亦乞列氏，可以配享。徽政院传太后旨，以文宗之母唐兀氏可以配享。伯颜问鲁曾曰："先朝既以真哥皇后无子，不为立主，今所立者，明宗母乎？文宗母乎？"对曰："真哥皇后在武宗朝，已膺玉册，则为武宗皇后，明宗、文宗二母后，固为妾也。今以无子之故，不为立主，以妾后为正宫，是为臣而废先君之后，为子而追封先父之妾，于礼不可。"

(明)宋濂等撰：《元史》卷一百八十七，第4292—4293页，中华书局，1976年。

(8) 武宗文献昭圣皇后唐兀氏，讳缺。亦帝妃，生文宗。天历二年，追上尊谥。

柯劭忞撰：《新元史》卷一百四，第485页，《元史二种》(上)，上海古籍出版社，2012年。

三、察罕及其家族

察罕(？—1255)，初名益德，唐兀乌密氏。西夏金紫光禄大夫、平章政事曲也怯律之子。庶出，送给牧羊人及里木，幼牧羊，武勇过人，知晓礼仪，被太祖收养。稍长大，赐蒙古姓，娶官人弘吉剌氏为妻。随太祖攻金，以功授御帐前首千户，又征西域，攻西夏肃州、甘州、灵州及中兴府。太宗时从攻河南，又跟随亲王口温不花南伐，授马步军都元帅。定宗时被命去开拓江淮之地。宪宗时任都元帅兼领尚书省事，赐汴梁、归德、河南、太原等地三千户为食邑。卒于公元1255年，赠推忠开济翊运功臣、开府仪同三司、上柱国，追封河南王，谥武宣。子10人，长木花里，《元史》有传。据《元史·塔出传》可知布兀剌是察罕的另一子。察罕10子有记载的只有木花里、布兀剌。其家族有迹可寻的男性人物六代，15人，女性五代，10人。

察汗家族人物表

<table>
<tr><th>第一代</th><th>第二代</th><th>第三代</th><th>第四代</th><th>第五代</th><th>第六代</th></tr>
<tr><td rowspan="10">曲也怯律</td><td rowspan="5">曲也怯祖</td><td rowspan="5">阿波古</td><td>亦力撒合</td><td></td><td></td></tr>
<tr><td rowspan="3">立智理威
妻梁氏</td><td>买讷</td><td rowspan="3">达理麻</td></tr>
<tr><td>韩嘉讷</td></tr>
<tr><td>五人(女)</td></tr>
<tr><td>答哈兀</td><td></td><td></td></tr>
<tr><td rowspan="5">察汗
妻弘吉剌氏</td><td>木花里</td><td></td><td></td><td></td></tr>
<tr><td rowspan="4">布兀剌</td><td rowspan="4">塔出
妻明理氏</td><td>宰牙</td><td></td></tr>
<tr><td rowspan="3">必宰牙
妻伯牙伦</td><td>瑞童(女)</td></tr>
<tr><td></td></tr>
<tr><td></td></tr>
</table>

(1) 察罕传

察罕　亦力撒合　立智理威

察罕，初名益德，唐兀乌密氏。父曲也怯律，为夏臣。其妾方怀察罕，不容于嫡母，以配掌羊群者及里木。察罕稍长，其母以告，且曰："嫡母已有弟矣。"

察罕武勇过人，幼牧羊于野，植杖于地，脱帽置杖端，跪拜歌舞。太祖出猎，见而问之。察罕对曰："独行则帽在上而尊，二人行则年长者尊，今独行，故致敬于帽。且闻有大官至，先习礼仪耳。"帝异之，乃挈以归，语光献皇后曰："今日出猎得佳儿，可善视之。"命给事内廷。及长，赐姓蒙古，妻以宫人弘吉剌氏。尝行困，脱靴藉草而寝。鸮鸣其旁，心恶之，掷靴击之，有蛇自靴中坠。归，以其事闻。帝曰："是禽人所恶者，在尔则为喜神，宜戒子孙勿杀其类。"

从帝略云中、桑乾。金将定薛拥重兵守野狐岭，帝遣察罕觇虚实，还言彼马足轻动，不足畏也。帝命鼓行而前，遂破其军。围白楼七日，拔之，以功为御帐前首千户。从帝征西域孛哈里、薛迷思干二城。回回国主札剌丁拒守铁门关，兵不得进。察罕先驱开道，斩其将，余众悉降。又从攻西夏，破肃州。师次甘州，察罕父曲也怯律居守城中，察罕射书招之，且求见其弟。时弟年十三，命登城于高处见之。且遣使谕城中，使早降。其副阿绰等三十六人合谋，杀曲也怯律父子，并杀使者，并力拒守。城破，帝欲尽坑之，察罕言百姓无辜，止罪三十六人。进攻灵州，夏人以十万众赴援，帝亲与战，大败之。还次六盘，夏主坚守中兴，帝遣察罕入城，谕以祸福。众方议降，会帝崩，诸将擒夏主杀之，复议屠中兴，察罕力谏止之，驰入，安集遗民。

太宗即位，从略河南。北还清水答兰答八之地，赐马三百、珠衣、金带、鞍勒。皇子阔出、忽都秃伐宋，命察罕为斥候。又从亲王口温不花南伐，岁乙未，克枣阳，及光化军。未几，召口温不花赴行在，以全军付察罕。丁酉，复与口温不花进克光州。戊戌，授马步军都元帅，率诸翼军攻拔天长县，及滁、寿、泗等州。定宗即位，赐黑貂裘一、镔刀十，命拓江淮地。

宪宗即位，召见，累赐金五十两、珠衣一、金绮二匹，以都元帅兼领尚书省事，赐汴梁、归德、河南、怀、孟、曹、濮、太原三千余户为食邑，及诸处草地，合一万四千五百余顷，户二万余。未几，复召，赐金四百五十两、金绮、弓矢等物。乙卯卒。赠推忠开济翊运功臣、开府仪同三司、上柱国，追封河南王，谥武宣。子十人，长木花里。

木花里事宪宗，直宿卫，从攻钓鱼山，以功授四斡耳朵怯怜口千户，赐金币及黄金马鞍勒。世祖即位，赐金五十两、珠二串。至元四年，攻宋，自江陵略地回，至安阳滩，宋兵扼其归路，木花里奋击败之。都元帅阿术坠马，宋军追及之，木花里挟之上马鏖战，退宋兵，由是得免。特赐银二百五十两，佩金虎符。为蒙古军万户。复攻襄樊有功，卒于军。赠推诚宣力功臣、荣禄大夫、平章政事、柱国，追封梁国公，谥武毅。从孙亦力撒合。

亦力撒合，祖曲也怯祖。太祖时，得召见，属皇子察哈台，为扎鲁火赤。父阿波古，事诸王阿鲁忽，居西域。至元十年，择贵族子备宿卫，召亦力撒合至阙下，以为速古儿赤，掌服御事，甚见亲幸，有大政时以访之，称之曰秀才而不名。

尝奉使河西还，奏诸王只必帖木儿用官太滥，帝嘉之。擢河东提刑按察使，逐平阳路达鲁花赤泰不花。召还，赐黄金百两、银五百两，以旌其直。进南台中丞。帝出内中宝刀赐之曰："以镇外台。"时丞相阿合马之子忽辛为江浙行省平章政事，恃势贪秽，亦力撒合发其奸，得赃钞八十一万锭，奏而诛之。并劾江淮释教总摄杨辇真加诸不法事，诸道竦动。

二十一年，改北京宣慰使。诸王乃颜镇辽东，亦力撒合察其有异志，必反，密请备之。二十三年，罢宣慰司，立辽阳行省，以亦力撒合为参知政事。已而乃颜果反，帝自将征之。时诸军皆会，亦力撒合掌运粮储，军供无乏。东方平，帝嘉其先见，且饷运有劳，加左丞。二十七年，命尚诸王算吉女，亲为资装以送之，并赠玉带一。改四川行省左丞。二十九年，再赐玉带一。元贞元年，成宗即位，入朝，卒。弟立智理威。

立智理威，为裕宗东宫必阇赤，典文书。至元十八年，蜀初定，帝闵其地久受兵，百姓伤残，择近臣抚安之，以立智理威为嘉定路达鲁花赤。时方以辟田、均赋、弭盗、息讼诸事课守令，立智理威奉诏甚谨，民安之，使者交荐其能。会盗起云南，号数十万，声言欲寇成都。立智理威驰入告急，言辞恳切，继以泣涕。大臣疑其不然，帝曰："云南朕所经理，未可忽也。"乃推食以劳之。又语立智理威曰："南人生长乱离，岂不厌兵畏祸耶？御之乖方，保之不以其道，故为乱耳。其归以朕意告诸将，叛则讨之，服则舍之，毋多杀以伤生意，则人必定矣。"立智理威至蜀，宣布上旨。

俄召为泉府卿，后迁刑部尚书。有小吏诬告漕臣刘献盗仓粟，宰相桑哥方事聚敛，众阿其意，锻炼枉服。立智理威曰："刑部天下持平，今辇毂之下，漕臣以冤死，何以正四方乎？"即以实闻。以是忤丞相，出为江东道宣慰使。在官务兴学，诸生有俊秀者，拔而用之。为政严明，豪民猾吏，缩手不敢犯，然亦无所刑戮而治。元贞二年，迁四川行省参知政事。蜀有妇人杀夫者，系治数十人，加以棰楚，卒不得其实，立智理威至，尽按得之。

大德三年，以参知政事为湖南宣慰使，继改荆湖。荆湖多弊政，而公田为甚。部内实无田，随民所输租取之，户无大小，皆出公田租，虽水旱不免。立智理威问民所不便凡十数事上于朝，而言公田尤切。朝议遣使理之。会有诏，凡官无公田者，始随俸给之，民力少苏。七年，再迁四川行省参知政事。八年，进左丞。云南王入朝，所在以驿骑纵猎。立智理威曰："驿骑所以传命令，事非有急，且不得驰，况猎乎！"王惮，为之止猎。蜀人饥，亲劝分以赈之，所活甚众。有死无葬者，则以己钱买地使葬。且修宽政以抚其民，部内以治。

十年，入朝，帝以白金对衣赐之，加资德大夫、湖广行省左丞。[①] 湖广岁织币上供，以省臣领工作，遣使买丝他郡，多为奸利，工官又为刻剥，故匠户日贫，造币益恶。立智理威不遣使，令工视贾人有藏丝者择买之，工不告病，岁省费数万贯。他郡推用之，皆便。

至大三年，以疾卒于官，年五十七。初赠资德大夫、陕西行省右丞、上护军、宁夏郡公，谥忠惠。再赠推诚亮节崇德赞治功臣、荣禄大夫、中书平章政事、柱国、秦国公。子二人：长买讷，翰林学士承旨；次韩嘉讷，御史大夫。孙达理麻，内府宰相。

（明）宋濂等撰：《元史》卷一百二十，第2955—2960页，中华书局，1976年。

（2）塔出传

塔出，布兀剌子也。幼孤，长善骑射。至元元年，入侍世祖，占对多称旨，赐以宝货衣物。四年，给以察罕食邑赋税之半，又还其所俘逋户三十。七年，降金

---

① 原注：湖广行省左丞　《道园类稿》卷四二《立知理威神道碑》"左丞"作"右丞"。按《碑》文，前有"八年，进左丞"，于此复云"进拜"，疑作"右丞"是。

虎符，授昭勇大将军、山东统军使，镇莒、密、胶、沂、郯、邳、宿、即墨等城，设方略，谨斥候，宋人不敢北向。九年，诏更统军司为行枢密院，改佥枢密院事。数将兵攻下濒淮堡栅，略地涟海，获人畜万计。宋人蒋德胜来降，塔出表言宜加赏赉以劝来者，于是赐黄金五十两，白金倍之。

十年，改佥淮西等处行枢密院事，城正阳以扼淮海诸州兵。宋陈奕率安丰、庐、寿等州兵数挠其役，塔出选精锐日十数战，奕遁去，卒城正阳。宋人复造战舰于六安，欲攻正阳，塔出诇知之，率骑兵焚其舰。馈饷久不继，出兵据险，潜取安丰麦以饷军，宋兵壁横河口，塔出将奇兵大破之。

十一年，朝议："淮上诸郡，宋之北藩，城坚兵精，攻之不可猝下，徒老我师。宜先渡江翦其根本，留兵淮甸绝其救援，则长江可乘虚而渡也。"于是以塔出为镇国上将军、淮西行省参知政事，帅师攻安丰、庐、寿等州，俘生口万余来献，赐蒲萄酒二壶，仍以曹州官园为第宅，给城南闲田为牧地。

宋夏贵帅舟师十万围正阳，决淮水灌城，几陷，帝遣塔出往救之。道出颍州，遇宋兵攻颍，戍卒仅数百人，盛暑，塔出即发公库弓矢，驱市人出战，预度颍之北关攻易破，乃急徙民入城伏兵以待。是夜，宋人果焚北关，火光属天，塔出率众从暗中射之，矢下如雨，宋军退走至沙河，大破之，溺死者不可胜计。明日，长驱直走正阳，时方霖雨，突围入城，遂坚壁不出。俄复开霁，与右丞阿塔海分帅锐师以出，渡淮至中流，皆殊死战，宋军大溃，追数十里，斩首数千级，夺战舰五百余艘，遂解正阳之围。塔出乃上奏："方事之殷，宜明赏罚，俾将士有所惩劝。"帝纳其言，颁赏有差。秋八月，淮西行省复为行院。塔出引兵渡淮，屯庐、扬间。

十二年，从丞相伯颜以舟师与宋军战，宋军大溃，其臣贾似道奔扬州，遂分兵四出，克池州，取太平，顺流东下，至建康、丹徒、江阴、常州，皆望风迎降。时扬州未附，谍告扬州人将夜袭丹徒，守将乞援，塔出设伏以待，扬州军果夜至，塔出扼西津邀击之，杀获溺死者甚众。入朝，帝赐玉带旌其功，授淮东左副都元帅，仍佩金虎符。十三年，加通奉大夫、参知政事，领淮西行中书省事。时沿淮诸州新附，塔出禁侵掠，抚疮痍，练士卒，备奸宄，境内帖然。俄迁江西都元帅，征广东，塔出宣布恩信，所至溪峒纳款，广东遂平。

十四年，加赐双虎符，为江西宣慰使。宋益王昰、广王昺走保岭海，复改江西宣慰司为行中书省，迁治赣州，授塔出资政大夫、中书(左)〔右〕丞，行中书省事。①

十五年，以二王事入议。帝命张弘范、李恒总兵进讨，塔出留后，以供军费。初江西甫定，帝命隳其城，塔出即表言："豫章诸郡皆濒江为城，霖潦泛溢，无城必至垫溺，隳之不便。"帝从之。降附之初，有谋畔者，既败获矣，塔出谓同僚曰："抚

---

① 原注：中书(左)〔右〕丞 《本证》云："继培案，《纪》至元十四年置行中书省于江西，以塔出为右丞，麦术丁为左丞，《忙兀台、哈剌斛、张荣宝传》并作右丞，此作左丞误。"《本证》是。从改。

治乖方之所致也，中间岂无诖误。”止诛其渠魁，尽释余党。瑞州张公明诉左丞吕师夔谋为不轨，塔出廉知其诬，曰：“狂夫欲胁求货耳，若以矇昧言遽闻之朝廷，则大狱兹兴，连及无辜。且师夔既居相职，讵肯为狂妄之事！若迟疑不决，恐彼惊疑，反生异谋。”乃斩公明而后闻，帝是之。十七年，入觐，赐劳有加，复命行省于江西，寻以疾卒于京师，时年三十七。妻明理氏，以贞节称，旌其门闾。

二子：长宰牙，袭爵中奉大夫、江西宣慰使；次必宰牙，仕至征东行中书省左丞，妻伯牙伦，泰安郡武穆王孛鲁欢之女，亦守义有贤行。

(明)宋濂等撰：《元史》卷一百三十五，第3272—3275页，中华书局，1976年。

(3) 立智理威忠惠公神道碑

昔我太祖皇帝神圣威武，龙兴朔方，东征西讨，豪杰景从。而天造草昧，云雷方屯，容有忠义，特达之林，简在帝心，未究其用。而神明佑之，妥其子孙，沐浴圣化，休养生息，已成毓忠良，使显荣于休明熙洽之世者，则秦国忠惠公世家是也。公讳立智理威，其先西夏之贵臣、唐兀之令族，乌密其氏也。曲也怯律公仕西夏，官至金紫光禄大夫、平章政事。太祖天兵至河西，得金紫公之幼子察罕，敏慧通达，遂蒙信重。时夏人未服从也，围其城五旬弗解，夏人弗能支，遣金紫以讲和使，见太祖和林，奉夏主之女请为购以解。太祖命金紫与扎剌可抹哥那颜屑金和酒，饮以为盟，约为兄弟。抹哥贵族重臣，饮金国之重盟也。岁戊戌，太祖之征回鹘也，夏人不能以兵从，既克回鹘，益日疑惧，金紫守甘州以备焉。未几，旋师击肃州，久乃克之。诏察罕曰：“汝父尝见我于和林，朕知其为忠义人也。吾讨回鹘、平肃州，皆以后服见诛。闻汝父守甘州，汝往告之，使来归，以全生灵可也。”察罕领所部扣城下谕旨意，金紫率其众来归，甘州之副贰阿绰等三十六人攻杀之，并害使者。上怒，急攻甘州，阿绰等三十六人以其城降。太祖谕之曰：“曲也怯律何在?”阿绰对曰：“以其不肯降而杀之矣。”上若曰：“尔谓朕不知邪？朕始以生灵之故，谕其来归，使代夏主以抚尔民，庶其生全也。汝自为厉而杀之，尽残其民，而卒服。丁忠顺无所当，尚敢欺朕邪！”尽斩此三十六人者，甘州平。上终念其父子而不忍忘也。敕诸军护视曲也怯律家，勿敢有所犯。得其子曲也怯祖，则察罕之兄也。怯祖于夏国尝举进士第一人，及见太祖，命从诸王察台镇回鹘，其官曰“达鲁花赤”，犹言为之监也。执事王妃兀鲁忽纳氏而治其宫府焉。他日，太祖思金紫父子而闵之，谓左右曰：“怯律宁有他子孙乎?”左右不知也，夏人有俘图师得见上，上问之，以怯祖所在对。上亦记之，遣使至回鹘给驿召还，既见，年已七十矣。命之以官，辞曰：“臣老矣，不足用也!”上曰：“汝以省臣治汝故邦，苟一岁，其民得无一岁之安邪?”顿首谢不能。赐白银二仟伍佰两，给其故主田牛而老焉。怯祖生阿波古，从诸王阿鲁忽于回鹘，实居薛迷昔千里之地，领番直，主弓矢、鹰隼之事，而治其人民焉。于国语为怯薛之长。其所事则火儿赤、失保赤、怯怜只也，于王子为近臣矣。不得年而没，生子三人。

荣禄大夫、陕西行中书省平章政事，亦力撒合于公为兄。而陕西诸道行御史台监察御史答哈兀则公弟也。世祖皇帝时择于勋劳功伐旧臣故家之子孙，散在外服者，及其幼盛，每赐召见，视其姿、忠孝、诚笃、可信用者，得备宿卫在禁近，使熟于见闻成才而用之。至元十年，敕以驿骑六十，召公昆仲至阙见上，命公兄为速古儿赤，主上方服御，而公亦以秃薛怯薛必阇赤隶太子宫府，从其长主文书，以实事裕宗皇帝也。居七八年，上以川蜀之险，恩威所加亦已久矣，控引西南宿兵重地，伤残相仍而民未靖安也，思以信任识察之密、精神足以达变、惠爱足以及物者而使之，于是命公以一麾临其要郡，以辑抚其凋瘵焉。遂以嘉议大夫出为嘉定路总管府达鲁花赤，则至元十八年辛巳之岁，而公年二十有八矣。上思与民休息，重民社之寄，以息讼弭盗均赋力田责诸守令，而嘉定之政咸如其章。诸司荐者以为言，闾阎井里之间，或者其庶几矣。而盗起西南夷，号数十万，兴言击成都，形势甚急，省臣巩昌汪公宿将，能兵善守御，事有其备，而曰："吾民力竭矣，师旅老矣，非合兵相为声势不可也。"顾上所知信、言可径达者莫如公，遂遣以行，公昼夜疾驰，至京师，见上陈书军事急遽之状。左右或曰："疑未至是也。"公慷慨流涕曰："蜀人忍死以待明诏之至，我无寝食者十数日以告，而欲缓之邪？"上若曰："卿言是也。全蜀之地，宪宗大驾西征而竟不复焉。云南险远，朕亲经理，亦未可忽也。"召枢密臣即日调符遣兵，命使乘遽传以应之。即上前赐上尊天鹅饮食以劳公，谕之曰："兵已行矣，然西南之人，生长乱离，厌兵而畏祸，岂不欲一夕之安哉？御之垂其方，保之不以道，使等死之念生而莫知制矣。卿其报诸将，布以朕意，叛则讨之，服则舍之。无多杀以伤生。意则人心定矣，予将加赉焉。"已而悉如圣虑云。

留公为泉府卿。泉府者，国初出内帑，资大贾贸易民间及海岛夷貊，藉国家文书以行，无间深远，无敢邀拒，盖将藉以通幽险、察几微，非直为利也。故其始命官非通练如公者盖鲜与焉。而勾稽出内，锱铁千百无敢隐者。二十七年，拜刑部尚书。明年，度吏[①]李祯诬告漕臣刘献盗粟，上下视时宰桑哥意锻炼成狱。公曰："廷尉天下平，辇毂之下，漕臣以冤死，何以示四方乎？"以其实闻。狱平而宰臣不悦矣。未几，出为中奉大夫、江东道宣慰使。即所治郡新学校、谨教养，拔俊秀而用之。严以御胥史，胥史无敢欺；明以察豪横，豪横无所纵；直而不屈，正而不阿，权要亦无所加其侵波焉。元贞二年，拜通奉大夫、四川行省参知政事。属郡有毒夫之狱，连逮数十人加以搒掠，卒无其实。公按而实之，蜀人至今道之不能忘。大德三年，以正奉大夫行中书省参知政事、行湖南宣慰使，使治长沙，南控岭海，蛮獠保山泽，军旅时起。海岛诸夷琛贝之贡，道所从出，方伯所治，水陆辽

---

① (明)宋濂等撰:《元史》卷一百二十，第2958页，谓"小吏"。

远，使者旁午，军旅所关，谨邮传、严馆堠、具刍粟、理郡县、饬道路，厚往而薄来。军旅闲暇，宾佐从容，远迩之交，晏然而有余矣。

大德四年，以旧官移荆湖北道宣慰使。兴利除害，知无不为。得民间不便事十数条，自行省达于朝廷。其最甚者，如属郡诸司职田，固已多取于民，而江陵实无田，以其数随民户所输粮数而加配之。凶旱无所免，贫富无所逃，责价至倍蓰。观望相先而莫之损，民病以困而莫之恤。朝廷议遣使理之，会有诏停所问。然实无田者犹得计其数随俸与之，民间少纾矣。七年，拜四川行省参知政事。又明年，进拜资善大夫、四川行省左丞。会蜀饥，公亲为劝分，贫者得以活，富者无所病。又出私财买地，画为区兆，不幸莩殣则有所藏焉。盖出于切恳之诚也。于是修宽政以纾其民，属部告治。

十一年，朝京师，天子劳焉。有白金对衣之赐，进拜资德大夫、湖广行中书省右丞。武昌岁造上供服御织纹采色，备极精好，至以省臣领之。朝廷度所用钞多少，有司受之，给驿负镪官吏工徒跨州越郡，求良丝之郡而买之，动经年岁，更易冒滥，驵侩橐驼，侵渔出入，互相为欺，工人受之杼轴之间，则亦无几，推剥延引，仅或成之。公府之给，既无其实，工役就作，日负日贫，为害有不可胜言者。公留钞于库，民藏丝者，命工人择取而买之，驿传之费、转输之劳、奔走淹留之苦，既已悉除，而工成之日，计官给之价，犹有数万缗之赢。作者既精，民不知病。他郡推而用之，亦良法也。

至大庚戌十月乙卯，薨于位，得年五十七岁。公夫人梁氏与其子买讷、韩嘉讷奉丧还大都。延祐元年四月癸卯，葬诸宛平县池水村。至治二年，追赠资德大夫、陕西等处行中书省右丞、上护军、宁夏郡公，谥忠惠公。夫人梁氏，封宁夏郡夫人，治家谨法度，有母道，教二子为学，使从贤大夫士游，俾有所成立。后至元二年八月二十六日卒，十月癸酉，合葬忠惠公之兆。至正二年，加赠推诚亮节崇德赞治功臣、荣禄大夫、中书平章政事、柱国，追封秦国公，仍谥忠惠。梁夫人追封秦国夫人。二子：长曰买讷，次曰韩家讷，皆起家为监察御史。买讷自御史十四迁，今为中奉大夫、山南江北道肃政廉访使。韩嘉讷由御史十四迁为西御史台侍御，今为同知宣徽院事。孙几人。公女五人：长适银青荣禄大夫、陕西诸道行御史台大夫某，皆故；次二，适故四川蒙古军万户某；次三，适资德大夫、行中书省右丞、湖南道宣慰使某，皆故；次四，适中奉大夫、户部尚书某；次五，适汉中道廉访副使某。一门贵盛，恭奕于当时。原其遭遇之初，退藏之久，而发于公，至两御史，其报国之忠，未可量也。明年，买讷自山南使人至临川山中，告于前太史虞集曰："先公之没，三十有四年矣，圣天子念家世之旧，不以买讷兄弟之不敏，承乏风纪于中外，去年赐明诏，因宁夏改封于秦，犹故国也。官秩皆一品矣，而神道之碑未有刻辞，则上无以彰清朝之休明，下无以述先公之遗德，是以大惧而不敢朝夕之宁居也。昔尝见予，今二十年矣，敢以碑铭为请焉。”集老病江上，笔墨荒落，于旧事多所遗逸，文字不足以传世，其无所辱命！然使人暑行三千余里，不得有所往复，固辞焉则伤孝子之心，而非故旧之情矣。敢执笔叙事，而为之铭焉。其辞曰：

“於皇太祖，知人任使。弗究其身，犹在孙子。
桓桓西征，夏方用隳。有使款延，献女缓师。
太祖见之，曰此忠爰。贵臣莅盟，受约而退。
还报其主，俾守于甘。天讨恭然，回鹘既戡。
移兵伐肃，百战危蹙。惟甘齿唇，谕使来服。
昔善其使，今活其人。彼嚚不回，歼我良臣。
平甘之日，求其宅里。申戒军士，勿敢残毁。
有子褎然，端绅来朝。往佐宗藩，勿惮疏遥。
维皇鉴思，契阔寤怀。白发苍颜，骎骎乃来。
慨汝故邦，尔长尔抚。彼黎孑遗，有鞠有哺。
再拜稽首，耄矣不堪。俾安厥家，民知覆涵。
赐金在床，田有良耜。以耕以食，俟我来士。
世祖巍巍，礼崇乐兴。泛览旧门，世材世能。
爰询爰诹，执事左右。文武忠孝，皇则多有。
其孙诜诜，结骖载驰。岂敢自言，天子之思。
伯也在公，靡夙靡夜。前星有辉，仲服其御。
伊仲维何，侃侃秦公。简在上心，恪恭匪躬。
乃眷西顾，维蜀之土。受兵最先，服我威武。
越历岁年，靡安靡宁。暨予大同，锡之生成。
有田有桑，有疆有理。布在守吏，遂我民志。
有嘉名邦，汝往治之。示则列城，则予汝知。
蠢彼西南，蜂蚁聚屯。传言寇边，旄倪震奔。
维时元戎，守御斯备。孰予往告，天子万里。
咨维嘉侯，天子信亲。驰归奏言，无诚不陈。
天子曰咨，方城额额。劳我师旅，迄可康息。
南徼茫茫，经营艰难。临事好谋，信如尔言。
乃命出师，弥缝掎角。成算神明，近出帷幄。
好生恶死，讵匪其心。叛讨服舍，敷予德音。
牛羊斧斤，草木雨露。下欲上从，维公之故。
相维长江，道繇蜀都。江陵武昌，为流为潴。
长沙之雄，建邺之固。东南奥区，首尾心膂。

公相方伯，亦帅其连。往来蕃宣，将数十年。
其惠在民，其勋在国。胙爵上公，允称其德。
二子之贤，奉其遗忠。中勤外劳，有言有庸。
持节山南，践公赐履。千载永怀，金石之纪。
宛平之郊，松柏十围。虽匪故乡，依于邦畿。
述德论世，匪溢匪侈。征于来谍，孝心勤止。
衮衣绣裳，原鼎及鼐。以飨以歌，视此刻辞。”

（元）虞集撰：《道园类稿》卷四十二，第 279—284 页，《元人文集珍本丛刊》（六），新文丰出版公司，1985 年。

（4）荆湖北道宣慰使司杞梓堂题名记

世祖皇帝一天下，楚武定王阿力海涯下江陵，捷奏，大喜，燕三日。置荆湖行省，省旋废，以地重控制，置宣慰司，即胜国制阃为理所。前堂曰宣化，创于大德乙巳。北为步二十，旧有堂扁“杞梓”，宋帅臣孟珙作于淳祐间。世异，倾圮殆尽。使完者帖木儿惩前政简怠，曰：“盍新之。”请于河南行省，得经费若干缗改为。于后至元四年戊寅，大葳规制，克称威令，亢爽严邃，藩翰称首。既落成，为听政恒所，宣布燕享则始临前堂。六年冬，西夏买诺[①]由大鸿胪出镇，阅月，谓其同朝，曩视事宣化，当树石纪同列姓名。今屋此而石彼，有乖目击道存之义，遂谋更镌，相率来请文。为之言曰：庆赏刑威，国之大柄。史氏以直笔诛奸谀，发潜德，是文字纪载亦能佐刑赏万一。近代寺署列刻寮宷，昭示当世，使人目其姓名，美刺不已，其劝惩之功，较之史氏之于身后，似略而实切然。臣也不贤，华衮、斧锧不足荣辱之；臣也贤，惕而惧，慨然而慕。于忠诈回直，石之功顾浅耶！昔予过汴，见宋进士及开封府题名碑。温国文正公、龙图孝肃公名下，观者指石成痕，陷寸许，以彼立国三百年，名臣亦伙，唯曰司马家、包家名不可以徒得。信夫讷之微意深矣，兹不可不书。完居位五年，入为兵部尚书，政简民安。讷之考亦只尔嵬[②]，人德间常假相衔为使，位终丞辖。讷端严周慎，克世济其美。同知司事倒剌沙质直敦朴，副阿刁海涯[③]武定诸子，隐筌忽北庭右族，参佐率能事协和，皆靖恭而善为治，殆克仰休前圣倚注之深，罄竭心力丁修捍，旬宣不待刑赏，为劝惩张本者，是可喜也。《诗》曰：“上帝临汝，无贰尔心。”毋或曰“尽瘁以仕，宁莫我有”，庶以厉左方来者，而企夫文正、孝肃之遗踵云。完字伯坚，讷字符方。至正元年月日宋褧撰。

（元）宋褧撰：《燕石集》卷十二，第 206 页，《北京图书馆古籍珍本丛刊 92》，书目文献出版社，1998 年。

---

① 买诺后文四处又作买讷。
② 买诺之考亦只尔嵬，其事迹与《元史·立智理威》传所记吻合，即“亦只尔嵬”就是“立智理威”。
③ 即前文阿力海涯。

(5) 故漕运同知粘合公妻逸的氏墓志铭

夫人名瑞童，系出逸的氏[①]，高祖察罕，太师、河南武宣王，开国有功。父必宰牙，辽阳行省右丞，妣伯也伦，内范恭肃，夫家奕世富贵，而削华服俭。夫人质禀懿淑，济以慈训，故成习异于人。惟粘合氏为金世臣，曰钧，我元中书左丞相，子南合中书平章政事，乐相风土，家焉。相人称中书家平章孙世臣中宪大夫，同知京畿都漕运使司事。中宪以贵盛难昏，夫人家亦偃蹇择婿，地均德齐，二姓之好克谐。中宪祖妣、妣皆逸的氏，至夫人则连姻三世矣。延祐乙卯九月于归，一门千口，里南北连阡陌，中宪縻于官，漫不暇省，需縻不赀，夫人苴补移掇，不使见罅缺，宿臧老获皆慑伏。中书不幸四十一而卒。夫人屏斥华泽，励节治家，坐亦有常处，田园经葺有加焉。初封恭人，再封威宁郡君。至正四年甲申四月二十一日以疾卒，年四十有六。六月三日庚申，祔汤阴小韩村中宪之墓。一子禄童，教不稍贷，每戒之曰："汝父幼冲失父母，孑然有立，扬历骎骎，天遽夺去，先烈烜赫，继承不坠，责其在汝矣。"禄童服膺惟恪，惩父养不待，冀得尽于母。夫人之卒，禄童适在京，奔归，日已两浃矣。禄童以其友陆恺所述行实，请铭。予惟女德之懿，世宜有闻，征诸乡里，昔南北分裂，相直兵冲，聚异合污，俗庞以偷，而世变无常，风移俗易，唐、宋而下，女节义班班可考也。朱子采颜氏一时之言，而不知遗风之已殄也。观夫人之善，则知吾乡风俗之美，渐摩之久，有自来矣。予与中宪交，知夫人之贤，且欲有以声吾乡之非昔也。为之铭曰：

"奢丽敝化，贵骄速亡。夫也不免，女也何望？

脱襁怙侈，世家习禄。不慎厥居，瓴建其覆。

戚疏万趾，言不易刑。制以闲雅，截截户庭。

我生不辰，为未亡人。一日未亡，一门在身。

有子孑遗，常情溺私。易爱以严，是为大慈。

---

① 记载察罕家族族属信息的相关文献有：(元)虞集撰《道园类稿》卷四二，《元人文集珍本丛刊》(六)，第279页，载"公讳立智理威，其先西夏之贵臣、唐兀之令族，乌密其氏也"。(元)许有壬撰：《至正集》卷五十八，《元人文集珍本丛刊》(七)，第271页，载"夫人名瑞童，系出逸的氏，高祖察罕"。(明)宋濂等撰：《元史》卷一百二十，第2955页，载"察罕，初名益德，唐兀乌密氏"。(清)柯劭忞撰：《新元史》，《元史二种》(上)卷一百二十六，第555页，载"察罕，初名益德，唐兀乌密氏。乌密即嵬名之异译。西夏国族，或曰姓逸的氏，逸的又益德之异译，以名为氏也"。(清)屠寄撰：《蒙兀儿史记·目录》《元史二种》(下)，第7页，载"逸的察罕"，该书正文缺卷三十九内容。卷三，第49页，载"嵬名察罕"。卷五，第67页，载"秋，嵬名察罕奏以张柔总兵戍杞"。卷六，第71页，载"以嵬名察罕……统两淮等处蒙兀汉军"。卷一百五十四《色目氏族表》，第1019页，载"唐兀惕有逸的氏察罕最显。旧传云察罕初名益德，唐兀乌密氏，按益德即逸的异文，是氏而非名。许有壬撰"粘合公妻逸的氏墓志铭"云，夫人为重系出逸的氏，高祖察罕，太师河南武宣王开国有功，父必宰牙，辽阳行省右丞。足证旧传乌密氏之误"。(清)钱大昕撰：《元史氏族表》卷二，第146页，《丛书集成初编》(中华书局，1991年)，载"乌密之族又有察罕"。分析以上关于察罕族属信息，柯劭忞撰：《新元史》的论述更全面。

良人永逝，教子有立。而寿不昌，而事斯毕。”

（元）许有壬撰：《至正集》卷五十八，第 271—272 页，《元人文集珍本丛刊》（七），新文丰出版公司，1985 年。

（5）兀察罕[①]不劣那颜

出自唐兀惕部落的异密很多。成吉思汗曾从他们之中带来一个兀察罕那颜；当他十五岁时，成吉思汗将他收养为子，称他为五儿。他统辖成吉思汗的主要千户。当时作了规定并被当作惯例：各千户都不得超过一千[士兵]，主要千户[或大千户]也不例外。这个千户全部由属于成吉思汗各斡耳朵及其本人的人组成。供给军队的各[种税赋徭役，如：]合兰、兀剌黑、首思、因合儿札黑、阿儿合木赤[②]，等等，全都用来公正地供应成吉思汗千户以及直属于他本人的那些人。而这[一切]，全都按照兀察罕的话发放。在窝阔台合罕时，窝阔台任命兀察罕那颜统率驻扎在乞台边境上的全部军队，此外还授予管理乞台之权，凡在乞台境内的诸王和异密全都受他管辖。还有一个异密，名叫不劣那颜，也是成吉思汗从唐兀惕带来的。当兀察罕那颜被授以重任时，这个不劣那颜便统辖了他的千户。他是[成吉思汗之妻]孛儿帖旭真大斡耳朵的大异密，兼管其他三个斡耳朵。在我国，阿术速古儿赤和他的儿子脱黑鲁勒札，是这个部落人。

事情的缘起和有关不劣的故事如下。十三岁时，他从唐兀惕[地区]当了俘虏被押送了来。他在斡耳朵里放牧牛群。有一次，成吉思汗在猎取野兽时看见了他。[不劣]将自己的帽子置于棍端，恭恭敬敬地站立着，端着一只碗。成吉思汗问道：“你在干什么？这是什么？”他回答说：“我是唐兀惕人，是你带来的遭受劫掠的成批人群中的一个孤独忧愁的孩子。我把帽子放到棍端说：让我们两个人之中有一个当上司吧。帽子比我高，所以我就伺候它！”成吉思汗很喜欢这番话，又因为从他身上看出了能干和心灵成熟的迹象，便把他带到自己的大斡耳朵里孛儿帖旭真处，[在那里]他在[汗的]厨房中担任烹调。因为幸运帮了他的忙，[不劣]便逐渐腾达，当上了百夫长。后来，他又当上了[成吉思汗]直属千户的长官。在窝阔台合罕时，当乞台国被完全征服后，[合罕]将那个地区以及在那个国家里的军队，完全交给了他。就是这些！

（波斯）拉施特主编，余大钧，周建奇译：《史集》（第一卷·第一分册·第三编），第 237—238 页，商务印书馆，1985 年。

---

① 即察罕。

② 原注称这几个名词的含义如下：合兰为贡赋；兀剌黑为提供车马的徭役，即遇军旅往来，政府的急递或信差过境，如有马匹倒毙之类情形时，居民必须提供马匹和驮畜；首思，即对于过境的大官及其马匹，以及使臣及其随从人员等供应的粮食；因合儿札黑，此词未获明确解释；阿儿合木赤，也未获明确解释。

四、昔里钤部及其家族

昔里钤部(1191—1259),唐兀人,昔里氏。一名昔李益立山,又译作疾利沙,一名小李钤部。太祖时,随军招谕沙州,又进兵围肃州。定宗、宪宗时,征西域,赐西马、西锦,锡名拔都。授钤部千户,又改任断事官。定宗时,任大名路达鲁花赤。宪宗时,锡虎符,出监大名。世祖时,随帝南征,因病归家,终年六十九。赠太师,谥贞献。公元1226年,昔李钤部归降元太祖,到元朝末年,其家族一直世袭大名路达鲁花赤与肃州达鲁花赤,长期活跃在元朝军事政治舞台上,居于元代上层社会。家族有迹可寻的人物63人,其中,男性人物七代,41人,女性人物六代,22人。

昔里钤部家族人物表

第一代	第二代	第三代	第四代	第五代	第六代	第七代
玉里止吉住	束南玉绀部	小李玉	乞答哈	益怜真		
				昔李勃妻萧氏、宋氏	道安	观僧
					五人(女)	
答加沙,又作达加沙妻梁氏	举立沙,一名昔李都水	阿沙	剌麻朵儿只	贯努普□	帖信普	定者帖木儿 赤斤帖木儿
				耳玉		
				管布		
				令只沙	普达实理	
					善居	
			管固儿加哥			
	昔里(或李)钤部,一名昔李益立山,又译作疾立沙,一名小李钤部妻田氏、白氏	爱鲁妻王氏	教化	阿丁 黑斯 元元 四人(女)		
			也先帖木儿			
			忽都答儿			
			西止(女)			
			曰某(女)			
			也先帖儿(女)			
		罗合				

续表

第一代	第二代	第三代	第四代	第五代	第六代	第七代
		小钤部	万奴	野速普化	玉立沙	
				妻威弥氏	舍利威	
					普颜	
					僧加奴	
					连德沙	
					波若奴	
					忽都帖(女)	
					也先帖尼(女)	
					宝寿奴(女)	
小李玉						

(1) 昔里钤部传

昔里钤部〔爱鲁〕①

昔里钤部，唐兀人，昔里氏。钤部亦云甘卜，音相近而互用也。太祖时，西夏既臣服，大军西征，复怀贰心。帝闻之，旋师致讨。命钤部同忽都铁穆儿招谕沙州，州将伪降，以牛酒犒师，而设伏兵以待之。首帅至，伏发马蹶，钤部以所乘马与首帅使奔，自乘所蹶马而殿后，击败之。他日，帝闻曰："卿临死地，而易马与人，何也?"钤部对曰："小臣阵死，不足重轻，首帅乃陛下器使宿将，不可失也。"帝以为忠。进兵围肃州，守者乃钤部之兄，惧城破害及其家，先以为请。帝怒城久不下，有旨尽屠之，惟听钤部求其亲族家人于死所，于是得免死者百有六户，归其田业。

岁乙未，定宗、宪宗皆以亲王与速卜带征西域，明年启行，钤部亦在中。又明年，至宽田吉思海，钤部从诸王拔都征斡罗斯，至也里(替)〔赞〕②城，大战七日，拔之。己亥冬十有一月，至阿速灭怯思城，负固久不下。明年春正月，钤部率敢死士十人，蹑云梯先登，俘十一人，大呼曰："城破矣!"众蚁附而上，遂拔之。赐西马、西锦，锡名拔都。明年班师，授钤部千户，赐只孙为四时宴服，寻迁断事官。

丙午，定宗即位，进秩大名路达鲁花赤。宪宗以卜只儿来莅行台，命钤部同署，既又别锡虎符，出监大名。己未，世祖南征，供给军饷，未尝乏绝。以疾舆归，卒于家，年六十九。子爱鲁。

---

① 原注：爱鲁，据本书体例补。

② 原注：也里(替)〔赞〕从北监本改。本书卷六三《地理志》作"也列赞"。

爱鲁袭为大名路达鲁花赤。至元五年，从云南〔王〕征金齿诸部[①]。蛮兵万人绝缥甸道，击之，斩首千余级，诸部震服。六年，再入，定其租赋，平火不麻等二十四寨，得七驯象以还。七年，改中庆路达鲁花赤，兼管爨僰军。

十年，平章赛典赤行省云南，令爱鲁疆理永昌，增田为多。十一年，阅中庆版籍，得隐户万余，以四千户即其地屯田。十三年，诏开乌蒙道，帅师至玉连等州[②]，所过城寨，未附者尽击下之，水陆皆置驿传，由是大为赛典赤信任。十四年，忙部也可不薛叛，以兵二千讨平之，迁广南西道左右两江宣抚使，兼招讨使。十六年，迁云南诸路宣慰使、副都元帅。十七年，复立云南行省，拜参知政事。十八年，乌蒙罗佐山、白水江蛮杀万户阿忽以叛，复讨平之。

十九年，召诣阙，进左丞。也可不薛复叛，诏与西川都元帅也速答儿、湖南行省脱里察会师进讨，禽也可不薛送京师，仁普诸酋长皆降，得户四千。诸王相吾〔答〕儿帅诸将征缅[③]，爱鲁供馈饷，无乏绝。二十二年，乌蒙阿谋杀宣抚使以叛，与右丞拜答儿往征之，拜答儿以爱鲁习知其山川道里，令诸军悉听指授，分道进击，生擒阿蒙以归。

二十四年，进右丞。朝廷立尚书省，复改行尚书右丞。镇南王征交趾，诏爱鲁将兵六千人从之。自罗罗至交趾境，交趾将昭文王以兵四万守木兀门，爱鲁与战破之，擒其将黎石、何英。比三月，大小一十八战，乃至其王城，与诸军会战又二十余合，功为多。二十五年，感瘴疠卒。赠平章政事，谥毅敏。

子教化，中书平章政事，请于朝，赠其祖昔里钤部太师，谥贞献，加赠爱鲁太师，追封魏国公，改谥忠节。

（明）宋濂：《元史》卷一百二十二，第3011—3013页，中华书局，1976年。

（2）昔李益立山传[④]

元昔李益立山，本西夏沙州钤部，元太祖时，拔部曲来归，以勋能佐行台。宪宗时，锡金虎符，充大名路都达鲁花赤，入朝为也可断事官。公监郡号令明肃，豪右屏息。薨，赠开府仪同三司、太师、上柱国，追封魏国公，谥贞献。子，爱鲁，继授本路达鲁花赤，改授金齿国安抚使，累迁云南诸路尚书省右丞。薨，赠银青荣禄大夫、平章政事，谥襄敏[⑤]，加赠开府仪同三司、上柱国，谥忠节。罗合，授本路

---

① 原注：从云南〔王〕征金齿诸部。据《雪楼集》卷二五《魏国公先世述》补。

② 原注：玉连等州按“玉连州”于史无征。本书卷一〇《世祖纪》至元十六年六月癸巳条、卷六〇《地理志》皆有筠连州立站置驿记载，疑“玉”为“筠”之误。

③ 原注：诸王相吾〔答〕尔帅诸将征缅。按本书卷一二、一三《世祖纪》至元二十年五月乙卯、二十一年正月丁卯条，卷一三三《怯烈传》、卷二一〇《缅国传》均有相吾答儿征缅事，据补“答”字。

④ 题目为编者加。

⑤ （明）宋濂等撰：《元史》卷一百二十二，第3013页，中华书局，1976年；朱建路、刘佳：《元代唐兀人李爱鲁墓志考释》，《民族研究》2012年第3期，第77页，均作“毅敏”，此处“襄敏”有误。

行军万户。小钤部，继授昭勇大将军，本路达鲁花赤，佩金虎符。孙，教化，继授正议大夫佩金虎符，充本路总管府达鲁花赤，兼新附军万户，后还宿卫青宫，寻拜浙西行省参政，升右丞、平章政事、开府仪同三司、太保太尉、中书平章军国重事、上柱国，封魏国公。万奴，继授中顺大夫，本路总管府达鲁花赤。令行禁止，治效彰灼，升正奉大夫，拜河南、四川、江浙等处行省参知政事，兼江淮等处财赋都总管府达鲁花赤，赠资善大夫，拜河南行省左丞，谥襄惠。鲁孙，也速普花，继授中顺大夫，升授亚中大夫，本路达鲁花赤。玄孙，普颜，继授中顺大夫，本路达鲁花赤。

（明）石禄修，唐锦纂：《正德大名府志》卷六，第10—12页，《天一阁藏明代方志选刊》，上海古籍书店，1981年。

（3）大元故大名路宣差李公神道碑铭并序

大元以神武戡定区夏，长策远驭，控制抚御之方甚悉，故治无小大，例建官临护，犹古监郡然，而权威视前代为有加。维魏府盘城千里，为户几十万，其襟带之雄，节镇之重，自昔号建国至署监总者，必勋阀世胄、练达时体、通习汉事、忠贞而有材望者膺选，在桓拨甫夷之后，官府草创之初，布宣皇灵，统摄群属，具民瞻而胜保厘之任者，钤部李公其人也。

公讳益立山，其先系沙陁贵种，唐亡，子孙散落陕陇间。远祖曰仲者，与其伯避地遁五台山谷，复以世故徙酒泉郡之沙州，遂为湖[①]西人。显祖府君历夏国中省官兼判枢密院事。皇考府君用级爵受肃州钤部，其后因以官称为号。丧乱谱亡，遂逸名讳。公昆弟四人，独公少负气节，通儒释，洞晓音律，以荫傫直宫省，积劳调沙州钤部。建国朝运开乾，维时公兄由肃州长奉使于我，太祖圣武皇帝异其材辩，因与馆接使察罕深相结纳，情好既密，约输款内附，天兵图肃，以射书事觉遇害。及丙戌冬，师次敦煌，公审天命之攸归，愤兄忠之不果，遂拔部曲诣军门迎降。太祖以公首效忠赤，特加褒命，隶国王木答里帐下，从征羌落，每战忾工所敌，故所向克捷有功。丁亥夏，师还，乘破竹势，命阃将忽都帖木儿偕公招谕沙州，守臣率众伪降，伏发，击走之，忽都马踣，追兵垂及，公下所乘授之，得逸去，乃麾左右逆战，却敌而还。王壮其勇，召使前傍焉，曰："当危急际，委己以济人，汝命固不靳邪？"对曰："彼国之勋旧，倘堕奸计，有辱君命；以新附显被驱策，效节死事，乃所甘心。"太祖闻而嘉之，仍谕曰："卿勉宣忠力，会当以好爵縻汝。"明年，戊子春，从攻沙，破之。帝怒不时下，欲屠其城，泣请曰："彼逆命者，渠魁一二人，民何与焉！若悉坑之，恐坚未降者心；且臣贱属咸在，愿赐全宥。"帝录其功忠许焉，阖城赖以生。既而命贰业陌赤行其部断事官，公不鄙夷其俗，故裁遣终日无倦

---

① "湖"应该是"河"之误，另据韩荫晟：《党项与西夏资料汇编》（上卷第一册），第283—286页，"河"原误作"湖"，依《蒙兀儿史记》改。

色，人服其详明焉。庚寅秋，有诏檄诸部精兵忠勇之士西征阿思部，署公选锋，率转斗而前，斩艾不胜计，进围城聚，逾月不即克。一夕，公伺守陴者怠，帅猛士潜登其墉，杀十余卒，即大呼曰："城已陷矣。"诸军进随，阿思乃溃。策功居第一，擢千夫长。自是勋名焜耀，朝廷有意大用矣。

岁甲辰，诏选勋能佐行台于燕，上以公克谐往焉。时节制所及二十余道，机务填委，日复一日，公辅相听断，动合事宜，政多便于时者。辛亥春，朝廷稔公综练国事，复有颛面西土之寄，以年高，辞不拜。宪宗皇帝奖其旧臣，处内地便之，命锡金虎符，充大名路都达鲁花赤，复赉白金御骠以宠其行。魏自兵后，官府甫建，群豪诸司错迭，长雄不相下，致政令不行，事多龃龉，公知其然，无钜细一以重典从事。初则逞然，既乃弭耳听约束惟谨。大纲既振，于是举廉能、拉奸暴、扶良善、惠鳏寡，凡政之不便，民所欲而未得者，率立行而更张之。至于外而营幕连野，内则使者旁午，咸畏公方刚，莫敢侵分少有牟于民。一日，释菜庙学，顾礼殿黜圮，公喟然叹曰："泽宫风化所系，今若尔，何以兴善心于民乎?"即完治一新，其亭传长府皆以次修举。衡漳岁霖潦泛溢，为民害甚侈，公请于朝，跨河楗堤，仍植槐柳万本，苞固峻址，捍御崩啮，且充岁时材爨之用，迄今公私赖焉。相有剧贼张党结百余辈，在所为梗，官不能钤，潜入境行劫，公廉知，穷其根株窟穴，挠捕无遗。自是相魏之郊民安田里，暮夜绝桴鸣之警矣。

己未春，今皇帝南伐，驻跸濮苑，起公从征，既而知公恙，命尚医诊视，眷顾殊渥。其年秋七月，竟以疾薨于位，春秋六十有九。公资严明，不妄言笑，清峭有机警，以忠顺上结主知，致出参大政，名声赫于时，利泽施于世。平居循循，为善若不足，惟恐一物之伤及束湿，吏曹纠绳奸谬，不丝发少贷。虎符麟节，长魏师者九年，号令明肃，豪右屏息，四境乐业，邻藩悚其威望。初，公行春近郊，见盛挟果芳者，公责之曰："此天地秀实以养人，多折何为?"乃扑教而去。自是方苞体之物，莫敢有暴殄者。其始焉以重典立威，终之以惠爱及物，类如此。至元戊寅，葬公于大名县台头里之新阡，从卜食也。夫人田氏、白氏祔焉。三子：长曰爱鲁，袭公世爵，至元四年，迁金齿等国安抚使，寻升授云南道宣慰使兼都元帅，今进拜中奉大夫、参知政事，行云南等路中书省；次罗合，终大名路行军万户；次小钤部，代兄民职。孙三人：长教化，孝友英发，乐问学，有蕴藉，至临政精核，矫矫有祖风，今阶正议大夫，佩金虎符，充大名路总管府达鲁花赤、兼新附军万户；曰帖木儿，敦武校尉，固镇铁官提举；曰万奴，篮中朝侍从官。尝闻活千人者，后乃有封公。沙州之请何啻千人哉！今子孙绳绳，承世爵而继禄次，岂非阴积致然耶?既襄事之三年，嗣侯教化百拜以墓碑来请曰："我祖捐馆已来，将二纪于兹，曾是表峙神道，无显刻以昭裔昧，朝夕惴惴，有不遑息者。幸宪使惠顾，以毕厥志，庶图报逷追之心，有以昭告，存殁大获慰焉。"某谢不敏，祷愈恳以教孝求忠之义，固不得辞。谨按所具善状，叙而铭之。其辞曰：

“乾龙奋飞天北方，潜蛟乘时亦云骧。
李公材武邦之良，拔身向明佐兴王。
西倾昆仑扫河湟，有来群后何瀼瀼。
公从钤校参戎行，卒能建功出非常。
天威西收陈堂堂，凯歌归来百战场。
龙泉精英百炼刚，试之刬繁尤允当。
行台驻燕总皇纲，上计委积如陵冈。
敛伏雄毅归赞襄，于惟致君变时康。
我听我理多救匡，一日问望驰四方。
酬功便老国有章，付之方岳又汝长。
魏昔建国千里疆，德星出昴光煌煌。
憬彼群属势轩昂，正名定分我所遑。
拊摩疮罢抑豪强，百废具举用乃张。
若传有亭积有仓，里不桴警孰窃攘。
大贲礼殿开两庠，春风弦歌齐鲁乡。
溃民于渊吾悯伤，躬督万民揵堤防。
浊流不扬耕且桑，功余保障岁屡穰。
始焉立威肃秋霜，终以惠鲜熙春阳。
民祝公寿福此邦，曾不少留我涕滂。
公虽遽往有不亡，阴积阳报理乃彰。
子孙嗣封奕叶昌，高牙大纛宜影扬。
河流洋洋沙麓苍，是为元臣衣冠藏。
惟德在民久愈光，呜呼此碑古甘棠。”

（元）王恽撰：《秋涧先生大全文传》卷五十一，第113—115页，《元人文集珍本丛刊》（二），新文丰出版公司，1985年。

（4）元大名监郡昔李公神道碑[①]

有元以神武戡定区夏，弘业远驭，控制抚御之方甚悉，政治无大小，例建官临护，犹古监郡然，维魏府盘城千里，为户几十万，其襟带之雄，节制之重，自昔号建国至署监总者，必勋阀世胄、忠贞而有材望者膺选。在桓拨甫夷之后，官府草创

① 《大元故大名路宣差李公神道碑铭》与《元大名监郡昔李公神道碑》记载益立山之事，内容基本一致，略有不同：一是前者谓“次小钤部代兄民职”，后者谓“次小钤部，代长兄大名路达鲁花赤俱佩金虎符”。二是前者谓“夫人田氏、白氏”，后者谓“母氏、白氏”，可能为笔误。三是后者记载益立山子孙官职更详细。四是两文有许多字、词不同，把两篇文章都辑录于此，可供对比。

之初，布宣皇灵，统摄郡属，具民瞻而胜保厘之任者，绀部李公其人也。

公讳益立山，其先沙陀贵种，唐亡，子孙散落陕陇间。远祖曰仲者，与其伯避地五台山，复以世故徙酒泉郡之沙州，遂为河西人。显祖府君历西夏有国时中书省官兼判枢密院事。皇考府君用级爵受肃州绀部，其后国以为官称。丧乱谱亡，遂逸名讳。公昆弟四人，独公少负气节，通儒释，洎晓音律，以荫儤直官省，积劳调沙州钤部。逮我国朝开运乾维，时公兄由肃州长奉使于我，太祖皇帝异其材辩，因与馆接使察罕深相接纳，情好既密，约输款内附，天兵围肃，以射书事觉遇害。及丙戌冬，师次敦煌，公审天命之攸归，愤兄忠之不果，遂拔部曲诣军门迎降。太祖以公首效忠赤，特加褒显命隶国王木华里帐下，从征羌落，每战忾王所敌，所向克捷有功。丁亥夏，师还，乘破竹势，命国将忽都帖木儿偕公招谕沙州，守臣率众伪降，伏发击走之，忽都马仆，追兵垂及，公下所乘授之，得逸去，乃麾左右还战，却敌而还。王壮其勇，召前劳焉，曰："当危急之际，委已以济人，汝命顾不靳邪？"对曰："彼国之勋旧倘堕奸计，有辱君命，猥以新附显彼驱荣，效节而死，乃所甘心。"上闻而嘉之，仍谕卿勉宣忠力，会当以好爵縻汝。明年，戊子春，从攻沙，破之。帝怒不时下，欲屠其城，公泣请曰："彼逆者渠魁一二人，民何与焉！若悉坑之，恐坚未降者心，且臣贱属咸在，愿赐全宥。"上录其忠许焉，阖城赖以生。既而命二叶陌赤充其部断事官，公不鄙夷其俗，政裁遣终日无倦色，人服其详明焉。庚寅秋，有诏檄诸部精锐忠勇之士，西征阿速部，署公选锋，率转斗而前，斩刈不胜计，进围城聚，逾月不即克。一夕，公伺守陴者怠，帅猛士潜登其墉，杀十余卒，即大呼曰："城已陷矣。"诸军随进，阿速乃溃。功居第一，擢千夫长。自是勋名焜耀，朝廷有意大用矣。

岁甲辰，诏选勋能佐行台于燕，上以公克谐往焉。时节制所及二十余道，机务填委，日复一日，公转相听断动合事宜，政多便于时者。辛亥春，朝廷稔公综练国事，复有颛面西土之寄，以年高，辞不拜。宪宗皇帝奖其旧臣，处内地便之，命锡金虎符，充大名路都达鲁花赤，复赍白金御骠以宠其行。魏自兵后，官府甫建，群豪错杂迭长雄不相下，致政令不行，事多龃龉，公知其然，无巨细一以重典从事。初则愕然，既乃弭耳听约束惟谨。大纲既张，于是举廉能、除奸暴、扶善良、惠鳏寡，凡政之不便，民所欲而未得者，率立行而更张之。至于外而营幕连野，内则使者旁午，咸畏公方刚，莫敢侵分少有忤。于是再释菜庙学，顾礼殿剽祀，公喟然叹曰："泮宫风化所系，今若尔何以兴善心于民乎？"即命完治一新，其亭传长府皆以次修。衡漳岁霖潦泛溢，为民害甚侈，公请于朝，跨河揵堤，仍植槐柳万本，苞固峻址，捍御崩啮，且充岁时材爨之用，迄今公私赖焉。相有剧贼张党结百余辈在所为梗，官不能禁，潜入境行劫，公廉知，穷其根株窟穴，掩捕无遗。自是相魏之郊民安田里，暮夜绝枹鸣之警矣。

己未春，今上皇帝南伐，驻跸濮苑，起公从征，既而知公恙，命南医诊视，眷顾殊渥。其年秋七月，竟以疾薨于位，春秋六十有九。公资禀严明，不妄言笑，有机警，以忠信上结主知，致位参大政，名声赫于时，利泽施于世。平居循循，为善若不足，惟恐一物之伤及钤束，吏曹纠绳奸谬，不丝发少贷。虎符麟节，长魏师者九年，号令明肃，豪右屏息，四境乐业，邻藩竦其威望。初公行，春，迎郊见剩持芳者，公责之曰："此天地秀实以养人，多折何为?"乃朴教而去。自是方苞体之物，莫敢暴殄者。其始焉以重典立威，终以惠爱及物，类如此。至元戊寅，葬公于大名县台头里之新阡，从卜吉也。公之夫人母氏、白氏祔焉。三子：长曰爱鲁，袭公世爵，至元四年，锡以虎符，改授金齿等国安抚使，寻升云南道宣慰使兼都元帅，十七年拜中奉大夫、参知政事，行云南等路中书省。十九年升资善大夫、中书左丞，行云南诸路中书省事。二十四年正月，迁中书省右丞，行云南诸路中书省事。二月，改授云南诸路尚书省右丞。次罗合，终大名路行军万户。次小钤部，代长兄大名路达鲁花赤、俱佩金虎符。孙三人：长曰教化，孝友英发，乐问学，藉藉娇娇有祖风，十四年授正议大夫、佩金虎符，充大名路总管府达鲁花赤，兼新附军万户。二十年，以职让其弟，还宿卫与青宫。二十年进拜中奉大夫、江淮等处行中书省参知政事。二十四年，改授江淮等处行尚书省参知政事。次曰也先帖木儿，敦武校尉，固镇铁官提举。次曰万奴，篯中朝侍从官，二十年，授中顺大夫，大名府总管府达鲁花赤，代兄教化之职。二十四年，迁少中大夫，余如故。尝闻活千人者，后乃有封公。沙州之请何啻千人哉！今子孙绳绳，成世而维禄次，宣非阴积致然耶？既襄事，参政教化百拜以墓碑为请曰："我祖捐馆已来，二纪矣，曾是表峙神道，无显刻以贻裔昧，朝夕惴惴，有不遑息者。幸宪使惠愿，以毕厥志，庶图报遹追之心，有以昭告，存殁大获慰焉。"恽谢不敏，祷愈恳以教化孝忠之义，固不得辞。谨按所具行状，叙而铭之，其辞曰：

"乾龙奋飞天北方，潜蛟乘时亦云骧。
李公材武邦之良，拔身向明佐兴王。
西倾昆仑扫河湟，有来群后何攘攘。
公从钤拔参戎行，行卒能建功非常。
天威西收阵堂堂，凯歌归来百战场。
龙泉精英百炼刚，试之刓繁尤久常。
行台驻燕总皇纲，上计委积如陵冈。
敛伏雄毅归赞襄，于维致君变时康。
我听我理多救匡，一日闻望驰四方。
酬功便老国有章，付之方岳又汝长。
魏昔建国千里疆，德星出昴光煌煌，

憬彼群属势轩昂，正名定分我所遑。
拊摩创疲抑豪强，百废具举用乃张。
若传有亭积有仓，里不桴警孰窃攘，
大贲礼殿开两庠，春风弦歌齐鲁乡。
溃民于渊吾悯伤，躬督万畚揵堤防，
浊流不扬耕且桑，功余保障岁屡穰。
始焉立威肃秋霜，终以惠鲜照春阳。
我祝公寿福此邦，曾不少留我涕滂。
公虽处往有不亡，阴积阳报理乃彰，
子孙嗣封奕叶昌，高牙大纛宜飘扬。
河流洋洋沙麓苍，是为元臣衣冠藏，
惟德在民久愈光，於戏此碑古甘棠。”

(明)石禄修，唐锦纂：《正德大名府志》卷十，第31—38页，《天一阁藏明代方志选刊》，上海古籍书店，1981年。

(5) 宣差大名路达鲁花赤小李钤部公墓志

公钤部，其先河西肃州之世系，祖茔在焉。公生而通敏，长有才略。丙戌间遭家不造，归附上国，遂命公征关西。既回，复辅阿答赤忽都怗木儿取沙州。彼恃众坚守，战斗不一。时忽都马乏，不克前进，以己马负之而出，公独进攘敌，俱免其难。后蒙上顾问：“向之临阵，以己之马济人之危，何其自轻耶？”公伏奏曰：“彼则有功于国，信任已久，臣则新附，未有寸效，故尔。”上奇之。沙州既平，赐人口一百有六。后征阿思，充千户随行。未几城陷，皆公之佐欤。遂命公同合答行断事官事。丙午，复命同牙鲁花赤行天下断事官。辛亥改授大名路都达鲁花赤。戊午秋七月廿有八日以病卒，年六十九岁。夫人田氏六十五岁，男三人，孙三人。长爱鲁，袭父爵，宠授虎符，至元四年十月间改授云南安抚使。次子罗合，中统三年宣授大名等路行军万户，至元元年八月十二卒。次子小钤部，以兄爱鲁出仕南国，袭爵如前，加昭勇大将军，至元十三年二月内卒。长孙教化，是年四月有四日祗授宣命虎符袭爵，加嘉议大夫兼大名路诸军奥鲁达鲁花赤。次孙帖木尔、次孙万奴。噫，一门之中，袭爵承宣，枝叶不替，非公之积德累功，焉能至此耶。长孙教化以父之出仕未还，念祖之权厝未葬，是以改卜新茔，仍刻贞石以志其后。至元十五年二月有五日，嘉议大夫大名路达鲁花赤兼诸军奥鲁达鲁花赤孝长孙教化志。

朱建路：《元代〈宣差大名路达鲁花赤小李钤部公墓志〉考释》，《民族研究》2014年第4期，第94—95页。

(6) 李爱鲁墓志

大元故资善大夫、云南行尚书省右丞、赠银青荣禄大夫、平章政事毅敏李公墓志公讳爱鲁，其先沙陀贵种，唐末之乱，余裔流寓陇右，远祖后徙酒泉郡之沙洲，遂□□□□曾王父府君西夏省官兼判枢密院事，显祖府君官肃州钤部，谱牒散失，名讳无□□□□府君讳益立山，调沙洲钤部。天兵次敦煌，与国同归我太祖皇帝，帝异其材，俾充其部断事官。庚寅秋征阿思，擢千夫长。甲辰后，屡诏充天下断事官者七年。辛亥，宪宗皇帝以勋旧锡金虎符，充大名路达鲁花赤。显妣夫人田氏、白氏，生三子，长即公也，生于壬辰三月五日，天质英伟、才识明敏，己未袭世爵，佩虎符，充大名路达鲁花赤。中统建元，主上优宠，以前职佩虎符。至元五年，从云南王征金齿等国，锡虎符，授金齿国安抚使。七年改充中庆路达鲁花赤兼管诸军事。十四年升广南西道左右两江宣抚使兼招讨使。十六年迁云南诸路宣慰使、副都元帅。十七年进拜中奉大夫、参知政事行云南等路中书省。十九年升资善大夫、中书左丞行云南等路中书省。二十四年正月升中书右丞行云南诸路中书省，二月改云南诸路行尚书省右丞，随从镇南王深入交趾，冒炎瘴遘疾，以其年六月十有八日薨，享年五十有八。上闻之震悼，特赠银青荣禄大夫、平章政事，以太常考行谥毅敏公，仍遣次子衔命驰驲护柩北还，以二十九年二月二十有七日葬之大名县台头里之先茔，礼也。夫人王氏，娶金紫光禄大夫、提点太医王公之女，德性淑慎，严恪而和，善女工，尽妇道，家事所助者多，先公十四年薨，今祔焉。弟二人，曰罗合，终于大名行军万户，曰小钤部，代公前职，佩虎符，充大名路达鲁花赤。子男三人：长曰教化，幼警悟，好问学，志豪迈，十三年袭爵，拜嘉议大夫、充大名路达鲁花赤。十五年升正议大夫、佩虎符、充大名路达鲁花赤兼新附军万户，二十年以职让其弟万奴，还宿卫于春宫。二十年以职拜中奉大夫、江淮等处行中书省参知政事。二十四年改江淮等处行尚书省参知政事。二十六年升资善大夫、江淮等处行尚书省左丞。二十七年升资德大夫、江淮等处行尚书省右丞。次曰帖木儿，素雅重，孝友忠厚，贤而有文，宣授敦武校尉、固镇铁冶提举。二十六年迁承直郎、签淮西道提刑按察司事。是年升太中大夫、签四川行尚书省。二十八年升嘉议大夫、汉中道肃政廉访使。二十九年改签江淮等处行中书省。次曰忽都答儿，未仕。侄一人，曰万奴，气质清峻，洞达时务，入侍中朝。二十年拜中顺大夫，充大名路达鲁花赤，代兄前职。二十四年升少中大夫，余如故。女三人，长适忽都虎宣慰次子，次适也先不花平章次子，次尚幼。孙三人，曰阿丁、曰黑斯、曰元元。女孙四人，俱幼。[①] 顾公为社稷重臣，殊勋异政胡可

---

① 河北大名出土的《李爱鲁墓志》记载爱鲁孙三人：阿丁、黑斯、元元；女孙四人。这几人的父辈关系不明确，他们应该是教化、也先帖木儿、忽都答儿的后人，但具体是哪位的，无法判断。据《牧庵集》卷十九《李爱鲁神道碑》信息，爱鲁长孙曾任中庆路达鲁花赤，那么，阿丁疑为曾任中庆路达鲁花赤的爱鲁长孙。另外，《弘治保定郡志》卷九载："黑厮公，本唐兀氏，以小子黑厮行故名。"这条信息所记保定路黑厮，为唐兀氏，那么，他疑为爱鲁之孙黑斯。墓志文与志书所记黑斯信息，相互补充，完善了黑斯（或厮）这个人物履历，丰富了昔里钤部家族史料。

殚举，必详之史笔，表之墓碑，用诏来世。签省嘉议公按朱文公志石例命大名路教授王彧直叙其始末云。[①] 资德大夫江淮等处行尚书省右丞、孝子教化志。

朱建路、刘佳：《元代唐兀人李爱鲁墓志考释》，《民族研究》2012 年第 3 期；朱建路：《元代唐兀人李爱鲁墓志释补》，《宁夏社会科学》2016 年第 1 期。

(7) 魏国公先世述

为人子孙，介介然以光扬祖宗为心，孝之至也。人莫不有是心，抑有遂不遂焉者，顾其子孙所立何如耳。训有之："毋念尔祖，聿修厥德。"盖身立而后名扬，名扬而后幽者显、微者著，光于当时，流于后世。况夫世禄不坠，代有闻人，其可自同栾却胥原默而无述乎？此今平章公之意也。一日，示以先世事实，欲加隐栝，冀示无穷。仆读之曰：

家世河西，高曾以上仕于国中，位丞弼者七世。曾大父达吉斯为其国必济，必济者，犹宰相也，今赠效忠翊运保德功臣、开府仪同三司、太傅、柱国，追封魏国公，赐谥康懿。夫人梁氏，追封魏国夫人，实生锡哩堪布，是为贞献公。堪布者，河西军职也。太祖圣武皇帝西征时，贞献公总兵塞上，知天命有归，大统当一，遂首以所部归国，公因扈驾徂征，俾与阿都齐往招沙州，城中闻其来，盛赍牛酒出迎，贞献公觉其诈，促阿都齐上马，果伏兵四起，追之，阿都齐马乏，公易以己马，使先驰去，自乘乏马，击败追兵而还。时阿都齐已先至，备以上闻。上问公曰："汝易马之意云何？汝独无汝身耶？"公对曰："阿都齐旧臣也，臣乃初附，虽死何伤！"上嘉叹久之。围肃州，州将锡哩都水，公伯氏也，欲以城内附，为众所害，戕及其家。城既破，上命屠之，惟都水亲戚奴婢等一百六户不杀。及命都水子孙世袭其州达噜噶齐，命贞献公为集赛台博啰齐。定宗以亲王西征阿苏、钦察诸国，公领壮士先登，遂克阿苏。上因赐公名巴图，以旌其勇。军还，太宗皇帝命公与伊玛彻尔为伊克扎尔固齐。定宗即位，又命公与哈达为伊克扎尔固齐。丁未年，又命与伊啰斡齐为伊克扎尔固齐，治事于燕京。又以大名隶御前，俾兼大名路达噜噶齐。宪宗即位，颁虎符，往莅大名路至燕则行伊克扎尔固齐事。世祖皇帝伐宋，公扈征，车至鄂州，感疾。上命舆归大名就医药，竟薨，年六十二。官给驿传，归葬肃州先茔。今赠推忠佐命宣力功臣、开府仪同三司、太师、上柱国，追封魏国公，赐谥贞献。夫人田氏，追封魏国夫人，与公合葬，实生啊噜，是为毅敏公。中统元年，受宣命虎符袭职。

至元五年，上命从云南王出镇哈喇章，管领集赛台及笔且齐，再授虎符，充云

---

① 朱建路、刘佳：《元代唐兀人李爱鲁墓志考释》，《民族研究》2012 年第 3 期，"签省嘉议公按朱文公志石，例命大名路教授王彧直叙其始末云"，断句有误。赵生泉：《〈元代唐兀人李爱鲁墓志考释〉补正》（《宁夏社会科学》2015 年第 4 期）一文对此作了纠正，朱建路：《元代唐兀人李爱鲁墓志释补》（《宁夏社会科学》2016 年第 1 期）也对此作了更正，应作"签省嘉议公按朱文公志石例命大名路教授王彧直叙其始末云"。

南诸路宣慰使都元帅，攻取金齿、白衣、缅、乌蒙、也可不薛等国，战功为多。又以伐宋，命公将云南军自左、右江经略抚字，以功升云南行中书省参知政事，加中书右丞。至元二十四年，命公南征交趾，大小一十八战，多所杀获。与镇南王合兵追袭交趾世子兴道，转战二十余阵，功常冠军。遂病瘴毒，还至中庆路而没，年五十七。世祖皇帝嗟愍。自资德大夫、云南行中书省右丞，赠银青荣禄大夫、平章政事，谥毅敏公，给驿马五十，致其丧还葬大名。夫人王氏祔焉。今赠秉忠执德威远功臣、开府仪同三司、太师、上柱国，追封魏国公，赠谥忠节。夫人王氏，追封魏国夫人。三男三女：男曰嘉珲，今为某官；曰额森特穆尔，今为某官；曰和多都。三女曰新济、曰某、曰额森特穆尔。

仆读已，因思自古胜国之臣入仕中朝，有能继勋趾美，不可谓代无其人，然往往乍续乍绝，若亡若存，或泯焉，而终以汩没，岂天道欤？抑人事之未尽善也？书云："世禄之家，鲜克由礼，以荡陵德，实悖天道。"然则彼之所以若是者，岂有他哉！今观贞献公家谱系秩然，男女以班，虽下至于百世，犹可考见，即此已足以昭其人事之善，又况乃出于百战勋伐之家，非世守简编者乎？诚所谓绝无寡有者。宜其珪珮蝉联，益昌而大也。平章公被遇三朝，受列圣之眷，不以身名为泰，而以克绍为念，源浚渊深，端有未憖。今者钦服上恩，追荣三世，世胙魏邦，为国干辅，将又树碑宰上，寓印埏中，永为子孙不朽之训。呜呼！上之所以下下，下之所以尊尊而亲亲，信乎各尽其道矣。呜呼美哉！仆既为之三太息，复为书之于篇而缀以言焉。

至大元年五月日，广平程某书。

(元)程文海撰:《雪楼集》卷二十五，第376—379页，《景印文渊阁四库全书》第1202册，(台北)"商务印书馆"，1986年。

(8) 跋魏国公碑阴

至大元年，平章军国魏国公钦承上命，加恩三世，树碑宰上，公又摹勒前后加恩制者，凡七十石。惟太上有立德，其次立功立言，是之谓不朽。今魏公父子祖孙世济盛美，咸建勋绩于皇家，台鼎公珪，峻赫相望，虽毕原邗应、文昭武穆，无以尚之。于以见圣天子报功锡类之仁，而孝子慈孙之事备矣。宣昭令猷，宜永作则。《诗》不云乎，"高山仰止，景行行止"。欲知公之世德，其必之魏观之。

(元)程文海撰:《雪楼集》卷二十五，第364页，《景印文渊阁四库全书》第1202册，(台北)"商务印书馆"，1986年。

(9) 资德大夫云南行中书省右丞赠秉忠执德威远功臣开府仪同三司太师上柱国魏国公谥忠节李公神道碑

皇上嗣历之元年制：特进中书平章政事教化开府仪同三司、太子太保、太尉、平章军国重事、上柱国、魏国公。申敕有司，夫既子孙膺是显庸，共政中书，畴咨宇内，而所光昭世德，上及其远者，旧章未修，非移孝以劝忠也。其讨以上。翰林、奉常、礼曹之臣请赠谥其曾祖考达尔沙贝结为效忠翊运保德功臣、开府仪同三司、太傅、上柱国，曰康懿。祖色尔勒结为推忠佐命宣力功臣、开府仪同三司、太师、上柱国，曰贞献。考资德大夫云南行中书省右丞阿噜为秉忠执德威远功臣、开府仪同三司、太师、上柱国，曰忠节。自曾而下三世皆同封魏国公，曾祖妣梁、祖妣田、妣王皆从封魏国夫人。制曰："可。"

教化以为四世死生，胙以大国，爵之上公，人臣宠光，至是焉极。虽百其身，报塞未能，启求储皇，匪刻金石，将无以侈今而垂后。敢以是请。乃为下令太子宾客姚燧、太子谕德萧𣂏、太子太保沈阳王王璋其为撰书篆额。燧据翰林学士程巨夫事状与其家乘次曰：

康懿之先，七世相夏，同其王李姓，以小大称。及贞献生，配姓与官，名以色尔勒结。太祖戡定天下，夏氏既臣，会其西征，复贰。帝闻，旋师入讨，势如颓山之压卵。贞献总兵游徼，遇之，遂来归。俾同呼图克特穆尔招沙州，州将伪出牛酒犒师，发伏以袭。首帅马踬，以己所乘易，使先奔，自乘所踬为殿，逆击败之。他日，帝问："卿临死地，易马与人，果何为心？"对曰："臣新至者，阵死奚恤？不可失帝器使宿将。"由是忠之，遣兵围肃州，守者其伯氏钤部，谋以城下，不克，害及其家。帝愤，拔城，皆歼之，不遗齠稚，惟听求其亲族，臧获，就所得为百户有六。又诏自今亲族、臧获未尽收完，及田业为诸人有者，亦悉归之，其永为制。岁乙未，太宗诏定宗、宪宗两诸侯王与苏布特征西域。明年，帅师戒涂，贞献在行中。又明年，至衮腾吉斯海。寻与诸侯王巴图征俄罗斯，至叶尔羌城。从宪宗先期至，搏战七日，拔之。岁己亥冬十一月，至阿苏穆尔齐苏城，凭坚，攻不即下。明年春正月凡三阅月，贞献从死士十人，躡梯登陴，生拉十一人，大呼曰："城破矣！"众蚁附而上，遂拔。赐西马西锦为匹皆九。名以巴图，表其战烈。又明年，诏班师。是役也，六年而归，功长千夫，礼秩与国人为千户侯者，等加宴服，四序异宜，凡若干袭，与大会者，皆同其色。又俾同伊玛齐为断事官于朝。岁丙午，定宗即位，曰："是大名，昔朕分封，卿往为监。"至燕，则同断事官哈达署行台。后宪宗以布扎尔来莅行台，录其旧劳，又俾同署，别锡虎符，以监大名。至岁己未，凡为监十四年。当继馈世祖南伐，未逾淮，舆疾归，薨其家，七月二十有八日，年六十九。传护辒车，返葬肃州，祔其先茔。别封虚墓大名，求便岁祠。中统建元，天下庶务悉归中书，故忠节公袭虎符，惟监大名。至元五年，诏诸侯王和克齐开国云南，俾将卫士以从。至则责治军旅，金齿弗率，才将射士五伯[1]人殄其众数千，获驯象七，致贡京师，敕用以驾舆。自是搜田征伐，无不乘之。实前古未有者。始帝加兵云南，取道吐蕃，甚回以曲。十四年，思、播既降，改由蜀入。命公开二涂，陆由

① 伯：古通"百"。

乌蛮，水由马湖。乌蛮合都掌、圈豖、鹅夷诸种拒而不受，累战始服。自时水陆邮传皆达叙州。又俾除左、右两江道达邕、管、平、溪洞夷獠五十余州。十七年，诏将云南万众，合湖广、四川兵讨罗氏鬼国之叛。十九年，再征，获其酋，送京师，窜有北死。二十有三年，诏征缅，缅濒南溟大国。战始克之，不及郡县而还获大象二十有七，送达尚乘。明年，诏镇南王再征交趾，命将万众会之。平三十八栅，前大军一月至王宫，王及世子兴道皆舶逃南溟，禽一他王以归。明年师还，卫镇南至左、右江界，辞还。岁戊子，夏六月十有八日，冒瘴疠，道薨军中，年六十三。最其履历，始为金齿等国安抚使，入觐，改善阐安抚使，升云南等处宣慰都元帅，虎符。拜云南行省参知政事。再迁左丞，末拜资德大夫、右丞。加宴服四。赐尚方鞍勒、弓矢、介胄。实使相西南二十有一年，地周万里，小大之战无虑百数。军士有劳，其出而家大而枥马，细如橐衣，金银、币具，不吝赏予，故能得其死力。每捷，无衄荷旃，夷蛮詟其威名，已臣之国，抚而绥之，为定金赋，以户高下为衰，迨其薨年，籍是一省输金之家，近二百万。讣闻，帝悼之，给五十乘传，还其柩葬大名。赠银青荣禄大夫、平章政事，谥毅敏公。后三十有一年，加今封谥。

燧尝合是三世以观，贞献、忠节父子逮事二祖三宗，六十年间宣力，树勋西夏、云南，勤亦至矣。受是褒诔固其宜。然而康懿则相夏氏，实胜国臣，由子孙贵，亦与哀荣，足昭皇元渊乎忠厚，恢乎其仁，盛德之至也。间又求国魏所由，贞献卒监大名，公嗣为之，去之云南，公弟为死，而公冢嗣军国，与其任鄂诺皆为虎符。今其为者，则公季子呼图克岱尔若小大宗父子祖孙昪弟六人，迭出为者，其与世侯奚以异诸？亦今代臣邻之鲜俪者。

公三子：二不再见，中子则今江西行省平章。三女：长适同知台州路事巴约特；次适浙右右丞宣慰都元帅阿尔丹；幼姆。男孙六人，庶长监中庆路，余未仕。女孙二人。铭曰：

“即戎有勚，官及而世。不绝其传，列圣之制。

由子既贵，推恩其先。前圣靳之，一二有焉。

于皇今圣，德参载焘。立爱自亲，教民以孝。

致位光显，必崇其亲。赤舄执珪，私庙畀陈。

昔李七世，下及康懿。左右夏王，贞献则异。

圣武是忠，入殿出锋。后服加歼，必全乃宗。

当顾成庙，诏从西伐。城凡悖顽，贾勇以拔。

其干天诛，曾莫稽逋。六稔言还，功长千夫。

定宗御极，曰兹魏土。分封在予，而往其抚。

忠节世之，九年于兹。从诸侯王，南诏往厘。

跳梁小夷，尺棰以笞。大如缅交，南溟极浦。

悉将致讨，而竟死鼓。自其去魏，其来其谁。

则季父侄，家季子为。职民世侯，前圣已废。

独于之家，疑若犹在。胥今国魏，四世靡他。

其与虚邑，不地如何。有绳维孙，有煜其祖。

匪师伊公，一是开府。死者已矣，生则立朝。

为民具瞻，席绝百僚。维明天子，启宇于此。

咨尔后人，思服其始。”

(元)姚燧撰:《牧庵集》卷十九，第 8—13 页，《四部丛刊初编》第 346 函，商务印书馆，1922 年。

(10) 特进平章政事嘉珲特加开府仪同三司太子太保太尉平章军国重事上柱国封魏国公制

元良毓德，羽翼之寄匪轻；丞弼均劳，股肱之义无间。肆予迩列，亶有世臣，宜兼命数之隆，式示眷怀之渥。具官某，忠勤而明济，侃直而惠和。由阀阅之茂勋，为邦家之伟器。荐更中外，练达古今。属当代邸之迎，功参平、勃；继预汉廷之拜，位次萧、曹。方有赖于协恭，岂遽宜于勇退。兹用进登亚傅，光辅前星。兵民之要务是咨，祖祢之名封并绍。申阶掌武，仍视秉钧。蔚居柱石之间，雍容廊庙之上。於戏！入承储极保身体者，望之深；出侑政机关军国者，任之重。益充令誉，伫徯嘉猷。可。

(元)程文海撰:《雪楼集》卷二，第 16 页，《景印文渊阁四库全书》第 1202 册，(台北)“商务印书馆”，1986 年。

(11) 特进平章嘉珲故曾祖父答吉斯特赠效忠翊运保德功臣开府仪同三司太傅上柱国追封魏国公谥康懿制

报功王者之令典，显亲人子之至情，矧世笃于忠贞，宜上寻其渊懿，爰加赠锡，以极褒崇。具官某故曾祖父某，凉土奇材，金方间气。功名著代，未应谢艾之可专；器识绝伦，岂独韦宗之所睹。眷惟良嗣，入作荩臣，迄流庆于孙曾，亶有光于家国。兹用指魏邦而启宇，遵周法以易名。六字表功，三能开府。顾遗荣之甚腆，非盛德其孰堪。於戏！七世侍中，盖不坠日磾之训；四朝元老，又安知长乐之夸。英爽故存，钦承毋怠。可。

(元)程文海撰:《雪楼集》卷二，第 16 页，《景印文渊阁四库全书》第 1202 册，(台北)“商务印书馆”，1986 年。

(12) 故曾祖母梁氏追封魏国夫人制

齐夫人三初，未闻于王命；汉侍中七世，共美于家风。眷我臣上，扬其祖祢，伉俪之重，褒恤是宜。具官某故曾祖母梁氏，西方之美人，东汉之旧族。君子偕老，相大国而显诸侯；天下复平，居北堂而称命妇。赏既延于后嗣，位盍正于小君。盖考德必论其世者，欲浚忠厚之源；列爵必从其夫者，以著贞顺之效。兹为懿泽，尚赍幽扃。可。

(元)程文海撰:《雪楼集》卷二，第16—17页，《景印文渊阁四库全书》第1202册，(台北)“商务印书馆”，1986年。

(13) 故祖父锡哩特赠推忠佐命宣力功臣开府仪同三司太师上柱国追封魏国公谥贞献制

云台烟阁，居多故国之臣；玉阙金城，代有良家之子。世虽殊而事不异，功若旧而报则新。具官某故祖父某，胄出相门，身逢圣运。窦融朝汉，义固取于尊王；由余入秦，功不逾于定霸。孰若攀龙而附凤，讫观归马而放牛。蔚为将帅之良，兼寄兵民之重。光辅五朝之弓剑，弘开万里之版图。垂裕本支，流芳简册。是用表勋作谥，建府经邦。仍申胙于大名，俾从歆于显考。备于追饰，慰此遗忠。噫！始赏而复公侯，事信有超于往牒；受祉而施孙子，灵其不昧于宠章。可。

(元)程文海撰:《雪楼集》卷二，第17页，《景印文渊阁四库全书》第1202册，(台北)“商务印书馆”，1986年。

(14) 故祖母田氏追封魏国夫人制

因亲以显亲，大父之功已报；无爵而从爵，小君之号宜加。典礼是常，哀荣斯至。具官某故祖母田氏，毓珍令邃，主馈高华。谅每戒于怀安，故首明于归往；聿致登坛之拜，终膺胙土之恩。为室家之道其义丰，为子孙之谋其效远。足光内则，盍列世封。噫！五絭诗存，无复平生之闵；六珈仪盛，犹当永世之传。歆此明纶，安于显祐。可。

(元)程文海撰:《雪楼集》卷二，第17页，《景印文渊阁四库全书》第1202册，(台北)“商务印书馆”，1986年。

(15) 故父资德大夫云南等处行中书省右丞赠银青荣禄大夫平章政事谥毅敏啊噜加赠秉忠执义威远功臣开府仪同三司太师上柱国追封魏国公改谥忠节制

衽金革而不厌，劲气犹生；闻鼓鼙而兴思，遗忠可录。矧此岩廊之彦，乃其堂构之良。宜荐追崇，用垂广劝。具官某故父某，官赠某官某，堪舆伟器，阀阅名流。耿上谷之有弇，克当父任；李西平之得诉，足绍家门。七纵七擒，百战百胜，威憺羌髳之外，境逾秦汉之先。筹略无遗，旬宣不废。顾王旅甫临于交趾，而将军乃病于壶头，遂致其身，式开厥后。兹用增封大国，进列上公。号以显庸，谥以协行。表邦家之八柱，视宰路之多仪。祖祢均恩，闺门与庆，匪独荣其幽壤，抑以视于昕朝。噫！保乂王家，永念为臣之不二；光昭令德，亦惟有子之能贤。宠秩有章，歆嘉无斁。可。

(元)程文海撰:《雪楼集》卷二，第17—18页，《景印文渊阁四库全书》第1202册，(台北)“商务印书馆”，1986年。

(16) 故母王氏追封魏国夫人制

积行累功，爰致上公之位；抗尊齐体，宜从大国之封。用衍殊荣，式绵遐庆。

具官某故母王氏，清心玉映，淑德兰芳。彤史增华，内则素宜于家室；绥章延宠，中权获展于边陲。克相令终，俱膺燕誉。彝鼎之刊不泯，庭阶之祚未央。衮绣有严，袆褕斯称，以申夙夜儆戒之劝，以慰雨露凄怆之怀。噫！侯母通籍禁中，惜徒存于旧典；将军题碑墓上，庶共享于荣名。可。

(元)程文海撰：《雪楼集》卷二，第 18 页，《景印文渊阁四库全书》第 1202 册，(台北)"商务印书馆"，1986 年。

(17) 元大名达鲁花赤昔李公墓志铭

公讳野速普花，字从善，姓昔李，唐兀氏。高祖，河西必吉，曾祖钤部，国初从太祖皇帝征西夏有功。太祖嘉其忠，锡名城、赐虎符，俾世守大名，为达鲁花赤。入朝为也可断事官。薨，赠开府仪同三司、太师、上柱国，追封魏国公，谥贞献。祖讳爱鲁，寻拜云南行省参政，升右丞，征交趾等国，尤著劳效。薨，赠银青荣禄大夫、平章政事，谥毅敏，加赠开府仪同三司、上柱国，追封魏国公，谥忠节。叔祖考小钤部，继授昭勇大将军。伯考教化继授嘉议大夫，寻拜浙西行省参政，升右丞、平章政事，开府仪同三司、太保、太尉，中书平章军国重事、上柱国、封魏国公。考万奴，继授正议大夫，为政令行禁止，治效彰灼，升正奉大夫，拜河南、四川、江浙等处行省参知政事，兼江淮等处财赋都总管府达鲁花赤。赠资善大夫，拜河南行省左丞，谥襄惠。叔考忽都答儿，继授少中大夫，升嘉议大夫，传至公。公授中顺大夫，升亚中大夫。政尚宽惠，民用德之。至元后元七月十一日薨，年四十一岁。妻威弥氏，参政祝真普女，封濮阳郡夫人。子六：长玉里沙，由祖襄惠公荫，授承务郎，南陵县达鲁花赤，同知浚州事。次舍利威，未任。次普颜，嗣世职，授中顺大夫，本路达鲁花赤。次僧伽奴、连德沙、波若奴皆未仕。女三：长忽都帖，适粘合中书孙禄同。次也先帖尼、次宝寿奴皆早世。夫人后公十有三年终，年五十八，至七年四月二十八日也。卜以是年七月九日祔葬于大名县颜家里先茔之次。其孤玉里沙状公之行，请名诸寵。呜呼！有开必先，克昌厥后，昔李氏自钤部贞献公以功世祚魏工，传至于公之子普颜，八世于兹矣，似续奕奕，益多且贤，而克济世美，至于丘木亦生连理，于以知昔李氏之祚方兴而未艾也。是以铭。铭曰：

"天王初征，豪杰四起。有功西陲，实惟昔李。
王于嘉之，锡之名城。父子祖孙，俾世大名。
继继其来，秩秩而代。八世于兹，益昌而大。
其大伊何，以续孔多。善政迭兴，民怀抚摩。
民曰父母，汤沐吾土。世有嗣之，吾其孰与！
惬山之阳，其封若堂。刻石在圹，千载不亡。铭。"

(明)石禄修，唐锦纂：《正德大名府志》卷十，第 38—40 页，《天一阁藏明代方志选刊》，上海古籍书店，1981 年。

(18)《大元肃州路也可达鲁花赤世袭之碑》汉文碑文①

碑阳汉文碑文如下：

大元肃州路也可达鲁花赤世袭之碑将士郎云南嵩明州判官段天祥撰

圆通慈济禅师肃州在城洪福寺住持定慧明书丹并篆额大□□，而三光五岳之气分；太明升，而四海六合之土照；太圣作，而九夷八蛮之人服。此天理之必然，人物之功用也。惟我皇元，肇基朔漠，乘龙御极，志靖万邦。太祖皇帝，御驾西征，天戈一挥，五郡之民，披云睹日，靡不臣服。时有唐兀氏举立沙者，肃州阀阅之家，一方士民咸□□化，举立沙瞻圣神文武之德，起倾葵向日之心，率豪杰之士，以城出献。又督义兵，助讨不服，忘身徇国，竟殁锋镝。太祖皇帝矜其向慕之心，悼其战死之不幸，论功行赏。以其子阿沙为肃州路世袭也可达鲁花赤，以旌其父之功。宪宗皇帝赐以虎符。世祖皇帝愈加宠赉，升昭武大将军，迁甘肃等处宣慰使。阿沙二男，长曰剌麻朵儿只，次曰管固儿加哥。剌麻朵儿只先授奉训大夫、甘州路治中，又升奉议大夫，肃州路达鲁花赤。莅政一考，思义让之心，逊其职与弟管固儿加哥，管固儿加哥事四载，复将前职归于其兄，受奉政大夫，依旧袭职。剌麻朵儿只四子：长曰贯□□□，次曰耳玉，又次曰管布，季曰令只沙。□□□□□□□□□□□□之职，授宣武将军，治郡三载，又慕其祖祢忠义之绩，思同□之和，以其职让与弟令只沙，受宣武将军。令只沙公平正大，名□朝廷，又升怀远大将军，甫视事间，又让其职与兄之子帖信普。不期年，□□□□□□□□□□□□□□□命议，令只沙在职，莅政无私，最有声绩，备咨于□□朝，复膺前职，受亚中大夫。在任四载，以其长男普达实理尚在髫龀，让其职与帖信普之子定者帖木儿，定者帖木儿又逊与其叔父普达实理。普达实理又让与帖信普之次子赤斤帖木儿，受宣武将军，见居其职。其□□□□□□□□□□思□孝，非英雄豪杰之士，有大人君子之量，能如是哉！又令只沙之次子善居，因其伯父管布无子，以善居为嗣，其人才德出众，德□□□□□□□……主上□以近侍，授宣武将军，仕武备寺同判。后除甘州郎中，授中宪大夫，翊赞□□□□□□□，迁永昌路达鲁花赤，牧民以仁惠之道，守己以正直之心，公事细微必察，私意纤毫不行，民怀其德，吏服其廉，解组而归，以酬孝道。□□□祖□□□其先祖之功，命工刻石，以记其事。予□蜀□□□□□□甘泉一日□□□不复已，不揆鄙陋，奉之

---

① 《肃州碑》碑阴回鹘文与碑阳汉文，记载内容一致，唯对人物简历详略有所不同。例如：汉文记载"剌麻朵儿只四子：长曰贯□□□，次曰耳玉，又次曰管布，季曰令只沙"。"以其职让与弟令只沙，受宣武将军"等语句，据此无法判断令只沙由哪位兄让职。回鹘文载"剌麻朵儿只有四子，长曰贯努普，次曰耳玉出家为僧人，三曰管布，有病，四曰(令只沙)"，据碑阴信息可知令只沙袭长兄职，即贯努普。两面碑文互相印证补充，完善了举立沙一族人物关系。该碑的汉文拓片、回鹘文拓片以及汉文铭文被《中国藏西夏文献》(十八)一书收录，即宁夏大学西夏学研究中心、国家图书馆、甘肃省古籍文献整理编译中心：《中国藏西夏文献》(十八)，第160—166页，甘肃人民出版社、敦煌文艺出版社，2005年。

铭曰：赫赫……太祖，驾御六龙。亲讨西夏，圣武威雄。因公献□，□风□□。□以世袭，用酬其功。子孙相继，奕叶兴隆。让□□□，□□以中。黔黎怀惠，政令乐从。齐家克孝，为国尽忠。子孙善居，念其祖宗。刻铭示后，休哉无穷。至正二十一年，岁次辛丑□……

附：《大元肃州路也可达鲁花赤世袭之碑》回鹘文汉译文①

（Ⅰ）

1. 光荣(?)之国(?)……有福的成吉思可汗……2. 大蒙古国宝贝的……著名成吉思可汗……3. 同众多军队（来到）唐古忒地方肃州（时）……4.（阿）沙……（归顺）世界上最睿智的、像上天一样的主上，有福的、不可战胜的、著名的……5. 有无上福禄的成吉思可汗……6.（之后当）他见到送来的鼓励敕书后，（又）率众多军队在前锋作战……7. 送回……后消灭了唐古忒，对……人民(?)则未……8. 我们主上成吉思可汗见到阿沙甘布后十分高兴……以奖赏他先父的功劳……9.（阿沙甘布）生有似天神一样的有福的二子。（当他任）达鲁花赤时……10. 完成了威严的、世界之主薛禅可汗（按：此处指元世祖）……的法制……11.（薛禅可汗）嘉奖（其功劳），让阿沙甘布除负责甘肃路政务外，又任其为昭武、大将军……（阿沙甘布有二子长曰哈里哥刺麻朵儿只，次曰……）12. 哈里哥刺麻朵儿只任肃州路达鲁花赤时，像爱护眼珠一样护爱人民……13. 为民众谋了许多利益。之间又（让其职与弟……）14. 当哈里哥刺麻朵儿只再次任达鲁花赤时，比以前更……15.（刺麻朵儿只有四子，长曰）贯努普(?)次曰耳玉出家为僧人，三曰管布，有病，四曰（令只沙）……16.（令只沙）任职三年，让其职与（兄之）子帖信普……

（Ⅱ）

17.（令只沙）(?)自己任职三年去世时，生有黄金一样的、勇敢的于伽普达实理（和）（善居）二子。普达（实理）在肃州任达鲁花赤时，对人民……（后又让职与帖信普之子赤斤帖本耳）18. 赤斤帖木耳在肃州任达鲁花赤时（境内）升平，并为国为群众谋了利益，成吉思可汗的……19.（令只沙次子善居）(?)因自己努力尽职，后（奉召）去大都。当其从肃州到达大都时……20. 奉敕到近侍官那里。因护卫有功擢为御前服务。他护卫（可汗）（不）让……人走近……21. 因此，侍官上书（可汗）任其为武备寺同判。他与各省官员一起……22. 当他依我们主上可汗的敕令被任为武备寺同判时……出了力……23.（后）又被任甘州省长史郎中，成为

① 《大元肃州路也可达鲁花赤世袭之碑》碑阴回鹘文部分共三十二行。第一块十六行文字仅有上边约三分之一部分。第二块十六行只上边约一半文字勉强可读。圆括弧内的文字为上下文补加进去的，……表示所缺词的数目不详，(?)表示译文无把握。由耿世民译释。

我们可汗的重臣。当他任(甘州)省长史郎中时……24. 正确处理了省中事务,并为内外民众和国家谋了利益。(今上)可汗(按:指元顺帝)听到其事迹后,(又)任他为(永昌路)达鲁花赤……25. 当……贼人(?)来到时,他进行保卫,重又被擢升为守城官(?)使永昌路人民……26. 贼人(?)看到(善居)坚决(态度)不敢走近散去时……27. 他依法惩罚了有罪的人。他(完成了)(今上)可汗委任的职务……28. 他任永昌路达鲁花赤时,为众多百姓谋了利益……29—32 全缺。

白滨、史金波:《〈大元肃州路也可达鲁花赤世袭之碑〉考释——论元代党项人在河西的活动》,《民族研究》1979 年第 1 期。

(19) 元礼仪院判昔李公墓志铭　欧阳玄　元学士

至正三年三月十三日,太常礼仪院判河西昔李公,以疾卒于淮西怀远之别墅。是时闲居几三十年矣。卒之年六十有三。其年太常之命始下,遗言归葬大名祖茔。越十有五年,子道安用治命将卜吉治兆域,以静修书院山长命初所状行,谒翰林欧阳玄请铭墓道。

惟太常公讳勃,小字孛兰奚,字天广,姓昔李氏。其先夏人,五世祖讳某,生三子,长玉里止吉住,为夏国经略使。次达加沙,次小李玉黑。达加沙生疾利沙。我元太祖皇帝初定西夏,独先诸部请降,命守大名,子孙世袭其职。今历八世,至大中,其孙教化,仕至开府中书平章,封魏国公。疾利沙赠太傅、魏国公,谥贞献。其子爱鲁仕至云南行省右丞,亦赠太师、魏国公,谥忠节。其玉里止吉住为经略使者,实长嫡也。生子曰束南玉绀部,是为公之曾大父,有子曰小李玉,公大父也。太宗皇帝命领兵镇西土,有子曰乞答哈,是为公之父。年十三,能自选名马,逾也凉杰、薛凉杰之地,间关万里,东至大名居焉。未几,为质子于北,岁己未,以兵从宪宗皇帝伐宋,攻蜀之合州钓鱼山,有功,赏白金铠。至元初,从大帅用兵于南,拔江陵、沙洋、新城,转战略地广东、西,积劳伐,授昭勇大将军,怀、孟、卫辉等路新军万户。后辞军职,历沅州、安庆、江陵、陕州四路达鲁花赤,所至有治迹。至元二十几年卒于位。二子:长益怜真,仕至武德将军,新昌州达鲁花赤。次即公。至大初年起家,入宿卫,初除承事郎,陕西行台监察御史,未上,改河南行省理问。仪满。延祐四年,除江南行台监察御史。五年,改江西行省理问。泰定二年,除山北辽东道肃政廉访司佥事,皆不行。自是家食以终。

公雅量高智,喜愠不见于色。幼从乡先生直甫学,读经务,通大义,锐然立志,以躬行为本。弱冠,有臂力,善射,始以赵国公野讷荐,入见仁宗皇帝于潜邸,及登极,公出入禁闼,敬慎小心。仁宗一日燕内廷,盛醉就寝,公侍立竟日不去,上寤,惊曰:"尔犹侍朕左右也?"由是器异之。及掌尚辇平章政事,萧拜住传旨取二腰带,公曰:"带前此以赐人矣。"萧卞急处斥之,公曰:"平章何怒!有日历在,取历视之。"萧语塞而去。公叹曰:"丈夫生世乃以虚名为人所辱。"至此即求去,同列以上眷顾尼之,然公引退之志实自此始。洎为汴省李官,谳狱多所平反,有盛誉于时。省镇抚阿散鞭军校李僧儿七十岁之母，且受贿赂，公按问甚急，参政脱欢力救之，公卒论如法。宣使宋其不直宿，行省付公治其罪，平章托满赤曲庇其人，公不少贷，托满赤怨望公，数以语见侵，郎中王伯常与论事，数不合，公即移疾求去，右丞石仲璋、参政赵敬甫强起公，岁及满，遂浩然赋归。自是无仕进意。天历初，文宗皇帝自江陵入续大统，道过汴，一时人才交骛，以赴事会汴省，起公为理问，以疾辞，坚卧不起。

公少孤，有至性，十余岁居父丧，哀毁如成人。既长，自以蚤失怙恃，岁时祭必竭诚，小不如式，辄终日不乐。兄病，不远千里往侍汤液。与朋友交，可托生死。怀远支县尹一家俱丧，公经理其后事，厚赙之，使得归葬。南台掾冯秉珪亡，止遗一女，临危以托公，乃阅其家资记诸籍，俟其女长，予之，秋毫无所失。生平家产不及中人，而宾客过者，必具礼膳，独不喜人以物馈己。故人峻住雄于资，以挥金致美誉闻四方。一日袖兼金遗公，毅然却之，犹切责不已。考其自少至老，莅事极有才力，而居官之志常薄。筮仕以来，知遇最早，而居闲之日，视居官之日常多。人谓其从方外高士戴蒙庵游，必有所受，观其恬愉，自信出于天资，非友助所能致也。学颜平原书，遒劲有法，好读《资治通鉴》，能评古今事机，如指诸掌。脱留意医药，作秘方精选以惠人，用者多验。初娶萧氏，平江路同知塔海之女，继宋氏，济南杂造提举友庆之女。子男一人，道安。女五人。孙男一人，观僧。道安少在侍下，公严毅，尝终日不辞謦欬，长能守礼法。用公荫授大都烧钞库大使，转遵化主簿，未上，辟大宗正掾，今饶阳县达鲁花赤。公在别墅，好艺菊自况，因号菊心。玄铭公卿大夫墓多矣，所得高蹈远举者，惟公一人，故不辞而铭之。铭曰：

“高爵厚禄，代不乏人。徽节清风，世常绝邻。
人好功名，举世滔滔。士怀道义，没世愈高。
道义功名，兼得实难。南人高碑，察其所安。
伟矣太常，灵武之杰。播其清风，植是美节。
方其居官，才刃有余。卷而怀之，进退裕如。
深山有云，非不能霖。其尞出岫，匪云素心。
两畀豸冠，一授驷辔。掉鞅弗顾，端居求志。
此志所向，万夫莫回。俯仰顺适，招之不来。
有屦满户，有酒盈尊。有菊粲粲，目击道存。
言采秋英，濯彼寒泉。侑以铭章，荐公新阡。”

(明)石禄修，唐锦纂：《正德大名府志》卷十，第40—45页，《天一阁藏明代方志选刊》，上海古籍书店，1981年。

（20）阿鲁[①]，唐古特人。至元十四年任广西两江道宣抚使。

（清）金鉷监修：《广西通志》卷五十二，第500页，《景印文渊阁四库全书》第566册，（台北）"商务印书馆"，1986年。

（21）阿噜[②]，唐古特人，色尔钦部子也。袭为大名路达噜噶齐。至元五年，从云南王征金齿诸部，震服。六年，再入，定其租赋，平火不麻等二十四寨。七年，改中庆路达噜噶齐，兼管爨僰军。十年，平章沙木斯迪音令阿噜疆理永昌。十一年，阅中庆路版籍，得隐户万余，以四千户即其地屯田。十六年，迁云南诸路宣慰使、副都元帅。明年，复立云南行省，拜参知政事。明年，乌蒙萝佐山、白水江蛮叛，讨平之。又明年，诸王桑阿克达尔帅诸将征缅，阿噜供饷馈，无乏绝。二十五年，卒。赠平章政事，谥毅敏。子嘉珲，中书平章政事，请于朝，赠其祖色尔钦部太师，谥贞献，加赠阿噜太师，追封魏国公，改谥忠节。

（清）范承勋等修：《云南通志》卷十九，第646页，《景印文渊阁四库全书》第569册，（台北）"商务印书馆"，1986年。

（22）中统元年五月十七日，又黜大名路达鲁花赤爱鲁。鲁，河西人，小李钳部之子也。

（元）王恽撰：《秋涧先生大全文集》卷八十一《中堂事记》，第376页，《元人文集珍本丛刊》（二），新文丰出版公司，1985年。

（23）至元四年七月，大名路达鲁花赤爱鲁、总管张弘范等盗用官钱，罢之。

（明）宋濂等撰：《元史》卷六，第115页，中华书局，1976年。

（24）云南左丞爱鲁、四川都元帅也速觮儿与南省，期以十一月十五日会一奚卜薛。至期，南省军不至。爱鲁与阿察战，也速觮儿命万户彭天祥、药刺海、帖木儿、脱欢分三道攻会宁关。一奚卜薛遣其部落阿侯拒战，败逃入山箐，亦奚卜薛奔雕飞寨，阿察走大宁。爱鲁等进兵，也速觮儿曰：贼已离巢穴，今发乌撒、播州及南省近地兵，足以剿除。我等可回。不然，旷日持久，粮乏瘴起不便。事闻，上命药刺海以千人守其地。久之，贼穷困，以[至元]二十年二月八日纳款。

（元）苏天爵编：《元文类》（六）卷四十一《经世大典序录政典招捕·八番顺元诸蛮》，第581页，《国学基本丛书》，商务印书馆，1936年。

（25）至元二十三年十月，以招讨使张万为征缅副都元帅，也先铁木儿征缅招讨司达鲁花赤，千户张成征缅招讨使，并给虎符。敕造战船，将兵六千人征缅，俾秃满带为都元帅总之。云南王以行省右丞爱鲁奉旨征收金齿、察罕迭吉连地，拨军一千人。是月，发中庆府，继至永昌府，与征缅省官会，经阿昔甸，差军五百人护送招缅使怯烈至太公城。

（明）宋濂等撰：《元史》卷二百一十，第4659页，中华书局，1976年。

---

①② 阿鲁、阿噜即爱鲁。

(26)(至元二十四年十一月)云南省右丞爱鲁兵次交趾木兀门,其将昭文王以四万人守之,爱鲁击破之,获其将黎石、何英。

(明)宋濂等撰:《元史》卷一四,第301页,中华书局,1976年。

(27)二十三日庚戌,陆师至禄州,分道:右丞程鹏[飞]、参政(索)〔孛〕罗塔儿[①],由支陵隘;王大军由可利隘;右丞阿八赤,先锋并进;右丞爱鲁,亦自云南进兵三大江与弟陈遹战。擒其将何映、黎石。

(越)黎崱:《安南志略》卷四《征讨运饷》,第90页,武尚清点校本,中华书局,1995年。

(28)(至元十三年春)大名路达鲁花赤小钤部坐奸赃伏诛,没其家。

(明)宋濂等撰:《元史》卷九,第177页,中华书局,1976年。

(29)姚天福墓表[②]

大名守小甘浦恃宿卫之近,冬猎于郊,民不保其家室。有诉于朝者,上命御史按之,反为所殴而还。更以命公,公则微服廉问得实,即召驲驰至府,设狱具,立捕至庭,劾治之,连及他淫虐不法事。其人素贵暴,出不意,见折辱,皆款服,械以俟命。近臣救之,幸得释。骑过台门,故有谇诮语。公适坐察院,曰:"敢尔耶!"驱吏卒执之。于佩囊得其与侍御行赇自免之记。诘之,知赇在某道士处。公因夜巡入道士家,得赇如书,而侍御史不知也。明旦方坐府,公入台,叱左右撤其按(案),手执之,绝衣以逸,公持其赃入奏。上曰:"小甘浦之释也,得勿为朕私之,今其迹见矣。虽然,朕尝贳小甘浦死罪至十犹免之。"公曰:"今其罪十有七,陛下赦其十死,其七谁当之?且太祖之法其可坏耶?"遂诛之。

(清)胡聘之编:《山右石刻丛编》卷三十四,第13页,山西人民出版社,1988年。

(30)阿沙[③]

中统二年(1261)九月,癸未,以甘肃等处新罹兵革,民务农安业者为戍兵所扰,遣阿沙、焦端义往抚治之。

(明)宋濂等撰:《元史》卷四,第74页,中华书局,1976年。

中统四年(1263)夏四月,甲寅,偿河西阿沙赈赡所部贫民银三千七百两。

(明)宋濂等撰:《元史》卷五,第92页,中华书局,1976年。

至元十二年(1275)五月,丁亥,遣肃州达鲁花赤阿沙签河西军。

(明)宋濂等撰:《元史》卷八,第167页,中华书局,1976年。

唐兀卫:至元十八年,阿沙、阿束言:"今年春,奉命总领河西军三千人,但其

---

① 原注:(索)〔孛〕罗塔儿原作"索罗塔儿"。《复本》同。《阁本》作"博罗岱尔"。《元史·安南传》作"孛罗合答儿"。"合"为"罗"韵之延伸,即"孛罗塔儿"。盖"孛、博"与"索",同韵而异声,"索"则系"孛"之形讹。按:此人即"孛罗哈答儿"。

② 《姚天福墓表》有小钤部被诛信息。

③ 《大元肃州路也可达鲁花赤世袭之碑》记载了举立沙一族13人在肃州等处的经历,这13人《元史》均无传,唯独阿沙在《元史》中有几条信息。

所带虎符金牌者甚众，征伐之重，若无官署，何以防闲之？”枢密院以闻，遂立唐兀卫亲军都指挥使司以总之。

（明）宋濂等撰：《元史》卷九十九，第 2527 页，中华书局，1976 年。

（至元二十四年（1287）九月，乙巳）以米二万石、羊万口给阿沙所辖唐兀军。

（明）宋濂等撰：《元史》卷十四，第 300 页，中华书局，1976 年。

（31）昔李教化的[①]，河西人，居镇江。累官至开府仪同三司、太子太保、太尉、平章军国重事，上柱国、魏国公。

（元）脱因修，希鲁纂：《至顺镇江志》卷十九，第 2863 页，《宋元地方志丛刊》（第一册），中华书局，1990 年。

（32）黑斯

黑斯公，本唐兀氏，以小子黑斯行故名。至元四年以内史府谘议出任保定路总管，首以劝农兴学、扶弱抑强为本，公勇于有为，英谟独断，不三月而政声歛然，积年奸宄闻风歛迹。五年秋，河朔诸郡，紫蝗生发餐穗啮叶，伤残过半，公与邑尹密祷于神，翼日蝗已扑灭矣，人皆以公为神明。

（明）张才辑：《弘治保定郡志》卷九，第 20 页，《天一阁藏明代方志选刊》，上海古籍书店，1981 年。

五、也蒲甘卜及其家族

也蒲甘卜，生卒年不详，唐兀氏，姓也蒲，又作野蒲氏，张掖人。是西夏将领，于夏仁宗天盛十三年（1161）率部归元太祖，隶蒙古军籍，为千户，奉旨管理河西人。跟随木华黎出征，因病卒。子昂吉儿，孙昂阿秃，《元史》均有传。也蒲甘卜家族文献记载的只有男性人物四代五人。

也蒲甘卜家族人物表

第一代	第二代	第三代	第四代
也蒲甘卜	昂吉儿	昂阿秃	教化的[②]
		暗普	

（1）也蒲甘卜传

也蒲甘卜，唐兀氏。岁辛巳，率众归太祖，隶蒙古军籍。奉旨同所管河西人，从木华黎出征，以疾卒。

子昂吉儿袭领其军[③]，征诸国有功。至元六年，授金符千户，从征蕲、黄、安庆等处。九年，易虎符，升信阳万户，从平章阿术南征，又有功，历淮西道宣慰使、参

① 即昔里教化。

② 昂吉儿子五人，有名望被记载的唯昂阿秃、暗普二人。教化的，是昂吉儿孙，但不知是谁之子。

③ 原注：子昂吉儿　《本证》云：“案叙甘卜止三十一言，详其子昂吉儿。昂吉儿自有传，亦载甘卜事。”《昂吉儿传》见卷一三二。

知政事、都元帅、庐州蒙古汉军万户府达鲁花赤、行省左丞相、尚书左丞，积官龙虎卫上将军。

二十一年，携其子昂阿秃入见。世祖命昂阿秃充速古儿赤。二十四年，随驾征乃颜有功，奉旨代其父职。二十六年，授庐州蒙古汉军万户府达鲁花赤。大德六年，领兵讨宋隆济等，以功受上赏。还镇庐州，以私财筑室一百二十余间，以居军士之贫者，省台以其事闻，特命升其秩，以金束带赐之。泰定四年卒。昂阿秃之弟暗普，由速古儿赤授金符、唐兀秃鲁花千户，后改授海北海南道廉访使。

(明)宋濂等撰:《元史》卷一百二十三，第3027—3028页，中华书局，1976年。

(2) 昂吉儿传

昂吉儿，张掖人，姓野蒲氏，世为西夏将家。岁辛巳，父甘卜率所部归太祖[①]，以其军隶蒙古军籍，仍以甘卜为千户主之。从木华黎出征，病卒。

昂吉儿领其父军，从征诸国有功。至元六年，授本军千户，佩金符。俄略地淮南，所向无前。时国兵初南，塞马当暑，往往疥疠，昂吉儿以所部马入太行疗之，所病良已。由是军中马病者，率以属焉，岁疗马以万数。宋输粮金刚台，意将深入，昂吉儿将兵驰往，断其输道，因上言："河南边郡与宋对境，宋兵时为边患，唐州东南皆大山，信阳在蔡州南，南直九里、武阳、平靖、五水等关，宋兵必经诸关以入，信阳实其咽喉，守御莫急焉。往年金亡，朝廷得寿、泗、襄、郢，而不留兵守，卒使宋得之，请城信阳，以扼宋。"得旨，令率河西军一千三百人城之，城成。

九年，加明威将军、信阳军万户，佩虎符，分木华黎及阿术所将河西兵俾将之。加怀远大将军。丞相伯颜渡江，留阿术定淮南东道，其西道则属之昂吉儿，驻兵和州。宋淮西制置夏贵遣侯都统将兵四万来攻，有谋内应者悉诛之，潜兵出千秋涧，塞其归路，因出城奋击，大败之，获人马千计。镇巢军降，阿速军戍之，人不堪其横，都统洪福尽杀戍者以叛。昂吉儿攻拔其城，擒福及董统制、谭正将。遂攻庐州，夏贵使人来言曰："公毋吾攻为也，吾主降，吾即降矣。"宋亡，贵举所部纳款。昂吉儿入庐州，民按堵无所犯，迁镇国上将军、淮西宣慰使。

宋丞相文天祥复起兵海道，舒民张德兴应之，袭破兴国、德安诸郡，还据司空山。诏昂吉儿攻之，一战而定，杀张德兴，执其三子以献。

江左初平，官制草创，权臣阿合马纳赂鬻爵，江南官僚冗滥为甚，郡守而下佩金符者多至三四人，由行省官举荐超授宣慰使者甚众，民不堪命。昂吉儿入朝，具为帝言之，且枚举不循资历而骤升者数人。帝瞿曰："有是哉!"因谓姚枢等曰："此卿辈所知，而不谓朕言，昂吉儿顾言之邪。"即命偕平章哈伯、左丞崔斌、翰林承旨和鲁火孙、符宝奉御董文忠减汰之，选曹以清。仍诏谕江淮军民，俾通知之。

---

① 原注：父甘卜 《考异》云："即也蒲甘卜也。《也蒲甘卜传》附书昂吉儿事，《昂吉儿传》又追叙甘卜事，两传重出。"《也蒲甘卜传》见《元史》卷一二三。

时两淮兵革之余，荆榛蔽野，昂吉儿请立屯田，以给军饷，帝从之。既而阿塔海言："屯田所用人牛农具甚众，今方有事日本，若复调发民兵，将不胜动摇矣。"议遂寝。未几，宣慰使燕〔公〕楠复以为言[①]，帝乃遣数千人，即芍陂、洪泽试之，果如昂吉儿所言，乃以二万兵屯之，岁得米数十万斛。加辅国上将军、河南行省参知政事、淮西宣慰使都元帅，进骠骑卫上将军、行中书省左丞，加龙虎卫上将军、行尚书省右丞，两官皆兼淮西使、帅。

日本不庭，帝命阿塔海等领卒十万征之。昂吉儿上疏，其略曰："臣闻兵以气为主，而上下同欲者胜。比者连事外夷，三军屡衄，不〔可〕以言气[②]，海内骚然，一遇调发，上下愁怨，非所谓同欲也，请罢兵息民。"不从。既而师果无功。

昂吉儿屡为直言，虽帝怒甚，其辞不少屈。台臣虑昂吉儿难制，以牙以迷失不畏强御，奏为本道按察使以察之。牙以迷失时捃摭昂吉儿细故以闻，及廷辨，帝察其无他，辄迁其官，后竟以微过罪之。元贞元年卒。

子五人，其显者曰昂阿秃，庐州蒙古汉军万户府达鲁花赤；曰暗普，海北海南道肃政廉访使。孙教化的，世袭千户。

(明)宋濂等撰:《元史》卷一百三十二，第 3213—3215 页，中华书局，1976 年。

(3) 昂吉尔，张掖人，世为西夏将家。父堪布率所部归元为千户，及卒。昂吉尔领父军，从征诸国有功，又略地淮南。世祖时，累官行尚书省右丞。时欲征日本，昂吉尔疏谏不从，既而师果无功。昂吉尔屡为直言，帝虽怒甚其辞不少屈。

(明)李贤、彭时等修撰:《明一统志》卷三十七，第 946 页，《景印文渊阁四库全书》第 472 册，(台北)"商务印书馆"，1986 年。

(4) 昂吉尔，张掖人，世为西夏将家。父堪布，率所部归元为千户。及昂吉尔领父军，从征诸国，有功，又略地淮南。世祖时，累官行尚书省右丞。时欲征日本，昂吉尔上疏极谏请罢兵息民，不从，既而师果无功。屡进直言，帝虽怒甚，其辞不少屈。

(清)许容等修:《甘肃通志》卷三十五，第 357 页，《景印文渊阁四库全书》第 558 册，(台北)"商务印书馆"，1986 年。

六、李桢

李桢(1200—1258)，字干臣。西夏皇族后裔，金末，中童子科，有文学造诣，以此步入仕途，被赐名玉出干必阇赤。在蒙古大军伐金、攻略南宋的战斗中，有谋略、勇敢，并且能体察民恤，重视儒士，先后以功佩金符，授军前行中书省左右司郎中，襄阳军马万户。随帝出征，卒于合州。

---

① 原注：燕〔公〕楠，从道光本补。按《元史》卷一七三有《燕公楠传》。

② 原注：不〔可〕以言气，原空阙，从道光本补。

(1) 李桢传

李桢，字干臣。其先，西夏国族子也。金末，桢以经童中选。既长，入为质子，以文学得近侍，太宗嘉之，赐名玉出干必阇赤。

从皇子阔出伐金，帝命之曰："凡军中事，须访桢以行。"及下河南诸郡，阔出遣桢偕吉登哥往唐、邓二州数民实，兵余岁凶，流散十八九。桢至，赈恤饥寒，归者如市。

十年，从大将察罕下淮甸。桢以功佩金符，授军前行中书省左右司郎中。桢奏寻访天下儒士，令所在优赡之。十三年，师围寿春，天雨不止，桢言于察罕曰："顿师城下，暑雨疫作，将有不利。且城久拒命，破必屠之，则生灵何辜。请退舍数里，身往招之。"从之。桢遂单骑入敌垒，晓以利害，明日，与其将二人率众来降。以功赐银五千两。

桢表言："襄阳乃吴、蜀之要冲，宋之喉襟，得之则可为他日取宋之基本。"定宗嘉其言。庚戌，赐虎符，授襄阳军马万户。丙辰，宪宗命桢率师巡哨襄樊。戊午，帝亲征，召桢同议事。秋九月，卒于合州，年五十九。

(明)宋濂等撰：《元史》卷一百二十四，第3050—3051页，中华书局，1976年。

(2) 李桢，西夏国族子。金末，以经童中选。既长入为质子，以文学得近侍。元太宗嘉之，后从伐金，及下淮甸，累官广阳军马万户。

(明)李贤、彭时等修撰：《明一统志》卷三十七，第931页，《景印文渊阁四库全书》第472册，(台北)"商务印书馆"，1986年。

(3) 李徵[李祯]，字干臣，西夏国族子。金末，以经童中选，既长，入为质子。以文学得近侍，元太宗嘉之。及下河南诸郡，兵余岁凶，民人流散，赈恤饥寒，归者如市。十三年，师围寿春，久雨不止，言于察罕，曰："城久拒命，破必屠之，生灵何辜，请身往招之。"遂单骑入，晓以利害，明日与其将率众来降。以功赐银五千两，后累官襄阳军马万户。

(清)许容等修：《甘肃通志》卷三十六，第374页，《景印文渊阁四库全书》第558册，(台北)"商务印书馆"，1986年。

七、高智耀及其家族

高智耀(1200—1265)，字显道，河西人。曾祖，高逸，仕夏为大都督府尹。祖父，良惠，仕夏为右丞相。[①] 夏乾定三年(1226)，智耀中进士第。元宪宗蒙哥时，提出免除儒士之徭役，发挥儒士之作用，置御史台等建议，被采纳。为翰林学士，西夏中兴等路提刑按察使。子高睿，孙

---

① 史料记载高智耀先祖信息有差异：虞集《道园类稿》卷二十五《重建高文忠公祠记》，第633页，《元人文集珍本丛刊》载："鲁大父西夏进士第一人。大父大都督府尹。考讳惠德，中书右丞相。"宋濂等撰《元史》卷一百二十五，第3072页载："曾祖逸，大都督府尹；祖良惠，右丞相。智耀登本国进士第，夏亡，隐贺兰山。"《元史》没有记载高智耀父亲的信息。

高纳麟，《元史》均有传。

高智耀家族人物表①

第一代	第二代	第三代	第四代	第五代	第六代	第七代	第八代
高逸	高良惠	高惠德	高智耀	高某			
				高长寿			
				高睿	高纳麟	高安安	
						高埙	高玉林

（1）高智耀传　子睿附

高智耀，河西人，世仕夏国。曾祖逸，大都督府尹；祖良惠，右丞相。智耀登本国进士第，夏亡，隐贺兰山。太宗访求河西故家子孙之贤者，众以智耀对，召见将用之，遽辞归。

皇子阔端镇西凉，儒者皆隶役，智耀谒籓邸，言儒者给复已久，一旦与厮养同役，非便，请除之。皇子从其言。欲奏官之，不就。宪宗即位，智耀入见，言："儒者所学尧、舜、禹、汤、文、武之道，自古有国家者，用之则治，不用则否，养成其材，将以资其用也。宜蠲免徭役以教育之。"帝问："儒家何如巫医？"对曰："儒以纲常治天下，岂方技所得比。"帝曰："善。前此未有以是告朕者。"诏复海内儒士徭役，无有所与。

世祖在潜邸已闻其贤，及即位，召见，又力言儒术有补治道，反覆辩论，辞累千百。帝异其言，铸印授之，命凡免役儒户，皆从之给公文为左验。时淮、蜀士遭俘虏者，皆没为奴，智耀奏言："以儒为驱，古无有也。陛下方以古道为治，宜除之，以风厉天下。"帝然之，即拜翰林学士，命循行郡县区别之，得数千人。贵臣或言其诡滥，帝诘之，对曰："士，譬则金也，金色有浅深，谓之非金不可，才艺有浅深，谓之非士亦不可。"帝悦，更宠赉之。智耀又言："国初庶政草创，纲纪未张，宜仿前代，置御史台以纠肃官常。"至元五年立御史台，用其议也。

擢西夏中兴等路提刑按察使。会西北籓王遣使入朝，谓："本朝旧俗与汉法异，今留汉地，建都邑城郭，仪文制度，遵用汉法，其故何如？"帝求报聘之使以析其问，智耀入见，请行，帝问所答，畫一敷对，称旨，即日遣就道。至上京，病卒，帝为之震悼。后赠崇文赞治功臣、金紫光禄大夫、司徒、柱国，追封宁国公，谥文忠。子睿。

睿，资禀直亮，智耀之北使也，携之以行。及卒，帝问其子安在，近臣以睿见，时年十六。授符宝郎，出入禁闼，恭谨详雅。久之，授唐兀卫指挥副使，历翰林待

①　高智耀家族人物表主要依据《元史》卷一百二十五《高智耀传》，虞集撰《道园类稿》卷二十五《重建高文忠公祠记》，钱大昕《元史氏族表》卷二《高氏世仕夏国》史料建立。

制、礼部侍郎。

除嘉兴路总管，境内有宿盗，白昼掠民财，捕者积十数辈莫敢近。睿下令，不旬日，生擒之，一郡以宁。擢江东道提刑按察使，部内草窃陆梁，声言围宣城，郡将怯懦，城门不开，睿召责之曰："寇势方炽，官先示弱，民何所凭。"即命密治兵卫，而洞开城门，听民出入贸易自便。既而寇以有备，不敢进，遂讨平之。除同佥行枢密院事，迁浙西道肃政廉访使。盐官州民，有连结党与，持郡邑短长，其目曰十老，吏莫敢问，睿悉按以法，阖境快之。拜江南行台侍御史，进御史中丞，除淮东道肃政廉访使。盗窃真州库钞三万缗，有司大索，追逮平民数百人，吏因为奸利，睿躬自详谳而得其情，即纵遣之。未几，果得真盗。复拜南台御史中丞，务持大体，有儒者之风焉。

延祐元年卒，年六十有六。累赠推忠佐理功臣、太傅、开府仪同三司、上柱国，追封宁国公，谥贞简。

子纳麟，官至太尉、江南诸道行御史台大夫。

(明)宋濂等撰:《元史》卷一百二十五，第3072—3074，中华书局，1976年。

(2) 重建高文忠公祠记

洪惟我国家之兴，圣神继作，亲御百万之众，四征不庭，豪杰并起而辅之。武功度越于前古，文治盖未遑也。表里经纬之成能，左右弥纶之大业，天实启之，有开必先，则存乎其人矣。故宁国高文忠公，抗正言于干戈抢攘之中，存儒术于涂炭颠沛之极，我朝儒业之不泯，实权舆于此。尸而祝之，亦人心之不能自已者也。儒之为道本于天理民彝，纲常立而天下之为父子君臣者，定非百家众艺之可同也。汉时列儒家于九流，盖其智不足以知之也。宋之君子所以深叹，夫千载无真儒，百世无善治也。道学之传方明，而汴宋已南渡，遗闻之存中州者或熄矣。金之有国，百年而亡，生民之类几绝，文学何有哉！西夏盛强之时，宋人莫之能御也。学校列于都邑，设进士科以取人，尊信仲尼以"素王"之名号，为未极于褒崇，则文风亦赫然昭著矣哉！其后兵火相寻于无穷，而所谓儒亦寥寥矣。向非上天悔祸，沐浴圣元之治化，则斯文之盛，安得有今日之事哉？西夏之丧亡，公以丞相子，又举进士第二人，抱道怀艺，不忍其宗国之颠覆，去之贺兰之山隐焉。

太宗皇帝还师西南，行定夏地，以名征公于贺兰，访问之勤，深感上意，留侍久之，听归旧隐，盖将有文献之征于公也。皇子之镇西凉也，大发民为兵，儒家在行，公上谒，力言其不可，盖儒者之有用，不在荷戈与殳也。以其言而罢之。宪宗皇帝之初，议者又欲籍儒为兵，公又力言之，上乃问公曰："儒之为用，视巫医何如?"公曰："非此之谓也，昔之有天下者，用儒则治，舍儒则乱，则其效也。盖以为儒者以仁义为本，未有仁而遗其亲者也，未有义而后其君者也。为臣而忠，为子而孝，儒之教也。"上善之曰："前未有以此告朕者。"儒者得复不与，自此始。

世祖皇帝建元立极，置官府，定制度，列群臣以共天职，而命公专领汉、夏诸儒之事焉。是时军旅未息，西北之儒多在俘虏中，公请于朝，皆遣为良民，或先以钱得之者，官出钱以赎，遣使棟阅，得儒者数千人。或议其诡滥，上以诘公，公对曰："均之金也，色有浅深，谓非金不可。均之士也，学有优劣，谓非士不可。"噫！汉、夏之地方数千里，不能使数千人学道以备朝廷无穷之用乎！此公之深意也。于是以儒为户，始有别籍。至元八年，有旨若曰："凡儒人壬子年在别籍，中统四年未附籍及漏籍者，并高智耀赎诸驱虏者，尽使阅实，有文学者复其家，凡民家子通文学者复其身。著为令甲。"及天兵灭宋，时鼙鼓之声未绝于城邑，而弦诵之习不辍于户庭，章甫缝掖于于然彬彬然，得以修其专门名家之学者，则又公赐之所及也。

古之祠先师于乡者，或取他国之先师而合之，而东南之学间有祠公者，礼有举之而莫之废也。龙兴东湖书院者，本其郡李氏讲学之地，后列于学宫。内附后，有题木主祠公于礼殿之东庑，西向。天历二年，公之孙，今中书平章纳麟监宪江右，尝至东湖见焉。再拜兴退，谓其人曰："是我先大父也。"谦不敢有所言。而士民相与增修其祠，肖其像而礼之。后三年，副提学前进士高若凤刻公家传于祠之石。至正五年，监宪刘公沙剌班、宪使河内李公守仁、副使宁夏脱脱公、经历东平司君允德、知事河中张君汝遴皆以经学古道会于江右，时和岁丰，有司率职，日多清暇，观诸学舍，凡可以作新斯民以教当世者，群公一心，无所不尽其道焉。张掖公每退食，亲与诸生讲学，其至东湖也，谓东庑之祠为未安，以五月某日迁公之祠于礼殿之前右，与周、程等九儒同序而异室，皆东向，每至，必亲程之。专董其役者，宪史阿里沙也。六月某日毕工，材坚而藻丽，可以经久，舍菜以告成。乃命郡录事前进士李廉述其状，而使山长梁观先、佐书黄钟来求为文以记之。

呜呼！斯文之在人者，即其在天者也。我朝文教之所自，端绪可考如此，今诸公之在斯堂也。本诸圣贤之传，以宣明圣朝之治化，观诸前后左右，未有如吾江右今日之盛者也。平章昔持宪时救荒，有大功于民，刻石在宪府，扬历中外，所至有异政。今从丞相事明主，不动声色，奉社稷于泰山之安，大抵文忠公教忠之遗训也夫。

公讳智耀，字显道，鲁大父西夏进士第一人。大父大都督府尹。考讳惠德，中书右丞相，国朝赠荣禄大夫、平章政事、柱国、宁国公，谥康靖。公于至元某年特赠西夏中兴等路提刑按察使。世皇将有谕于北方，选以为使，未行，以疾薨。特赠崇文赞治功臣、金紫光禄大夫、司徒、柱国、宁国公，谥文忠。三子：长某，蚤卒；次长寿，佥行枢密院；次睿，自符宝郎官至御史中丞，赠推忠佐理功臣、开府仪同三司、上柱国、宁夏公，谥贞简。[1] 行事爵里，则有国史家传在，平章公其子也。

---

① 《元史氏族表》卷二作"忠简"。

(元)虞集撰:《道园类稿》卷二十五,第630—633页,《元人文集珍本丛刊》(五),新文丰出版公司,1985年。

(3) 高智耀,河西人,世仕夏。祖良惠,为右丞相。智耀登本国进士,夏亡,隐贺兰山。元太宗召见将用之,遽辞归。后入见宪宗,言儒者宜蠲徭役。世祖时,又言儒术有补治道。拜翰林学士,迁西夏中兴等路提刑按察使。卒,追封宁国公,谥文忠。

(明)李贤、彭时等修撰:《明一统志》卷三十七,第931页,《景印文渊阁四库全书》第472册,(台北)"商务印书馆",1986年。

(4) 高学士

国朝儒者,自戊戌选试后,所在不务存恤,往往混为编氓。至于奉一札十行之书,崇学校,奖秀艺,正户籍,免徭役,皆翰林学士高公智耀奏陈之力也。公河西人,今学校中,往往有祠之者。

(明)陶宗仪撰:《南村辍耕录》卷二,第431页,《景印文渊阁四库全书》第1040册,(台北)"商务印书馆",1986年。

(5) 高文忠公专祠碑　高若凤

天地间贞元之会,尝旷世而不一遇,其遇之也,必有非常之人出乎其间,以为天地立心,生民立命,以继绝学,以开太平。故孟轲氏云:"五百年必有王者兴,其间必有名世者。"孟氏以命世之材而不遇贞元之会。厥后,汉之兴,高帝以马上得天下而有陆贾说以《诗》《书》。唐之兴,太宗定天下,秉白旄、黄钺而有房、杜以文学为之相。三代而下,汉唐有国皆数百年,兴王之运,明良际遇,非偶然也。孟氏之说,至是而益验。洪惟皇元,太祖皇帝以神武兴朔方,太宗皇帝夷灭西夏,龙战鹰扬,时方以骁勇相尚。而高公智耀独守儒术,隐贺兰山中,太宗雅闻其贤,召见,为陈帝王之道,惊曰:"如此好言,前此所未闻也。"世祖皇帝混一朔南,尤被宠遇,呼为"高秀才"。公专以儒道启沃圣衷,尝奏:"儒士师圣人之道,今没为隶,不可。"官为给价赎为良民者,凡三千余。又奏:"儒士教人以礼义,宜复其家。"遂蠲儒徭役,且各着于令。或以冒议公,公曰:"儒辟则金也,谓金色有浅深则可,谓非金,则不可也。"上嘉纳焉。由是许文正公诸儒相继登崇,儒道之显于皇元,实自公发之也。世祖皇帝授提刑按察使,行且大用,寻卒。天下学校不忘公之德,与许公并祀。公之子睿,仕至南台御史中丞。公之孙纳琳,见任江浙省右丞,世共称其贤。朝廷赠公崇文赞治功臣、金紫光禄大夫、司徒、柱国、宁国公,谥文忠。至元后庚辰春正月,儒学教授谢亨祖,上诸儒议,谓:"诸郡于公皆有专祠,且公之子孙世居此邦,则公之神游八极,昭格贯通,宁不眷恋于吴而独阙然于专祠之奉,甚失所以崇明祀之意。"遂移公牍。援杭学例,设专祠,以春秋仲丁日,祭以少牢,肖像设主,祀事孔虔,且俾余纪之,使来者有所考。按《礼经》:"法施于民则祀之,以劳定国则祀之。"今公以儒道佐我太宗皇帝、世祖皇帝,使二帝三皇之治,三纲五常之道，粲然大明于世，则于施民之法、定国之劳，孰有加于此哉？缅惟此邦，在宋仁宗范文正公仲淹，以儒术参大政，其子纯仁位至丞相，而文正专祀之奉三百年如一日。今公之德业照耀史册，而子孙名位世济其美，与范氏等，则此邦有文正之专祠显其前，有文忠公专祠继其后，二专祠之奉，相为无穷。凡过祠下而仰瞻者，宁有不起敬而以为儒道之可尊者乎？或曰："公之子孙，蒸尝之祭有家庙在，在公宁能舍家庙之祭而歆学校之祀乎？"曰："家所独也，专祠所同也。公之神灵在天下，如月在天，但有此水即有此月，月之于水，岂有所择乎？"于是系之诗曰：皇奋厥武，威震穹垠。天戈所指，悉主悉臣。不有元哲，孰开人文。贞元之会，笃生异人。隐于贺兰，韫玉席珍。赫赫太宗，征召是勤。世皇抚运，宠顾殊伦。从容献纳，非道不陈。士脱囚奴，儒蠲徭役。诵诗读书，人皋家稷。茅拔茹连，我公是力。惟兹吴会，专祠肇辟。肖像俨然，有严有翼。祀事孔虔，以报明德。勒诗贞珉，永永无斁。至正元年二月立石。

(明)钱谷辑：《吴都文粹续集》卷三，第79—81页，《景印文渊阁四库全书》第1385册，(台北)"商务印书馆"，1986年。

(6) 高智耀，河西人，世仕夏国。祖良惠，为右丞相。智耀登本国进士第，夏亡，隐贺兰山。元太宗访河西故家子孙贤者，召见将用之，遽辞归。皇子库腾镇西凉，儒者皆隶役，智耀谒藩邸，请除之，欲奏官之，不就。宪宗即位，智耀入见，言："儒者所学尧、舜、禹、汤、文、武之道，自古有国家者，用之则治，不用则否，养成其材，将以资其用也。宜蠲免徭役以教育之。"诏复儒士徭役，无有所与。世祖即位，召见，又力言儒术有补治道。时淮、蜀士俘者，皆没为奴，智耀请除之，帝从其言。即拜翰林学士，命循行郡县区别之。智耀又言："宜仿前代置御史台，以纠肃官常。"从之。擢西夏中兴等路提刑按察使。卒，赠司徒、柱国，追封宁国公，谥文忠。子，睿，年十六，授符宝郎，出入禁闼，恭谨详雅。除嘉兴路总管，生擒宿盗，一郡以宁。擢江东道提刑按察使，讨平草窃。迁浙西道肃政廉访使，按治奸民。除淮东道肃政廉访使，纵遣无辜，皆有政绩。复拜南台御史中丞，务持大体，有儒者风。卒，赠太傅，谥贞简。

(清)许容等修：《甘肃通志》卷三十五，第363页，《景印文渊阁四库全书》第558册，(台北)"商务印书馆"，1986年。

(7) 高睿，智耀子。年十六，授符宝郎，出入禁闼，详雅恭谨，历嘉兴路总管，浙西、淮东廉访使。所至有政绩，两为南台御史中丞，务持大体，有儒者之风。卒，赠太傅，谥贞简。子纳麟，官至太尉。

(明)李贤、彭时等修撰：《明一统志》卷三十七，第931页，《景印文渊阁四库全书》第472册，(台北)"商务印书馆"，1986年。

(8) 高睿，河西人，性直亮。时江淮盗有窃库钞，逮及平民者，睿躬详谳悉，纵遣之，未几，果得真盗。居官务持大体，有儒者之风。

(明)申嘉瑞,李文,陈国光修:《隆庆仪真县志》卷五,第19页,《天一阁藏明代方志选刊》,上海古籍书店,1963年。

(9) 高睿,《元史·高智耀传》:睿,河西人。除嘉兴路总管,境内有宿盗,白昼掠民财,捕者莫敢近,睿下令,不旬日,生擒之,一郡以宁。擢江东道提刑按察使,除同佥行枢密院事,迁浙西道肃政廉访使。盐官州民,有连结党与,持郡邑短长,目曰十七,吏莫敢问,睿悉按以法,阖境快之。拜南台御史中丞,封宁国公,谥贞简。

(清)沈翼机,傅王露修:《浙江通志》卷一百四十七,第26页,《景印文渊阁四库全书》第523册,(台北)"商务印书馆",1986年。

(10) 纳麟传

纳麟,知曜之孙,睿之子也。大德六年,纳麟以名臣子,用丞相哈剌哈孙答剌罕荐,入备宿卫。十年,除中书舍人。至大四年,迁宗正府郎中。皇庆元年,擢佥河南廉访司事。延祐初,拜监察御史。以言事忤旨,仁宗怒叵测,中丞朵儿只力救之乃解。又言风宪恃纠劾之权而受人赂者,宜刑而加流。四年,迁刑部员外郎。六年,出为河南行省郎中。至治三年,入为都漕运使。泰定中,擢湖南、湖北两道廉访使。

天历元年,除杭州路总管。锄奸去蠹,吏畏民悦。明年,改江西廉访使。南昌岁饥,江西行省难于发粟。纳麟曰:"朝廷如不允,我当以家资偿之。"乃出粟以赈民,全活甚众。平章政事把失忽都贪纵不法,纳麟劾罢之。至顺元年,拜湖广行省参知政事。元统初,召为刑部尚书,未至,改江南行台治书侍御史。寻升中丞。至元元年,召拜中书参知政事,迁同知枢密院事。寻出为江浙行省右丞,乞致仕,不允,除浙西廉访使,力辞不赴。

至正二年,除行宣政院使。上天竺耆旧僧弥戒、径山耆旧僧惠洲,恣纵犯法,纳麟皆坐以重罪。请行宣政院设崇教所,拟行省理问官,秩四品,以治僧狱讼,从之。寻为江浙行省平章政事。三年,迁河南行省平章政事。明年,入为中书平章政事。七年,出为江南行台御史大夫。寻召拜御史大夫,所荐用御史,必老成更事者。八年,进金紫光禄大夫,请老,不许,加太尉。御史劾罢之。退居姑苏。

十二年,江淮盗起,帝命为南台御史大夫。纳麟承诏即起。仍命兼太尉,设僚属,总制江浙、江西、湖广三省军马。诏遣直省舍人海玉传旨慰谕之。纳麟北面再拜曰:"臣虽耄老,敢不黾勉从事,尽余生以报陛下。"至则修筑集庆城郭。会江浙杭城失守,淮南行省平章政事失列门引兵往援,次于采石。纳麟使止之曰:"闻杭贼易破不足忧,今宣城危急,先宜以兵救宣城。"乃调典瑞院使脱火赤率蒙古军应之,大破贼于峒下门,宣州以安。已而贼陷徽州、广德、常州、宜兴、溧水、溧阳,蔓延丹阳、金坛、句容,略上元、江宁,游兵至钟山,集庆势甚危。纳麟乃力疾治兵,部署士卒,命治书侍御史左答纳失理守城中,中丞伯家奴戍东郊。是时湖广行省平章政事也先帖木儿军和州，纳麟遣使求援。也先帖木儿曰："我奉命镇江北，不敢往援江东。"纳麟复遣监察御史郑郊力促其行。也先帖木儿引步骑度采石，至台城，入候纳麟疾。纳麟喜，即以其故闻于朝。已而也先帖木儿兵东趋秣陵，杀贼二千余人，平湖熟镇，尽复上元、江宁境，乘胜入溧阳、溧水，贼溃奔广德；其据龙潭、方山者奔常州。时江浙行省平章政事三旦八、右丞佛家闾亦引兵来会。所在群贼皆败北，州郡悉平。

十三年，纳麟固请谢事，从之，命太尉如故，乃退居庆元。十六年九月，诏以江南行台移置绍兴，复以纳麟为御史大夫，仍太尉。明年，移治绍兴。十八年，赴召，由海道入朝，至黑水洋，阻风而还。十九年，复由海道趋直沽。山东俞宝率战舰断粮道，纳麟命其子安安及同舟人拒之，破其众于海口。八月，抵京师。帝遣使劳以上尊，皇太子亦馈酒脯。而纳麟感疾日亟，卒于通州。年七十有九。

(明)宋濂等撰：《元史》卷一百四十二，第3406—3408页，中华书局，1976年。

(11) 高纳麟，《元史·高睿传》：纳麟，智曜孙，睿之子也。天历元年，除杭州路总管。锄奸去蠹，吏畏民悦。为江浙行省右丞，除浙西廉访使，行宣政院使。上天竺耆旧僧弥戒、径山耆旧僧惠洲，恣纵犯法，纳麟皆坐以重罪。请行宣政院设崇教所，拟行省理问官，秩四品，以治僧狱讼，从之。寻为江浙行省平章政事。十二年，江淮盗起，帝命为南台御史大夫，兼太尉，设僚属，总制江浙、江西、湖广三省军马。十六年，诏以江南行台移置绍兴，以纳麟为御史大夫，仍太尉。

(清)沈翼机，傅玉露修：《浙江通志》卷一百四十七，第27页，《景印文渊阁四库全书》第523册，(台北)"商务印书馆"，1986年。

(12) 弹西夏中兴路按察使高智耀不当状

切惟按察司所行，轻则弹劾奸邪，重则抑按暴乱，为使者务要刚明知体，临事有为，故风彩所加，百城震肃。今体察得西夏中兴路提刑按察兼劝农使高智耀资性罢软，不闻有为。事佛敬僧乃其所乐，迹其心行，一有发僧耳。既乏风宪之材，难处搏击之任；兼河西土俗，太半僧祇，初闻智耀来官，已为望风轻易，故理任已来，所行淹阻，略不见惮，欲望宣明教化、问民疾苦、镇静一道难矣哉！如近者刁良和尚等事，此其验也。合无别选材能以代厥职，不然，虽复别有区处，既非其人，恐终不能震叠，不惟亏损朝廷威重，使五郡冤抑之民，一经赴诉，彼强暴者加怨前时，而平民转罹殃咎，其或使之强为因，而别生事端，尤为未便。参详至此，择人而代，似不宜缓，据此合行纠呈。

(元)王恽撰：《秋涧先生大全文集》卷八十六，第416页，《元人文集珍本丛刊》(二)，新文丰出版公司，1985年。

(13) 上高纳麟大夫书

盖闻有功不赏有罪不诛，虽尧舜不能治天下。方今盗贼扰攘之余，黎庶恐惧之日，握兵权而任民牧者，贤否不同，苟不定其功罪而劝惩之，则恶者以肆，善者以怠，盗贼何由而息、黎庶何由而安乎？夫鉴之明也，妍媸不可遁；衡之平也，轻重不可欺。苟非在我者如衡鉴之无私，欲定人之功罪，其亦难矣。

恭惟阁下忠诚格君，仁爱及物；扬历中外，有年于兹；上为九重之所眷注，下为四海之所瞻依；当世名卿无出其右者。毅也山林朴学，读古人之书，观古人有泽被生民名垂后世者，慨然想见其人于千载之上，所谓“我思古人，实获我心”，此之谓也。况当世之大人君子，德行政事足以配古人而获我心如阁下者，仰盛德而慕盛名，实有日矣。顾以气体甚弱，齿发蚤衰，不能千里裹粮，厕下客之末，以观贤人之光；谨遣学徒胡深齐书以献。

窃惟好善恶恶，激浊扬清，方寸之间如衡如鉴，足以定人之功罪而黜陟之，舍阁下而谁望哉？正宜明目张胆，是是非非，凡为军民之长者，其人果有功也，则断然而拔擢之；其人果有罪也，则断然而黜退之。夫如是则其清浊无所混淆，善恶有所分别。将见盗贼闻风而向化，黎庶蒙恩而乐业。非特可以复祖宗之盛时，抑亦可以致唐虞之至治矣。岂不休哉！岂不休哉！若夫有功有罪之人，四方之远虽不能周知，目见而耳闻者，请略陈一二：

去年秋冬间，盗自浦城入寇弊邑之西鄙，又有松溪入寇庆元，逼弊邑之南鄙；竭忠奋力，调偏裨、募义兵、卒殄元凶余孽，保障浙东，石抹万户之功也。望风奔溃，以致盗贼长驱而至，上辱国家，下误生民，张推官之罪有不可胜诛者。幸遇而免，恬不知耻，犹以统兵自尊，科取有司，无所不至，有司又复取之于民，闾阎之间衔怨已极，倘有数十人奋梃而起，又将奔溃如前日矣。岂不殆哉！区区愚虑，切以为石抹万户人品甚高，威名素著，廉能两尽，官吏畏而服之；宽猛并行，军士敬而爱之。阁下当力荐诸朝，又当便宜委任。即使之分阃处郡，守兹一方，不惟数百万苍生得以奠枕无忧，其功业光辉得以概见于世，天下识者莫不颂阁下知人之明矣。如张推官者，非特不可以握兵权，亦不可使之任民牧。阁下当首鲠直言，义形于色，劾而去之。是亦阁下与民除害，职分当为之事也。然此二人者，特功之首、罪之魁已耳，至于佐助石抹万户平寇、羽翼张推官害民者，固有其人，未暇悉数，胡深等能为阁下详言之。毅安贫守贱，无求于世，彼之功罪，已何与焉，第以小人用则民受其殃，君子进则民被其泽，故思出其位，犯非其分，而不容缄默。语曰：“唯仁者能好人能恶人。”毅虽不敏，窃自附于古之仁人，唯阁下其垂察焉。

(元)王毅著：《木讷斋文集》卷三，第236—237页，《续修四库全书》第1324册，上海古籍出版社，2002年。

(14) 与高纳麟监司书①

某自去夏金陵饯别恰一载，中间每蒙流问之及，而不能奉一书问安好者，惧

---

① 韩荫晟：《党项与西夏资料汇编》(上卷第一册)，第329页，宁夏人民出版社，1983年。文献来源为《蒲室集·书》有误。

渎清严耳。常念在钱唐时，多感庇护，来此又出揄扬之赐，每恐不称，有累高明也。喜往来者诵善政不辍口，而江右为不肖故里，何其幸耶？然饥荒之余，劝分赈恤，大劳神思，活人千万，子孙当世享其报。幸冀终惠，以怀仰不忘。闻馆驿中有公差书吏回，谨具状附问，他无所言。惟恕察不宣。

(明)来复撰，法住编：《蒲庵集》，第 108 页，《禅门逸书》(初编第 7 册)，(台北)明文书局，1981 年。

(15) 美太尉高公诗序

至正九年秋，御史大夫高公告老于朝，情实恳至，天子察其诚，乃可其请。以太尉致政，而南居于苏，饮食起处，衎衎如少壮时。既恬以娱，无与外事。如是者二年，天子念其劳，乃遣使赍金币、上尊酒，仍计其岁俸之全以赐之。使者至，邦人聚观于巷于门，欢喜歆羡，举手而言曰："有是哉！公之多福也。昔公以世爵之重，服劳皇家，出入台省，于兹有年。方将以耆德夙望为国柄用，而乃辞宠禄而不居，安乐闲而自适，荣名寿考，于焉允臧。由是观之，所以受今日之多福者，其致此必有道矣。易曰劳而不伐，有功而不德，此公之所以受福也。"又曰："王三锡命，承天宠也，此公所以受福之多也。然则我国家优崇老臣之意，非公其谁当之。"于是邦之士子，咸愿作为歌诗以颂公之福于未艾焉。

(元)李祁撰：《云阳集》卷六，第 689—690 页，《景印文渊阁四库全书》第 1219 册，(台北)"商务印书馆"，1986 年。

(16) 御史大夫纳璘　《元史》作"麟"

纳璘字文璨，河西人。祖高知耀，官中兴等路按察使。父睿官南台御史中丞。大德六年，纳璘以名臣子入备宿卫，除中书舍人。皇庆初，擢迁河南廉访司事。延祐初，拜监察御史，出为河南行省郎中。至治间，入为都漕运使。泰定中，擢湖南湖北两道廉访使。天历初，除杭州路总管，改江西廉访使。至顺元年，拜湖广行省参知政事。元统初，改江南行台治书侍御史，寻升中丞。至元元年，召拜中书参知政事，出为江浙行省右丞。至正二年，进平章政事，迁河南，入为中书平章政事，出为江南行台御史大夫，寻召拜御史大夫，加太尉，退居姑苏。江淮盗起，命为南台御史大夫，设僚属，总制江浙江西湖广三省军马。后以疾固请谢事，从之。十六年，诏以江南行台移置绍兴，复为御史大夫。十九年，赴召抵京师，感疾，卒于通州。年七十有九。

题第一山答余廷心[1]

一山松桧巢归鹤，五塔香灯送落晖。

惟有玻璃同我志，闲来时复濯缨归。

---

[1] 学界认为此诗作者纳麟，字文灿，与高纳麟不是同一人，见本书"研究篇"一，即邓文韬：《增订〈元代西夏人物表〉》考订。

(清)顾嗣立、席世臣编:《元诗选》(癸集下),第942页,中华书局,2001年。

(17) 纳琳,以名臣子用荐,入备宿卫。天历二年,为江西廉访使。南昌岁饥,江西行省难于发粟,纳琳曰:"朝廷如不允,当以家赀偿之。"乃出粟以赈民,全活甚众。平章政事把失忽都贪纵不法,纳琳劾罢之。按林《志》、安《志》作高纳琳,白《志》据史改正。《元史》

(清)谢旻等监修:《江西通志》卷五十七,第26页,《景印文渊阁四库全书》第515册,(台北)"商务印书馆",1986年。

(18) 讥省台

集庆失守,行御史台移置绍兴路,前御史大夫纳琳再任。时浙省丞相达实特穆尔得便宜行事,民间颇言其贪。后又以大夫子安安判行枢密院,护台治,大夫之政,一听决于院判。有人作诗云:"旧省新丞相,新台旧大夫。大夫听子语,丞相爱金珠。"又有人大书于台之门曰:"包苴贿赂尚公行,天下承平德未能。二十四官徒獬廌,越王台上望金陵。"

(明)陶宗仪撰:《南村辍耕录》卷二十三,第666页,《景印文渊阁四库全书》第1040册,(台北)"商务印书馆",1986年。

(19) 哀高照磨　有序

奉符高孝子名,自松入池,迁父照磨公葬,将归祔先陇也。予嘉名孝,尝赠诗。一日拜予且泣曰:"名家本汴大族,高曾祖并仕金节度使,子孙散处青齐。先君脱禄下位,蕴弗大施,殁于乱。平生行义粗具。池阳洪仲遵,九江僧观空海序文,敢复以哀诗请。"公盖岑讳,长卿字,性刚洁,遇事不阿挠,俗号别子。初为掾集庆,会大夫纳麟建议溧、阳二州漕粟,舟缭二千里始抵龙湾,候海运,民病之。宜兴距二州百里,听民陆輂置仓便。公于是将命,中书往复论列利害。几二载,不以艰窭受揽输豪氓所赂,神疲虑殚,克允厥猷者,公之力也。既调池,民有以筒密藏银策十双,用报德,觉焉怒,民挟筒退。兵兴,达识丞相以分帅曲律荐,版授池州路照磨。军缺储,礼劝义激,巨室咸惟命,时至正十五年也。越二年,江北南皆敌境,池最后陷,曲律帅被执不屈,死。公尚督战备于外,闻池不守,遂隐九华,复徙建德,明年卒。其友陈中殡之,敬哀以诗曰:

"白首操冰檗,青衫困简书。
日回戈浸远,山采蕨无余。
多士文潜德,遗民式葬墟。
儿贤天所报,骸骨遂归欤。"

(元)王逢撰:《梧溪集》卷五,第545页,《北京图书馆古籍珍本丛刊》95,书目文献出版社,2000年。

(20) 高琐

琐,枢密院经历。

(清)钱大昕著:《元史氏族表》卷二,第155页,《丛书集成初编》,中华书局,1991年。

(21) 高玉林

玉林,字岳文,行台御使,广东廉访佥事,入明为永平府通判。

(清)钱大昕著:《元史氏族表》卷二,第155页,《丛书集成初编》,中华书局,1991年。

八、来阿八赤

来阿八赤(?—1288),又称阿八赤、来阿八齐,宁夏人,父术速忽里。宪宗蒙哥伐宋入川,与父一同随征。阿八赤监元帅纽邻军,驻守重庆下流之铜罗峡,击败宋军。至元七年,南征襄樊,督运粮草器械。十四年,授中顺大夫、同知尚膳院事。十八年,佩三珠虎符,授通奉大夫、益都等路宣慰使、都元帅。又带兵万人,负责开挖运河,任胶莱海道漕运使。二十一年,任同佥宣徽院事,继任征东招讨使。二十二年,授征东宣慰使、都元帅。二十四年,授湖广等处行尚书省右丞,随皇子镇南王征交趾,中毒矢卒。子寄僧,为水达达屯田总管府达鲁花赤。孙完者不花,同知潮州路总管府事。

来阿八赤家族人物表

第一代	第二代	第三代	第四代
术速忽里	来阿八赤	寄僧	完者不花
			秃满不花
			也先不花
			太不花

(1) 来阿八赤传

来阿八赤,宁夏人。父术速忽里,归太祖,选居宿卫,继命掌膳事。宪宗即位,大举伐宋,攻钓鱼山,命诸将议进取之计,术速忽里言于帝曰:"川蜀之地,三分我有其二,所未附者巴江以下数十州而已,地削势弱,兵粮皆仰给东南,故死守以抗我师。蜀地岩险,重庆、合州又其藩屏,皆新筑之城,依险为固,今顿兵坚城之下,未见其利。曷若城二城之间,选锐卒五万,命宿将守之,与成都旧兵相出入,不时扰之,以牵制其援师。然后我师乘新集之锐,用降人为乡导,水陆东下,破忠、涪、万、夔诸小郡,平其城,俘其民,俟冬水涸,瞿唐三峡不日可下,出荆楚,与鄂州渡江诸军合势,如此则东南之事一举可定。其上流重庆、合州,孤危无援,不降即走矣。"诸将曰"攻城则功在顷刻",反以其言为迂,卒不用。

于是博选宿卫中材力可任用者,以阿八赤奉命往监元帅纽邻军,遏宋人援兵,驻重庆下流之铜罗峡,夹江据崖为垒。宋都统甘顺自夔州溯流西上,乘舟来攻。阿八赤预积薪于二垒,明火鼓噪,矢石如雨,顺流而进,宋人力战不能支,退保西岸,敛兵自固。黎明复至,阿八赤身率精兵,缘崖而下,战舰复进,宋人败走,杀伤数千人。帝闻而壮之,赐银二铤。

宪宗崩，阿八赤从父倍道归燕。世祖即位，问以川蜀之事，阿八赤历陈始末，诵其父前所言以对，世祖抚掌曰："当时若从此策，东南其足平乎。朕在鄂渚，日望上流之声势耳。"

至元七年，南征襄樊，发河南、北器械粮储悉聚于淮西之义阳。虑宋人剽掠，命阿八赤督运，二日而毕。既还，世祖大悦，以银一铤赐之。十四年，立尚膳院，授中顺大夫、同知尚膳院事。十八年，佩三珠虎符，授通奉大夫、益都等路宣慰使、都元帅。发兵万人开运河，阿八赤往来督视，寒暑不辍。有两卒自伤其手以示不可用，阿八赤檄枢密并行省奏闻，斩之以惩不律。运河既开，迁胶莱海道漕运使。二十一年，调同佥宣徽院事。辽左不宁，复降虎符，授征东招讨使。阿八赤招徕降附，期以自新，远近帖然。二十二年，授征东宣慰使、都元帅。

皇子镇南王征交趾，授湖广等处行中书省右丞，召见，世祖亲解衣衣之，并金玉束带及弓矢甲胄赐焉。二十四年，改湖广等处行尚书省右丞，诏四省所发士马，俾阿八赤阅视。九月，领中卫亲军千人，翊导皇子至思明州。贼阻险拒守，于是选精锐与贼战于女儿关，斩馘万计，余兵弃关走。于是大军深入，进至交州，陈日烜空其城而遁。阿八赤曰："贼弃巢穴而匿山海者，意待吾之敝而乘之耳。将士多北人，春夏之交瘴疠作，贼弗就擒，吾不能持久矣。今出兵分定其地，招降纳附，勿纵士卒侵掠，急捕日烜，此策之善者也。"时日烜屡遣使约降，欲以赂缓我师。诸将皆信其说，且修城以居而待其至。久之，军乏食，日烜不降，拥众据竹洞、安邦海口。阿八赤率兵往攻之，屡与贼遇，昼夜迎战，贼兵败遁。会将士多疫不能进，而诸蛮复叛，所得关厄皆失守，乃议班师。选诸军步骑，命先启行，且战且行，日数十合。贼据高险，射毒矢，将士裹疮以战，诸军护皇子出贼境，阿八赤中毒矢三，首项股皆肿，遂卒。

子寄僧，为水达达屯田总管府达鲁花赤。乃颜叛，战于高丽双城。调万安军达鲁花赤。平黎蛮有功，迁雷州路总管，卒。孙完者不花，同知潮州路总管府事；次秃满不花、也先不花、太不花。

(明)宋濂等撰:《元史》卷一百二十九，第3141—3143页，中华书局，1976年。

(2) 来阿八赤，宁夏人[①]，累官同佥宣徽院事，辽左不宁，降虎符，授征东招讨使。八赤招来降附远近贴然，寻改湖广行中书省右丞，从征交趾，卒于军。

(明)任洛等纂修:《辽东志》卷五，第426页，金毓黻主编《辽海丛书》(影印本)，辽沈书社，1985年。

(3) 来阿八赤，宁夏人。至元七年，南征襄樊，赤督军器械粮储运，二日而毕，

---

① 西夏时期，河西地区大部分被西夏占领，故可称来阿八赤河西人。如柯劭忞撰:《新元史》卷一百八十，第739页，《元史二种》(上)，作"来阿八赤河西人"，屠寄撰:《蒙兀儿史记》卷九十八，第625页，《元史二种》(下)，作"阿八赤，来氏。河西人"。西夏国都在兴庆府，即今银川市，又可称来阿八赤为宁夏人。

世祖悦。后发兵开运河，督视寒暑不辍。调辽左招讨使，招来降附。上征交趾，俾领中卫亲军千人，诩导皇子。至思明州，贼阻险据守，于是选精锐与贼战于女儿关，斩馘万计，余兵弃国走，于是大兵进至交州。陈日烜空其城而遁。

(清)张金城修，(清)杨浣雨纂，陈明猷点校:《乾隆宁夏府志》下卷，第437页，《宁夏历代方志萃编》，宁夏人民出版社，1988年。

(4) 来阿巴齐[①]，宁夏人。至元二十二年，任湖广行省右丞。

(清)金鉷等监修:《广西通志》卷五十二，第507页，《景印文渊阁四库全书》第566册，(台北)"商务印书馆"，1986年。

(5) 来阿巴齐，宁夏人，世祖时授益都等路宣慰使、都元帅。发兵万人，开济宁运河，亲临督视，寒暑不辍，运河成，迁胶莱海道漕运使。

(明)陆釴等纂修:《嘉靖山东通志》卷二十五，第615页，《景印文渊阁四库全书》第540册，(台北)"商务印书馆"，1986年。

(6) 来阿巴齐，宁夏人。宪宗伐宋，奉命监元帅纳琳军，遏宋人援兵，驻重庆下流之铜罗峡，夹江据崖为垒。预积薪于二垒，明火鼓噪，矢石顺流而进，宋人败走。帝闻赐银。至元末，调征东招讨使，招徕辽左降附，远近帖然。征交趾，领中卫亲军千人至思明州，贼阻险拒守。于是选精锐与贼战于女儿关，斩馘万计。进至交州，陈日烜空其城而遁。日烜屡遣使约降，阿巴齐往攻之，昼夜迎战。会将士多疫，乃议班师。

(清)许容等修:《甘肃通志》卷三十六，第374页，《景印文渊阁四库全书》第558册，(台北)"商务印书馆"，1986年。

九、李恒及其家族

李恒(1236—1285)，字德卿，号长白，姓于弥氏，即嵬名氏，西夏宗室后裔。其祖父为镇守西夏兀纳剌城主帅，城陷不屈而死。父亲李惟忠，当时幼小，被蒙古宗王收养，后为达鲁花赤，佩金符，监淄州。李恒兄弟十二人，恒次居四，有声望，其他兄弟均未见记载。李恒随父仕元，中统三年，任尚书断事官，以告李璮谋反有功，任淄莱路奥鲁总管。至元七年，改任宣武将军、益都淄莱新军万户，在攻打南宋时，收樊城、襄阳、鄂州、汉阳等地，因功升任宣威将军、明威将军等。至元十四年，击败文天祥军于江西，任参知政事，行省江西。至元十六年，与张弘范在厓山灭宋。十七年，升职资善大夫、中书左丞，行省荆湖。至元二十一年，随镇南王脱欢征安南，中毒箭而死。追赠平章政事，谥武愍，又追封滕国公。子三人:李世安(一名散木解)，《新元史》有传，李世雄(一名囊加真)，李世显(一名逊都台)。其家族有信息的人物六代，四十二人，其中男性三十人，女性十二人。

---

① 即来阿八赤。

李恒家族人物表

<table>
<tr><th>第一代</th><th>第二代</th><th>第三代</th><th>第四代</th><th>第五代</th><th>第六代</th></tr>
<tr><td rowspan="9">李惟忠
又作李维忠</td><td rowspan="9">李恒
妻王氏</td><td rowspan="6">李世安
一名散木解
一名龙川
妻颜氏、张氏</td><td>李屺
一名薛彻干</td><td rowspan="5">男十人④
李保
李顺
女四人</td><td rowspan="5">男六人
女二人</td></tr>
<tr><td>李屿
一名薛彻秃</td></tr>
<tr><td>李岩</td></tr>
<tr><td>李峙</td></tr>
<tr><td>李嵘</td></tr>
<tr><td>女一</td><td></td><td></td></tr>
<tr><td rowspan="2">李世雄
一名囊加真①
妻崔氏</td><td>李繁</td><td></td><td></td></tr>
<tr><td>女一</td><td></td><td></td></tr>
<tr><td>李世显
一名逊都台②</td><td>拓拔元善③</td><td></td><td></td></tr>
</table>

(1) 李恒传

李恒字德卿，其先姓于弥氏，唐末赐姓李，世为西夏国主。太祖经略河西，有守兀纳剌城者，夏主之子也，城陷不屈而死。子惟忠，方七岁，求从父死，主将异之，执以献宗王合撒儿，王留养之。及嗣王移相哥立，惟忠从经略中原，有功。淄川王分地，以惟忠为达鲁花赤，佩金符。惟忠生恒，恒生有异质，王妃抚之犹己子。

中统三年，命恒为尚书断事官，恒以让其兄。李璮反涟海，恒从其父弃家入告变，璮怒，系恒阖门狱中。璮诛，得出。世祖嘉其功，授淄莱路奥鲁总管，佩金

① 柯劭忞撰：《新元史》卷一百八十，第738页，作"囊家歹"，《元史二种》(上)，上海古籍出版社，2012年。

② 同上，作"宋都解"。

③ 李恒有三子：世安、世雄的儿女史籍都有明确信息，唯独季子世显的后代无记载。据《平乐府学记》载："拓跋元善，先世西夏，拓跋氏龙川公侄。前世显官，由京秩出监象州，再升省理问官。正直廉敏，才略过人，为当时名公卿。"又据《元故荣禄大夫江西等处行中书省平章政事李公墓志铭》载："公讳世安，字彦豪，国言名散木解。宪宗朝癸丑岁九月五日，生于宣德府龙门川，人称李龙川云。"龙川公是世安的别称。又据《元故荣禄大夫江西等处行中书省平章政事李公墓志铭》载："武愍公之荫让与世显，初任湖南宣慰之贰，继任建康、吉安、瑞州三郡之监，阶昭勇大将军。"综合文献可知拓跋元善应该是李世显之子。

④ 依据《元故荣禄大夫江西等处行中书省平章政事李公墓志铭李世安》、《新元史·李世安传》可知，李世安有男孙十人，其中八位无姓名记载，二位有姓名，即"李保"、"李顺"。

符,并偿其所失家资。

至元七年,改宣武将军、益都淄莱新军万户,从伐宋。襄阳守将吕文焕时出拒敌,殿帅范文虎复援之。恒率本军筑堡万山扼城西,绝其陆路。文焕等又以渔舟渡汉水窥伺军形,恒设伏败之,水路亦绝,遂进攻樊城。十年春,恒以精兵渡汉,自南面先登,樊城破,襄阳亦降。捷闻,帝赐以宝刀,迁明威将军,佩金虎符。十一年,丞相伯颜大会师襄阳,进至郢州。宋以舟师截汉水,伯颜由唐港入汉,舍郢而进攻沙洋、新城,留恒为后拒,败其追兵。至阳罗堡,宋制置夏贵遣其子松来逆战,恒先陷阵,额中流矢,伯颜止之,恒战益力,卒射松杀之。诸军渡江,恒与宋兵战,自寅至申,夏贵败走,鄂州、汉阳俱下。以功迁宣威将军,赐白金五百两。遂从伯颜东下。

十二年春,宋将高世杰复窥汉、沔,乃遣恒还守鄂州。时豪民聚众侵江陵,省命恒往讨之,恒敛兵不动,但谕使出降,得生口十余万,悉纵为民;仍禁军毋得虏掠,馈献充积一无所受。十二年,从右丞阿里海牙至洞庭,擒高世杰。下岳州,进攻沙市,拔之。宋制置高达以江陵降,留恒镇守。传檄归、峡、辰、沅、靖、澧、常德诸州,皆下。未几,徙镇常德,以扼湖南之冲。

俄有诏分三道出师,以恒为左副都元帅,从都元帅逊都台出江西。九月,开府于江州。师次建昌县,擒都统熊飞。遂围隆兴,转运使刘槃请降,恒察其诈,密为之备,槃果以锐兵突至,恒击败之,杀获殆尽,槃乃降。下抚、瑞、建昌、临江。军中有得宋相文天祥与建昌故吏民书,恒焚之,人心乃安。进攻吉州,知州周天骥降,遂定赣、南安。广东经略徐直谅奉蜡书纳其所部十四郡,前江西制置黄万石亦以邵武降。隆兴帅府诬富民与敌连,已诛百三十家,恒还,审其非罪,尽释之。

宋丞相陈宜中及其大将张世杰立益王昰于闽中,郡县豪杰争起兵应之。恒遣将破吴浚兵于南丰。世杰遣都统张文虎与浚合兵十万,期必复建昌。恒复遣将败之兜港。浚走从文天祥于瑞金,又破之,天祥走汀州。遣镇抚孔遵追之,并破赵孟溍军,取汀州。元帅府罢,授昭勇大将军、同知江西宣慰司事,加镇国上将军,迁福建宣慰使,改江西宣慰使。天祥复取汀州,兵出兴国县,连破诸邑,围赣州尤急。或言天祥坟墓在吉州者,若遣兵发之,则必下矣。恒曰:"王师讨不服耳,岂有发人坟墓之理!"乃分兵援赣,自率精兵潜至兴国。天祥走,追至空坑,获其妻女,擒招讨使赵时赏已下二十余人,降其众二十万。有旨令与右丞阿里罕、左丞董文炳合兵追益王。众议所向,皆谓宜趋福建,恒曰:"不可。若诸军俱在福建,彼必窜广东,则梅岭、江西非我有矣,宜从广东夹攻之。"众以为然。兵至梅岭,果与宋兵遇,出其不意败之,乃遁走碉州。十四年,拜参知政事,行省江西。

十五年,益王殂,其枢密张世杰、陆秀夫等复立卫王昺,守广东诸郡,诏以恒为蒙古汉军都元帅经略之。恒进兵取英德府、清远县，败其制置凌震、运使王道夫，遂入广州，世杰等移屯崖山。时都元帅张弘范舟师未至，恒按兵不动，分遣诸将略定梅、循诸州。凌震等复抵广州，恒击败之，皆弃舟走，赴水死，夺其船三百艘，擒将吏宋迈以下二百余人，又破其余军于茭塘越。十六年二月，弘范至自漳州，直指崖山，恒率所部赴之。张世杰集海舰千余艘，贯以巨索，为栅以自固。恒遣断其汲路，其势日迫，谕降不可，乃阵于船尾，由北面逆行，捣其栅。索绝，世杰犹(战死)〔死战〕[①]，自朝至晡，弘范督南面诸军合击，大败之。陆秀夫先沉妻子于海，乃抱卫王赴海死。从死者十余万人。获其金玺、后宫及文武之臣。其大将翟国秀、凌震等皆解甲降。焚溺之余，尚得八百余艘。是日，黑气如雾，有乘舟南遁者，恒以为卫王，追至高、化，询之降人，始知卫王已死，遁者乃世杰也。世杰继亦溺死于海陵港。岭海悉平，功成入觐，帝赏劳甚厚，将士预赐宴者二百余人。

十七年，拜资善大夫、中书左丞，行省荆湖。掠民为奴婢者，禁之；常德、澧、辰、沅、靖五郡之饥者，赈之；猎户之籍于官者，奏请一千户之外，悉放散之。

十九年，乞解军职，乃命其长子同知江西宣慰司事散木斛袭为本军万户。占城之役，恒奉旨给其粮饷器械、海舰百艘，久留瘴乡，冒疾而还。俄有诏命恒从皇子镇南王征交趾，结筏渡海，夺天长府。交趾遂空其国，航海而遁。恒封其宫庭府库，追袭于海洋，败之，得船二百艘，几获其世子。会盛夏，军中疾作，霖潦暴涨，浸渥营地。议者谓交趾且降，请班师，恒弗能夺，遂还。蛮兵追败后军，王乃改命恒殿后，且战且行。毒矢贯恒膝，一卒负恒而趋。至思〔明〕州[②]，毒发，卒，年五十。后赠银青荣禄大夫、平章政事，谥武愍；再赠推忠靖远功臣、太保、仪同三司，追封滕国公。

子散木斛，江西行省平章政事；囊加真，益都淄莱万户；逊都台，同知湖南宣慰使司事。孙薛彻干，兵部侍郎；薛彻秃，益都般阳万户。

(明)宋濂等撰：《元史》卷一百二十九，第3155—3159页，中华书局，1976年。

(2) 资善大夫中书左丞赠银青荣禄大夫平章政事谥武愍公李公家庙碑

燧尝观人臣私庙之祭，易乎古而难于今，三代不论也。汉之时功臣侯者，土地人民传及子孙，故嗣侯得以致隆，数于其祖考，世世无有所杀，后封功臣皆虚邑，无有土地人民子孙或官卑力微，往往不能为庙，记，曰："父为大夫、子为士。"葬以大夫祭以士祭，既用生者之禄势有必不能致隆者，姑借先宋氏言之，如文潞公作庙洛西，其先未尝将相，顾受祭将相，潞国尝将相者，其子及甫。惟得祭以大夫，禄是于不为将相者，致隆其真为将相者，复加杀也。如斯者几何人哉，惟吕正

① 原注：世杰犹(战死)〔死战〕 从《道光》本改正。按下文有"遁者乃世杰也"。

② 原注：思〔明〕州 据《元文类》卷二一姚燧《李恒家庙碑》补。按本书卷一三《世祖纪》至元二十二年五月戊戌条及《柳待制集》卷九《李恒新庙碑》、《吴文正集》卷一四《李恒家传后序》皆云李恒死于思明州。

献惠穆于文靖，范忠宣恭献于文正，世其将相者，史册二百年间才一二见事，亦旷世希有者也，然自中元以来，汉人父子继相者，故丞相史忠武公，与今资善大夫、中书左丞，赠银青荣禄大夫平章政事，谥武愍公二家重辉袭芳，震耀一时，岂独为之子者信敬于昭昭，厥考亦足以慰灵于冥冥矣！惟李氏家陇西成纪者，实秦将信诸孙，汉至六朝，门阀甚竣，惟与崔、卢、郑世姻，不连他族。唐季王西夏，甚盛疆，虽宋、金尝加兵，终莫能服。我太祖始平之。其宗有守某某城者，独战死不下，子惟忠尚少，求从父死，为今分土淄州诸侯王所得，于公为考。后以金符监淄州，有子十三人，公次居四。王妃爱其颖异，尝子之。

在先朝故事，凡诸侯王各以其府一官入参决尚书事，公代其兄为之。李璮为逆，有迹淄州，君独从公驰闻，璮系阖门狱中。璮诛，得出，上尽赐偿所亡失。授公淄莱路奥鲁总管。后改宣威将军、益都、淄莱路新军万户。与城夹寨围吕文焕襄阳，四年而下之，加明威将军虎符。丞相布延南征，宋兵戍郢十万，城西郢，锁战舰，绝隘为阵，我舟不可越；乃渠黄湾拖舟泛藤湖以出唐港，弃郢去，留公后拒，败其追兵。行拔新城、沙洋下，复破夏贵阳逻口，下鄂、汉阳。从故丞相阿里，公时以左丞战荆口，擒高世杰。下岳进沅沙市，下荆南，传檄归、峡、辰、沅、靖、澧、常德诸州，皆下之。又徙镇常德。

左丞狥地湖南，丞相兵及浙西以地远援疏，诏公与宋都统张茂实、吕师夔辟都元帅府江右，公为左副都元帅，破刘槃军，下隆兴，擒熊飞。建昌、抚、瑞、吉、赣与广闽诸州皆下。会宋幼主出降，其将相陈宜中、张世杰挟益王昰、卫王昺浮海趋福，立益王，元以景炎，闽广诸州应者十五，郡县豪杰亦争起兵。公出定反地，大破吴浚军十万南丰，浚走如张文虎，复合兵十万，又破之兜港，伏尸三十里。浚走，合其相文天祥瑞金，又大破之。天祥走据汀，别将孔遵穷追，并破赵孟濳军，复其州而还。龙兴守帅觊利钜室，罪以阴与贼连，已诛夷百三十家，公还白其非辜，出其未尽诛者狱中。

帅府改宣慰司，加昭勇大将军、同知江西宣慰司事，寻加镇国上将军、福建宣慰使。又改江西宣慰使。天祥复陷汀州，收兵出兴国，又击走之，追四百里，及之空坑，散降其众二十余万，擒赵时赏以下文武将吏数百人。拜参知政事、行中书省江西。

益王殂，庙以端宗，世杰复立卫王，元以祥兴移栅海中崖山，近去广治四百里。授蒙古汉军都元帅，经略广东，进复梅、循、英德与广之清远，走王道夫，击凌震海上，获船三百艘，擒将吏宋迈以下二百人，又破其余军茭塘，江淮省亦遣都元帅张宏范至自漳，与共围崖山。势计穷蹙，度不能国，资政陆秀夫抱卫王蹈海死，获其金玺。其将吏死焚溺者十万余人。翟国秀、凌震皆降。世杰遁去，风坏舟，死海凌港，南海平。朝京师，上劳苦之，赐宴，其将佐之有功升者千。授资善大夫、中书左丞，移省荆湖，凡虏民男女奴鬻之者，皆罪而正之。常德、辰、澧、沅、靖五州大荒，民至易子以籴，为发廪赈之，所活为口亡虑十万计。

征占城，诏使给粮仗，造舟海南，取得其宜，黎、儋之民劝趋之。疾还，诏从皇子镇南王征交趾，败其兵天长府，其王遂举国航海，将舟师追之，败诸洋中，获海舰三百。始公策城天长，储谷待贼，敚众议不果。盛夏，军士疾作，涨潦冒营，遽议旋军，贼蹑败吾后拒。王以公殿，贼闭永平关，傅药弩矢射公贯膝，负疮夺关出，竟以毒发，薨思明州，年止五十。最其平生，小大百战，下城邑百有五十，为户三百万。呜呼！其亦勤已，后薨七年，而赠官、赐谥、封公之命始下，玉音仁煦，恩重书棺，人臣获此，褒荣极矣。公虽不可作已，安知其不骨肉九原耶？

公讳恒，字德卿，自号长白，笃孝纯至，淄州君卒，方击两王闽广，淄州君顾言：“我死，必无讣吾儿，使会丧纵敌。”南海平，始克衔哀，摧动屡绝。且薨，谓所从曰：“为我语昆弟妻子，吾不得以时丧先公，既抱恨以终天，今复弃养太夫人，而身先朝露，于是遐夷，吾目不瞑下泉矣！其谨事之。”夫人王氏，视分土诸侯王之妃姑也。讣至，夫人秘不敢闻之姑，惟发哀私室。公则再见梦太夫人曰：“儿今死战日南矣！”太夫人泣言：“吾再梦如是，岂诚然耶？”夫人始情告曰：“妇恐无以安吾姑氏心也，覆是久矣！”始位哭服丧。呜呼！死而精魄犹惓惓其亲，可哀也已！可哀也已！子二人，世安以监广州，从朝京师，授新军万户、同知江西宣慰司事，再嗣公益都淄莱本军万户，后以正议大夫仍将本军佥江西行中书省事，再升中奉大夫、参知政事、行尚书省江西。尚书省罢，今以上官参知政事、行中书省仍江西。呜呼！六官而三践，公武已可见其才之无羞子职者。自其既相，亦解兵。其弟世雄，以宣武将军将之，乃作河洪之诗，使歌以祀公，其辞曰：

“李氏之在，与水细大。河洪姑臧，有夏而王。
越三百年，传历既长。极崇而堕，亦天之道。
日月作矣，众星匿曜。王孙始卑，徂东自西。
淄水幽幽，東楚之流。曰位不丰，犹监一州。
有蠡吾民，有枭吾土。吾力不能，天子肆汝。
从父奔告，帝嘉乃心。寖向用公，乃陟潜沉。
泱泱汉水，南纪所恃。乃地襄阳，金汤陛陛。
公将万夫，长围四祀。而竟下之，岷江失藩。
沿流列城，振落摧乾。至莫难一，文轨判裂。
万里收功，九重授策。维是武庚，狂志复殷。
爵人号年，大蠢瓯闽。终兄弟及，公膺奋击。
与斗四年，崖山翦克。血其鲸鲵，南海无波。
厩马笥衣，其赉如何？帝曰汝烈，宜置左相。

授兵而子，西护湖广。公拜稽首，天子万年。
帝德圣神，臣何力焉！湖广听命，壤三千里。
阴翕阳施，赏刑自已。及兵占城，转粟黎僧。
归佐皇子，致讨日南。不测风洋，冒履而三。
由淄而汉，由江而海。其涉日深，蜚声日大。
蕞尔南夷，曰尺箠笞。狃胜者众，轻于出危。
贼策我师，不能炎暑。雕弓绵绵，犀甲败雨。
避来弗迎，邀归以争。既奔先编，左广亦倾。
孰作士气，公殿奋武。斩辐短兵，援枹鼓鼓。
格斗比死，冠缨不颠。裹辖马革，践迹文渊。
维昔祃时，皂纛有翩。乃今旋归，粉篆丹旃。
兆寝悠悠，魂魄辽远。致身移忠，维孝其本。
黼扆思之，录其庸劳。宠幽上公，可谓曰遭。
公亡不亡，公有良子。亦秉国钧，实法实似。
有严作庙，笾簠维时。神容与耶？去此奚之。
维淄维汉，维江维海。其流或枯，庙主斯毁。
何以丽牲，乐石峨峨。太史诗之，以侑以歌。”

（元）姚燧撰：《牧庵集》卷十二，第 5—12 页，《四部丛刊初编》第 345 函，商务印书馆，1922 年。

（3）滕国武愍李公庙碑

皇元以一德格天，以不嗜杀人一天下，大臣宿将皆知钦承上命；所过城邑，兵不血刃。故太保、滕国武愍公之下卢陵也，虽以忠节故邦文丞相乡国，又当忠勇偏师挑战之后，公不疑不怒，按甲入城，城中老弱不知革命于反掌间，其所活卢陵之人，不知其几。及文丞相檄江乡士大夫举义兴复，公尽得其所檄名籍而焚之，其所活卢陵江西之人，又不知其几。于是五十年矣。卢陵夫妇父子长子老孙且四世安之，有当日若江西宜愈远愈隐矣。向微泮宫前碑，其谁知之？天地之德莫大于生，而功莫大于阴骘。自古天吏有烈于猛火，虽以上圣至仁，不免于流杵，后来尚首功动，经数十万以为常。故曰：“争地以战，杀人盈野；争城以战，杀人盈城。”呜呼，尚矣！此有天地父母所不能全、而风雨雷电所不能恤者，而公能之。苏代有言：“龙贾之战、岸门之战、封陵赵庄之战，秦所杀三晋之民数百万，今其生者皆死秦之孤也。死者之孤，其怨毒如此，则生者之子孙，其德岂有涯哉？”公有大勋劳于国而公不自知，所以阴寿国祚者，固不为其家也。而天且厚之矣。公之家子世安，以贤相闻于江西，公之仲子世雄，以贤帅闻于豫章，公之季子世显，以贤守闻于卢陵，此天报之也。人岂能报公也哉？人之所能者，惟庙祀而已。天之报施以天理，人之报施以人心，人心天理一也。语曰：“活千人者必有封。”公所活不知其几千万人矣，其后庸可计乎？于是卢陵士相与议于学，庶人相与议于市，或曰："生我者父母，再生我者李公也。不立公庙，无以报公。"乃得学地于兴贤门外，起泰定甲子十二月，明年乙丑后正月庙成，众志始定。父老请书其事，余以后死，读前碑如传。凡碑已具者不悉书。书岁月如上，且作诗以遗乡人，俾歌以祀公。其词曰：

"呜呼卢陵，代有忠节，邦之生灵，甘死殉国。
我公抚之，来如歌舞，不猕不刘，去其死所。
岂无背城？公义其敌，岂无羽书？公焚其籍。
既获卢陵，复完江右，惟公功高，惟公德茂。
当时遗老，为黄为绮，当时襁褓，抱孙又子。
青螺之山，白鹭之水，何以报公？必百世祀。
新庙何地？荒城故基，昔公跃马，凡几过之。
今公燕坐，以享以怡，子孙孙子，罄无不宜。
维天高高，维地厚厚，活人孔多，是宜有后。
公乘白云，招摇四方，此邦之人，谓公我乡。
佑我乡民，五风十雨，疾厉不兴，多稌多黍。
皇元亿载，天地同流，我公世世，与国咸休。"

(元)刘岳申撰：《申斋集》卷七，第265—267页，《景印文渊阁四库全书》第1204册，(台北)"商务印书馆"，1986年。

(4) 李武愍公新庙碑铭并序

太保滕国武愍公有大勋载于盟府，有盛德被于江西十一州，而建昌为郡，介乎江、岭、闽、越之间，故尝刻公之遗惠于碑。今总管萨侯始大作新庙，春秋修其荐事，盖上以承国典，而下以顺民志焉。初，公以益都、淄莱新军万户，围攻襄、樊，遂从丞相淮安忠武王济汉渡江，略定淮、楚。王受诏自将捣临安，以右丞阿里海牙镇鄂，而以江西付公及宋都。至元十二年，道进公左副郡元帅，分兵由九江、南康入隆兴，开元帅府，下抚、瑞、建昌，临袁、吉、赣、南安诸城，又南逾岭至海，其北尽长江，东西际闽与湘，收郡县一百五十，得户三百万，未三月，已上其功。当是时，民之望公如电雷薄发、风雨交至，名能动物，而物无后乎。明年，宋相陈宜中、节度使张世杰拥益王福州，收诸道溃兵，谋为中变，右相文天祥亦自会昌以众屯邵武，署其土人吴浚爵位，稍出建昌、汀、赣，以荡摇江西。六月，公驰至建昌，乘利备御，会镇抚孔遵师出宁都，还得乡民数辈江闽道上，械致公所，云同知军事易仲荣使走福州报府军虚实，而军中又往往搜购文丞相所与建昌故官大家书札，事连数百家。时留戍诸将校因是欲激公一言，遂其私利。公微知之，旦起坐谯楼，召诸将校俱前，立所逮人其下，趣取书焚之，谕以逆祸顺福曰："吾念尔裔土之民，不忍以迷复致凶，吾今悉贷尔矣。"杖数械者，其余获纵，皆再拜收泣，言曰：

"天赐公活我，诚愿洗心自新。"诸将校或不亮公所为，公徐语之曰："是所得书，往返千里外，有达有不达，亦安知非奸人芽孽于其间，今不核实而概论之，挈数百家民命徇其邪谋，何以安反侧之心。"已而闻浚以兵十万据南丰，公立授诸将方略，破走之。八月，浚复屯市山，声言必取建昌，公遣千户忻都逆战兜港，诱之半渡，徐出铁骑蹂其后，追北三十里，横尸满野。又命镇抚翟钦径覆其巢穴广昌，浚走汀州。公还，而建昌之乱帖息如未附时矣。方仓卒上变，适承豫章兴狱之后，为数百家计者，不过席槁私室以待斧锧，重则潴宫为汙池，轻则化家为囚虏，夫何疑然？及公制衅于俄顷，消祸于片言，遂能易亡而存，转危而安，虽其精神心术之所运，而所谓智勇与仁，微公孰宜兼之哉！

其后，公以参知政事拜蒙古汉军都元帅，经略广东，遂会湖广行省平章政事阿里海牙、江东宣慰使张弘范等舟师崖山，乘潮薄南船，纵短兵接战，执政陆秀夫穷蹙，抱卫王赴海死。降其宗室侍从官承宣使尚数百人，得其所怀金玺，献凯于朝。

十七年三月，以资善大夫、中书左丞、行中书省事于湖广。后四年，承诏从皇子镇南王讨罪交趾，至其国无梁河，结筏径渡，夺天长府，世子率官属航海遁，公部勒舟师追袭之，获战舰二百艘。公度天长滨江，江水横溢，则冒没营垒，非便，将大城其府，留师困之，谋不用，而水果暴至，因趣班师，命公以其军殿，公且行且战，及皇子前遇其伏兵，起永平关，药矢中公膝，次思明州，遂薨，以其丧还葬都城西永安山南。至元廿八年，有旨录公死事，特赠银青荣禄大夫、平章政事，赐谥武愍。于持恤典未行，命始下，人人以为没身旷世之遇。至大元年，从赠封令，复加号推忠靖远功臣，赠太保、仪同三司，追封滕国公，仍谥武愍。

公姓李氏，讳恒，字德卿。其先有国河右之贺兰山，曰西夏者，公之世也。自其父淄州都达鲁花赤、赠金吾卫上将军、签书枢密院事、滕国忠襄公始家淄川长白山下，故今为淄州人，于是去公绥靖建昌之年，已五十年余矣。昔之饮沐公德者长子老孙且更数世，而犹曰："吾父吾祖，李公之所全活，吾虽易姓以从公、饮食以祝公，亦若歉焉，矧今吾侯启之以崇报之礼、示之以惇厚之风！则自吾以及世世，凡而取鸡与豚、登黍与稷以能滋吾之生殖者，皆吾李公之德之渐，可忽忘哉！乃相率来请余文，刻之牲石。"余尝备数礼官，考夫有庙制祀之节矣。盖天子县内之诸侯有采地焉，外诸侯有所都之邑焉，故皆得立庙。而非其同气之尸，则有不厌不暇不旅不酢而已，降秦及汉，若栾公之配食社主，若蜀守文翁、齐相石庆之立祠郡邑，以至于桐乡、南阳、渭城之继起，虽其事变，古益滋尚，皆人心之不可终泯者然耳。则今李公之庙立于绥靖五十年余之后，非夫秉懿好德之心有动于中，能致然乎？传曰："国功曰功，民功曰庸。"观公所树立之如彼，而其子孙绍隆继美之如是，抑庶几古大臣之遗烈哉！虽庙而祀之，在建昌之民犹为不戾于礼者。公之世爵行业，有国史之传，有奉常之诔，有幽堂之铭，有隧道之碑，有家庙之诗；余之斯文，为建昌衅庙而作者也。故序其绩详焉。

萨侯，良二千石也，名萨德弥实，政有体要，今既美代还朝矣。建庙之力出于管军上百户罗胜、罗由，军校长百夫是尝隶公麾下，尤有德于公云。余既论次公事，复系之诗，以永公思。其诗曰：

“人心不一，至变则通。聚正乘刚，其来不穷。
涣之萃之，有庙于中。惟庙伊何？飨德与功。
江闽之交，盱为军垒。守攻更禅，旷不知几。
宋踣元兴，如龙云起。维时武愍，受辞南指。
麾旄所次，谋若天启。既帖蛮荆，拓江及吴。
水有鲸鲵，山有豹貙。亦顺而宁，无稽而诛。
小腆非殷，诞敢集枯。邻之震矣，有泥弗苏。
盱民昼呼，孰于余衅。吁天不闻，延颈待刃。
有勇武愍，提师来徇。曰此吾民，悼耄髫龀。
在我怀柔，毋彼蹂躏。尺牍之疑，付以束煴。
去尔芽蘖，绝尔疵吝。乐哉盱民，血肉吾身。
岂惟吾身，祚及宗姻。我宅我居，我田我耘。
以社以方，燕及秋春。武愍在天，惠于若人。
五纪而羸，越若朝夕。女则有甥，男则有息。
家有训言，受藏以绎。视公如神，左降右陟。
相我后人，无我厌斁。自公之旋，有颂于碑。
民则思之，而未克祠。今守萨侯，繄公是仪。
作庙言言，肖像巍巍。我民修祀，有崇无隳。
姑山崔崔，盱水湜湜。昔公来思，琱戈金戟。
今公顾绥，玉瑱瑶席。有怭其馨，迟公来格。
弦余雅歌，式荐明德。”

（元）柳贯撰：《柳待制文集》卷九，第5—10页，《四部丛刊初编》第358函，商务印书馆，1922年。

（5）滕国李武愍公家传后序

上天生不世之主，将建不世之丕绩；开不世之丕基，必生命世之才而羽翼之、而爪牙之。有汉高祖，则有何、参、良、平、信、越、布、哙；有汉光武，则有禹、恂、異、弇、彭、复、宫、俊；有唐太宗，则有靖、通、绍、亮、敬德、世绩。圣元世祖皇帝平一海内，极天所覆，尽地所载，靡不臣妾，开辟以来，未之有也。一时文武将相，或效智谋，或奋勇力，各展所长，以佐兴运，如云之从龙，风之从虎，共成丕丕不世之勋业，视汉唐诸臣，盖有光焉。

滕国李武愍公，西夏人。大考以贵戚保边城，天朝兵至，城陷死节。考惟忠甫七龄，将殉父死，兵帅奇其幼慧，以献皇弟，得之甚珍，后作州牧，监治淄州。子十三人，公次居四。结发从戎，熟历行阵，技精气锐，所向莫御。庙算平南，自荆襄始，公长万夫，率众在行，筑围绝援，以孤敌势，由是得樊、得襄。劲卒前导，与宋力战，额中流矢，弥壮弥毅，殪彼骁将，挫彼老将，师遂渡江。洞庭捷而岳阳附，沙市破而江陵下。有旨分三道进军，一经趋浙，一收湖广，公以副帅偕大帅定江西；师薄洪城，仅一交锋，不支即降，抚及建昌、瑞及临江，相继皆降。移师指吉吉人，侦师所过，不杀不扰，叹曰："此仁义之兵。"开门迎师，赣南安闻之，亦来纳款。民按堵不动，不知干戈之临、运代之革也。临安顺命，宋臣有挈益、卫二王航海者，立于闽中，江西近闽之郡，逋官遗民，聚众以应。公驰至盱，众俱败散。洪起大狱，诛籍巨室，公闻亟归，平反其辞，全活百数。时广犹未宁，它师往援，公独镇洪，遣偏裨荡清赣境。半年之后，宋之逩臣，又自汀出，公以精兵逐之，循赣之鄙，追及吉之鄙，支党悉平。宋益王终，卫王嗣立，列舟驻广之厓山，公暨张弘范并膺蒙古汉军都元帅之任，期于必取。至元十六年春，二帅师集，彼敌虽小，坚劲未易摧，相持逾二十日，二帅舟师合攻，大战自朝至于日中，宋师踣相陆秀夫朝服抱宋主蹈海，后宫及文武官并妻子从死者万余人。将张世杰溃围奔南恩，后数月溺水死，宋祚乃讫。公生平战功，此其最大者。公留洪五年，迁湖广省，治潭，越二年，治鄂，又二年，扈皇子征交趾。明年，抵其国，则已空国逃去，逮夏水涨，师还，中途，毒矢伤膝，转战愈力，拥护皇子脱于险，行七日，次思明州，竟卒。

公之官肇端淄莱路安抚司郎中，继授诸军总管，继授副万户，继兼益都、淄莱两路军职，升副都元帅，同知江西道宣慰司使，遥领福建道正使，寻改使江西。由宣慰使除行中书省参知政事，由都元帅除行中书省左丞，阶宣武明成宣威将军、定远昭勇大将军，以镇国上将军换资善大夫，赠银青荣禄大夫、平章政事，谥武愍，加赠推忠靖远功臣、太保、仪同三司，追封滕国公。公之长子，荣禄大夫、江西等处行中书省、平章政事世安。长孙，翰林直学士、中议大夫屺，澄所识也。因阅公行状、神道碑，载公之忠武勤劳夥矣，而澄数奉教于中州诸老，窃闻世祖皇帝笃信孟子能一天下之言，习知曹彬前平江南之事，睿谋神断，专以不杀为心，故南行将相，必丁宁戒敕，其能钦承上意者固有，而亦岂人人如曹彬乎？惟公天资仁厚，江西之受其赐为独优。公之去洪适潭也，老稚嗟惜，垂涕攀留，如失慈父。然夫天道好生，而道家忌世将，为其世将多杀也。今公之子孙政事文学，表表显庸，方兴未艾之福，如长江、大河，源源而来，衮衮不竭。观天之所报于公，则知公之所施于人其何如哉？予于公之盛德，身所亲见者，乐为江西之人道之。而凡公之隽功难以遍举者，碑状具存，不复一一论述也。公讳恒，而字德卿云。

（元）吴澄撰：《吴文正公集》卷十四，第260—261页，《元人文集珍本丛刊》（四），新文丰出版公司，1985年。

(6) 元故平章政事李武愍公墓田记

李氏系出西夏，至武愍公益大其门，迨今名在宇宙，功在国家，威德在江南之士若民。葬京师之西三十里，曰永安山之阳，恤典视诸勋阀独优，时论荣之，较德焯勤，有碑有记，有幽堂之铭，其于传无已。公之子世安，今为江浙等处行中书省参知政事。慨先猷之未竟，罔极之莫酬，即茔域左右买田以供烝尝，五顷而赢，且将续继焉。前翰林院学士张伯淳与参政公有都门过从之雅，钱塘解后，一再为伯淳言："世安幸甚，一门被遇圣朝，何修克称；实维前人功德所及。今娱奉重闱，祖母太夫人年过八秩，康强如壮年，每家庆檀栾，历历道往事，必以世济先美为诸孤勉，尤切切然以房、杜子孙为深鉴。凡为蒸尝不朽计，亦太夫人意也。其为我纪其事。"

伯淳按礼经大夫士有田则祭，无田则荐，祭重事也。今田租之入与岁事为无穷，子孙世守而勿坠，足以致其无穷之思，可谓孝矣。呜呼！一人之身至于子若孙，如云而来，其初则一也。人而不忘其初，则孝友睦姻之风不能不油然于雨濡霜降之际，岁时一至或再至焉，摩挲松楸。祀事既灌，父励其子，兄勉其弟，亦惟上而报国，次而致身，而无忝乃祖。凡可以增光润色为有衍勿替之图者，不止祀事已。谨再拜书以遗公，归而刻之墓门，尚相为不朽云。

(元)张伯淳撰：《养蒙先生文集》卷三，第450—451页，《景印文渊阁四库全书》第1194册，(台北)"商务印书馆"，1986年。

(7) 李世安传

世安字彦豪。从恒定江南，授广州路达鲁花赤。败宋兵于海珠寺，又从恒破崖山，论诸将功赏，中书省抑之。世安言于执政曰："非重赏，无以得人死力。大功既成，不可失信。"执政从之。以金银符畀世安散给。迁新军万户。寻擢同知江西宣慰司使。特旨世袭益都淄莱上万户。恒卒，起复佥江西等处行中书省事，兼本军万户。

至元二十四年，立尚书省，世安佥行尚书省事。黠僧诬告宋故相章鉴匿国玺及宋宗室。诏世安率所部捕之。世安以百骑至鉴家；搜索无验，请坐僧诬告，又发其胁取富室宝货事，桑哥庇之，事寝不报。

二十五年，獠贼反，命世安讨之。世安冒大雨夜行五十里至信丰。出贼不意，斩馘殆尽。擢尚书省参知政事。二十七年，獠复叛，使裨将解青捣其巢穴，一战平之。南丰、广昌贼继起，使弟世雄往，谕以祸福。贼降，世安诛首恶六人，余尽贷之。尚书省罢，独留世安一人改中书参知政事。先是，官差民户典仓库，往往亏折，填偿至于破产。世安择府史代充其役，著为令，民德之。三十年，省院以所获盗四百余人，使世安莅杀，世安与都事周元德详为谳定。仅戮二人。

元贞初，出为江浙行省参知政事，改河南行省。秩满，迁湖广行省左丞，供平章刘国杰西征馈运。道路险恶，率斗粟运费十余石，世安与役夫均其劳苦往返，期年，军兴不乏。

至大初，召入，加荣禄大夫、平章政事，商议枢密院事，提调诸卫屯田。皇庆元年，赐只孙顺金绣段、金鞍辔、弓箭，日给世安母尚酝一壶。二年，拜江西行省平章政事。

延祐二年，宁都县以经理钱粮激民变，省臣遣兵讨之，坚守不下，乃请世安往。世安以不兼提调兵马之职，非所当任，同僚固请不已，世安移咨枢密而后往，月余获其渠魁，余悉不问。赐三珠虎符。

三年，以母年九十，乞养归。至顺元年，诏给一品全俸。二年，卒。

四子：屺，翰林直学士；屿，怀远大将军，袭万户；岩，栖霞县达鲁花赤；嵘，江西行省理问。

初，世安以本军万户让其弟世雄。世雄在职十年，复让还于屿。屿卒，让于世雄子繁。繁曰："父让而子夺之，可乎？"不肯就，乃使世安孙保袭父职，保又让于屿子顺。时论美之。

柯劭忞撰：《新元史》卷一百八十，第738—739页，《元史二种》（上），上海古籍出版社，2012年。

(8) 元故荣禄大夫江西等处行中书省平章政事李公墓志铭　辛未

公西夏贺兰於弥部人也，皇元资善大夫、中书左丞、赠银青荣禄大夫、平章政事、加赠推忠靖远功臣、太保、仪同三司、滕国武愍公恒之子，益都、淄莱军民都达鲁花赤、赠金吾卫上将军、佥书枢密院事、滕国忠襄公维忠之孙。初天兵奄并诸国，守夏边城、城陷死节者，其先世也。忠襄始仕我朝，家于淄川，从唐所赐夏国姓。武愍遂为佐命混一功臣。公讳世安，字彦豪，国言名散木解。宪宗朝癸丑岁九月五日，生于宣德府龙门川，人称李龙川云。

武愍从丞相淮安忠武王平宋，既取襄樊，下荆岳，被命往定江西，诸郡邑相继降附，无劳攻战，平反大狱，全活故家百数。征谋治法，公之翊赞居多，江西之民按堵如故。武愍经略广东，授公金符朝列大夫、广州路达鲁花赤，办军需，与宋师战于海珠寺下，公总千骑据岸发矢，俘获二百余人，夺取三百余艘，宋师舍舟陆走。明年春克厓山，武愍同张元帅入献捷，二帅分议水战陆战功赏，议未毕而张帅没，旨令武愍并议之，论定，武愍由都元帅授资善大夫、中书左丞，出行湖广省事。公留候命，密院所拟，中书每抑之，公见执政言曰："坚敌在前，非有重赏，何以得人死力？张帅及吾父奉旨专赏罚生杀之柄，今大功既成，岂可失信？不然，此去再有征战，谁肯捐躯命哉！"执政乃从武愍所定，以金符银符畀公给散。进阶嘉议大夫、新军万户，寻升同知江西宣慰事。后奉特旨，世袭益都、淄莱上万户。

至元二十一年，武愍薨于交趾，公护丧归葬大都路宛平县永安山之阳。起复正议大夫、佥江西等处行中书省事，兼本军万户。二十四年，尚书省立，公佥行省事如初。有黠僧托采药为名，至江西，俾人诬告宋相章鉴匿故主国玺及亲属，密旨命公提军捕取，公止用百卒，猝至其家，搜索无验，诘问告者，首伏其诬，章相得释。其僧撰造重大事名,协取富室货宝不一,公摭其事以闻,权相右之,事寝不报。

二十五年,巨獠猖獗,数道震撼,重臣出讨,中路陨踣,转以委公,卒底宁敉,信丰有寇,公冒大雨,夜行五十里,黎明抵贼所,贼方汲水朝铺,出其不意,杀戮殆尽。军回,留骑数百,不给以食,约五日而还,骑兵掘食贼所窖粟,余贼逋逃为饥窘,求食而出,悉捕斩之。以殄寇功,升中奉大夫、参知行尚书省政事。二十七年,寇党复聚江西,立行枢密院差官,与公合力行省,丞相止给军三百,大军迁延不发,而但移文督促,贼众兵寡,不可前进。公乃声言修理桥道、储积糗粮、以待大军之集,贼惮公威名,比行院军至,一十七寨俱降,既降复叛者,令偏裨解青统官军及降贼直捣其巢,芟刈靡有遗类。南丰、广昌贼继起,省官职应剿捕,托病而避,复请公往,公命弟万户世雄等偕首散民丁归农,决遣官军出城屯驻,令居民入城宁家。官吏贱籴民粟图利,公责之曰:“汝不能弭寇,又复厉民,何以为民父母!”尽散其粟与复业之民。移檄谕贼以祸福,许其改过自新,三日之间,贼悉输纳其旗鼓兵仗,公乃会聚其徒,诛首恶六人,余悉贳罪。被掠男女,各付所属完聚。省长率僚佐举酒贺曰:“真大丈夫也。”盖以愧前之托疾避事者。尚书省罢,旧官尽革,独存公一人,改参行中书省。既而参政徐公、琰公与协心划除宿弊。前时官差民户典仓库,往往亏折填偿,以至破家。乃咨内省择府史代充,至今便之。

三十年,省院以所获寇四百余属公莅杀,公与都事周元德及行院官一一判别,仅戮其二而已。将征交趾,公往广州造战船五百。元贞、大德间,授正奉大夫,参江浙、河南二省,秩满,升湖广左丞,供刘平章西征馈饷,溪洞险恶,无木牛流马可运,率一斗粟数十倍其费始达,人皆鬼蜮兽心,重以饥馑瘴疫,公与役夫均其劳,往复期年之上,远征士卒得不乏绝。

至大初召入,加荣禄大夫、平章政事,商议枢密院使,提调诸卫屯田。仁皇居春宫,领中书令、枢密使,既幸省府,将幸枢府,知公商议院事,促令就职,宴罢还宫,抚劳公甚勤。公素闵汉军戍广东瘴乡十死七八,至是,建议择善地。分六戍镇守,有役然后调遣,无事则安居,戍兵免罹瘴毒,得全其生。皇庆元年,锡内宴服金绣段金鞍辔弓箭白金等物,日给公母太夫人尚酝一壶。次年冬,除江西等处行中书省平章政事。又次年夏,赐二带。自至元之末,逮延祐之初,江西二十有余年无寇祸。

延祐二年,宁都官吏经理田粮,残虐启衅,寇大作,杀死州官军官,围城至再。省中同列诣公请曰:“非公孰能弭此变!”公以不兼提调兵马之职,非所当任,恳请不已,公乃移咨密院,然后就道。不两月,获其渠魁,禁戢用兵,缓辑胁从,罣误之众,一如往年之于南丰、广昌,平寇隽功此其四矣。恩赉三珠虎符,以赏功也。三年,公念太夫人王氏寿将九十,乞侍养,得请。七年,丁太夫人忧,扶榇合葬武愍公之墓。服阕,还江西。

至顺元年十二月，诏一品致政旧臣给全俸。二年三月二十六日，公以微疾薨。天使来征造朝，而公薨已七日矣！

先是公参江浙、河南二省时，逮事忠襄公夫人、武愍公夫人。有子有孙，一家五世，文人巨公赋诗颂咏。后忠襄夫人终，公上事武愍夫人，下见曾孙，亦五世。及武愍夫人终，公年七十，而公之长子翰林直学士、中议大夫屺归省，已近六十，须鬓皓白，人不辨其为父子，亦复四世，莫不羡公门积善之庆。武愍生长边陲，钦食祭祀，并遵国俗；暨公之长，务学友士，诵习经史，希古圣贤仪礼一书，儒流鲜读，纵读亦鲜达礼意，公识高质厚，值斩齐期功之服，靡不暗合礼经，居室之西营家庙，祠武愍公，物未荐新，口不先哜，四时朔望，率家人行礼，虽晚年小疾，未尝使人代。尝至淄淄，聚族戒曰："此吾祖初基，今族大蕃衍，以淄川公视之，岂容有亲疏之异，族人无子孙、或孤弱客死远方，为归其丧，就祖茔序昭穆以葬。"有义田，供展省之费。族之婚丧皆取给于斯。在家燕处萧然若韦布，其出也，驺从省约。平生澹无所好，惟延名师训诲子孙，劝人为善。见有善若自己出，闻有过辄为覆护。勉仕宦以忠贞，勉子弟以孝友，贫约者勉其治生，富厚者勉其施与，饥寒之人衣之食之。所识丧葬，必躬往吊祭。野有莩死，捐赀掩骼一嵛，龙兴郭外买地十余亩，贫无葬地者藏焉。门生故吏，位省台官郡县不可胜数。若子若婿俱历清要，孙曾数十，家僮不啻万指。生之时，虽行伍小校贱隶、里巷儿童妇女咸知公名，薨之日，百司庶府以下，人人惊惋。公之子将祔公于考妣之兆，贻书请铭，澄，江西人也，知公父子之丰功盛德详矣，曷敢以老病辞！

公之配颜氏，先四十八年卒；张氏，先三十年卒，俱追封滕国夫人。子男五：屺，中议也；屿，怀远大将军、袭万户，二十三年而卒；岩，栖霞县达鲁花赤；峙，亦先卒；嵘，奉议大夫、江西行省理问。女一，适典瑞院同佥经里亮。孙男十，孙女四，曾孙男六，曾孙女二。公之弟世雄、世显，公以本军万户让世雄，授宣武将军，在职十年，还以让公之子屿，屿临终以让宣武之子繁，繁曰："父让而子夺之，可乎？"不就职，乃与公之嫡长孙保，保以让怀远之子顺。武愍公之荫让与世显，初任湖南宣慰之贰，继任建康、吉安、瑞州三郡之监，阶昭勇大将军。中议，武愍嫡长孙，公之冢嗣也，门荫当袭，固让不受，兄弟交相让，自公倡始，而中议济其美，故一家雍睦之风，他姓希有，识者知李氏之昌未艾也。铭曰：

"於维武愍，活西江鲋，抑有贤子，克相名父。

礼敬遗老，风动一隅，当革而因，如疾其苏。

鼪鼯群号，公至屏息，男耕女桑，公所衣食。

西江之民，沦浃公恩，逮公之丧，耳不忍闻。

公魄归只，公魂留只，公兮弗留，民之悲矣！"

(元)吴澄撰：《吴文正公集》卷四十二，第20—23页，《元人文集珍本丛刊》(五)，新文丰出版公司，1985年。

(9) 益都淄莱等路管军万户李公墓志铭

平章武愍李公生二子，君其季也，讳世雄，字彦豪。[①] 余与长公湖广行中书省右丞龙川公缔交，久稔君性行，所谓称其家者。大德辛丑岁，余再入翰林，始识君温其玉人也。经年间时一晤语，使人意消。顷闻君扈从上都，道病，犹强起前进，少愈，力疾以归京师，至则不可支，五月十七日终于私第，得年卅一。悲夫！尝拜宣武将军、益都淄莱等路管军万户，居亡何，举以让兄之子某。娶崔氏，故平章政事御史中丞彧之女，子男一某，女一某，俱幼。以壬申十一月三日生，殁后十日，葬永安山之原，祔先茔也。犹子翰林待制屺实经纪其丧，叙畴昔雅故请铭，余惟有功德及物者后必昌棣华，偏其仁而不寿，行道之人亦为嗟惜，可知其贤已，是宜铭乃若里居代序，则刻碑墓门，不复书铭。曰考作室人如玉，生而阅世去何速！少妇弱息祸弥酷，公侯之始后必复。

(元)张伯淳撰：《养蒙先生文集》卷四，第461—462页，《景印文渊阁四库全》第1194册，(台北)"商务印书馆"，1986年。

(10) 李恒，字德卿，西夏人。至元十七年，任湖广行省左丞。

(清)金鉷等监修：《广西通志》卷五十二，第507页，《景印文渊阁四库全书》第566册，(台北)"商务印书馆"，1986年。

(11) 李恒，字德卿，西夏人。至元十二年，以左副都元帅从征江西，下抚瑞、建昌、临江。军中有得宋相文天祥与建昌故吏民书，恒焚之，人心乃安。天祥兵出兴国县，连破诸邑，围赣州尤急，或言天祥坟墓在吉州者，若遣兵发之，则必下矣。恒曰："王师讨不服，岂有发人坟墓之理。"乃分兵援赣，自率精兵潜至兴国。天祥走，降其众二十万。十四年，拜参知政事，行省江西。《元史》。

(清)《江西通志》卷五十七，第22页，《景印文渊阁四库全书》第515册，(台北)"商务印书馆"，1986年。

(12) 李恒，字德卿，唐末赐姓李，世为西夏人。恒生有异质。世祖时，累加为益都淄莱万户。从取宋，襄阳、江西及崖山平。累官中书左丞。后从皇子征交趾，中毒矢，卒。谥武愍，追封滕国公。

(清)许容等修：《甘肃通志》卷三十六，第375页，《景印文渊阁四库全书》第558册，(台北)"商务印书馆"，1986年。

(13) 李恒，益都淄莱新军万户。

(明)陆钛等纂修：《嘉靖山东通志》卷二十五，第520页，《景印文渊阁四库全书》第540册，(台北)"商务印书馆"，1986年。

(14) 李恒，西夏人，生有异质。世祖时，累功为益都淄莱万户。从取宋襄阳，

---

① 元吴澄为李世安撰写的碑文《元故荣禄大夫江西等处行中书省平章政事李公墓志铭》，元张伯淳为李世雄撰写的碑文《益都淄莱等路管军万户李公墓志铭》，都谓二人字"彦豪"，目前无文献佐证哪个记载有误。

江西及平崖山，累官中书左丞，后讨交阯中毒矢，卒，谥武敏，追封滕国公。

(明)李贤、彭时等修撰:《明一统志》卷三十七，第931页，《景印文渊阁四库全书》第472册，(台北)"商务印书馆"，1986年。

(15) 李世安，字彦豪，西夏人。至元间，佥江西行尚书省事。时信丰寇起，冒大雨夜行五十里，黎明抵贼所，出其不意，捕斩之。以功升行省参知政事。悉平寇党一十七寨。南丰、广昌贼继起，世安首散民丁归农，遣官军出屯，令居民入城宁家，厚抚其复业者。移檄谕贼以祸福，越三日，贼悉输纳其旗鼓兵仗。世安乃集其众，诛首恶者六人，余悉资遣之。后进行省平章政事。(《林志》)

(清)谢旻等监修:《江西通志》卷五十七，第24页，《景印文渊阁四库全书》第515册，(台北)"商务印书馆"，1986年。

(16) 平乐府学记　常挺

广右，岭南重镇，概管十六州。平乐，古昭州，后升为府。其地去大府不数舍，礼义之习，风化所被，前代科目得人，甲于诸郡，故家余俗，犹有存者。府学去城可二里许，居考槃涧之西。国初，燹于兵火。前至元己卯，郡监刘怀远、知州孙武德经营创始。岁次壬午，武德之子梦得再知州事，力加修理，规模愈益宏壮。然官政有通塞，或兴或废，其可称述者盖无几。

至正二十有三年，平章荣禄公总制军旅，开署省事。其明年，以昭郡重地，控制梧贺，选本省理问官拓跋元善摄郡监，义兵万户劝农防御事以镇抚之。君以是年六月莅事。前政多废弛，君乃正身帅下，早晚以思，寝食弗遑，发号施令，与民更始，威惠兼施，宽猛得宜。自郡城达于四境，吏民为之改观。朔望视学，见其上漏旁穿，震风凌雨，日益倾圮。喟然叹曰:"兴崇学校，守令责也。予敢不夙夜祗惧，恪勤厥职，鼎建祠庙以奉祀事。"郡博士赵显祖、文学椽[①]尹龙协力赞成之。乃考核学租之没于某者，得粟一百九十八石；民儒户之义助者一十锭；公与学官各捐己俸，共得数千缗。选匠具徒，购木于昭贺之境。至正二十有四年冬，建立大成殿。旧殿湫隘，不足以奉几筵，则扩而充之。应门两庑、讲堂斋馆，焕然一新。材木之良、工匠之巧，规矩准绳，深广如法。川流山峙，前拱后揖，圣容穆穆，侑坐肃然。祭祀以时，洋洋如在。春夏诗书之教、朝夕弦诵之声，使民沐浴于膏泽，被服先王之道，元善可谓知为政之本。

恭惟我国家，列圣相承，渐民以仁，摩民以义，孝弟忠信、礼义廉耻，太平且百年，士大夫以名节相尚。变故以来，仗节忠义者，无虑数千人，汉唐有愧焉。下至闾阎穷巷，匹夫匹妇，与析圭儋爵之君子，同一贞节。不为利回、不为威屈，皎然如日星之光，耀国家仁厚之泽，于此可见。天理之在人心，有非强暴所可夺者。学校有功于世道，岂小补哉？昔卫文公当春秋时，敷教劝学，国以富强，为时贤诸

---

① "椽"为"掾"之误。

侯。汉文翁守蜀郡，率民子弟，教以经术，蜀文之盛，自文翁始。元善监是郡，不期年而政化大行。吏畏其威，民怀其德，庠序之兴，明伦育俊，化民成俗，有古君子风。事既落成，来谓曰："愿有以记之。"吾闻古者大事书之于策，小事书之于简，作而不记，后嗣何观？建学，大事也，不可以不书。

郡监元善，先世西夏，拓跋氏龙川公侄。前世显官，由京秩出监象州，再升省理问官。正直廉敏，才略过人，为当时名公卿。子春，旧居省幕府，相知为甚详。以其言信而有征，谨具其颠末而刻诸石。是役也，湖广省宣使权平乐县令念永、府判梁仓赤、何功应、提控按牍谭绍祖、主簿勾龙缘保、监工千户于德元、府吏范宗杰、直学陈元亨、知事何计孙皆预有劳焉。是为记。

(清)汪森辑:《粤西文载》卷二十六，第101—102页，《景印文渊阁四库全书》第1466册，(台北)"商务印书馆"，1986年。

(17) 平乐府府学，至正二十四年，摄政拓跋元善重建，又立进士题名碑，常挺记。

(清)金铁等监修:《广西通志》卷三十七，第104页，《景印文渊阁四库全书》第566册，(台北)"商务印书馆"，1986年。

(18) 拓拔元善，西夏人。至正二十三年，任平乐府达噜噶齐。

(清)金铁等监修:《广西通志》卷五十二，第511页，《景印文渊阁四库全书》第566册，(台北)"商务印书馆"，1986年。

(19) 明故忠义官李公墓志铭文①

邑庠生王锡撰文，邑庠生陈璲书丹，邑庠生刘纪篆盖

嘉靖丙申二月十四日，忠义官李公卒，其子学易等，请予为墓志铭。泣曰：孤远祖讳恒，为元太祖总管，至世祖，升副元帅，赐以宝剑，与宋合兴讨金人。恒子讳三毂轸，征吐番有功，升吐番元帅，居洛阳西三十里拓元城。三毂轸子，讳钦祖，仍袭旧职。

我太祖高皇帝改元，钦祖解元帅印，隐居新安城南十五里，今为新安人。钦祖生整，整生贵，贵生六子，其三则家祖讳安也。家祖配我祖母姚氏，千兵姚公女也。生五子而家君长。

家君讳仲，字时中，为义官。其次则儒伸佐佩是也。家君性耿直，不好嬉戏，承累世笃实之风。起家以勤俭孝弟，罔敢怠荒，遇不平事，即与解释，或不从必厉声叱之，人亦允服，故乡党有急难者，多奔家君，家君无不拯救焉。

尝寄粟于卫玘、王英各百余石，玘、英费粟尽，惧索，乃密粥其田产偿补，家君闻之，即召玘、英曰："闻粟已费矣，无乃迫于饥寒乎？急令返其价于买主后，取券焚之，以昭其信。"尝一仆逃居宜阳王，还家与还相殴死，孤弟咏诗讼于官，鞠问当

---

① 《明故忠义官李公墓志铭》谓其家族是西夏遗民李恒之后，无其他史料佐证。李恒三个儿子，无一位能与《明故忠义官李公墓志铭》所记李恒之子吻合。学界存争议，收录此文，待考。

抵命，家君闻之曰："一仆既死而复伤人性命，吾不忍也。"乃夜驰诉于官曰："仲子讼诬矣，仆死实非还也，反获罪输银九两。"家君事实，类皆如此。今年卒，距其生在成化癸巳七月六日，享年六十有四。

配我母葛氏，卒。继我母王氏，次翟氏。凡八子，长即学易，取庠士韩君女。次序易庠掾，取藩掾刘君女。次赞易，取儒官姬君女。次咏诗，取处士崔君女。皆母葛氏所出也。次复易，取国学生姬君女。次玩易，取庠士王君女。次论诗，取节判赵君女，皆母王氏所出也。次彖易，尚幼，翟氏出也。女一，适巡宰夏君子鼐。卜是年四月朔厝，家君于涧水之南，乞为铭。予尝闻诸李子天瑞，曰："吾家世孝义，先祖尝纳租京师，不昧遗金。先君割股以痊母疾。叔考肉袒，负荆以释母怒。"盖天瑞李公。从弟而割股者，公伯父也，负荆者，公父也，因知其为世家而铭之曰。

厥祖簪缨，寔光于后。绵绵孙子，令德孔昭。克孝克义，振尔家声。

群山纠纷，涧水沄沄。抚君子之幽宫，将百世其无堙。

石工　刘学镌

宁夏大学西夏学研究中心、国家图书馆、甘肃省古籍文献整理编译中心：《中国藏西夏文献》（十八），第167—168页，甘肃人民出版社、敦煌文艺出版社，2005年。

十、拜延

拜延，生卒年不详，河西人。父火夺都，以质子身份跟随太祖征战河西，为秃鲁花军百户，太宗时为千户。拜延袭父职，世祖时，先后为东西两川蒙古汉军万户，任宣武将军、蒙古汉军总管，怀远大将军、管军万户，赐金虎符，卒。子答察儿嗣，任职明威将军，兴元金州万户府达鲁花赤。

拜延家族人物表

第一代	第二代	第三代
火夺都	拜延	答察儿

拜延传

拜延，河西人。父火夺都，以质子从太祖征河西，太祖立质子军，号秃鲁花，遂以火夺都为秃鲁花军百户。太宗朝，都元帅纽璘承制以为千户，从征西川。忽都叛于临洮，世祖命火夺都等以蒙古、汉军从大军往讨之。

火夺都卒，拜延袭。至元九年，制授征行千户，佩金符。十年，宋师侵成都，四川佥省严忠范遣拜延迎击，大败之。又从行省也速带儿攻嘉定，从行院忽敦取泸、叙，攻重庆，数有战功。十二年，行院承制以为东西两川蒙古汉军万户。总帅汪田哥用兵忠州，命拜延将兵二千，往涪州策应之。宋人伺知田哥回，以舟师顺流而下，邀于青江，拜延引兵驰赴，擒其部将李春等十七人，取其军资，焚其战舰。

十三年，泸州复叛，行院遣拜延领兵趋泸之珍珠堡，败其将王世昌，俘掠其民人孳畜，移兵戍暗溪寨。宋合州兵来援，拜延生擒百余人，戮之，遂克泸州。行院副使卜花进兵围重庆，遣拜延将兵游击，获大良平李立所遣谍者四人。重庆降，制授宣武将军、蒙古汉军总管。

十九年，从总帅汪田哥入见，升怀远大将军、管军万户，改赐金虎符，卒。子答察儿嗣，授明威将军、兴元金州万户府达鲁花赤。

(明)宋濂等撰：《元史》卷一百三十三，第3224—3225页，中华书局，1976年。

十一、虎益

虎益(1237—1299)，河西人。父穆苏和勒善，是驻守西夏乌纳城的钤部官，城失守后，降元，任淄川军民总管。虎益姓其祖名，遂虎姓。在讨伐李璮反叛中立功，以承事郎就任万户府事。跟随李恒征战，官至中顺大夫，先后监龙兴路、抚州路、袁州路、徽州路，升任中议大夫、少中大夫，兼管内劝农事。其家族有信息的人物共十六人，男性、女性分别八人。

虎益家族人物表

第一代	第二代	第三代
穆苏和勒善	虎益 妻杨氏	文辉
		文焕
		女三
	虎仪 夫人四，其亚赵。	文郁
		文灿
		文炳

(1) 虎益传

虎益，河西人。父穆苏和勒善①，为夏兀纳城钤部官，首出降。从李恒父惟忠，隶于诸王哈札尔，官淄川军民总管。卒。

益姓其祖名，为虎氏。从讨李璮有功，赐鞍马、弓矢、甲胄，以承事郎知万户府事。从恒下襄阳，又从徇地江西，破刘槃、熊飞诸军，凡定江西州七、福建州三、广东州十四。护送宋丞相文天祥至京师，擢中顺大夫、龙兴路达鲁花赤。历抚州、袁州、徽州三路，累擢少中大夫。乞病归。卒于家。

柯劭忞撰：《新元史》卷一百六十六，第686页，《元史二种》(上)，上海古籍出版社，

---

① 又作“木速忽勒”，屠寄撰：《蒙兀儿史记》卷九十五，第615页，《元史二种》(下)，上海古籍出版社，2012年。

2012 年。

（2）徽州路总管府达噜噶齐兼管内劝农事虎公神道碑

李氏国凉，为宋、金西北陲患三百年。太祖徂征，犹傣天戈，以故多取歼夷。乌纳城帅实与宋臣战死，惟戏下钤部官穆苏和勒由首出降，独全。从帅子惟忠，则赠银青荣禄大夫、平章政事、谥武愍公恒之考，隶分土淄州诸侯王，王多其气貌异伦，精艺骑射，能谕说他国言为汉言，如周象胥氏教，以为其国军民总管。从征淮南，年七十二，卒。二子：长则公，讳益，曰："古人以王父字为姓，我其法之。我先人讳中其取一言姓。"遂虎姓。未冠，教参其国万户府谋议。李璮反，盗据济南，诏征诸道兵诛之。公在王国军中，分城长围，断其遁途。七月，而罪人投首。以军咨劳赐厩马鞍勒、衣服、甲胄、弓矢、白金为两五十。后命于朝官，以承事郎知万户府事。用兵襄阳，王国军亦征，公在行中，复城长围，不释甲六年。当至元十年，其守帅文德始下。明年诏故太傅巴延以中书右丞相督围襄，诸军济以新籍之兵南伐。既渡江，分兵五之一，留。故中书左丞相阿尔哈雅时以右丞成鄂，大军次浙西，右丞相徇地湖南，诏虞两军相距悬邈，无以应急缓。俾武愍公时以左副都元帅将是军，徇地江西，公在行中，从破刘槩、熊飞、吴浚、张文虎、文天祥诸军，下江西州七、闽中州三、广东州十四。护送累臣[1]入觐，凡所询军旅事机，陈对皆可。官以中顺大夫，监龙兴路。是州为新造之邦，而宋余孽两王改元海中，遣间四出官诛，故臣在在起应，蜂屯蚁附，左翦右攘，数年未平。独公善威詟而信柔之，一境肃谧。及升帅府为省，满秩，省以其民安，公闻制留再为，凡监龙兴五年，移监抚州路，始以日本之师，继以交趾之师，供亿百万，需一令之下，急逾星火，动裁以失军兴法。其事之集，独先邻路，省喜利臣，复大加钩核，既征于书，又繁为条约，使吏自实，有多牟于民，而冒出于官者，皆责偿之。自以为功；而媒货其门，鲜有不入罪罟者。公独完洁，无丝毫得。凡十年，移监袁州路三年，改监徽州路，皆位总管，上抚升中议大夫、徽升少中大夫，袁、徽皆兼管内劝农事。满徽而归，曰吾既得、从戎天讫宋命，会其成功。受任先朝，洪、抚、袁、徽连牧四州，服三品服，人臣愿欲而不得者，身享有之。余二十年，可以止矣！岂如他人觊将相以致败耶？过汴慨息曰："吾祖世官西河之壖，吾考寓坟东海之滨，是邦去路而迩，亦地之中，于是为家，可以西望吾祖，东望吾考。"遂买田休居。以大德三年，辰在己亥，十有一月，二十有八日卒，年六十三。

夫人杨氏，严于内治，闺门截若。男二人：文辉、文焕。女三人：长适武愍孙、今湖广行省左揆世安子利用监某，次适池州总管府判官隋载子某，幼姆。

始公之卒，弟仪哭曰："吾兄不满年格，果于遗荣期以自乐于日薄山西也。曾未中寿而遽已，是我可不念其拓境之艰、成家之难以厚其死乎？凡丧葬须，吾力

---

[1] 古时被拘囚于异国的官吏对所在国家的自称。亦泛指被拘之臣。

能及，不必出兄之家。”既坟，请左揆曰：“乃曾考帅乌讷城，我先人其钤部官；兄从戎淮、汉、江、闽，又惟乃考先正武愍是从。今以男女故托姻里，闻公有所善翰学，尝诗武愍丽牲碑者，幸为吾丐铭，于以揭今而讯后，死而有知，骨不腐矣。”故左揆走书见恳曰：“仪非直克弟加善植业。”同里有贷黄金二镒者死，曰：“吾可同俗讼其妻子与？见知者必其归耶！”裂券火之。又能以礼律至里门则舍马而徒，其为人概是，宜若不可拒者。燧曰：“呜呼！世有兄夷床未寒已利夺其财于嫂侄手，遑恤夫葬与铭？闻仪之风，亦庶可少愧哉！况兼是数美，诚难能也。”故附书之。仪由将东诸侯王射士制官承务郎，提举崇明州盐场。今领天后位之民，夫人四，其亚赵。三子：文郁、文灿、文炳。铭曰：

“呜呼维公，少而即戎，与齐长围，平贼内讧。
先皇赉之，骠袅以乘，雕弓贝胄，华衣昼映。
继兵襄阳，荷殳于中，既下明年，大伐是从。
分戍鄂省，皇旋有命，大师及吴，江右靡定。
移武愍军，往徇于洪，从收闽广，狼烟一空。
驰以入觐，山川形胜，军民休戚，随问随应。
言悃而忠，沃心宸枫，曰洪汝牧，虎节以庸。
公既戾止，严威信令，植柔锄强，敦皇齐圣。
满考再为，邻盗如蜂，独其境敉，郊农市工。
移抚十年，其事始盛，倭征交征，一食日并。
海艘督造，陆水仰供，彼婪婪徒，私先后公。
涅入缁出，官刑忘镜，纷纷触禁，如兽投阱。
噫哉维公，克洁其躬，移袁移徽，一其初终。
六秩言归，时宠绝兢，如车善梶，击节月评。
平马夷山，窦如防封，于阡表之，有碑穹崇。
载铭其阳，其烈足证，其来后昆，其赖其庆。”

(元)姚燧撰：《牧庵集》卷十四，第16—19页，《四部丛刊初编》第345函，商务印书馆，1922年。

十二、暗伯及其家族

暗伯，生卒年不详，唐兀人。祖僧吉陀，太祖时，为秃鲁哈必阇赤，兼怯里马赤。父秃儿赤袭职，宪宗时，做官至文州礼店元帅府达鲁花赤。暗伯二十岁入宿卫，以忠勤事世祖，经历同佥、副枢、同知等职，后来知枢密院事，因病终于位。赠推忠保节功臣、资善大夫、甘肃等处行中书省右丞、上护军、宁夏郡公，谥忠遂。子阿乞剌，知枢密院事；亦怜真班，官至湖广省左丞相，《元史》有传。

暗伯家族人物表

第一代	第二代	第三代	第四代	第五代
僧吉陀	秃儿赤	暗伯	阿乞剌	
			亦怜真班	答里麻
				普达失理
				桑哥八剌
				哈蓝朵儿只
				桑哥答思
				沙嘉室理
				易纳室理
				马的室理
				马剌室理

(1) 暗伯传

暗伯,唐兀人。祖僧吉陀,迎太祖于不伦答儿哈纳之地。太祖嘉其效顺,命为秃鲁哈必阇赤,兼怯里马赤。父秃儿赤袭职,事宪宗,累官至文州礼店元帅府达鲁花赤。

暗伯弱冠入宿卫,性严重刚果,有大志。尝亲迎于敦煌,阻兵不得归,乃客居于于阗宗王阿鲁忽之所。世祖遣薛彻干等使阿鲁忽以通好,阿鲁忽留使者数年弗遣,暗伯悉以己马驼厚赆之,令逃去。薛彻干等得脱归,具以白世祖,世祖称叹久之。既而命元帅不花帖木儿等征于阗,暗伯乘间至行营,见薛彻干于帐中,薛彻干曰:"公之忠义,已上闻矣。"不花帖木儿遂承制命暗伯权充枢密院客省使。俄有旨护送暗伯妻子来京师。

未几,宗王乃颜叛,世祖亲征,暗伯在行间,屡捷,命为克流速、不鲁合、不周兀等处万户。又诸王哈鲁、驸马秃绵答儿等叛,暗伯率所部兵战于克流速、石巴秃之地,身中七创,所乘马亦中二矢,自旦至晡,鏖战愈力,刺秃绵答儿杀之,生擒哈鲁以献。世祖嘉其功,命长唐兀卫,兼佥枢密院事。凡分立诸色五卫军职、袭替屯戍之法,多所更定。历同佥、副枢、同知,至知枢密院事,以疾终于位。赠推忠保节功臣、资善大夫、甘肃等处行中书省右丞、上护军、宁夏郡公,谥忠遂。

子阿乞剌,知枢密院事;亦怜真班,湖广省左丞①。

(明)宋濂等撰:《元史》卷一百三十三,第 3236—3237 页,中华书局,1976 年。

---

① 原注:亦怜真班湖广省左丞　《考异》云:"亦怜真班,有传在第三十二卷,官至湖广行省左丞相,终于江西行省左丞相,非左丞也。"

(2) 亦怜真班传

亦怜真班,西夏人。父俺伯[①],以忠勤事世祖,为知枢密院事。

亦怜真班性刚正,动有礼法。仁宗召见,令入宿卫。延祐六年,超拜翰林侍讲学士、中奉大夫。至治二年,调同知通政院事,擢虎符唐兀亲军都指挥使。泰定初,迁资善大夫、典瑞院使。天历二年,以选为太子家令,寻升资政大夫、同知枢密院事,擢侍御史,仍兼指挥使。至顺初,拜翰林学士承旨、荣禄大夫,迁功德使,指挥使如故。寻出为陕西行省平章政事,未行,复为翰林学士承旨。元统、至元之间,伯颜为丞相,专权擅政,嫉其论事不阿,出为江南行台御史大夫。寻杀其子答里麻,而谪置海南。及伯颜败,乃得召还朝。

至正六年,拜光禄大夫、御史大夫[②],尽选中外廉能之官置诸风宪,一时号称得人。迁宣政院使,出为甘肃行省平章政事,设法弭西羌之寇,民赖以安,立石颂之。召还,为银青荣禄大夫、知枢密院事,提调太医院,寻加金紫光禄大夫,复为御史大夫、知经筵事,兼宣忠斡罗思扈卫亲军指挥使。尝奏言:"风俗人心日趋于薄,请禁故吏不许弹劾所事官长。"

太师马扎儿台与子丞相脱脱既谪居在外,时相欲倾之,嗾人告变,且扳台臣同上奏。亦怜真班曰:"凡为相者孰无闲退之日,况脱脱父子在官无大咎过,奈何迫之于险?"终不从。经筵进讲必详必慎,故每读译文必被嘉纳。监察御史劾奏时相,帝不听,亦怜真班反复论奏不已,由是忤上意,出为江浙行省平章政事,迁拜湖广行省左丞相。复召知枢密院事。十一年,颍、亳兵起,朝廷命将出师,多失律致败,数进言于时相,不见听,复出为江浙行省左丞相。

十二年,移江西行省左丞相。于是妖寇由蕲、黄陷饶州,饶之属邑安仁与龙兴相接境,其民皆相挻为乱。亦怜真班道出安仁,因驻兵招之,来者厚加赏赉,不从者命子哈蓝朵儿只与江西左丞火你赤等乘高纵火攻散之。余干久为盗区,亦闻风顺服。先是江西行省平章政事道童以宽容为政,军民懈弛。亦怜真班既至,风采一新,威声大振,所在群盗咸谋归款矣。十四年八月,以疾卒于官,所部为之丧气。事闻,赠推忠佐运正宪秉义同德功臣,追封齐王,谥忠献。

子九人:长答里麻;次普达失理,翰林学士承旨、知制诰兼修国史;桑哥八剌,同知称海宣慰司事;哈蓝朵儿只,宣政院使;桑哥答思,岭北行省平章;沙嘉室理,岭北行省参政;易纳室理,大宗正也可扎鲁火赤;马的室理,佥书枢密院事;马剌室理,内八府宰相。

(明)宋濂等撰:《元史》卷一百四十五,第3445—3447页,中华书局,1976年。

---

① 原注:父俺伯 《本证》云:"俺伯即暗伯,自有传。"《暗伯传》见本书卷一三三。

② 原注:至正六年拜光禄大夫、御史大夫,按《元史》卷四〇《顺帝纪》至元六年七月己未条有"以亦怜真班为御史大夫",疑"至正"为"至元"之误。

（3）伊勒哲伯[1]，西夏人。性刚正，动有礼法，累官知枢密院事。至正十二年，移江西行省左丞，于时妖寇由蕲黄陷饶州，饶之属邑安仁与龙兴相接境，其民皆相挺为乱。伊勒哲伯道出，安仁因驻兵招之来者厚加赏赉，余干久为盗区，亦闻风顺服。先是道通，以宽容为政，伊勒哲伯既至，风采一新，威声大振，所在群盗咸谋归款。十四年八月，以疾卒于官，所部为之丧气。追封齐王，谥忠献。《元史》

（清）谢旻等监修：《江西通志》卷五十七，第28页，《景印文渊阁四库全书》第515册，（台北）"商务印书馆"，1986年。

十三、朵儿赤及其家族

朵儿赤，生卒年不详，字道明，西夏宁州人。曾祖斡道冲，为西夏名儒，蕃汉教授，官至西夏国宰相。父斡扎箦，主管西夏国史，太祖西征时，斡扎箦驻守西凉，率父老以城降太祖。太祖任命其为中兴路管民官。朵儿赤年少聪颖，通晓古注论语、孟子、尚书。元世祖忽必烈时，曾任中兴路新民总管，由于功绩显著，先后又改任潼川府尹、山南廉访副使、云南廉访使。终年六十二，卒于官。子仁通，为云南省理问。孙斡玉伦徒，为奎章典签。

朵儿赤家族人物表

第一代	第二代	第三代	第四代	第五代	第六代
斡道冲	不详	斡扎箦	朵儿赤	斡仁通	斡玉伦徒

（1）朵儿赤传

朵儿赤字道明，西夏宁州人。父斡扎箦，世掌其国史。初守西凉，率父老以城降，太祖有旨副撒都忽为中兴路管民官。国兵西征，运饷不绝，无毫发私，时号曰满朝清。世祖即位，斡扎箦寝疾卒。遗奏因高智耀以进，请谨名爵、节财用，帝嘉纳焉。

朵儿赤年十五，通古注《论语》、《孟子》、《尚书》。帝以西夏子弟多俊逸，欲试用之，召于见香阁，帝曰："朕闻儒者多嘉言。"朵儿赤奏曰："陛下圣明仁智，奄有四海，唯当亲君子，远小人尔。自古帝王未有不以小人而亡者，惟陛下察焉。"帝曰："朕于廷臣有戆直忠言，未尝不悦而受之；违忤者，亦未尝加罪。盖欲养忠直，而退谀佞也。汝言甚合朕意。"因问欲何仕，朵儿赤对曰："西夏营田，实占正军，傥有调用，则又妨耕作。土瘠野圹，十未垦一。南军屯聚以来，子弟蕃息稍众，若以其成丁者，别编入籍，以实屯力，则地利多而兵有余矣。请为其总管，以尽措画。"帝可之，乃授中兴路新民总管。至官，录其子弟之壮者垦田，塞黄河九口，开其三流。凡三载，赋额增倍，就转营田使。秩满入觐，帝大悦，升潼川府尹。时公府无禄田，朵儿赤乃以官旷地给民，视秩分亩，而薄其税。潼川仕

---

① 即亦怜真班。

者有禄，自此始。

未几，台臣奏为云南廉访副使。时云南诸蛮叛，僚佐悉称故而去，朵儿赤独居守。又八月，省臣大惧，归符印欲遁，朵儿赤乃白于梁王，得檄而后出。迁山南廉访副使，未几，复调云南廉访使。会行省丞相帖木迭儿贪暴擅诛杀，罗织安抚使法花鲁丁，将置于极刑，朵儿赤谓之曰："生杀之柄，系于天子，汝以方面之臣而专杀，意将何为？小民罹法，且必审覆，况朝廷之臣耶！"法花鲁丁竟获免，寻复其官。僰夷与蛮相仇杀，时省臣受贿，助其报仇，乃诈奏蛮叛，起兵杀良民。朵儿赤奏劾，竟废之。年六十二，卒于官。

子仁通，为云南省理问。天历二年三月，云南诸王与万户伯忽等叛，仁通率官军抗之，没于阵。

(明)宋濂等撰：《元史》卷一百三十四，第3254—3256页，中华书局，1976年。

(2) 多尔济[①]，字道明，西夏宁州人。世祖时为云南廉访副使，会诸蛮叛，僚佐悉称故去，乃独居守。又八月，省臣大惧，归符印，欲遁。多尔济白于梁王，得檄而后出。及为云南廉访使，会行省丞相特们德尔罗织安抚使巴哈喇卜丹，将置极刑，争曰："生杀之权系于天子，方面之臣而专杀，意将何为？"安抚获免。僰夷与蛮相仇杀，省臣受僰赂，诬奏蛮叛杀良民，亟奏劾废之。年六十二，卒于官。

(清)范承勋等修：《云南通志》卷十九，第646页，《景印文渊阁四库全书》第569册，(台北)"商务印书馆"，1986年。

(3) 托尔齐[②]，字道明，旺札勒结子。年十五，通古注《论语》、《孟子》、《尚书》。帝召见，曰："朕闻儒者多嘉言。"托尔齐奏："当亲君子，远小人。"帝曰："汝言甚当。"因授中兴路新民总管。至官，录其子弟之壮者垦田，塞黄河九口，开其三流。凡三载，赋额倍增。寻升潼州府尹，累迁云南廉访副使。时云南诸蛮叛，僚佐悉称故而去，托尔齐独居守。寻调廉访使，行省丞相特们德尔，贪暴擅诛杀，罗织安抚使法哈鲁克都，欲致之死，托尔齐诘其专杀，法哈鲁克都竟获免，寻复其官。托尔齐，后卒于官。

(清)许容等修：《甘肃通志》卷三十六，第349页，《景印文渊阁四库全书》第558册，(台北)"商务印书馆"，1986年。

(4) 多尔济，宁州人。年十五通古注《论语》、《孟子》、《尚书》。太祖召见，问曰："朕闻儒者多嘉言。"多尔济以"亲君子，远小人"对。帝曰："汝言甚合朕意。"因授中兴路新民总管，垦田增赋，帝大悦，官至云南廉访使。

(明)李贤、彭时等修撰：《明一统志》卷三十六，第473页，《景印文渊阁四库全书》第472册，(台北)"商务印书馆"，1986年。

(5) 仁通，多尔济之子。至顺元年正月，云南诸王与万户伯忽等叛，仁通率官

---

①② 即朵儿赤。

兵拒之，殁于阵。

(清)范承勋等修:《云南通志》卷十九，第 677 页，《景印文渊阁四库全书》第 569 册，(台北)“商务印书馆”，1986 年。

(6) 西夏相斡公画像赞　有序

公姓斡氏，其先灵武人，从夏主迁兴州，世掌夏国史。公讳道冲，字宗圣，八岁以尚书中童子举，长通《五经》，为蕃汉教授。译《论语注》，别作《解义》二十卷，曰《论语小义》，又作《周易卜筮断》，以其国字书之，行于国中至今存焉。官至其国之中书宰相而殁。

夏人尝尊孔子为至圣文宣帝，是以画公像列诸从祀。其国郡县之学率是行之。夏亡，郡县废于兵，庙学尽坏，独甘州仅存其迹。兴州有帝庙门榜及夏主《灵芝歌》石刻，凉州有殿及庑。

皇元至元间，公之曾孙云南廉访使道明，奉诏使过凉州，见殿庑有公从祀遗像，欷歔流涕，不能去，求工人摹而藏诸家。延佑间，荆王修庙学，尽撤其旧而新之，所象亡矣。廉访之孙奎章典签玉伦徒，尝以《礼记》举进士，从予成均于阁下，又为僚焉。间来告曰:“昔故国崇尚文治，先中书与有功焉。国中从祀庙学之像，仅存兵火之余，而泯坠于今日，不亦悲夫！先世至元所摹像，固无恙也，愿有述焉，以贻我后之人。”乃为录其事而述赞曰:

“西夏之盛，礼事孔子，极其尊亲，以帝庙祀。

乃有儒臣，蚤究典谟，通经同文，教其国都。

遂相其君，作服施采，顾瞻学宫，遗像斯在。

国废人远，人鲜克知，坏宫改作. 不闻金丝。

不忘其亲，在贤孙子，载图丹青，取征良史。”

(元)虞集撰:《道园类稿》卷十五，第 454—455 页，《元人文集珍本丛刊》(五)，新文丰出版公司，1985 年。

(8) 海樵说

斡君克庄谓余曰:“人樵于山，我樵于海，山有木，樵则取之；海无木，而我樵之者，俟于海滨，有浮槎断梗至乎吾前者，取之；不至吾前者，吾漠然与之相忘也。故自命曰海樵。子素知我，愿申其说以示乎人焉。”予乃为之言曰:“自生民以熟食为养，而樵之功为大，皆不可一日而缺者也。”易之象“木巽火为鼎”，鼎者，烹饪之器，风自火出为家人，风亦木也。有木以传火而爨炊焉，则可聚人以为家，盖言非木不可以熟食，非樵不可以得木云耳。木出地而高升，因山而渐进，其生不可御也，故不胜用焉。其浮于泽者则为舟，舟则成器而不可毁者也。木在山下曰蛊，蛊，坏也。取其材不可以他用，薪之可也。下于泽，则过而见灭也。海，泽之大者也。子欲于此而求一日，不可无之物于不可必得之地，不几于迂乎！虽然，请试言之:黍稷稻粱生乎田畴，而农夫或不得于一食；犀象珠玉不生于中国，而府藏充斥焉。然则有者未必皆得,无者未必不可得也。是故君子以为求之有道,得之有命,无妄意于期必,而任运于自然。则樵于海,庸何伤乎!是故己之所当得者,己不可以去之,人不可以夺之;其不可以得者,竭其思虑,尽其智力,终不足以得之。其有尽心力而得之者,亦得其所当得者而已。君子知之,是以其心休休如也。然而众人得其所得足以给己而已;君子而得其时,天下后世莫不赖焉。天地生一时之材,以足一时之用;生一时之人,以成天地之功。时未至而强于有为,则扞格勉强而无以成其能;时至而不能有所为,则负天地之托,觖生民之望,则亦何取于有得哉!易曰:"公用射隼于高墉之上。"其传曰:"君子藏器于身,以待时也。"子立乎浩荡之虚,茫洋之表,不可必得者,忽然而得之,指穷于为薪而已乎?大享以养贤,推之使天下皆得其养,孰非樵之事乎?是为海樵说。

(元)虞集撰:《道园类稿》卷三十,第82页,《元人文集珍本丛刊》(六),新文丰出版公司,1985年。

(9) 寄克庄侍郎斡公

德润去夏初,在湖山拜别,燕鸿南北,倏焉隔岁,星环北拱,无远不然。与仰德慕义于千里之外者同尔。兹者朝野晏清,纂修史事,儒家戴白之老,咸所望也;总裁颐指,麟笔一王之法,必有攸当。歆羡歆羡!昔者欧阳氏谓:"五代以还,主盟中夏者,虽不一姓;而建国纪年,则有殊例,国臣杂传,则有殊例,三辰五纪,则各因其分野,职方地图,则各因其疆域。"然而得失不常,事亦随变。笔削之士,承教于左右者,必有传闻远识,以成一代之盛典矣。区区浅陋,奚敢重辱荐言人?便得赐寄,示脱槁之万一,以祛愚惑,尤见不弃。德润固守贫贱,久无他望,得赐遂志草野,万万幸幸。道尚书相公廉斡自持,始终一节;且不鄙贫贱。故敢附字上达。临风慨然,尚惟矜察,细绎之暇,伏冀为国为民,自爱以膺鼎渥。不宣。

(元)朱德润撰:《存复斋文集》卷七,第214—215页,《历代画家诗文集》,(台北)学生书局,1973年。

(10) 砚铭为斡克庄作

毓德深弘,达材清明,磨砻圭角,浸润光精。

至溥之泽,至华之英,作为文章,以颂治平。

(元)虞集撰:《道园类稿》卷十四,第439页,《元人文集珍本丛刊》(五),新文丰出版公司,1985年。

(11) 斡克庄侍郎贺兰山图赞

贺兰之山,大河之西,毓秀孕灵,涣发天机。

我斡大夫,风云之姿,江湖气谊,月露襟期。

材为国桢,学则民师,用作斯图,品物象仪。

(元)朱德润撰:《存复斋文集》卷七,第181—182页,《历代画家诗文集》,(台北)学生书局,1973年。

(12) 佥宪斡玉伦徒

斡玉伦徒字克庄，□□人。官淮西佥宪。尝曰：人樵于山，我樵于海。山有木，樵则取之。海无木而我樵之者，俟于海滨。有浮槎断梗，至乎吾前者取之；不至乎吾前者，吾漠然与之相忘也。故自命曰海樵。蜀郡虞集为作《海樵说》。

(清)顾嗣立、席世臣编：《元诗选》(癸集上)，第425页，北京中华书局，2001年。

(13) 畣斡克庄惠白毡

白毡裁成鹤氅衣，大茅山下向秋归。故人淮海应东望，雪影翩翩入翠微。

(元)虞集撰：《道园遗稿》卷五，第787页，《景印文渊阁四库全书》第1207册，(台北)"商务印书馆"，1986年。

(14) 送斡克庄佥宪调淮西道成廷珪

绣斧煌煌拥使轺，才名籍籍在中朝。

甘泉词客河东赋，蓬岛仙人海上樵。

风振紫山迎驿骑，云开金斗见秋雕。

澄清事业须公等，桂树淮南未易招。

(清)陈焯编：《宋元诗会》卷八十六，第549页，《景印文渊阁四库全书》第1464册，(台北)"商务印书馆"，1986年。

(15) 寄斡克庄佥宪

为怀同馆西湖客，不寄驼囊枸杞红。

岂想往来江海上，虚凭归雁问秋风。

(元)虞集撰：《道园遗稿》卷五，第786页，《景印文渊阁四库全书》第1207册，(台北)"商务印书馆"，1986年。

(16) 斡①都，字克庄，西夏人，官至山南廉访使，文章事业敻出人表，书迹亦佳。

(明)陶宗仪撰：《书史会要》卷七，第762页，《景印文渊阁四库全书》第814册，(台北)"商务印书馆"，1986年。

十四、刘容

刘容，生卒年不详，字仲宽。其先祖西宁青海人，仕夏。西夏灭亡后，父海川迁徙至云京，后遂为云京人。容幼颖悟，好读书，善骑射。中统初，入侍皇太子，负责专门管理库藏。前至元七年，任中书省掾。十五年，奉旨到江西，负责抚慰新附之民。后升为太子司议，改任秘书监。又任广平路总管。因病卒于官，年五十二。

---

① 原文此处缺两个字，据《道园学古录》卷四《西夏相斡公画像赞》，第65页，《景印文渊阁四库全书》第1207册，作玉伦都，所缺两字应为"玉伦"。

刘容家族人物表

第一代	第二代	第三代	第四代
阿华	不详	海川	刘容

(1) 刘容传

刘容字仲宽,其先西宁青海人。高祖阿华,西夏主尚食。西夏平,徙西宁民于云京。容父海川,在徙中,后遂为云京人。

容幼颖悟,稍长,喜读书。其俗素尚武,容亦善骑射,然弗之好也。中统初,以国师荐,入侍皇太子于东宫,命专掌库藏。每退直,即诣国子祭酒许衡,衡亦与进之。至元七年,世祖驻跸镇海,闻容知吏事,召至,命权中书省掾。事毕复前职,以忠直称。

十五年,奉旨使江西,抚慰新附之民。或劝其颇受送遗,归赂权贵人,可立致荣宠,容曰:"剥民以自利,吾心何安。"使还,惟载书籍数车,献之皇太子。忌嫉者从而谗之,由是稍疏容,然容亦终不辩。会立詹事院,容上言曰:"太子天下本,苟不得端人正士左右辅翼之,使倾邪侧媚之徒进,必有损令德。"闻者是之。俄命为太子司议,改秘书监。

未几,出为广平路总管。富民有同姓争财产者,讼连年不决,容至,取籍考二人父祖名字,得其实,立断之,争者遂服。皇子云南王至汴,其达鲁花赤某欲厚敛,以通贿于王,容请自往,乃减其费。后以疾卒于官,年五十二。

(明)宋濂等撰:《元史》卷一百三十四,第3259—3260页,中华书局,1976年。

(2) 刘容,其先西宁青海人,父海川,徙云京后,遂为云京人。容喜读书,亦善骑射。中统初,入侍皇太子,每退直,即诣祭酒许衡游。后累官太子司议,出为广平路总管,有治声。

(明)李贤、彭时等修撰:《明一统志》卷三十七,第946页,《景印文渊阁四库全书》第472册,(台北)"商务印书馆",1986年。

(3) 刘容,字仲宽,中统时为广平路总管。有同姓争财产者讼,连年不决,容至,取籍考二人父祖名字,立断之,狱讼称平。

《畿辅通志》卷六十九,第670页,《景印文渊阁四库全书》第505册,(台北)"商务印书馆",1986年。

十五、刘完泽及其家人

刘完泽,生卒年不详,字完甫。为西夏望族,始居敦煌,夏亡,徙于甘州之张掖,遂为张掖人。少年时,在皇子安西王府当差,又调至京师,做禁卫工作二十年。后历官至监察御史行台江南、西蜀四川道肃政廉访司事、岭北湖南道肃政廉访司事、山北辽东道肃政廉访副使等。子四人,长子刘伯温,为秘书卿,修《金史》,官至肃政廉访使。用三品恩赠公之祖父某为集贤直学士、亚中大夫、轻车都尉,追封彭城郡侯。祖母赵氏,追封彭城郡夫人。赠公为嘉议大夫、礼部尚书、上轻车都尉,追封彭城郡侯。夫人李氏,追封彭城郡夫人。

刘完泽家族人物表

第一代	第二代	第三代	第四代	第五代
某 妻赵氏	不详	刘完泽 妻李氏	沙剌班 一名刘伯温	般若 一名宣奴(女)
			观音奴	
			锁住	
			忙哥帖木儿	
			女二人	

(1)彭城郡侯刘公神道碑

我国家祖宗经营万方,肇自西北,究观古昔崇固之势。威勇之略以临制于中州者,天戈所向,以次臣服。至于世祖皇帝,神武达于海表,莫或间焉。尚论数百年间,统部莫大于西夏,风气休复,俊杰间出。遭时承平,无戎事以自见,怀其智勇忠直以宿卫于王庭,资寄于耳目,虽或位不充其才,然其足以用世而无疑者,犹可因事而论著也。惟夏之名族别于唐兀则有刘氏焉。始居敦煌,夏亡,徙甘州之张掖。今为张掖人,有讳完泽字完甫者,所谓沉毅严重伟然一代之名臣矣。

初,世祖立极,辨方正位,分陕以西,立皇子为安西王以镇之,居六盘山,舆卫庐旅,咸所禀令。公去家数千里,给事王所,日上番直,年方十三,无所阙失。维王与妃日见亲爱。居数年,还乡取妇,礼聘贤用皆王赐也。王薨,请告归省。朝廷初分侍卫亲军,列以为卫。唐兀卫之立,遣使籍河西六郡良家子以充之。时乃颜之叛,军事方兴,所征发多惮行,赂使者求免。公兄名在籍中,公曰:"兄冢嗣,当事父母。"请诸使者,亲代其行。至京师,得召见,备禁卫。汉兵右卫人小将校之设,必自唐兀卫择人以为之监,将任公为右卫千夫长,公曰:"今天下事定矣,无所事乎行伍,幸得事上左右,尽心进退献替,以就远业,则吾志也。"辞不受。朝夕禁近居二十余年,至大某年,拜监察御史行台江南而公之年已四十九矣。仁皇以太弟继大统,简任使以正纲纪,尤重御史之选。公以老成自处,同列严惮之,权贵有居江南大集民田以自利者,民讼积岁无敢理,公受词究实,归田于民,而语其人曰:"此非所当为,亦非所以自爱也。"愧谢无怨言。

延祐元年,拜御史,移西行台,行台治奉元,奉元路守臣之监恃所亲之贵幸,为不法无所顾忌,执法者莫之谁何,俄以甘肃行省左丞相脱帖木儿拜西行台大夫,始下车,即受民所言状,公方守院,案状具狱,事明。其幸者果以他事激怒上,尽罢陕西行御史台,而公归矣。明年,复立陕西行御史台,以公佥西蜀四川道肃政廉访司事。探马军者，昔国人之兵留戍汉地者也，其在蜀者更戍甘肃，地远而力困；军之有田者，征税与民等，公引他军例以为言，遂尽免之。一军咸叹曰：“公家西边，知戍者之苦，不然，谁活我乎？”蜀世将囊加歹进长蜀省，负气使酒，陵铄官府，人积不堪，公雅喻之曰：“平章功勋世家，保障全蜀，威望素著，天子以平章守边有功，自军帅超拜外宰相之首，于家于国，所任重矣。不小心守法，以全终始，万一有败，岂比常人哉！”囊加歹乃太感悟，持酒前拜公曰：“公长者，言及于此，吾祖宗子孙之幸，敢不敬拜。”自是，见公行酒为礼，未尝不拜。俄以母忧去官，服阕，除佥岭北湖南道肃政廉访司事。泰定元年，文皇自长沙北还，显言于朝曰：“吾居南方久，周知吏民之情，观乎司宪，真能刚直明断足以畏服人心者，其惟完泽乎！”即召归中台，拜监察御史。其始至台也，一见御史大夫中丞而已，不复有私谒，而来谒者，非公事亦未尝降接，曰：“吾方职思其忧，以报国家万一，而暇泛及常情乎？”而人亦信其志之所存，不敢干也。每有所言事，自署其牍，不以要同列，同列有所言，亦无所附丽，曰：“朝廷各赐一印，各尽其所欲言，无用相比周也。”即有所论劾，事奏不存稿，曰：“吾以意授吏而书之，意尽，言止，事行，则朝政无失，吾职尽矣，存之将求名耶？”枢臣某受贿事觉，诏付御史狱，公案之如法，而台臣有漏言而解其事者，公拜劾去之。

明年，除山北辽东道肃政廉访副使。四年，改副陕西汉中道。天历军兴，乃叹曰：“吾老矣，不能事事。”以疾辞归。公前后间居南山，课家人子弟，躬耕于野而告之曰：“吾世家西陲，习金革之事。幸生明时，服田力穑，以习劳苦。国家旧制，设有军旅之役，则父兄昆弟櫜鞬以行，无敢后者。过于优逸，岂堪事乎？”居某年，卒于正寝，则后至元之某年某月某日也。

公蚤年以王事驰驱河南之境，河山要害，豪杰控制之迹，无不了然于怀，尝为子弟家人道之如指诸掌。今其子沙剌班，起身成均扬历中外气概，弘毅知无不为大抵皆公之教也。盖公虽不屑屑于文史之末，而卓识独见一断于义理，人莫及焉。盖尝曰：“鱼复八阵图累石适在洄曲，江涨束峡，势不相及，曼衍而去，水已无力，所以常不动，而非神也。”又曰：“弱水、合黎皆羌中水名，皆与黑水合流而西，谓弱水不能胜物，方士假以欺人者也。”其精于物理大概如此。

公夫人李氏，赠礼部尚书某之孙，甘肃行省参知政事某之子也。公仕于外，未尝与家人子俱。李夫人事亲于家，饮食衣服备尽爱敬，有疾，汤药之奉不资于它人，由是故家大族亲戚众多见夫人之贤，无有间言，而更相视效矣。是以太夫人尝祝之曰：“愿尔妇之孝于尔，犹尔之孝于我也。”太夫人殁，公在蜀，地远，计不时至，夫人悉家力以治丧。公之兄弟八人皆欲致于孝，夫人曰：“完甫徛天子恩，有禄食，得以伸情事，不当烦兄弟也。”外有以极其俗之所尚，内有以成其礼之所当。及公之归，而葬祭无不备具，亦宾敬之间素有所仪刑矣。子男四人：长沙剌班，太中大夫、江西湖东道肃政廉访使；次观音奴，奉训大夫、刑部郎中；次锁住，蚤卒；次忙哥帖木儿，从事郎、蒙古翰林院应奉。女二人：长适同郡李某；次适邪卜不花，奉政大夫、大都督漕运副使。孙男女几人。

至正三年，沙剌班拜秘书卿，修《金史》，持宪节江右。用三品恩赠公之祖父某为集贤直学士、亚中大夫、轻车都尉，追封彭城郡侯。夫人赵氏，追封彭城郡夫人。赠公为嘉议大夫、礼部尚书、上轻车都尉，追封彭城郡侯。夫人李氏，追封彭城郡夫人。或叹曰："始时，与公同为御史者，公名常出其右，然其位皆至极品，而公独以宪副终，岂非天乎？然公有贤子，方彬彬然为时名卿，而公之德行益显，则又诸公之所不及也。况君子以节义为重，班资何足论也？集与公子有斯文之好，俾书其事于墓道之碑，顾集耄矣，虽忝国史旧闻，放失何足以言哉？取其可传于世者而记诸此云。铭曰：

"於皇肇兴，畅宣云风，人杰具来，以底会同。
既宁既壹，生息万类，惟帝时举，其用不匮。
眷兹西陲，堕山翕河，神明复完，降于屹峨。
维时雄蕃，镇以帝子，总而执于，帷幄是使。
帝设匡卫，羽林有征，雅志本朝，独先夙兴。
既见天子，留侍左右，敬共朝夕，无射弥久。
古之遗直，惟帝念之，视远如迩，聪明尔资。
自南徂西，载驱载骤，自信不回，清禁之旧。
悠悠施旌，蜀都长沙，渊潜神明，识于幽遐。
宣言感通，仍拜御史，执德不回，无惮大吏。
屹然老成，国之蓍龟，度辽越关，匪休以驰。
归节而老，训其孙子，养锐习劳，以待国事。
从容训言，跋履壮游，得失古今，先机远谋。
先朝经营，如指诸掌，明识所存，有顺无强①。
公之同列，显荣崇高，公之子孙，众盛贤劳。
学道正谊，公则有子，高朗令终，庶儿在此。
有贲其丘，张掖之都，维士维民，公卿大夫。
公言公功，载德万一，拟诸形容，来瞻来式。"

（元）虞集撰：《道园类稿》卷四十二，第 267—270 页，《元人文集珍本丛刊》（六），新文丰出版公司，1985 年。

（2）江西监宪刘公去思碑铭

至正五年，岁在乙酉，张掖刘公以宪节监于江右。江右之境，连岁旱饥，加以

① 原文为"彊"，为"强"的异体字。

疫疠,道殣相望。公下车,至诚恻怛。思感化之方,上天降雪以应之,人情胥悦。公乃夙夜匪懈,正纪纲,省刑罚。审政令不宜于民者,平而治之。简条约以莅守令,使得以行其职而无侵其官也。未两月,宪使覃怀李公至,忠厚仁恕,勤审不倦,与公合德,副使佥事各以练达匡顺其成。而幕府文学之士,彬彬济济,礼律兼备,曾不逾时,蔚然数千里间,莫不复而通矣。乃以暇日,亲理学校,自龙兴郡庠,至于东湖、宗濂两书院,皆作新之。去蠹弊,广学舍,立五经之师,聚生徒而教之,弦诵相接。又大合乐,洞达幽显,圜宫墙而观者,千数百人。父老训其子孙,闾里更为敦睦。闻风而兴者,几遍属郡。命提举学事者,取经义治事文义,列为条目,分布学官,使学者各以所能对。四方毕至,课卷千馀。礼进士及古学之有文者,论定其得失,以致切磨成就之功,得士数十。用程子学法,开待宾吏师斋于东湖,致耆老以居,亲与为客主人之礼。陈说道义,从容敬恭。自省府官属,至于学者,来无虚日。以集之不肖,亦叁与焉。居再旬而公移节河南之命至,凡厥士民,莫不感念。

圣天子之知人,而亦不能不怃然于公之去已也。于是,逢掖之士议于学,衣帛之老论于市,各思公之为政而记之。大小浅深不同,而所以怀公之德则一也。其说曰:有司受讼牒甚繁,吏舞法两造无与决,赀尽破家而止。公戒之曰:"可喻以义理者喻之,为欺者力辩之,毋留讼。其必当辩者,书诸籍,给印纸与之,俾书其辞,期以月日,必竟其法乃已。"以南昌论之,日数十牒,此法行月余,当受者不及一二纸,诸郡仿而行之。市井田里欢然,各安其业。宪司旧以钞贰仟定贷诸民间,出子钱以供官膳,前政又增五千定为七千定,散遍州县。公疑其不便,命取之。则元贷之钞,官封未动,是直取其息而已。公曰:"岂我臬司之事哉?"节用度,约宴集,斥俳优而远之,必有公会成礼而止。期月之间,遂以成风。官府无复敢肆淫乐。常例焚钞之不中用者,多伪滥极治之,又祸及平民。公为更法,以救其弊。郡县设养济院,收养孤贫,朝廷必先之务也。公亲巡豫章,孤贫以绝食告。按其籍,得诡冒千三百人,悉去之。而茕独鳏寡,颠连无告者,皆得其养矣。所部率此而行,先王之政,尽见于今日。所以老老幼幼,行于民间,不自知其然也。若此者,伛指数之更仆不既也。集闻之,去年九月,皇上忧民之饥溺,喻台臣选人治之,奏十人为宪使,皆极一时之选,其来江右则公也。又敕中书省臣曰:"勿遽易他官。"公与同至维扬者且别,各精思所以报效者而论之。公曰:"守己奉职,固不待言,然罢一赃吏,不能有所革,孰若使之知耻而不犯。去一豪强,不能有所惩,孰若使之安分,而不敢有所干。凡不足以治人者,自治之不足也。宪府之重威福易行,严之则增其势,宽之则肆其欺。虽凛然无纤芥之私,犹患其有乘间投隙者也。"是以公之来,不轻于用人,而见用者亦廉慎自重。无情之辞不得有所逞也。观公之所以修己行事,皆恪躬夙夜,以身先之。更敦礼让,无骄吝之习焉。由是,属郡视则无敢妄作,于法小有出入,治之使改而止。不为一切之政,以绝其自新,而安分知耻之风兴矣。近者，朝廷遣十道奉使巡行天下，惟江右安靖，无一可议。然则公之所以及人者深矣，岂众人之所知乎？公尝谓余曰："今治民，譬如诸鱼之在水，大之食小，不能无也。而欲以劳烦治之，大小俱困矣，其生几何哉?"故公所至常以简易为政，又言：国家建官至多，虽冗散之府，徒手实于民者，犹千百人，泛显要乎？欲吾民之休息，非大减官府不可也。噫！公在朝廷，得以其道，而推其所得为，有不如伊尹使斯民为尧舜之民者乎？公名沙剌班，字伯温，世家宿卫旧臣，有家学。历西北山川形要，验以前史，如指诸掌。学于成均，知内圣外王之道。观史传，得古今之变，如亲履之。拜御史，佐行省。明见卓识，出于学问。修《金史》于著廷，尽得其为国之终始，使后世可以鉴其治乱也。家居时，常以四书五经、洙泗、伊洛之说，亲教乡里子弟。于是，良家子始知圣人之传，可以为生民立命者。而他邦先有文学，亦来取法焉，前乎此未之有也。公早尝见朱子言罗仲素清介绝俗，即刻志欲学之，题其斋居曰"学斋"，而宴居谓之"清献之室"，盖又欲尚友赵清献公之节也。所至，门无杂宾。公退，潜心以居，肃如也。澹泊俭约如诸生，无嗜好，行李无畏物，唯所读之书而已。诗文雅纯，为代所重。六年五月　日，公适河南。士民依恋不忍其去，以是刻诸石焉。言之不足，则咏歌之。故系之以诗曰：

"皇命司宪，分治部方。勋为风霆，静为冰霜。
何以使人，有耻且格。惟我张掖，问学尊德。
敬恭信孚，造化之功。不令而行，不言而从。
辟我广居，扩我正路。升其俊良，周折规矩。
吏民化之，至于远荒。让而不争，妥而不扬。
有司听讼，遂以无事。农安于田，贾安于市。
彼哉百为，纷矫莫治。利害交攻，孰杜其几。
言德则难，言政则易。人之不知，惟希为贵。
天子仁圣，为民择官。必得我公，雍熙之端。"

(元)虞集撰:《道园类稿》卷三十九，第220—222页，《元人文集珍本丛刊》(六)，新文丰出版公司，1985年。

(3) 刘伯温画像赞

皇海宇之旷古，持盈成于悠久。六合同其清明，群献发其灵秀。眷旧家于虎卫，得贵游之清胄。服礼义以在躬，信遗经而深究。倡斯文以变俗，达良才于豪右。过庭见闻之壮，形胜经营之旧。践世官于御史，遂屡迁于藩部。视茧丝而哀矜，夜宣室而归奏。执简笔削之功，持节湖江之辏。大兴学以成化，蒙稽古之三复。深有黄河之源，高有雪山之阜。乐君子之多仪，望绣裳兮来觏。

(元)虞集撰:《道园类稿》卷十五，第457—458页，《元人文集珍本丛刊》(五)，新文丰出版公司，1985年。

(4) 刘公伯温学斋吟稿序

大夫君子，学问之纯粹，思虑之深远，才识之超迈，经济之精微，未尽见于行事，则托诸登览吟咏之际者，可以见其所存矣。大小雅之作，多国家、朝廷燕享会同，受厘述德，劝劳陈戒之辞，其人从而化之者，则风之义也。传曰："见其礼而知其政，闻其乐而知其德。"善观于世者，不亦微哉！然则诗之所系者大矣。张掖刘公伯温，以高志清行，博通今古，成能于天子之学，达才于耳目之寄。其居乡也，本诸彝伦，正其道义，以化其乡人。乡人从之，至以为仪表，盖得闻其所未闻者也。佐外宰相于吴越，叹其茧丝之无穷，悯民生之憔悴，而莫之救也。其修《金史》于著庭，见前代禁令，概非先王之遗意，流毒未已而莫之革也。心声之发，岂适一人间一政之谓哉？伯温之持宪江右，集以斯文之旧见焉，示以诗三十余篇，发感慨于情性之正，存忧患于敦厚之言，是为不可及者。若其体制音韵，无愧盛唐，则又时人之所共知者矣。学者及门，多请传诵。自学校之近，至山林之远，皆愿见焉。见子翁归摹刻其副，以与同志共之，故为书其后如此。

(元)虞集撰:《道园类稿》卷十九，第 507 页，《元人文集珍本丛刊》(五)，新文丰出版公司，1985 年。

(5) 学斋记

学斋者，江右监宪张掖刘公伯温藏修之处也。伯温早以成均贵游世，为御史，佐外宰相治吴越。经综倏理，旋副臬事，功用裕如。入践著廷，笔削成史，受命观风于斯部，曾未期月，笾豆弦歌，不动而化。君子之德，庶乎有以及人矣。而犹以为吾斯之未能信，顾谓予曰："思所以进于此者，其惟学乎？"既为题其斋而记之曰："学者何也？学乎圣人之道，以成己而成物者也。己之性，物之性，与圣人同得于天，学焉，则自信其可以成己成物，而不疑也。彼俗学之陋，循气以为材，袭义以取誉，则君子正之，此先儒所以有无真儒善治之叹者也。昔者上古圣神之世，元气混沦，非名言所能及。然卦书图书既作，列阴阳刚柔，而天地之道尽矣，岂茫昧恍惚之谓乎？尧舜垂衣裳之治，至于文王、周公以及孔子，所谓日月所照，霜露所坠，凡有血气，莫不尊亲，岂虚言哉？嗟夫！遗书之出未几，而失传之忧已作。风气醨散，彝伦攸斁。神明之过人者，立言流弊，生民之祸，莫可救止。而山川悠邈，西方有圣人出焉，天下靡然从之，而吾儒之说微矣。盖尝观夫地势之为坤也，西北高而东南下，隆高极天，以降德于平土，虽隔阻绝险，无能往而化育之生生，乌可已也。然则皇道帝德，夫安有畛域之间哉？猃狁獯鬻之有虞，形迹少分矣。秦皇汉武之固其圉也，穷天下之力，尽生民之命，越封疆以厉其威，绝要害以图其胜，离合分裂，盖千数百年，至于不能以为国者，是岂知圣神之无为者乎。三百年来，周、邵、程、张诸子者出，因降衷之不泯，以推致圣神精微之传，见诸《易》、《书》、《诗》、《春秋》者，开辟经济，如指诸掌。古之绝塞要地，我朝祖宗百战而有之，皆在邦域之中也。有能明千载不传之学，以配天行地于无疆，则于皇元一代之治道，前乎千万世之已往，后乎千万世之未来，岂有盛于此时者哉？於戏！学也者，学乎圣人者也。圣人之道，亘天地、穷古今而一致者也。言有大而非夸，其孰能信之？吾闻伯温昔从其先尚书之闲居也，尚书车马之迹遍于西北，目力之所及，心量之所容，有古豪杰之风焉。治之之道，可得而论矣。又闻伯温之居张掖也，以其得于师友，用之乡人焉。礼义文物，从而化之者甚众，是以见吾道之可行也。呜呼！道之可行，无可穷也，学之无止也。集之衰耄，遁在荒野，尚有闻于君子之能事，极功也哉！

（元）虞集撰：《道园类稿》卷二十八，第55—56页，《元人文集珍本丛刊》（六），新文丰出版公司，1985年。

（6）清献室铭　有序

张掖刘公伯温，司臬江右，俭约自居，无所事乎公馆之深广，更徙他舍，则又无以列图史、资玩索、延宾佐、广忠益，乃即门之右塾，凿户牖以为室，施屏障焉。罗络方空之本，从衡[①]附丽，容纳天光，稍加藻饰，不至过朴。委蛇退食，于是乎休息焉。题之曰："清献之室。"使来求集为之铭，其言曰：予初问学，厉风节以自立，不欲与凡近俱。昔人之行事，有不可及者，辄不敢自弃而求尽心焉。尝闻先儒遗言，赵清献公为谏官御史，言听谏从，一时正人君子倚之，以安于朝廷之上。历守郡府，所至民信而安之。盖平生无所累乎其心，以致然也。清献三至蜀，蜀重镇也。年益老而位益重，始终匹马而已。始犹以清玩自从，其后亦不复存。时君面叹其所守，为政所以简易也，故尝想见其为人而慕之。自甘肃省检校官、蜀省员外郎，拜西台御史，佥山南、河东两宪事。入拜御史，出副山北宪，以郎中佐江浙省，旋副其宪。召还，着廷修史，而持节于此也。数任之间，凡所以自治者，无所敢缓。在官之日，惟寒暑衣褐，蔬果食饮之用，不得不易于市。苟得已者，未尝不已之。所嗜者，莫如古书，历官又多书之地，然亦坚守其戒，虽甚所欲观览，亦未尝少违焉。他日还朝，官清无事，属多病告，暇日危坐，追思平日之所为，以为玩物丧志者，虽售以其价，犹不得为尽善，予庶几无愧焉。今居是室，俯仰循省，则侈心之萌而莫之制者，尤可畏也。题以"清献"期无负于初志云。是以求为之铭。古者分田制禄，自公卿、大夫、士，皆有定等。随其贵贱，衣服、饮食、车马之具，祭祀、宾客、吉凶凡用，通工易事，人志定焉。孟献子曰：畜马乘，不察于鸡豚，伐冰之家，不畜牛羊。其为忧也。远矣。眉山苏氏以为清献兼有东郭顺子之清，孟献子之贤者，盖谓此也。乌乎！感世俗之迫隘，而有羞恶之心，不得不出于刘公之所自治者矣。而或以刘公为介，不几于不知耻者乎？故为之铭曰："於肃清献，古之遗直。学道清心，应事无迹。侃侃立朝，匪严匪宽。正人君子，赖之以安。我思古人，常道之践。纷纷鄙夫，如霰见岘。相在尔室，默念独居。人所不知，我则

---

① 原文"從衡"同"纵横"。

凛如。侈心之悔,勿固勿滞。浮云散空,定体无外。慎之于几,厉之于为。一日至焉,殊途同归。”

(元)虞集撰:《道园类稿》卷十四,第437—438页,《元人文集珍本丛刊》(五),新文丰出版公司,1985年。

(7) 送刘伯温序　什喇卜郎中

至元五年,闽盗既平。明年夏秋,嘉禾、吴松江苦雨,具区溢,坏民田庐,秋敛用微,流移者众。江浙省遣使告饥,朝廷议选通经术、有材干之士为元僚拯之。山北道廉访副使伯温甫往践其任。伯温雅与余接,余闻而喜曰:“浙之人幸也夫!”客或曰:“当今赋出于天下,江南居十九,浙之地在江南,号‘膏腴’,嘉禾、吴松江又号‘粳稻厌饫他壤’者,故海漕视他郡居十七八。兹者民方结草苇以自托于坏堤毁堰之上,而海漕之常数莫登矣。活民足用亦有其道欤?弭菑沴以召和气,又可不深念欤?闽既烦敝于转饷,而浙又若此。菑沴之行,固治世不能无,抑思有以致然否欤?吾见其难为也,子以为喜何欤?”余曰:“伯温之少也,从先生国子讲论道德以求其益。其素学也,可知其仕也。为名御史,为贤部使者,其才又可知也。学以禔身,才以立事,自公卿大夫至于牛羊仓廪之选,咸宜焉,况足国用、召和气者哉!自通都大邑至于荒边侧境,咸理焉,况浙哉!”客又曰:“是则然。且国家治体,百司庶府,其长实膺眷注付托之重,庶务则一切责成幕府。情浃义洽,固无虑其咸酸之不同,圆方之不相入。皦皦以立异,容容以窃叹,求脱去而不可得,尚何政之举?”余曰:“夫钟,怒而击之则武,悲而击之则哀,诚意之感也。若是伯温诚于己,岂有不信于彼者哉?吾知宾主相得于堂庑之上,而民自得于江湖之外矣!故曰浙之人其幸也夫。”遂书以为序。

(元)王沂撰:《伊滨集》卷十四,第515—516页,《景印文渊阁四库全书》第1208册,(台北)“商务印书馆”,1986年。

(8) 题刘伯温行卷

监宪伯温刘公出示,馆阁诸君子送行诗文两大卷:其一自中台出佐浙省时赋,众仲题其端,有以见朝廷选任之专、职事之难者。后一卷则自着廷持节江右之赋也,伯循跋其左,具言述作之暇,道西北形势,古今之迹,经览之壮,有重会讲明之约。一代文物之懿,备见于斯,何其盛哉!集感别欣遇,又知监宪公深有得于《大易》智崇礼卑之旨,庸述鄙怀,敬答盛意,不胜惓惓。

西极山河辙迹通,载驰江海视民风。
帝王渐被知今远,秦汉经营叹昔雄。
忧国早闻生白发,济时谁识信丹衷。
斯文一缕通微显,随地成能造化工。

(元)虞集撰:《道园类稿》卷八,第359页,《元人文集珍本丛刊》(五),新文丰出版公司,1985年。

(9) 题刘伯温监宪所藏雪山图

我家成都雪山东，公家张掖雪山北。
吴船谁载郑广文，起写昆仑半天白。
张掖雪融草木长，禾生陇亩多牛羊。
烽火连台拟楼观，江海微茫秋练光。
著书东观夜如水，太一燃黎照图史。
从游冠带文武备，斐然四郡良家子。
君不见黄河奔流，百谷盈神禹疏凿。
中州平极天鸟道，云气尽惟北有斗。西长庚。

(元)虞集撰:《道园类稿》卷四，第321页，《元人文集珍本丛刊》(五)，新文丰出版公司，1985年。

(10) 送刘伯温之江西廉使　得云字

祖帐依山馆，车盖何缤纷。
使君驱驷马，衣上绣成文。
中坐陈绮席，羽觞流薄薰。
情多酒行急，意促歌吹殷。
况我同乡友，同馆复离群。
初旸丽神皋，遥望澄远氛。
回镳望双阙，五色若卿云。
苍茫岁年徂，东西岐路分。
道长会日远，何以奉殷勤。
惟有凌霜柏，天寒可赠君。

(元)余阙撰:《青阳先生文集》卷一，第7页，《四部丛刊续编》(72)，商务印书馆，1934年。

(11) 谢刘伯温

世外高情与道谋，欲令断木出寒沟。
终身不敢窥韩子，病目谁能念左邱。
生晚见闻惭礼乐，业荒文学感春秋。
未忘垂白从耕稼，鸣鸟高梧咏不休。

(元)虞集撰:《道园遗稿》卷三，第772页，《景印文渊阁四库全书》第1207册，(台北)"商务印书馆"，1986年。

(12) 刘伯温

括苍刘伯温，多才艺，能诗文，尤善形家言。尝以儒学提举，得相见于钱塘。后十年所，刘已解官，复见于海盐之横山，把臂道故，至于信宿。谓余曰:"中国地脉，俱从昆仑来，北龙、中龙，人皆知之。惟南龙一支，从峨嵋并江而东，竟不知其结局处。顷从通州泛海至此，乃知海盐诸山，是南龙尽处。"余问:"何以知之?"刘曰："天目虽为浙右镇山，然势犹未止，蜿蜒而来，右束黟浙，左带苕霅，直至此州长墙、秦驻之间而止。于是以平、松诸山为龙，左抱以长江淮泗之水，以庆绍诸山为虎，右绕以浙江曹娥之水。然诸水率皆朝拱于此州，而后乘潮东出，前复以朝鲜、日本为案，此南龙一最大地也。"余问："此何人足以当之?"曰："非周、孔其人不可，然而无有乎尔！吾恐山川亦不忍自为寂寂若此也。"

(元)姚桐寿撰：《乐郊私语》，第2页，《丛书集成初编》，中华书局，1991年。

(13) 张掖刘氏下殇女子墓志铭

下殇女子宣奴，初名般若，江西湖东道肃政廉访使张掖刘公伯温甫之女也。后至元丁丑，伯温居某官，某处生焉。从公来豫章，以至正乙酉病，医不治，殁。九月廿又四日甲辰也。公与其夫人哭之甚哀，葬诸郡新城门外，新建县玉虚观之北堧。伯温以书相告曰："发且白，惟一女而又失之，瘗诸壤土，惧久而泯，人不知而或毁之也。敢请表之，亦以少纾其悲伤于无穷乎。"得其僚友、成均同舍生司执中之言曰："窃伤公之过哀，而问焉。"公曰：其生也，秀润娟整，资敏慧，异于常儿。五岁，教以书字，即识不忘，或以他书，或画空示之，无一差者。教以诗，一再过，即成诵。七岁，会诵诗，习女工，剪纸象花卉，刺绣为文，精妙天出。母为女工，或想其制未就，女曰："是未之思尔。"女凡有所制，思之未尝有不得者。得古铜研滴，不知水所从出，曰："此易尔。"以指窒其颠如针空，水随注，而得其妙解类此。见内亲长者，拜跪端重，不越户限。虽戏剧在前，未尝破颜微哂。常戒女侍，毋以忽慢贻责，动大人心。得痞疾且久，恐父母忧之，常隐而不言。医言女子痞，父摩之，良愈。如医言，亲摩之，必逊避不安。体庄静，虽病甚，端坐无倾倚。危且不救，母曰："医无遗策矣，用浮屠说。度汝为尼，脱积业何如?"曰："不可。""为女道士何如?"又曰："不可。"曰："人之生，有定分，岂以尼、女道士遂得不死乎?"父曰："吾今休官，以厌而疾，庶其延乎?"即应曰："今召医，医至，召巫，巫来，皂隶给使惟谨，休官则人情解矣。"达生死，识世变，如此。其殁也，犹起坐饮粥服药，既而绝，复苏者再，苏则神气清明。父母犹望其生也，一夕奄然解化，如蝉蜕云。是以不知其哀之过也，然则父母之情能无哀乎？昔韩文公、程伯子皆尝罹此，葬诸先茔，犹自为文以识之。今去家万里，诚不可以弗之识也。韩公哀其慧而夭，又非其地也。程子哀其气质端厚，宜福且寿，药或误焉，其哀可知也。然皆归于命焉，则知道者之言矣，伯温甫方以先世之传，受天子之托，为斯文士君子之望，抑亦思其重者乎。为之铭四：塈周之藏，瘗甓累识。号之三匝，父母之志。莫或毁之，表石以示。

始葬时，墓前植柏，剪竹插土护之。其竹皆生节，节有枝叶，青翠可爱，修者三个，细者凡六七。公曰："地力有余也。"或曰：冥灵之感乎？系父母之思于无穷乎。噫！

(元)虞集撰：《道园类稿》卷四十九，第444—445页，《元人文集珍本丛刊》(六)，新文丰出版公司，1985年。

（14）沙君美字说

张掖刘公伯温，来监宪于江右。刑政齐一，吏民无敢犯，乃至学校，亲施其教焉。前有司者，以簿书期会为职事，视教养为迂阔，公叹其弗虔而修治之，命其史阿里沙亲笃其役。于是，郡学东湖、宗濂两书院斋舍几席之陋者、卑者皆撤而新之。师弟子之位，尊卑有序，坐起有节，大抵仿国学之制，而差有品节焉。于是自有位于行省宪府之大夫君子，及其僚佐与三学之士子，四方之来观者，莫不称善。沙之字曰君美，于是皆曰此君美之所以为美者也。或来求予为之说，乃谓之言曰：美也者，有诸中而畅诸外者也。吾闻君美之先，以著劳于宪宗、世祖时，而报之者未尽也。其祖仕于闽，为义田以养其族人之在顺昌者，其德惠又未艾也。君美好读书，乃从州郡推择以为吏。在汀州时，盗起，郡守郡将无以为计。君美以守将之命，率劝民义，得三千人，而军势益壮，盗随以平。自闽宪迁江右宪府，诸公皆有学问世臣大儒，君美参佐论议于其间，廉直有识，皆其美之实也。自此而升，必有立于斯世，君子尚得而记述之。

（元）虞集撰：《道园类稿》卷三十一，第92页，《元人文集珍本丛刊》（六），新文丰出版公司，1985年。

（15）竹山山中太皇观小憩，道士白刘伯温御史旧所，题二绝句，即景和寄。

酒泉才子气凌云，落落清谈久不闻。

见说松厅深处坐，简霜挥洒净妖氛。伯温，名沙剌班，河西人。

（元）宋褧撰：《燕石集》卷九，第190页，《北京图书馆古籍珍本丛刊》92，书目文献出版社，1998年。

（16）学斋记

伯温甫，以学斋扁其居室，而来谂于溍曰："予幸以国子获执经于馆下，忝释褐而备官，使于西陲者二十载，异时，同舍生类能以文学论议自见，己独无称焉。……

（元）黄溍撰：《金华黄先生文集》卷十四，第6页，《四部丛刊初编》第354函，商务印书馆，1922年。

（17）次韵刘伯温御史春游

草木幽馨涧道微，白云拄杖夫如飞。

独寻玉女洗头处，相伴仙人采药归。

几迭翠微深杳杳？一帘红素乱霏霏。

可堪酒债兼诗债，老却江南白苎衣。

（元）张雨撰：《句曲外史集》卷中，第373页，《景印文渊阁四库全书》第1216册，（台北）"商务印书馆"，1986年。

（18）寄刘伯温大监

台阁如公最有称，轺车骢马数能乘。

校书在昔专刘向，秘监于今复魏徵。

汗简削成金作匮，泰阶平处玉为绳。

信有山人唯寂寞，侧身长倚白云层。

(元)顾英编:《草堂雅集》卷五，第 282 页，《景印文渊阁四库全书》第 1369 册，(台北)“商务印书馆”，1986 年。

(19) 送刘伯温之江浙省郎中

江浙连闽屹巨藩，年来民力见凋残。

帝怜下土驱豺虎，人贺南州集凤鸾。

槐影昼笼青琐闼，湖光晴照画阑干。

清风迅扫诸曹务，应共宾僚一笑欢。

(元)吴师道撰:《吴礼部集》卷八，第 17 页，《北京图书馆珍本丛刊 93》，书目文献出版社，1998 年。

(20) 江浙省郎中实喇卜伯温之官序

国家制行省以莅外服，体势侔中书。以所制者远，所统者众，所寄者为甚重也。然而以勋戚大臣之柄政于上也，连帅牧守群有司之禀命于下也，乃使数君子者，于其间综治文牍，论定可否，欲上无所咈，而事中律度，下有所受，而物顺轨则，使百十郡邑之民，无或有愁苦之叹，而政无不成者，则幕僚之为任，亦难矣。然而举同幕之议，而颛裁之，犹以其身任责于上下，而不得有所顾避者，则元僚之为任，尤难也。而况任是责于江浙，又有尤难于他省者乎！至元六年，山北廉访副使实喇卜伯温除江浙行省郎中，盖慎选也。伯温精明而醇愿，闿偲而缜理，通经学古而用之不迂，练核吏事而本之以仁义，凡前代治乱得失之迹，与所历山川形势城邑废置民物丰耗，以至古今张弛之所以不同者，皆有所考证，以致其用世之心焉。故内而为监察御史，外而为诸省宰士，诸部使者声称皆大闻于时，若伯温者固宜从容著定，以赞襄天子之大化，乃复屈置远外，使任其所尤难者，无以方今之江浙，有不得不置，若人于上府，固不暇为伯温计耶。呜呼！东南民力竭矣，而一省所上土赋，恒居天下十六七，伯温所任之尤难者，有不在于兹乎？夫有嘉树也，必务培其本，而后落其实而食之。今江海之上有嘉树焉，伯温往封植之，它日余南还，从伯温休于树间，以观秋风之落其实也。

(元)陈旅撰:《安雅堂集》卷五，第 57—59 页，《景印文渊阁四库全书》第 1213 册，(台北)“商务印书馆”，1986 年。

(21) 兴学颂并序　　虞集

乃至正四年十有二月，太中大夫、肃政廉访使张掖刘公沙剌班上任之日，谒先圣先师于大成殿，礼也。乃升讲堂，延见提学事、教授诸学官，躬问其所教，进弟子员，以次升降，而观其容止进退。

(明)范涞修，章潢纂:《万历新修南昌府志》卷二十七，第 542 页，《日本藏中国罕见地方志丛刊》，书目文献出版社，1990 年。

(22) 跋学斋侍御张掖刘公洛阳怀古诗

洛阳怀古诗,西台侍御张掖刘公(伯温)之所赋也。公以学问政事,方用于世,而其为诗清新,雅丽有则,至以周公、邵子为言,则先儒之微意,而知公之学有所本也。刻而传之,岂惟洛阳之盛事而已哉?

(元)陈基撰:《夷白斋稿外集》卷下,第 391 页,《景印文渊阁四库全书》第 1222 册,(台北)"商务印书馆",1986 年。

(23) 跋聚星楼卷后

今春刘张掖降香南镇而道吴也,闻其老而强健。今敬德之楼居溪山,宛然题识仍旧。然复欲得五君子者,登临笑乐,以合并于斯楼之上,盖断然不复有矣。今年,至正庚寅也。

(元)郑元佑撰:《侨吴集》卷七,第 766—767 页,《北京图书馆珍本丛刊》95,书目文献出版社,1998 年。

(24) 江月楼诗序

往岁,集贤学士张掖刘公、崇文少监鄱阳周代祀南岳,还过殊方,而余幸与郡史李金华、张君率性从二公至其处,览山川之雄,饮中泠之泉,上下古今,竟日而去。未几,上人命善画者绘楼为图,凡嗣王公而赋诗者,咸以次录之。且以书抵吴门,俾余序之。然俯仰三数年,张掖公以甘肃行中书左丞出奠西土,鄱阳方入践台阁,张君近擢赴海虞,而上人亦往主名刹于浙右。

(元)陈基撰:《夷白斋稿》卷十五,第 262 页,《景印文渊阁四库全书》第 1222 册,(台北)"商务印书馆",1986 年。

(25) 龙兴路宗濂书院记

今江西宪使张掖刘公沙剌班、河内李公守仁,与其同官幕府,皆有学问,欲以文教兴治化之本。下车之初,即致意于郡之学校,次第而至于宗濂书院焉。

(元)虞集撰:《道园类稿》卷二十四,第 606 页,《元人文集珍本丛刊》(五),新文丰出版公司,1985 年。

(26) 黄羊尾毛笔赞并序

万物之类甚多,而草木飞走性情形休尽之矣。天生之,地成之,人用之,天地生成万物之类,以备万事之用,人得而用之,所以参乎天地而贵于物也。伏羲因图而有画,神禹锡畴而有书,而聿之用始矣。聿之以竹者加竹以别之,传之以毛而聿之用日广,草木之枝条,飞走之羽毛,凡可为聿之用者,无不效其材矣。西北之境有黄羊焉,玉食之珍品也。西夏之人,有取其尾之毫以为笔者,岁久亡其法。张掖刘公伯温,尝命笔工之精技作而用之,果称佳妙,其修史著廷,盖尝用之。中朝文学之士,咸为之赋。而伯循、廷心、伯敷,又称杰作于一时者也。公廉于江西,亦以告予。惜乎耄矣,不能及诸君子之盛,姑述之以赞云。

古史操聿,图书文字。属毫就濡,转变分隶。爰历凡将,奇觚快意。名书之家，世资精技。毛翰须鬣，随取铦利。观象兖泽，角趾其类。非麕非麇，黄以为异。饮雪于池，茹丰于汜。兽人效鲜，鼎食之贵。生而善驰，射不容羿。趋风不回，毋践后躗。冰霜劲强，末颖全锐。治择约束，工叹未试。�管犀弢，妙绝当世。维时天禄，校书更岁。日书万言，其用不匮。圣明几暇？书法游艺。缲藉以进，发挥文思。云汉昭回，海岳衣被。吁嗟丰美，日荐厚味。俎几之余，近以微弃。矧是草野，谁录其细。纪功旗常，载事纂记。增光日星，摹写天地。一寸之弱，莫究其至。况乎俊髦，济济可致。立贤无方，君子之志。

(元)虞集撰:《道园类稿》卷十五，第460页，《元人文集珍本丛刊》(五)，新文丰出版公司，1985年。

(27) 薛尚功摹钟鼎彝器款识真迹

予读薛尚功集古金石文，常叹其博，及见谢长源所收尚功写本，乃知金石刻仅得其半，而写本字画为精。夫学至于博而精，岂特论艺文而已。至正元年后五月廿二日，临武斡玉伦徒克庄在武林驿书。是日，以潘云谷墨试张掖刘伯温所遗黄羊尾毛笔。

(明)朱存理撰:《赵氏铁网珊瑚》卷一，第26—27页，《景印文渊阁四库全书》(第312册)，(台北)"商务印书馆"，1986年。

十六、朵罗台

朵罗台，生卒年不详，唐兀氏。祖，小丑，元太祖时，招诸色匠人，小丑以精通造弓被选，赐名怯延兀兰，任怯怜口行营弓匠百户，徙居和林，卒。父，塔儿忽台袭职，后战死。朵罗台从军有战功，授前卫亲军百户。历官昭信校尉、芍陂屯田千户所达鲁花赤，后因病离职。弟阔阔出袭职，也精通造弓。子脱欢。

朵罗台家族人物关系表

第一代	第二代	第三代	第四代
小丑	塔儿忽台	朵罗台	脱欢
		阔阔出	

朵罗台传

朵罗台，唐兀氏。祖小丑，太祖既定西夏，括诸色人匠，小丑以业弓进，赐名怯延兀兰，命为怯怜口行营弓匠百户，徙居和林，卒。父塔儿忽台袭职。阿里不哥叛，塔儿忽台从战于失亩里秃之地，死之。

朵罗台从万户也速解儿、玉哇赤等累战有功，授前卫亲军百户。积官昭信校尉、芍陂屯田千户所达鲁花赤，后以疾退。

朵罗台之弟阔阔出，亦业弓，尝献所造弓，帝称善，问其父何名，阔阔出对曰："塔儿忽台，臣之父也。"帝见其状貌魁伟，且问其能射乎？左右对曰："能。"试之，果然，遂命为近侍。明年，武备寺臣复以其弓献，且奏用之。帝曰："孔子言三纲五常。人能自治，而后能治人；能齐家，而后能治国。汝可以此言谕之，而后用之。"俄擢为大同路广胜库达鲁花赤。广胜者，贮兵器之所。时总管唐兀海牙以库作公署，置甲仗于虚廪中，多被虫鼠之害，阔阔出言于帝，复之，且责其偿兵器之既坏者。使者薛绰不花、纳速鲁丁以檄取鹰房军衣甲弓矢若干，阔阔出责其入文书，领去。时宪副速鲁蛮令毋入文书，且命有司封钥其库，将点视之，阔阔出不从。事闻，帝命笞速鲁蛮，罢之。

大德元年，升大同路武州达鲁花赤，兼管本州诸军奥鲁劝农事。又监建州、利州，改佥四川道廉访司事，拜监察御史，累官中大夫、大宁路总管，卒于官。

朵罗台之子脱欢，初直宿卫，历御史台译史，拜监察御史。迁四川行省左右司员外郎、四川廉访司佥事、枢密院都事，升断事官。其在四川时，尝上疏曰："内外修寺，虽支官钱，而一椽一瓦，皆劳民力，百姓嗟怨，感伤和气。宜且停罢，仍减省供佛饭僧之费，以纾国用。如此则上应天心，下合民志，不求福而福自至矣。回回户计，多富商大贾，宜与军民一体应役，如此则赋役均矣。为国以善为宝，凡子女、玉帛、羽毛、齿革、珍禽、奇兽之类，皆丧德丧志之具。今后回回诸色人等，不许赍宝中卖，以虚国用，违者罪而没之。如此则富商大贾无所施其奸伪，而国用有畜积矣。"其辞恳直剀切，当时称之。

（明）宋濂等撰：《元史》卷一百三十四，第3264—3266页，中华书局，1976年。

十七、余阙

余阙（1303—1358），字廷心，一字天心，号青阳先生，唐兀氏，世家河西武威。父沙剌臧卜，到庐州做官，遂为庐州人。余阙少丧父，教学生以奉养母亲。元统元年（1333）中进士及第，授同知泗州事。入翰林修撰辽、金、宋三史。任监察御史、中书礼部员外郎、湖广行省左右司郎中、浙东道廉访司事。至正十二年（1352），余阙代理淮西宣慰副使，管理都元帅府事，带兵驻守安庆。此后五、六年间，余阙率兵与红巾军激战大小两百余战，先后升任都元帅，淮南行省左丞。至正十八年（1358）春，红巾军再次集结，战船蔽江而下，急攻安庆城西门。余阙身先士卒，最终因寡不敌众，城池失守，遂拔刀自刎，自沉于安庆西门外清水塘中，时年五十六。谥忠宣。余阙对五经皆有撰述，尤擅长诗文，有《青阳集》传世。其妻蒋氏，妾耶律氏，女安安，皆赴井死。子德臣，年十八，精通经史大义，亦溺水死。外甥福童战死。侄婿李宗可，蕲州人，为义兵元帅，手刃妻子自刎死。

余阙家族人物关系表

<table>
<tr><th>第一代</th><th>第二代</th><th>第三代</th><th>第四代</th><th>第五代</th><th>第六代</th></tr>
<tr><td rowspan="3">铣节</td><td rowspan="3">铣节①</td><td rowspan="3">沙剌臧卜
又作屑耳为
妻尹氏</td><td>余阑</td><td></td><td rowspan="3">宗烈②</td></tr>
<tr><td>余沙剌八</td><td></td></tr>
<tr><td>余供保</td><td></td></tr>
<tr><td rowspan="5"></td><td rowspan="5"></td><td rowspan="5"></td><td rowspan="4">余阙
妻蒋氏
妾耶律氏
妾耶卜氏
妾满堂</td><td>德臣
又作得臣、德生</td><td rowspan="5"></td></tr>
<tr><td>福童
又作福章、安安(女)</td></tr>
<tr><td>渊甫</td></tr>
<tr><td>侄女一人,其夫李宗可③</td></tr>
<tr><td>余福</td><td></td></tr>
</table>

(1) 余阙传

余阙字廷心,一字天心,唐兀氏,世家河西武威。父沙剌臧卜,官庐州,遂为庐州人。少丧父,授徒以养母,与吴澄弟子张恒游,文学日进。

元统元年,赐进士及第,授同知泗州事,为政严明,宿吏皆惮之。俄召入,应奉翰林文字,转中书刑部主事。以不阿权贵弃官归。寻以修辽、金、宋三史,召复入翰林,为修撰。拜监察御史,改中书礼部员外郎,出为湖广行省左右司郎中。会莫徭蛮反,右丞沙班当帅师,坚不往,无敢让之者。阙曰:"右丞当往,受天子命为方岳重臣,不思执弓矢讨贼,乃欲自逸邪!右丞当往。"沙班曰:"郎中语固是,如刍饷不足何?"阙曰:"右丞第往,此不难致也。"阙下令趣之,三日皆集,沙班行。复以集贤经历召入。迁翰林待制。出佥浙东道廉访司事。丁母忧,归庐州。

盗起河南,陷郡县。至正十(三)〔二〕年④,行中书于淮东,改宣慰司为都元帅府,治淮西,起阙副使、佥都元帅府事,分兵守安庆。于时南北音问隔绝,兵食俱乏,抵官十日而寇至,拒却之。乃集有司与诸将议屯田战守计,环境筑堡寨,选精甲外捍,而耕稼于中。属县灊山八社,土壤沃饶,悉以为屯。明年,春夏大饥,人相食,乃捐俸为粥以食之,得活者甚众。民失业者数万,咸安集之。请于中书,得

① 《元统元年进士录》载余阙曾祖父、祖父名子均为"铣节"。

② 余阙侄孙。

③ 余阙侄婿。

④ 原注:至正十(三)〔二〕年 据《青阳集》卷九《题黄氏贞节集》及明正统刊本《青阳集》《忠节附录》卷一宋濂《余左丞相传》、答禄与权《死节本末》改。《新编》已校。

钞三万锭以赈民。升同知、副元帅。[1] 又明年秋，大旱，为文祈灊山神，三日雨，岁以不饥。盗方据石荡湖，出兵平之，令民取湖鱼而输鱼租。十五年夏，大雨，江涨，屯田禾半没，城下水涌，有物吼声如雷，阙祠以少牢，水辄缩。秋稼登，得粮三万斛。阙度军有余力，乃浚隍增陴，隍外环以大防，深堑三重，南引江水注之，环植木为栅，城上四面起飞楼，表里完固。

俄升都元帅。广西猫军五万从元帅阿思兰沿江下抵庐州，阙移文谓苗蛮不当使之窥中国，诏阿思兰还军。猫军有暴于境者，即收杀之，凛凛莫敢犯。时群盗环布四外，阙居其中，左提右挈，屹为江淮一保障。论功，拜江淮行省参知政事，仍守安庆，通道于江右，商旅四集。池州赵普胜帅众攻城，连战三日败去，未几又至，相拒二旬始退，怀宁县达鲁花赤伯家奴战死。十七年，赵普胜同青军两道攻我，拒战一月余，竟败而走。

秋，拜淮南行省(右)〔左〕丞。[2] 安庆倚小孤山为藩蔽，命义兵元帅胡伯颜统水军戍焉。十月，沔阳陈友谅自上游直捣小孤山，伯颜与战四日夜不胜，急趣安庆。贼追至山口镇，明日癸亥，遂薄城下。[3] 阙遣兵扼于观音桥。俄饶州祝寇攻西门，阙斩却之。乙巳，贼乘东门红旗登城，阙简死士力击，贼复败去。戊申，贼并军攻东西二门，又却之。贼恚甚，乃树栅起飞楼。庚戌，复来攻我，金鼓声震地。阙分诸将各以兵扞贼，昼夜不得息。癸卯[4]，贼益生兵攻东门。丙午，普胜军东门，友谅军西门，祝寇军南门，群盗四面蚁集，外无一甲之援。西门势尤急，阙身当之，徒步提戈为士卒先。士卒号哭止之，挥戈愈力，仍分麾下将督三门之兵，自以孤军血战，斩首无算，而阙亦被十余创。日中城陷，城中火起，阙知不可为，引刀自刭，堕清水塘中。阙妻耶卜氏及子德生、女福童皆赴井死。同时死者，守臣韩建一家被害，建方卧疾，骂贼不屈，贼执之以去，不知所终。城中民相率登城楼，自捐其梯曰："宁俱死此，誓不从贼。"焚死者以千计。其知名者，万户李宗可、纪守仁、陈彬、金承宗，元帅府都事帖木补化，万户府经历段桂芳，千户火失不花、新李、卢廷玉、葛延龄、丘荅、许元琰，奏差兀都蛮，百户黄寅孙，安庆推官黄秃伦歹，经历杨恒，知事余中，怀宁尹陈巨济，凡十八人。其城陷之日，则至正十八年

---

① 原注：升同知副元帅　按前、后文及《青阳集》《忠节附录》卷一宋濂《余左丞傅》、答禄与权《死节本末》，"元帅"上当有"都"字。《蒙史》已校。

② 原注：秋拜淮南行省(右)〔左〕丞　据本书卷四五《顺帝纪》至正十七年八月乙丑条及上引宋濂《余左丞傅》、答禄与权《死节本末》改。《蒙史》已校。

③ 原注：贼追至山口镇明日癸亥遂薄城下　按《青阳集》《忠节附录》卷一答禄与权《死节本末》有"十一月壬寅，陈寇率众万余水陆并进，屯于山口镇，距安庆十五里。癸卯，寇兵至城下。"此处脱"十一月"，又"癸亥"当作"癸卯"。是年十一月辛丑朔，癸卯初三日，下文乙巳、戊申、庚戌日皆在十一月。

④ 原注：癸卯　按《青阳集》《忠节附录》卷一答禄与权《死节本末》，此系至正十八年正月初四日。此处脱年月。《蒙史》已校。

正月丙午也。

阙号令严信，与下同甘苦，然稍有违令即斩以徇。阙尝病不视事，将士皆吁天求以身代，阙闻，强衣冠而出。当出战，矢石乱下如雨，士以盾蔽阙，阙却之曰："汝辈亦有命，何蔽我为！"故人争用命。稍暇，即注《周易》，帅诸生谒郡学会讲，立军士门外以听，使知尊君亲上之义，有古良将风烈。或欲挽阙入翰林，阙以国步危蹙辞不往，其忠国之心盖素定也。卒时年五十六。事闻，赠阙摅诚守正清忠谅节功臣、荣禄大夫、淮南江北等处行中书省平章政事、柱国，追封豳国公，谥忠宣。议者谓自兵兴以来，死节之臣阙与褚不华为第一云。

阙留意经术，《五经》皆有传注。为文有气魄，能达其所欲言。时体尚江左，高视鲍、谢，徐、庾以下不论也。篆隶亦古雅可传。初，阙既死，贼义之，求尸塘中，具棺敛葬于西门外。及安庆内附，大明皇帝嘉阙之忠，诏立庙于忠节坊，命有司岁时致祭云。

(明)宋濂等撰:《元史》卷一百四十三，第3426—3429页，中华书局，1976年。

(2)余左丞传

余阙字廷心，一字天心，唐兀氏。世居武威。父锡拉卜藏布[①]官合肥，遂为合肥人。母尹氏，梦异人生阙，阙生而发尽白。家贫，年十三始能就学。嗜欲甚浅，不知有肉味，惟甘六艺学若饴，嗜之不厌。与河南张恒游，恒临川吴澄弟子，善谈名理，阙之学因绝出四方，擢元统癸酉进士第，授同知泗州事。泗濒淮，民豪弗驯令，蚀人土田，官籍之，多以诬去，阙绳尤暴者数十，不敢哗。廖甲与舒乙竞田，廖焚舒庐舍，舒妇偶母子同死，遂置灰烬中诬之，阙为白其事。泗无麦，民以乏，故事弗闻。阙上之中书，定为令，凡无麦者减赋代还，长老争进金为寿，阙谢去。后阙往桐城，道逢故民，皆罗拜马首，相随信宿而别。

俄召入，应奉翰林文字，转中书刑部主事，三月之间，疏涤冤滞狱五百，上官忌其才，议浸不合，阙上宰相书言状，又不报，投袂而归。居亡何，复召修辽、宋、金三史，拜监察御史，上疏言："守令最近民，欲万国治，责守令，反是政庞，宜用殿最法，力行之便。"上从之。藩王府诸校白昼夺金道上，势如狼，阙鞭遣六十人。上思治切，议遣奉使巡察郡国，阙言："奉使恒无状，所至处食饮供张如事至尊，曾不能宣上忧恤元元之意，宜亟罢之。"后阙补外，会奉使者亦至，执阙臂曰："诚如君言。"知阙忠亮不怨。阙在位知无不言，言峭直无忌。人劝阙少辟祸，阙曰："吾纵惛，岂不知批逆鳞为危，委身事君，身虽杀弗悔也。"改中书礼部员外郎。阙议复古礼乐，其言精凿有征，闻者斥为迂阔弗用。安西郭氏女受聘未行，会夫卒，郭自缢死，有司请旌其门，阙以过于中庸，不可以训，格不下。出为湖广行省左右司郎中，广西多岐山，负粟输官居者厄于道险，费常倍。阙命以为帛代输。左丞沙

---

① 即沙拉藏卜。

班怙权自用，多录其私人，阙每抗辞沮之。会莫瑶蛮反，当帅师又止不行，无敢让之者，阙扬言于庭曰："右丞当往，受天子命为方岳重臣，不思执弓剑讨虏，乃欲自逸耶？右丞当往。"沙班曰："郎中语固是，如刍饷不足何？"阙曰："右丞第往，此不难致也。"阙下令趣之，三日皆集，右丞行。章宣慰巴延以婆律香贽阙，阙觉重，辟之，香中果胎黄金，章叹曰："余贽达官多矣，洁如冰壶，唯余公一人。"复以集贤经历召入，预修本朝后妃、功臣传，迁翰林待制，出佥浙东道廉访司事，发奸摘伏，聪察若神。州县闻阙至，贪墨吏多解印绶去。婺定赋，无艺役小大各违度，阙遴官履亩实之，徭赋平。衢士无养，以没入田分隶学官，郡长燕只吉台肆毒残衢民，民重足立，阙鞫治之，狱上行御史台，台臣与其有连，反以事劾阙，阙归青阳山。已而丁尹氏忧，阙日夜悲号，有甘露降于墓，君子以为孝感。至正壬辰，天下兵动，平章政事鸿和尔布哈方统戎淮南，承制起阙权淮西宣慰副使，分治安庆。安庆距城皆盗栅，人争谓不可往。阙毅然请行，从间道入，推赤心待人，罢其苛赋，转粟以哺饿夫，八社民翕然归。阙知民可用，乃帅之破双港寨。寨甚固，小路若发，阙被甲荷戟直前。贼空寨出斗，杀伤相当。至日昃，贼殊死战，斗不胜，退复收散卒，誓曰："死则死此尔，何生为？"一鼓而进，大破之。诸寨畏威，次第降。阙益缮城浚濠。砺矛戈，分屯耕郊外田，民惧不能者，遣军士护之耕，贼来辄与战。一日，贼四合，旌旗蔽野，鼓噪之声震天地，阙纵骁骑数十，大喊而出，贼势披靡，遣兵击之，斩首数千级。当是时，淮东、西皆陷，独安庆岿然存，贼来战又数败，贼衔之，伪作尺牍通城中诸大姓，约期日反，冀阙捕戮之，阙曰："我民安有是！"命悉焚去，贼计穷。复令阙故人卫鼎、许大明以甘言说降，阙命牵出，以铁椎击碎齿颊，悬其皮东门。灊山有虎伤人，阙造文檄山神使驱虎，虎出境。功上中书，朝廷俾为真。升同知淮西宣慰副都元帅，赐以上等及黄金束带。

江西诸官军，动号数万，掠玉帛，杀婴儿置戟上以戏，沿江州郡患苦之，独不敢近城下，即近，出师捣退之。或服其义，至有来归充将校者。溪河兵屯浔阳，命使者帅壮士百辈，腰刀直入，胁主供亿，阙叱左右收缚付狱，且上疏言："猫獠素不被王化，其人与禽兽等，不宜使入中国，他日为祸将不细。"后竟如阙言。

转淮南行省参知政事，寻改右丞，赐二品服。阙益自奋，誓以死报国，立旌忠祠以厉将佐，时集祠下大声谓曰："男儿生则为韦孝宽，死则为张巡、许远，不可为不义屈。"意气慷慨甚。丁酉冬，贼大集诸部围城，战舰蔽江而下，樵饷路绝，兵出，数失利。戊戌正月七日，城陷，阙犹帅众血战，身中三矢，贼呼曰："余将军何在？吾将官之。有生致者予百金。"阙戟手骂曰："余恨不得嚼碎汝肉吐喂乌鸢，宁复受汝官邪！"贼怒，举长枪欲刺阙，阙遂自刭，沉水死，年五十六。其妻耶卜氏闻之，亦率其子得臣、女福章赴水死。诸将卒恸曰："余将军不负国，我等可负余将军邪？"从而死者千余人。朝廷知其忠，赠阙荣禄大夫、江浙行省平章政事，谥曰忠宣，追封夏国公。

阙为人刚简有智，无职不宜为，为即有赫赫名，所至荐贤旌孝义，如恐后，每解政，开门授徒，萧然如寒士。五经悉为之传注，多新意。诗文篆隶皆精致可传。

赞曰"於戏！阙真人豪也哉！独守孤城逾六年，小大二百余战，战必胜。其所用者，不过民间兵数千，初非有熊虎十万之师，直激之以忠义，故甘心效死而不可夺也。虽不幸粮绝，城陷以死，而其精忠之气炯炯，上贯霄汉，必灿为列星，流为风霆，散为卿云，凝为瑞露。阙虽死，而其不死者固自若也。然而阙死于君，而能使妻死于夫、子死于父，忠孝贞节萃于一门，较之晋卞壸家，又似过之矣。於戏！阙果人豪也哉！余来江左，见其门生故吏，言阙事多至泣下，因想见战守处，江流有声，而断云落日凄迷于莽苍间，犹足以动人悲思，因掇其行事成传，以示为人臣者。濂既作余廷心传，又见其门人汪河，言当廷心死时，其妾满堂生一子，甫晬弃水滨，有伪万户杜某呼曰："此必余参政子，是种也良，不可杀。"竟捐所钞诸物，怀子以去。今三岁矣，人或戏子曰："汝父何在?"子横两指拂喉曰："如此矣!"此一事也。池州判官李宗可蕲人也，李尝文身，又号为花李，善槊，视贼欲吞。廷心兄阑尝以女归之。及来舒，命权义兵万户，统新军守水寨，前后多战功。贼来破城，李横槊入贼中，杀死甚众。闻廷心死，驰马还家，聚妻孥谓曰："余相公死国，吾亦义不屈，汝等毋不死，为人所鱼肉。"拔剑，无大小尽杀之。出解甲，据胡床中坐，取酒饮至醉，复衣甲自刎死，此一事也。呜呼！仁者宜有后，而义烈之士，声光可流于无穷。濂虽不文，唯恐其失坠也，故复附著于篇。"

(明)宋濂撰:《文宪集》卷十一，第559—562页，《景印文渊阁四库全书》第1223册，(台北)"商务印书馆"，1986年。

(3) 余阙传①

余阙，字廷心，本唐古氏，世居武威。以父实喇藏布官合肥，遂为合肥人。母尹氏，梦异人至，生阙，阙堕地时发尽白。其性澹，无嗜欲，不知肉味，惟甘六艺，学若饴蜜。与京兆张恒游，恒乃吴澄弟子，善谈文理。阙之学因以绝世。擢元统癸酉进士第，授同知泗州事，治声大著。俄召入应奉翰林文字，转中书刑部主事。与当路议不合，拂衣竟归。复召，拜监察御史，知无不言，言多峭直无忌，或劝之稍逊以避祸，阙弗答。改中书礼部员外郎，出为湖广行省左右司郎中。时右丞实喇卜怙权自用，会瑶蛮反，当帅师往讨，未有行意，阙扬言激之，始行。旋奉召还翰林待制，出佥浙东廉访司事。丁母忧，归隐青阳山中。至正壬辰，天下兵动，平章托和尔巴哈统戎淮南，承制起阙，权淮西宣慰副使，分治安庆。安庆距城皆盗栅也，阙从间道入，推赤心置人腹中，民翕然归，四方来依者甚众。阙知民可用，乃帅之破双港寨，声威大振。诸寨次第请降，则益缮城，浚濠，修战具，力屯政，贼

① 题目为编者加。

至辄败却之。是时淮西皆陷，惟安庆岿然独存。转淮西行省参知政事，寻改左丞，赐二品服。阙益奋励，誓死报国。丁酉冬，寇大集围城，樵饷路绝，兵出，数失利。戊戌正月七日，城陷，犹率众巷战，不胜，遂自刎死，年五十六。其妻蒋氏闻之，亦率其子德臣、女福童赴水死。诸将卒从死者千余人。事闻，赠淮南行省平章，谥曰忠宣。

(清)陈焯编:《宋元诗会》卷八十五，第528页，《景印文渊阁四库全书》第1464册，(台北)"商务印书馆"，1986年。

(4) 余廷心后传

洪武己未八月，南昌守王伯恭刊学士宋景濂所撰《余阙廷心传》既成，寄以示善，披阅再三，以为叙事颇已详尽。明年七月，丰城士熊耳携所辑《江西遗事》谒予，中间载廷心事比景濂《传》又加详焉。予问之曰："子之所载果信而有征乎？"答曰："安庆以至正十八年春正月丙午陷，三月辛巳，廷心麾下士太湖张那海、灊山簿杨赛因不花、桐城簿李兴、灊山尉孙买闾四人脱身至江西，言廷心之死如此。尔时予寓居江西，与朝廷所遣使臣翰林国史院编修官答禄与权、国学助教胡行简实共闻之。行简今尚亡恙，其言可质也。"余始信言之有征，因檃栝之，以补宋《传》之遗。

大抵河南群盗起于至正辛卯，明年壬辰，始立淮西行中书省于扬州，改置宣慰司都元帅府于庐州。阙方以母忧居淮西，遂起复为淮西宣慰副使，分兵守安庆。时安庆城外皆寇栅，阙到郡甫十日，而寇兵已至城下，身率士卒出战，却之。即召有司与诸将议战守之宜。于是环境立寨置屯，令民耕种其中，以给衣食。而灊山八社最为饶沃，收入恒倍他处。阙悉以为屯，民心乃安。明年癸巳，大饥，人相食。阙出俸为糜于双莲寺，以哺饿者，桐城、太湖失业之民数万，悉招来而安集之。移文中书，得钞三万锭，用以赈饥，民力少甦。明年甲午夏四月，南台中丞蛮子海牙将水军泊城下，士卒豪横，争入城与民为市，阙命关吏止之，卒与吏竞击，吏堕水死。阙擒置于狱，中丞大怒，索之，不与，曰："吾知有法而已，竟仗杀之。"是秋大旱，为文祷于灊山之神，旋获甘澍，民大悦。八月，平竹荡湖寇，令民取鱼，出课以给军。既而中书省以粮七千石来饷，民益悦。明年乙未春，命怀宁尹陈秉德专典屯田，夏大雨，江水溢，未没水者半。一夕，有物大吼，声震城市，阙为文，以少牢祭之，水遂息。是秋禾登，得粮三万，乃令士卒理城隍，深堑三重，势如干壁，引江水通隍堑，栅围其外，城上起战楼，每议兵督战，垣居盛唐门，寇至攻城，则止宿其上，衣不解带，夜分不寐，率以为常。九月，升都元帅。时广西元帅阿思兰奉诏率苗民五万平淮寇，自望江舍舟而陆，直抵庐州，阙移文中书，言苗民不通正化，不可使窥中国，将为后患，中书以闻，诏阿思兰还军本土。苗民有作暴者，即收杀之，境内乃安。是月，寇兵数万，夜抵城下，比晓，阙出城与战，却之。会天大雨，寇乃散去。明年丙申春，升淮南省参知政事。二月，遣安庆判官莫伦赤市盐浙东，商船数百俱往。夏四月，遣万户纪思敬通江西，招商旅，以盐易粮。未几，本朝兵渡江取集庆及太平、宁国，赵双刀亦陷池州，且以其众来攻，阙与连战三日，败之。六月，莫伦赤市盐还龙湾，本朝遣兵邀之，莫伦赤自称安庆使者，今上闻之曰："余公元朝名臣，使当道皆若此人，天下岂有乱哉！"命诸军毋得侵掠，以礼晏劳而遣之，曰："还告余公，善自为守。"且曰："老赵在池州素无仁心，恐汝去不能免也。吾以书与汝，至则以示其左右。"莫伦赤至池州，果为所扼，以书示之，赵省书曰："但免汝一死耳，盐货不可得也。"悉为所掠。而莫伦赤遂得生还。冬十二月，赵复以其众来攻，阙率士民连战十八日，又败之。怀宁监县伯家奴战死。安庆商旅惟与江西为市，每商舡至，阙必置酒劳之。一日，商舡数百遇寇于小孤山，阙闻之，即发水军往救，尽夺所掠还之，商人感泣。明年丁酉春二月至于三月，赵与他寇两道来攻，阙又率士民连战二十五日，皆败走。秋八月，寇掠八社，遣万户纪思敬往援，又破走之。是秋，升淮南左丞。时义兵元帅胡伯颜以水军屯小孤山，阙依以为援。冬十月，沔阳陈友谅将兵来攻，战舰蔽江东下，伯颜与战四日，大溃，败军走安庆。十一月壬寅，陈兵水陆并进，屯于山口镇，距城十五里。癸卯，至城下。甲辰，阙率众出东门，大战于观音桥。是月，饶州祝寇来攻西门，阙分兵与战，却之。戊申，陈与祝夹攻东西二门，阙与诸将分兵拒战，败之。庚戌，贼环城植栅，起战楼炮架，攻愈急，阙亦分兵四面拒御，战愈力。明年戊戌，是为至正十八年，春正月庚子朔，越四日癸卯，赵攻东门，连战三日，怀宁尹陈秉德进曰："陈、祝二寇困我两月，赵寇复至，奈何？"阙慨然曰："尽力而已。"秉德曰："力尽奈何？"曰："尽忠而已。"丙午黎明，赵寇攻东门，陈寇攻西门，祝寇攻南门，群寇四面并进，西门尤急。阙分诸将当三门，而以身当西门，徒步挥戈，为士卒先，士卒号泣止之，不听。自旦至日中，贼登城，城中火起，麾下数十人战死。阙身中三矢，被十余枪，力尽，引佩刀自刎死，堕于清水塘。城既破，陈氏悬赏以求阙尸，三日，得于积尸之下，面貌如生。陈叹息曰："真忠臣也，宜以礼葬之。"即令洗沐，具衣棺葬于西门之外。长子德生遇害。次子尚幼，贼举而投之水，妻妾皆投井死。家僮遇害者三人。安庆总管韩建举家被杀，建病已不能行，骂贼不辍口，求死不得，贼以门舁，不知所终。时百姓壮者毕登战楼，自捐其梯，咸曰："宁死于此，不降贼也。"城破，果如其言。其他死者相望，知姓名者一十八人，万户李宗可自刭死，即传中所载花李也。纪思敬、陈彬、富全三人战死东门，元帅府都事帖谟补化、万户府经历段玉章、千户大失不花、辛理、庐廷玉、吴都蛮，葛姓、丘姓三人失其名；义兵百户黄某、安庆推官黄图、林台经历杨某、知事余子正、怀宁尹陈秉德皆遇害。熊氏云："此十八人皆涂颖所识者。"涂又言："余公之守安庆也，达鲁花赤阿思赞普贪暴不法，公召而廷诘之，欲置于法，明日絜家逊。吉判官尚某怠于供给，杖杀之。百户一人违令，斩以徇。其公且严如此。尝病背疽，数日不视事，百姓忧惧，焚香祝天，乞以身代，公闻即起，上马巡城，百姓大悦。寇每攻城，未尝不被甲持兵，率众与战，士卒拥盾蔽之，辄麾去曰："汝亦有命，何恤我为？"其仁且勇如此。军务之暇，则从容注《易》，岁时朔望率诸生谒孔子庙，列坐讲说经传，立士卒门外，使人知斯道之尊，其崇尚儒术又如此。故人人皆知尊君亲上而乐于效死也。"呜呼！元末死事之臣如阙者，可谓不负所学矣。

予观熊耳所载，则知廷心之守城也，规画指置，具有条理，故能坚守六年，力屈而后死。苟非智勇两全，则外御强盛如此，将不能一日居也，又奚待六年之久哉？呜呼！尽力、尽忠两语，有识者皆能言之，至于白刃交接之际，能蹈其言者亦鲜矣。若廷心者，非所谓临大节而不可夺者欤？抑吾于莫伦赤一事，又有以见主上宽仁大度，能成人之美如是，其成混一六合之功也宜哉！故并录之，以补宋传之所未备云。

(明)朱善撰:《朱一斋先生文集》卷六，第218—219页，《四库全书存目丛刊·集部二五》，齐鲁书社，1997年。

(5) 余阙

贯庐州路录事司，唐兀人氏。字廷心，行四，年三十一，正月十一日。曾祖铣节，祖铣节，父屑耳为。母尹氏。慈侍下。兄阑、少剌八、供保，弟福。娶耶□氏。[①] 乡试河南第二名，会试第二名。授〔淮〕安路同知泗州事。[②]

(元)未著撰人:《元统元年进士录》，第271—272页，王颋点校:《庙学典礼》(外二种)，《元代史料丛刊》，浙江古籍出版社，1992年。

(6) 余忠宣公死节记

有元设科取士，中外文武著功社稷之臣，历历可记。至正辛卯，兵起淮、颍，城邑尽废。江淮之间，能捍御大郡全尽名节者，守舒帅余公廷心一人而已。公家世河西，自擢高科、登要职，以浙东佥宪来镇舒郡。始至舒时，国门之外，数十里之外皆盗栅也。公身率壮士，累战而胜，盗遂退，乃为攘剔傍近之地，令民耕之，大筑城垒、修矛戟、募勇士，以图克复。癸巳秋，国朝命太师右丞相脱脱征讨江汉，使至舒，公即奉命率兵卒出境，战溃群寇，遂平枞阳盗栅。维时湖广陈友谅据上流，双刀赵据池阳，公常具战舰数百艘借粜江西，往来皆为二兵邀遮，然与战无不克捷。或诱至城下而设奇，俘获尤多，盗为股栗。舒属六邑皆为盗所据，民有逃亡至郡者，乏绝粮馈，公捐禄米二百石以赈恤，民乃安。凡盗至，民亦为力战。时余自闽海还舒，谒公于馆下，公延予门塾，俾教授子弟，翼日，侍公于城之南楼，语及国家，顾谓余曰："余荷国恩，以进士及第，历省宪、居馆阁，每愧无报，今国家多难，授余以兵戎重寄，岂余所戡，然古人有言："为子死孝，为臣死忠。万一不

① 原注:耶下疑脱卜字。宋濂《余左丞传》云"其妻耶卜氏"，见《宋文宪公全集》卷四〇。
② 原注:元代泗州属淮安路，见《元史》卷五九《地理志二》。

幸,吾知尽吾忠而已。”己酉冬十月,上流陈寇至郡城,围及两月,公累出奇兵以战,陈寇死者甚众,其属邑逃难之民悉思效义以报,且战且守,寇兵遂弱,城栅益坚。盗思不能独胜,乃会赵双刀水军,上下来攻,战舰万艘,鼙鼓震动,炮石铿锵,公益励将士,民亦无惧色。十一月,赵寇急攻城南门,陈寇攻城东门,战数十合,士气颇怠,公驻甲于城东之练树湾,有二寇挑戈渡濠来战,公持刃躬自杀之,俱堕死于濠池。一贼又复登岸,公复奋兵刺杀之。陈寇望叹曰:“诗书之帅必如是,夫使天下皆余公也,何患城守之不固哉?”有顷,诸将复集,皆愧,私相语曰:“元帅躬自奋勇,吾生何为?”皆踊跃思战,陈寇见兵势复盛,遂皆退。十二月,赵寇复攻城东,公誓将士曰:“今城守孤危,汝等当为国宣力,有功者,当以吾爵授汝,不然,则戮以徇。”将士受命,亦皆以死自誓。血战至暮,兵稍不利,公被矢伤及左目,神思昏惑,将士遂卫公还,暨至阃内,甦而惊愕,谓左右曰:“全忠报国,吾分内事耳,使吾得死其地,吾瞑目无憾,汝奚以我归邪!”于是将士复卫公出。

戊戌春正月,盗整兵大合,舳舻延亘,旗帜焰焰。公率将士及城居之民,战于城西门,力敌至午,城遂陷,公拔剑自刎,堕濠西清水塘而死。陈氏以金购求得之,具棺椁衣衾葬于城外。公之夫人蒋氏闻公仗节,即率女安安竟赴井死。长子得臣年十八,能熟记诸经书,恸曰:“吾父死于忠,吾何以生为?”乃溺死于后园之深池。甥名福童,善战有勇力,亦战死于城濠之间。侄婿花李为义兵万户,自城外驰单骑回,其家人劝之降,李怒曰:“吾受元帅节制,平日甘苦,元帅与吾共之,元帅已死,吾降,异日何以见元帅于地下!”且曰:“尔等亦当随吾尽忠,毋为人所鱼肉。”乃尽驱之一室,无大小咸瘗杀之,然后坐取巨觥以饮,拔刀自刎而死。贼众入见,断其首而去。其余将士,若万户纪守中、金胜宗,镇抚陈彬、千户那海、经历段玉等俱不肯降,咸战死于锋镝之下。

噫!自古天下有盛必有衰。然以予观之,三代而下,汉、唐及宋,未有如元运之盛者,奈何承平日久,武备不修,一旦兵起淮、汉,为臣子者或拥兵自卫,或望风而降,于是中原失守,而忠臣义士几何人斯?稽之史册,自古忠烈烜赫者,惟唐巡、远、宋文天祥而已。若我余廷心,钟光岳之灵气,有文武之全材,方气运之盛,黼黻大猷,焕然可述;当多难之秋,战守之功鲜有俪者。及夫援绝城陷,竟能秉节不屈,视死如归,尤人之所不及。先民有云:“疾风知劲草,板荡识忠臣。”其此之谓欤!然公之忠节固职之所当为,而公之夫人、若子、若女,一门之节义,又世之所无者。予素居公之馆下,凡公之政绩,不及枚举,而公之大节,敢不纪之,以传之后?故为之记。仍赞曰:“於赫元运,笃生名臣。识综今古,学究天人。捍此大邦,戎备整饬。允文允武,克著厥迹。古有巡远,公实迈之。猗欤忠节,敢扬颂诗。至正戊戌,太原贾伯良为记。”

(清)张楷纂修:《康熙安庆府志》卷二十六,第669—670页,《中国地方志集成·安徽府县志辑》⑩,江苏古籍出版社,1998年。

（7）书余忠宣公死节记后

近考余忠宣公夫人死节姓氏，太史宋先生传书耶卜氏，《元史节要》载耶律氏，《死节记》作夫人蒋氏，书记不一，莫得其的。仆因细询先生侄孙宗烈，云："叔祖父有妾耶律、耶卜氏，叔祖母夫人实蒋氏。子得臣，年十八，女安安，年十四，皆其所生，故常服膺。"则知向者所书皆妾姓也。恐泯其嫡之贞节，遂书之《记》末，以示久远。淮扬张毅识。

余阙撰：《余忠宣青阳山房集》附录，韩荫晟《党项与西夏资料汇编》（上卷），第438页，宁夏人民出版社，1983年。

（8）死节本末

淮南左丞余公守安庆之七年，兵孤食尽，与城俱亡。麾徕安集移文径达中书，得钞三万锭以赈之，民力少苏。是冬，朝廷进公同知副都元帅。十四年夏四月，下江道通，商船方集，南台中丞蛮子海牙将水军泊于城下，士卒豪横，争入城与民为市，公令关吏止之，卒与吏竞击，吏堕水死，公擒卒下狱，中丞大怒，坚求出之，公曰："吾知有法。"竟杖杀之。是秋大旱，公为文祷于灊山之神，既祷三日，大雨，民乃大悦。八月，公以兵平竹荡湖之寇。令民取鱼出课。会中书省以粮七千来益军食，民大悦。

十五年春，公命怀宁县尹陈秉德专典屯田，夏大雨，江涨禾没水者过半，一夕，城下水涌，有物大吼，声振城市，公为文，以少牢祭之，水随息。是秋禾登，得粮三万。八月，公令士卒理城隍，复为大防，深堑三重，势如半壁，南面瞰江，引江水通于隍堑，周围植木为栅，城上四面皆起战楼，每议兵督战，公常居盛唐门，仍题"武威"二字榜之。寇至攻城，则止宿焉。衣带不解，夜分不寐，率以为常。九月，朝廷进公宣慰使、都元帅。是时，广西元帅阿思兰奉诏率苗军五万来平寇，辄自望江舍舟登岸，抵于庐州。公即移文中书，以为苗民不通王化，自古攘之，不可使窥中国。中书以闻，诏阿思兰还军本土，时有苗民作暴，公收杀之，境内乃安。复有来攻，抵暮，数百骑芟于城北，中夜，贼兵数万大至；向晓，公出兵与贼大战，却之，万户一人战死。会天大雨，寇乃散去。

十六年春，朝廷以公战守功多，进公淮南省参知政事，守安庆如故。二月，公遣安庆判官莫伦赤市盐浙东，商船数百俱往。夏四月，公命万户纪思敬通道江西，招商旅，以粮易盐。未几，师陷江东。五月，赵双刀陷池州。六月，以其众来攻，公率士民与战三日，败之。莫伦赤市盐还，泊龙湾，过池州，尽为双刀所掠。冬十月，复以众来攻，水陆并进，公率士民与贼战，连十八日，昼夜不息，又败之。怀宁县达鲁花赤伯家奴战死。安庆商旅惟与江西为市，每商船至，公必置酒劳之。一日，商船数百遇寇于小孤山，尽为所掠，公闻之，即遣水军往救，尽夺还之，商人感泣。

十七年春，二月至三月，赵双刀与庐州两道来攻，公率士民与战，连三十五日，昼夜不息，竟败之。秋八月，寇掠八社，公遣万户纪思敬将兵破走之。是月，公遣人至江西，以漆易粮，时广东元帅李闰守富州，公以书及弓刀遗之，闰以粮千石为助。是时，朝廷进公淮南左丞，义兵元帅胡伯颜以水军屯小孤山，与公为援。冬十月，沔寇陈友谅将战舰顺流而东下，来攻，伯颜率众与战，连四日，大溃，败军走安庆。十一月壬寅，陈寇率众数万，水陆并进，屯于山口镇，距安庆十五里。癸卯，寇兵至城下。甲辰，公率士卒出东门与寇大战于观音桥，是日，饶州祝寇复攻西门，公分兵战却之。乙巳，贼又攻东门，红旗登城，公率士卒奋力死战，贼败走。戊申，陈、祝二寇夹攻东西二门，公与诸将分兵率士卒战愈力，败之。庚戌，贼环城植栅，起战楼，炮架内向，公与诸将分兵，四面御敌，昼夜不得息。至十八年春正月庚子朔，越四日癸卯，赵双刀益兵来攻东门，连战三日，至七日丙午黎明，赵寇攻其东，陈寇攻其西，祝寇攻其南，群寇四面并至，西门尤急，公分诸将三门，而以身当西门，是为大雷门，公徒走挥戈为士卒先，士卒号泣止公，公不听，挥戈愈力，公自督西门乃分遣麾下士督三门兵，至日中，贼破将军，冲红旗乘城，城中火起，麾下数十人战死。公力尽，引佩刀自刭死，堕于清水塘。城既破，陈寇悬赏以求公尸，三日，得于积尸之下，裸而僵卧，容貌如生，身被十余创，惟一足布袜存焉。陈寇嗟叹曰："余公元朝忠臣，宜礼葬之。"即令洗沐，具衣衾棺椁，葬公西门之外。

公长子德臣并妻妾皆投水死，次子尚幼，贼举而弃之水中，家僮三人亦遇害。总管韩建举家被杀。建病不能行，贼执之，建骂贼不辍，求死甚急。贼不杀，以户扇舁去，不知所终。时百姓壮者毕登城楼，自捐其阶，咸曰："宁战死于此，不愿降于贼也。"城破果然。其他死者相望，知名者得十八人：万户李宗可自刭，纪思敬、陈彬、富金三人战死东门，元帅府都事帖谟补化、万户府经历段玉章、千户人赤花音、卢廷玉、忽都蛮、葛廷龄、丘巹、许元琰、义兵百户黄君、安庆推官黄图、伦台经历杨恒、知事余子正、怀宁尹陈秉德皆遇害。此皆涂颖所识者。

正月丙午，安庆陷。二月辛巳，公麾下士太湖达鲁花赤那海、灊山正簿杨赛因不华、桐城主簿李兴、灊山尉孙买闾四脱身龙兴，言公之死如此。

颖又言：初，公为泗州同知，时蝗为灾，公为祷与神，蝗尽死。为佥宪时，巡按浙江，至龙游县，有二虎为民害者十数年，伤人百数，公悬赏召捕，二虎遂出境，民得以安。及守安庆也，达鲁花赤阿里赛普贪暴不法，公召至，廷诘之，阿里赛普一一引服，明日，挈家逃。公判官尚某怠于供给，公杖杀之。百户一人违令，斩首以徇。公尝病疽发背，不视事数日，百姓忧惶，咸焚香拜天，愿以身代。公闻之，即强起上马巡城，百姓大悦。寇至攻城，公即擐甲持兵，率众与贼步战，士卒拥盾蔽公，公亦挥去，曰："汝亦有命，何恤我为?"庐州遣人以书来合，公视其书有伪正朔之署，公哂曰："是尚为贼，何谓合耶？吾将自罄吾忠。"每有暇，辄从容注《易》，岁时朔望率诸生谒孔子庙，后而会坐，讲明经传，立士卒于门外，使人知斯道之尊，其崇尚儒术如此。故人皆知尊君亲上而乐于效死也。公自读书，力学为名儒，登科为名进士，入翰林为良太史，居台宪为名御史，历仕中外，咸著能声。及其死也，尽力尽忠，不自食言，人道毕矣。

先是，十七年夏五月，中书奏：公固守一方，为国保障，方之巡、远，尤著全勋。有旨赐公钞五百锭，以事功付史馆纂修焉。

呜呼！不意巡、远之谕验于今日。哀哉！翰林国史院编修答禄与权字道夫述。

余阙撰：《余忠宣青阳山房集》附录，韩荫晟《党项与西夏资料汇编》（上卷第二册），第438—442页，宁夏人民出版社，1983年。

（9）送余阙之官泗州序

元统初，郡国髦士咸进于有司，时沂佐考试，得淮南余阙对策，意甚伟之。既而覆于天子之廷，果中甲科，释褐，授同知泗州，比行之沂，别请言，或谓："子猷文雅韵，宜列馆阁，乃今愿效一州，孰失之欤？"沂谓：君子贵乎全者，无所处而不宜也。夫以黼黻之采、金石之音以声文至治，子也固宜；俾方千里之民，贫可富，富可教，庸非子责欤！射者工乎中，微拙于使人无已誉，君子易于自将难乎，必时无我用，吾知儒林词馆将不子舍矣。泗为州，隶县五，临淮其一。昔吾尹是邑，爱其民之质野朴木，易治教使移也。吾亦慨慕桐乡啬夫，虽不能至，然心向往之。夫以吾之疲驽，而民从之若此，矧夫以子之才耶？以一临淮民受赐，曷若五邑之众耶？繇是吾岂繄慕汉朱仲卿，亦将子慕矣。虽然，仲由居蒲，子贱治单父，昔人入其境，见成效而后称之，吾岂繄子慕于是乎？观子矣，子以为如何哉？

（元）王沂撰：《伊滨集》卷十五，第524—525页，《景印文渊阁四库全书》第1208册，（台北）"商务印书馆"，1986年。

（10）题余廷心篆书后

右四大篆，豳国忠宣公余阙为浦阳戴君叔能书。至正九年，公持使者节来镇浙部，濂偕叔能往见公，奖厉甚至，且各书斋扁为赠。公去浙后，江南大乱，荆楚之域皆为伪汉陈友谅所据。公时以淮南行省右丞，分治安庆，安庆前后皆盗区，公独守六年，小大二百余战，未尝败北。不幸粮绝城陷，公遂赴水死。君子称其大节与日月争光，信哉！公文与诗皆超逸绝伦，书亦清劲，与人相类，然其忠义之气，可以惧乱贼清恶厉，天地因之以位，君臣藉之以定，斯岂细故！虽所书不工，犹当传之万世，况能臻其妙者乎？此纸所在，定有神物呵护。见者当如张中丞之诗、段太尉之笏，耸然起敬，不可徒以翰墨视之。公唐兀氏，余阙其名也，字廷心，一字天心，元统元年进士。世居武威，今为合肥人。翰林学士金华宋濂谨题。

（明）宋濂撰：《文宪集》卷十二，第618页，《景印文渊阁四库全书》第1223册，（台北）"商务印书馆"，1986年。

(11) 附送余廷心赴大学　维扬程廷珪前　壬申年作

芦叶萧萧江上秋，吴船三日住扬州。

靛花深染青绫被，云叶新裁紫绮裘。

官驿马嘶风满树，别筵人散月当楼。

明年征雁将书去，人在蓬瀛弟几洲。

(元)余阙撰:《青阳先生文集》卷九，第10页，《四部丛刊续编》(72)，商务印书馆，1934年。

(12) 题安庆余阙廷心左丞死节说

唐经安史之乱，天下死事之臣固不为无人焉。然求其能为国家忧深思远，不苟以死为快者，惟张巡、许远为然耳！当时二人同守睢阳，以死自誓需四方援兵以图后举者，诚以睢阳为江淮保障；脱无睢阳，是无江淮也。此其忠君爱国之意，奚啻青天白日若哉？本朝自迩时盗贼蜂起，兵连祸结，十有余年，而谋国驭兵之人，率皆昧于形胜，不能先事预图，是致窃据土崩之势，不数年而成。余公廷心以名卿硕儒，朝廷夺之哀，而俾镇安庆，公亦以国家多难，宁释亲之丧，毅然一起，以从君上之命。到镇之日，凡可以保城池、佑兆姓以捍贼寇者，无不殚智力而乐为之。日与军士庶民相亲睦，一如父子，而人亦甘为之用。故公死之日，帐中一时士大夫无苟安以向贼者，盖公之用心亦如巡、远之保睢阳，诚谓安庆实当九江之保障，若失兹郡，是失江右也。公之设心处虑，又岂尽出巡、远之下也哉？由是观之，忠臣志士当兹纷纠之际，屹然如中流砥柱，真足以回颓波而障狂澜。不然，将滔滔不已，祇见其沦胥以亡耳。呜呼！巡、远死责在进明，廷心死，将责何人乎？予以晚进，且适当治装之促，恨不得为公不一而书之，因观道夫说及泰父序，漫识于后，临楮感激，不觉潸然。

(元)李士瞻撰:《经济文集》卷四，第477页，《景印文渊阁四库全书》第1214册，(台北)"商务印书馆"，1986年。

(13) 吊余忠宣文

自古忠臣必有死兮，惟处死之为难。苟不从容而就义兮，俾后代其何观？惟夫子之尽忠兮，嗟自处其已审。秉大节之昭昭兮，瞻遗像之凛凛。昔李唐之中否兮，巡、远实守夫睢阳。卒蔽遮乎江淮兮，资国运之再昌。当时岂无浮议兮，咸蔽中而抑良。赖昌黎之谠论兮，奋直笔以揄扬。顾双庙之巍巍兮，至今千载犹耿光。繄夫子之守是邦兮，实江西之保障。自夫子之云亡兮，吾江西其谁望？彼列城之数十兮，各食足而兵完。胡不自奋于忠义兮，乃窃比于贺兰。谓怀禄以固位兮，可免死而偷安。讵知家国之一体兮，国既破而家亦残。嗟夫子之死节兮，视巡、远而无愧。彼兽骇而鸟惊兮，曾不如大彘。繄前朝之设科兮，思得人以共济。胡百年之培养兮，临危致命乃仅得乎夫子。恨余生之不蚤兮，不得拜夫子于盛年。登兹城以历览兮，望祠宇而潸然。欲具羞以致奠兮，舟子告余以不闲。竟默默以登舟兮，曾一词之莫宣。中抑郁而不可解兮，聊托之乎兹文。倘忠魂之有知兮，亦少于九原也。

(明)朱善撰:《朱一斋先生文集》卷六，第220页，《四库全书存目丛刊·集部二五》，齐鲁书社，1997年。

(14) 余忠宣公姓氏考

《余忠宣公传》明初宋景濂先生撰，从佘不从余，宋去公未远，传闻较确。杨升庵以为古无佘字，不宜有此姓。谨案御制《康熙字典》，佘字从舍，省，舍与蛇近，则禅遮之切，为正音矣。五代宋初，人自称曰"沙家"，即"佘家"之近声，可证也。史称公为唐兀氏，《御批通鉴辑览》改正为瑭古特氏，据此无论从余从佘，皆非公姓。故袁简斋谓辽、金、元三史于人姓名，字少者合姓名以书之，字多者则书名而后以姓书于下，后人不知其故，但摘取其名之第一字为姓，如称唐兀余阙为余忠宣公，误矣。同治甲戌，太平孙璧文谨识。

《元史》:张恒，宋景濂《传》作张亨。《元史》:子德生，宋景濂《传》作子德臣，《死节记》作子德臣，张毅《识》亦作子德臣。《元史》:女福童，宋景濂《传》亦作女福童，《死节记》作甥福童。《死节记》:女安安，张毅《识》作女安定，现各仍其旧以存真。

余阙撰:《余忠宣青阳山房集》附录，韩荫晟《党项与西夏资料汇编》(上卷第二册)，第446—447页，宁夏人民出版社，1983年。

(15) 重刊青阳文集引

有元死节之士合肥余忠宣公阙既没之数载，当国朝洪武初，敕命有司祠公于安庆，春秋祭祀，其旌忠劝义之意厚矣。先友吴陵张君彦刚好古尚贤，尝裒辑公之遗文，锓板以传。然其所作散佚四方，弗克尽睹其全，君恒以为憾，至今又数载矣。余宗侄沅陵县丞诚盖闻彦刚之风而兴起者，临民稍暇，复取忠宣公文集，讹者正之，伪者去之，损者补之，遗者益之。积累既久，仍寿诸梓，其意不亦美！虽然，忠宣公之节义政事，当与日月争光、宇宙悠久，固不待乎斯文之传与否。然晚生后学仰企前修，沾溉余馥有不能忘情者，庶或于兹见焉！正统十年春三月吉日，翰林院侍讲学士兼经筵官淮南高穀引。

余阙撰:《余忠宣青阳山房集》序一，韩荫晟《党项与西夏资料汇编》(上卷第二册)，第447页，宁夏人民出版社，1983年。

(16) 青阳先生文集附录序

《青阳先生文集》若干卷，武威余忠宣公所著也。其前集若干卷，已绣梓行于世。续集若干卷及士大夫忻慕公高风大节播之文辞者，又若干卷，则维扬张仲刚氏采诸四方而裒集成编者也。所散逸者犹多，仲刚尚访求之，次第附焉。其用心亦勤矣。夫太上立德，其次立功，其次立言。公之德追配于古人，公之功有补于当时。文章虽公余事，然片言只字，必求前世作者之精英，而议论雄伟多过人者。使公生全盛日，则斯文自可垂示于后。奈何！值胜国板荡，以孤军当日滋之敌，竟仗节就死。功德之卓异,夫谁可及也。余读公与执政书,慨然忧国家之颠危,恻然悯生民之困悴。凡攻取平定之计,设施措置之方,如指诸掌。当时皆苟且偷安,譬犹焚烈火于积薪而卧其上,虽言之剀切,痛苦曾莫之恤,公死节之志已决于此矣。夫公虽视死如归,彼其国步当何如哉!余窃谓国家不幸而有忠臣,士君子不幸而为忠臣。夫明良相逢,都俞吁咈之扬于大廷,不待捐躯殒命以为贤也。张巡、颜杲卿、王彦章诸君子岂不愿为稷契哉,不幸临其时而取义焉耳,公盖其俦也。使夫居宰辅、守民社、握兵符者,皆能如公之志,则国家安有危亡之患哉!

圣朝以忠义励天下,公之祀已载于彝典,名已传于信史,虽其死不为幸,而其慷慨英烈之气,凌青云而贯皎日者,与天地同不朽也。仲刚以全集示余征言,余奚容喙,辞不获,乃述其概如右。仲刚名毅,以孝行称士林。是集之编,可见其知所慕云。青城山人王汝玉序。

(元)余阙撰:《青阳先生文集》卷上,第1页,《四部丛刊续编》(72),商务印书馆,1934年。

(17) 青阳先生文集序

文英盛于三代,而三代无以文名者,其名不以文也。汉以降,始有以文得名,而其文已不复三代之盛矣,呜呼!岂惟文哉,文者德之华、行之表,德行之不足而名能文者亦伪耳。是故山之宝气结为龙文,日之回光散为霞采。十围之木,上干霄汉,秀色而繁阴,必其节干劲坚、根柢深固非风雨所能摇振者。有元古文声教所被,鸿儒秀士萃于一时,绘绣错施,韶濩迭奏,著作之盛,擬诸三代。至如服章缝、持翰墨以莅戎事,而能树骏功守大节,诚无愧于古人,则四海之内、百年之间,青阳余先生一人而已。

至正之乱,天下骚然,名都大邑,所在为墟。文武之臣鲜克勤事,而先生以孤军守皖城,持必死之志,处就危之地,岌乎江上,与天为谋,使国势既衰而复振,民心已离而复合者,盖五六年。城陷,先生与其夫人若子俱死于难。平生所为文悉为煨烬。中元士大夫所尝传诵者,南北析离,不可复得,得诸其门人郭奎仅数十篇而已。呜呼!汝鸠亡而忠臣之志不泯,白华逸而孝子之心无穷。以先生勋德之茂、节行之著,使其文不传,自足以名世;矧犹有如奎所传者!虽然,三代之文厄于秦火,莫得其全;而仅存者,世谓之经,以其所以为训者,皆人道之常也。先生当大变而不失其常,是以身为训者也。然则植世教、励名节,以与诗书并传者,将不在其文也夫!

先生名阙,字廷心。武威人。至顺癸酉进士。官至淮南行省左丞,命下而先生已死。增谥文忠。进封夏国公。尝读书青阳山中,学者称之曰"青阳先生",故用以名其集云。番易程国儒序。

(元)余阙撰:《青阳先生文集》卷上,第2—3页,《四部丛刊续编》(72),商务印书馆,1934年。

(18) 青阳先生文集序

颓龄无几，朋旧凋落已尽。呻吟疾痛中，忽得同年余君廷心诗文一帙，读之辄泫然流涕而叹曰："呜呼！世安得复有如吾廷心者哉！廷心学问文章政事名节，虽古之人有不得而兼者，而廷心悉兼之。世岂复有斯人哉！"元统初元，余与廷心皆试艺京师，是科第一甲置三名，三名皆得进士及第，而廷心得右榜第二，余忝左榜，亦然唱名谢恩。余二人同一班列，锡宴则接肘，同席而坐，同赐绯服，同受七品官。当是时，余与廷心无甚相远者。其后，余以应奉翰林需次，丁父与祖父、母三丧，乞奉母就养江南，沉没下僚，学殖日益荒秽，而廷心方由四州，入翰林、为应奉、为台、为省，声光赫著，如干将发硎，莫敢触其锋。文章学问与日俱进，如水涌山积，莫能窥其奥。于是，余之去廷心始相远矣。又其后，遭遇时变，余以母忧窜伏乡里，尝恨不得乘一障以效死，而廷心以羸卒数千守孤城，屹然为江淮砥柱者五六年，援绝城陷，竟秉节仗义，与妻子皆死。生为名臣，殁有美谥，于是，余之去廷心又大相远矣。呜呼！廷心已矣，世安得复有如吾廷心者哉！或者以为廷心之死，乃天之将丧斯文；余以为廷心虽死，而斯文固未丧也。廷心之孤忠大节足以照映千古，煜然为斯文之光，而何丧之有焉！使皆为世之贪生畏死、甘就屈辱而犹腼然以面目视人者，则斯文之丧盖扫地尽矣，岂非廷心之罪人哉！

廷心诗尚古雅，其文温厚有典则，出入经传疏义，援引百家，旨趣精深，而论议宏达，固可使家传而人诵之，凿凿乎其不可易也。惜其稿煨烬无遗，独赖门人郭奎掇拾于学者记录之余，得数十篇以传，而或者犹以不见全稿为恨。夫以一草一木之微，已足以观造化发育之妙，则凡世之欲知廷心者，又奚以多为尚哉？昔太史司马公述屈原《离骚》之旨，谓推其志可与日月争光。呜呼！屈原不可尚矣，千载而下，知廷心者，其无司马乎？廷心尝读书青阳山中，及仕而得禄，多聚书以惠来学，学者称为青阳先生，故是集亦以"青阳"为名云。

(元)余阙撰：《青阳先生文集》卷一，第3—4页，《四部丛刊续编》(72)，商务印书馆，1934年。

(19) 送归彦温赴河西廉使序

河西本匈奴昆耶休屠王之地，三代之时不通于中国，汉始取而有之，置五郡，其间自李唐以来，拓跋氏乃王其地，号为西夏，至于辽宋日事战伐，故其民多武勇，而少文理。然以予观之，予家合淝，合淝之戍一军皆夏人，人面多黎黑，善骑射，有身长至八九尺者，其性大抵质直而上义，平居相与，虽异姓如亲姻，凡有所得，虽箪食豆羹不以自私，必召其朋友，朋友之间，有无相共，有余即以与人，无即以取诸人，亦不少以属意百斛之粟、数千百缗之钱，可一语而致具也。岁时往来以相，劳问少长相坐，以齿不以爵。献寿拜舞，上下之情怡然相欢，醉即相与道，其乡邻亲戚，各相持涕泣以为常。予初以为此异乡相亲乃尔，及以问夏人，凡国中之俗莫不皆然，其异姓之人乃如此，则其亲姻可知矣。宜其民皆亲上死长，而以弹丸黑子之地，抗二大国传世五六百年而后亡，非偶然也。自数十年来，吾夏人之居合淝者，老者皆已亡，少者皆已长，其习日以异，其俗日不同，少贵长贱则少傲其长，兄强弟弱则兄弃其弟，临小利害不翅毫发，则亲戚相贼害如仇雠，予犹疑江淮之土薄，而人之生长于此者亦因以变，及以问夏人，凡国中之俗今亦莫不皆然，其于亲姻如此，则异姓之人可知也。夫夏，小国也，际时分裂而用武必不能笃，于所教而区区遐方教之亦未必合于先王之法。及国家受天命，一海内，收其兵甲而摩，以仁柔养之，以学校而诱之以利禄，今百余年于兹。弦诵之声，内自京师达于海徼，其教亦云至矣，而俗乃日降如此，吾不知其何说也。我祖宗之置肃政廉访司于天下，大要以风俗为先，而其职以学校为重，故世谓之风宪是得先王为治之意也。故尝选任尊官非道德爵位，出乎庶僚者不得与是选，所以为民表也。今皇帝用嵬名公为御史大夫，公乃历选朝著尽拔诸名臣为廉访使，而吾归君彦温以枢密院判官而为河西君，少擢科目，能古文辞有大节，由国子博士五转而迁是官，今为廉使于夏，必能兴学施教，以泽吾夏人。吾夏人闻朝廷以儒臣为尊官以莅己，必能劝于学，以服君之化，风俗必当丕变以复于古，其异姓相与如亲姻，如国初时如余所云者矣，故道吾夏之俗以望吾归君焉。

(元)余阙：《青阳先生文集》卷四，第1—2页，《四部丛刊续编》(72)，商务印书馆，1934年。

(20) 青阳山房记

青阳山房在今庐州东南六十里巢湖之上，因山以为名，武威余公读书之处也。余公之未第也，躬耕山中，以养其亲。即田舍置经史百家之书，释耒则却坐而读之，以求古圣贤之学，是时未有“青阳山房”之名也。及其出而仕也，不忘其初，乃辟其屋之隘陋而加修葺焉。益储书其中，冀休官需次之暇，以与里中子弟朋友讲学于此。于是始有“青阳山房”之名，然而未有记也。文客京师，谒公于翰林，辱不鄙而与之论学，因及青阳山房之事，而属以记，固辞不获，退而思之。

余公世家武威，而居淮西。武威之俗，以驰马试剑为雄。淮西在宋时为极边，其民操干戈、持弓矢、习战斗，赖国家承平，偃武修文。未百年间，余公以儒自奋，文章政事烨然为时所宗，而名声遂流闻于天下。是虽风俗与时移易，而余公以拔萃之资、出群之材、超世之志，有不可诬者矣。向使余公习其故常，当国家偃武修文之余，风俗与化移易之后，不知学问，其天资才智自足以取富贵；不过，富贵之人将以号于天下曰“儒者”则未也。所贵于儒者，以其能学先王之道也。故虽穷为匹夫，其言其行犹足以化民而成俗，遗风余韵亦足以起人仰慕于无穷，而况于有位者乎？夫青阳山房以余公而得名，不然，一田余耳！故地不自胜，因人而胜，人不自贤，以学而贤。甚矣，人之不可以不学也。余公之有是山房也，非以自私也，欲使学者读书于此也。里之子弟被余公之教，皆曰：“青阳山房多书，吾其游焉！”读书而有成。郡邑之人慕余公之义，又将曰：“青阳山房多书，学之者众，吾其游焉！”读书而有成。四方之士闻余公之风，莫不曰：“青阳山房多书，学之者皆有成，吾其游焉！"后来继今，闻风而起者，又若是，将见贤才济济，出为邦家之光，青阳山房传之不朽矣，岂不盛哉！此《记》之所为作也。

若夫湖山之胜，深者涵云天，高者薄霄汉，蛟龙之所蟠，虎豹之所蹲，怒而为风，喜而为雨，声色动植之物，阴晴明晦之变，古人之所争，今人之所赏，遗墟奥壤，可喜可愕，则又青阳山房之奇观也。当有名公显人妙能文辞者游而赋之。《记》不备录。

余公名阙，字廷心。至顺癸酉进士及第。初命泗州同知，擢翰林应奉，迁刑部主事。复入翰林为修撰，拜监察御史，转礼部员外郎，出为湖广行省郎中。征入集贤为经历。寻改翰林待制。今为浙东廉访佥事云。新安程文记。

(元)余阙撰:《青阳先生文集》卷一，第4—5页，《四部丛刊续编》(72)，商务印书馆，1934年。

(21) 余阙题字[①]

郑文嗣，婺州浦江人。其家十世同居，凡二百四十余年，一钱尺帛无敢私。至大间表其门。

文嗣殁，从弟大和继主家事，益严而有恩，家庭中凛如公府，子弟稍有过，颁白者犹鞭之。每遇岁时，大和坐堂上，群从子皆盛衣冠，雁行立左序下，以次进。拜跪奉觞上寿毕，皆肃容拱手，自右趋出，足武相衔，无敢参差者。见者嗟慕，谓有三代遗风。状闻，复其家。部使者余阙为书"东浙第一家"以褒之。

(明)宋濂等撰:《元史》卷一百九七，第4451—4452页，中华书局，1976年。

(22) 跋余廉访所篆东浙第一家五大字后

至正己丑夏，余阙公自翰林待制，来佥浙东海右道肃政廉访司事。明年庚寅夏六月辛丑，行县至浦江，察知郑大和累世义居，谓海右七郡，未能再见，书五篆文以嘉之。秋七月甲寅，县达鲁花赤廉侯阿年八哈，县尹奉符郭侯复亨，县主簿大梁刘侯师稷，相与树碑于庭，成公意也。公，唐兀氏，字廷心，余阙其名也，正统甲科进士。文学政事，皆为时所称云。

(元)胡助:《纯白斋类稿》卷十九，第178—179页，王云五编:《丛书集成初编》2091，商务印书馆，1935年。

(23) 送侍御余廷心佥宪浙东三首

春云阴似幂，春雨细于丝。

史馆承恩日，都门祖道时。

星轺行浙左，采服照江湄。

忠孝应兼尽，同深别后思。

---

① 题目为编者加。

绸书功未竟，持节命方隆。

已擅雄文誉，还扬肃政风。

杨花飞雪白，芍药舞云红。

咨度多余力，新诗寄便鸿。

天台环海岸，雁荡插云霄。

胜慨东南绝，才人玉雪标。

访游清暇足，题咏逸怀超。

旅食京华客，因君意也消。

(元)周伯琦撰:《近光集》卷三，第 532 页，《景印文渊阁四库全书》第 1214 册，(台北)"商务印书馆"，1986 年。

(24) 余阙题字[①]

孤山之傍富登渡，巨石屹立溪浒，先生畴昔钓游其所，淮南省平章余公阙大书"郑公钓台"，先生自为文记之，里人吴虎臣刻诸石。

晚与平章余公阙、吏部侍郎危公素、南台监察御史程君文最相知。

(元)郑玉撰:《师山遗文》《附录·师山先生郑公行状》，第 106 页，《景印文渊阁四库全书》第 1217 册，(台北)"商务印书馆"，1986 年。

(25) 与子美先生书　余忠宣公

阙稽颡再拜，去岁闻贼陷徽州，漫不知尊兄何在，日夜县县，后得帖元帅报，始乃下怀。不知书院如何？去春寇迫乡城，仆始走六合，道数遇贼，几陷者再，客居卧病，又为淮帅所捉，使从军合肥。合肥气数，上下雷同，贼至即为走计，一有言守御者，众辄相视如仇人，大恐沦胥以败。寻得调戍安庆，私窃自幸，以为颇得展布矣。到镇以来，丁贼之衰，一战却之，往时贼月一再至，今不至者八月余矣。诸军且会汉、鄂、九江，蕲贼大窘，度不久当成擒。惟濠、寿主将未甚得人，未见涯涘耳。仆平生以亲故奔走四方，近终养将谓可遂羁鸟故林之愿，不意际此欃枪殆命也。乱注《易说》廿余年不得成，顷在行间又大病，常恐身先朝露，徒费心力，今幸不死，且粗脱稿，何时盍簪以求正其遗缺？临风倾注。王仲温行，谨附承动静，不觉多言如此，相见当如何，余惟自重，不次。七月三日。阙谨启子美聘君先生阁下。病后有心疾。作书多错，皇恐！

(元)郑玉撰:《郑师山先生遗集》，第 149—150 页，《四部丛刊四编》第 161 册，中国书店，2016 年。

又余忠宣公

阙拜启子美聘君先生执事，王仲温还自新安，领所答书，忧悬方置。闻师山

---

① 题目为编者加。

书院又独存,尤以为喜。仆自前岁冬,寇退之后,即大病,不饮食者廿余日,自以为战不死即病死矣,其后幸愈,而气体觉甚衰,因念平生虽忝登仕版,而甚奇不偶,未尝少得展布所学之一二,而易者,五经之原,自以为颇有所见,其说草具,而未成书,遂取至军中修改。今友生辈录出,或者后有子云好之,亦不徒生也。比日贼势浸有澄清之象,贱体又颇强,尚冀可以少进,未敢示人也。寒舍书籍在庄上,乱后散失者十七八,闻馆中书籍亦然,甚可惜。徽有鹤山《易集义》,吾家有之,比归点视,止存三五册。其版在否?若亦毁,得劝有力之家刻之为好。以文屡有书,观其字画,恐亦有老态。叶景渊闻知婺源,有政声。此人甚有治才,若益加勉,当不在人后,望时有以教之。徽人之来舒者,时惠书为望。旦晚洗甲,即告退,念欲南游一番,未知得所愿否?未见,自重。不具。二月五日,阙再拜。

(元)郑玉:《郑师山先生遗集》,第150—152页,《四部丛刊四编》第161册,中国书店,2016年。

又余忠宣公

阙启程客还附书,并令取王仲温处大字去,此时想至左右矣。秋清邻坏计定山林得安处,可以为慰。敝邑粗守,然未见大定之日,何时释此重负,消摇以奉清言,如双溪时也!以文在翰林,尝苦差遣,近除助教,可无此苦。此左右所欲闻,漫以为报。乡人施子有家童往婺源,□[1]淮椒一裹奉寄。未见,千万保重。不具。九月四日,阙拜启子美聘君先生执事。

(元)郑玉:《郑师山先生遗集》,第152—153页,《四部丛刊四编》第161册,中国书店,2016年。

(26) 题余青阳郑师山二先生手札　吕德昭

轩辕山高四千仞,青阳山高师势相并,支脉联络蟠两州,白云吐吞天与近。古称地灵人杰生,蜿蜒磅礴元气清,两山秀育二贤出,一死永留千古名。师山先生高世士,隐居不为苍生起,《春秋》著述诛奸雄,月旦评论辩贤否。青阳先生天下奇,峨冠博带谈书诗,气吞逆虏似鼷鼠,颐指壮士如熊罴。二公初交正英妙,许身稷、契登廊庙,事业出处虽殊科,文章制作皆同调。青阳战守舒州间,砥柱屹立支狂澜,擐甲城头述艰苦,走书谷口传平安。师山甘居布衣贱,死报君恩名益显,高节不敢效两龚,大书遗言训诸阮。二公翰墨今犹存,烟云满纸秋无痕,辉辉清光耿星日,凛凛义气横乾坤。载拜焚香读三复,北斗南箕炫双目,呜呼二公名节全,力挽颓纲振流俗。青阳山对轩辕山,二公英魂相往还,晴虹贯月夜空阔,笙鹤无语松风寒。

(元)郑玉撰:《郑师山先生遗集》,第176—178页,《四部丛刊四编》第161册,中国书店,2016年。

---

① 原文此处缺一子。

又郑忠

吾闻长江之水碧如油，遥遥东注不复休，大孤小孤并屹立，势欲压断长江流。师山江之南，青阳江之北，两山之高不如屋，乃能隔断世炎嚣，清凉直透人肌肉，君不见尔时士大夫懦且顽，奈何尸其位而素其餐！遂令四海无上心，倚叠朽骨如丘山。老臣白发三千尺，焉能系落日，岂知浩气塞乾坤，首碎秦庭完赵璧。战血满城城愈坚，三军首离心不悛。泥涂轩冕伏大节，夷、齐并驾仍争先。二孤千仞何足谓，不是人间屹天柱。师山青阳绝地维，颓波欲流流不去，高风一洗洞八荒，天下盗贼来何方，舍生取义尽若此，终古不用城与隍。二老有亲笔，见之辄痛泣低回，一恸天为昏，上帝返袂云俱湿，肝脑涂地想当时，骨耸魂惊毛发立，翰墨落人间，卷舒有遗失，不如模刻寄崔嵬，昭示万古无终极。

(元)郑玉撰:《郑师山先生遗集》，第178—179页，《四部丛刊四编》第161册，中国书店，2016年。

(27) 过郑公钓台

相公湖边一拳石，截断湖光三百尺，射蛟人去今几年，谁扫云根看遗迹？师山先生性爱山，偶然得此青孱颜，临流坐钓不知晚，渔樵并载扁舟还。武威余公天下士，特与先生题篆字，良工刻入断崖傍，遂使溪山增胜事。一朝海内风尘生，两公死国如弟兄，平生隐显虽异迹，竹帛同垂千载名。熏风雨过潮初落，足蹑苍苔俯幽壑，钓丝已逐野烟飞，字画多为古藤络。师山之节峻且孤，武威之字人争摹，忠贤所遗众所宝，泉石清奇何处无。

成化壬寅夏五月十二日，予谒祖庙于篁墩，棹回湖上，观先世忠壮公射蜃处，放舟至富登渡，思昔师山先生郑公尝爱富登奇石，目之为钓台，余忠宣公为篆刻崖上。与客求之，不获。因舣棹崖下，犯激湍，破蒙翳，剜伐苔蚀，而"郑公钓台"四字宛然。遂口占七言长诗一篇，今十有二年矣。先生裔孙虬取摹本装潢成册，请重书之，以纪一时之胜。江山如故，岁月侵寻，而学益凋落，追感旧游，为之怃然，不能自已，题其后而归之。弘治六年龙集癸丑春正月四日，休宁程敏政书。

(元)郑玉撰:《郑师山先生遗集》，第185—186页，《四部丛刊四编》第161册，中国书店，2016年。

(28) 次篁墩先生韵

师山先生钓台石，紫苔溜雨青千尺，忠宣大籀蟠古虬，野老何曾见奇迹。玉堂学士归故山，山中草木皆开颜，扪萝直上最高处，斜阳倦鸟孤飞还。师山岂是寻常士，海内争传好文字，当时垂钓不钓鱼，富贵功名等闲事。余公郑公同死生，谁为弟也谁为兄？台前石头不解语，世上人能知姓名。银钩铁画云间落，星斗光芒照林壑，却笑钩名射利徒，知网纷纷巧笼络。立身大节真难孤，报国丹心不可摹，试问贤孙宝遗泽，传家尚有韦编无。

文华殿直之暇，云间张骏书于玉河东醉经阁下，郑公裔孙鲸、虬皆能诗，盖有得于心声心画之妙者，游余云间，托交最久，但余家《三贞堂诗》未获见赐，抛砖引玉，此之谓欤！骏拜手。

(元)郑玉撰:《郑师山先生遗集》,第187—188页,《四部丛刊四编》第161册,中国书店,2016年。

又

谁人坐钓灵山石，手抱长竿刚百尺，直钩不钓湖中鱼，秖与溪山增胜迹。又谁大篆寄灵山，六丁镵入山之颜，山灵守护不敢毁，浮云飞鸟自往还。篁墩先生千古士，重访云根钓台字，攀萝扪石一洒扫，从此乡人怜往事。两公当日同捐生，真难为弟真难兄，平生遗迹此山下，荒烟野草宜同名。银河夜半星辰落，恍惚潜蛟舞幽壑，渔笳牧笛不敢吹，山色波光共萦络。师山武威今不孤，拳石奇踪天下摹，赓歌再拜仰前烈，托名垂后知有无。

师山先生裔孙郑虬携先生《钓台册》至京师，乃余忠宣公题寄先生墨迹，而先生刻诸灵山者也。吾师篁墩先生尝追寻于百年之后，以示其族子、乡人，而且为之题跋。虬固欲余和之，余何人！而敢附斯文后哉？惟虬尚为我请诸篁墩，而取其一二语焉。是亦足以托名于不朽矣。何幸哉！丁巳七月朔，芜湖胡爟再拜谨书。

(元)郑玉撰:《郑师山先生遗集》,第188—190页,《四部丛刊四编》第161册,中国书店,2016年。

又

富登之山多奇石，富登之水深百尺，钓台突出山水间，中有师山旧游迹。师山讲学居师山，鸢飞鱼跃常开颜，忽然得此真绝境，风月一竿时往还。台前古篆伊谁士？乃是忠宣手书字，残蛟断虺不知年，雷雨时时惊怪事。二公不独能捐生，青阳余力还弟兄，平生所学真不负，一游一迹皆可名。台花岁岁从开落，云水茫茫乱溪壑，旧记惟闻石上镵，新题今见如珠络。篁墩之题杰以孤，忠贤礌礌归图摹，台名从此传天下，直与乾坤齐有无。

楠尝于《余力稿》中见《钓台记》，又尝道过富登，欲一览台之胜，而草树蒙翳，仓卒不可为力，其表章之实，自我篁墩先生始。谨依先生韵，强吟数语，盖景仰之深，而自忘其谫陋耳。《诗》云乎哉！弘治戊午六月之望，棠樾鲍楠敬书于南京主客部之杞菊轩。

(元)郑玉撰:《郑师山先生遗集》,第190—191页,《四部丛刊四编》第161册,中国书店,2016年。

又

富登江边钓台石，势压洪涛几千尺，谁其钓者郑隐君，从此乾坤留胜迹。先生忆昔居师山，春风满座常铸颜，九重缥币不肯受，纶竿此石时往还。清风不愧羊裘士，赢得忠宣为题字，两公一一捐其躯，行藏虽异同心事。篁墩作歌悲先生，谓公后死如弟兄，暇日攀萝陟幽险，崖间重觅台之名。奇踪复向人间落，何啻胸中有丘壑，百年苔藓护山灵，不比禅纱为笼络。江山胜概真不孤，龙蛇古篆天下摹，表章贤达昔所尚，此老风流今则无。

予读《元史》，至师山先生《忠义传》，每叹其高节可方古人。今年冬，先生裔孙虬携先生《钓台卷》示予，而篁墩学士为是唱。盖篁墩常得先生钓台遗迹于埋没之余，其所以慕先生者亦甚。今篁墩亦不复可作矣，既为怅然，仍次其韵。弘治庚申腊月廿有二日，余姚陆相书。

(元)郑玉撰：《郑师山先生遗集》，第191—193页，《四部丛刊四编》第161册，中国书店，2016年。

又

孝廉所至有钓石，独爱富登高百尺，前修既远岁月移，过此何人识先迹。珊瑚含彩照豁山，左丞劲笔追欧、颜，航渊梯峻为寻访，学士昔从鳌禁还。孝廉气节东都士，天下儒绅知姓字，艰危不辱死从容，在在钓游成故事。浙江东下海潮生，严陵相望堪弟兄，当时仕止各有道，后世但高征士名。台前风景未寥落，仰止有亭临绝壑，好事邻翁加护持，竹树栽培翠环络。嗟予晚学陋且孤，崖刻珍同湘水摹，雄词倡和多名胜，慨想诸公今亦无。

族先祖孝廉公平生酷爱泉石佳致，其钓游之处凡四：黄山、灵山、岑山及富登渡也，各有题记。成化中，学士程公谒世忠庙于篁墩，因至富登寻钓石，观余左丞篆刻，赋诗以纪其胜，且属里人朱君克绍作亭台前，榜曰“仰止”，一时名流倚而和之，积成巨帙，复得都谏方洲张公靖之之跋，于是富登钓台始不泯于寰中矣。昆近过台下，瞻仰之余，弗揆庸浅，僭次原韵成此。噫！歈苇籥于金石迭作之后，其为不伦，可惭。录示同来子侄，不敢书台石也。嘉靖壬午八月二日，昆拜手谨书。

(元)郑玉撰：《郑师山先生遗集》，第193—195页，《四部丛刊四编》第161册，中国书店，2016年。

(29) 仰止亭

徽之歙县富登渡有巨石，巍然临湖，郑师山先生子美钓游于此，余忠宣公廷心篆“郑公钓台”四字，刻之石上，石上作亭，扁“仰止”，以重二公之高风峻节。长洲沈周为赋长律。

忠宣义死堂堂节，死到师山义亦明，家国两人均患难，干戈满地正纵横。聊因心画通相感，未必渔竿果可旌，何处江湖无此碣？几流标榜有高名？龙跳旧刻还堪拓，燕贺新亭又喜成，岳势不迷人仰德，石痕固在字含贞。萧萧风雨鬼神泣，汹汹波涛鱼鳖惊，一个聘君孤构耳，乾坤今许作双清。

(元)郑玉撰：《郑师山先生遗集》，第195—196页，《四部丛刊四编》第161册，中国书店，2016年。

(30) 书郑公钓台卷

古人谕志于道德者，功名不足以累其心。夫功名道德之成著，非可恶而却去之者，君子特未尝先意于此耳。顾天下不足以达吾志，乃欲随世以就众人之所谓功名，则宜怀抱退藏自适乎岩穴，庶几淑善有传，不至没世无闻而已。宋社既屋，夏变为夷，宇宙非常之故也，不幸生于其世，而又丁此末季，祸乱垂作，括囊俭德，师山先生岂不能蚤见而预待之！此所以方在强壮，辄隐约林野间，讲学授徒，无复进取之念。晚年币聘辞受，盖亦出于胸中素见，况忠孝之大节邪！及世故沦落，诎辱胥縻。以不仕为义，则事必不免；以不死为分，则心所不安。观其喻诸生书，自以三仁为比，则其处死之审，固不待拟议而成也。夫出处不可以群谋，当断于衷；生死不可以勇决，要合于正。先生直以道德为出处死生之主的，其余亦无所先意。然其功在纲常，名在史册，不达于当时，而达于万世，真所谓自然之成著。岑山、灵山、钓几、钓石，遂当与首阳崖谷并秀于寰中，而余忠宣题字，亦可近余光于延陵季子之铭矣。彼箕山富春，高虚寥远，廉贫立懦则可矣，于圣贤中正之学何如哉？先生七世孙腾泽以《钓台题记》《后语》见属，敬为之书。成化丙午春二月三日，吴兴张宁识。

(元)郑玉撰：《郑师山先生遗集》，第196—198页，《四部丛刊四编》第161册，中国书店，2016年。

(31) 题余忠愍公所撰两伍张氏阡表有引

张昆弟二人，景星讳共辰，景山讳竑，并以儒学官累迁，景星霍丘主簿，景山滁州判官。天永仕淮省员外郎，谢病隐居，教授埭上，景山孙也。

东淮海王国，两伍世儒家。
鸑鷟春联瑞，龙蛇岁起嗟。
天文新日月，阡表古烟霞。
贤后承余庆，辞官喜鬓华。

(元)王逢撰：《梧溪集》卷四，第514页，《北京图书馆古籍珍本丛刊》95，书目文献出版社，2000年。

(32) 题余廷心参政为霍丘博古山尊师撰遇仙观记后

蓼西琳馆辟，淮省大参铭，
地泄烟霞气，山潜木石灵。
荒茅无尽白，汗简有余青，
黄发吴陵叟，瞿然鹤姓丁。

(元)王逢撰：《梧溪集》卷四，第514页，《北京图书馆古籍珍本丛刊》95，书目文献出版社，2000年。

(33) 过广浦林洪聪上人承示湖广郎中余阙书撰旧主滦河化城禅寺碑记淮西宪佥王士点篆额为题左方

舒州余柱国，百战死酬君。
天地留元气，山林被庆云。
世无哀九辩，吾及颂斯文，
佥宪俱陈迹，炉香为一焚。

(元)王逢撰：《梧溪集》卷四，第515页，《北京图书馆古籍珍本丛刊》95，书目文献出版社，2000年。

(34) 送余廷心待制之浙东佥宪

芳雨散繁绿，晨霏起层城。
草树郁葱蒨，欣欣遂敷荣。
圣皇秉元化，昕夕虑民情。
彤廷授玉节，宪令藉名卿。
肃肃晓衔命，揽辔东南征。
属兹春宵眇，出饯倾朝缨。
柳色映骢马，歌声杂鸣莺。
谬联祖席侣，举爵芳醑清。
粤闻浙东郡，山穷海奔崩。
征徭竭庐室，田畴辍耘耕。
下车发仁政，蔼蔼春阳生。
令德聿修举，庶用慰休明。

(元)纳延撰：《金台集》卷一，第282页，《景印文渊阁四库全书》第1215册，(台北)"商务印书馆"，1986年。

(35) 鹤年诗集原序

……我元受命，亦由西北而兴。……积之既久，文轨日同，而子若孙遂皆舍弓马而事诗书。至其以诗名世，则贯公云石、马公伯庸、萨公天锡、余公廷心其人也。论者以马公之诗似商隐，萨公之诗似长吉，而余公之诗则与阴铿、何逊齐驱而并驾。他如高公彦敬、巎公子山、达公兼善、雅公正卿、聂公古柏、斡公克庄、鲁公至道、王公廷圭辈亦皆清新俊拔，成一家言。此数公者皆居西北之远国，其去邠、秦盖不知其几千万里，而其为诗乃有中国古作者之遗风，亦足以见我朝王化之大，行民俗之丕变。

(元)丁鹤年撰：《鹤年诗集·原序》，第495页，《景印文渊阁四库全书》第1217册，(台北)"商务印书馆"，1986年。

(36) 过安庆追悼余文贞公

将军匹马入舒城，击贼频烦训义兵，孝以保家忠徇国，聚而出战散归耕。围侔月晕全无隙，捷振天威大有声，游说飞书徒间谍，输诚伏节愈坚贞。云梯屡却妖氛豁，露布交驰杀气平，千里荆扬凭保障，七年淮海赖澄清。山深猰貐歼还出，江阔鲸鲵斩更横，外援内储俱断绝，裹疮饮血独支撑。天昏苦雾埋营垒，日落阴风卷旆旌，甘与张巡为厉鬼，肯同王衍误苍生！三千将士皆从死，百二山河亦继倾，静对风霆思号令，遥从箕尾识精诚。颂碑不愧词臣色，哀诏偏伤圣主情，愿为执鞭生不遂，临风三酹重沾缨。

(元)丁鹤年撰:《鹤年诗集》卷二，第 533 页，《景印文渊阁四库全书》第 1217 册，(台北)“商务印书馆”，1986 年。

(37) 挽余忠宣公

沔阳舟楫势如飞，安庆孤城屹不支。

诸葛智谋天地闷，杲卿忠义鬼神知。

纵然身活到今日，未必人生无死期。

一片精忠元不改，男儿到此是男儿。

(元)吴当撰:《学言稿》卷五，第 303 页，《景印文渊阁四库全书》第 1217 册，(台北)“商务印书馆”，1986 年。

(38) 中秋夜望月①

浙东佥宪余阙字廷心，按吾郡时，中秋夜望月，尝作一诗，题于分司官舍。其诗曰：

“玄武夕始正，华月升秋旻，徘徊出西陆，照曜此瓯闽。

金波何穆穆？绿枝满中轮，余波洞轩房，紫兰含微津。

皇天降丰岁，王政亦已陈，乐哉一杯酒，允矣同庶人。”

此诗清婉，蔼然有与民同乐之意。后为淮西宣慰，守安庆孤城六年，上下援绝，淮寇益炽，城遂陷。府前有一大池，自刎死于池，妻子亦同死。赠淮南行省右丞，进平章政事，谥文贞公。其先河西人，伊吾儿氏。

(明)叶子齐撰:《草木子》卷四，第 787 页，《景印文渊阁四库全书》第 866 册，(台北)“商务印书馆”，1986 年。

(39) 加封孟子制②

余忠宣公阙草加封孟子制云：“观乎七篇之书，拳拳乎致君泽民之心，凛凛乎拔本塞源论。”尤为亲切。

(明)镏绩撰:《霏雪录》卷下，第 686 页，《景印文渊阁四库全书》第 866 册，(台北)“商务印书馆”，1986 年。

(40) 余阙小传③

余阙，字廷心，武威人。登进士第，官至浙东肃政廉访司副使，兵兴，升淮西宣慰使。出镇安庆，坚守六年，城陷，偕妻子死之。累赠湖广行省平章，谥忠宣。

---

①② 题目为韩荫晟先生加，分别见韩荫晟:《党项与西夏资料汇编》(补遗)，第 7181 页、7177 页。

③ 题目为编者加。

风采峭整，负大节，以王佐自任。工篆、隶，字体淳古。

(明)陶宗仪撰:《书史会要》卷七，第762页，《景印文渊阁四库全书》第814册，(台北)"商务印书馆"，1986年。

(41) 送余廷心翰林应奉成廷珪

枫叶萧萧江已秋，吴船三日住扬州。
靛花深染青绫被，云叶新裁紫绮裘。
征驿马嘶风满树，别筵人散月当楼。
明年春雁将书去，人在蓬瀛第几洲。

(清)陈焯编:《宋元诗会》卷八十六，第550页，《景印文渊阁四库全书》第1464册，(台北)"商务印书馆"，1986年。

(42) 九灵山房集提要

臣等谨案，九灵山房集二十卷，补编二卷，元戴良撰。良，字叔能，浦江人。尝学文于柳贯、黄溍、吴莱，学诗于余阙。……

(元)戴良撰:《九灵山房集·提要》，第253页，《景印文渊阁四库全书》第1219册，(台北)"商务印书馆"，1986年。

(43) 九灵山房集原序

九灵山房集者，浦江戴九灵先生所作之诗文也。先生以聪敏之资，笃诚之志，而学文于柳待制先生、黄文献公，又学诗于余忠宣公阙。故其文叙事有法，议论有原。不为刻深之辞，而亦无浅露之态；不为纤秾之体，而亦无矫亢之气。盖其典实严整，则得之于柳先生者也；缜密明洁，则得之于黄文献公者也；而又加之以春容丰润，故意无不达，味无不足。其诗则词深兴远，而有锵然之音，悠然之趣。清逸则类灵运、明远，沉蔚则类嗣宗、太冲。虽忠宣公发之，而自得者尤多。

(元)戴良撰:《九灵山房集·原序》，第254页，《景印文渊阁四库全书》第1219册，(台北)"商务印书馆"，1986年。

(44) 九灵山房集年谱

十年庚寅，先生三十四岁。六月，武威余忠宣公阙持宪节过婺州，闻先生善歌诗，见时与论古今作者词旨优劣。曰:"士不知诗久矣，非子吾不敢相语。"乃尽授以学焉。东阳陈君采《天机流动轩记》云:余公至浦江，问士于赵侯谦斋，侯以叔能进，公深奖许之，为榜其所居之轩曰"天机流动"，叔能命予记之。金华胡仲申、乌伤王子充、浦江郑仲舒，皆有记，宋景濂有赞并题后，皆相与推求性命之旨，而研极于义理之精。征云有《容斋记》、《柳待制墓表碑阴记》。九月，丁父景和府君忧，居山中。

(元)戴良撰:《九灵山房集·年谱》，第257页，《景印文渊阁四库全书》第1219册，(台北)"商务印书馆"，1986年。

（45）题余廉访五大篆后

右"东浙第一家"五大篆，武威余公为义门郑氏书。郑氏聚居白麟溪之上，自其九世祖冲素处士绮以来，咸能守其家法。为之子者，必孝于其父；为之弟者，必恭于其兄；为之妇者，必顺于其夫。其为父兄夫也，亦各以道而自尽。如是者历二百余年不少变。至大末，有司既为上其事于朝，号其门曰"孝义"之门矣。至正庚寅夏六月己丑，公持部使者节，分按至浦江，复过其居而访问焉。为之低徊太息者久之，且曰："吾于浙水之东，已皆按历之矣，恒未见如郑氏之孝义者。有孝义如郑氏，可不善其善以为之劝哉！"乃为书此于庭曲之石，俾其子孙世守之。呜呼！郑氏果何以致是哉？谨按，东浙统有七郡，而七郡之中以州计者六，以县计者三十有五。其土地非不广也，人民非不众也，岂无贵极公侯、富比封君之家足以见重于一时者？今公咸不之取，独于郑氏而有取焉，是果何以致是哉？公之此意，盖以属部之内，知孝其父者多矣，或于事兄之间，而不能以尽恭者有矣。能孝于其父、恭于其兄，或不能致其夫妇之相和者有矣。或父子兄弟夫妇咸尽其道，而不能必其九世之远、二百余年之久，犹克守其家法而不坠者有矣。凡是数者，一有所不能，则虽笼天下之货宝，不足以为富；罗天下之禄爵，不足以为贵。而其可富可贵者，惟在乎郑氏之孝义也。是则郑氏之家，固宜为七郡之称首，而岂无以致是哉？虽然，非公之表而出之，则七郡之民亦无自而知之矣。抑予闻之，孝义非一家之行，而七郡之民莫不尽能之。能之而或不为，是皆有愧于郑氏者也。不惟有愧于郑氏，其亦获戾于公矣。公之此举，岂但为郑氏计哉？七郡之民，犹惧其获戾于公，而况为郑氏之子孙者。继今以往，宜益敬守其家法，以保有乎此石，勿使恃其门望之高，而不念其累世之勤也，吾恐其获戾于公矣。呜呼！可不惧哉！公唐古氏，名余阙，字廷心，元统癸酉甲科进士，历官台阁，今由翰林待制，出佥海右道肃政廉访司事云。

（元）戴良撰：《九灵山房集》卷之七，第2—3页，《四部丛刊初编》第361函，商务印书馆，1922年。

（46）余阙，字廷心，唐古氏，家世武威。父官庐州，遂为庐州人。少丧父，授徒以养母。元统初，赐进士及第，授同知泗州事。召入翰林，修撰、待制。至正中，庐州盗起，以阙佥都元帅府事，分兵守安庆，抵官十日而寇至，拒却之。集将吏议屯田战守计，环境筑堡寨，选精甲外捍，而耕稼于中。明年，大饥，人相食，捐俸为粥以食之，且请钞三万锭以赈民。十五年，大熟，得粮三万斛，乃浚隍、增陴，表里完固。盗环布四外，阙居其中，屹为江淮一保障。时池州贼赵普胜，帅众攻城，连战三日败去。未几，又至，相拒二十日，始退。陈友谅自上流而下，阙遣兵扼于观音桥，而饶州祝寇又攻西门，阙斩却之。贼并兵来攻，又却之。贼恚甚，乃树栅起飞楼，分攻三门。阙以孤军血战，身被十余创，日中城陷。城中火起，阙知不可为，引刀自刭，堕清水塘中。妻雅希氏，一子德生，女福童，皆赴井死。贼义之，求尸塘中，具衣冠，葬之西门外。事闻，赠行中书省平章政事，追封豳国公，谥忠宣。阙号令严信，与下同甘苦，故人争用命。当出战，矢石乱下如雨，士以盾蔽阙，阙却之，曰："汝辈亦有命，何蔽我为?"尝修辽、金、宋三史，而于《五经》皆有传注。为文淳古有气，诗尚江左，高视鲍、谢，徐、庾以下不论也。为篆隶亦工。及安庆归附，明太祖嘉其忠，诏立庙于忠节坊，命有司岁时致祭。

(清)许容等修:《甘肃通志》卷三十五，第 364 页，《景印文渊阁四库全书》第 558 册，(台北)"商务印书馆"，1986 年。

(47) 余阙，宋濂《余左丞传》，字廷心，唐古氏。父实喇藏布，官合肥，遂为合肥人。元统进士，佥浙东道廉访司事。发奸摘伏，聪察若神。州县闻阙至，贪墨吏多解印绶去。婺定赋无艺，役小大各违度。阙遴官履亩实之，徭赋平。衢士无养，以没入田分隶学官。郡长扬珠济达肆毒残衢民，民重足立，阙鞫治之。狱上御史台，台臣与之有连，反以事劾阙，阙归。至正壬辰，鸿和尔布哈统戎淮南，起阙，权淮西宣慰副使，分治安庆，历升淮南行省左丞。城陷殉节，赠江浙行省平章政事，谥忠愍。

(清)沈翼机，傅王露等纂:《浙江通志》卷一百四十七，第 28 页，《景印文渊阁四库全书》第 523 册，(台北)"商务印书馆"，1986 年。

(48) 余阙，字廷心，合肥人，进士。至正间，任湖广行省左右司郎中。

(清)金鉷等监修:《广西通志》卷五十二，第 507 页，《景印文渊阁四库全书》第 566 册，(台北)"商务印书馆"，1986 年。

(49) 余阙，武威人，徙庐州。少丧父，授徒以养母。元统初，赐进士及第，授同知泗州事，历翰林修撰、待制。至正中，盗起，以阙为都元帅府佥事，分兵守安庆，俄升都元帅。论保障功，拜淮南行省参政，仍守安庆。群盗四集，以军血战，城陷自刭，妻、子皆赴井死。

(明)李贤、彭时等修撰:《明一统志》卷三十七，第 946 页，《景印文渊阁四库全书》第 472 册，(台北)"商务印书馆"，1986 年。

(50) 至正辛卯，天下之乱，能死节者，惟彭城张桓、安庆余阙、江州李黼、燕京陈子山，皆举人也。

(明)叶子齐撰:《草木子》卷四，第 793 页，《景印文渊阁四库全书》第 866 册，(台北)"商务印书馆"，1986 年。

(51) 先生讳某字某，申屠其氏也。……而京兆杜公本、武威余公阙、临川危公素、……尤号为知己。

(元)戴良撰:《九灵山房集》卷之十四《申屠先生墓志铭》，第 6 页，《四部丛刊初编》第 361 函，商务印书馆，1922 年。

十八、卜颜铁木儿

卜颜铁木儿(? —1356)，字珍卿，唐兀吾密氏。幼时被叔父阿术抚养，事之如亲父。因常骑一匹花马，时称花马儿平章。先后历事武宗、仁宗、英宗。历官监察御史、殿中侍御史、大都路达鲁花赤、都转运盐使、肃政廉访使、行中书省参知政事、左右丞、行御史台中丞、江浙行省平章政事。至正十二年(1352)，多次击破红巾军徐寿辉部地围攻。至正十六年，战死于池州。

卜颜铁木儿家族人物表

第一代	第二代
阿术	卜颜铁木儿

卜颜铁木儿传

卜颜铁木儿字珍卿，唐兀吾密氏。性明锐倜傥，早备宿卫，历事武宗、仁宗、英宗。天历初，由太常署丞拜监察御史，升殿中侍御史，累除大都路达鲁花赤、都转运盐使、肃政廉访使，由行中书省参知政事升左右丞，擢行御史台中丞，遂拜江浙行省平章政事。

至正十二年春，蕲、黄贼徐寿辉遣兵陷湖广，侵江东、西，诏卜颜铁木儿率军讨之。卜颜铁木儿益募壮健为兵，得骁勇士三千人、战舰三百艘。时湖广平章政事也先帖木儿、江西平章政事星吉、江南行台御史中丞蛮子海牙皆以兵驻太平，宿留不进。卜颜铁木儿至，乃与俱前。贼方聚丁家洲，官军猝与遇，奋击败之，遂复铜陵县，擒其贼帅，复池州。遂分遣万户普贤奴屯阳陵，王建中屯白面渡，间儿讨无为州，而自率镇抚不花、万户明安驻池口，以防遏上流，为之节度。

已而江州再陷，星吉死之。蛮子海牙及威顺王宽彻普化军俱溃而东。安庆被围益急，遣使来求援，诸将皆欲自守信地，卜颜铁木儿曰："何言之不忠耶！安庆与池止隔一水，今安庆固守是其节也，而救患之义我其可缓。且上流官军虽溃，然皆百战之余，所乏者钱谷器具而已，吾受命总兵，其可视之而不恤哉!"即大发帑藏以周之，溃军皆大集，而两军之势复振，安庆之围遂解。

十三年三月，贼众复来攻池州，众且十万，诸县皆应之。卜颜帖木儿会诸将谋曰："贼表里连结，若俟其筑垒成而坐食诸县之粟，破之实难。今新至疲弊，如乘其骄惰，尽锐攻之，则顷刻之间功可成矣。"众曰："诺。"遂分番与战，果大败之，擒其伪帅，俘斩无算，诸县复平，遂乘胜率舟师以进。五月，与战于望江，又战小孤山及彭泽，又战龙开河，皆破走之。进复江州，留兵守之。七月，进兵攻蕲州，擒其伪帅邹普泰，遂克其城。进兵道士洑，焚其栅，抵兰溪口。贼之巢曰黄连寨，又克而歼之。分兵平两巴河，于是江路始通。十一月，与蛮子海牙、四川行省参知政事哈临秃、左丞桑秃失里①、西宁王牙罕沙军合，而湖广左丞伯颜不花等军皆会。十二月，分道进攻蕲水县，拔其伪都，获伪将相而下四百余人，徐寿辉仅以身免。以功诏赐上尊、黄金带。

---

① 原注：桑秃失里　疑当作"桑哥失里"。见卷四三校勘记〔五〕。

时丞相脱脱方总戎南征，闻诸贼皆已破，乃檄伯颜不花征淮东，蛮子海牙守裕溪口，威顺王还武昌，而卜颜铁木儿独控长江。十六年六月，复以军守池州。十一月，卒。

卜颜铁木儿持身廉介，人不敢干以私，其为将所过不受礼遗宴犒，民不知有兵。性至孝，幼养于叔父阿术，事之如亲父。常乘花马，时称为花马儿平章云。

(明)宋濂等撰：《元史》卷一百四十四，第3436—3437页，中华书局，1976年。

十九、星吉

星吉(1296—1352)，字吉甫，河西人，又译作桑节、新吉。曾祖朵吉，祖搠思吉朵而只，父搠思吉，世事太祖、宪宗、世祖为怯里马赤。星吉少年时在仁宗府当值，以精敏称。至治初(1321)，授中尚监，任右侍仪，兼修起居注。后为监察御史，改任宣政院使，江南行御史台御史大夫，湖广行省平章政事，言行正直，公正廉洁。至正十一年(1351)，招募勇士，加固城池，修理器械，与汝、颍一带的起义军作战。至正十二年(1352)任江西行省平章政事，守江州，一日募兵三千，备造战船，多次破义军。同年九月，日久粮乏援绝，最终寡不敌众，中流矢昏倒被捕，苏醒，不食而死。谥忠肃。桑节墓，在府西北玉河乡。子五人，其三吉昌，入明后，官内廷，任监察御史、山东按察司副使。

星吉家族人物表

第一代	第二代	第三代	第四代	第五代
朵吉 妻娄彻辰（又译作伦彻彻）	搠思吉朵而只 妻额宁（又译作阿榁）	搠思吉 妻顺祖	星吉[1] 妻诺伦、郭氏	剌哈咱识理
				咱雅实哩
				达尔玛巴拉
				吉昌（赐名） 达尔玛实哩（初名）
				宝山
				宝座
				女一人
				伯不华（侄子）

(1) 星吉传

星吉字吉甫，河西人。曾祖朵吉，祖搠思吉朵而只，父搠思吉，世事太祖、宪宗、世祖为怯里马赤。

星吉少给事仁宗潜邸，以精敏称。至治初，授中尚监，改右侍仪，兼修起居

① 星吉兄弟六人，星吉排行第三，其他人史料未见记载，只有一侄子伯不华文献有考。

注。拜监察御史,有直声。自是十五迁为宣政院使,出为江南行御史台御史大夫。时承平日久,内外方以观望为政,星吉独持风裁,御史行部,必敕厉而遣之。湖东佥事三宝住,儒者也,性廉介,所至搏贪猾无所贷。御史有以自私请者,拒不纳,则诬以事劾之。章至,星吉怒曰:"若人之廉,孰不知之,乃敢为是言耶!"即奏杖御史而白其诬。执政者恶之,移湖广行省平章政事。

湖广地连江北,威顺王岁尝出猎,民病之。又起广乐园,多萃名倡巨贾以网大利,有司莫敢忤。星吉至,谒王,王阖中门,启左扉,召以入。星吉引绳床坐王中门西,言曰:"吾受天子命来作牧,非王私臣也,焉得由不正之道入乎!"阍者惧,入告王,王命启中门。星吉入,责王曰:"王,帝室之懿,古之所谓伯父叔父者也。今德音不闻,而骋猎宣淫,贾怨于下,恐非所以自贻多福也。"王急握星吉手谢之,为悉罢其所为。有胡僧曰小住持者,服三品命,恃宠横甚,数以事凌轹官府。星吉命掩捕之,得妻妾女乐妇女十有八人,狱具,罪而籍之,由是豪强敛手,贫弱称快。

至正十一年,汝、颍妖贼起,会僚属议之,或曰:"有郑万户,老将也,宜起而用之。"星吉乃命募土兵,完城池,修器械,严巡警,悉以其事属郑。贼闻之,遣其党二千来约降。星吉与郑谋曰:"此诈也,然降而却之,于是为不宜,宜受而审之可也。"果得其情,乃歼之,械其渠魁数十人以俟命。适有旨召为大司农。同僚受贼赂,且嫉其功,乃诬郑罪,释其所械者。明日[①],贼大至,内外响应,城遂陷。武昌之人骈首夜泣曰:"大夫不去,吾岂为俘囚乎?"星吉既入见,具陈贼本末。帝大喜,命赐食。

时宰不悦,奏为江西行省平章政事,员外置。星吉至江东,诏令守江州。时江州已陷,贼据池阳。太平官军止有三百人,贼号百万,众皆欲走。星吉曰:"畏贼而逃,非勇也;坐而待攻,非智也。汝等皆有妻子财物,纵逃其可免乎?"乃贷富人钱,募人为兵。先是,行台募兵,人给百五十千,无应者。至是,星吉募兵,人五十千,众争赴之,一日得三千人。乃具舟楫直趋铜陵,克之。又破贼白马湾。贼败走,分兵蹑之,抵白湄。贼穷急回拒官军,官军乘胜奋击,贼尽殪,擒其渠魁周驴,夺船六百艘,军声大振,遂复池州。乃命诸将分道讨贼,复石埭诸县。

贼复来攻,命王惟恭列阵当之,锋始交,出小舰从旁横击,大破走之,进据清水湾。伺者告贼舰至自上流,顺风举帆,众且数十倍,诸将失色。星吉曰:"无伤也,风势盛,彼仓卒必不得泊,但伏横港中偃旗以待,俟过而击之,无不胜矣。"风怒水驶,贼奄忽而过,乃命举旗张帆鼓噪而薄之,官军殊死战,风反为我用,又大破之。时贼久围安庆,捷闻,遽烧营走。进复湖口县,克江州,留兵守之。命王惟

---

① 原注:明日,按《宋学士集》卷七一《星吉神道碑铭》"明日"作"明年正月",与本书卷四二《顺帝纪》至正十二年正月己未条"徐寿辉遣邹普胜陷武昌"相符。《新元史》改作"明年",是。

恭栅小孤山，而星吉自据番阳口，缀江湖要冲以图恢复。

时湖广已陷，江西被围，淮、浙亦多故，卒无继援之者，日久粮益乏，士卒咸困。或曰："东南完实，盍因粮以图再举乎？"星吉曰："吾受命守江西，必死于此。"众莫敢复言。有顷，贼乘大船四集，来攻我军，取蒹苇编为大筏，塞上下流火之。我军力战，众死且尽。星吉之从子伯不华与亲兵数十人死之。星吉犹坚坐不动。贼发矢射星吉，乃昏仆。贼素闻星吉名，不忍害，舁置密室中，至旦乃苏。贼罗拜，争馈以食。星吉斥之，遂不复食。凡七日，乃自力而起，北面再拜曰："臣力竭矣。"遂绝，年五十七。

星吉为人公廉明决，及在军中，能与将士同甘苦，以忠义感激人心，故能以少击众、得人死力云。

(明)宋濂等撰：《元史》卷一百四十四，第3438—3440页，中华书局，1976年。

(2) 元赠开府仪同三司上柱国录军国重事江西等处行中书省丞相追封咸宁王谥忠肃新济公神道碑铭

今上皇帝既有天下，悯元忠肃公星吉死节之忠，擢其一子昌官内廷，迁监察御史。俄超山东按察司副使。昌将行，诣濂泣曰："先公薨于蕲盗，盗有义先公者，具棺葬于蕲水县凤凰山下，家人弗闻知，时兵未靖，各守其境，道阻不通，昌微服跳走数千余里，濒死者数矣。遇今上克蕲，始获至；询蕲人，启棺北还，以某年月日葬于某地。而昌又获禄食于朝，皆上之至仁，先公之遗德也。先公之忠，既载在元史，惟是墓道之碑未有刻文，敢惟先生是请。"翌日，濂以闻。诏曰："然。新济之忠，朕实知之，卿其勿辞。"乃考论其事曰：

谨按元赠开府仪同三司、上柱国、录军国重事、江西等处行中书省丞相，追封咸宁王，谥忠肃，新济，字吉甫，河西人。赠荣禄大夫、河南江北等处行中书省平章政事、上柱国，追封秦国公，改封雍王印济之曾孙；赠荣禄大夫、甘肃等处行中书省平章政事、上柱国、追封代国公、改封凉王吹斯嘉勒多尔济之孙；赠荣禄大夫、陕西等处行中书省平章政事、上柱国、追封赵国公、改封邠吉王森济之子。其先三世以言语材艺事太祖、宪宗、世祖，为克呼穆尔，译诸国言，后皆以公贵封王。曾祖妣娄彻辰、祖妣额宁、妣顺祖皆从其夫封国为夫人，改封王夫人。公兄弟六人，于次为三。少骞然不可犯，武宗时召见便殿，袭克呼穆尔济。事仁宗于潜邸，仁宗即位，雅宜公，久不改官。英宗知公材，延祐七年十二月，授承直郎中、尚监丞，赐中统钞千贯，给校尉十人，专道而行，监尚御用物。公持出纳，不可势屈，中官贵臣手无符敕，丝毫不放，英宗奇之。至治二年二月，迁右侍仪，同修起居注，命龙庆州达噜噶齐托欢以女妻公，赐钞三万贯为聘资，浸得眷近。公每侍侧，中外利害乘间进取无虚时。泰定元年六月，拜监察御史，阶奉直大夫，丞相特穆特尔纷更朝政，御史大夫多喇萨兰狼据中台，公奋章劾之，朝廷凛然畏公。三年七月，升朝列大夫引进使，知侍仪事。四年九月，进侍仪使，阶朝请大夫。文宗天历二年八月，拜江南行御史台治书侍御史。时大夫阿思尔兰哈雅有能声，公至，万口移誉于公，大夫声顿寝。诏赐衣一袭、上尊一朋、钞五千贯。至顺元年，迁河东山西道肃政廉访使，薅奸剔秽，煦其朽枯，境内帖息。三年二月，复拜治书侍御史，治陕西行台，未至召还，同知中政院事。六月，改同知功德使司事。顺帝元统二年四月，淮西江北道肃政廉访事告阙，佥择其良，以公为之，一道称治。明年，征拜大都路总管府达噜噶齐辇毂之下，权幸肆横，法滞不行，公操其纪纲，风追雷断，不问谁何，奸宄帖然屏伏。至元二年六月，擢嘉议大夫、大府卿，大府近且贵，莫敢钩核，阉竖攘窃，敛散无藉，吏缘为私。公较擿隐蔽，立簿计数，吏畏若神。将作院累岁乾没绮绣之属一万五千缣，悉责偿之。知昆山州事，管某上书诬平江路总管道童诡报岁灾。帝命公察情否。初道童以廉正治其属官，不能堪，故诬之，且倚前翰林学士阿勒呼为援。公验得其状以闻，率坐二人罪。三台交章荐公，五年二月，特授资善大夫、都留守，仍兼大府卿，益虔于职，谈其美者日以上闻。帝曰："不可无旌，以劝奉职者。"六年三月，就加荣禄大夫。未几，帝幸大府，见公所为条法精密，诸藏皆盈，有黄金束带之赐。时微雨，公立阶下，命侍臣取御服油衫加公身。至正二年十二月升宣徽院使。四年二月，改湖广等处行中书省平章政事，省控治五溪洞蛮，土司鹿驯家暴，变幻百出，每视省臣藏否以为叛服，公禁戢内兵勿扰其境，布约施惠，化其悍猾，效贡奉职，比于近县。十二月，以中政院使召还。六年六月，赐金虎符，海西、辽东、哈思罕等处打捕鹰房齐里克琨万户府达噜噶齐。十月，还将作院使。后二月，太府阙卿，再入太府，兼将作使，阶超光禄大夫。七年十月，迁宣政院使。明年三月，拜江南行台御史大夫，时承平日久，官恬吏怠，漫无伦纪，公至，择刚明御史行十道，纠劾贪邪，疏拔冤滞，宪司隶卒盘据为虐者甚众，公下令屏斥之，俾州县之卒更月入直，民欢乐之。建康城北有宋王荆公坟，寺僧世守既久，视为已有，王氏孙伐山木，僧执送官，官将以盗论，事上公，公怒曰："王氏山，王氏孙伐之，何谓盗耶？"即归山于王氏，而逐僧出之。秦桧裔孙夺民田，群讼不决，公问寮属曰："秦桧何人？"僚属以奸臣对，公阅桧传，大署其状曰："桧之误国，千载有余戮，矧兹遗胤敢为民害！"尽断其田于民。公之明决皆此类。湖东道佥事三宝珠廉介不阿，御史以私谒之，不听；辄以事劾之。章至公所，公曰："鹗敢击凤耶？"奏杖御史，托克托丞相与御史有连，衔公。十年五月，移湖广行省平章政事。湖广地并江北，威顺王科绰不哈田猎，蹂践稼穑，起广乐园，萃名娼巨贾以罔利，有司莫敢问。公至，求见王，阍启右扉入公，公引绳麻向中门坐，叱阍曰："吾受天子命为藩大臣，乌可以小门入我！"阍惧告王，乃启中门导公入，公拜谒毕，起言曰："王，帝室之胄，与国同体，不为天子养民，而猎野兽，悦妇女，以为民病，臣窃为王危之。"王投几降座，执公手谢曰："非公不知此。"悉罢其所为。有蕃僧持官府柄，横甚，公捕其妻妾十有八人，籍于官，置僧于法，由是民得吐气。十一年，妖贼徐真一等起汝、颍，蔓延湖、湘间，势甚炽，时武备久弛，公咨于众，或以老将郑万户有材略对，公乃令募土兵、缮城池、修戈甲，起部属以谍贼事。贼闻有备，遣其党十余诣军门降，公谓郑曰："此诬也。"郑设伏受降，诱而歼之，缚其党六百人，狱以俟命。会公召为大司农，平章和尚受贼赂，系郑而释其缚，纵之。明年正月，贼乘懈袭武昌，六百人自内为应，城遂陷。城中人泣曰："星吉平章在，吾属岂为俘乎？"公至都入见，陈致贼状，帝喜，赐食及钱三万贯，托克托不悦，奏为江西省平章政事、员外置吏卒，趣遣之官，至江东，有诏：会浙江平章政事巴颜特穆尔、南台中丞曼济哈雅守江州。时江州已破，江以西道不通，公开省太平，募人开道持羽书走江西征兵，未返，而贼焰渐逼，调广德军宁国之兵，仅一百五十人，贼号百万，众皆沮惧，公曰："勿忧，彼贼，我王师，彼岂吾敌？"乃贷富民财，募强壮为兵。初行台募兵，人给十五千无至者，公予五十千，三日，从者逾二千人。公曰："可矣。"即擐甲胄，舟二千人，鼓行溯江而上。四月，与贼党战池州，斩首数万，复其城，至鲁港，威顺王之兵亦至，士气益张，贼据铜陵，拔栅夜遁去，又复铜陵。搜其党得二千余，尽戮之。复遣俾将陆行，遇贼白马湾，又败之。贼走淮西，公部分诸将、卒兵蹑其后，及于白湄。贼穷，列阵迎战，公麾左右，策马杂射，薄其军，擒伪相周驴，贼溃，不能列，俘其众五千，夺舟六百艘，乘胜奔击之。贼溺死者蔽江，江水为赤，由是，道稍无阻。已而贼扰池，公率众至池，遇五游骑于苦竹岭，斩其二，鞫贼安在。闻其众三百屯贵池，袭之，散去，复其邑。贼复攻陷石埭，杀尉，公夜辄之。贼陈其众三千于县西岳溪桥，有三人，一乘驴，二跃马，突前挑战，乘驴贼骁勇无敌，军中常畏之。公引弓射之，应弦而仆，再发，再毙二人，后师乘之，贼弃城走。其散卒千余，焚掠县西乡，公复追出境。贼忽将舟师二百艘，顺流来攻，公命万户王惟恭御之，战方酣，麾舴艋从旁横击，贼破走，乘胜进望江清水湾。居三日，侦者告："贼舟四百，顺风引帆，直指我军。"诸将失色。公曰："无伤，吾有以胜之。"乃偃旗，伏横港中风急水驶，贼舟不得泊，奄忽电过，过且尽，命举旗掣帆，鼓噪出其后。贼惊骇，不能弓，官军奋击，遂败之。擒卒二百，获其舟舰器械甚众，进克建德县。时贼久围安庆，闻其党败，而曼济哈雅亦至，焚营解去。公且行且战，复湖口及江州。贼巢据彭泽，公欲攻之，而江州仓无一日粮，乃谕民输财麦士卒，俾惟恭守小孤山，而自驻番阳口，扼江湖要冲，以图恢复。然乱已久，湖广、江浙多败，江西亦无援助者，转战六百余所，将兵日衰耗困疲，财粟亦且殚匮，或请去就食东南，图再举。公曰："吾受命守江西，此江西地也。死则死此，去将何之？"九月二十日，贼知公兵食俱竭，帅大舶载苇，蔽江而下，杜上下流，纵火夹攻，公麾兵殊死战，死且尽，从子拜布哈将亲兵数千人，战亦死。公犹坚坐大呼，公曰："杀贼！杀贼！"俄而贼射公中目，仆舟中。贼素识公名，不忍害，舆置密室中。明旦少苏，贼馈食，公卧叱去，或以刀胁公降，公骂曰："狂贼，我，国之大臣，恨不能杀尔，而为尔获，命也！何谓降为？"

大骂不已，贼终不敢害，环卒守，公凡不食九日，忽自力起，北面再拜曰："臣力竭，不能报国，敢不死以辱命！"言毕而绝。时十二年九月二十九日，年五十有七。卒后二年，监察御史库库等请褒其义，乃赠今官，而谥忠肃云。

公先娶即托欢女，讳诺伦，生一子而卒。后娶郭氏，中书平章政事布哈之女。俱封赵国夫人。子男五人：曰咱雅实哩，公卒后，特授荣禄大夫、利用监大卿；曰达尔玛巴拉，大中大夫，佥辽阳行枢密院事；其三即吉昌，初名达尔玛实哩，上赐今名；曰宝山；曰宝座。女一人。

濂昔论次元史，未尝不叹其败亡之易，由于内外壅绝，将相非人使然也。当乱之始兴，诚得数万之兵，使一猛士将之，可立见其扑灭，而顾依违不断，养致大衅，其中有足任如公者，又卒俾之孤危无援，不足以成功，岂非自致哉！惟公忠义果敢出于天性，历践要职，声绩彰明，提千百未试之卒，转战湖、江间，复城破邑，慑敌人之胆，虽势孤力微，大功不竟，然忠义之气，犹足以立万世之防范，使乱臣贼子惧，宜乎皇上褒其后人，而以铭命濂也。其辞曰："朔河之西，正气烈烈，摩荡日月，乃生英杰。其人谓何？为忠肃公。伟貌长髯，犹人中龙，当元盛时，出入禁闼，一志小心，不自矜伐，历事三宗，登于显融，正色厉言，以折奸凶。既司行台，亦尹京邑，贪邪宵遁，鬼神昼泣。湘湖之间，名王所都，纳货抡姝，烝黎告瘏；公闻蹙额，盛服往谒，以笏画地，再拜辨说；弛其严威，谢以巽辞，予实无良，非公不知。盛极而弛，孽生衅起，帕额持戈，蔓延千里。公骇而告，聘师与谋，始剪始屠，天子召予，匹马比驰，狐鼠相贺，大城岩岩，一蹴而破。民泣且号，吾实不辰，公如在斯，岂为盗人！当宁载询，乱实谁敢？稽首告言，权臣丧气，公丧其气，彼斥公身，朝辞暮行，御魑魅群。公曰予家，世承国恩，先臣在天，敢负吾君。我兵二千，以义为勇，盗虽如林，逆不能众。既复池阳，遂徇铜陵，呼声如雷，江水昼凝，左馘右擒，转战日亟，扼江湖咽，以扫南极。气吞逆雏，奈力之痡，孰谓猛虎，制于群狐！人或谓公，盍往他所？公曰受命，死则于此。烈焰烛云，势无全军，志在诛夷，骂声益振，群贼罗拜，来馈饮食，叱之不御，以死报国。公死者身，不死者名，相赠王封，以愧苟生。岂惟当时，愈久愈著。元庙既隳，公尚有子，公子克孝，天子是庸，匪惟私公，以劝尽忠。虽公至忠，天子至仁，刻辞丰碑，垂训万年。"

(明)宋濂撰：《文宪集》卷十八，第113—118页，《景印文渊阁四库全书》第1224册，(台北)"商务印书馆"，1986年。

(3) 古诗

至正壬午六月，望大都留守星公吉甫，以故事率其属，启广寒殿视或罅敝而填葺之，有壬待罪政府法当与观适中使至。自滦京赐留守正尊因肆筵太液池上，既醉，留守谓不可无诗，乃赋长句纪一时之盛，而终以规讽庶几风人之义焉。

人间炎暑无地逃，神仙何处追六鳌。

一朝凡骨忽轻举，乃得天上参游遨。

乘风径谒广寒殿，不知脚底青云高。
三庚清气凛毛发，况值宿雨增萧骚。
瑶台琼室光射目，藻井尽出昆吾刀。
西山形势壮天府，下土品类森秋毫。
苍龙卷水喷遥碧，玉阶瀌瀌鸣银涛。
一帘瀑布散空阔，两亭瓴建悬周遭。
骊珠跳跃夺不得，千气万力徒相鏖。
石分荦路隐岩壑，松挂藓壁愁猿猱。
红蕖太液几千顷，水仙杂沓云锦袍。
宫官导我坐翠樾，清风飒飒吹二毛。
上林贡余有珍果，中使日下来醇醪。
九重殊眷在留钥，岂期邂逅及老饕。
贺兰公子素奇士，习气正爱诗人豪。
自知纲辖非所任，宴享适足彰吾叨。
世皇基构示宏远，吾君继述当勤劳。
愿因登览念世训，万年盘石隆神皋。

(元)许有壬撰:《至正集》卷十，第 69 页，《元人文集珍本丛刊》(七)，新文丰出版公司，1985 年。

(4) 星吉，河西人。延祐间，任湖广行省平章政事。

(清)金鉷等修:《广西通志》卷五十二，第 507 页，《景印文渊阁四库全书》第 566 册，(台北)"商务印书馆"，1986 年。

(5) 桑节[①]，至正间，任江南诸道行御史台御史。

(清)谢旻等监修:《江西通志》卷四十六，第 508 页，《景印文渊阁四库全书》第 514 册，(台北)"商务印书馆"，1986 年。

(6) 桑节，字吉甫，河西人。至正间，汝、颍妖贼起，桑节入见，具陈贼本末。帝大喜，时宰不悦，奏为江西行省平章政事。诏令守江州，时江州已陷，贼据池阳太平，官军止有三百人，贼号百万，众皆欲走。桑节曰:"畏贼而逃，非勇也；坐而待攻，非智也。汝等皆有妻子、财物，纵逃其可免乎!"乃贷富人钱募兵，一日得三千。具舟楫直趋铜陵，克之。又破贼白马湾，擒其渠魁，夺船六百艘，军声大振。又大破贼于清水湾，进复湖口县，克江州，留兵守之。命王惟恭栅小孤山，而桑节自据鄱阳口，据江湖要冲，以图恢复。时湖广已陷，江西被围，日久无援，士卒咸困，或请他图。桑节曰:"吾奉命守江西，必死于此。"众莫敢复言。有顷，贼乘大船四集来攻我军，桑节从子拜布哈与亲兵数十人死之。桑节坚坐不动。贼发矢

① 即星吉。

射桑节，乃昏仆。贼素闻桑节名，不忍害，舁置密室中，至旦乃苏。贼罗拜，争馈以食，桑节斥之，遂不复食。凡七日而绝，年五十七。《元史》

（清）谢旻等监修：《江西通志》卷五十七，第27—28页，《景印文渊阁四库全书》第515册，（台北）“商务印书馆”，1986年。

（7）桑节，《元史》本传，字吉甫，河西人。至正八年为江南行台御史大夫。独持风裁。御史行部，必敕厉而遣之。湖东佥事三宝珠，儒者也，性廉介，所至搏贪猾无所贷，御史有以私请者，拒不纳，则诬以事劾之。章至，星吉怒曰：“若人之廉，孰不知之，乃敢为是言耶？”即奏罪御史，而白其诬。执政者恶之，移湖广行省平章政事，改江西行省平章政事，讨贼死之。

（清）沈翼机，傅王露纂修：《浙江通志》卷一百四十七，第30页，《景印文渊阁四库全书》第523册，（台北）“商务印书馆”，1986年。

（8）桑节，河西人。少给事仁宗潜邸，以精敏称。至治初，拜监察御史，有直声。出为江南行御史台御史大夫，桑节持风裁，御史行部，必敕厉而遣之。移湖广行省平章。湖广地连江北，威顺王岁尝出猎，民病之，又多萃名娼巨贾以网大利，有司莫敢忤。桑节至，责王，王谢之，悉罢其所为。有胡僧曰小住持者，恃宠横甚，桑节命捕，得其妻妾女乐十八人，罪而籍之，由是豪强敛手。至正十一年，汝、颍妖贼起，乃命募土兵，完城池，修器械，严巡警，悉以其事属老将郑万户。贼来约降，知其诈，乃械其渠魁数十人以俟命。适召为大司农，同僚受赂，释所械者，贼大至，内外响应，城遂陷。武昌人泣曰：“大夫不去，吾岂为俘囚？”桑节入见，陈贼本末。帝大喜，命为江西行省平章。令守江州，时江州已陷。募兵得三千人，克铜陵，乘胜奋击，擒其渠魁，遂复池州。石埭据鄱阳口，缀江湖要冲，日久粮乏援绝，力战众死，桑节中流矢昏仆。贼素闻名，舁置密室，罗拜馈食，桑节不食，七日，北面再拜而绝。桑节为人公廉明决，与将士同甘苦，以忠义感激人心，故能得人死力云。

（清）许容等修：《甘肃通志》卷三十五，第363—364页，《景印文渊阁四库全书》第558册，（台北）“商务印书馆”，1986年。

（9）桑节，顺帝时，为大都路总管府达噜噶齐。时权幸肆横法滞不行，桑节振其纪纲，令行禁止，奸宄屏迹。

（明）李贤、彭时等修撰：《明一统志》卷一，第27页，《景印文渊阁四库全书》第472册，（台北）“商务印书馆”，1986年。

（10）桑节墓，在府西北玉河乡。桑节，元江西省平章。时湖广、江西盗贼蜂起，桑节招义兵，克复数十州县，至江州兵少无援，为贼所擒，骂不绝口而死。贼义之，葬蕲之凤凰山下，后其子昌，归其骨，葬于此。本朝学士宋濂撰墓碑。

（明）李贤、彭时等修撰：《明一统志》卷一，第24页，《景印文渊阁四库全书》第472册，（台北）“商务印书馆”，1986年。

(11) 桑节，河西人。事仁宗于潜邸，以精敏称，累官江南行台御史大夫。克持风裁，历湖广江西行省平章。桑节至江东，诏令守江州时，贼据州县。桑节屡破之，既而中流矢昏仆，既苏，不食而死。桑节公，廉明决能以忠义感激人心。故能以少击众云。

(明)李贤、彭时等修撰:《明一统志》卷三十七，第931页，《景印文渊阁四库全书》第472册，(台北)"商务印书馆"，1986年。

二十、福寿

福寿(？—1356)，唐兀人。历官饶州路达鲁花赤、淮西廉访副使、工部侍郎、监察御史、户部侍郎、尚书、燕南廉访使、同知枢密院事。至正十一年至十六年间，任淮南行省平章政事，江南行台御史大夫，筑石头，断江面，守御有方。率领元军，发动民众，抗击四方起义军。集庆城破，遇害。谥忠肃。

(1) 福寿传

福寿，唐兀人。幼俊茂，知读书，尤善应对。既长，入备环卫，用年劳授长宁寺少卿，改引进使，升知侍仪使，进正使，出为饶州路达鲁花赤，擢淮西廉访副使，入为工部侍郎，佥太常礼仪院事，拜监察御史，改户部侍郎，升尚书，出为燕南廉访使，又五迁为同知枢密院事。

至正十一年，颍州以贼反告，时车驾在上都，朝堂皆犹豫未决，欲驿奏以待命。福寿独以谓"比使得请还，则事有弗及矣"。于是决议调兵五百，遣卫官哈剌章、忻都、怯来讨之而后以闻。顺帝善其处事得宜，明年，改也可札鲁忽赤。未几出为淮南行省平章政事。是时濠、泗俱已陷，师久无功。福寿至，督战甚急，而上游贼势甚汹涌，福寿乃议筑石头，断江面，守御有方，众恃以为固。

十五年，迁江南行台御史大夫。先是，集庆尝有警，阿鲁灰以湖广平章政事将苗军来援，事平，其军镇扬州。而阿鲁灰御军无纪律，苗蛮素犷悍，日事杀虏，莫能治。俄而苗军杀阿鲁灰以叛，而集庆之援遂绝。及高邮、庐、和等州相继沦陷，而集庆势益孤，人心益震恐，且仓库无积蓄，计未知所出，于是民乃愿为兵以自守。福寿因下令民多赀者皆助以粮饷，激厉士众，为完守计。朝廷知其劳，数赏赉焉。

十六年三月，大明兵围集庆，福寿数督兵出战，尽闭诸城门，独开东门以通出入，而城中势不复能支，城遂破。百司皆奔溃，福寿乃独据胡床坐凤凰台下，指麾左右。或劝之去，叱之曰："吾为国家重臣，城存则生，城破则死，尚安往哉！"达鲁花赤达尼达思见其独坐若有所为者，从问所决，留弗去。俄而乱兵四集，福寿遂遇害，不知所在，达尼达思亦死之。又同时死者，有治书侍御史贺方。达尼达思字思明。贺方字伯京，晋宁人，以文学名。

事闻，朝廷赠福寿金紫光禄大夫、江浙行省左丞相、上柱国，追封卫国公，谥忠肃。

(明)宋濂等撰:《元史》卷一百四十四,第3441—3442页,中华书局,1976年。

(2)西夏永年公勋德诗序

集庆,古秣陵之地,控扼险阻,外连江淮,内倚湖海。自古三光五岳之气瓜分幅裂,而经营四方者,未尝不恃此以为根本。国家奄有六合、方岳所在,维藩维翰,而集庆尤为要会之地。于是建行台、置执法,由御史大夫而下,设官视中台,控制三省,纲纪十道,位至隆重。自江淮盗起,兵连不解,资粮器械、军旅百需,悉仰东南,而东南所赖以为长城之倚者。行台之所凭借,如衣之领,网之纲也。御史大夫用是,令江南等处行御史大夫,西夏永年公由淮南行中书省平章,简在帝心,时膺是命,时至正十五年夏四月也。甫下车,凡前政之所不便于民,悉起而更张之。六月,淮西冦渡江攻陷太平,恣行四掠,潜趋集庆攻南门,属方溽暑,军无资粮,公昼夜申严约束,躬擐甲胄,冒矢石,誓戮力,与城相存亡。贼因逡廵畏缩,相率引去。秋七月,贼又至,又败之。九月,贼大至,攻围凡七日夜,公身先士卒,出万死不顾一生,且战且守。贼锋大剉,先是淮西义兵元帅陈也先率其徒众,渡江屯集庆城南之板桥,行台用言者计,命也先与官军并征太平。已而我师失利,也先陷贼,贼质其妻子,使为前驱,务必取集庆。也先素服公威信,输密款,愿擒贼首,以自效。众皆疑其诈,公独决信之无惑,下令官军与也先内外夹击,遂生擒伪元帅郭张二贼,及其余伪官甚众,杀伤者无算,因乘胜逐北,鼓行趋太平,期旦暮可克复。而也先乃为官军误杀,举军痛悼之。分兵觅其尸,葬之且录其子弟,优其徒众士气复大振。

公沉默寡言,宽厚有器识,度量绝人。年十五六时,出入帷幄,辄负公辅之望。二十三四出宰饶州路,惠政大著,民至今称之不衰。扬历台省,出临方面,决大谋成大事,雍容片言,罔不敬服,其在行台,风励各道,屏除奸慝,凛凛大人,君子之风。每军中献俘,必面引俘囚,详审不可赦者戮之,协从者宥之复业,民赖以全活者,不可胜计。呜呼!国家承平无事时,公卿大夫无自可见,一旦亡命之徒,盗弄潢池,掩我不备所至劫杀。而公以元勋、世胄独当东南一面,纪纲之任,蜂蚁小丑,乘虚窃发,而能先之以威信,申之以持重,隐然长城之势自若也。使秉国之钧,端揆庶政,所谓垂绅正笏不动声色,而奠天下于磐石之安,入则周公召公,出则方叔召虎,非公其谁与归?东南大夫士嗟叹之不足,而咏歌之者,在公特一事耳!然举一事而公经国大概可以见矣。此诗之所以作也,诗不可以无序,于是乎书。至正十五年十一月甲子。

(元)陈基撰:《夷白斋稿》卷二十,第287—288页,《景印文渊阁四库全书》第1222册,(台北)"商务印书馆",1986年。

二十一、谢仲温

谢仲温(1223—1302),字君玉,丰州①人。父睦欢,太祖攻西夏时,与其主帅归降,从攻西京,官至太原路金银铁冶达鲁花赤。仲温,略涉书史,初为忽必烈侍卫。宪宗六年(1256)为工部提领,督修上都城。后跟从忽必烈攻宋鄂州,中统元年(1260)升任平阳、太原两路宣抚使,至元二年(1265),又改任西京。九年,调任顺德路总管。十六年,为湖南宣慰使。二十二年为淮东宣慰使,岁旱,引白水塘溉民田,公私依赖。大德六年(1302),卒,年八十。子兰,为江浙达鲁花赤。孙孛完,为承事郎,冀宁等路管民提举司达鲁花赤。

谢仲温家族人物关系表

第一代	第二代	第三代	第四代
谢睦欢	谢仲温	谢兰	谢孛完

(1) 谢仲温传

谢仲温字君玉,丰州丰县人。② 父睦欢,以赀雄乡曲间,大兵南下,转客兀剌城。太祖攻西夏,过其城,睦欢与其帅迎降。从攻西京,睦欢力战先登,连中三矢,仆城下。太宗见而怜之,命军校拔其矢,缚牛,刳其肠,裸而纳诸牛腹中,良久乃甦。誓以死报,每遇敌,必身先之,官至太原路金银铁冶达鲁花赤。

仲温丰颐广颡,声音洪亮,略涉书史。壬子岁,见世祖于野狐岭,命备宿卫,凡所行幸,必在左右。丙辰,城上都,仲温为工部提领,董其役。帝曰:"汝但执梃,虽百千人,宁不惧汝耶!"己未,大军围鄂,令督诸将。时守江军士乏食,仲温教之罾鱼,以充其食,帝喜谓侍臣曰:"朕思不及此。饮以驼乳,他日不忘汝也。"一夕,帝闻敌军欢噪,命警备,仲温奉绳床,帝凭其肩以行,至旦不能寐。

中统元年,擢平阳、太原两路宣抚使;二年,改西京。至元九年,迁顺德路总管。时方用兵江淮,有寡妇鬻子以偿转输之直,仲温出俸金赎还之。十六年,为湖南宣慰使。二十二年,改淮东。岁旱,仲温导白水塘溉民田,公私赖焉。

三十年春,入见,帝曰:"汝非谢仲温乎?朕谓汝死矣!"从容语及攻鄂时事,帝喜甚,谕曰:"汝将复官乎?朕当为卿择之。"对曰:"臣老矣,无能为也,一子早亡,惟有孙孛完,幸陛下怜之。"即日命备宿卫。大德六年卒,年八十。

子兰,江浙达鲁花赤,先卒。孙孛完,承事郎、冀宁等路管民提举司达鲁花赤。

(明)宋濂等撰:《元史》卷一百六十九,第3977—3978页,中华书局,1976年。

(2) 谢睦欢,丰州丰县人,太祖攻西京,力战先登,连中三矢,仆城下。太宗见

---

① 今内蒙古呼和浩特东。

② 原注:丰州丰县人 按《金史》卷二四《地理志》、本书卷五八《地理志》,丰州属下皆无丰县,道光本删"丰县"。

而怜之，命军校拔其矢，牛剖其肠，裹而纳诸腹中，良久乃甦，誓以死报，每遇敌，必身先之，官至太原路金银铁冶达鲁花赤。

（清）觉罗石麟修：《山西通志》卷一百二十，第146页，《景印文渊阁四库全书》第546册，（台北）“商务印书馆”，1986年。

（3）谢仲温，丰州人，睦欢子。丰颐广颡，声音洪亮，略涉书史。见世祖于野狐岭，命备宿卫。城上都，以工部提领，董其役。大军围鄂，令督将守江，时军士乏食，仲温教之罾鱼，人赖以饱。中统元年，擢平阳、太原两路宣抚使；二年，改西京。至元九年，迁顺德路总管。时方用兵，有鬻子以偿转输之值者，仲温出俸金赎还之。十六年，为湖南宣慰使。二十二年，改淮东。岁旱，仲温导白水塘溉田，公私赖焉。大德六年卒，年八十。子兰，江州达鲁花赤。孙孛完，承事郎、冀宁等路管民提举司达鲁花赤。

（清）觉罗石麟修：《山西通志》卷一百二十，第146页，《景印文渊阁四库全书》第546册，（台北）“商务印书馆”，1986年。

（4）谢睦欢，以赀雄乡曲间。元兵南下转客兀剌城，元太祖攻西夏，过其城，睦欢与其帅迎降，从攻西京。睦欢力战先登，连中三矢，仆城下。太宗见而怜之，命军校拔其矢，缚牛刳其肠，裸而纳诸牛腹中，良久乃苏。誓以死报，每遇敌，必身先之，官至太原路金银铁冶达鲁花赤。子仲温。

（清）姚鸿杰，李运昌纂：《丰县志》卷十，第463—464页，《中国方志丛书·华中地方·第一三六号》，成文出版有限公司，2007年。

二十二、杨朵儿只及其家族

杨朵儿只（1279—1320），河西宁夏人。祖失剌。父式腊唐兀台，善骑射，通儒书，中统初，入觐世祖，任裕宗侍卫。朵儿只幼丧父，便自立、成熟，少时事仁宗。大德丁未，参与武宗登基继位之事。仁宗时，敢于直言进谏，弹劾贪官污吏。历官礼部尚书、宣徽副使、侍御史、资德大夫、御史中丞、昭文馆大学士、荣禄大夫、中政院使、集贤大学士。仁宗崩，被权相铁木迭儿所害，年四十二。英宗继位，昭雪其冤，特赠思顺佐理功臣、金紫光禄大夫、司徒、上柱国、夏国公，谥襄愍。兄教化（1277—1309），《新元史》有传；一子不花，《元史》有传；一子文书讷。

杨朵儿只家族人物关系表

<table>
<tr><th>第一代</th><th>第二代</th><th>第三代</th><th>第四代</th><th>第五代</th></tr>
<tr><td rowspan="4">世刺
又作式刺
妻米卜氏</td><td rowspan="4">式腊唐吾台
又作失腊唐吾台
妻梁氏、赵氏</td><td>杨教化
妻李氏、王氏</td><td>杨衍饬</td><td></td></tr>
<tr><td rowspan="3">杨朵儿只
又作朵而只、朵儿赤、多尔济
妻李氏、刘氏</td><td>杨不花
又作不华、布哈</td><td></td></tr>
<tr><td rowspan="2">杨文殊奴
又作文殊讷、文书纳
自号双泉</td><td>泰安闾</td></tr>
<tr><td>普颜</td></tr>
</table>

(1) 杨朵儿只传 〔不花〕[①]

杨朵儿只，河西宁夏人。少孤，与其兄皆幼，即知自立，语言仪度如成人。事仁宗于藩邸，甚见倚重。大德丁未，从迁怀孟。仁宗闻朝廷有变，将北还，命朵儿只与李孟先之京师，与右丞相哈剌哈孙定议，迎武宗于北藩。仁宗还京师，朵儿只讥察禁卫，密致警备，仁宗嘉赖焉，亲解所服带以赐。既佐定内难，仁宗居东宫，论功以为太中大夫、家令丞，日夕侍侧，虽休沐，不至家，众敬惮之。会兄卒，涕泣不胜哀，仁宗怜之，存问优厚。事寡嫂有礼，待兄子不异己子，家人化之。进正奉大夫、延庆使。武宗闻其贤，召见之，仁宗曰："此人诚可任大事，然刚直寡合。"武宗顾视之，曰："然。"

仁宗始总大政，执误国者，将尽按诛之，朵儿只曰："为政而尚杀，非帝王治也。"帝感其言，特诛其尤者，民大悦服。帝他日与中书平章李孟论元从人材，孟以朵儿只为第一，帝然之，拜礼部尚书。初，尚书省改作至大银钞，视中统一当其二十五，又铸铜为至大钱，至是议罢之。朵儿只曰："法有便否，不当视立法之人为废置。银钞固当废，铜钱与楮币相权而用之，昔之道也。国无弃宝，民无失利，钱未可遽废也。"言虽不尽用，时论是之。迁宣徽副使，御史请迁为台官，帝以宣徽膳用，素不会计，特以委之，未之许也。

有言近臣受贿者，帝怒其非所当言，将诛之，时张珪为御史中丞，叩头谏，不听。朵儿只言于帝曰："诛告者，失刑；违谏者，失谊。世无诤臣久矣，张珪真中丞也。"帝喜，竟用珪言，拜朵儿只为侍御史。帝宴闲时，群臣侍坐者，或言笑逾度，帝见其正色，为之改容，有犯法者，虽贵幸无所容贷。怨者因共谮之，帝知之深，谮不得行。拜资德大夫、御史中丞。中书平章政事张闾以妻病，谒告归江南，夺民河渡地，朵儿只以失大体，劾罢之。江东、西奉使斡来不称职，权臣匿其奸，冀不问，朵儿只劾而杖之，斡来愧死。

御史纳璘言事忤旨，帝怒叵测，朵儿只救之，一日至八九奏，曰："臣非爱纳璘，诚不愿陛下有杀御史之名。"帝曰："为卿，宥之，可左迁为昌平令。"昌平，畿内剧县，欲以是困纳璘。朵儿只又言曰："以御史宰京邑，无不可者。但以言事而得左迁，恐后之来者，用是为戒，不肯复言矣。"帝不允。后数日，帝读《贞观政要》，朵儿只侍侧，帝顾谓曰："魏徵古之遗直也，朕安得用之？"对曰："直由太宗，太宗不听，徵虽直，将焉用之！"帝笑曰："卿意在纳璘耶？当赦之，以成尔直名也。"

有上书论朝政阙失，面触宰相，宰相怒，将取旨杀之。朵儿只曰："诏书云：言虽不当，无罪。今若此，何以示信天下！果诛之，臣亦负其职矣。"帝悟，释之。于是特加昭文馆大学士、荣禄大夫，以奖其直言。时位一品者，多乘间邀王爵、赠先

① 原注：〔不花〕 据本书原目录补。

世。或谓朵儿只眷倚方重，苟言之，当可得也，朵儿只曰："家世寒微，幸际遇至此，已惧弗称，尚敢求多乎！且我为之，何以风厉侥幸者！"迁中政院使。未几，复为中丞，迁集贤大学士，为权臣铁木迭儿所害而死，年四十二。

初，武宗崩，皇太后在兴圣宫，铁木迭儿为丞相，逾月，仁宗即位，因遂相之。居两岁，得罪斥罢，更自结徽政近臣，复再入相，恃势贪虐，凶秽愈甚，中外切齿，群臣不知所为。御史中丞萧拜住拜中书右丞，又拜平章政事，稍牵制之。

朵儿只自侍御史拜御史中丞，慨然以纠正其罪为己任。上都富民张弼杀人系狱，铁木迭儿使大奴胁留守贺伯颜出之，及强以他奸利事，不能得。一日，坐都堂，盛怒，以官事召留守，将罪之，留守昌言："大奴所干非法，不敢从，他实无罪。"铁木迭儿语诎，得解去。朵儿只廉得其所受弼赃巨万万，大奴犹数千，使御史徐元素按得实，入奏。而御史亦辇真，又发其私罪二十余事。帝震怒，有诏逮问，铁木迭儿逃匿，帝为不御酒数日，以待决狱，尽诛其大奴同恶数人，铁木迭儿终不能得。朵儿只持之急。徽政近臣以太后旨，召朵儿只至宫门，责以违旨意者。对曰："待罪御史，奉行祖宗法，必得罪人，非敢违太后旨也。"帝仁孝，恐诚出太后意，不忍重伤咈之，但罢其相位，而迁朵儿只为集贤学士，帝犹数以台事问之，对曰："非臣职事，臣不敢与闻。所念者，铁木迭儿虽去君侧，反得为东宫师傅，在太子左右，恐售其奸，则祸有不可胜言者。"

仁宗崩，英宗犹在东宫，铁木迭儿复相，乃宣太后旨，召萧拜住、朵儿只至徽政院，与徽政使失里门、御史大夫秃忒哈杂问之，责以前违太后旨之罪。朵儿只曰："中丞之职，恨不即斩汝，以谢天下。果违太后旨，汝岂有今日耶！"铁木迭儿又引同时为御史者二人，证成其狱。朵儿只顾二人唾之曰："汝等尝得备风宪，乃为是犬彘事耶！"坐者皆惭俯首，即起入奏。未几，称旨执朵儿只载诸国门之外，与萧拜住俱见杀。是日，风沙晦冥，都人恟惧，道路相视以目。

英宗即位，诏书遂加以诬罔大臣之罪，铁木迭儿权势既成，毫发之怨，无不报者，太后惊悔，而帝亦觉其所谮毁者皆先帝旧臣，未及论治，而铁木迭儿以病死。会有天灾，求直言，会议廷中，集贤大学士张珪、中书参议回回，皆称萧、杨等死甚冤，是致不雨。闻者失色，言终不得达。及珪拜平章，即告丞相拜住曰："赏罚不当，枉抑不伸，不可以为治。若萧、杨等冤，何可不亟昭雪也！"丞相善之，遂请于帝，诏昭雪其冤，特赠思顺佐理功臣、金紫光禄大夫、司徒、上柱国、夏国公，谥襄愍。朵儿只死时，权臣欲夺其妻刘氏与人，刘氏剪发毁容以自誓，乃免。子不花。

不花，幼有才气，能以礼自持，好读书，善书。初，仁宗闻而召之，应对称旨，欲以为翰林直学士，力辞。后遭家难，益自励节为学，以荫补武备司提点，转佥河东廉访司事。尝出按部民，有杀子以诬怨者，狱成，不花谳之，曰："以十岁儿，受十一创，且彼以斧杀怨，必尽其力，何创痕之浅，反不入肤耶！"遂得其情，平反出之。河东民饥，先捐己赀以赈，请未得命，即发公廪继之，民遂赖不死。

天历初，文宗入继大统，除通政院判，将行，值陕西诸军拒诏，郡邑守吏，率民逃之。不花独率众出御，呼西人谕之曰：“民者，祖宗艰难所致，国家大事，何与于民。汝等既昧逆顺，又欲残此无辜，吾有为民死尔，不汝从也。”阵溃，遂见杀。二仆亦见执，曰：“吾主既为国死，吾纵为人奴，今苟得生，他日何以见吾主于地下，不若死从吾主。”欲起杀仇，仇要斩之。至顺二年，赠嘉议大夫、礼部尚书，以褒其忠。

(明)宋濂等撰：《元史》卷一百七十九，第4151—4156页，中华书局，1976年。

(2) 杨教化传[①]

教化幼事武宗于潜邸，武宗总兵北边，以成宗所赐玉印为符令，使教化怀之。大德十年，教化入奏军事，且请颁岁赐，太府卿持其券不下，教化愤怒，责之曰：“太子躬擐甲胄，防边于万里之外，赖岁赐以给军旅之用，奈何靳之，恨不得面质汝罪于天子。”引所持挝击之。及成宗崩，教化疾驰至怀州见仁宗，请即日入朝。内难遂平。武宗即位，群臣以次召见，问教化：“太府卿孰为汝所击者？”敕诛之，以其家产赐教化。对曰：“事在赦前，不可失大信于人。至以其家产赐臣，臣尤不敢奉诏。”武宗嘉叹从之。超拜同知太府院事。至大二年，御史台奏为江南湖北道肃政廉访使，入辞，帝不悦曰：“此朕左右手，何可令远去。”留为将作院使。是年卒，年三十三。赠效节宣忠翊戴功臣、大司徒、金紫光禄大夫、上柱国、夏国公，谥襄敏。

子衍饬，监察御史。

柯劭忞撰：《新元史》卷一百八十三，第746页，《元史二种》(上)，上海古籍出版社，2012年。

(3) □□□□□□□御史中丞夏国杨襄愍公墓志铭

□□□丞、特赐思顺佐理功臣、金紫光禄大夫、大司徒、上柱国、夏国杨襄愍公，讳朵儿赤氏，□□□居西夏。大父世刺，赠推忠佐运功臣、太保、金紫光禄大夫、柱国、夏国公，谥忠定；父式腊唐(兀台)善骑射，通儒书。中统初，觐世祖，乃命宿卫裕宗东宫，服勤有年，将大用而卒，赠推诚翊戴功臣、太傅、开府仪同三司、上柱国，追封夏国公，谥康靖；祖妣米卜氏，妣梁氏、赵氏并封夏国夫人。公有兄曰教化，尝为湖北廉使，未弱冠与公皆以警敏庄重，为隆福太后所知。乃命廉使事武宗，公事仁宗。时二帝皆在潜邸，而公兄弟各以恭谨见任。仁宗如□怀，凡藩邸诸务悉倚办于公。

大德十一年成宗崩，仁宗将还京师。先遣公及平章李公孟见中书右丞相哈剌哈孙答剌罕决议大事，肃清宫禁然后入。于是武宗即位，而仁宗为皇太子。事定，以公为太子家令丞□。仁宗入朝，规措内外，公左右独力，尝赐以所服金束带，寻进延庆司使。

---

① 《元史》没有为杨教化立传，《新元史》中《杨教化传》附在《杨朵儿只传》后。

武宗晏驾，仁宗诏执政之不轨者，欲悉置之法。公进谏曰："古者，刑不上大夫，今初政用重典，非所以抚安天下也，设款伏致罚亦宜有差。"上嘉纳之，诛其尤数人，余皆有改。礼部尚书时议废至大银钞及铜钱，公言废银钞可，废铜钱不可，虽不见用，论者多之。迁宣徽副使，上宠遇日隆，乃推恩二代皆一品。时近幸多有请王爵者，或以劝，公曰："吾家本寒族，祖父追封上公既逾分矣，又敢戾彝典、徼殊恩乎？"

有告近侍受贿者，上怒其诬欲诛之，中丞张珪叩头谏不听，公言于上前曰："诛告者刑滥，拒谏者义乖，中丞之谏是也，奈何拒直言乎？"事遂释。居一年，擢侍御史。顷之，拜御史中丞。公益自奋厉，知无不言。他臣侍上，燕间多雍容狎笑，至公在侧不整容不见也。绳纠贪墨，未尝少贷，一时权幸无不敛迹。中书平章张闾以妻病，谒告归江南，又令家奴据河津取渡人钱。公劾其失大臣体，罢之。江西奉使斡来为奸利败，权贵为请无不至，上亦为动，公竞论以法杖之，其人愧死。

监察御史纳麟言事忤旨将罪之，公力争。上欲左迁纳麟为昌平县尹，县当北巡之路，盖欲以供顿折困之。又言其不可，上意终不解。明日，上读《贞观政要》，叹魏徵之直，公对曰："由太宗能受谏也。"上笑曰："卿意在纳麟耶？朕成尔直名。"遂止。

恩州男子董达上书论政得失，宰相奏罪，以讪囚之秋官。公谏曰："下诏求言屡矣，今罪之言者何以示信？"立出之。加昭文馆大学士、荣禄大夫，赐以玉带。公又奏先贤周元公辈十人，宜从祀夫子庙，国学教育人材宜令御史月考其成，及其台罚布若干缗，建藏书之阁，悉见之行。上尝欲幸国学，行释奠礼，公力赞之，既而为执政者所□。

汴豪民作水硙岸，蔡河船不得通，物直踊贵，有司不能制。公闻之即奏，出罚布以庚其费，毁之，民赖以利。诸道宪司岁举最官，公奏各以内织币以旌其廉。居二年，迁中政使，未儿复拜中丞。公固辞，上不允曰："耳目重寄，非卿不可！"公建言，台宪之设所以表，百司而所守之法不一，臣愿自世祖以来训诰条格有关风纪者汇辑成编，以便遵守，制："可"。书成，名曰《风宪宏纲》，锓梓以行。

丞相铁木迭儿位中书有年，数为不法。开平富民张弼杀人系狱，弼母因监奴进贿六万缗，欲以势压有司。公廉得其故，讽御史劾摘其事，捕鞠监奴，事及丞相。公入奏诏收逮甚急，铁木迭儿惶怖，贿兴圣近侍，匿其家求援，皇太后亲为上言恳至，上不得已从之，公固执不肯。兴圣召公至宫门，责以违旨，公对切直，上恐重伤太母意，即诏台臣纾其事，罢铁木迭儿相，罪止坐其监奴杖一百至死。公遂请解印绶，上乃以公为集贤大学士。无何，铁木迭儿亦为太子太师。台臣奏事有疑者，上间以问公，公对曰："不敢越职，然有不可不言者。太子，天下本今置官属，而以贪墨居其端，恐非所以为辅道之具也。"上默然。

延祐七年春正月，仁宗升遐，英皇未嗣大统，百官总已听命兴圣，而铁木迭儿复相。于是有旨命徽政使失列门、御史大夫秃忒哈即徽政院治之，公与平章萧公拜住同就狱，大臣讯之曰："汝前者何故违旨不释丞相?"公声应曰："台臣若违旨则斩铁木迭儿久矣，岂复有今日乎?"有二台属旁直之，公口目叱之曰："汝负先朝行同狗彘。"二人俯不敢视，大臣承风旨，二公大骂不绝口。明日，铁木迭儿自宫门出，传兴圣旨，令力士载出东门外，二公毅然同死。是日，天将暮，大风扬沙，道路以目。方英宗之恤定宗也，公与萧公素服立文德殿下。公谓萧公曰："国家大故，宿奸乘隙用事，必于我乎修怨。若有问，悉诿我，从先帝于地下足矣！公老人，当以扶持宗社为念。"萧公曰："君当盛年效力朝廷，我老矣，死所安也。"不数日果及，中外□之。

公得年四十二，公先室李氏、继刘氏并封夏国夫人。既没，铁木迭儿薄录其家，刘夫人剪发毁容，以死自誓获免，遂与二子穷居力食凡五阅岁，当泰定元年始下诏雪之，诏褒谥之命而悉复其所禄入焉。子二人长曰不华，工楷书，尚气节，佥河东宪，死"天历之难"，赠礼部尚书；次文书讷，好学善政，持身清慎，由河东、山东二道宪佥拜监察御史，言事有父风，累迁各道宪使；孙男二人，曰泰安闾，曰普颜。惟公以正学直道，英才劲气，遭逢明主，秉宪不阿，誉望屹然，及蹈危机终始如一，可谓不负仁庙矣！古所谓死法度之臣者，非公其谁欤？文书讷事母夫人孝行日笃，攀号辟痛，修公墓于京城之西香山里，且状梗概，请伯琦志诸墓石，以写其无穷之悲。乃摭而叙之，铭曰：

"人生实难，处死不易。
倬彼杨公，舍生取义。
其义维何，守法以忠。
横逆之来，岂我技穷。
昔事仁皇，自怀而京。
神器维宁，百度维贞。
允矣得君，亦惟逢辰。
正色立朝，靡屈不伸。
叵测孔任，伺间逞私。
星陨岱倾，举世用悲。
维公之能，仁皇是知。
维公之死，仁皇是依。
有君有臣，达官奚憾。
孝子顺孙，有隐其窆。
大书墓门，以愧奸佞。
世守勿替，以观天定。"

翰林直学士、太中大夫、知制诰、同修国史兼经筵官周伯琦撰文

孙男普颜斋沐百拜谨书丹

至正十五年岁次乙未春正月吉日安石

太常礼仪院郊祀署都监周泰刊

陈康著:《石景山出土元代杨朵儿只墓志考》,《北京文博文丛》,2018年第2期。

(4) 杨襄愍公神道碑应制

泰定改元,诏书以朵儿只中丞为帖木迭儿所构害命,昭雪之。三年某月某日,特赠思顺佐理功臣、金紫光禄大夫、司徒、上柱国、夏国公,谥曰襄愍。明年某月,御史台奏用其子武备库提点不华,佥河东山西道肃政廉访司事。不华既拜命,乃泣而言曰:"惟先臣之死,于是七年矣!陛下幸昭雪而赠恤之,固已释冤愤,感德于地下。臣虽万死,惧无以报称。顾于法得立碑神道,愿载其事于贞石,以昭陛下之明圣,敢昧死请。"明日,台臣以闻。制曰:"可。"且命臣曰:"汝集,其具书以文。"臣再拜稽首而言曰:"朵儿只事具见明诏,天下咸共闻之,臣敢具终始可征者。"

武宗皇帝方宾天,皇太后在兴圣宫以帖木迭儿为丞相。逾月,仁宗皇帝即位,遂相之。居两岁,得罪斥罢,更自结兴圣左右,至为折辱宰辅,挠制中书,讽以再相。既而居位,怙势贪虐,凶秽滋甚,中外切齿,群臣不知所为。于是萧拜住自御史中丞拜中书右丞,又拜平章政事,稍牵制之;而朵儿只自侍御史拜中丞,慨然以纠正其罪为己任。上都富民张弼杀人系狱,时宰使大奴胁留守出之,及强以它奸利事,不能得,丞相坐都堂盛怒,以它事召留守,将罪之,留守昌言大奴所干非法,不敢从,它实无罪。丞相语绌,得解去。而中丞已廉得时宰所受张弼赇巨万,大奴犹数千,使御史徐元素按得实入奏,而御史亦辇真又发其私罪二十余事,天子震怒,有诏逮问,时宰匿兴圣近侍家,有司不得捕,天子为不御酒饮者数日,以待狱竟,尽诛其大奴同恶数人。时宰终不得,中丞持之急,兴圣左右以中旨召中丞至宫门,责以违旨意者,对曰:"待罪御史,奉行祖宗法,必得罪人,非敢违太后旨。"天子仁孝,恐诚出太后意,不忍重伤咈之,徒罢其相,而中丞亦迁集贤,天子犹数以台事问之,对曰:"非职事臣不敢与闻,所念者帖木迭儿虽去君侧,反得为东宫师傅,在太子左右,恐售其奸,则祸有不胜言者。"其后,仁宗弃群臣,英宗皇帝犹在东宫,帖木迭儿复为丞相,乃宣太后旨召萧拜住、朵儿只至徽政院,与徽政使失里门、御史大夫秃忒哈杂问之,责以前违太后旨之罪,对曰:"中丞之职,恨不即斩汝以谢天下,果违太后旨,汝岂有今日邪?"又引同时为御史证成其狱,顾二人唾之曰:"汝等尝得备风宪,故为是犬彘事邪?"坐客皆惭俯首,即起入奏,未几,遽称旨执而载诸国门之外,俱见杀。是时,风沙晦冥,都人恟惧道路相视以目。及天子即位,诏书遂以诬罔大臣为之罪名焉。其势既成,睚眦之怨无不报。太后为之惊悔,而天子久亦觉其所谮毁皆先帝旧臣,滋不悦。未及有所论治而病死。会有天灾,直言会议廷中,集贤大学士张珪、中书参议回回皆曰:"汉杀一孝妇,三

年不雨。萧杨等死，岂直一孝妇乎？”是时帖木迭儿诸子列在禁近，威焰犹炽，闻者失色。言终不得达。及珪拜平章政事，始入堂署事，即告丞相拜住曰：“赏罚不当，枉抑不伸，不可以为治。若萧、杨等冤，何可不亟昭雪也？”丞相韪之，帖木迭儿之子相继以赃败，遂籍其家。然昭雪之事，终至治之岁不遑暇及。今上皇帝入继大统，诏书首以为言，褒赠哀荣相踵而至，幽明两致其感动焉。

於乎！粤若我仁宗之仁孝，文物大备，英宗果锐，法度修饬，自古帝王之有德有为者未能与并伦，而一帖木迭儿常因国有大故，乘间用事，以伤平明之治，天人共愤久矣，然卒保其首领以没，而忠臣直士为所诬构者，乃有待于久而后明焉。此其人深技奇数，亦非常之材也乎？方其盛时，宦寺固结于内，术智为用于外，几莫如之何者，其计亦略得矣。而能婴其锋者，一二正人而已，卒皆蹈死而不悔，天下后世闻其风者，固欲考见其人之行事，以表忠直之终不可泯者焉！然则若朵儿只者，臣敢不叙次以塞明诏之万一。

谨按公名朵儿只，姓杨氏。世家河西宁夏，祖失剌，赠推忠佐运功臣、太保、金紫光禄大夫、柱国，追封夏国公，谥忠定。父失剌唐兀台，赠推忠翊戴功臣、太傅、开府仪同三司、上柱国，追封夏国公，谥康靖。公少孤，与其兄始龆龀知自植立，语言仪观已如成人，兄弟相励以勋业。当时固以大器期之，事仁宗于藩邸，甚见依重。大德丁未从在怀孟，闻朝廷有变，将北还，命公与李孟先之京师，与右丞相答剌罕定议迎武宗于北藩，仁宗还京师，讥察禁卫，密致警戒，仁宗感焉，至亲解所服带以赐。既佐定内难，仁宗居东宫论功，以公为大中大夫、家令丞，日夕侍侧，虽休沐不至家，官事亦决于宿次，众敬惮之。会兄卒，涕泣不胜哀，仁宗怜之，存问优渥，待寡嫂有礼，待兄子不异己子，家人化之，循循然毋敢失辞气。进正奉大夫、延庆使。武宗闻其贤，召见之。仁宗曰：“此人诚可任大事，然刚直寡合。”上顾视之，曰：“然。”然终不及用也。仁宗始统大政，执误国者将尽按而诛之。公曰：“为政而尚杀，非帝王治也。”上感其言，特诛其尤无良者，民大悦服。上与中书平章李孟论元从人材，孟以公为第一，上是之，拜礼部尚书。初尚书省改作至大银钞，视中统一当其二十五，又铸钱为至大钱，至是议罢之。公曰：“法有便否，不当视立法人为废置。银钞固当废，铜钱与楮币相权而用之，昔之道也。国无弃宝，民无失利，钱未可遽废也。”言虽不尽用，而时论是之。迁宣徽副使，御史请迁公台司，上以宣徽膳用不会，嘱公领之，未之许也。有言近臣受贿者，上怒其非所当言，将诛之，张公珪为御史中丞，叩头谏，不听，公言于上曰：“诛告者失刑，违谏者失谊，世无诤臣久矣，张珪真中丞也。”上喜竟用张公言。公拜侍御史，上宴闲时，群臣侍坐者，或言笑过则，上见公正色，为之改容。有犯法，虽贵幸无所贷，而谮言兴矣。赖上知公深，谮不得行。未尽八阅月，拜资德大夫、御史中丞。中书平章政事张闾以妻病，谒告归江南，据河度地夺民力，公以失大臣体，劾之，张闾罢。江东、西奉使斡来不称职，权臣匿其奸，冀不问；公劾而杖之，翰来愧死。御史纳璘言事忤旨，上怒叵测，公救之，一日至八九奏，曰："臣非爱纳璘，诚不愿陛下有杀御史名。"上曰："然则其左迁为昌平令。"昌平京邑，地近而境隘，民劳而事烦，凡期会供亿，令稍非材，恒不免捶楚，以是苦之，公又言曰："以御史宰京邑，无不可者，然以言事得左迁，恐后之来者惩创，无肯为陛下言者。"不得请，数日，上读《贞观政要》，公侍侧，上顾谓曰："魏徵古之遗直也，朕安得用之。"公对曰："直由太宗，太宗不听，徵虽直焉用之。"上笑曰："卿意在纳璘邪，赦出之，成尔直名。"有上书论朝廷阙失，面触宰相，宰相怒，取旨囚之司寇，将杀之。公曰："诏书云：言虽不当无罪，今若此，何以示信于天下？果诛之，臣亦负其职矣。"上悟，释之。于是特加昭文馆大学士、荣禄大夫以奖之，且以重耳目之寄。时位一品者，多乘间取旨邀王爵赠先世。或谓公眷倚方重，苟言之，可得也。公曰："家世寒微，幸际遇至此，已惧弗称，况敢求多乎？且我为之，何以讽励侥幸者。"迁中政院使。未几复为中丞，迁集贤大学士。而死时年四十二。娶李氏，同知诸路人匠总管府事某之女，有妇道，先公卒，追封夏国夫人。子一人，不华也。后夫人刘氏，同知徽州路总管府事某之女。公死时，权臣将夺以畀人，夫人翦发毁容以自誓，乃免。封夏国夫人。子一人，文殊奴，亦克称其家者。

公魁伟人也，寡言笑，无鹰犬声色之好，奖善如不及，嫉恶如仇雠。用人必当其材能，故一时风纪，号为得士。论政事必合于义理，正言无所徇丽，临患颜色不变，凛凛乎古大臣之风焉。其墓某处。凡公之行，尚多可述者，不悉具。特书其关于国事者如此，故系之以铭，诗曰：

"河源西垂，厥风劲强。
豪杰时兴，为国骏良。
骏良伊何？忠亮正直。
柔不为随，刚不为绌。
昔在仁宗，治功安成。
文和武宁，咏歌太平。
躬为孝恭，以事神母。
教言时来，有顺无否。
或闯其几，不欢以呻。
投巇胶钳，窃秉大均。
天子曰嘻，诚有䖞猘。
彼为无忌，我则有制。
维时襄愍，执法在中。
侃侃犯危，以折其冲。
太母尚慈，天子尚孝。

神不防兕，稽我天讨。
国有大故，结忧慈闱。
彼独何心？假时逞威。
朝衣载市，家愤巷哭。
日莫风起，百身莫赎。
人亦有言，害生于恩。
忍为凶残，遑恤有君！
君子可杀，名不可灭。
天定人复，幽枉卒雪。
明明天子，别于奸忠。
敷言万方，大道为公。
至荣极褒，岂止哀死！
劝忠方来，禄施孙子。
春秋之义，诛意慎微。
咨示来者，尚征臣诗。”

(元)虞集撰:《道园类稿》卷四十，第226—230页，《元人文集珍本丛刊》(六)，新文丰出版公司，1985年。

(5) 杨襄敏公神道碑

维昔我朝建国之初，神武四达，方域内附，悉出其豪杰才智而用之，结之以诚，惠之以德，莫不竭股肱之力以卫腹心，而经营讦谟大得志于天下矣。逮我世祖皇帝，天度恢廓，圣鉴昭晰，小大远迩，文武忠孝之臣，无不因其资性识造，位置之有道，器使之有宜，顾育之有方，所以使夫继承大业者得人才之用，沛然而无穷矣。

西夏之归在祖宗时，其国人多已见用。有若式腊唐吾台者，姓杨氏。自其国来见世祖皇帝，已被识察，待遇不同于众人。国制禁卫之严，出入有定处，无敢违越。式腊一见之顷，即受命在左右，以阍者之未素识也，特敕令勿有所呵。宰臣知其贤，请命以官。式腊固辞曰:“外官有奉赐爵秩之重，圣恩厚甚，然一日去帷幄，则不得日睹天颜，非臣之愿也。”天子察其忠，止其命官，而使给事裕宗于东宫，益见亲信。至元十二年，始大城京师于大兴故城之北，中为天子之宫，庙社朝市各以其位，而贵戚功臣悉受分地以为第宅，式腊公得建第和宁里，在内朝之西北，于朝谒为近。惜乎！不得年以卒。卒之日，长子教化年六岁，次子朵而只才四岁耳。朵而只即故御史中丞襄愍公，而教化所谓襄敏公也。公兄弟幼鞠于母夫人赵氏，茕焉相顾，未有以自见。裕宗皇帝既崩，隆福太后居东宫，谓宫臣曰:“昔式腊唐吾台事先皇最久且劳，今有子否?”对曰:“式腊殁，其妻赵氏与二幼子在耳。”乃召见之曰:“二子明爽庄重，它日可望也。”因使公事武宗皇帝，而中丞事仁宗皇帝矣。武宗总兵朔方，镇祖宗之故地，诸亲王、诸军莫不听命。内朝以玉章赐之，盖天子之所服用，使施诸所部，以为机密符令之信。武宗顾左右忠信可任无如公者，命公密怀之，卧起勿去肘腋，他臣弗知也。军务纤悉有所出命，则公以其章行焉。时西北有军旅之事，武宗方远征，而仁宗奉兴圣太后出居怀孟。大德十年，公以军事入奏京师。是时，上病已久，宫府不能无所观望，北镇岁赐不以时发，公之来也，因并请之，而太府卿某者，执其券不下，而重有所要，公不胜愤，前谓之曰："太子躬擐介胄，蒙犯霜雪，率诸王将帅士大夫军万里外，以敌忾责不恭，给用赏功赖此而已，无所私也，尔奈何阻之？恨不得面质尔罪于天子。"即引所持挝击之曰："此所以识也。"廷中咸愧而壮之。及上崩，内廷与宰臣议所立，非祖宗法。答剌罕忠献王哈剌哈孙持重不发，遣信使趣仁宗还镇京师，以迎武宗皇帝。仁宗得报，未即就道，公适在京师，昼夜疾驰，见仁宗曰："太子在北方尚远，事急矣，不于此时远京师，宗庙社稷之所系，间不容发，尚迟回邪？"即遣李益、朵而只乘传以先，不数日，入朝定大难，迎武宗归即位。方犹豫时，由公一言之决，可谓忠且勇矣。既即位，群臣以次见，至主藏吏，上顾公曰："孰为汝所击者，太府卿敕诛之，以其家赐公。"公拜而言曰："此诚罪当死，然事在新天子赦前，不可以细人失大信，请勿诛。至于以其家赐臣，臣尤不敢奉诏。"上嘉叹而从之。论定难功，超拜正议大夫、同知太府院事。

至大二年秋，御史台奏公为江南湖北道肃政廉访使，公将行，入辞，上问曰："官所去此几何？"公曰："三千里而远。"上不悦曰："此朕左右手，何可若是其远耶？"即日留为将作院使，留之居官，五月而疾作，天子遣医昼夜问遗不绝，竟以十一月二十六日薨，享年三十有三。上闻，为之震悼，赐钞两万五千缗，太后加赐万五千缗以恤其家。自中书以下百司皆致赙。以延祐二年四月某日葬宛平县香山乡之皇华原。公娶李夫人先卒，生子一人衍饬。继室王夫人，适公时年十九，甫四月，而公卒。越二十八年，为后至元三年，岁在丁丑之三月，夫人亦卒，皆祔焉。

李夫人事君姑赵夫人至孝，有疾，侍汤药不解带。公在北方军，夫人治家尝如公家居然，族人咸赖之。王夫人于其孤鞠育恩勤如己出者，劝之学尤笃，尝曰："吾门惟汝一人耳！不力学何以自致？"见其能学，则以自慰。常居端庄，不妄言笑，坐茵故弊而浣洁不易，恒处凝尘不除，晏如也。朝之士大夫莫不称其贞节有母道焉。

衍饬之幼得见，仁宗摩其顶而叹曰："其父忠勤，事先皇以及于朕，使今犹在，朕以何官授之？噫！其在此子矣。"出内帑钞二十万缗赐之。而岁赐粟给其家。今上皇帝独运乾刚，明于庶物，思夫逮事皇祖之故臣，有子孙可用者，得衍饬焉。拜南行台监察御史，清明端直有先人之遗风。方见用云。

公弟在中台时，大父世刺，赠推忠佐运功臣、太保、金紫光禄大夫、上柱国、夏国公，谥忠定。夫人米卜氏，封夏国夫人，父式腊唐兀台，赠推诚翊戴功臣、太傅、开府仪同三司、上柱国、夏国公，谥康靖。夫人梁氏、赵氏，皆封夏国夫人。而特赠公宣忠效力翊戴功臣、大司徒、金紫光禄大夫、上柱国、夏国公，谥襄敏。夫人李氏追封夏国夫人、王氏封夏国太夫人。赞书纯至，臣子感焉。中丞之殁，其子不花，佐宪河东，又死国难。中丞之次子文殊讷。公子衍饬受知圣明，皆起家为御史。一家再世有大节，前后五人皆受耳目之寄，岂他宗所可及哉？

集往年待罪国史，尝奉诏书中丞遗事于其神道之石，衍饬南来，以为集虽老退田野，笔墨荒落，而粗悉其世，求著为铭诗，不敢辞也。其辞曰：

“维夏盛强，亢于西陲。
相时来廷，世总其师。
民之多难，疾威靡壹。
保族以康，令德之积。
厚本长源，有杨之宗。
忠定之贤，乃启其封。
心雄万夫，康靖有作。
一见天子，默有遐托。
雅志本朝，不乐外驰。
俾事裕皇，实由眷知。
二惠兢爽，而弗及见。
茕茕嫠孤，卒克有践。
公事武皇，从军朔方。
蹇蹇中丞，弟兄相望。
大统之传，圣武有训。
变生宫掖，几失正顺。
宗社之危，仁庙有为。
克断弗疑，公来赞之。
大事之机，中不容芥。
一言之兴，国事攸赖。
至大清明，圣功聿成。
统宗会元，为国之经。
圣子神孙，有永无斁。
立言有初，具在史策。
世胙乡邦，桓圭衮裳。
炜炜煌煌，有贲永藏。
暂微复兴，在今御史。
思其先忠，以报天子。
两襄之阡，松柏桓桓。

史臣有书，千载弗刊。”

（元）虞集撰：《道园类稿》卷四十一，第258—261页，《元人文集珍本丛刊》（六），新文丰出版公司，1985年。

（6）杨多尔济[1]，河西宁夏人，少孤，幼即知自立，语言仪度如成人。事仁宗于藩邸，甚见倚重。命多尔济与右丞相哈喇哈逊定议，迎武宗于北藩。仁宗还京师，多尔济密致警备，仁宗嘉之，亲解所服带以赐。既佐定内难，论功为大中大夫、家令丞。日夕侍侧，虽休沐，不至家，众敬惮之。帝他日与中书平章李孟论元侍从人材，孟以多尔济为第一。拜礼部尚书。有论朝政阙失，面触宰相，宰相怒，将取旨杀之。多尔济曰："诏书云：言虽不当，无罪。今若此，何以示信天下？"帝悟，释之。加昭文馆大学士，为权臣特们德尔所害而死。初，特们德尔为丞相，恃势贪虐，平章政事萧拜珠牵制之。多尔济拜御史中丞，纠正其罪。有诏逮问，特们德尔逃匿，多尔济持之急，太后召至宫门，责以违旨。仁宗恐伤太后意，但罢其相位。英宗立，特们德尔复相，乃宣太后旨，名萧拜珠、多尔济，责以前违太后旨之罪，载诸国门之外，与萧拜珠俱见杀。后赠上柱国、夏国公，谥襄愍。时权臣欲夺其妻刘氏与人，刘氏剪发毁容自誓，乃免。子布哈。

（清）许容等修：《甘肃通志》卷三十六，第375页，《景印文渊阁四库全书》第558册，（台北）"商务印书馆"，1986年。

（7）杨布哈[2]，幼有才气，能以礼自持，好读书。仁宗欲以为翰林直学士，力辞。后补武备司提点，转佥河东廉访司事。尝出按部民，有杀子以诬怨者，狱成，布哈谳之，得其情，平反出之。河东民饥，先捐己赀以赈，请未得命，即发公廪继之，民赖以不死。文宗立，除通政院判，将行，值陕西诸军拒诏，布哈率众出御，阵溃，见杀。二仆亦见执，曰："吾主既为国死，吾苟得生，何以见吾主于地下？"亦皆被杀。至顺二年，赠布哈礼部尚书。

（清）许容等修：《甘肃通志》卷三十五，第375页，《景印文渊阁四库全书》第558册，（台北）"商务印书馆"，1986年。

（8）济南大灵岩寺碑[3]

碑阳：

奉直大夫、山东东西道肃政廉访副使文书纳双泉书

大灵岩寺（大字）

至正四年四月十有九日立

碑阴：

---

① 即杨朵儿只。

② 即不花。

③ 此碑今在灵岩寺山门前广场中西向，立于元至正四年(1344)。碑身高220厘米，宽94厘米。碑阳题"大灵岩寺"竖列4字，字径58厘米，楷书。碑阴刻"书大灵岩碑阴记"16行，满行45字，字径3厘米，楷书。

书大灵岩寺碑阴记

太中大夫、山东东路都转运盐使僧家奴撰

奉训大夫、陕西诸道行御史台监察御史必申[1]达而书

资善大夫、江南诸道行御史台中丞王异篆

长清治之东南，余二舍许，镇日中坞，又东入山峪，有大刹曰灵岩，实山东一大壮观也。山川峻秀，殿宇雄杰，碑述已详。而有大阙者，纪寺之名未有一书者焉。

今山东宪副双泉公，至正三年夏，分道益都谳狱，路次其中，迤逦周览，徐与长老定岩言曰："名寺之揭，犹有所遗，求时名公能书者，以书之敬请。"长老合掌而言曰："非小弟之幸，佛教之大幸也。"于是日留于心，为事倥偬，弗暇及焉。

秋复按及郡邑，实所隶欲酬前日之语。地僻又乏能书者，试自为之。操笔一挥，深中其规，而骨力老健，虽古之善名家者，未知谁先后也。或谓自古迄今殆几千百年，名卿巨儒游憩于斯，诗文题于壁石之间曷可弹数，而于此略不加省，岂将有所待而然耶？又谓公素未曾书，援笔而成，岂启人之聪明者在于是耶？不然，若以一念之诚有所感于彼，而彼亦以诚应，有以阴相之耶，是未可知。

盖天以一理赋于人，而宪副父御史中丞、夏国襄愍杨公，一心王室，动载史册，□如□星，天之报于其子，非他人比。故金粹玉良，蕴积厥躬，久而□辉，□□□前人，亦其有所自矣。余与公有旧，义不容辞，摭其□而书之。

公西夏世家，名文书纳，字国贤，双泉自号。宪史□州赴□献□卿□□秉旻、秉昭、纯礼，濮州谢简居敬寔□□公。是年冬十有一□吉日也。

至正癸未十二月　日。

提点子挥、监寺子贞、管门子洪、维那子廉、知客惟明、当山传法嗣祖沙门定岩、野衲、德慧同立石。

杜建录著：《党项西夏碑石整理研究》，第255页，上海古籍出版社，2015年。

(9) 文书讷书大灵岩寺额碑

右大灵岩寺[2]四字径一尺八寸，右题奉直大夫、山东东西道肃政廉访副使文书讷双泉书，至正四年四月十有九日立。按文书讷史志皆不详，其人笔法整严神采秀劲，元碑之完善者。

(清)毕沅辑：《山左金石志》卷二十四《文书讷书大灵岩寺额碑》，第293页，中国东方文化研究会历史文化分会编：《历代碑志丛书》(第十五册)，江苏古籍出版社，1998年。

(10) 水云亭记

都水庸田使，西夏杨公双泉莅官吴门，寓第有池焉。池上有亭彫甍画，拱缔

---

① 原注："申"字已残缺，据本书所收《栖霞洞必申达儿题刻》补。

② 山东省济南市长清区，灵岩寺山门前有一座题有"大灵岩寺"四个楷书大字的石碑，即为杨文书讷所书。

构伟丽中设匡床，左右图书笔砚，参置佳卉美竹香草之属。冬则启南户，斫木为疏，承以素楮，水光云影，掩映几席，顾而乐之。因命其亭曰“水云”。今江浙行中书平章康里明德公手题其扁，公既刻置其中，复俾其客临川陈基为文以记之。

夫水光云影，徘徊下上，君子咏夫朱子方塘之诗，有以见此心之体焉，是心也人皆有之。朱子独先得其所同然者耳，故昔之观于川上者曰：“悠然而虚者与神谋，渊然而静者与心谋。”今公退于休沐，逍遥亭上读古人之书，求古人之心，廓乎有容，湛然不昧，万物交乎。吾前吾不随以迁，众欲诱乎外，吾不从以化。举天下之物，孰足以喻之？其惟水与云乎，盖水以清为体，云以虚为质，清者不污，虚者无着君子思，所以神明其德，而与昔之赋，方塘观川上者，夷犹容与同游于灏气之始，必于此焉，会之可也。公名亭之意亦远矣哉！虽然，水不徒清，所贵乎利世也。云不徒虚，所贵乎泽物也。公今以耳目近臣权衡水政，裁成地利辅相岁功，始于江河，达乎四海，譬如泰山之云，起于触石，合于肤寸，及其从龙鼓风雷，周八极沛雨泽以润天下，斯其为利也。溥矣！诗云：“维其有之，是以似之。”遂书以为记。至正十四年夏四月戊戌。

（元）陈基撰：《夷白斋稿》卷二十七，第 319 页，《景印文渊阁四库全书》第 1222 册，（台北）“商务印书馆”，1986 年。

（11）三皇庙祭祀礼乐

至正九年，御史台以江西湖东道肃政廉访使文殊讷所言具呈中书。其言曰：“三皇开天立极，功被万世。京师每岁春秋祀事，命太医官主祭，揆礼未称。请如国子学、宣圣庙春秋释奠，上遣中书省臣代祀，一切仪礼仿其制。”中书付礼部集礼官议之。是年十月二十四日，平章政事太不花、定住等以闻，制曰“可”。于是命太常定仪式，工部范祭器，江浙行省制雅乐器。后命太常博士定乐曲名，翰林国史院撰乐章十有六曲。明年，祭器、乐器俱备，以医籍百四十有八户充庙户礼乐生。御药院人使卢亨素习音律，受命教乐工四十有二人，各执其技，乃季秋九月九日蒇事。宣徽供礼馔，光禄勋供内酝，太府供金帛，广源库供芗炬，大兴府尹供牺牲、制币、粢盛、肴核。中书奏拟三献官以次定，诸执事并以清望充。前一日，内降御香，三献官以下公服备大乐仪仗迎香，至大殿庋置。退习明日祭仪，习毕就庙斋宿。京朝文武百司与祭官如之，各以礼助祭。翰林词臣具祝文，曰“皇帝敬遣某官某致祭”。

（明）宋濂等撰：《元史》卷七十七，第 1915 页，中华书局，1976 年。

二十三、迈里古思

迈里古思（？—1358），字善卿，西夏人，汉姓吴。曾祖月忽难，祖也失迷，俱不仕。父别古思，在杭州做官。至正十四年，迈里古思中进士，先后任绍兴路录事司达鲁花赤、行台镇抚、江东道肃政廉访司经历、行枢密院判官。在任时，擒斩苗军主将杨完者部违纪将士，招募民兵，除暴安良，确保地方发展与安定，深受士子、百姓拥戴。至正十八年，被行台御史大夫拜住哥诱杀。昭雪后，赠官中大夫、佥江浙枢密院事，谥忠勇，封西夏候。

迈里古思家族人物关系表

第一代	第二代	第三代	第四代
月忽难	也失迷	别古思 母夫人	迈里古思①

(1) 迈里古思传②

迈里古思者，宁夏人也，字善卿。至正十四年进士，授绍兴路录事司达鲁花赤。苗军主将杨完者在杭，纵其军钞掠，莫敢谁何，民甚苦之。俄有至绍兴城中强夺人马者，迈里古思擒斩数人，苗军乃惧，不敢复至其境。迈里古思名声遂大振。

会江南行台移治绍兴，檄迈里古思为行台镇抚，乃大募民兵，为守御计。处州山贼焚掠婺之永康、东阳，迈里古思提兵往击之，与石抹宜孙约期夹攻其巢穴，山贼以平。擢江东廉访司经历，仍留绍兴，以兵卫台治。时浙东、西郡县多残破，独迈里古思保障绍兴，境内晏然，民爱之如父母。江浙省臣乃承制授行枢密院判官，分院治绍兴。

会方国珍遣兵侵据绍兴属县，迈里古思曰："国珍本海贼，今既降，为大官，而复来害吾民，可乎！"欲率兵往问罪。先遣部将黄中取上虞，中还，请益兵。是时朝廷方倚重国珍，资其舟以运粮，而御史大夫拜住哥，与国珍素通贿赂，情好甚厚，愤迈里古思擅举兵，恐且生事，即使人召迈里古思至其私第，与计事，至则命左右以铁鎚挝死之，断其头，掷厕溷中。城中民闻之，不问男女老幼，无不恸哭者。

黄中乃率其众复仇，尽杀拜住哥家人及台府官员掾史，独留拜住哥不杀，以告于张士诚，士诚乃遣其将以兵守绍兴。拜住哥寻迁行宣政院使，监察御史真童纠言："拜住哥阴害帅臣，几致激变，不法不忠，莫斯为甚。宜稽诸彝典，置于严刑。"于是诏削拜住哥官职，安置潮州，而迈里古思之冤始白

(明)宋濂等撰:《元史》卷一百八十八，第 4311—4312 页，中华书局，1976 年。

(2) 越民考

迈里古思字善卿，西夏人，侨居松江。家贫授徒以养母。性至孝，然落落不羁，善诙谑，名人士多与之游。至正甲午，进士及第，授绍兴路录事司达鲁花赤。比视篆，天下云扰，所在悉痌瘝，君抚字周至，民爱之如父母。

---

① 迈里古思又作买里古斯、穆尔古苏。

② 《迈里古思传》附在《元史》卷一百八十八《石抹宜孙传》后。

乙未秋，杭破，遄即克复。浙省左丞杨完者，以本部苗将持露布至，统洞蛮甚众，意实觇视虚实，又将流毒于我民也。纵虐恣暴，民皆束手，惴惴不敢与争，无故劫府架阁，照磨陈修家妻妾几被污。君激怒填膺，指挥吏兵收之，郡民欢呼从事，苗遂尽死。后完者闻越民结义且固，终不敢调兵渡浙江，方集庆陷时，江南行台官流避抵庆元，奉旨置治所于越，遂檄君总统义民护城池。君更募得勇悍者二千余人，以"果毅"二字为号，曰"果毅军"，练习武事，分拨守要害。乃日与常所往来者，击鲜饫酞，酣咏叫啸，以为娱乐。虽户外上官坌至，不少延纳。

永康寇起，据有县境，君收复。朝廷旌其功，除江南浙西道廉访司知事，未上。又除江东建康道经历。浙省丞相塔失帖木儿便宜除行枢密院判官，君即自署诸参谋为幕官，曰经历、曰都事者，不可枚举。时御史大夫拜住哥，任奸黠吏为爪牙，又自统军三千曰台军纪律不严，民横被扰害，有诉于君，君辄抑之，众军皆怨怒。然拜委琐龌龊，惟以钩距致财为务，君不礼之。或以谏，君曰："吾知上有君，下有民耳，安问其他！"拜颇闻，衔之，遂与台军元帅列占戬、永安张某、万户阎塔思不花、王哈剌帖木儿等谋杀之，未得间。

戊戌十月廿二日，首事出兵，逾曹娥江，与平章方国珍部下万户冯某斗，既不利，驻军东关，单骑驰归。拜意决矣，廿三日迟明，召君私第议事，入至中门，左右以铁槌挝杀之。初甚秘，守阍军自相谓："无已，杀总督官，我辈幸也。"民始有闻之者，走白君部将浙东佥元帅黄中，诸参谋闻变，奔避不顾，至有坠城以出，行四五十里者。初夜二鼓，中提军入城，屯戒珠山，拜未及知。中卧病，方饮药，得少汗，尚昏溃困顿，左右扶翼，擐甲上马，遇台军于江桥，斗十数合，破阵陷坚，身当矢石。郡民老幼皆号泣曰："杀我总督官，我尚何生为?"壮者助中军，殊死战，台军一败涂地，屠其二营。入拜家，姬侍奴隶死者相枕藉。一女为队官陈某所掠。举君尸，无元，大索三日，得于溺池中。拜与二子匿梵宇幽隐处，民搜见之，齐唾其面，且骂曰："瞎贼，我总督官何罪？而令致于此耶?"不自杀，执以归中，冀中杀之，中解其缚，率诸军罗拜之，曰："总督官忠肝义胆照映天地，人神所共知，公信任憸邪，使国家之柱石陨于无辜。我之复仇，明大义也。杀我主将者，既已斩之，公幸毋罪。"拜执中以泣，曰："我之罪，尚何言！尚何言！"继而军民为君持服为位以祭，私谥曰越民考。越六日，拜自劾纳印绶去其印。是夜遗失，中以白金百两购得于一卒，以还行台者，君未死，先三日有星大如栝椀，红光烛天坠镇粤门，化为石及君出师识者，已卜君之有死兆矣，至是果验云。

南村野史曰："兵凶器也。"战逆德也，圣人不得已，而用之故，吾夫子必以临事而惧，好谋而成，答子路行三军之问夫，迈里古思受任之初，殊有古贤，县令之风，一握兵柄，志满意得，酣觞废事，轻谋首乱，不旋踵而身首异处，盖亦平昔越己之过，有以酿成此祸，与微中则老母稚子亦皆几上之肉耳，原其忠君爱民之心，晒然与日星相昭明者，则无可议也。拜珠为国大臣，坐镇四省百官庶司孰不听令，迈之不奉台檄，擅兴师旅，明问其罪黜之可也、斩之可也，而乃阴结小丑，作为此态，是盗杀之，非公论矣，民心之所以不服，良以是也。噫！享有尊爵重禄而当国步艰难之日，既不思涓埃补报之道，又不责自己，贪饕之非，反以谋害忠良为先务，谓之无罪得乎，故其妻妾子女遭罹戮辱，实自取之，尚复可怜哉！

(明)陶宗仪撰:《南村辍耕录》卷十，第521—523页，《景印文渊阁四库全书》第1040册，(台北)"商务印书馆"，1986年。

(4) 造物有报复

会稽陈思可睿云：至正丙申，御史大夫纳璘开行台于绍兴，于时庆元慈溪则有县尹陈文昭，本路余姚则有同知图卜戬，在城则有录事达噜噶齐穆尔古苏，皆总制团结民义者。纳璘之子安安，以三人为不易制，思有以去之，乃先给召图卜戬至，拘于宝林寺，夜半率台军擒杀之。从而方国珍亦执陈文昭沉之海，独存穆尔古苏一人耳，人皆以图卜戬之死，归罪于穆尔古苏不能力救，殊不知当时之执图卜戬，乃所以擒穆尔古苏也，执图卜戬之谋出于潘子素，子素亦为安安缢诸途。执子素之谋出于辛敬所，敬所间关投张士诚，客死平江僧舍，及拜住哥代纳琳为大夫，又不能容穆尔古苏挝杀于其私第，拜住哥以弟吹斯絅，拜中书右相诏入朝，既得罪，兄弟诛戮家无噍类，但未知安安死所耳，静而思之，若有尸于冥冥之中者，不知造物果如何也？

(明)陶宗仪撰:《南村辍耕录》卷二十三，第666—667页，《景印文渊阁四库全书》第1040册，(台北)"商务印书馆"，1986年。

(5) 故忠勇西夏侯迈公墓铭

君讳迈里古思，字善卿，西夏人也。曾祖月忽难、祖也失迷，俱不仕。父别古思，官于杭，生君。自幼有奇气，善击搏技。既而自悔曰："伎勇有敌，圣贤之学无敌也。"遂从师，通诗、易二经，以诗登进士第，官绍兴录事。长抢氏市马绍兴，挟苗兵为佐，白取余食市间，不问苗真伪，咸拘囚之，传其爰上省李官，时苗长虐令如火，莫孰何，文有省府千夫长与群摄师者根株为奸利，抱苗长文告钳结，束徒大姓家，且纵苗白日什伍钞民。君下约民曰："人怖狼，狼亦怖人，狼勿杀，食人。尔录长无玉帛狗马身及赤口四耳，誓以家徇杀根株钞民者。"民皆俯地雷应曰："惟录长君命。"夜交乙，君躬率民杀苗，不遗一噍。

盗起婺，牧溪洞，君以大夫命，领所部抵洞，贼问官军姓，曰："迈某也。"皆倒戈请罪。君牧抚之，不血一刃。府命据萧邑，私聚民粮，黩民货，夺民土田，闻君到邑，怖而匿去。

又明年，西寇犯浦江，君率兵至诸稽，寇望风遁。领台命，守诸暨，台借粮于民，下令，会府民无受令者，君班师郡城，谕以文告，民输粮者，襁属不绝。攻无坚敌，字民如子，令无不行。被旨经历江东宪府事，濒行，民哭泣拥马首，不得行。

时海寇势横甚，虎踞娥江，君奋不顾身，为士卒先，追迫其人于数百里外，大卿在南端覆右海势洋浮宴君，阴畜健儿户下，袖金孛罗击死之，尸瘗戒珠僧院，民皆麻衣跣恸，从以万计。赠官中大夫、佥江浙枢密院事，谥忠勇，封西夏侯。

君尝谓曰："吾死，使君子题其冢曰'义烈墓'，文必赖直笔者传，传无出会稽抱遗先生也。若识之。今不幸陷死地，先生尝以其人入铁史编，收吾名足矣。"予为之泫然涕曰："大将灭乎狂丑也，使长城君也生；天未灭乎狂丑也，长城君溘先其死，死又非地也！天之生才，其有以乎？无以乎？吾无从而吁也，悲哉！"铭曰："吁嗟乎善卿！生也者，吾不知胡为而生；死也者，吾不知胡为而死。生不卌年，弃仕不四年而名长方纪。呜呼！獬豸折角兮，麒麟培趾；豕突西岳兮，鲸翻东海。已乎善卿，尔果胡为而生，又果胡为而死？"

(元)杨维祯:《东维子文集》卷二十四，第6—7页，《四部丛刊初编》第364函，商务印书馆，1922年。

(6) 跋忠勇西夏侯迈公墓铭

跋曰：《春秋》引天下之誉褒之，贤者不敢私；引天下之义贬之，奸人不敢乱。余读《铁史·迈古里思传》，信民之以为贤贤之，民以为奸奸之，此《铁史》之《春秋》也。台宪者，天子之法臣也，法臣不立法，而《铁史》立之，呜呼！悕矣。至正乙亥秋，程文谨识。

(元)杨维祯:《东维子文集》卷三十一，第4—5页，《四部丛刊初编》第364函，商务印书馆，1922年。

(7) 赠行军镇抚迈里古思平寇诗序

至正丁酉春三月，括寇复兴，蚁集蜂攒，众号数万。遂陷婺之永康，蔓延东阳，二郡震惊，惴惴度日，莫保朝夕。行御史府闻其事，欲命将讨之，询谋于众，佥以为迈里古思公名进士也，今长治越，城中生聚。而其人文足以附众，武足以威敌，若讨之，莫如公宜。于是命公总护诸军以行。公受命已，即祃纛于门，载旆就涂，如拯溺焚。三月甲申抵东阳，公延见耆耇，讯以山川险厄与盗出入恒状，笑曰："贼在吾目中矣，当为君一鼓却之。"乃申号令、整部伍，扼其要害，分屯方岩山。夏四月庚戌，命诸将黄中等以奇计给贼，贼方椎牛豕高会，闻兵至皆吐舌相顾，诸将横槊大呼而前，自已至未，大小战十二余合，士卒奋勇，无不一当百，擒伪将军三人，斩首六百级，夺旗鼓枪矛无算。乙卯，贼复空寨出战，诸将踊跃用命，两兵方接，公亲统精锐兵截其冲，贼大溃，追逐二十余里，斩首八百级，擒伪将军六十有六人。辛酉，兵进屯胡陈，谍知贼所在，纵兵深入，贼已宵遁，焚其庐舍殆尽，贼自是不复能兵矣。壬申，师还，邦人士相与曰："进士之效久不白，武夫俗吏恒指斥以为戏，识者短气，公本一书生，仗剑即戎，而其功烈辚炜煌如此，彼噜噜者，纵人百其喙，尚敢谓儒无人耶？"若公之为，亦可谓有文武全材者矣，嗟乎！

自括寇之兴，凡其所涉之地，百里无居人。岂惟无居人，方茆茎出师，虽方岳大臣不能禁侵掠，其惨毒盖有与寇不相远者，公帅师而来不为不久，耄倪恬嬉，若不知其兵在其境者，又非公之赐耶？然则公之有勋于吾邦者甚大，欲贶之以牺牲，则牺牲公之所自有也，欲投之以玉帛，则玉帛非公之所好也，其将何以为公之报哉？夫铺张盛美，播之方今而传于后世者，莫如诗歌，吾党之士，盍留意乎？众皆曰："然。"于是陈樵先生倡之，邦人士咸作之，而命金华宋濂序之。

(明)宋濂撰：《文宪集》卷九，第492—493页，《景印文渊阁四库全书》第1223册，(台北)"商务印书馆"，1986年。

(8) 迈里古思公平寇诗并序

至正丁酉春，行军镇抚迈里古思公以处寇四出，大侵我婺，乃请命宪台，总率诸军而东，已而婺之永康、武义等县咸获清厥，境土转危为安。而处之积年老寇卒至，系颈麾下，俯伏请命。远近闻之，莫不怖骇失措，罔敢违越，且其师行之日，市无废贾，野不辍耕，诚近代将帅之所罕及，良虽愚懦疲弱，不得备戎行、致死命，以亲睹其号令之严明、军容之炳耀，然居婺之西鄙，其去平寇之地不数舍，近得诸传闻，可考不诬。又粗尝读书，执笔为文章。是宜首出歌诗以称述其万一，辄依古作四言诗一首，凡五百一十有四字。庶贻诸后世，有以见公之忠勇。其诗曰：

"於皇乃元，奄有万方，孰为小丑，敢擅而狂？
维括有民，厥细如蚁，竟怙其奸，叫呶以起。
根既蟠矣，苞枿荐达，其出获穰，弥瓯蔽粤。
遂忽西奔，以蹂我土，披其都邑，扼其崄阻。
维是戎士，狃于安平，莫振而伍，独戍以兵。
桓桓我公，虎奋台端，请师往征，其徒三千。
亦既祃纛，于门于社，兽盾熊旗，鱼鱼雅雅。
我出我车，自彼征途，庶士饯之，清酒百壶。
乃命其佐，敕我卒旅，是惠是驯，以绥士女。
勾无之野，婺女之墟，男歌于道，妇笑于庐。
进次于岘，其众蠢蠢，士饱而腾，将勇而奋。
公曰勿亟，我山我川，我其询之，周道宛宛。
遂申部曲，选尔精锐，爰拔爰克，指日遄逝。
兵贵奇胜，以退为进，彼凶罔知，遂乃大庆。
起召而党，炙牛行酒，谓今汝劳，婺其可有。
既谍厥谋，群师倍骁，乃昼其宵，乃迩其遥。
彼曾不虞，卒见窘迫，广野茫茫，无地可穴。
莫挟汝弓，莫椎汝鼓，投汝戈矛，归我砧斧。
其党复集，卒抗我师，穷凶极顽，洋洋而来。
我公曰嗟，是不可宥，进截其冲，溃其群丑。

诸将四合，以翼以前，械手系脰，俘获连连。
我公曰嘻，寇情靡恻，益蹈彼疆，胡陈是壁。
寇乃日蹙，莫究所图，卒火其庐，自歼厥家。
捷上臬台，有命召公，勿久烦苦，归奏尔庸。
公乃返旆，整兵顿马，曰安其驱，毋恐观者。
其乱既平，我土悉清，克清我土，维我公之。
武其戢矣，婺民辑矣，辑我婺民，惟公之仁。
惟公布仁，惟天降报，皓发庞眉，锡公寿考。
既锡以寿，复介以福，金节煌煌，享有百禄。
公曰无庸，匪我之功，天子仁圣，以厘万邦。
尔婺既定，四方亦安，干清坤宁，皇家万年。"

(元)戴良撰:《九灵山房集》卷之一，第2—4页，《四部丛刊初编》第361函，商务印书馆，1922年。

(9) 迈院判哀诗序

枢密院判迈里古思公《哀诗》若干卷，公之门生故吏及其士友之所作也。公武威人，初家涛江之上，后居吴最久。有才名浙水间，然每困顿不偶。久之，用进士起家，为绍兴路录事司达鲁花赤，能以直道抗上官，得士庶心。其后遭时多故，远近骚动，遂练民为兵，数击叛乱有功。浙省左丞杨完哲方虎视钱塘，方国珍亦擅威四明，公往往以法诛其部曲，无所顾望。其所行有人所不能行者。名既上闻，乃迁江东道肃政谦访司经历。未几，丞相答失帖木公复以便宜改今职。公又大出师以讨不庭。而台端贵人有忌公者，召至私第，使健者候诸门，击杀之。先是余姚同知秃坚君、慈溪县尹陈君麟亦皆慕公之为以自奋，而公盖其杰然者也。然三人常鼎立为犄角势，故东南之气稍振。及秃坚以无罪诛，陈以失势陷，至公之死，而上下之望绝矣。此诸君之所以深恨于斯时也。恨之深而哀之至，故为按抑《蒿里》、《薤露》之遗音，作为叙哀之诗，多至千余首。其婿淮省都事王顺，枢密院管勾陈逊既相与编辑成卷，而浙省理问刘宣公之客也，来属余序其首。余惟秦有奄息、仲行、针虎者，皆国之良也。一旦以无罪而见杀，国人为赋《黄鸟》之诗以哀之，而紫阳朱子以为世之读是诗者，亦徒闵三良之不幸，而念秦之衰，至于王政不纲，诸侯擅命，而杀人不忌如此，则莫知其为非也。然则公等之死较诸三良之见杀，固不能以尽同；而诸君之所以哀之者，则视《黄鸟》之诗为无间矣。使朱子而在，得诸君之诗而读之，余又不知其叹世之何如也。呜呼，怖矣！公汉姓吴氏，字善卿。居家甚孝，为人慷慨，不拘小礼，遇人豁然，推腹心与人交，于恩意尤笃也。其州里世次年寿卒葬，已著于识公墓者，故此不赘焉。

(元)戴良撰:《九灵山房集》卷之十三，第9—10页，《四部丛刊初编》第361函，商务印书馆，1922年。

(10) 题穆尔古苏保越事迹后

余曩避地海昌之黄湾，其地距越仅隔一水。越人至海昌者，见辄道迈公保越方略甚悉。今观其友白君以中所述事迹，与余所闻无有不合者，信直笔也。比阅《元史》，见迈公事已附传，第视白君所述差略耳。盖彼附传，体当然也。欲得迈公之详者，自当于此观之。

(明)徐一夔撰：《始丰稿》卷十四，第375页，《景印文渊阁四库全书》第1229册，(台北)"商务印书馆"，1986年。

(11) 赠黄将军中奉其故主将迈里古思判枢母夫人归吴分韵得烟字时岁戊戌

丈夫重知己，富贵浮云然。
壮君仗公义，歌咏疑古先。
报仇韩张良，却敌齐鲁连。
昨者迈判院，树羽涂山颠。
三苗丧精魄，万民归陶甄。
斩马柳鄂州，餉客郭通泉。
外蕃久侧目，台谏实扼咽。
长城乃自坏，白气贯南天。
君辄讨有罪，鸱鸦厌腥膻。
贼围亦溃散，畏君亲披坚。
黄金双佩刀，福祸划回旋。
挂之祖道左，泣挽士五千。
梅花映素衣，独上东吴船。
念彼鹤发母，哭儿萤桉前。
萱草暮晷迫，薤叶春露悬。
岂无一犁牛，躬耕石湖田。
日惟劝加餐，乐以卒岁年。
今兹丧乱际，俗坏教益朘。
式瞻伟事业，前后何其贤。
大泽冰已泮，舟鲛并珠玭。
我幸揽余光，校雠圯上编。
赠君当载驰，为国靖烽烟。

(元)王逢撰：《梧溪集》卷四，第487页，《北京图书馆古籍珍本丛刊95》，书目文献出版社，2000年。

(12) 寄迈善卿宪幕时总戎越中

忆同沙进士，访我大江渍。
座酌乌程酒，篇连贾董文。

琼林依日月，禹穴会风云。

极目穷南纪，书生将一军。

（元）王逢撰：《梧溪集》卷三，第468页，《北京图书馆古籍珍本丛刊95》，书目文献出版社，2000年。

（13）寄穆尔古苏院判

将军辛苦事戎行，麾下论兵总俊良。沙漠苏卿多感慨，鉴湖贺老自清狂。

风尘满眼青山旧，天地无私白发长。万里君亲俱在念，扁舟何日赋《沧浪》。

（元）丁鹤年撰：《鹤年诗集》卷三，第541页，《景印文渊阁四库全书》第1217册，（台北）"商务印书馆"，1986年。

（14）上虞顾君墓志铭

时边境绎骚，方氏据有温、台、鄞三郡，且遣偏裨侵余姚、上虞二邑。而行枢密院判穆尔古苏，犹为元守越城，两兵相接。而君雅不欲为方氏臣，团结乡兵，以应迈里古思。

（明）徐一夔撰：《始丰稿》卷十三，第354页，《景印文渊阁四库全书》第1229册，（台北）"商务印书馆"，1986年。

（15）至正十八年冬十一月戊戌，江浙等处行枢密院副使吕公珍，来镇守绍兴，时院判迈里古思遇变之后，越民思之，如失怙恃，公至，祭而哭之，拜其母于家。

（元）徐勉之撰：《保越录》，第1页，《丛书集成初编》，中华书局，1985年。

（16）进士吴善卿赴黟县教谕醵赆序

江浙省取备榜进士，今岁，得吴君善卿，士论相庆，以为得人。善卿，甘肃人，而假馆松江，遂以与荐焉。右榜之士，每举登于江浙者，松江恒多于他郡，而善卿独得称善众论者，何哉？岂非以其尝实力于问学，无待于假人，非以幸而致者也。善卿平日好学而谦，识者莫不以科举许之。今之举，或以其不可得在正榜为憾，士论曰：不然，文自己出，虽备榜亦荣也，岂天将以是为他日正榜之权舆乎？膀出未兼旬，省檄调徽之黟县文学。

（元）邵亨贞撰：《野处集》卷二，第197页，《景印文渊阁四库全书》第1215册，（台北）"商务印书馆"，1986年。

（17）钱清江浮桥记

钱清江古名浦阳江，俗名小江，在山阴东北五十里，江北则萧山境也。江自临浦而东若干里，是为柯水所注，即所谓钱清。其地控驿道，而江流至是势以益大。又潮汐之所经，操舟而渡，动致覆溺。旧有浮桥，盖比舟为梁，以济不通，而近岁废不治，厉深济盈，涉者告病。至正十七年秋，宁夏吴君以宪台行军都镇抚分镇萧山、山阴两县，睹桥之废，亟命裒民户之义助，斥公帑之羡储，计其物力，度程而新作之。凡为舟十有二，上架板庋，相属以为梁。其长三百有六十尺，广十有七尺，联之以铁絙，絙如桥之长，而维其两端于南北堤，使舟常比而梁常属与波涛相上下。虽水湍悍，而往来者固无虞，人莫不以为利也。今会稽宪台治所，号称会府，而钱清当四会之冲，桥以济人，厥系斯重，乃皆坐视其废，曾弗之顾。君方挈兵民二枋以护台治，威望素著，而且以惠利及物为先务。君名穆尔古苏，字善卿，起家进士，调绍兴录事司达噜噶齐，今擢江东建康道肃政廉访司经历，仍留镇山阴萧山云。

(明)王祎撰：《王忠文集》卷八，第164—166页，《景印文渊阁四库全书》第1226册，(台北)"商务印书馆"，1986年。

(18) 义士吴先生墓志铭

先生讳辄，字中衡。其先，会稽人。祖某元浙江省医学提举，居官杭城因家焉。考某，妣某氏，某年月日生先生，性聪敏过人。初家塾之师授以孝经、论、孟，即暗诵如流。成童，通医书内经奥旨，余如脉诀歌、活人书等多熟焉，至如吹洞箫、鼓琴瑟、舞剑，皆不学而成，其志若有不屑于医者。元末多故，南台某官穆尔古苏公知其才，召为幕宾。方欲力荐之，而穆尔古苏公以他事被谗落陷阱中，公惧祸波及之，变姓名挈家海上，久之，乃卖药以养其亲。

(元)谢应芳撰：《龟巢稿》卷十三，第301—302页，《景印文渊阁四库全书》第1218册，(台北)"商务印书馆"，1986年。

(19) 国子助教李君墓志铭

浙西宪司以君茂才异等，荐补衢之常山县学教谕，又荐补衢之包山书院山长，皆弗就，未几，钱塘被兵，挈妻子居会稽，进士穆尔古苏以江东宪司经历，总督浙东诸路军事，以得君为重，延居幕下，待以宾师之礼。

(明)徐一夔撰：《始丰稿》卷十二，第346页，《景印文渊阁四库全书》第1229册，(台北)"商务印书馆"，1986年。

(20) 送黄彦美还会稽

彦美常从故侯买里古思以兵守越，后雪仇报恩，一时称诵。

君去应须到会稽，故侯墓上草离离。

信陵门下三千客，零落东风更有谁？

(明)刘炳撰：《刘彦昺集》卷七，第753页，《景印文渊阁四库全书》第1229册，(台北)"商务印书馆"，1986年。

(21) 送董郎中序

十数年前，海内兵起，生民涂炭。枢密院判官迈里古思公，首率义从，分镇越江上，守要害以御暴，立保障以生聚，东南之民，赖以休息者久之。方是时，士大夫咸声随影附，争游其门以自效。若夫才识之优，文艺之赡，则未有过于董君正仲者矣。君当院判公遇害之余，即率其士大夫之在越者，来归我相国。我相国以武济世，以文经邦，不爱玉帛车马，招纳四方贤俊，而才识文艺之士，彬彬然为生民出者，大抵多游院判公之门，藉院判公之门得美仕，至于今不绝。然特起骤为柄用者，常因其才而不尽，以院判公之故，而其人犹曰：吾常游于院判公云耳。则院判公之所与游岂易得哉！况游于其门而复以才特见柄用如董君者哉！君由枢府都事为分省员外，寻拜公府长史，擢枢府断事官转经历，所至甚宜于职，焯有誉闻。今平章公开省临安，更新庶务，思得宿学，重望谙练治道之人，以长其幕府。乃以便宜荐君为左右司郎中将之官。枢府诸僚友请为文以饯之。夫千里之驹诚骏矣，然必育于范厩者为足贵；千寻之木信材矣，然必产于邓林者足珍。君以才识之优，文艺之赡，早游院判公之门，是故不失为范厩之驹邓林之木矣！今复当王事靡盐之秋，而受我相之知遇，将见鸣和鸾于衢路，适绳墨于庙堂，而范厩之所育，邓林之所产，不虚辱也。然吾闻，临安为东南一都会，平章公以重兵临方面，当号令广布之初，政治更新之日，其任为至大，其责为至重。赞之之方，宜制其变于画诺之际，先其谋于筹恩之时，推其源以救其失，定其本以持其久，尽思广忠，绰有可为者，君其勉之！幕府者庶政之喉衿也。而军旅之事亦有与责矣，况君居幕府之长而为其所柄用者乎！

(元)戴良撰：《九灵山房集》卷之十三，第1—2页，《四部丛刊初编》第361函，商务印书馆，1922年。

(22) 樗隐先生传

……终日杜门谢客，坐木榻，读南华内外篇，不知霄壤间孰贵孰贱、孰泰孰约也。人以是高之，咸称樗隐先生。或又云：先生镏姓，尝以兵略佐迈公善卿守会稽，后以樗隐自盖云。……

(明)贝琼撰：《清江贝先生集》卷二，第12页，《四部丛刊初编》第370函，商务印书馆，1922年。

(23) 丁酉五月六日吴善卿宴诸公越城外唐氏别墅分得轻字

亭馆鉴湖曲，开轩水气清。

战袍当暑换，舞袖傍筵迎。

受雨枇杷熟，欺风翡翠轻。

杯行敢辞醉，不负主人情。

(明)王祎撰：《王忠文集》卷二，第39页，《景印文渊阁四库全书》第1226册，(台北)"商务印书馆"，1986年。

(24) 陪善卿枢密诸公看潮得流字

八月涛江上，风高万里秋。

珊瑚归铁网，琬琰落银钩。

谈笑真能事，追寻尽胜流。

凭谁挽强弩？百箭射潮头。

(明)王祎撰：《王忠文集》卷二，第40页，《景印文渊阁四库全书》第1226册，(台北)"商务印书馆”,1986 年。

二十四、观音奴

观音奴,生卒年不详,字志能,唐兀氏,居新州。登泰定四年进士第,任户部主事,继而主管归德府,为人廉洁正直,能为民申冤,断案如神。后升任都水监官,致仕归,卒年六十九。与同时代的诗坛名流相交甚深,如萨都剌、李孝光等。《元史选》、《雁门集》、《李孝光集校注》有其作品与信息。

(1) 观音奴传

观音奴字志能,唐兀人氏,居新州。登泰定四年进士第。由户部主事,再转而知归德府。廉明刚断,发擿如神。民有衔冤不直者,虽数十年前事,皆千里奔走来诉,观音奴立为剖决,旬日悉清。

彰德富商任甲,抵睢阳,驴毙,令郄乙剖之,任以怒殴郄,经宿而死。郄有妻王氏、妾孙氏,孙诉于官,官吏纳任贿,谓郄非伤死,反抵孙罪,置之狱。王来诉冤,观音奴立破械出孙于狱,呼府胥语之曰:“吾为文具香币,若为吾以郄事祷诸城隍神,令神显于吾。”有睢阳小吏,亦预郄事,畏观音奴严明,且惧神显其事,乃以任所赂钞陈首曰:“郄实伤死,任赂上下匿其实,吾亦得赂,敢以首。”于是罪任商而释孙妾。

宁陵豪民杨甲,夙嗜王乙田三顷,不能得。值王以饥携其妻就食淮南,而王得疾死,其妻还,则田为杨据矣。王妻诉之官,杨行贿,伪作文凭,曰:“王在时已售我。”观音奴令王妻挽杨,同就崔府君神祠质之。杨惧神之灵,先期以羊酒浼巫嘱神勿泄其事,及王与杨诣祠质之,果无所显明。观音奴疑之,召巫诘问,巫吐其实曰:“杨以羊酒浼我嘱神曰:‘我实据王田,幸神勿泄也。’”观音奴因讯得其实,坐杨罪,归其田王氏,责神而撤其祠。

亳州有蝗食民禾,观音奴以事至亳,民以蝗诉,立取蝗向天祝之,以水研碎而饮,是岁蝗不为灾。后升为都水监官。

(明)宋濂等撰:《元史》卷一百九十二,第 4368—4369 页,中华书局,1976 年。

(2) 水监观音奴

观音奴字志能,唐兀人氏,居新州。登泰定四年右榜进士第,任户部主事,转知归德府。后升都水监官,致仕归。卒年六十九。

四见亭

卧麟山前江水平,卧麟山下望行云。
山云山柳岁时好,江水江花颜色新。
长江西来流不尽,东到沧海无回津。
我欲登临问兴废,今时不见古时人。

栖霞洞

拄杖访栖霞，神仙信有家。

听泉消俗虑，拂石看云花。

海内年将暮，山中日未斜。

何堪骢马去，回首一云遮。

赈宁陵

春蚕老后麦秋前，驰驿亲颁赈济钱。

蜀邑七城蒙惠泽，饥民万口得生全。

荒村夜月闻舂杵，破屋熏风见灶烟。

圣主仁慈恩似海，更将差税免今年。

(清)顾嗣立、席世臣编:《元诗选》(癸集上)，第322页，北京中华书局，2001年。

(3) 送观志能分得君字志能与仆同榜又同南台从事考满北还

登台曾并辔，射策又同文。八月中秋别，三年此日分。

风霜下木叶，鸿雁渡江云。无日不思我，有诗还寄君。

(元)萨都剌撰:《雁门集》卷二，第625页，《景印文渊阁四库全书》第1212册，(台北)"商务印书馆"，1986年。

(4) 和同举观志能还武昌

短衣匹马走江汉，山川历历何雄哉。

汉阳城高鼓角动，洞庭水深鸿雁来。

雪消巴蜀浪翻屋，黄鹤几下声如雷。

是时立马夜呼渡，清江苦竹闻猿哀。

(元)萨都剌撰:《雁门集》卷二，第625页，《景印文渊阁四库全书》第1212册，(台北)"商务印书馆"，1986年。

(5) 余与观志能，俱以公事赴北，舟至梁山泊时，荷花盛开，风雨大，至舟不相接，遂泊芦苇中，余折芦一叶，题诗其上，寄志能。

题诗芦叶雨斑斑，底事诗人不奈闲。

满泺荷花开欲遍，客程五月过梁山。

(元)萨都剌撰:《雁门集》卷三，第631页，《景印文渊阁四库全书》第1212册，(台北)"商务印书馆"，1986年。

(6) 再过梁山泊有怀观志能

故人同出不同归，云水微茫入梦思。

记得题诗向芦叶，满湖风雨似来时。

又

灯火官船夜睡迟，满湖风露袭人衣。

无端惊起沙头雁，明月芦花各自飞。

(元)萨都剌撰:《雁门集》卷三，第632页，《景印文渊阁四库全书》第1212册，(台北)"商务印书馆"，1986年。

(7) 送太禧宗禋院观志能照磨监造御曲还朝

宗禋从事拟分曹，卷耳谁怜我马劳。
牺象云雷陈秬鬯，鸱夷风露出蒲陶。
周庐入直天光近，待漏随班斗柄高。
此去便鸿传好语，云中锦字认挥毫。

(元)释大昕撰:《蒲室集》卷五，第126页，《四部丛刊四编》，中国书店，2016年。

(8) 跋陈君章所藏观志能新乐府引

乐府者，上下进退协和，音调婉转委曲，极其流丽以为工，长于情者之能事。志气刚直者，无流连光景之意，无忧怨呻吟之和。其为辞也，豪宕放旷则有之，愤疾感伤则有之，良非乐府之所尚矣。前右榜进士、翰林应奉观志能，前在宪府，以刚见称，执笔史馆，以不佼为直，岂复有沉沦幽郁之逸志哉？吾闻诗三百篇，皆被弦歌，雅、颂出于大夫君子，国风犹先王流泽之遗者也。楚辞之作，忠而能怨。秦汉之间，莫或见焉，皆可歌者。及汉中盛，乐府始立。爰及曹魏，辞益悲壮。自是而降，风流靡焉。然则作而成之，非有礼义由乎其中，性情达乎其外，孰能返大雅之盛乎？吾由是知歌之善者，柔不如刚之达，曲不如直之遂也。门人陈君章，得志能古今体乐府、绝句等数十篇相示。绝句在唐时，亦乐府之流。盖从事桂宪，将委而去之之时者，是以然也。玉堂风日不到处，以史臣在禁近。诗曰：凤凰鸣矣，于彼高冈。梧桐生矣，于彼朝阳。菶菶萋萋，雍雍喈喈。岂止于此哉！

(元)虞集撰:《道园类稿》卷四十一，第162页，《元人文集珍本丛刊》(六)，新文丰出版公司，1985年。

(9) 送观至能赴归德知府

善理崇富教，长郡等烹鲜。
况兹久彫瘵，望治切宸渊。
纡组承明里，结驷双阙前。
燕郊芳草歇，商墟大火悬。
高怀薄霄汉，揽辔殊慨然。
揆予昧时用，载橐从甘泉。
庶闻两岐咏，为予书汗篇。

(元)余阙:《青阳先生文集》卷一，第11页，《四部丛刊续编》(72)，商务印书馆，1934年。

(10) 陪萨使君、志能游城西光孝院得茶字

入谷向亭午，城门已集鸦。
风沙天易夕，霜露菊犹花。

骑马寻修竹，逢僧问煮茶。

江南有独客，日夜忆京华。

(元)李孝光撰，陈增杰校注:《李孝光集校注》卷八，第 268 页，《温州文献丛书》，上海社会科学院出版社，2005 年。

(11) 陪观志能、萨天锡二使君游城西光孝寺

客子知寒归未归，北风鸿雁又南飞。

东家借马看黄菊，头白山僧开竹扉。

(元)李孝光撰，陈增杰校注:《李孝光集校注》卷十三，第 498 页，《温州文献丛书》，上海社会科学院出版社，2005 年。

(12) 用观志太郎韵寄萨天锡使君，今为江南诸道御史台令史(二首)

其一

駒駼传疾趋乌府，凤凰曹贵拜清郎。

群公幸自在霄汉，小子且可歌沧浪。

其二

金尽壮士安足惜，酒多好杯聊复开。

昨夜东家借生马，昇州高处望君来。

(元)李孝光撰，陈增杰校注:《李孝光集校注》卷十四，第 517 页，《温州文献丛书》，上海社会科学院出版社，2005 年。

(13) 用观志能韵寄萨天锡使君

杏花落后见辛夷，烈士无歌忆别离。

春草池塘蛙吹早，斜阳巷陌燕归迟。

(元)李孝光撰，陈增杰校注:《李孝光集校注》卷十四，第 543 页，《温州文献丛书》，上海社会科学院出版社，2005 年。

二十五、周喜同

周喜同(？—1352)，河西人。先后历官后宫卫士，承徽寺经历，南阳县达鲁花赤。红巾军起义爆发后，喜同以计防守南阳，获胜，后昼夜督丁壮巡逻守备，誓死报国，终因寡不敌众，被俘杀。赠南阳路判官。妻邢氏，遇贼，夺贼刀斫之，亦被杀。一家死者二十余人。

喜同传

喜同，周姓，河西人。初为后宫卫士，众称其才，选充承徽寺经历，再调南阳县达鲁花赤。居二岁，妖贼起，陷邓州，人情汹汹。

俄而贼锋抵南阳，南阳无城无兵，贼入之若虚邑。喜同以计获数贼，诘之，云贼将大至。悉斩之，以安众心，昼夜督丁壮巡逻守备。时大司农钱木尔，以兵驻

于诸葛庵，为贼所袭，死之。[①] 贼遂乘锐取南阳，喜同守西门，望见贼势盛，即以死自许，与家人诀曰："吾与汝等不能相顾矣，但各逃生，吾分死此，以报国也。"

已而城中皆哭，喜同策厉义兵，奋力与贼搏，贼退去。明日复至，与战甚力，杀贼凡数百。贼知无后援，战愈急，南阳遂陷。喜同突围将自拔，贼横刺其马，马蹶，喜同鞭马跃而起，手斩刺马者。俄而为他贼所追，身被数创，不能斗，遂见执，为所杀。妻邢氏，闻喜同力战死，帅家僮数人出走，遇贼，夺贼刀斫之，且骂且前，亦见杀。一家死者二十余人。赠南阳路判官。

(明)宋濂等撰:《元史》卷一百九十四，第4397—4398页，中华书局，1976年。

二十六、塔不台

塔不台(1306—1353)，字彦晖，唐兀氏。聊城县人，祖朱沙，父认管你，均为武官，母唐兀氏，为宜人。塔不台，排行第三，二十六岁，中元统元年进士，任襄阳录事司达鲁花赤。1351年，河南爆发红巾军起义，1353年魏王被擒，塔不台驰骑救王，亦被擒，不屈，悲壮惨死。

塔不台家族人物表

第一代	第二代	第三代
朱沙	认管你 妻唐兀氏	塔不台 又作塔不歹 妻王氏

(1) 塔不台传

时襄阳录事司达鲁花赤塔不台字彦晖者，元统元年进士。魏王军汝、亳，塔不台来供饷。王嗜酒，轻战备。一夕，贼劫王，王卧未能起，为所执。塔不台驰骑夺王，亦为贼所得。比明，见贼酋，王拜乞活，塔不台以足蹴王曰："犹欲生乎!"贼复屈其拜，塔不台拒而诟之，且与缚者角，遂支解。

(明)宋濂等撰:《元史》卷一百九十四，第4398页，中华书局，1976年。

(2) 塔不歹

塔不歹[②]，贯东昌路聊城县，唐兀[人氏]。

字彦辉，行三，年廿六，十一月廿七[日]。

〔曾祖〕□□，祖朱沙，□武校尉。父认管你，忠翊〔校尉〕。〔母〕唐兀氏，宜

---

① 原注:时大司农钱木尔以兵驻于诸葛庵为贼所袭死之　按《梧溪集》卷一《至正十一年大小死节臣诗》第一首后序有十二月帖木儿"鏖死南阳卧龙岗下"。此帖木儿与本书卷四二《顺帝纪》至正十二年二月辛丑条褒赠者同名，当系一人。此处之"钱木尔"似即王逢《诗序》与《顺帝纪》中之帖木儿。《新元史》改"钱"为"铁"，疑是。

② 原注:塔不歹，据《元史》卷一九四《喜同传》补。史文作塔不台，本文原缺第三字残笔似歹字曳脚，元人书人名，台与歹多通用，故此处补用歹字。

人。具庆下。娶王氏。

〔乡试东平〕第八名[①]，会试第十四名。

〔授〕□□□□□□。

王颋点校：《庙学典礼》（外二种），《元统元年进士录》，第186页，《元代史料丛刊》，浙江古籍出版社，1992年。

二十七、明安达尔

明安达尔（1302—1352），字士元，唐兀氏。出身左翊蒙古侍卫军户，居曹州。排行一，三十岁，中元统元年进士，由宿州判官改任潜江达鲁花赤。至正十二年，荆门失陷，潜江遂陷，明安达尔率众英勇奋战，后战死，其家也被歼，一子桂山海牙怀印绶远去，得免。

明安达尔家族人物表

第一代	第二代	第三代	第四代	第五代
军儿	传思郎	囊加台 妻秦氏	明安达尔 又作明安达耳 妻护都伦氏	桂山海牙

（1）明安达尔传[②]

未几[③]，贼陷潜江县，达鲁花赤明安达尔率勇敢出击，擒其伪将刘万户。进营芦洑，贼众奄至，出斗死，其家歼焉。一子桂山海牙怀印绶去，得免。明安达尔，唐兀氏，字士元，炳同年进士，由宿州判官再转为潜江云。

（明）宋濂等撰：《元史》卷一百九十五，第4415页，中华书局，1976年。

（2）明安达耳

贯左翊蒙古侍卫军户，居曹州，唐兀氏。

字士元，行一，年三十，八月十九日。

曾祖军儿，祖传思郎，父囊加台，母秦氏。重庆下。娶护都伦氏。

乡试东平第八名，会试第三十名。

授（常）〔归〕德宿州[④]判官。

王颋点校：《庙学典礼》（外二种），《元统元年进士录》，第182页，《元代史料丛刊》，浙江古籍出版社，1992年。

---

① 原注：乡试地名原缺。按塔不歹贯东昌路，依科举程序条目，所就当为东平乡试。今据补。

② 《明安达尔传》，附在《元史》卷一百九十五，第4414页，《聂炳传》后。

③ 至正十二年，荆门失陷，潜江遂陷，见《元史》卷一百九十五《聂炳传》。

④ 原注：按元代宿州属归德府，不属常德路；常德路下无宿州，见《元史》卷五九《地理志二》，卷六三《地理志六》，今据以改常为归。

二十八、丑闾

丑闾(1303—1352),字时中,唐兀氏。父伯颜察儿,母葛氏。登元统元年进士第。袭昔宝赤身役,历官京畿漕运副使,出知安陆府。至正十二年,红巾军攻打安陆,丑闾募兵数百人,守安陆,败贼前队,最终寡不敌众,壮烈惨死。妻侯氏,见丑闾死,自经死。事闻,赠丑闾河南行省参知政事,赠侯氏宁夏郡夫人。立表其门曰"双节"。

丑闾家人物表

第一代	第二代	第三代
伯颜察儿 妻葛氏	丑闾 妻侯氏	景福

(1) 丑闾传

丑闾字时中,蒙古氏。登元统元年进士第。① 累官京畿漕运副使,出知安陆府。至正十二年,蕲贼曾法兴犯安陆,时丑闾募兵得数百人,帅以拒贼。败贼前队,乘胜追之。而贼自他门入,亟还兵,则城中火起,军民溃乱,计不可遏乃归,服朝服出坐公堂。贼胁以白刃,丑闾犹喻以逆顺。一贼排丑闾下,使拜,不屈,且怒骂。贼酋不忍害,拘之。明日,又逼其从乱,丑闾疾叱曰:"吾守土臣,宁从汝贼乎!"贼怒,以刀斫丑闾左胁,断而死。贼愤其不降,复以布囊囊其尸,舁置其家。丑闾妻侯氏出,大哭,且列酒肉满前,渴者令饮酒,饥者令食肉,以绐贼之不防己。至夜,自经死。事闻,赠丑闾河南行省参知政事,赠侯氏宁夏郡夫人。立表其门曰"双节"。

(明)宋濂等撰:《元史》卷一百九十五,第4417页,中华书局,1976年。

(2) 丑闾

贯昔宝赤身役,唐兀氏。

字时中,行二,年二十九,七月二十九日。

曾祖□,祖□,父伯颜察儿,母葛氏,永感下,娶〔侯氏〕②。

乡试己巳上都第一名,会试第三十二名。

授崇福司管勾。

王颋点校:《庙学典礼》(外二种),《元统元年进士录》,第178页,《元代史料丛刊》,浙江古籍出版社,1992年。

(3) 丑闾,唐兀氏,承直,至元五年上,监察御史。

---

① 原注:丑闾字时中蒙古氏登元统元年进士第 《考异》据《元统元年进士录》云:"案是榜有两丑闾。第二甲第十二名,字时中,贯昔宝赤身役,唐兀氏。第三甲第三名,字益谦,贯河南淮北蒙古军户,哈剌鲁氏。此字时中者,乃唐兀氏,非蒙古氏族。"

② 原注:侯氏,据《元史》卷一百九十五《丑闾传》补。

(元)张铉纂:《至正金陵新志》卷六,第 330 页,《景印文渊阁四库全书》第 492 册,(台北)“商务印书馆”,1986 年。

(4) 送丑时中安陆知府

丞庶日凋敝,久贻宵旰忧,中原有斗格,陋室仍诛求。又闻大河奔,无复桑田收,群情自嗷嗷,时论空悠悠。下诏选朝士,传声典方州,及兹数年来,令牧颇清修。皇帝威信布,膏泽亦下流,用副民社寄,庶答廊庙谋。君才已历试,儒术素所优,寒露承冰壶,黄钟播天球。楚郢古名邦,廛市接车舟,人多尚游贩,野有良田畴。坐令书牒稀,行见疮痍瘳,香凝棨戟静,两洽桑麻稠。问俗在抚摩,敷政尚怀柔,三年屡丰穰,五袴成歌讴,最书举劳绩,归来奏宸旒。

(元)吴当撰:《学言稿》卷二,第 260 页,《景印文渊阁四库全书》第 1217 册,(台北)“商务印书馆”,1986 年。

(5) 梦观闾元宾　有序

元宾乃丑闾御史之母弟也。始御史直卫英皇,时以父宣慰公荫让,累官监杭郡,三年报政,而中外乱,虽累迁,仕意泊矣。至正丁未秋九月,吴藩为明兵所破,故官例征庸,元宾至则叹曰:“国危身虏,尚有头戴南冠耶?”遂经死。平生善书诗,治迹多可称焉。诗曰:

“老存平生怀,数梦忠良士,大者为列星,小者为厉鬼。

元宾高昌胄,气干岳嵬嵂,始如月闯门,既犹风行水。

忘言异温序,谅亦思故里,阴阳剥西极,江汉汹南纪。

乞怜毛群中,拭目喷死雉,在官知苦晚,徇国叹曷已。

郁郁春陵作,咄咄永和体,琴鹤就沦亡,高楼笛谁倚?”

(元)王逢撰:《梧溪集》卷五,第 526 页,《北京图书馆古籍珍本丛刊 95》,书目文献出版社,2000 年。

(6) 送丑时中之西台照磨

故人别我入秦川,开幕遥临玉井莲,恩赐猩袍如昨日,归骑骢马看他年。

路经函谷山多雨,春尽新丰草自烟,相见勾稽间北榻,尺书时到广文毡。

(元)王沂撰:《伊滨集》卷八,第 454 页,《景印文渊阁四库全书》第 1208 册,(台北)“商务印书馆”,1986 年。

(7) 送宋翼卿西台照磨寄丑时中管勾

送子函关西复西,青门柳老惜分携,云深魏阙人回望,路熟秦川马自嘶。

揽辔定酬他日志,拂尘闲看去年题,芙蓉幕下如相问,拟向秋风钓故溪。

(元)王沂撰:《伊滨集》卷八,第 454—455 页,《景印文渊阁四库全书》第 1208 册,(台北)“商务印书馆”,1986 年。

(8) 寄福建参政景福仲祯今削发为僧名福大全前南台御史丑闾时中仲子也

一门忠孝世三传,节钺弓旌映后先。

白业漫修三竺境，丹心老戴八闽天。

雁违寒雨菰连泽，鱼上春冰瘴少烟。

为报旧游王朴在，最闲林下亦逃禅。

(元)王逢撰:《梧溪集》卷四，第506页，《北京图书馆古籍珍本丛刊95》，书目文献出版社，2000年。

(9) 建安忠义之碑

至正改元之十八年，皇帝重念闽海道远，用兵日久民弗堪，命诏浙江等处行中书省平章政事普化帖穆尔，以便宜移镇之。公既莅事务修厥职，明年淮寇陈友谅遣其伪将邓克明等，由建昌分三道犯闽，又明年春三月，陷延平。夏五月乙亥，围建宁。时经略使伯颜不花在城中，遂以总管阮德柔为参知政事，调度诸军都事，余元善检校、赵璋治文书以佐之，达鲁在赤般若帖木尔主馈饷，同知陈子琦、贾野驴、庄文善各率所部往来接战，仍与理问景福……

(元)贡师泰撰:《贡礼部玩斋集》卷九，第622页，《四部丛刊四编》，中国书店，2016年。

二十九、黄头

黄头，生卒年不详，唐兀氏，一名世雄。徙居濮州鄄城，为塔思火你赤万户之军户。世祖初，山东内附，祖琏赤，因功升任山东道宣慰司副都元帅。父阿荣，袭琏赤职，授武略将军，先后同知松江府事、溧阳知州、汀州总管、同知邵武路事、德庆路总管、怀远大将军，卒。黄头为长子，以世袭官职让与弟弟山住，自己以浙西帅府掾入仕。任兴国路大冶县达鲁花赤，又调任安丰路怀远县，兼领蒙城县。后为嘉兴、温台等处运粮千户。延祐元年(1314)就任海道都漕运万户府副万户，海道都漕运万户，佩双珠虎符，阶武德将军，制定出改善海运管理的十条行之有效的办法，为后人所沿用。又任郴州路达鲁花赤，调平江路，未到任而卒。妻朱氏、周氏，皆封陈台夫人。子九人。

黄头家族人物表

第一代	第二代	第三代	第四代	第五代
琏赤	阿荣	黄头 一名世雄 妻朱氏、周氏	哈剌	男二十人 女十一人
			脱脱木儿	
			元童	
			别帖木	
			乃蛮歹	

续表

第一代	第二代	第三代	第四代	第五代
			保童	
			和尚	
			安童	
			赵安	
			女五人	
		山住		
		朵罗歹		

(1) 黄头传

黄头一名世雄，唐兀氏，后徙濮州鄄城。祖琏赤，山东道宣慰司副都元帅。父阿荣，袭琏赤职，累迁汀州总管、同知邵武路事，有惠政，转德庆路总管，阶怀远大将军，卒。

黄头其长子也，以世袭职让其弟山住。从弟朵罗歹为广衍仓使，亏官粟，黄头卖其宅以偿之。辟浙西元帅府掾，累迁兴国路大冶县达鲁花赤。调安丰路怀远县，兼领蒙城县。镇南王伐安南，道过其境，供张办而民不扰，王善之，解所御衣服弓矢以赐，擢嘉兴等处运粮千户，佩金符，在职八年，改温台等处运粮千户。

延祐元年，擢海道都漕运万户府副万户，运米二百七十万至京师，迁海道都漕运万户，佩双珠虎符，阶武德将军。前后九渡海，海运利弊靡不周知，运船雇于濒海居民，常以船坏失事，黄头预以运费借之，使修船，由是失事者日少。运船受雇者直甚厚，船主贪饮博，或失期受责，黄头为之封识，时其当用给之。运船窃米者多，黄头使漕兵、柁工、水手之属得相收倚连坐，其弊遂除。自温台至福建，皆雇民船载米至浙西，复还浙东入海。黄头请移米庆元，自烈港入海，无迂道之费，温台运船水脚之费，岁于行省关拨，黄头请给钞于温台，使船人受讫即行。船行迟疾不一，旧例至直沽以次受之，先至者或食尽不得去，黄头请于朝，至则受之，民以为便。运船回空，枢密差官搜阅，因为奸利，或诬执榜掠，罄其囊箧。黄头请禁之，运船过河间，监司率以盐草为辞，舟人无所得爨，黄头请正盐草地界，购其界外之薪。运船祷祠费，岁不给，黄头请借官钞千缗，收息供之。运船至直河，禁船人登岸，黄头请宽其禁，使柁工水手得饮食于市。凡所张弛之法，后人皆遵用之，以为定例焉。未几，卒。

子保童，崇仁县达鲁花赤，以转输至集庆海洋，海船人有识之者，惊曰："此吾万户公子也。"相率罗拜，且卫之。其为人所感戴如此。

柯劭忞撰：《新元史》卷一百八十二，第743页，《元史二种》(上)，上海古籍出版社，2012年。

（2）平江路达鲁花赤黄头公墓碑

元故昭毅大将军平江路总管府达鲁花赤黄头公唐兀氏，别名世雄。世居濮州鄄城县，占籍于塔思火你赤[①]万户之军，以某年某月某日未上平江而卒，得年若干岁。其孤奉丧以归，祔而葬诸鄄城县季康保柳行村先茔之次，去鄄城四十里。国家之制，秩三品有功德可称者，得请谥。以未及请谥，墓碑未立若干年矣。其第五子保童监邑抚之崇仁，予自国史归老，侨居其野，保童之在太常，以奉印为职事，尝见予于朝。而其季弟和尚自其兄元童所来，曰："是不可失也，宜亟请焉。"于是使和尚覃思追忆，得其遗事，以告邑教谕乡贡进士朱礼，邑之隐君子陈德仁，述状来求铭。予按其事有可以风动于时者，故为之书。其大父琏赤尝为明威将军山东道宣慰司副都元帅。世祖皇帝初，山东内附而弗靖，久劳王师，甫定之，事既平，列于帅府者，非才勇亲信弗及也。既殁，而子阿荣袭其职，以才能选授大都西北关厢巡捕之事。有盗万寿山广寒殿御器金者，获之称旨，授武略将军，同知松江府事、溧阳知州、汀州总管，又同知邵武路事。披荆棘，立官府，有德政之碑。转怀远大将军，德庆府总管而殁。生九子：平江公其嫡长也，以荫让其弟山住。从弟朵罗歹为京畿广衍仓使，及中更大亏，公卖其乡之楼居以代之偿。久之，又忧群弟之无室也，买旧产之没于官者，为券以付之，俾安于自养。又资朵罗歹使干禄焉。始从事浙西帅府，摄清流、武平二县之长。新行至元银钞法，署进义副尉濮州平准行用库提领。至元二十七年，例革，除兴国路大冶县达鲁花赤，以治辨称。迁保义副尉，安丰路怀远县兼领蒙城怀远秋夏之税。蒙城有浊流北行，人弗逊于常，邑人归罪于水，公以私钱买地，沟而顺之，祠神之信于民者，而为之誓，俗以变焉。镇南王出征，道出其境，馆舍供帐之，具事备而民弗扰。王善之，解所御衣服弓矢以赐。迁忠翊校尉，相因仓监支纳仓粮九万石，出纳惟谨，升嘉兴等处运粮千户，服紫衣佩金符矣。居八年，改昭信校尉，温台等处运粮千户。延祐元年，就任升武德将军、海道都漕运万户府副万户。亲运米贰佰七十万。迁显武将军海道都漕运万户。佩双珠虎符，前后九度海，而海运之事无所不周知矣。初，世祖皇帝取东南之粟以实京师，以航海为便，常苦舟不知道并海行虞险失措，吴人朱、张二氏出入海道甚习，岁择便利，帅其私属子弟驾海舟远山即深以行，风水甚便，以数千百浮数寸之木，冒不测之渊以进，重利厚爵以募之，其卒也致粟京师，岁凡三四百万斛矣。朱、张二氏得罪，更用其人，不习其事，则多误焉。而公以久于其官，遂进治其府，而其政有可书者：一曰运舟募诸濒海之家，民苦之，而贫者常以舟坏误事。公请预以运费借之，使买木以葺舟，于是增舟之多，可运一百万斛。二曰海舟受雇者直甚厚，而无赖之人得钱即糜于饮博，及期，宁受责于

① 塔思火儿赤为蒙古达达儿氏，祖塔思火儿赤，从太宗定中原有功，为东平路达鲁花赤。黄头祖琏赤跟随蒙军东来，入籍达达儿塔思火你赤部。

无可奈何。公为之封识，时其当用而给之，事无阙失。三曰舟行海中，愚无知者，窃所载以肆欲，舟至直沽，遗失无所从补，公为法，运官舶主，庾卒，水工，碇手之属，得相收伺连坐，其弊遂革。四曰粮之登舟，自温台上至福建，凡二十余处，皆取客舟载之，至浙西，复还浙东入海。公请移粟庆元，海舟受之，自烈港入海，无反覆之苦。五曰温、台运舟水脚之费，岁于浙省关拨，而散之运粮千户之所，洽运者各于所治受钞，复还温台登舟，往复不便。公请悉留钱温、台，舟人受讫以行。六曰舟行风水迟疾不齐，旧例至直沽以次受之，而先至食尽，久不得去。公请于朝，至则受之，民以为便。七曰运舟之回，恐有所掠，买不法之物，枢密差官廉察之，比舟出海口，搜阅者因为奸利，虽无所有，犹诬执搒掠，空其囊箧，多不能归，公请禁止之。八曰海运之舟众数十万，薪爨之用，取诸水滨，道经河间，盐司率以盐草为辞而执掠之，无所得爨。公请正盐草之界，得取其短小于钩断之外不预盐草者。九曰运舟冒险以出，常赖祷祠以安人心，若所谓天妃、海神、水仙等祠凡十余处，朝廷给牲牢醮祭之费，岁为中统钞百定，而实不给也。公请假官本千封以贷人，收子钱以供其事，罢官给之费，而岁事丰备。舟行以成山为望，常苦雾起不见，而冒行以败，公请立置成山祠以祷，朝廷从之。十曰舟至直沽，则京师之人为肆沽卖，官收其课甚夥，后以争斗，绝舟人之登岸，而公私大失其利。公为严约束，听民得饮食于市，而争斗者悉与有司辨直曲，立断之。凡此者皆海运之要务也。故备书之，使观者有考焉。有失剌木丁者与公常同为千户，公以都万户至京师，而其人犹旧职也。公白于朝堂曰："某实知斯人之才能，而久于其职可念也。"荐以自代，时宰然之。而公以怀远大将军为郴州路达鲁花赤矣。秩满改除昭毅大将军平江路达鲁花赤。公任海漕官于平江之日久，周知其民事，达于利害情伪之故，其民望之，而公亦期有以自见，而遽以即世，不亦惜哉。嗟夫！海运之实京师，国家万世之长策也。然而东南之民力竭焉，频岁浙西水旱，廪不充数，江淮上流三省数十郡州县之吏，斗升之民，终岁勤动，越江历湖，以助其不足，而争斗勿戢。又有深可虑者，则有大夫君子之所不能忘其忧者也。

保童之治崇仁，官不十日，即以转输在行，至集庆水洋，率民舟以待，而海人颇横不测，或见保童于沙际而识之，惊曰"此吾万户之子也"，相率罗拜，更相告而卫之，而所部得无失。然则公之遗爱在人可知矣。而其用不大究于时，惜哉！公之夫人朱氏、周氏皆封陈台夫人。子九人：长哈剌，承事郎、兖州路同知；脱脱木儿，东平等处民户总管；元童，承直郎、平江路长洲县达鲁花赤；别帖木，未仕；保童，承直郎、抚州路崇仁县达鲁花赤；乃蛮歹，早世；和尚、安童、赵安皆未仕。女五人。孙男二十人，女十一人。铭曰："皇有中州，东多奥区，维鄄之城，沛其来居。自公之先，克顺克类，起家明威，以贰东帅。侃侃樵侯，政在刻词，有子五人，出处各宜。公实孝友，亦有九子，身服官政，职劳不弛。淮江越闽，皆长其民，练习既优，百为是亲。相彼东南，稼穑丰茂，京坻有容，岁广其受。航海以东，千万其储，九涉鲸波，无少不虞。去之几年，人见其子，泣涕感慕，是孰之使。长洲告能，崇仁公严，先世其家，斯人来瞻。俾书贞珉，以告来裔，太常征焉，行锡节惠。”

(元)虞集撰:《道园类稿》卷四十四，第 322—325 页，《元人文集珍本丛刊》(六)，新文丰出版公司，1985 年。

三十、乞台普济

乞台普济(?—1318)河西人，本姓史氏。曾祖持持理威，夏臣。祖拉吉尔威，仕元为太祖侍卫。父算智尔威，事世祖，为蒙古唐兀军民达鲁花赤。乞台普济幼时随父出入世祖帷幄，被选侍奉裕宗，以恭敬谨慎知名。武宗出生，保育有方，深得裕圣皇后信赖。大德十一年，协助武宗顺利实现继位，进升荣禄大夫，中书平章政事，封庆国公。至大元年，授予中书左丞相，同年，又改任右丞相。至大二年，立尚书省，进太傅、尚书右丞相，后因病免职。皇庆二年，进封安吉王。延祐五年四月，卒。其兄阿拉克普济，弟昂吉、日尔塞都被委以重用。子三人，长子额尔吉纳传附在《新元史·乞台普济传》后。乞台普济家族有迹可寻的人物共四十一人，其中男性二十五人，女性十六人。

乞台普济家族人物表

第一代	第二代	第三代	第四代	第五代	第六代	第七代
持持理威 妻伊拉齐氏	拉吉尔威 妻蔡氏	算智尔威 妻乌纳氏	阿拉克普济			
			乞台普济，一名奇塔特布济克 妻库库楞	也克吉儿又作额尔吉纳	达实和尔布 伦图尔威 塔海智	额尔吉纳威 玖哲尔威 布都尔威
				哩日	诺海	卓尔齐阿噜珲
				尔禄	都迪尔威 伊齐特穆尔 戬伊特楚(女) 按巴(女) 哈达逊(女) 斡斡(女) 聂辰(女) 世兼千户(女) 聂尔布(女) 吉连布(女) 染齐(女) 善布(女)	彻尔济 勒尔威 女二人
			昂齐			
			日尔塞			

续表

第一代	第二代	第三代	第四代	第五代	第六代	第七代
			托罗岱	乌尼尔威 珠特尔威		

(1) 乞台普济传 也克吉儿

乞台普济，河西人，本姓史氏。祖拉吉尔威，宿卫太祖。父考算尔威，材勇绝人，事世祖于潜邸，从平云南。又从渡江攻鄂州。世祖即位，从讨阿里不哥，授蒙古唐兀军民达鲁花赤。

乞台普济，幼从父出入世祖帷幄，后选侍裕宗，以敬慎闻。武宗生，是为皇曾孙，诏乞台普济保育之。皇曾孙幼学，以其子也克吉儿侍读。或游戏废学，则挞也克吉儿以诫之。每大会宗王，读世祖大训，必谓皇曾孙曰："此汝异日所应为者，其谨识之，勿忘。"裕圣皇后以乞台普济善于辅导，命四卫番直官，事必咨之。

大德二年，武宗镇抚北庭，军事悉委于乞台普济。四年，以文移无印宝，入朝白其事，得裕宗信宝以归。五年，海都入寇，败之。令军士表红衣于甲以自别；自是，贼望见红甲军，辄退走。

十一年，成宗崩，武宗欲弃大军奔丧，乞台普济曰："使者但来告哀，须俟皇太后诏赴。"已而仁宗奉皇太后削平内难，诏武宗入继大统。即日，假乞台普济平章政事。武宗即位，拜荣禄大夫、中书平章政事，封庆国公。七月，进仪同三司、太子太保。九月，加开府、太子太傅。至大元年二月，拜中书左丞相，加上柱国。四月，拜太保。六月，进太子太师。七月，加录军国重事。十一月，进右丞相。又授其兄阿拉克普济荣禄大夫，兼都元帅；弟昂吉，荣禄大夫、司徒，遥授平章政事；日尔塞，荣禄大夫、宣政院使。期年之内，贵震一时。二年八月，立尚书省，进太傅、尚书右丞相，是年十二月，以病罢。皇庆二年，进封安吉王。延祐五年四月，卒。

子也克吉儿、纳里日、尔禄。纳里日，光禄大夫，遥授中书左丞相，兼将作院使；尔禄，幼为沙门，后赐御服帽，不祝发，佥宣政院事。

也克吉儿，年二十二，从武宗于北庭。海都逾金山，至库布哩，也克吉儿将左卫射士为前锋，当贼骁将。既接战，搏贼将堕马，斩其首而还。武宗解御衣及马鞍勒赐之。贼夜袭他部辎重，又将数百骑追败之。四年，败贼于昂吉尔图。获人畜无算。五年，海都大举犯和林，战于哈喇台，以数十骑出入敌阵，武宗乘之，贼始却。十年，从武宗逾金山，斩获万余。十一年，第诸将功，以也克吉儿为冠。

武宗即位，授资德大夫、同知枢密院事。六月，赐虎符大府院使、唐兀亲军都指挥使。七月，加特进、遥授中书左丞，又进知枢密院事、兼典瑞院使。至大元年五月，兼仁虞院使。十一月，拜御史大夫。仁宗即位，改知枢密院事。卒。

柯劭忞撰:《新元史》卷一百九十九,第798页,《元史二种》(上),上海古籍出版社,2012年。

(2)开府仪同三司太尉太保太子太师中书右丞相史公先德碑

至大之元,秋七月二十有八日,制曰:"丞相庆公之先及事列圣,继世忠谨者,既敕有司,既谥既封,非刻金石,终恐不能垂示悠久。其令翰林学士承旨臣燧为撰次之。"臣闻命兢惕,诚以不文,不能铺张大君子盛烈,上负明诏。其冬,而其家乘始至自夏,故得反复究观。公夏人,史姓,曾祖考持持理威,夏臣,赠同德济难功臣,谥康穆。祖考拉吉尔威,宿卫太祖,赠服勤翊卫功臣,谥敬简。考算智尔威,关弓驰马,拳勇绝人,入侍世祖潜藩。岁癸丑,从平云南诸国,以骁果闻。及归行赏,赐马五匹、钞二千五百两,价与银埒。己未,又从济江攻鄂,战疾力。明年,帝正天位,从征叛王漠北,小大之载十五,赐白金币锦,以为蒙古唐古军民达尔噶齐,年七十八终,赠推诚翊运功臣,谥忠宣。三世皆太师、仪同三司、上柱国,公祖考加开府。曾祖妣伊拉齐氏,祖妣蔡氏,妣乌纳氏,夏王外孙,皆从封夏国夫人。七子,同出五人,公次居二,以奇塔特布济克名行,自童幼从忠宣出入世祖帷幄,天监灼其己克恭勤。至元丙寅,选侍裕宗于东宫,将二十年,敬畏益加,无少僭忒。逮顺考生皇上储皇诏公保育鞠视之,每帝召见,则必左右兼抱之至前。方幼而学诏教之经,以其嫡子额尔吉纳侍读,俟其遨嬉废诵,则挞其子以警之,故能终业。大会将毕,聚诸侯王读太祖大训,加丁宁告诫之,始遣就国。或皇上储皇不在列,必邀致之,使与有闻,出申饬曰:"是汝他日所宜为者,其谨识之,必举其辞,无庸怠忘。"徽仁裕圣皇后以善于薰陶翊赞也,责其四卫番直,诸臣事皆咨闻。大德二年,成宗诏皇上抚军漠北曰:"是昔大帝授朕者,今以付汝。且以辅导扈从,壹是军务,悉听于公,宿卫诸将皆父事之。"至则训练六军,总裁法令,胥地所宜,可屯田者,必分耕之,以佐军实。屠羊不汤其毛而皮之,与饵馈弃余诸物皆集以市诸部,易皮为裘,御战士冬。四年,以文移无印,难杜罔欺,又身入闻,得裕宗信宝以归。明年八月,寇大至,公教吾军表红衣于甲以自别,俾哄不迷,大崩其群。自是寇望红衣军则退,不战。九年,皇上逾金山,公视军士失马徒者,空其群散之,死则不责其偿。十一年,成宗宾天,使至,皇上欲弃大军入主居忧,公曰:"是使之来,惟以告哀,且彼事宜难以遥度,须召赴使皇太后储皇随以削平内难,见告,且促其来。"即日,假公平章政事,驿至大都,辇致金帛于北;为朝集备。五月,皇上立极,真授荣禄大夫、中书平章政事。盖公虽历事世祖、裕、顺、成三宗,其贵有位,则始乎今。逾月,储皇入,陈畴昔调护之劳,制亦曰:"非夫人之力安及此。"加银青,封庆国公,妻库库楞,同封庆国夫人。七月,进仪同三司、太子太保。九月,加开府、太子太傅。明年,至大之元,二月,拜中书左丞相,复以为太子太保,加上柱国。四月,拜太保。六月,进太子太傅,再进太子太师。七月,加录军国重事。十一月,中书右丞相。十九易朔之间,凡九降制,人臣之位至是极焉。

又以其兄阿拉克布济克、弟昂齐皆荣禄大夫司徒，兄兼都元帅，弟遥授平章政事。弟日尔塞，荣禄大夫、使宣政院。宁夏甘肃释都总统托罗岱管军千户，蚤卒。他母亦乌纳氏。二子：乌尼尔威、珠特尔威。男孙十有七人：达实和尔布管军万户虎符、伦图尔威、塔海、诺海、都迪尔威、伊齐特穆尔。额尔吉纳，年二十二，至漠北之明年，寇出金山南库布哩，额尔吉纳将左卫射士居颜，行当寇骁将，既接战，刀槊两不能施，手搏坠马，斩其首。明日，皇上解御衣、所乘马鞍勒为赐。仍偶一良家女。寇夜袭他部辎重以遁，又将数百骑追败而止，还之。四年，又殄寇于昂吉尔图，获人畜财货不可口匹赀算。又明年，寇举国至，又战于哈喇台，以数十骑出入其阵数四，所当披靡，莫之与敌，寇大骇却。皇上乘之，遂大溃，斩馘不可级计。十年逾金山前茅，获俘万余人，斯皆效死于乘舆前，天目昭睹者。明年，寇平，第诸将功，瞻略材武推为冠军，立极之日，授资德大夫、同知枢密院事。六月，赐虎符，使太府院事、唐古亲军都指挥使。七月，加特进，遥授中书左丞相。又进知枢密院事，又兼使典瑞院。至大之元，五月，兼使仁虞院。十一月，拜御史大夫。哩日，初事晋王，有谨敏称，皇上至军之明年，大战库布哩，虽胜而寇退未远，与晋军合，而大官廪肉不足，则日馈二羊，又继诸军粮，其府又尽，则赋他部供亿。后多其忠，从晋王求致左右，立极再月，授资善大夫、翰林学士承旨。十月，进荣禄大夫，遥授平章政事、行大宗正府伊克扎尔固齐。十二月，授卿典牧。至大之元，二月，使尚服。五月，拜光禄大夫，遥授中书左丞相。七月，兼使将作院。尔禄，幼为沙门，十一年，至军中，赐御服帽带，俾不祝发，其年，官以正议大夫，佥宣政院事。女孙十八人，有从者十：曰戬伊特楚，曰按巴，曰哈达逊，曰斡斡，曰聂辰，曰世兼千户，曰聂尔布，曰吉连布，曰染齐，曰善布。男曾孙六人：额尔吉纳威、玖哲尔威、布都尔威宿卫乘舆；卓尔齐阿噜珲，彻尔济，勒尔威。女曾孙二人。

臣尝概公父子有四德焉：一则曰保育圣躬，再则曰旧学，三则曰周旋军中，十易寒暑，修扞于艰，终则曰扶植皇极，弘济登兹高明，一门之间，三为丞相，无盛与俦，人奚间然。敢再拜稽首而铭之曰："维史胄出，书焉有质，伊谁云从，则周史佚。逾二千载，余庆茂蕃，推而上之，实一其原。嗟公之家，中土亦始，其来姑臧，不知其纪。可系而名，则由其曾，奕奕其绳，陛陛其登。祖卫圣武，左右兴祚，龙咆虎号，风云胥附。考事世皇，荷祋与戈，昉于南诏，爨僰垒摩。再从济江，攻鄂东北，舞干梯冲，执讯云壁。又偕度漠，冰雪峨峨，手瘃足皲，拳勇维何。固叛是求，凡十五战，不摇疾飙，劲草乃见。归以寿终，生子如公，帝灼其心，惟一效忠。式昭德音，选臣裕庙，其尽其职，其德其要。洞洞其信，属属其恭，介介其守，廓廓其容。皇上诸皇，既生顺考，诏辅翼之，俾躬是保。及惰授经，挞子示惩，止其邀嬉，大训服膺。其弥为善，若是非一，臣邻德将，畴与为匹。成庙降制，俾从抚军，朔方十年，日伺寇氛。昼横雕戈，夜衽龙盾，惟彼不至，至战必遁。末逾金山，危巢是倾，竟令飞扬，不逭大刑。惟皇作极，言念大德，既赠祖考，公以夏国。美谥崇阶，罔一或遗，父子丞相，百辟用师。尚服其衣，尚乘其马，门户辉光，世无二者。爰诏史臣，乐石特书，贺兰可磨，而铭始渝。”

(元)姚燧撰：《牧庵集》卷二十六，第1—6页，《四部丛刊初编》第346函，商务印书馆，1922年。

(3) 命左右丞相诏　至大元年七月

中书政本也，军国之务，大小由之。朕自即位以来，厉精求治，爰立辅相以总中书，而期年于兹，大效未著，岂选用之不当欤！何万机之犹紊，而群生之寡遂也。今特命左丞相塔思不花为中书右丞相，太保奇塔特布济克为中书左丞相，统百官，平庶政，便者举行，弊者革去。一新综理。诸内外合行大小事务并听中书省区处闻奏，违越者论罪。於戏！设官分职，慎毋紊于条纲，持盈守成，务先安于黎庶。

(元)程文海撰：《雪楼集》卷一，第5—6页，《景印文渊阁四库全书》第1202册，(台北)“商务印书馆”，1986年。

三十一、也儿吉尼

也儿吉尼(？—1368)，字尚文，唐兀氏。至正五年，任监察御史，后升任内台御史，此间，锲而不舍正直进谏，弹劾丞相，维护朝纲。十一年，改任广西道肃政廉访副使，修城池，扼险要，捐俸贸易海盐，多次击败红巾军的进攻。兴修水利、倡导儒学、建兵防，发展生产，保广西人民一方平安。二十三年，任广西平章政事，时江南诸行省多被红巾军陷没，惟也儿吉尼守广西十五年而稳定。二十八年，城陷，不屈死。一子，不花帖木儿，随父一起守城作战。

也儿吉尼家族人物表

第一代	第二代
也儿吉尼	不花帖木儿

(1) 也儿吉尼传

也儿吉尼，字尚文，唐兀氏。

至正五年，由陕西行台监察御史，入为内台御史。劾丞相别儿怯不花不可为相者五事，章再上，出为佥浙西道廉访司事，既拜命，复劾之。帝感悟，罢别儿怯不花为太保，也儿吉尼曰：“是不可以为相，而可以为师乎？吾为谏官，言不用，则当去。”固辞前命，由是谪别儿怯不花居渤海。也儿吉尼丁父忧，夺情起判中政院。十一年，迁广西道肃政廉访副使。

十二年，红巾贼陷潭州，鼓行而西。也儿吉尼乃议缮城郭，扼险要。捐俸贸易海盐。数岁，息至巨万，经费以充。又集诸将谓之曰：“使贼长驱深入，则广西危矣，宜出军衡、湘以扼之。”乃使万户黄祖显率三千人为先锋，都元帅甄崇福统五万户继之。祖显败贼于樟木镇，贼走衡山，追之，连战皆捷，斩首数万级，潭、衡二州平。既而，道州贼周伯颜陷全州，也儿吉尼使万户孙思敬赴援，贼败走，复进克道州，获伯颜诛之。又使同知普颜帖木儿等平临桂、贺州乱民，广西始定，擢湖广行省平章政事，兼广西道肃政廉访使。

二十三年，立广西行省，以也儿吉尼为平章政事。是时，江南诸行省多陷没，惟也儿吉尼守广西十有五年。

二十八年，明将杨璟等克永州，进攻靖江，别将朱亮祖亦自平乐率师来会。也儿吉尼屡败，使副使王暹乘驲至梧州，募兵无应者。复遣其子不花帖木儿至肇庆，告急于普颜帖木儿。馈以银五千两，使先归。不花帖木儿中道为明兵所获，缚至城下，招其父降。也儿吉尼登陴下令曰："有能射杀吾子者，赏五十金。"射之，无中者。六月，璟使降将皮彦高阴购把水元帅张荣为内应，荣麾下裴观缒城出，见璟约降。璟给白皮帽百余，使为识，乘夜自宝贤门入，城遂陷。也儿吉尼出走，追执之，送于金陵，不屈死。部将陈瑜、刘永锡、曾尚宾，皆全家自杀。

柯劭忞撰：《新元史》卷一百九十九，第 857 页，《元史二种》（上），上海古籍出版社，2012 年。

（2）奉议大夫岭南广西道肃政廉访司副使也儿吉尼公德政碑

圣天子在位之十有五年，大臣之总百揆者，阴愎专娟，政用弗凝，中外侧目，无敢言者。于时，唐兀氏也儿吉尼公由西南台入拜监察御史，抗疏极言，纠其不可以指者五事。章再上，以公佥浙西宪。既拜命，复上论劾不已，天子感悟，罢相臣为太保。公曰："是不可以相，而可以师乎？吾为谏官，言不用则当去。"乃固辞。三台各道以公言系天下安危，不可以不继也，皆驰奏之。于是太保归田里。天下之人皆知公为忠直之士。未几，丁父忧，公曰："免丧，国制也。然吾以荐历清要，不可以违圣天子为治之道。"居丧克尽其礼。上益知公贤，夺其情，起判中政院。方是时，上励精图治，一视同仁，无有远迩，皆辍近臣以抚镇之。尤以岭海遥邈，反侧靡常，非按之以廉明风厉之臣，有司鲜克率职，民将不堪。乃命公为广西宪副，至正十一年也。时都梁寇数千剽灵川，距桂林数十里，公督都元帅阿鲁辉统之，孙思敬二万户合官军撞义擒杀之。明年，红巾贼起河南，正月渡蕲、黄，陷鄂省，二月，陷岳与潭，众号数百万，鼓行而南。公集诸将群有司论之，曰："今剧贼起闾左，衡行数千万里，以天下久安，战守不备故也。使其长驱深入，薄我疆场，而后御之，劳师费财，震惊我民，非计之善也。不如要之衡、湘以挫之，使其志不得逞。"公乃亲励将士，命左江安抚黄祖显发精锐三千人为前锋，都元帅五万户兵八万继之。三月，祖显至衡，遇贼樟木市，大战，败之。贼屯衡山，元帅兵追击之，战衡山，又战下摄，大破之。斩首数十万级。戮豪民之为向导者四家，潭、衡悉平。于是，北际湖、湘。南极海裔，其民安于耕桑，乐于事育，与承平时无异。既而道州逆贼周伯颜杀湖南帅，据其城，复陷全州。公曰："吾以千五百里保衡，独不能以数百里庇齿之全乎?"即与帅臣议,命万户孙思敬等救之,遂复全州。临桂东乡民张朝佐聚群恶为红巾内应,公命静江路同知卜颜帖木儿捣其巢穴,歼其渠八人,喻胁从以祸福而安辑之。大墟民苏德智合徭寇谋犯城邑,公命帅府经历普颜帖木儿督万户兵捕戮之。道州贼侯舍等攻陷贺州,万户也先往捕,侯舍望风奔溃,禽其党无遗类。由是广西之境暨邻郡数千百州民不从乱,猺、獠格心焉。广西土瘠人稀,重以分阃之需,公上之税才六千二百余石。岁仰给军储于湖南以数万计。自红巾贼陷湘,趱输不至,会岁大饥,民有食殍死之肉者,公愀然叹曰:"吾以详问疾苦。忍视其民之死而弗恤耶?"乃悉捐禄秩之储五千缗,市粟以赈之。官师胥吏若士与庶争先效慕,得粟万数千石,使民免于沟壑。湖、湘官民避难而来归者以千数,公不彼我之间而振给之,流亡者若赴其家。然广西供亿馈饷数倍他镇,朝廷岁须官本钱三拾万锭,自寇阻路绝,三岁不至,民用日艰,公严涩滞之令,遏越境之货,而兵食足焉。临桂民秦君旺谋杀秦礼,五裂其尸,分瘗塘淖中,而匿其仇。执秦孟华、秦伯庆诉于县,诬伏就狱者五人。有司上之,公察伯庆素聋,宜不与密谋,详谳之,果得秦君旺始谋之情,而获别匿之首。伏辜者六人。伯庆孟华得无罪。平乐民掠周蒋钱陆伯缗,并诬与瑶通,东乡民秦达先诬其侄,以利其家财,狱皆已具,公摭得实,随正其罪。融民诬其官长,公一听其讼,即得其情,乃反坐之。将士之贪悍、谋不轨者,悉置诸法,不少贷。至若斯。三皇孔子庙作通济桥筑与安堰,祷雨祈晴,而晴,救旧恤涝,感出公帑,谨城守,革冗滥,斥疆御,止末作,政迹之著,他有穹碑,民有歌咏,不可一二数也。

於戏!威足以靖乱,仁足以惠民,明足以别枉直,由其有忠尽之诚、廉洁之操,刚方正大之气,故宜见诸行事之懿如此。况同寅协恭,若都元帅笃列威实公之忠,参画献替,有经历佐公之贤,宜其政无不举,而泽无不被。是何远人之多幸也!西瓯士民感德怀惠,俾鲁为文以纪实跡,刻石通达,以示不忘。惟公在中台时,鲁以检讨经筵,亲睹公直言极谏之悉,中朝之人皆曰:"纪纲之振,未有今日也。"幸在按治下,复睹公德政之美。桂林之人又皆曰:"宪司以来,未有今日也。"中台之事固已载诸史席,昭揭无穷。惟今日之懋德善政,不可以不纪。鲁不敏,然尝以文辞奉乙览,其所述或足取信于来者,敢叙其概而系之以颂。

公字尚文阶大夫云。

颂曰:

"於惟世皇,立极建邦,既定典常,孰干纪纲。

耳目之司,乌台柏府,执我天宪,明我王度。

我皇继圣,克宽克仁,相臣否德,我用弗循。

于时诤臣,惟唐兀氏,白简有严,豸冠斯殒。

批鳞强谏,系国安危,天威有容,仕己敢辞。

帝心同仁，无间夷夏，我公南来，绣衣骢马。
廉明纲正，仁裕公忠，秋霜烈日，甘雨和风。
既遏大凶，亦翦群恶，威信攸加，孰敢不若。
北被湘波，南臻海陛，其民雍熙，罔识乱离。
彼民其饥，我粟以积，彼民流离，我土于息。
稽古敬先，尊德尚贤，礼乐有容，讲肄有筵。
久旱以霖，积阴以霁，天监其忱，民服其惠。
如金如汤，我隍我池，如熊如罴，我旅我师。
恤刑慎狱，举直错狂，禁止令行，必罚信赏。
崇德霜台，熟如公优，肃政桂宪，熟为公俦。
我公之功，我公之德，士民永怀，视此贞石。”

韩荫晟：《党项与西夏资料汇编》（补遗），第7200—7203页，宁夏人民出版社，2000年。

(3)（至正二十三年三月）立广西行中书省，以廉访使也儿吉尼为平章政事。时南方郡县多陷没，惟也儿吉尼独保广西者十五年。①

（明）宋濂：《元史》卷四十六，第963页，中华书局，1976年。

(4) 额尔济讷②，字尚文，唐古氏人。至正二十三年春正月，立广西行中书省，授银青荣禄大夫平章政事，兼岭南广西道肃政廉访使。时红巾扰攘，南方郡县多陷没，岭表震动。济讷议建筑城池，以扼险要，遂捐俸于官，贸易海盐，积以岁月，息倍至万，经制之费皆出于此，四年而克，终事民忘劳焉。济讷能得众心，一时骁将材士多归之，故保有境土二十余年。洪武元年，总兵杨璟取广西，济讷坚壁不下，后城破，被执送京师，不屈死之。

陈瑜，字仲庸，雷州人，额尔济讷辟为广西行中书省都事。广西被围，济讷未尝归私第。瑜事之甚谨，城破，以佩刀自刎。又有湘潭刘永锡者与瑜同事，率妻子溺于白龙池死焉。

曾尚宾，江西人。额尔济讷擢为义兵千户，洪武元年，明兵围靖江，尚宾守西城及城陷，身中数枪，犹力战不衰，后众寡不敌，自焚其家，死之。③

（清）汪森辑：《粤西文载》卷六十三，第53—54页，《景印文渊阁四库全书》第1467册，（台北）"商务印书馆"，1986年。

(5) 额尔吉纳④，字尚文，唐古氏人。至正间，授广西行中书省平章政事兼肃政廉访使。时红巾扰攘，贼入湖南，岭表震动，众议建筑城池以扼险要，遂捐俸于官，贸易海盐，积以岁月，息倍至万，经制之费皆出于此，四年而克，终事民忘劳

① 《元史》没有为也儿吉尼立传，故录此条信息。

②④ 即也儿吉尼。

③ 《粤西文载》名臣额尔济讷、陈瑜、曾尚宾为三条独立信息，因后两条信息，均涉及额尔济讷，故录之。

焉。吉纳善结众心,一时骁将材士多归之,故保有境土二十余年。洪武元年,总兵杨璟取广西,吉纳坚壁不下,后城破,被执送京师,不屈死之。郡人感其恩,立庙以祀。陈瑜,字仲庸,雷州人,吉纳辟为广西行中书省都事,广西被围,吉纳未尝归私第,瑜事之甚谨,城破,以佩刀自刎。有湘潭刘永锡与瑜同事,率妻子溺于白龙池死。又义兵千户曾尚宾者,江西人,吉纳嘉其义勇,擢任之。明兵围静江,尚宾守西城,及城陷,身中数枪,犹力战不衰,后众寡不敌,遂自焚其家死之。参旧志。①

(清)金鉷等监修:《广西通志》卷六十五,第78—79页,《景印文渊阁四库全书》第567册,(台北)"商务印书馆",1986年。

(6) 广西盐法志 杂纂

……元至正间,额尔济讷以中书省平章政事兼肃政廉访使。时红巾贼入湘南,岭表震动。济讷议甃石城以扼险要,遂捐官俸,贸易海盐,获倍称之息。版筑经费,讨银二十余万,皆取给盐利。四年始克,终事民不苦劳,粤至今赖焉。② ……

(清)汪森辑:《粤西文载》卷十六,第741页,《景印文渊阁四库全书》第1465册,(台北)"商务印书馆",1986年。

(7) 桂州新城记 杨子春

广西古南粤地,当楚粤之交,秦汉为旁郡,史禄开凿灵渠漕运,乃通历代更革不一。隋废,始安郡为桂州总管府,仍置使。唐因其旧寻改大都督府,后又升为节镇。宋置经略安抚司,国家混一寰宇,建元帅府廉访司,以纠劾一道稽之分野,则唐僧一行,宋苏文忠公诸说以湘南为鹑尾之次,桂林当轸十一度,其论乃有所据。我朝承平百年,蛮夷率服,城池稍以废弛。至正十有一年,监宪额尔济讷宪副是邦。明年,淮右盗起,湖广不守,遂入湘南,衡永皆警,岭表震动。公谕众曰:"八桂根本一十六州,国保于民,民保于城。"乃议建筑城池,以为设险守国之要。遂捐俸于官贸易海鹾,积以岁月,息倍至万,经制之费,皆出于此。以至正十六年冬十月甲子,鸠工军民就役者五千余人,自北而东由南而西,城广袤三千七百丈,监筑官吏分命督役,凿石于山,督工吏士九千二百余人,计日取石皆有数,工匠及军民充夫役者,日给盐折钱一百文,廪米三升。凡城内外自顶至踵皆砌以大石,沈米为膏炼石为灰,捣如墐泥涂泽其中,城内厢皆砌石三重,基址坚厚自下树石栉比,而上端方周正文理致密缭绕周回一十余里,起于东北宝积山连风洞,因山为城增卑益高,筑女墙建睥睨各数十余丈,东为就日门,又东为癸水门,又为行春

① 《粤西文载·名臣》与《广西通志·名宦》对额尔吉纳记载内容稍有不同:前者有"授银青荣禄大夫平章政事"之句;后者有"郡人感其恩,立庙以祀",并且把陈瑜、曾尚宾附在额尔吉纳传之后为同一条信息。

② 到了明代,广西仍然沿用额尔济讷提出的食盐管理办法。

门，又正东为东江门；正南为安远门，为通明门，左为掖门以达东江门；又南为小南门，又西为丽泽门，为西城门，西北为宝贤门；正北为迎恩门，为安定门，为拱宸门，为镇岭门。城门皆建楼阁设闉阇，其最大者为逍遥楼，下各为磴道以便登涉，团敌为台者三十九台，上建楼，楼皆外向以便观览团敌之中。又其大者建雄边楼城门，楼阁其高广又倍之，守城吏士为周庐五十三所，以庇风雨。城上垒陴外向皆有箭眼，内亦设女墙以防坠佚，城之颠面皆砌以砖石，其平如砥。外筑阑马墙，以护城，轮奂一新，雉堞相望，流水萦带，群山耸立，长虹夭矫，烟云相连，诚一道之伟观也。肇基于至正丙申之冬，竣事于庚子之秋，凡一岁耕获之时，休暇息力以实计之，四年而克成，厥事其勤可谓至矣。诚以丈计三千七百有奇，高二丈有奇，阔三丈有奇，以丈计当用之石一千余枚，为石三百一十万八千有奇，攻石之工，以石数之六十三万五千五百有奇，军民夫役之在官者，以日数之一百二十四万六千四百有奇，城台之楼，以间数之一百七十五楹有奇，竹木之数计百余万，灰与米和而为膏计，米四千八百五十石有奇，灰以石计三十余万有奇，瓴甓之数三千万有奇，金钱之用以斤计一十万三千八百有奇，财用之广盐以引计九千九百有奇，折缗钱三十九万一千七百有奇，军民之役于官者佣稍为米三万一千七百二十石有奇，犒赏之用不在数焉，其费可谓大矣！人惟知百执事之骏奔兵民之效力，其勤劳之至，四年于兹城筑大事也，不可以不书，爰命备述其事勒之碑阴云。

(清)汪森辑：《粤西文载》卷二十二，第17—18页，《景印文渊阁四库全书》第1466册，(台北)"商务印书馆"，1986年。

(8) 重修桂林府学碑记　刘三吾

皇上践阼二十有一年，岭南广西道宪副公，以学校王政攸先，风厉学校是首，匪作新之，将遂隳废，其令教官定议，于是桂庠诸生奉承惟谨，经始是年之十一月讫功，明年之七月，学正蒋倬状其事，请予文记之。固辞弗获，按桂林旧有学，前至元丙子王师南下，毁于兵。世祖皇帝混一，区宇大兴文治，中外咸设校官，时则有若岭南帅史公格，即故址而图新之，以元有学自史公也。嗣是之后，至元戊寅尝一葺治，岁久自圮。今宪副公朔望视学，愓然兴怀，乃稽学廪岁入，倡以己禄鸠工庀材择日兴事，门棂星树垣墉内，自礼殿徂于应门，版之椓之，腐挠者易，瓦之填之，罅漏者完户牖栏楯，丹漆雕刻焕然可观，讲堂斋舍缮修有加，奎阁尊经涂塈如法，祠廷易向，献幕更新，诸所宜葺，咸以次举。轺车时临是瞻是敬衣冠弦诵，济济洋洋，蔼有邹鲁风，桂林学校遂为诸道最，宪副公作新之功伟矣！嗟乎！学校纲常之地，台宪纲纪之司，故自有亲义序别信以来，而大纲小纪无或出之，伦理之明，风纪所由以振也。昔东汉士高节义范滂诸贤，一时与游皆太学名士，用克树立有澄清天下之志，今宪副公居风纪之司，而首致意纲常之地，于时诸道纷扰弗治，独广右岿然灵光无恙，修学之举闻风而兴者数十城，百司庶府恪慎宪章，昭乎天日之临，而凛乎风霜之肃也。岂非公扶植纲常，一念默有以行乎其间欤？抑是学前以史公倡之，今以宪副公继之，中间六七十年，岂无其人，惟二公皆于干戈相寻之余，而有尊道崇德之意，公之心史公之心也。则天相斯文而福广右者，意有在矣。公唐古氏，名额尔济讷，字尚文，历御史三台、佥宪三道，皆有廉能政声，由中政院判、阶奉议大夫居今职。壬辰春，汝颍寇陷武昌长沙等郡，公督首帅鄂尔和将兵往平之，若清湘若春陵咸赖克复，时广右未有变者，临桂东乡民谋，始倡即调兵扑遏之，人心遂以帖然，他如汰郡县之冗设，而奸贪以息，禁商贩之越境而钞法以行，节官府之浮费而馈饷以给民，庐延烧官为赈之，岁饥劝分俸以倡之，缮城郭造阳桥修灵渠皆政纪之卓然。泮宫之修，公实主之，经历左奉议照磨赵儒林则克职宪佐者也，是宜书铭曰：

“我元龙兴，奄有隅县，一视广右，仁同畿甸。
大府桂林，纠以宪臣，之纲之纪，乃宣乃旬。
惟尔校官，实赖风厉，以笃彝伦，以新士气。
大惠尔广，我副公来，风霜一道，仪范百司。
维时湖湘，烟尘四起，一柱狂澜，以公中砥。
谓兹人心，系有纲常，舍而学校，其何克臧。
载瞻桂序，岁久且圮，谁其新之，是在我尔。
爰捐己俸，爰集工人，翼敧以正，撤故以新。
棂星峙峙，应门洞启，金碧辉煌，宇庙之美。
於灿从祀，於乐论堂，经阁增丽，奎文有光。
轺车时临，衿佩云委，匪怒伊教，雅歌泮水。
湘漓沨沨，道脉溶溶，文运在广，如水潜通。
宣成二公，矧兹过化，流风余韵，犹有存者。
凡厥来游，宜体公心，真履实践，毋即慆淫。
昔时草昧，史公建学，今时抚棼，我公继作。
史既有祠，公宜并之，后有述者，视此歌诗。
斯文有天，永言无替，辅我元皇，千秋万岁。”

(清)汪森辑:《粤西文载》卷二十六，第99—101页，《景印文渊阁四库全书》第1466册，(台北)“商务印书馆”，1986年。

(9) 灵济庙记　元　黄裳

兴安灵渠，自史禄始作以通漕，既而汉伏波将军马援继疏之，唐观察使李渤始为铧堤以固渠，作陡门以蓄水，而防御使鱼孟威复增修之。更四贤之勤，历秦汉暨唐，而后其制大备以迄于今。公私蒙其利，盖千五百有余岁，其致之者渐也。皇元至正十三年之夏，山水暴至，一旦而堤者圮陡者隤，渠以大涸壅漕绝溉。而向者四贤之勤，千五百余岁之大利荡然矣！有或兴役而塞逾二年，辄复坏，于是岭南广西道肃政廉访副使，唐兀公，悼功之不成，悯民之重困，悉发近岁给禄秩钱五千缗，付有司具木竹金石土谷，募工佣力，而命静江路判官王君惟，让莅其役，宪使张君文显专督之，群材委积庶民子来，时维秋冬之间，积雨泞溢畚锸难施，二君承命督莅，惧弗克称。周询有众，得四贤旧祠于西山地侧，相与侅芗篚币而请祷焉。燔祼未终，而云日开朗，役者、筑者、斫者、砻者、甃者手足便利，无有所苦，并力丕作，于是铧陡之制，加于初漕溉之利，咸复其旧矣。比竣事，二君图所以答灵贶者，顾庙貌窳陋不称神栖，既归，复命具以故告公，曰："神昔勤渠利。"兹复相予克缵旧绩，休嘉骈应宜有隆报，惟增饰祠像，肇置土田庶几神民永久有赖。惟二人其卒图事，二君请，即经营撤敝为新，易卑以崇庑陛有严，门堂有秩，像设如在，精灵炳然。民吏具瞻，罔不祗肃。命之曰："灵济之庙。"乃计财用得羡钱二百七十五缗，买民田十有八坵，岁收米若干石，举祝史粟康叔掌之，以奉晨夕膏芗之费。府僚合议，辱征裳文将刻石庙门，以著不朽。窃惟岭南之民好祥瑞，侈祠宇其俗固矣。惟兹四贤、其生也于灵渠之兴能合智以创物，其没也于灵渠之坏能攘患以庇民，是在祭法所当祀者，岂与他祀比哉？庙作于至正十五年正月甲子，成于六月甲子，公之爵里名氏，已见修渠记。其供亿受事之人，与夫食货财力田亩之数，则记于碑之阴云。

(清)金鉷等修：《广西通志》卷一百八，第 248—249 页，《景印文渊阁四库全书》第 568 册，(台北)"商务印书馆"，1986 年。

(10) 黑神庙，在城西北，祀元广西行中书省平章政事额尔吉纳。

(清)金鉷等监修：《广西通志》卷四十二，第 213 页，《景印文渊阁四库全书》第 566 册，(台北)"商务印书馆"，1986 年。

(11) 额尔吉纳，至正二十三年，任广西行中书省平章政事。

(清)金鉷等监修：《广西通志》卷五十二，第 506 页，《景印文渊阁四库全书》第 566 册，(台北)"商务印书馆"，1986 年。

(12) 额尔吉纳，至正十一年，任广西道肃政廉访使，详名宦。

(清)金鉷等监修：《广西通志》卷五十二，第 502 页，《景印文渊阁四库全书》第 566 册，(台北)"商务印书馆"，1986 年。

(13) 额尔济讷，唐古氏，登仕。至元六年，任监察御史。

(元)张铉纂：《至正金陵新志》卷六下，第 332 页，《景印文渊阁四库全书》第 492 册，(台北)"商务印书馆"，1986 年。

三十二、王翰及其家族

王翰(1331—1378)，字用文，仕名那木罕，先世为齐人，陷于李元昊，随为河西人，入元后，曾祖以下三世以千户镇守庐州，遂为庐州人。王翰十六岁，袭职授领千户，有能名，被台省推荐，任庐州路治中，又改福州路。适遇三魁贼起，翰筑堡垒，战胜三魁强盗，并谕降之。因功升同知兼理问官，管理永福、罗源二县。妥善处理泉州土官滋事，使四境人民得以安宁。又升任江西福建行省郎中，潮州路总管，兼督循、梅、惠州，为政期间采取布恩信、缓徭赋、简刑罚、兴学校、礼儒生等爱民举措。元亡，屏居永福山中，黄冠野服，号友石山人，不愿出仕明朝，自决。有《友石稿》存世。子偁，字孟扬，曾任翰林院检讨、《永乐大典》副总裁，著有《虚舟集》，有才名。公元 1410 年，因解缙被诬案，受株连下狱死，卒年 46 岁。

王翰家族人物表

<table>
<tr><th>第一代</th><th>第二代</th><th>第三代</th></tr>
<tr><td rowspan="4">王也先不花
妻夏氏、孙氏</td><td rowspan="3">王翰
妻夏氏、刘氏</td><td>王偁
妻郑氏、薛氏、李氏</td></tr>
<tr><td>王修</td></tr>
<tr><td>王伟</td></tr>
<tr><td>女二人</td><td></td></tr>
</table>

(1) 王翰传

王翰，字用文，又名那木罕，本河西人。先世以千户镇庐州，遂为庐州人。

翰袭世职为千户，有能名，台省荐之，改除庐州路治中，又改福州路。适三魁盗起，翰造其垒，谕降之。迁同知，又迁理问。综理永福、罗源二县。泉州土官柳荞跋扈，连结旁郡，翰至，悉解散之。擢行省郎中、潮州路总管。元亡，屏居永福山中，黄冠野服，号友石山人。有上书荐之者，闻命下，叹曰："女岂可更适人哉！"即病，不服药，有司迫就道，引刃自绝。遗诗与友人吴海曰："昔在潮阳我欲死，宗嗣如丝我无子，彼时我死作忠臣，覆宗绝嗣良可耻。今年辟书亲到门，丁男屋下三人存。寸刃在手顾不惜，一死了却君亲恩。"翰性强介精敏，持身刻苦，历官二十余年，家无余积。行政以爱人为主。平居喜读书为诗。有《友石稿》行世。子偁，有才名。

柯劭忞撰：《新元史》卷二百三十三，第 904 页，《元史二种》(上)，上海古籍出版社，2012 年。

(2) 友石山人墓志铭

岁著雍敦牂二月乙丑，友石山人王君用文卒，予徒往哭焉。其孤曰："父有遗言，令我自进。"启缄得书及诗，皆殷勤与予诀与悼其后事，其词有甚可哀者，曰："吾幼失父母，值乱奔走四方，来闽将二十年，淮上为墟，吾家老幼僮仆殆百口，无一人存者，先垄遂为无主，吾目不能瞑。诸子皆幼，何以得还？将来失学，不能为人。吾葬不必择地，苟夫子不忘生平，其幸为我志焉。"予既吊拊其孤，乃征其家牒。

按王氏先世齐人，陷没于李元昊。元初取天下，赐姓唐古氏。曾祖某从下江淮有功，授武德将军，领兵千户镇庐州，家焉。祖某、父某迨君袭爵三世。君讳翰，仕名那木罕，年十六领所部，有能名，省宪共言其材于上，请畀民职，除庐州路治中，政誉日起。平章燕赤不花镇闽，辟为从事，改福州路治中。三魁贼起，地险难猝用兵制，君自造其垒谕降之。升同知，又升理问官，综理永福、罗源二县，泉州土帅柳莽跋扈，越境以联，泉、莆属邑皆受团结，既而遂向永福，民惧汹汹，君使人谓曰："彼此王民，各有定属，慎勿犯我一寸，吾有以待汝矣。"莽遽退，不敢前，他为好辞以应。擢朝列大夫、江西福建行省郎中。平章陈公留居幕府，每有所匡益，然敬而惮之。南方屡扰，以君威望素著，表授潮州路总管，兼督循、梅、惠州，君请勿拘文法。至则大布恩信，已逋责，缓徭赋，简刑罚，事有害政者，以便宜罢之。兴学校，礼儒生，使民知好恶，革其旧习，奸凶宿孽不能煽乱，服顺若良民。遭世变更，浮海抵交占，不果，屏居永福山中，为黄冠服十年，号友石山人。一妄男子上书荐之，君闻命下，叹曰："女岂可更适人者哉！"即治木，病不肯服药，逮有司迫就道，遂自引决，年四十有六。

君性强介精敏，有胆略，常慕古志士立名于世，持身斩斩，刻苦节俭，衣服饮食，处人不堪。居官廉洁，货赂不入，吏畏若雷霆。其行事一以爱民为主。平居阅书史，喜为诗，敏常先于人。

君配夏氏，前卒于淮。再娶刘氏。子三人：偁甫九岁，修甫六岁，伟三岁。呜呼！世之仕者，或不能洁己爱人，或下材不任举职，徒能邂逅一死，君子犹必取之，况君所树立若此者哉！惟寡妻弱子侨寓数千里之外，望乡井坟墓而不可及，行道有戚之者矣。买地于永福县永唐里林坑山下，卜葬用十有二月甲寅。铭曰："松柏受命天也，特太阿淬锋，孰与楄中道而废世，既易知死可畏，子乃择自献自靖，作臣式，有其讯之，视此刻。"

(元)吴海撰：《闻过斋集》卷五，第278—279页，《元人文集珍本丛刊》(8)，新文丰出版公司，1985年。

(3) 友石山人遗稿提要

臣等谨案，《友石山人遗稿》一卷，元王翰撰。翰，字用文，其先西夏人。元初从下江淮，授领兵千户，镇庐州，因家焉。翰少袭职，有能名。累迁江西、福建行省郎中，陈友定留居幕府，敬而惮之。表授潮州路总管，兼督循、梅、惠三州。友定败，浮海抵交趾，不果。屏居永福之观猎山，着黄冠服者。十一年洪武间，辟书再至，翰以幼子偁，托其故人吴海，遂自引决。翰本将家子，志匡时难，不幸遭宗邦颠沛，其慷慨激烈之气，往往托之声诗，故虽篇什无多，而沉郁顿挫凛然足见其志节。如《题画葵花》，云："怜渠自是无情物，犹解倾心向太阳。"《送陈仲实还潮阳》云："归去故人如有问，春山从此蕨薇多。"大都憔悴行吟不忘故国，其《绝命诗》云："昔在潮阳我欲死，宗嗣如丝我无子。彼时我死作忠臣，覆祀绝宗良可耻。今年辟书亲到门，丁男屋下三人存。寸刃在手顾不惜，一死却了君亲恩。"则于死生之际，明决如此，亦可知其志之素定也。顾嗣立《元诗选》仅载翰诗二十七首，此乃其子偁所辑，凡诸体诗八十四首，前有陈仲述序，后附志铭哀词等七篇，皆吴海所作。已别载海所作《闻过斋集》，兹不具录云，乾隆四十六年十月恭校上。

(元)王翰撰:《友石山人遗稿》提要，第 129—130 页，《景印文渊阁四库全书》第 1217 册，(台北)"商务印书馆"，1986 年。

(4) 友石山人遗稿序

诗者，声之文也。本于内而发于外者也，仁义之发醇以正，忠愤之感激以烈，骄侈之言淫，放僻之辞诞，岂偶然之故而已哉。粤自唐虞圣神，以敬畏一心，发而为赓歌，慎念之语成。周君臣以中正一理敷而为皇极，敷言之教下逮乎三百篇之制。或沨沨乎正音，或末响之流变，皆非有出于人心之外也。战国之间，屈平氏以其忠愤奋激之心，一寓于离骚之作。炎汉以降，苏武、诸葛亮以其忠直义勇之气，再变而为五言之体。晋渊明得其冲淡自然之趣，唐少陵寓其忠君忧国之诚，又岂有出于是心之外哉。洪武庚午，余来闽郡，庠生王偁奉其父友石山人遗稿谒余，请序其首。余观其诗毋虑百余篇，而咏于感慨者，极忠爱之诚，得于冲淡者，适山林之趣，已心异之，而未知其详，及取其自决一首读之，凛然如秋霜烈日之严，毅然如泰山岩岩之象，出处之分明，死生之理得，然后知其尝任于胜朝，而秉义于今日。故凡其所作者，皆心声之应，而非苟然炫葩组华者比。且征于余向之所云者为益信也。噫！观是篇者固可以求其心，尤当以景其行，则可以相忘于言语之外矣。于余言何有哉！因其请之勤，而感其辞之寓，遂书以归之。山人名翰，字用文，友石盖其自号也。时仲春初吉，前进士监察御史庐陵陈仲述序。

(元)王翰撰:《友石山人遗稿》，第 28855—28856 页，刘承干辑刻:《嘉业堂丛书》(第 45 册)，广陵书社，2015 年。

(5) 友石山人真赞

油然春雨之心，肃然秋霜之气，鸷鸟独击，冥鸿高逝。昔时皂盖朱幡，今日麻袍草履。此山之巅，彼水之涘，长吟独行，与石为友。

(元)吴海撰:《闻过斋集》卷七，第 293—294 页，《元人文集珍本丛刊》(8)，新文丰出版公司，1985 年。

(6) 友石先生传

先生羁人也，不知其姓名，宦游南方，遭世变易，屏居远迹，栖止于龙泉之上。箨冠卉服，葛屦绳带，与樵童牧竖田夫渔父杂处。于沙门法虽不甚解，然时往来听其谈论。性简易，喜读书、吟诗、饮酒，酷有山水癖，四时朝昏，不问寒暑，曳杖入幽林深谷，攀高崖绝壁，览飞流潺湲。每遇石处必坐，坐则咄咄首肯自语，啸歌盘桓，或解衣而卧。既去复返，眷恋不忍舍。虽日遇百石，率用为常。户外有磐陀，阴雨不能出，则倚户伫玩，清夜月出，必就与蹲踞俯仰，或赋诗一篇，奏琴一曲，然后引杯孤酌，陶然至醉。不知天地之大、今古之变，身世之无何、日用之不足也。故凡龙泉之上，目以为异人。或问曰:"先生若是其爱石者，石岂有声色臭味之可悦，而爱之若是，若将与为友乎?"先生曰:"是固然。夫天下之物皆有所好，而人各有所嗜，嗜不同者，不可以共语也。何独是乎？无声色臭味乎？声色臭味果能使人乐而亡死哉！吾闻五色令人目盲，五音令人耳聋，五臭令人鼻乱，五味令人口爽。使我好之，其如害何？若石乃独与我性合，故爱之自我之爱之也。听之过丝竹，睹之逾丹青，逆之溢椒兰，甘之越刍豢。石虽不言，而以其形喻，终日与我若相唯诺者，而又不吾祸，吾奚为不爱之哉！且吾之耳目口鼻已与石化矣，而吾心则又久然矣，而吾与为友，又何间焉！”问者无以复，由是众咸称之友石先生云。

(元)吴海撰：《闻过斋集》卷六，第286—287页，《元人文集珍本丛刊》(8)，新文丰出版公司，1985年。

(7) 故王将军夫人孙氏墓志铭

故武德将军王也先不华其配孙氏卒于家，其子福建江西行省郎中，行潮州路总管那木翰泣请于其所游吴海曰：“翰不幸，生五岁而母夫人夏氏见背，赖继母孙夫人鞠育，恩意隆重，如己自出。幼复多病，贻夫人忧。先将军殁，夫人刻苦持植门户。翰甫受学，夫人即语以立节，概建功业，显亲扬名。稍长，袭父职，而夫人训益勤，惟是孜孜，奉承不怠。台省荐辟，理郡拊边，至于今获免于戾，以不坠先绪，伊母力也。”又曰：“翰幼不省，闻家媪言，夏夫人性严厉，治家如治官府。孙夫人宽裕和爱，专务以恩拊人，宗属亲睦。家始贫，夫人勤蚕绩以给衣服，下逮卑贱，凡饮食衣服大小必均。僮仆常有罪，夫人不加怒而善喻之再三，后竟无犯者。”又曰：“昔吾父殁，赖夫人获以时葬，从先祖之域。及翰从事于外十有六年，世多变故，道不得通，温清之问时阙。比乡人来云，夫人殁已久。呜呼痛哉！翰昔孤露时，生死未可知，赖夫人有今日，夫人待翰以终老，而翰不及养，念此大负，其何以为子哉！夫人生有淑德，妇仪母范，表称一乡。其有功王氏甚大，然生不蒙夫之荣，享子之奉，遭时丧乱，又不究于寿以殁，归将合祔于先将军、先夫人之兆。吾子其幸畀之铭，以与金石长久，庶几逭翰不孝之罪。”言已，益泣不已。海悲其意，不能终辞。遂因其语而次第之。

按王将军家世河西，元初领军镇庐州，因以为家，坟墓三世皆在庐州。先夫人夏氏封合肥县君。夏氏由宋太保贵以来，为州显姓。夫人合肥人，年若干，来嫔将军，不三年而寡。夫人无出，所生二女子，夫人卒，五十有几。海惟妇人之德，不外知观翰之好善笃学，居官嶷嶷，正直不阿。而仁爱惠下，知其教之有自也。古今母教者多，如王陵、范滂、陆绩、陶侃，皆由贤母以就德业，流闻于后世。若孙夫人，可不谓贤哉！铭曰：“坤道至静，顺裕而纯，懿哉夫人，其德淑温。来嫔未几，乃陨厥天，介介独立，躬勤志坚。教子能政，休问载宣，不待于养，胡啬于年。勒珉幽墟，来者其传。”

(元)吴海撰：《闻过斋集》卷五，第277—278页，《元人文集珍本丛刊》(8)，新文丰出版公司，1985年。

(8) 送王潮州叙

予少负意气，自谓天下无难事。及壮，见世之仕者多不称，且云某地难治、某事难集。窃疑焉！既又有能者，乃知人之材不相逮，而居以营私者众也。迨犬马齿衰矣，观古人益多，阅世故益深，乃知天下特有不可为之时耳。而事实无难者，顾难得其人也。河西王君用文刚直明快，遇事剖决，权势不能夺，人以为难者，君处之有余力。治永福、罗源，吏畏之若神，民戴之犹父母，比去，耄倪蔽道垂涕而不可进。君何以致人若是哉？由其存心也，公律己也严，爱民也诚，故苞苴内谒不行，而奸欺屏息，强梗驯化。利之所在，知之，必与民兴之；害之所伏，知之，必与民除之。孜孜焉，惟惧其政之僻，而又和易可近，故民疾痛辄闻。凡八闽踪迹未尝至者，人莫不慕焉。分省陈公辟居幕府，每有所赞翊。既而以边陲多扰，非刚明仁恕之材不足以镇之，以郎中出守潮州，兼督循、梅、惠州，任固重矣。四州之民幸矣。然陈公远一良佐，岂不甚可惜哉！君行，过予别，请曰："先生何以教我？"予曰："德则君有之，惠则民赖之，誉则四方闻焉。"然予得无赠乎？夫为山者在乎积土石也，不欲崇朽壤；为川者在乎纳众流也，不欲涵污恶。君子为政在任贤材也，不欲杂小人。自古君子少而小人多，小人情伪百端，其入人也易，将觉之也难。宋韩魏公号称贤相，或者犹谓其明于知君子，暗于别小人，君其慎诸！"

(元)吴海撰:《闻过斋集》卷一，第 234—235 页，《元人文集珍本丛刊》(8)，新文丰出版公司，1985 年。

(9) 王氏家谱叙

河西古诸羌，汉武帝时始置郡，后击逐而空其地，徙汉人实之。唐肃宗起灵武，悉召其兵赴难，乘间为吐蕃所吞。后张义潮发郓兵二千余人往戍，河西之有中国人以此。周广顺间，申师厚为河西节度使，用王廷翰等为将，盖中国人子孙也。宋朝李元昊据之为边患，宝元、康定相继用兵，士有陷没者，逮中原为金所并，不能自还，杂为夏人。元初得天下，惟河西累年不服，最后乃服。世祖以其人刚直守义，嘉之，赐姓唐兀氏，俾附国籍，次蒙古一等，其俗自别旧羌，为"蕃河西"，陷没人为"汉河西"，而仕宦者皆舍旧氏用新氏。国家尚宽厚，虽占旧氏不禁，然能存者仅一二数。若今福建江西行省郎中王君翰先世齐人没元昊者，其宗族在东阿、阳谷甚盛，国初附属时，其高祖即复归山东，殁，从其族葬阳谷。曾祖从右丞昂吉下江淮，以功授武德将军、领兵千户，镇庐州，迄今又三世，坟墓皆在庐州，迨君袭职，乃冠旧氏名上。一日，出家谱相示，予观其自曾祖以来，皆著私名，而以河西名缀。其意谓新氏乃天子所命而不敢违，旧氏乃祖宗所传而不可弃，故兼录之，所以尊君而重祖也。噫！世薄俗漓，人惟功利之趋而不顾其本，固有自毁其祖而冒国籍以求仕之显者，安有既授赐姓犹不忍舍其旧乎？吾阅是谱，不觉为之感叹，况其后世子孙能以祖宗为心者乎？推此心也以往，孝在是也，忠在是也，节义可为也，功业可成也。彼自弃其祖者，使得观是谱而能动心悔焉，庶亦可改也，是谱益足为世劝也。

(元)吴海撰:《闻过斋集》卷一，第 236—237 页，《元人文集珍本丛刊》(8)，新文丰出版公司，1985 年。

(10) 悠然轩记

丈夫出处不失大节，至于流离困穷而能随所遇而适者，非其中有所得，必能以理自遣者也。古今达人贤士莫不由之。元有天下垂及百载，末年士大夫心术不明，风俗偷薄，陵夷波委，以至亡国。其高风远识如国初刘静修先生，其次如归公彦温，不一二人。其竭力死义如余公廷心、李公子威者，亦不多得。予尝中夜窃叹，丁未之变，计吾平日所知其为人者，曰行台侍御史沛郡韩公、前闽省郎中魏郡某公、潮州督守灵武王公。兹三人者，其殆不失节乎！既而韩公果不辱以死。某人者进退不遂。而王君浮海往交、占不达，屏居龙泉之上，谢绝人事，与樵夫牧竖为伍。室南有山，如觌佳客，间指谓予曰:“吾屏居无聊，惟终日与此相对，使人意定神怡，乐而忘倦。”吾将窃取陶渊明诗，所谓“悠然”者名吾轩，子其与之乎？予曰:“与君侯哉！”“然则子其为我记之。”予曰:“诺哉！夫心有所系，皆役于物者也，役于物者顾无时而乐，求之即即，必持之戚戚;得之扬扬，必失之依依。嗜欲少者天机深，嗜欲多者天机浅。夫渊明晋之高士，知时之不可而去之，与世相忘久矣。彼其外物不足以动其中，故无欲而自得。方其采菊东篱之下，悠然而见南山，山非能令人悠然也，悠然者，见山耳。故静而观之，见其安然不可动之象焉，见苍苍然不可犯之色焉，见其四时朝夕、晴雨、晦明随时隐见，终古不变之意焉。是皆有契于中，其趣因之而发，初不待睹夫崔崔岩岩者然后为有得也。嗟夫！开辟以来乃有此山，独渊明得其趣。今君侯又得其趣，山之与人，其相遇岂不难哉？渊明往矣，君侯之继渊明者尚未艾也。神交契合，梦寐将或见之。龙泉之溪，其水清泚，山有嘉肴，苦茗可瀹可羞。予不惮烦，来与君相对兹轩之下，君餐秋英之秀色，我倚白日之商声，时咏《归去来辞》招山灵而听之。”

(元)吴海撰:《闻过斋集》卷一，第 258 页，《元人文集珍本丛刊》(8)，新文丰出版公司，1985 年。

(11) 景山楼记

阳隑卓子康好义人也，故所游多名士大夫，若故潮守王公用文，遭世变更，屏居龙泉之上，道出入往来必馆焉。独以其舍近市，嚣不能惬，每至，必造其园，坐荔阴、俯清池，徘徊径中，率以为常。岁昭阳大渊献，子康之长子坚始即其地创小楼，朴致幽雅，明爽靓清，可以坐，可以卧，可以企望，以娱二亲，以联弟昆、延佳客。后右有沼，前南见山。落成，予适至焉。坚请曰:“不肖误获爱于王公，先生所知也。昔王公在时屡至此，病室湫隘，而斯楼未能创，今既创，念王公不复见矣。坚父子每一登堂，未尝不感慨而不能忘。愿以斯意题斯楼也，庶几写坚父子之夙心焉。”予曰:“昔王公之室常对南山，今子之楼亦且南向，其南又亦有山。

《诗》不云乎:‘高山仰止,景行行止。’以是名楼,则子之意可具见矣。”嗟夫!世俗日浇,人之交不以势则以利,不以利则以势。以势交者,势隆则附,势去则解。以利交者,利合则亲,利缓则弛。势利不可以长存,故交情不能以有终。惟义交者,无势利之去就,无炎凉之聚散,故久而愈敬,没而不能忘。若王公之与子康交,义也。故没而不忘,非王公之高谊,无以起子康之慕,非子康之好义,亦必不怀王公,然则是楼之名,亦将使登者疑而问、思而得,其与人交必以义,又推好义之心以应事接物,使无往而不为义,而不可胜用焉。则高山景行之思,其有穷乎?书以为是楼记。

(元)吴海撰:《闻过斋集》卷一,第271—272页,《元人文集珍本丛刊》(8),新文丰出版公司,1985年。

(12) 游上林记

予旧至章山,闻西六七里许有上林之胜,北十数里许有雁湖之奇,欲游之,久而不果。乙卯冬末,予与王侯用文以吊事至林屿,遂约翌日登雁湖,已具而主人有遽,不得偕往,因兴败,而王侯犹力独邀予至上林。侯先往,遣仆夫以兜子来迎。由林屿行二里许,至郭家店,川明谷豁,鸡犬数家。时村民方莳麦,儿童狎走来往,野妇缉道上牛羊牧其前,蔼然墟落之趣。沿壑里许,乃跻石蹬并麓曲,折左为畬,右为林木,稍进而夷,疏竹数竿,老梅抱石立,灌莽吐十余花,淡然若自娱者。历数折,负崦一二人家,高爽幽寂,门户尽闭,益使人萧然有出尘之想。自是以往,夹径皆修篁,晴日筛光,微风成韵,又入深林,荫郁里许,表曰“白马峰”,盖佛寺在焉。地势回环,屋宇宏丽,辉呇夺目,而予行亦倦矣。遂憩卧云轩寺,僧焚香煮茗来供。故翰林林公、潮守王侯诸名人诗具刻在壁,余亦写诗轩中。僧又设酒肴,延客甚勤。乃登寺山,周流盘桓,或藉草木,或坐盘石,长吟舒啸。兴至,随量而饮。望高林斜照,紫翠如染,观僧引泉自别壑酾之,注佛殿下为沼,以植芙蕖沼中,溢出右山之足,转经前山,复入为池,旁引泉入斋厨之下,以激机舂,然后遍行蔬畦间以资灌溉,既又复归于池以出,而泉亦劳矣。是夕宿轩中,附火至夜深乃睡。虽猿声涧响,足山中之景,而钟鼓磬铎之音铿訇鞺鞳,不为落莫。寺僧再请登雁湖,黎明,北风大作,寒不可御,雁湖在望而不能即,信一游览亦莫不有数焉。又辍以俟他日。姑记上林之游如此。

(元)吴海撰:《闻过斋集》卷四,第262—263页,《元人文集珍本丛刊》(8),新文丰出版公司,1985年。

(13) 潮州三皇庙记

潮州督守王公那木翰以书来,言曰:“吾郡三皇庙,旧在澄清里,毁于火十五年矣。属时艰虞,戎垒在野,郡邑失守,民莫宁居。自翰来此,招集怀拊,惟民事之急,未遑及也。既二年矣,念祀典所重,循是不举,大惧失职。乃视故址隘陋,规欲改作。既度地城西隅,合材庀工,成有日矣。惟殿庑门庭堂室斋厨之位,悉如其旧，而制度深广加焉。闻古者宫庙之作，皆有述也，子其为我记之。”

海窃惟洪荒之世，有不得而考者矣。自伏羲、神农、黄帝氏作，其实始见于《经》。《易大传》著伏羲氏画八卦；神农氏作耒耜、聚货为市；黄帝氏垂衣裳，制舟楫、牛马、杵臼、弧矢。盖其聪明神智，首出庶物，其开物成务，神化宜民，无非因天地之道以立人之道，因天地之利以兴人之利，盖万世之道原系焉，万世之治原出焉。方风气未开，生民违禽兽不远，微三皇氏继天立极，使五帝三王之治有所承，则天地不能以自立，呜呼，大哉！昔周外史掌三皇之书。汉孔安国谓三皇之书谓之三坟，言大道也，而后世无传焉。夫道尊万世者，享万世之祀，位高天下者，受天下之奉。万世之祀，非徒有天下者所得与焉者也。若三皇道与天地并，功与造化侔，虽祠宇遍天下，曷足报其万一哉？自古圣帝明王，前代罕列通祀，惟肇迹之地有祠。唐天宝中，始制立三皇庙于京师，有司以时祭飨。元有天下，乃令郡县立庙，祀用春秋二季，然使医学掌之，取历代名医从食于庑下，亦有所不讲也。窃意如唐制天子亲制祠焉，则于礼为至，庶几一人有得师之实，而四海蒙佑神之化，顾不韪欤，然岂草茅所得议哉？乃今多事之秋，列郡生灵憔悴已甚，而王君独能缓刑薄赋，以苏民力，修废举坠，以崇祀典，兴是役而民乐之，则其政亦可嘉也。

(元)吴海撰:《闻过斋集》卷四，第251—252页，《元人文集珍本丛刊》(8)，新文丰出版公司，1985年。

(14) 王翰，字用文，仕元为总管。至正末，隐闽之永福县观猎山，闻大明一统，诏至，自缢死，因改呼官烈。其子检讨王偁，字孟扬，亦隐于此，有读书堂，在龙泉山小雄涧，后父子俱葬此山。

(清)陈焯编:《宋元诗会》卷九十二，第652页，《景印文渊阁四库全书》第1464册，(台北)“商务印书馆”，1986年。

(15) 叙录　潘柏澄

《闻过斋集》，八卷，元吴海撰。海字朝宗，号鲁客，闽县人，约生于仁宗延祐元年左右。气质光明，学识纯正，刚直不偶，绝意仕进。明初，守臣欲荐诸朝，力辞得免，既而征诣史局，复力辞。闭户潜修，不求闻达，读书谈道，怡然自乐，尝自赞曰：“尔之忧谓学之不修，其不忧盖于人何求；追往驾而不及，胥独行其谁仇？策驽钝以自厉，将岁月之无遒；惟岱高其可仰，庶卒岁而优游！”可见其志。平居虚怀乐善，有规过者，欣然立改，因颜其斋曰“闻过”。家居采摭古今孝弟节烈之事，以劝导其乡人。又尝著书一编曰《书祸》，谓杨墨佛老为六经之贼，管商申韩为治道之贼，遗事外传为史氏之贼，芜词蔓说为文章之贼，欲当道禁绝贼书，则学正道明，而书为有益于世。友人王翰仕元至潮州路总管，入明隐永福山中，洪武十一年辟书至，海劝之死，翰果自裁，海教养子偁成立，时人义之。卒年七十余。

海为文严整典雅，一归诸理。其言曰：“古人文不苟作，必根于理，诗不苟作，必止乎义礼，苟或不然，不如无作也。”（《闻过斋集》卷二《薛怀安文集叙》）门人王偁称其所作“确确乎言切而理当，气充而笔严，读之使人肃容敛气，不肖之心丧匿消沮”，徐宗起叙《闻过斋集》，亦云：“叙事严整，议论正大雄健宏奥，离合变化，一归与理，非通今博古，择之精而信之笃，养之有素，何能致是！”皆为知言。

海既殁，门人王偁编次其遗文，建文三年（一作洪武三十一年），福建盐运使同知胡宁与建宁知府芮麟取以锓梓，凡八卷，曰《闻过斋集》。成化三年，温州知府邵铜取其父所录旧本，命工重刻。清康熙间，张伯行得其集，选录九十六篇（约全书十之六），刻入《正谊堂全书》，仅四卷（民初商务印书馆据以排印为丛书集成本）。四库全书著录者为八卷全帙。清代另有四卷钞本流传，每卷分上下，实亦八卷，台北“中央图书馆”藏有一部。民初刘承榦据鲍廷博知不足斋八卷钞本，校以朱彝尊藏本，又自顾嗣立元诗选二集补遗诗三首，刻入“嘉业堂丛书”，最为精善，兹即取以影印。

（元）吴海撰：《闻过斋集·叙录》，第224页，《元人文集珍本丛刊》(8)，新文丰出版公司，1985年。

（16）闻过斋集提要

臣等谨案，《闻过斋集》，八卷，元吴海撰。海字朝宗，闽县人。至正末，遭逢兵乱，绝意仕进。明洪武初，守臣欲荐诸朝力辞得免，既而征诣史局，亦力辞不赴，事迹具《明史·隐逸传》，是集为其门人王偁所编。初海与永福王翰善，元亡之后，海以翰尝仕元劝，以死节，而自抚其遗孤，教之成立，即偁是也。史称其文严整典雅一归诸理，又载海尝言杨墨释老圣道之贼，管商申韩治道之贼，稗官野乘史道之贼，支词艳说文章之贼，上之人宜敕通经大臣会诸儒定其品目，颁之天下，民间非此不得辄藏，坊肆不得辄鬻云云。虽持论少侠非古人，兼资博考之义，然其宗旨之正，亦于此可见矣。其题曰闻过斋者，海平生虚怀乐善，有规过者，欣然立改，尝以闻过名其斋，偁因以名其集云。乾隆四十一年五月，恭校上。

（元）吴海撰：《闻过斋集·提要》，第143—144页，《景印文渊阁四库全书》第1217册，（台北）“商务印书馆”，1986年。

（17）王翰，字用之①，灵武②人。初除福州路治中，适三魁贼起，翰自造其垒，谕降之，乂戢泉州土帅柳莽。擢福建江西行省郎中平章，陈友定表授潮州总管。元亡，屏居永福山中，明洪武中，有荐之者，翰叹曰：“女可更适人哉？”为诗别友曰：“昔在潮阳我欲死，宗祀如线我无子。彼时我死作忠臣，覆宗断祀良可耻。今日征书忽到门，丁男屋下三人存。寸刃在手固不惜，一死了却君亲恩。”遂自引

---

① “用之”为“用文”之误。

② 今宁夏灵武市，古代称灵州。公元1002年，李继迁攻下灵州，改灵州为西平府，西夏建国后，西平府与兴庆府（西夏都城，今银川市）并称东西二京。

决。翰工诗画,善书篆。子,偁,见福州文苑。

(清)郝玉麟等修,谢道承等纂:《福建通志》卷二十九,第447页,《景印文渊阁四库全书》第528册,(台北)"商务印书馆",1986年。

(18) 王翰,庐州独山人,至正二十五年,任潮州路总管。

(清)郝玉麟等修,鲁曾煜等纂:《广东通志》卷二十六,第73页,《景印文渊阁四库全书》第563册,(台北)"商务印书馆",1986年。

(19) 王翰,字用文,庐州独山人。至正二十五年为潮州总管,时境内盗贼充斥,学校废弛,翰聘潮士戴希文,使典教事,化民为善。性刚敏,遇事立断,尤持廉洁,吏畏民怀。知国事已去不可为,弃官居闽之永福山,自号友石山人。洪武初,征之至巫溪,遂自引决,祀于名宦。

(明)郭春震纂修:《(嘉靖)潮州府志》卷五,第7页,《日本藏中国罕见地方志丛刊》,书目文献出版社,1991年。

(20) 也先不花任淮西添置宣慰副使。

(清)黄云修:《(光绪)续修庐州府志》卷二十三,第10页,《中国地方志集成·安徽府县志辑②③④》,江苏古籍出版社,1998年。

(21) 有定为前元守闽,招致文武士,长乐郑定辈在幕下,以行省郎中庐州王翰德望,表授潮州路总管。……而闽海之士,归于有定,一时文士,遭逢世难,得以苟全者,亦群雄之力也。友定起佣伍,目不知书,率能通晓文翰。其子宗海,善骑射,佐友定据闽十年,亦能宾礼文士。

钱谦益编选:《列朝诗集小传》甲前集,第45—46页,《中国文学参考资料》,古典文学出版社,1957年。

(22) 王翰总管

翰,字用文,灵武人。先世齐人,陷于元昊。元初,从下江淮,授领兵千户,赐姓唐兀氏,镇庐州,家焉。翰袭爵仕,名那木罕,年十六,领所部,有能名。除庐州府治中,升同知,又升理问官,理永福、罗源二县,拒泉州土师抑莽,四境又安,擢福建江西行省郎中。陈又定留居幕府,每有匡益,敬而惮之,表授潮州路总管,兼督循、海、惠三州。有定败,浮海抵交趾界,隐居永福县东之观猎山,屏迹为黄冠服十年,辟书再至,语其家人曰:"吾所以不死者,为无后也。今有三男子,得死所矣。"长子偁,才九岁,属其友人吴海,赋诗见志,遂自引决,以洪武戊午之二月也,年四十有六。偁永乐中,为名臣,以谴死。海字朝宗,扁其斋曰"闻过",学者称为"闻过夫子"。元亡,隐居不出,卒于洪武末年,为文但书甲子,为翰墓志,书其殁之岁曰"着雍敦牂",以自寓云。

钱谦益编选:《列朝诗集小传》甲前集,第46—47页,《中国文学参考资料》,古典文学出版社,1957年。

(23) 海阳县:鸯飞鱼跃亭,元王翰建。正统三年,知府王源修,在韩山书院前。戴希文诗:"西郭云连沙树晚,前池风荐水花凉。"

(清)周硕勋纂修:《乾隆潮州府志》卷十七,第2页,《中国地方志集成·广东府县志辑》,上海书店,巴蜀书社,江苏古籍出版社,2003年。

(24) 王翰,庐州独山人。祀,名宦有传。任潮州总管,至正二十五年。

(清)周硕勋纂修:《乾隆潮州府志》卷三十一,第11页,《中国地方志集成·广东府县志辑》,上海书店、巴蜀书社、江苏古籍出版社,2003年。

(25) 王翰,字用文,庐州人。任潮州路总管,时盗贼充斥,学校废弛,翰聘潮人戴希文主讲席,士风稍振。性廉悍,遇事敢断,吏畏民怀。迨元祚将移,弃官居闽之永福山,自号友石山人,洪武初,强起之,至梧溪,遂自引决。

(清)周硕勋纂修:《乾隆潮州府志》卷三十三,第31页,《中国地方志集成·广东府县志辑》,上海书店,巴蜀书社,江苏古籍出版社,2003年。

(26)"三阳兵乱"摩崖石刻 (至正二十八年1368)

三阳兵乱十有三载,乙巳岁夏五月,省左丞陈公以师克平之。明冬十一月,江西省郎中灵武王公用文来摄郡守事,暇日偕佐宾骆希仲、陈伯安、逯时中、周德源、陈子贤、董世清、赵吉延、刘子中、戴希文吟啸于此。时至正戊申正日,教授林仕猷谨志,四明李子宁刻。

黄挺,马明达著:《潮汕金石文征(宋元卷)》,第317页,广东人民出版社,1999年。

(27) 重建韩山书院纪略 (至正二十七年1367)

韩山书院旧在城南外七里许,至正壬辰,火,遗址鞠草,名存实亡也。丙午岁,灵武王公以江西省左右司郎中兼郡守事,追修故典,相其地非礼法之所,乃毁城西大隐庵而迁焉。经始是岁冬十一月,讫二明年春正月。主之者王守郡那木翰。赞之者同知骆希仲,府判逯文约,推官周泌,经历黄庄、黄瑛,知事赵佑,教授林仕猷、太史玄,学宾戴世昌,山长吴期也。晋安刘嵩记。福建省照磨张泰书。

黄挺,马明达:《潮汕金石文征(宋元卷)》,第313页,广东人民出版社,1999年。

(28) 王翰潮阳东岩刻字 (至正二十七年1367)

其一:飞云。灵武王用文。

其二:予偕陈子贤、逯时中、周德源、赵世延、徐志仁、赵东泉、林汝文来游,期黄处敬、戴希文不至。时至正丁未秋九月,灵武王用文识。监工王伯耕。

黄挺,马明达著:《潮汕金石文征(宋元卷),第314页,广东人民出版社,1999年。

(29) 王翰金山石刻 (至正二十七年1367)

清辉同趣。

丁未春灵武王用文书。

黄挺,马明达著:《潮汕金石文征(宋元卷)》,第315页,广东人民出版社,1999年。

(30) 王用文刻文丞相谒张许庙词跋一首

丞相文山公题此词,盖在景炎时也。三宫北辕,二帝南走,时无可为矣。赤手起兵,随战随溃,道经潮阳,因谒张、许二公之庙。而此词实愤奸雄之误国,欲效二公之死以全节也。噫！唐有天下三百年，安史之乱，其成就卓为江淮之保障者，二公而已矣。宋有天下三百年，革命之际始终一节，为十五庙祖宗出色者，文山公一人焉。词有曰："人生翕歘云亡，好烈烈轰轰做一场。"是知公之时固异乎张、许二公之时，而公之心即张、许之心矣。予守潮日，首遣人诣潮阳致祭，仍广石本，以传诸远。俾忠义之士读之，有所兴起；奸雄之辈读之，亦少知自警云尔。

(明)黄一龙修，林大春纂：《(隆庆)潮阳县志》卷十五，第8—9页，《天一阁藏明代方志选刊》，上海古籍书店，1963年。

(31) 王翰，字用文，庐州人。三世仕元，至翰为潮州路总管。有政声，知元祚将移，乃弃官归隐。尝寓潮阳，登眺东岩，有"云关"、"飞云"诸石刻，及跋东山沁园春词。后居闽之永福，自号友石山人。明洪武初，强起之，至梧溪，赋诗见志云："昔在潮阳我欲死，宗祀无系我无子。彼时我死作忠臣，覆宗绝祀良可耻。今年辟书亲到门，丁男屋下三人存。寸刃在手不顾惜，一死了却君亲恩。"遂自引决。子偁，官翰林。有诗名。

(清)周恒重修，张其翻纂：《(光绪)潮阳县志》卷十六，第9页，《中国地方志集成·广东府县志辑》，上海书店、巴蜀书社、江苏古籍出版社，2003年。

(32) 王偁

王偁，字孟扬。父翰仕元，抗节死，偁方九岁，父友吴海抚教之。洪武中，领乡荐，入国学，陈情养母。母殁，庐墓六年。永乐初，用荐授翰林检讨，与修《大典》。学博才雄，最为解缙所重。自负无辈行，独推让同官王洪。

(清)张廷玉等撰：《明史》卷二八六，第7337页，中华书局，1974年。

(33) 自述诔

王偁，字孟扬。其先东阿人，宋宝元康定用兵西方，士有没于吴昊者，王氏遂为西方人。元有天下，其地最后附，赐姓唐古氏。高祖王父某，从下江淮，授武德将军，总管镇庐州。曾祖王父某，祖王父某，相继袭爵，改上千户，没俱葬大蜀山下。先府君某，当抡攘以材用荐者，调民职庐州路治中，历江南福建行省郎中，至阶朝列大夫、潮州路总管。当时称廉吏第一人，所莅政绩卓异，字惠小民，攘剔豪右，礼贤士，植纲纪，民奉以祠。元运改玉，度时不可为，浮海去之。道闽，闽父老遮留，退居永福山中，为黄冠服者十年。朝廷聘之，耻为二姓臣，遂自引决。呜呼！是时，偁方生九龄，家翛然壁立，太夫人守节自誓，艰难备尝，手疏先君之迹与古今豪杰大略教之。外王父姓刘氏，讳某，由宣文阁博士出签闽宪，再召入为秘书丞，没王事，赠嘉议大夫、福建行省参知政事，淹贯靡不究，博古好雅，翰墨之妙绝当世，偁不及见之。闽先生闻过斋吴公，学行醇伟，为士林望，与先君交谊相与也。先君没时，属偁夫子教之。第未弱冠，夫子没，伥伥罔依归，赖外王父遗图书手泽多，杜门自研涠。少多病，负笈者三年，莫臻其至。弱冠入庠序，与陈君从范游。陈蚤入闻过夫子室，获其指授，恳恳汰其瑕砾，示以瑜瑾，一旦斯发蔀矣。

洪武庚午，宾兴，岁领荐，方去海滨，观光上国。会试礼部，不利，例入国子，处缙云朱先生馆下，日求齐鲁士与谈，访其遗风及四方之贤者而私淑之。上表陈情，乞终养，高帝悯之。南归，越震泽，徘徊吴会间不敢留。趋侍汤药膝下，始冀收其实，而从范已物故，闽故老亦凋剥殆尽，四涕毗落，无可与语。晚得晋昌林志，相与论学，假以模范，抗颜为多。暇则穷幽极深，徜徉物表，趣豁如也。未几，太夫人捐馆舍。呜呼！居丧不敢逾礼，既合先君茔，庐墓下者六年。永乐初元，以推毂者至京师，待命黄阁，因自陈愿处学校，励人材，不允。授从事郎史官、翰林检讨，进讲经筵，以文字供职。时钱塘王洪擅词垣，与同官，一见过相推重。敕修《大典》，萃内外儒臣及四方韦布士，毋虑数千人，滥竽总裁之列。大将军英公覆征交阯，辟居幕下。于是泛洞庭，浮沅湘，历九疑，吊苍梧，征兵南海。既而穷象桂，道五管，观师于日南九真之交。时有赞勴大将军待以为揖客，归仍守其旧官。先娶郑氏，新安人，前名御史潜之孙女，先卒。再娶薛氏，闽故族，孝养于姑，贞淑内得其亮，生男一人，振。女子某一人。其次男，拱。女子某一人，侧室李氏出也。此族系出处之概。少锐志于有为，毅乎思准古以驭今，而用弗以施。学虽服群圣，猎百家，穷幽明，亟于闻道，而质沦蠢杌。遇登高吊古，慨然发其悲壮愉乐，一寓于文若诗，而辞愧土苴。其为人则似戆而容，似傲而恭，家贫而心乐，身困而处裕。然疾恶太过，遇权贵不能俯首下之，任情以直，不能歆以徇人成功，此其见短于世也。见人善，不啻若已有之，虽匹夫问，未尝不竭以尽。与人交，内外不敢携，此则自以为长焉。若夫俛以为终身之憾者，龀失所怙，哭吾父，几不能生。初知学，而哭吾师如哭吾之父焉。未几，哭吾友如哭吾之师。比得禄，而太夫人不逮养，有子教之未立。荷两朝之恩，而莫一举报。呜呼！况兹身系绁缧，西山东陵，淆而未分。孤臣之号，庶女之恸，南音之戚，梁岸之章，孰为发之？日者以支干推定人祸福生死，谓吾年日皆庚，迪于丙，岁在阏逢，丽于鹑火，其弗延矣。呜呼！其果然耶。孟子曰："桎梏死者，非正命也。"昼夜之理，吾曷念之。因述其系，而极之以呼天之辞，用自诔。俾后之为乌凫，为蝼蚁，在阳侯，在回禄，或返其遗骸，而招其魂魄，或藏其衣冠，庶令有考者，悯其志而哀之焉。辞曰：予概观古之人，怙材者恒困于弗施，志大者惟颠顿之屡跻。呜呼，孟扬！矧尔乏古之才而尚其志，焉得不奇于时而诿于戾。尔负而君，尔负而亲。呜呼！谁其白之悠悠苍天。

(明)王偁撰：《虚舟集》卷五，第78—80页，《景印文渊阁四库全书》第1237册，(台北)"商务印书馆"，1986年。

(34) 虚舟集提要

臣等谨案《虚舟集》五卷，明王偁撰。偁字孟扬，永福人，元潮州总管翰之子。翰于明初抗节死。偁生甫六龄，其母教之读书，以弱冠领乡荐，乞归养母。成祖即位，征至京师，授国史院检讨，充《永乐大典》副总裁，坐解缙党，下狱死。为诸体诗共五卷，前有王汝玉序。又有解缙序二首，一题虚舟集，一题其文集。而弘治六年，桑怿序，则为袁州守王世英翻刻《虚舟集》而作。不言其别有文集，盖当时已失传矣。集末附续书评及自述诔各一首。偁与解缙友善，其才气学问约略相似，故缙亦极推许之，卒同被谗谮以死。然缙诗颇伤剽直，若偁之恬和安雅，殆为胜之。自述称："服群圣，猎百家，穷幽明，每遇登高吊古，慨然发其悲壮愉乐，一寓于文若诗。"其命意亦殊不苟。故集中若感寓诸作，规抚拾遗，咏史数篇，步趋记室，《将进酒》、《行路难》等亦颇出入于太白歌。行虽未必尽合古人，而一鳞半爪隐现云端，固不止于衣冠优孟也。乾隆四十四年八月恭校上。

(明)王偁撰:《虚舟集·提要》,第1—2页,《景印文渊阁四库全书》第1237册,(台北)"商务印书馆",1986年。

(35) 虚舟集原序

立言岂易易哉？况声成文之谓诗，诗又言之精者。扬子云曰："雕虫小技，壮夫不为。"诚知言也。是故必有超逸绝伦之姿，雄浑浩博之气，精深明彻之见，源委渊懿之学，然后可以挟风骚之体，备众论之长，出而鸣一代之盛焉！斯岂易易哉？《三百篇》尚矣。汉、魏以降，迄于宋、元，其间声律之变虽有不齐，而卓然成家者，莫不由是。不由是者，不足以传之远也。若夫翰林王孟扬者，信乎可以继前人之风，相与角立于百代之下者乎？孟扬之诗，其趣高，其调逸，其词雄，其学富，出入汉、魏、盛唐，不为近代之语，真杰作也。抑何由而致是哉？余闻培之深者，发之茂，积之广者，出之沛。盖孟扬幼生闽粤间，负英迈之姿，席先世之泽，闭门读书逾二十年，又闻多君子，孟扬得师友之助，其所资所养者丰矣。比其出游也，观涛于浙江，吊禹功于震泽。入京师，见都城之雄伟，宫阙之壮丽，府库之充实，九夷八蛮之会同。官翰林，耳目所接，莫非朝廷之典章，一代之制作，政教所布，号令所施，彧彧乎！且得屡预国家大事，入侍讲筵，身亲礼文之盛。及奉命亲藩，泛洞庭，留长沙，探古迹于名山川。又浮沅湘，历九疑。从大将军观兵交阯，极于南表，胸中亦汪洋浩博矣。宜其吐为辞章，超卓凌轹，不自知也。昔司马子长生龙门，讲道齐鲁之乡，东上会稽探禹穴，北适燕赵与其豪俊子弟交游，故其文雄深雅健、跌宕不羁，孰谓孟扬之于诗不由是欤？虽然士生幸遇光岳之气全，则其发于言者敦实浑庞，得性情之正。予老而无能为矣，继《清庙》、《生民》之什，以鸣国家之隆者，非孟扬谁望焉？俾叙其集，于是乎书。永乐辛卯岁孟春，左春坊右赞善兼翰林院编修，前修国史吴下王汝玉序。

永乐初，敕修金匮石室之书，继是复有大典之命，内外儒臣及四方韦布士，集阙下者数千人，求其博洽幽明，洞贯今古，学博而思深，如吾太史三山王君孟扬者，不一二见。然孟扬之为人，眼空四海，壁立千仞，视余子琐琐者不啻卧之地下，以是名虽日彰，谤亦随之。余每拟荐自代，不果。且孟扬视功名泊如。每有抗浮云之志，期在息机，与物无竞，故其集以《虚舟》名亦可见其志焉。余且第其人品，当在苏长公之列，文之奇伟浩瀚亦类，至于诗，则凌驾汉、唐，使眉山见之，未必不击节叹赏，思避灶而炀。此余之论孟扬者如是，他人未必知也。孟扬在翰林越三年，不欲示其长于人。然一遇知己，与论古今成败，人物贤否，政事得失，治道升降，则目如曙光，辨如悬河，真若超千古而立于独者。孟扬固不欲专以文名，越石父有言："士绌于不知己而伸于知己。"余其有负于孟扬哉！余其有负于孟扬哉！握手都门，出其集征予言，遂敬书以复之。永乐丁亥春，翰林院学士兼春坊大学士、国史总裁、庐陵解缙书。

天之文，地之文，人文与生俱生者也。皇太昊之作书契，画奇耦，名乾坤，别坎离，文字著矣。黄帝，帝放勋，帝重华，君臣扩而充之尔，至素王大备焉，六经卓矣。后千百年，太史迁、昌黎伯、欧阳公有以窥其蕴，于是文人之文作焉。当其时，汉则扬雄、班固和之，唐柳宗元、李翱、皇甫湜和之，宋苏轼、曾巩和之。继斯文之作，倡以和者，夫岂无其人乎？今孟扬王君之作，其庶几乎。君灵武之世家也，其先君守湖州，死义于胜国。母夫人守节自誓教之，其外大父秘书公，尤博学，知名当时，君皆不及事之。自知读书为文，两家善庆所钟也。君生于闽，弱冠举进士，来京师，陈情归养，太祖高皇帝怜而许之。退而家居，定省之暇，扁舟载月，左右图书，从游者数人，瀹清泉而剥丹荔也，人望之如在天表，其视区区世俗之浅者，为何如哉？圣天子龙飞，初求斯文之瑰杰，近臣争言君，使使聘之。至待以殊礼，坐之黄阁之下，日传其议，衣冠甚伟，众见皆靡。又辄自陈，愿退学校，以宏斯文之化，即日有诏，擢国史院检讨，以布衣授是官，异数也。而君逡巡其间，如在高帝时，由其文章足以自娱，得乎内者重而待于外者轻，自期者甚远，而于斯文，亦莫能窥其所至也。盖其新足以濯天下之陈腐，其雄足以振末流之颓靡，其清足以汰奕世之污浊，其密也足以通群圣之蕴奥。贯而一之也，洗沃日月，若引江海而上之，挽河汉而下之。霖雨九土也，浩乎养气之盛，析理之精，充乎宇宙而洽幽明，包乎六合之外也，其可以世俗之浅浅者观之哉！其可以世俗之浅浅者观之哉！其真有见于素王之卓尔，而欲罢不能者欤。翰林学士、兼左春坊大学士国史总裁庐陵解缙书。

(明)王偁撰:《虚舟集·原序》,第2—4页,《景印文渊阁四库全书》第1237册,(台北)"商务印书馆",1986年。

(36) 重刊虚舟集序

闽之三山世英王先生，初为名进士，入翰林为庶吉士，授地官主事，擢副郎，出守袁州，以文章学行发为政事，其岂弟有循吏之风，威重得大臣之体。公暇尤留心文事，慨其乡有王君孟扬，素以文名当世，欲翻刻其《虚舟集》，而乞予言以弁诸首。予观孟扬之文，上有续书评其文，如宜僚弄丸，左之而右，右之而左，皆纵横如志。至如西域神马过都历块，微有踯躅之感，怨而不怒，信能言士哉。孟扬在当时，名声藉甚，早掇巍科，为翰林院检讨，入侍经筵，及总裁《永乐大典》。同大将军英国公观兵交趾而归，竟以非辜囚系而死。夫谤之与誉，相为倚伏。观吴下王君汝玉评孟扬诗，入陈拾遗、李谪仙堂室。庐陵解君缙谓其诗，凌驾汉唐，使眉山见之，当避灶而炀。准二子之所言，则当时盛誉可知，其誉如山，则其谤如海，孟扬生死荣辱所系如此。且言欲其立，不必出诸口，行欲其修，不必践诸身，此则天下大同之世，淳风之散久矣！相异则忌，相忌则嫉，嫉之之深，则无所不至焉！士君子易处世哉？缔观古人逃智以愚，去慎为狂，以长叹而了万变，托沈酣以冥万象，虽皆失乎中行，原其欲藉是以免世情，或可恕也。如范滂、阮籍之流，不失为狂狷之士，有道之世，成就之、拂拭之，当有一割之用。或退处丘壑，友务光而拉支伯，亦足成其名于后世。何至举世无所依范，任其性之所至，而为一偏之归，况使之不得其死耶？孟扬临终有《自诔词》一篇，与陶渊明、秦少游自挽诗意同，得陶之旷达，兼秦之凄怆，读之，至今使人泪下而不禁。昔之置孟扬于死地者，今复何在？徒足以来千古之唾骂。果有贤守如先生者，为表章其言，以传不朽者乎？君子观此，则知欲有所立，不可畏世而不修，而世之欲挤君子者，计其必馨香于后世，凡不究其用与夫不安其生者，皆足以为治代治化之累，而己之罪恒不原，则亦可以少戒，以成身与世之美者矣。孟扬父友石山人，仕元为总管，国朝死节，先生并刻其诗，亦属予为之序。弘治六年重阳前二日，柳州府通判，思玄居士，东吴桑悦民怿书。

(明)王偁撰:《虚舟集·原序》，第5—6页，《景印文渊阁四库全书》第1237册，(台北)“商务印书馆”，1986年。

(37)右《闻过斋集》八卷，乃先师鲁客吴先生之所著也。偁惧其久而湮没不传，遂与同志谋锓诸梓。呜呼！先生以刚明仁勇之资，充圣贤诚正修齐之学，不幸生匪其时，视当世有不可为者，于是卓然长往，终身不污一命。然间于阅历古今，感时愤事，则寓于文辞以发其趣。惟其蕴于中也弘，故其著于外也茂。是编之作，毋虑百余篇，确确乎言切而理当，气充而笔严，读之使人肃容敛气，不肖之心丧匿消沮。盖自六经之文不作，濂洛载道之言以下，而文之有益于世者，仅于先生得之，是岂世之文人墨客操觚执简，驰骋于词藻之场者所可冀哉？此读者必自有以识之矣，乌待偁一词之赘。第念曩昔先生与先府君相信弥笃，故卒俾偁得受学于先生之门。今去先生十有余年，而先生不可作矣。顾以偁之不肖，不能继承先志，而先生之道莫之闻也。再览遗文，涕泗交作。岁次辛巳仲秋初吉，门人灵武王偁谨识。

(元)吴海撰:《闻过斋集》，第304页，《元人文集珍本丛刊》(八)，新文丰出版公司，1985年。

三十三、述哥察儿

述哥察儿(1232—1283)，西夏人。父哈石，河西著族，归降元太祖，行事智谋骁勇，锡名霸都儿。述哥察儿少年入伍，历事定宗、宪宗、世祖三朝，官浚州达鲁花赤，后买田筑室黎阳山下,种田教子。1283年,五十二岁,寿终,葬黎阳山。赠中议大夫、河中府知府、上骑都尉,追封魏郡伯。子哈喇哈孙,先后任承事郎、江西等处行中书省左右司都事,奉议大夫、同知江州路总管府事,中议大夫、汉阳府知府。

述哥察儿家族人物表

第一代	第二代	第三代	第四代	第五代
哈石霸都儿 妻蔑里吉氏	述哥察儿 妻康里氏	哈喇哈孙	脱因	男五 女二
			纳嘉德	
			教化	
		女一		

(1) 元故浚州达鲁花赤赠中议大夫河中府知府上骑都尉追封魏郡伯墓碑

丁卯

故浚州达鲁花赤述哥察儿,西夏人也,历事三朝,以子贵。初赠奉议大夫、汴梁路治中、骁骑尉,追封南乐县子。配康里氏,追封南乐县君。维郡伯中议大夫、河中府知府、上骑都尉,进封魏郡君,维郡伯世为河西著族。父哈石霸都儿善骑射,饶智略,临阵摧锋,所向无敌,太祖皇帝嘉其鸷勇,锡名霸都儿。母蔑里吉氏,以癸巳生郡伯,体貌魁伟,器识英迈,少亲行伍,长益精练器甲,坚整驰骤劲锐,应变赴急,奋不顾身。定宗皇帝选直宿卫,谨饬敏给,甚称使令。从宪宗皇帝征伐,不避艰险,不惮劳苦,凡所俘获,悉不私有。丙辰岁以功授浚州达鲁花赤,时军旅绎骚,征役繁重,中州凋敝,土旷民稀,而能惠爱抚绥,如古循吏。于是流逋四集,田野日辟,境内称治。中统壬戌,山东作乱,奉诏捍御南兵,斩将二人,夺马二匹。捷闻,赏银百两,回赐所献二马。在官日久,与浚民相安,世渐平定,无意仕进,买田筑室黎阳山下,治生教子,二十二年乃终。终之日,至元甲申之岁正月壬戌也,寿五十二,葬黎阳山。康里郡君俭勤理家,至老不倦。子哈喇哈孙,读儒书通文法,大德庚子授承事郎、江西等处行中书省左右司都事。郡君受禄养,壬寅正月甲辰终于官所,寿六十九,归柩合葬。郡伯卒后三十五年,当延祐戊午,子改授奉议大夫、同知江州路总管府事,始蒙恩封赠二亲。又十年,当泰定丁卯,子以中议大夫、汉阳府知府致仕,再蒙恩加赠加封。具书谂于临川吴澄曰:"哈喇哈孙生甫四岁,先父郡伯已仕,莫能详其施政恤民之实,所闻于先母郡君者百不一二。然承天渥,荣贲泉壤至再,倘无文追述以示方来,非孝也,是以窃有请焉。"余素知江州贰侯之贤,今又得知其先世累功之因,信乎水木之有原本也,乃不辞而叙次其世如右。

孙男三:脱因,莅江西行省宣使;纳嘉德,从事郎、潭州路安化县达鲁花赤兼劝农事;其季乡贡进士教化,将父命诣余求文者也。女一。曾孙男五女二。诗系

左,诗曰:

“皇元启运,群力蝤奋,虎貔效猛,鹰隼兢迅。
桓桓魏伯,西土奇隽,先朝旧臣,育此冑胤。
入扈禁庭,恪守忠尽,出陪戎路,卓冠行阵。
皇选尔劳,宅牧于浚,浚民父之,千里河润。
昼省夫耕,夜息鬼怜,有牛湿湿,无大穛穛。
世皇龙御,电烨雷震,将同轨文,首削方镇。
尔爪尔牙,可布可信,沐浴泰和,勇退佉进。
乃治田庐,乃释绶印,闾里相欢,岁月一瞬。
英嗣闯兴,克迈前训,秩秩讦谟,廓廓游刃。
游斧盘根,徐栉乱鬈,继乘贰车,爰倅列郡。
身名屡迁,家闻益振,帝制荣视,光被幽榇。
阶职煌煌,勋爵崇峻,生若沉溟,没也燚焮。
才犹在昔,人用弗尽,遭遇在今,天报罔靳。
穷碑勒美,百世不磷,不磷维何,子孝孙顺。”

(元)吴澄撰:《吴文正集》卷三十三,第558—559页,《元人文集珍本丛刊》(三),新文丰出版公司,1985年。

(2)元浚州达鲁花赤追封魏郡伯墓碑①吴澄　元人

故浚州达鲁花赤速哥察儿,西夏人也,历事三朝,以子贵。初赠奉议大夫、汴梁路治中、骁骑尉,追封南乐县子。配康里氏,追封南乐县君。再赠中议大夫、河中府知府、上骑都尉,进封魏郡伯,南乐县君进封魏郡君。维郡伯世为河西著族,父哈石霸都儿善骑射,饶智略,临阵摧锋,所向无敌,太祖皇帝嘉其鸷勇,锡名霸都。母蔑里吉氏,以癸巳岁生郡伯,体貌魁伟,器识英迈,少亲行伍,长益练习器甲,坚整驰骤劲锐,应变赴急,奋不顾身。定宗皇帝选直宿卫,谨饬敏给,甚称使令。从宪宗皇帝征伐,不避艰难,不惮劳苦,凡所俘获,悉不私有。丙辰岁以功授浚州达鲁花赤,时军旅绎骚,征役烦重,中州凋敝,土旷民稀,而能惠爱抚绥,如古循吏。于是流逋四集,田野日辟,境内大治。中统壬戌,山东乱作,奉诏捍御南兵,斩将二人,夺马二匹。捷闻,赏银百两,回赐所献二马。在官日久,与浚民相安,世渐平安。无意仕进,买田筑室黎阳山下,治生教子,闲居二十年乃终。终之日,至元甲申正月壬戌也,寿五十二,葬黎阳山。康里郡君勤俭理家,至老不倦。

① 《吴文正集》卷三十三《元故浚州达鲁花赤赠中议大夫河中府知府上骑都尉追封魏郡伯墓碑》,与《正德大名府志》卷十《元浚州达鲁花赤追封魏郡伯墓碑》,两篇文字记载有差异,古人在抄书过程中改字、加字、抄错字的频率较多,故二者都收录,可以对比研究。其次,《正德大名府志》对脱因、纳嘉德、教化的官职记载更加详细。

子哈喇哈孙，读书通文法，大德庚子授承事郎、江西等处行中书省左右司都事。郡君受禄养，壬寅正月甲辰终，寿六十九，归柩合葬。郡伯卒后三十年，当延祐戊午，子改授奉议大夫、同知江州路总管府事，始蒙恩封赠二亲。又十年，当大定丁卯，子以中议大夫、汉阳府知府致仕，再蒙恩加封。具书论于临川吴澄曰："哈喇哈孙生甫四岁，先父郡伯已不任，莫能详其施政恤民之实，闻于先母郡君者百不一二，然钦承天渥，荣贲泉壤至再，倘无文追述以示方来，非孝子也，是以窃有请焉。"予素知江州二侯之贤，今而又得知其先世累功之恩，信乎水木之有本源也，乃不辞而叙次其世如左。

孙男三：脱因，江西行省史，先授从事郎、临江路录事司达鲁花赤，今授承事郎吉安路吉水州判官；纳嘉德，从事郎，泽州路安化县达鲁花赤兼劝农事；其季赐进士出身承事郎、江州路瑞昌县达鲁花赤兼劝农事；教化，将父命请予求文者也。女一。曾孙男九女二。诗系于左，诗曰：

"皇元启运，群力蝟奋，虎貔效猛，鹰隼競迅。
桓桓魏伯，西土奇俊，先朝旧臣，致此胄胤。
入扈禁庭，恪守忠荩，出备戎路，卓冠行阵。
皇选尔劳，宅物于浚，浚民父之，千里河润。
昼省天耕坍，夜息乎邻，有牛湿湿，有犬狖狖。
世皇龙御，电掣雷震，将同轨文，首削方镇。
尔瓜尔牙，可有可信，沐浴泰和，勇退恪进。
乃治田庐，乃释授印，闾里相欢，岁月一瞬。
英嗣闯兴，克迈前训，秩秩讦谟，廓廓游刃。
游斧盘根，徐栉乱鬈，继弃二车，爰卒列郡。
身名屡迁，家闻益振，帝制荣宠，光被幽榇。
阶职焜煌，勋爵崇峻，生若沉寞，殁也赫焮。
才犹在昔，人用弗尽，遭遇在今。"

(明)石禄修，唐锦纂：《正德大名府志》卷十，第54—57页，《天一阁藏明代方志选刊》，上海古籍书店，1981年。

(3) 苏克彻尔[①]，西夏人。初从宪宗征伐，以功授浚州达噜葛齐，时军旅数兴，中外征需颇繁重，户渐凋耗。察理力为惠爱，轸恤民隐，久之，与浚民相安，不忍去。买田，筑室黎阳山下居之，阅二十年卒，封魏郡伯，葬黎阳山南。

(清)王士俊等监修：《河南通志》卷五十五，第277页，《景印文渊阁四库全书》第537册，(台北)"商务印书馆"，1986年。

(4) 速哥察儿[②]，西夏人。尝从宪宗征伐有功，授监郡时，州甚凋敝，能惠爱

①② 即述哥察儿。

抚绥，如古循吏。卒，赠魏郡伯。

（明）石禄修，唐锦纂：《正德大名府志》卷六，第12页，《天一阁藏明代方志选刊》，上海古籍书店，1981年。

三十四、秃满台

秃满台，生卒年不详，唐兀人。祖赫思，归太祖，居应昌，跟随纳陈驸马所部定山东，收河南，后受命留守济州昌邑。父咬住，无仕宦。秃满台，幼读史书，精通蒙古语。历官武略将军、济宁路总管府达鲁花赤，兼管内劝农事、管理河南事务。

秃满台家族人物表

<table>
<tr><th>第一代</th><th>第二代</th><th>第三代</th><th>第四代</th></tr>
<tr><td rowspan="7">赫思
妻夏氏</td><td rowspan="7">咬住
妻邵氏</td><td rowspan="4">秃满台
妻荣氏</td><td>伯颜察迩</td></tr>
<tr><td>次仲儿</td></tr>
<tr><td>次□□□</td></tr>
<tr><td rowspan="4">女一人</td></tr>
<tr><td>睦礼勃
妻赵、刘、田氏</td></tr>
<tr><td>设都戴尔</td></tr>
<tr><td>女四人</td></tr>
</table>

（1）达鲁花赤秃满台先茔，昌邑保城南七十里。即旧志所载达鲁花赤墓。查胡祖广所撰神道碑阴载秃满台之祖讳赫思，祖母夏氏，父讳咬住，母邵氏，俱葬此。

（清）黄维翰纂修：《道光钜野县志》卷三，第83页，《中国地方志集成·山东府县志辑83》，凤凰出版社，上海书店，巴蜀书社，2004年。

（2）武略将军济宁路总管府达鲁花赤先茔神道碑　昌邑保　碑高九尺二寸　广四尺　现中断

中奉大夫、江西等处行中书省参知政事胡祖广撰

武略将军、济宁路总管府达鲁花赤、兼本路诸军、奥鲁总管府达鲁花赤兼管内劝农事、知河南事秃公，先世唐兀人，居大河之西。汉孝武帝开河西四郡，至宣帝时，□靡忘□□金城□□□□□□□□□□□□□□□□□不常，□唐代时，亦修职贡。宋时，始自称西夏。兵强物阜，与中国抗，迄□世弗能臣之。金人破汴京，界□□西北接夏，均为兄弟，亦不能令也。我太祖皇帝□兴朔土，越在内外，□臣事惟一夏人。畏威怀德，纳土削号，奔走驱策。帝嘉其诚，不忍离逖尔，其徙居东北，俾密迩皇家，式慰厥忱。时有居应昌虎门口号赫思公者，今监郡祖也。应昌，

故宏吉剌氏地，驸马鲁王宫帐建焉。以故在分地者，皆隶王麾下。岁已未，天兵南下。纳陈驸马受命统所部定山东，收河南，公特为所亲任。内则献谋画计，利害罔不明应；战则直进无前，敌相□慑披靡；胜则归功于将，不愿受官。凯旋至济州，营于昌邑城北。驸马与诸将谋曰："河南已平，山东实控制之。无山东，是无河南也。吾虑大军北去，百姓新附，情不可测。欲简宿谨厚者，分军刍牧□田□镇二方。有事则驰□变□焉，亦可自少息□□。"佥以为然。因命公曰："尔□□□□，予灼知尔□，汝惟□弗矜于人绩，是用□□□女后牧翁昌邑，尔尚宁尔止，尚绥和□。初顺民用靖厥居，□动于戾，自贻后悔。吾北归，驰召汝当不久也。"公受命留昌邑，该所领与编氓杂处，人□□之或□□□北归。公叹曰："吾世居河西，朔漠本非乡里。从军转徙，幸宁于兹。土沃民和，牛羊稼穑，自足以养。今老矣，复不能逐水草居也。"因家焉。后北使屡促召，竟不往。公少时好田猎弓矢，至是释弓矢，绝不畋猎。□□□□□，力农积粟，务施惠□。饥寒暑者，均之衣食。里中德之，远近咸以善人称。劝之仕，但摇首喑音不应。享年八十六，终于正寝。配夏氏贤明柔顺，克协妇道。年八十三，不疾而卒。合葬于济宁钜野县昌邑□□□□□□□□□。咬住为人有志操，□□□□克绍先□□□里闬，潜德弗耀。年七十□终，葬昌邑。原配邵氏，尚无恙。三子，长即郡公也。公幼涉书史，尤精天朝语。慎密□□□沉□□□□州使□□□才，选侍鲁王给使。时□使州□□□，鲁王嘉其□。以书达于朝。延祐二年，用□□□□□达鲁花赤。县东距济宁，西距麟府，道里适中，□□□络绎往来，给使无宁时。庭中讼牒□□一力综理使，廪饩饶裕，行者忘劳。讼至即决，诉者情服，始终如一。父老纪□□，至今颂之不忘。至治二年，转□州□□□□。至顺二年，复以治郡课最，转武略将军、达鲁花赤，监济宁路。郡方千余里，奄有鲁封□□。兴学校，励士风，起惰农，退□吏，政有弊者一新之。境西南距大河，夏秋之交□□东□□□民患。公考□州利害，□□筑，以御外溃。疏瀹沟浍，以泄内侵。水害以息，民用奠厥。常戒家僮，勿挟势□细民。□□□□，即此可见公之所守矣。仲曰睦礼勃，鲁王尤亲爱之。首命为昭武校尉，管领济宁东平等处打捕鹰房诸色人匠等户总管府达鲁花赤。未几，召为总管。府廨寄治郡城，莅职又与长公时同，□□□旦节或归县，诏旨兄弟□以三品服金紫□目□左右排立，时人荣之。入侍母夫人侧，互称觞为寿。愉愉怡怡，世莫易其乐也。三曰设都戴尔，诚笃惟谨。念二兄劳于从政，不忍朝夕去母侧，□□□自任孝□□其□□□母□□贞守□□端详□容别男女，内外截截具有度。女四人，长适□□县达鲁花赤慕理持，余三人皆嫁令族。监郡公娶夫人荣氏，一女适李氏。三子曰：伯颜察迩、次仲儿、次□□□。皆好学守□□□□□□□□□□□□施，犹未艾也。其铭曰："维唐元族，疆圉西北。□□刚武，奕世赫赫。圣皇靖之，内□不忒。密迩多逊，毖介帝室。□□□□，□□□□。武功扬扬，时惘或恫。方行河南，奠□□□。敛威弗矜，恢□□□。乃瞻原隰，沃彼昌邑。□我戈矛，□□□□。我牛我羊，湿湿濈濈。令子□孙，□孙孔硕。帝命孝孙，惟忠惟恭。□休厥祖，□□宏畅。□□□□，保艾东人。东人安所，孝孙有庆。□□□□，寿母令妻。家□□康，曰世允藏。俾炽而昌，铭以□存。□□□□。大元□□□年岁次甲戌孟夏上旬之四日，武略将军、济宁路总管府达鲁花赤、兼本路诸军奥鲁总管府达鲁花赤、兼内劝农事、知河防事秃满台。赐同进士出身、承德郎、归德府宿州县尹、兼管本县诸军奥鲁内劝农事、知河防事晏逢亨篆。”

资德大夫、知中书□□□□□史惟良。

大元元统二年四月立。

碑阴

祖考赫思妻夏氏。

显考咬住妻邵氏，三子。

长监[①]路秃满台妻荣氏，次断事官睦里赤[②]妻赵、刘、田氏，三。

（清）黄维翰纂修：《道光钜野县志》卷二十，第458—460页，《中国地方志集成·山东府县志辑83》，凤凰出版社，上海书店，巴蜀书社，2004年。

三十五、老索及其家族

老索（1188—1260），唐兀氏，世为宁夏人。归降元太祖，做护卫，骁勇善战，赐名八都儿。从太祖征战诸部，攻打野狐岭及凉州诸郡，赐金符为统军，又分讨钦察、兀罗思、回回等国，攻克斡罗儿、孛哈里、薛迷思干等。太宗皇帝南征，跟从下河中，任顺天路达鲁花赤。中统建元（1260），寿七十三，葬于清苑县太静乡之先茔。因在太祖皇帝开疆拓土之际，显有成绩，列于功载，被赐碑铭。子，忙古得，为行军千户，参加合州钓鱼山之战，阵亡，赠至中大夫，佥太常礼仪院事。孙，忽都不花，升奉议大夫、祁州达鲁花赤，又改任遂州达鲁花赤。至元二十一年，卒，三十六岁。曾孙，讷怀，任通奉大夫、河南等处行中书省参知政事、集贤侍读学士。

老索家族人物关系表

第一代	第二代	第三代	第四代
老索 妻康里真氏	阿勾		
	忙古得 妻畦氏	忽都不花 妻民氏	讷怀

（1）（大）元敕赐故顺天路达鲁花赤河西老索神道碑铭[③]

翰林学士承旨荣禄大夫知制诰兼修国史欧阳玄奉敕撰文

① 原文误为“蓝”。

② 碑阳正文作“睦礼勃”。

③ 此碑文与梁松涛《〈河西老索神道碑铭〉考释》一文，录文有些许差异，故两篇都收录。

集贤侍讲学士中奉大夫兼国子祭酒苏天爵奉敕书丹

翰林学士承旨荣禄大夫知制诰兼修国史张起岩奉敕篆额

皇帝御极之十年，岁在癸未，制授通奉大夫前河南等处行中书省参知政事讷怀为集贤侍读学士。越明年春，集贤学士脱怜等言：“讷怀曾大父故顺天路达鲁花赤老索，当太祖皇帝基命之际，粤有成绩，列于功载，宜赐之碑铭，以宠示来裔。其令翰林学士欧阳玄为文，集贤侍讲学士苏天爵书丹，翰林学士承旨张起礹篆额以赐。”

制曰：“可。”臣玄谨按事状。

老索，唐兀氏，世为宁夏人。幼颖悟，长以骁勇闻时。太祖皇帝拓境四方，老索知天意所向，屡讽其国王失都儿忽率诸部降。太祖皇帝素闻其名，及见，伟其材貌，俾入宿卫。老索昕夕唯谨，及遇攻讨，被坚执锐，亲冒矢石，为士卒先。上益壮之，赐号“八都儿”。八都儿者，华言骁勇无敌也。妻以宫女康里真氏。从征诸部，克大水泺，拔乌沙堡，又破桓、抚等州。及分□□□河南武宣王察罕那颜麾下，败金将完颜九斤、万奴等军数十万于野狐岭。还定云内，西徇地至凉州诸郡。太祖皇帝赐金符为统军，及织纹数十疋，以旌其功。分讨钦察、兀罗思、回回等国，推锋破敌，所向无前。大军至答也失的□□□号至险，老索乘胜驱众涉之，□□平地，斡罗儿、孛哈里、薛迷思干等城皆坚壁未易猝拔，竟一鼓克之。扎剌兰丁迷里彼骁□□，□铁门关，老索探入，身中流矢，勇气弥厉，麾军力战，遂平之。

太宗皇帝南征，从下河中，定南京。甲午，金亡，诏采良家女以备后宫，谏曰：“中原甫定，宜收揽英雄，以开混一之业，今乃嫔……”燕南自为一路，民至今便之，上优怜之，赐黄金五十两，白金三百两。中统建元六月二十三日薨于正寝，寿七十三。越明年某月日，葬于清苑县太静乡之先茔。

康里追封夫人。子二人，长阿勾早亡。次忙古得，起家为行军千户。丁巳，攻蜀，所至先登。己未，宪宗图合州钓鱼山，克捷居多，□□常胜，遂没于阵，赠至中大夫，佥太常礼仪院事。娶畦氏，子一人忽都不花，德器温厚。至元十七年，擢奉议大夫、祁州达鲁花赤，为政明恕，编氓以其有德，至今以颜子目之。秩满，光献翼圣皇后以其先朝旧臣，谕都官不次擢用。时阿合马柄政，官非赂莫进，忙古得慨然曰：“为民父母，罄产鬻官，而复刻削于民以求利，可乎?”遂无仕进意，移遂州达鲁花赤。至元二十一年五月九日，卒于家，年三十有六。娶民氏，奉柩归葬于清苑之先茔。子一人，即讷怀，父没年甫三岁。母民氏，□心守义，育鞠有加。既长，从师问学，涉猎经史。入京，因司徒明里，以见仁宗皇帝于省舍□沿□护送赵王公□□□道涂禁戢其徒御，所过郡县无扰，归以能声……庙堂迁知安东□□□监察御使□□□曰：“汝父连□□□，虽获廉□而未尝预清要之选，汝今得□宜效节以报国显亲……”寻拜河东廉访使……怙宠不法，辄□□□狱成而……、……葬于□□□南大同，魂无不之……、……忠顺……汇此庆泽，发于曾孙，曾孙勉……、……进登察□践扬中朝……参预两省……、……有母实贤，秉节迪人……、……及告奉常，词臣……、铭……至正十年四月吉日曾孙讷怀立石、保定儒士李肃　处士胡宾元　摩……□□川　蒋□从　刘弘毅　张宽　□

宁夏大学西夏学研究中心、国家图书馆、甘肃省古籍文献整理编译中心：《中国藏西夏文献》(十八)，第150—151页，甘肃人民出版社，敦煌文艺出版社，2005年。

(2) 河西老索神道碑铭

正面(第一面)：

1. (大)元敕赐故顺天路达鲁花赤河西老索神道碑铭

2. 翰林学士承旨荣禄大夫知制诰兼修国史欧阳玄奉敕撰文

3. 集贤侍讲学士中奉大夫兼国子祭酒苏天爵奉敕书丹

4. 翰林学士承旨荣禄大夫知制诰兼修国史张起岩奉敕篆额

5. 皇帝御极之十年，岁在癸未，制授通奉大夫前河南等处行中书省参知政事讷怀为集贤侍读学士。越明年春，集贤学士脱怜等

6. 言："讷怀曾大父故顺天路达鲁花赤老索，当

7. 太祖皇帝基命之际，粤有成绩，列于功载，宜赐之碑铭，以宠示来裔。其令翰林学士欧阳玄为文，集碑侍讲学士苏天爵书，翰林学

8. 士承旨张起岩篆额以赐。"

9. 制曰："可。"臣玄谨按事状：老索，唐兀氏，世为宁夏人。幼颖悟，长以骁勇闻时。

10. 太祖皇帝拓境四方，老索知天意所向，屡讽其国王失都儿忽率诸部降。

11. 太祖皇帝素闻其名，及见，伟其材貌，俾入宿卫。老索昕夕唯谨，及遇攻讨，被坚执锐，亲冒矢石，为士卒先。

12. 上益壮之，赐号"八都儿"。八都儿者，华言骁锐无敌也。妻以宫女康里真氏。从征诸部克大水泺，拔乌沙堡，又破桓、抚等州。及分□□□

13. 河南武宣王察罕那颜麾下，败金将完颜九斤、万奴等军数十万于野狐岭。还定云内，西徇地至凉州诸郡。

14. 太祖皇帝赐金符为统军，及织纹数十匹，以旌其功。分讨钦察、兀罗思、回回等国，推锋破敌，所向无前。大军至答也失的□□□号，

15. 至险，老索乘胜驱众涉之，□□平地，斡罗儿、孛哈里、薛迷思干等城皆坚壁，未易猝拔，竟一鼓克之。札剌兰迷里彼骁□□□铁

16. 门关，老索深入，身中流矢，勇气弥厉，麾军力战，遂平之。

17. 太宗皇帝南征，从下河中，定南京。甲午，金亡。诏采良家女以备后宫，谏曰："中原甫定，宜收揽英雄，以开混一之业，今乃嫔……"

右面(第二面)：

1. 大□赐曰全两□丙申(使?)□□……盛顺天□汝南忠武王张公□□□老

索协力屏翰(请?)□□□(六?)□□于……碑

2. 燕南自为一路,民至今便之。(年?)一十即上惠(符?)乞□骨……

3. 上优怜之,赐黄金五十两,白金三百两。中统建元六月二十三日薨于正寝,寿七十三。越明年某月日,葬于清苑县太静乡之先茔。

4. 康里追封夫人。子二人,长阿(勾)早亡。次忙古,起家为行军千户。丁巳,攻蜀,所至先登。己未,

5. 宪宗图合州钓鱼山,克捷居多,□□常胜,遂没于阵,赠至中大夫,佥太常礼仪院事。娶畦氏,子一人,忽都不花,德器温厚,至元十七年,

6. 擢奉议大夫、祁州达鲁花赤。为政明恕,编氓以其有德,至今以颜子目之。秩满

7. 光献翼圣皇后以其

8. 先朝旧臣,谕都官不次擢用。时阿合马柄政,官非赂莫进,忙古[1]慨然曰:“为民父母,罄产鬻官,而复刻削于民以求利,可乎?”遂无仕进

9. 意,移遂州达鲁花赤。至元二十一年五月九日,卒于家,年三十有六。娶民氏,奉柩归葬于清苑之先茔。子一人,即讷怀,父没年甫三

10. 岁,母民氏□□守义,育鞠有加。既长,从师问学,涉猎经史。入京,因司徒明里以见

11. 仁宗皇帝于□□□□(使?)左□□授中书直省舍人沿榭护送赵王公□□,道涂禁戢其徒御,所过郡邑无扰,归以能声,

12. 庙堂迁知安东□选□监察御使□□□曰:“汝父连收二州,虽获廉而未尝预清要之选,汝今得之宜效节以报国显亲□□……”

13. 寻拜河东廉访使□□宣□,有世袭,知府怙宠不法,辄发其奸,狱成而逃,诉于朝

14. 由……是

碑阴(第三面):残缺

左面(第四面):

1. □□□□□登佚氏生□□鄙……葬于□□□南大同,魂无不之……

2. □子有孙□□□忠顺汇此庆泽,发于曾孙,曾孙勉……遭文

3. □皇□□□谨(定?)令誉进登察(官?)践扬中朝……参预两省……子

4. 我皇□渊实□□轻……进(照?)生功显尔,引下曾孙,有母实贤,秉节迪人,式隆其传。

5. □二业□□□□未表其进□□□□□自我(基?)命,(贞?)有谥,及告奉

---

① 有误,应为忽都不花。

常，词臣……苑之南贲尔贞域……之

6. 铭

7. 圣世之德

8. 至正十年四月吉日曾孙讷怀立石

9. 保定儒士李肃、处士胡宾元摹

10. □(玉)川、蒋伯从、刘弘毅、张宽刻

梁松涛：《〈河西老索神道碑铭〉考释》，《民族研究》2007 年第 2 期，第 80—82 页。

三十六、王立之

王立之，生卒年不详，西夏人，先世居申州①。1231 年，王立之奉夏王命出使金国，未还，国已灭，遂归顺金国，带领妻子三十余口返回老家申州居住，并主管唐、邓、申、裕等处夏国降户，听唐、邓总帅府节制，金国给良田千亩以及牛及农具，自己耕种，终其身。

(1) 四年，夏遣精方匦匣使王立之来，未复命，国亡。

(元)脱脱等撰：《金史》卷六十二，第 1489 页，中华书局，1975 年。

(2) 明年，夏国亡。先是夏使精方匦匣使王立之来聘，未复命国已亡，诏于京兆安置，充宣差弹压，主管夏国降户。八年五月，立之妻子三十余口至环州，诏以归立之，赐以币帛。立之上言，先世本申州人，乞不仕，居申州。诏如所请，以本官居申州，主管唐、邓、申、裕等处夏国降户，听唐、邓总帅府节制，给上田千亩、牛具农作云。

(元)脱脱等撰：《金史》卷一百三十四，第 2876 页，中华书局，1975 年。

(3) 绍定四年、金正大八年、蒙古太宗四年(1231)夏四月，夏故臣王立之隐于申州。

初，夏主睍遣精方匦匣使王立之聘于金，未复命而国亡。金主赐立之京兆安置，充宣差弹压，主管夏国降户。是时，立之妻子三十余口至金环州，金主赉以金帛归之立之。立之上言，先世本申州人，乞不是，退居申州。金主如所请，以故官主管唐、邓、申、裕等处降户②，仍赐上田千亩及牛具农作。立之自耕食，终其身焉。

(清)吴广成撰，龚世俊等校注：《西夏书事校正》卷四十二，第 501 页，甘肃文化出版社，1995 年。

三十七、常八斤

常八斤③，生卒年不详，西夏人。元太祖时，西夏人常八斤以制弓精良著名。其质疑，国家用武之时，重用耶律楚材儒臣有何用，便有了“治弓尚须弓匠，治天下不用治天下匠?”之故事。

---

① 申州，古地名，在今河南省信阳。

② 唐(今泌阳)、邓(今南阳)、申(今信阳)、裕(今方城)。

③ 弓匠常八斤之疑问，引出元太祖治理国家所采用的方法，既尚武又尚文。

(1) 中书令耶律公神道碑　宋子贞

夏人常八斤者，以治弓见知，乃托于公曰："本朝尚武，而明公欲以文进，不已左乎?"公曰："且治弓尚须弓匠，岂治天下不用治天下匠耶。"

(元)苏天爵编:《元文类》(九)卷五十七，第831页，《国学基本丛书》，商务印书馆，1936年。

(2) 夏人常八斤，以善造弓，见知于帝，因每自矜曰："国家方用武，耶律儒者何用。"楚材曰："治弓尚须用弓匠，为天下者岂可不用治天下匠耶。"帝闻之甚喜，日见亲用。

(明)宋濂等撰:《元史》卷一百四十六，第3456页，中华书局，1976年。

(3) 常八斤，夏人。以治弓见知，乃托于耶律楚材曰："本朝尚武，而明公欲以文进，不已左乎?"楚材曰："且治弓尚须弓匠，岂治天下不用治天下匠耶。"

(明)胡汝砺编、管律重修，陈明猷校勘:《嘉靖宁夏新志》卷二，第130页，宁夏人民出版社，1982年。

(4) 治天下匠

中书令耶律文正王楚材，字晋卿，在金为燕京行省员外郎，国亡，归于我朝，从太祖征伐诸国。夏人，巴勒津者[①]，以治弓见知于上，诧王曰："本朝尚武，而明公欲以文进，不已左乎?"王曰："且治弓，尚须弓匠，岂治天下，不用治天下匠耶?"上闻之喜，自是用王益密。

(明)陶宗仪撰:《南村辍耕录》卷二，第429页，《景印文渊阁四库全书》第1040册，(台北)"商务印书馆"，1986年。

三十八、西卑

西卑，生卒年不详，唐兀氏。太祖时，管理御膳房，官至金紫光禄大夫。子，阿束。孙，仙仙、三哥儿。曾孙，和实纳。一家四代历元太祖至元泰定，一百多年，子孙均以唐兀亲军都指挥使效力元朝。

西卑家族人物关系表

第一代	第二代	第三代	第四代
西卑	阿束	仙仙	和实纳
		三哥儿	

《元史》，西卑，唐兀氏。太祖皇帝时，充博儿赤。积官金紫光禄大夫。子阿束，世祖皇帝时，充速古儿赤。至元十八年，授安远大将军、唐兀亲军副都指挥使，佩虎符。二十二年，进奉国上将军、枢密同佥右卫亲军都指挥使、兼领唐兀

① 即常八斤。

卫。三十一年卒。子仙仙，初充舍儿伯赤。元贡[①]元年，授昭勇大将军、唐兀亲军都指挥使，仍虎符。大德二年卒。子和实纳幼，以弟三哥儿袭职。后改升甘肃省左亟[②]，以和实纳袭前职，积官昭武大将军。致和元年秋八月，西安王以兵讨倒剌沙，命从亟[③]相燕帖木儿擒其党兀剌伯都等。

韩荫晟：《党项与西夏资料汇编》(补遗)，第7160页，宁夏人民出版社，2000年。

三十九、八哈都儿

八哈都儿，生卒年不详，唐兀惕人。大致生活在元太祖及太宗时期，是太宗窝阔太位下的一名侍卫。

[窝阔台]合罕即位之前，在成吉思汗逝世的那个猪年，留在成吉思汗帐殿(斡耳朵)中的宗王和异密们曾商议过，派遣成吉思汗的侄儿额勒只吉带那颜和[窝阔台]合罕的儿子贵由汗到浑罕地区边境去夺取它。他们进行了劫掠，征服了它，为了防守该地区拨出了一个名为八哈都儿的唐兀惕异密，率领一支军队作为"探马"到那里去。凡对此事不满并有非议者，[窝阔台]合罕即位后，都[用上述札撒王]迫使缄默了。

(波斯)拉施特主编，余大钧，周建奇译：《史集》(第二卷)，第32页，商务印书馆，1985年。

四十、阿里鲜

阿里鲜，生卒年不详，河西人。所处时代为元太祖铁木真时期，初为通事，后为宣差。是成吉思汗与丘处机之间的翻译、使臣，并护送丘处机东归。

……寻阿里鲜至自斡辰大王帐下，使来请师。……

七日，见大王，问以延生事，师谓："需斋戒而后可闻。"约以望日授受。至日，雪大作，遂已。大王复曰："上遣使万里，请师问道，我曷敢先焉？"且谕阿里鲜，见毕东还，须奉师过此。……

三月上旬，阿里鲜至自行宫传旨，云："真人来自日出之地，跋涉山川，勤劳至矣。今朕已回，亟欲闻道，无倦迎我。"次谕宣使仲禄曰："尔持诏征聘，能副朕心，他日当置汝善地。"复谕镇海曰："汝护送真人来甚勤，余惟汝嘉。"仍敕万户播鲁只以甲士千人卫过铁门。师问阿里鲜以途程事，对曰："春正月十有三日自此初发。驰三日，东南过铁门；又五日，过大河；二月初吉，东南过大雪山，积雪甚高，马上举鞭测之，犹未及其半，下所踏者复五尺许；南行三日至行宫矣。且师至次第奏讫，上悦，留数日方回。师遂留门人尹公志平辈三人于馆，以侍行五六人同宣使辈三月十有五日启行。……

---

① "元贡"为"元贞"之误。

②③ "亟"为"丞"之误。

上问通事阿里鲜曰："汉地神仙弟子多少?"对曰："甚众。神仙来时，德兴府龙阳观中尝见官司催督差发。"上谓曰："应于门下人悉令蠲免，仍赐圣旨文字一通，且用御宝。"因命阿里鲜，河西人也，为宣差，以蒙古带喝剌八海副之，护师东还。"

阿里鲜等白师曰："南路饶沙石，鲜水草，使客甚繁，马甚苦，恐留滞。"师曰："分三班以进，吾徒无患矣。"

十有三日，宣差阿里鲜欲往山东招谕，恳求与门弟子尹志平行。师曰："天意未许，虽往何益?"阿里鲜再拜曰："若国主临以大军，生灵必遭杀戮，愿父师一言垂慈。"师良久曰："虽救之不得，犹愈于坐视其死也。"乃令清和同往，即付招谕书二副。……

(元)李志常撰：《长春真人西游记》，第4,6,15—16,23,24,25页，《丛书集成初编本》，中华书局，1985年。

四十一、速哥

速哥，生卒年不详，西夏人。生活在元太宗时期，公元1231年，为太宗提供从白坡可以渡黄河的唯一信息。

(1)(元太宗三年)(辛卯)冬中月初三日，上攻河中府。[①] 十二月初八日，克之。时有西夏人速哥者来告，黄河有白坡可渡，从其言。壬辰春正月初六日，大兵毕渡。

(清)何秋涛校：《元圣武亲征录》，第113页，《四库全书存目丛书·史部第45册》，齐鲁书社，1996年。

(2)戊子，太宗皇帝用西夏人恤可计[②]，自河中由河清县白坡渡河，遣人驰报太弟，以师来会，瓜尔佳萨哈行至封丘而还。蒙古兵奄至，莽伊苏等皆死，丁壮得免者三百人而已。

(元)陈桱撰：《通鉴续编》卷二十一，第889页，《景印文渊阁四库全书》第322册，(台北)"商务印书馆"，1986年。

四十二、和斡

和斡，生卒年不详，西夏人。所处时代为元宪宗蒙哥时期，是忙哥撒儿的下属。为忙哥撒儿献策，被宪宗召见，由此知名。

忙哥撒儿问曰："主上以我长此官，诸公其为我言，当以何道守官?"众皆默然。又问之，有夏人和斡居下坐，进曰："夫札鲁忽赤之道，犹宰之刲羊也，解肩者不使伤其脊，在持平而已。"忙哥撒儿闻之，即起入帐内。众不知所为，皆咎和斡

① 河中府，今山西省永济县蒲州镇。位于黄河中游而得名河中府。后改为蒲州。

② 速哥、恤可应该是同一人，只是翻译不同。两种文献所记事件、地点相同，都是元太宗寒冬从白坡渡黄河之事，唯具体时间有出入，西夏人名书写不同。

失言。既入，乃为帝言和斡之言善。帝召和斡，命之步，曰："是可用之才也。"和斡由是知名。

（明）宋濂等撰：《元史》卷一二四，第3055页，中华书局，1976年。

四十三、巴延

巴延，生卒年不详，河西人，袭父和多都千户职。参加蒙古攻四川之战，屡有战功，授宣武将军、蒙古汉军总管。

巴延，河西人，袭父和多都千户职。宋师侵成都，四川佥省严忠范遣巴延迎击，大败之。又从攻嘉定、泸、叙、重庆，数有战功。总帅汪田哥用兵忠州，巴延将兵涪州策应。宋人以舟师邀于青江，巴延领兵驰赴，擒其部将十七人。泸州复叛，巴延领兵趋泸州，败其将，遂克泸州。行院副使布哈进兵围重庆，遣巴延将兵降之。制授宣武将军、蒙古汉军总管。

（清）许容等修：《甘肃通志》卷三十六，第374页，《景印文渊阁四库全书》第558册，（台北）"商务印书馆"，1986年。

四十四、捏吉伯

捏吉伯，生卒年不详，西夏人。仕元，最初为御前侍卫，授兀歹拔都。曾先后四次参加攻打西番，立有战功，又转海攻日本，胜利归来，卸甲务农，居家辽东复州，后寿终，葬复州城。

捏吉伯，西夏国人。为人颖悟奇伟，勇略不群。初充御前怯薛歹[①]，居无何[②]，授兀歹拔都，招讨领蒙古汉军护拔都忽都，与西番四次攻战有功，后转海二万余里直攻日本[③]，战胜回还。赏赉有加，令往辽东复州住，坐耕种每年一诣大都朝于金复等处。后以寿终葬复州城东百步许，豫章窦仲清志其墓。

（明）任洛等纂修：《辽东志》卷五，第426页，金毓黻主编《辽海丛书影印本》，辽沈书社，1985年。

四十五、塘乌氏

塘乌氏，生卒年不详，西夏人，事世祖皇帝，官至郡伯、万户。子，桓勇为都尉、镇抚，以万户让其季父，又以镇抚让其诸弟。

塘乌氏家族人物表

第一代	第二代
塘乌氏	桓勇

① 蒙古和元朝的禁卫军。

② 过了不久，即很快。

③ 元世祖时攻打日本。

书塘乌氏碑后

余读诗《缁衣》篇，而后知贤者之能世其家也。再观司马迁表，刘项方作敌，士以智力自奋。厥或弗类，亦序建为侯王，传不一再，或覆厥宗，又以知武公父子固贤，亦先王忠厚之泽，有以成之也。塘乌氏由云中郡伯奋起西夏，事世祖皇帝，时方整六师，以行天讨，推心膂之良，寄爪牙之任者，一遵成算。其摧坚获丑，必视功轻重而赏，能以此时备任使蒙褒宠，则其材且能可知矣。施不尽有，以陨厥身。子桓勇都尉，继以忠义自持，从出征入卫，功烈炳然，则云中之祉其后人者，从可知欤？客省使当天历初，视理之逆顺，挺身来归，干城斩获，所向无敌。第劳行赏，眷奖优渥，又非承德袭训之力欤？其子当嗣爵，既以万户让其季父，又以镇抚让其诸弟，讵特才且智克绍其先，又以知其孝义之化行于家也。其孙曾之蝉联蔓衍也固宜。於戏！观世臣之家，则我朝之深仁厚泽何如哉？大夫士之工声诗者，可无以继《缁衣》之篇耶！

(元)王沂撰:《伊滨集》卷二十一，第575—576页，《景印文渊阁四库全书》第1208册，(台北)"商务印书馆"，1986年。

四十六、唐兀真氏

唐兀真氏，生卒年不详，因其孙也先帖木儿追封泰安王夫人，配食忠定君之庙。

故祖母唐古珍氏[①]追封泰安王夫人制

妇之爵从其夫，古今之达道。祖之荣及其妣，国家之至恩。既积显庸，宜臻异数。具官某故祖母某氏，谨身节用，媲德娠贤，家门增盛大之基，朝宁获忠良之佐。上不坠于祖训，下益衍于后人。所谓世臣，亦惟尔敬。是用分茅泰岳，袭爵真封，永以王夫人之称，配食忠定君之庙。呜呼！鱼轩翟茀，何殊贵盛于当年。瑜珥瑶环，尚迪子孙于百世。幽灵不昧，休命其歆。可。

(元)程文海撰:《雪楼集》卷三，第36—37页，《景印文渊阁四库全书》第1202册，(台北)"商务印书馆"，1986年。

四十七、阿都赤

阿都赤，河西人，进义校尉。镇江达鲁花赤，至元元年十二月至。

(元)脱因修，希鲁纂:《至顺镇江志》卷十六，第2825页，中华书局编辑部编《宋元地方志丛刊》(第一册)，中华书局，1990年。

四十八、马元

马元，生卒年不详，字仲彬，唐古氏。至元四年(1267)九月，任都水监治理会通河，改建东

---

① 即唐兀氏。

大闸。

改作东大闸记[①]　　[李惟明撰，其略曰]：

泗别于滋阳，(通)[兖道]之汶，支于奉符之堽城。洸[引之西南]，会于任城，会通河受之。昔汶不通洸。国初岁丁巳，[济倅奉符毕辅国请于]严东平，始于汶水之阴、堽城之左作一斗门，堨汶水入洸至任城，益泗漕以饷宿蕲戍边之众，且以溉济、兖间田。汶由是有南入泗、淮之派。至元二十年，朝议以转漕弗便，乃自任城开河，分汶水西北流，至须城之安民山以入清济故渎，通江淮漕至东阿，由东阿陆转，仅二百里抵临清，下漳、御，输京师。二十六年，又自安民山穿渠，且至临清，引汶绝济，直属漳、御。由是江、淮之漕浮汶、泗径达临清，而商旅懋迁、浮宦往来暨闽粤交广邛集僰川蜀航海诸番，凡贡篚之入，莫不由是而达，因赐河名曰“会通”。于是汶之利被南北矣！始，辅国直堽城西北隅，作石斗门一。后都水少监马之贞又于其东作双虹悬门，闸、虹相连属，分受汶水。既又以虹石水易圮，乃改其西虹为今闸制，通谓之东闸，谓辅国所作斗门为西闸。后改作，址高水不能入，独东闸受水。汶水盈缩不常，岁常以秋分役丁夫采薪积沙，于二闸左绝汶作堰，约汶水三之二入洸。至春全堨余波以入。霖潦时至，虑其冲突，则坚闭二闸，不听其入。水至径坏堰，而西循故道入海，故汶之堰岁修。延祐五年，改作石堰，五月堰成，六月为水所坏。水退，乱石龃龉壅沙，河底增高，自是水岁溢为害。至元四年秋七月，大水溃东闸，突入洸河，两河罢其害，而洸亦为沙所塞，非复旧河矣。初，之贞为沙堰也，有言作石堰可岁省劳民。之贞曰：“汉曹参作兴原山河石朋，常为涨水所坏，时复修之。汶，鲁之大川，底沙深阔，若修石堰，须高水平五尺，方可行水，少涨于平，与无堰同，河底填高，必溢为害。竭力作成，涨(踌)[涛]悬注，倾败可待。晋杜预作沙堰于苑阳，堨白水溉田，阙则补之，虽屡劳民，终无水害，固知川不可塞也。”且曰：“后人勿听，浮议妄兴，石堰重困民，壅塞涨水，大为民害。”重修堽城闸，因自作记勒石，至是果如其言。是年九月，都水监马元公来治会通河，行视至堽城，曰：“洸、汶之交，会通之喉襟，闸坏沙塞，上源要害，复有先于此者乎？”于是用前监丞沈温公辟为一大闸之议，以状上中书，即从其请。明年二月，乃亲为经营揆度，画图指示，命[濠寨官土]守(公)[恭]令役于众，以旧址弊丁屡作，改卜地于其东，掘地友泉，降汶河底四尺，顺水性也。袤其南北为尺百，广其东西为尺八十，下于平地为尺二十有二，土木之工，又入其下八尺，上为石基以承闸。闸之崇于地平，自基以上缩握地之深一尺。两壁直南北为身，皆长五十尺。其南张两翼为(历)[雁]翅，皆长四十五尺。其北渠(府志作“短”)折以东、西各附于(其)旁，亦长四十五尺，不为两翼敛其前，隘涨水也。前尽基肩岸受水欲其前也，后逊基八之一，叠石为岸承之，出基之南五尺，长为尺二十有五。五分基之广，劈其中之一以为明，入明三分深(府志作“身”)之一为金

① 原注：据乾隆《兖州府志》卷二十七“李惟明〈改作东大闸记〉”校。

口，广尺深咫。板十有三方，方盈金口之广，长亘明入金口两端，各尽其深（府志作"身"），上下以启闭者十二，其一不动，（为）阈其大石，为两（泉）[臬]夹制其前郤。新、旧石长短厚薄各用有宜，无尺（才）[寸][之]枉，缔构之工，扣砌之密，众谓会通诸闸所未有。始，又议浚洸河，自堽城闸南下一十八里有奇，塞尤甚，浚皆深五尺，阔十尺，其深又倍之。既得请，以非时，须后先闸役焉，从宜也。夫若撤坏堰之石，以下汶河涨沙，疏附洸诸滦以济汶水不及。浚洸至任城，皆涤源急务，尽议已竟而未他遑者。闸既成，众请识其事于石，属笔于予，予复之曰："汶，古名川，昔毕公、马公用之则为转漕之益，为灌溉之利，后人用之，则有横溃之忧，有垫溺之患。本性非异今昔，盖用之善不善也。马公既善用之，又碑其言以示来者，其虑后也深矣。不用兹役，曷彰马公之言乎？"既不获辞，遂为叙导汶始末、会通源委，以见堽城闸水利喉襟，且表马公之言为鉴。公字仲彬，唐古氏。

（明）杨宏、谢纯编，荀德麟、何振华点校：《漕运通志》卷十，第269—271页，方志出版社，2006年。

四十九、伯牙兀歹

伯牙兀歹，河西人，敦武校尉。镇江路总管府达鲁花赤，至元十四年正月至。

（元）脱因修，希鲁纂：《至顺镇江志》卷十六，第2825页，中华书局编辑部编《宋元地方志丛刊》（第一册），中华书局，1990年。

五十、李朵儿只

李朵儿只，生卒年不详，唐兀人，汉名希谢，号贺兰，居灵武。归元后，至元间为处州路总管，官至江西左丞。

（1）李朵儿只左丞，至元间为处州路总管。本处所产荻蔗，每岁供给杭州砂糖局煎熬之用。糖官皆主鹘回回富商也，需索不一，为害滋甚。李公一日遣人来杭果木铺，买砂糖十斤，取其铺单，因计其价比之官费，有数十倍之远，遂呈省革罢之。

又，箭竹亦产处州，岁办常课，军器必资其竹，每年定数立限，送纳杭州军器提举司。及其到司，跋涉劳苦，何可胜言！而官司头目箭匠方且刁蹬，否则发回再换。李公到任，知有此弊，乃申省云："箭竹固是土产，为无匠人可知，故不登式，乞发遣高手、头目、匠人来此选择起解，庶免往返之劳。"从之。迄今无扰，此皆仁政之及民者如此。左丞，唐兀人，汉名希谢，号贺兰，官至江西左丞。

余按周世宗时，王祚为随州刺史，汉法禁牛革，辇送京师，遇暑雨，多腐坏，祚请班铠甲之式于诸州，令裁之以输，民甚便之。适与二事相同，漫书于此，观者或可触类而长，则利民之事，足有为也。

（元）杨瑀撰：《山居新话》卷一，第347—348页，《景印文渊阁四库全书》第1040册，（台北）"商务印书馆"，1986年。

(2) 贺兰堂记

灵武李公居钱塘三十年，筑其第之堂而名曰贺兰，志不忘本也。会桷自京师还，乃命志之。桷尝绸书于太史，按贺兰山在灵武保静县西，草木青白，望之如驳马然者，土音语驳为贺兰，而昔之居是山者复因以为姓。在唐天宝时，灵武号要冲，后卒能以一旅之众兴复旧业，至李王有其地，天下易代凡九姓，独灵武以十余州相传者一百余年。其民沉鸷尚勇，土壤沃旷，毡酪驼马给足无凶歉。国狭而虑密，各以金革相保卫，患难垂乏绝不少变，精急专一，迄能奉其君长，盖传愈久则俗愈定。太祖皇帝经略西土，为武功首，灵、夏旧地始臣服委质，然犹强节好义，策殊勋受上赏者史不绝书。李公之仕于江南也，常兢兢然惠绥，不忍侮其鳏寡。而其于浙东也，事若有素。今所领七郡，四为其守矣。风俗美恶皆示诸掌，而惓惓思于贺兰者，亦将有以振夫萎茶之习，使吴越之士如吾贺兰者斯可矣。古者氏族之别必锡于其土，虽远处他邑，其不紊殽者，因是以有考。贺兰之山承平日滋，昔时之草木，意其业茸嘉美，当盛于公去乡里之日，而斯堂之封植，五采文错，密然成文者，心犹以为贺兰也。食必祭先，耕则祭啬，斯须不敢遗其初，种德崇报，有开必先，以侣以续，殆将见之，公其以余言为征也。

(元)袁桷撰:《清容居士集》卷十九，第262—263页，《景印文渊阁四库全书》第1203册，(台北)"商务印书馆"，1986年。

五十一、孛鲁合答儿

孛鲁合答儿，生卒年不详，河西人。至元二十一年(1284)，五月，任扬州行省水军主帅，听从阿里海牙节制。

(至元二十一年，五月)丁丑，忽都虎、乌马儿、刘万户等率扬州省军二万赴唆都军前，遇风船散，其军皆溃。敕追乌马儿等诰命、虎符及部将所受宣敕，以河西孛鲁合答儿等代之，听阿里海牙节制。

(明)宋濂:《元史》卷十三，第266页，中华书局，1976年。

五十二、多尔济

(1) 多尔济[①]，河西人，至元二十三年，以宣武将军任横总管府达噜噶齐，食邑，守土有修学功。

(清)汪森辑:《粤西文载》卷六十三，第51页，《景印文渊阁四库全书》，第1467册，(台北)"商务印书馆"，1986年。

(2) 多尔济，河西人，世仕濮州。至元二十二年，以宣武将军任横州总管府达噜噶齐，食邑守土，有修学之功。

---

① 又作朵儿赤。

(清)金铁等监修:《广西通志》卷六十五,第 76 页,《景印文渊阁四库全书》第 567 册,(台北)"商务印书馆",1986 年。

(3) 朵儿赤,河西人,世仕濮州。至元二十二年以宣武将军任横(州)总管府达鲁花赤。食邑守土,有修学功。

(明)方瑜纂修:《嘉靖南宁府志》卷六,第 49 页,《天一阁藏明代方志选刊续编》,上海书店,1990 年。

五十三、札忽儿歹

札忽儿歹,河西人,至元二十年为宁都达鲁花赤,有善政,民为立生祠见碑记。

(明)董天锡纂修:《嘉靖赣州府志》卷八,第 492 页,《天一阁藏明代方志选刊》,上海古籍书店,1962 年。

五十四、刘忙古解

刘忙古解,又名炜,河西人,嘉议大夫。镇江路总管府总管兼府尹,至元二十三年二月二十八日至,二十八年二月一日代。

(元)脱因修,希鲁纂:《至顺镇江志》卷十五,第 2815 页,中华书局编辑部编《宋元地方志丛刊》(第一册),中华书局,1990 年。

五十五、敏公讲主

敏公讲主,生卒年不详,俗名敏生,西夏遗僧,居西凉。至元二十三年(1286),奉圣旨及国师法旨,前往江南杭州取《大藏经》。

敏公讲主江南求法功德碑①

公□敬跋:敏公讳生,大师之西夏蜕骨,长□春□□雄,壮气凌云汉,掣开金□□玄朱文,如光□□岸,恢吾宗赤□□生涛风□,吾教吼石翰金,多变豹从。夜习梵,每喧天规,布绵绵声、浩浩音哉。旦□龙,门客去住烦参□□□□□□□□□□,春风花雨溟涛在,然临□□□□□□随月。天有月远生,西照古照今,子光升,维时丙戌□□冬后一日。

古□紫川福俗□书:佛法本由西方出,敏公却来南方求□,应王□载将□开学西凉人未休。西凉人者,其佛性列陵□神□□□,中间一字涉誵讹,一大□□解不尽,解得尽万□森罗自作证。右送敏公讲主之西凉:西南继规园中,西凉州敏讲主□千里□江南,求赎大藏经文。如谓持决定志,其决定信,成就决定境界,

① 摘自高辉、于光建:《元〈敏公讲主江南求法功德碑〉考释》,《西夏研究》2012 年第 3 期,宁夏社会科学院方红霞标点。

中事□□决定信奉。故为大地众生，尘梵烦恼，泛入生死苦海中，发为膏盲[①]痼疾。故五千四十八卷□渐权实□，落伦园如□，医□痼病，□药□处。众生病去，药除返事。号为病，滋□浸道，始后鹿野以□终，至跋提河，求其二□□，未尝说一字，如惜寿药能也。镕作金□□练于□□得□见，结□□青道□文字，非□□刘□不能解，慎勿勒印□打成黄卷赤轴，为寿宜兴□主库内茹好。是□，至元廿三年元宵，浙东雁砻山人精堂□益，书于灵隐西轩。

西凉曾未□□□□藏灵文已放梵，具眼宗师轻峰侣珠回玉转，寿吾皇。敏公讲主远奉圣旨及国师法旨，特取大藏经回。见其忍苦捍梦□，知洞山之大藏只是今之□□。又僧问云："门如何是一代时教□？"对一说。又僧□："五祖睦州送一藏教，只是不炃脚，且道炃什么字？"祖云："入罗娘君前三大者，恁么提持，若识得□亲炃处便见。大梵如藏，不在内，不在外，若是伶利。"讲主聊闻峰着，便乃知炃大振屯宗竖法憧然法矩，告天祝寿，报佛恩□，绰绰然有余裕哉。因其行信笔书□。

初见敏公讲主……□置心取三乘□实圣之，恒□贵金言之常。住持伴将，沉之佛日，重使欲灭之惠灯□□□殊勋硕，保皇基之永固。以此无□弘正法之流通。虽然，如□藏即今在什么处，远知道出息入息阴界众□百万亿卷文。大隋□□得半藏，且可如何得全□漂入眼。将地出远游，大经卷量等三千，界□一切尘，悉然有一聪惠经卷，且同何者。是此□眺听恩，讲试辩看，远涉归程驿路，长临忙昔年具，禁虽西域出，古杭佶岸如金堤，似锦野花，芳情如此去。

高辉、于光建：《元〈敏公讲主江南求法功德碑〉考释》，《西夏研究》2012年第3期，第18—19页。

五十六、薛阇干

薛阇干，生卒年不详，河西人。至元二十四年，任辽阳等处尚书省平章政事，二十九年，领兵为宣慰，后被告，削职。

（1）（元世祖至元二十四年）冬十月，……丙戌，……诏立辽阳等处行尚书省，以薛阇干、阇里帖木儿并行尚书省平章政事，洪茶丘右丞，亦儿撒合左丞……

（明）宋濂等撰：《元史》卷十四，第301页，中华书局，1976年。

（2）（元世祖至元）二十九年，……又言："河西人薛阇干，领兵为宣慰。其吏诣廉访司，告其三十六事，檄佥事簿问。而薛阇干率军人禽问者辱之，且夺告者以去。臣议：从行台选御史往按问薛阇干，仍先夺其职。"……帝悉可其奏。

（明）宋濂等撰：《元史》卷一百七十三，第4043页，中华书局，1976年。

五十七、祝真卜

祝真卜，生卒年不详，威弥氏。元大名路达鲁花赤昔李野速普花岳父，至元二十六年，由

---

① "盲"为"肓"之误。

定远大将军，任广西两江道宣慰使。

(1) 祝真卜，至元二十六年，定远大将军，任广西两江道宣慰使。

(清)金铁等监修：《广西通志》卷五十二，第504页，《景印文渊阁四库全书》第566册，(台北)“商务印书馆”，1986年。

(2) 妻威弥氏，参政祝真普女，封濮阳郡夫人。

(明)石禄修，唐锦纂：《正德大名府志》卷十《元大名达鲁花赤昔李公墓志铭》，第39页，《天一阁藏明代方志选刊》，上海古籍书店，1981年。

五十八、李慧月

西夏遗民李慧月德法宝姻缘

李慧月，法号光明禅师，陇西人。七岁遭掳，九岁在贺兰山佛祖院出家。后云游塞北、江南。至元二十七年印施十二部大藏经。曾任福建路僧权、嘉兴府录首；至元二十八年自称终南山万寿禅寺住持。

李际宁著：《佛经版本》，第141页，凤凰出版社，2003年。

五十九、伯颜

伯颜，河西人，武德将军兼管稻田。镇江路总管府同知府事，至元二十九年正月十日至，后以疾病卒。

(元)脱因修，俞希鲁纂：《至顺镇江志》卷十五，第2820页，中华书局编辑部编《宋元地方志丛刊》(第一册)，中华书局，1990年。

六十、火失不花

火失不花，河西人，中顺大夫。至元二十九年镇江路通政院同知。

(元)脱因修，俞希鲁纂：《至顺镇江志》卷十七，第2846页，中华书局编辑部编《宋元地方志丛刊》(第一册)，中华书局，1990年。

六十一、呼都拉

呼都拉，朔方人。世祖时，世袭高唐州达噜噶齐，劝课农桑，政为天下第一。孙，名沈温祥，为政一遵家法，尝以州驿疲累请于上，官得德州德平，分拨协济著为例，百姓感之。

(明)陆釴等纂修：《嘉靖山东通志》卷二十七，第640页，《景印文渊阁四库全书》第540册，(台北)“商务印书馆”，1986年。

六十二、沙罗巴

沙啰巴[1](1259—1314)，姓积宁氏，河西人，元初译经僧。祖相嘉屹啰，父沙啰观，世代主

① 又译沙喇卜、锡喇卜；一名胜吉祥，一名佛智。

译诸经。幼时跟随元初帝师八思巴为僧，习诸部灌顶法。又从着栗赤上师学大、小乘。后奉帝师之命，跟随剌温卜学焰曼德迦密乘之要。会用西藏语讲说诸妙法，兼解释诸国文字。被元帝师迦啰思巴干即哩推荐，进谒元世祖，奉敕译出中国未传之显密诸经。曾受封为"大辩广智"，江浙等处释教都总统。至大年间，再度奉召至燕京，拜为光禄大夫大司徒，为皇太子（仁宗）说法，设馆于庆寿寺。所译经典亦皆奉敕刊行。延祐元年（1314），面佛端坐而逝，年五十六岁。帝悼之，赐葬，遗骨送归故里。门人为其建塔，作《寿安山云麓洪公铭》。

沙啰巴家族人物表

第一代	第二代	第三代
相嘉屹啰	沙啰观	沙啰巴

（1）弘教佛智三藏法师

世祖皇帝尝受教于帝师发思巴。诏师译语。辞致明辨允惬圣衷。诏赐大辩广智法师。河西之人。尊其道而不敢名。止称其氏。至呼其子弟皆曰此积宁法师家。其为见重如此。公昆弟四人。公其季也。总丱之岁。依帝师发思巴剃染为僧。学诸部灌顶之法。时有上士名剌温卜。以焰曼德迦密乘之要。见称于世。帝师命公往学此法。温卜以公器伟识高非流辈比。悉以秘要授之。于是王公大人凡有志兹道者皆于公师而受焉。帝师迦啰思巴干即哩。以公之能荐之世祖。诏译诸秘要。俾传于世。时僧司虽盛风纪浸蔽。所在官吏既不能干城遗法抗御外侮。返为诸僧之害。桂蠹乘痈虽欲去之。莫能尽也。颓波所激江南尤甚。朝廷久选能者欲使正之。以白帝师。佥谓诸色之人岂无能者。必以为识时务孰与公贤。以诏授江浙等处释教总统。既至削去烦苛务从宽大。其人安之。既而改授福建等处释教总统。以其气之正。数与同列乖迕而不合。公谓天下何事。况教门乎。盖吾人之庸自扰之耳。夫设官愈多则事愈烦。今诸僧之苦。盖事烦而官多也。十羊九牧。其为苛扰可胜言哉。建言罢之。以闻。诏罢诸路总所。议者称其高。公既得请乃遁迹垄坻。筑室种树盖将终焉。至大中以皇太子令召至京师。诏授光禄大夫司徒。仁宗皇帝龙德渊潜之日。尝问法于公。知公之贤。既践天位眷遇益隆。诏给廪既馆于庆寿寺。诏公所译皆板行之。公幼而颖悟。诸国语言皆不学而能。自为儿人皆以为必成大器。既长果能树立。致位三公。虽以德艺。抑亦遭遇于时也。其始为佛诵其言观其义。既涉其涯遂历于深。为人好贤爱能。尤能取诸人。以为善。谈论之际发其端已。得过半之思。故其所有皆以好问而致。是以名胜之流皆从之。游以师友相处。延祐元年十月五日殁。年五十有六。其始疾也。诏赐中统钞万缗俾求医药。太尉沈王往视疾焉。既殁。又赐币万缗以给葬事。遣使驿送其丧归葬故里。门弟子相与建塔以表其藏。寿安山云麓洪公。作铭有谓。佛法之传必资翻译。故译梵为华。或敌对名物。或唯以义。必博通经论。善两方之言。始能为之。是以道安尝谓。翻译微言有五失本三不易。故非能者不足以有为也。所以传列十科。翻译居首者。岂非以其为之难功之大乎。予尝以诏与京邑诸公校雠藏典。历观自古翻译之家。以义译经如秦之罗什。译论唐之奘公。十数人之作。所谓禹吾无间然矣。其余或指义暧昧。或文辞疏拙。夫义之暧昧。盖译者之未尽文。或疏拙润色之失也。因思安公之言。以谓以弥天之高。尚称不易。今之译者何其易哉。自季叶以来。译场久废。能者盖寡。岂意人物凋残之际乃见公乎。观其所译可谓能者哉。

(元)释念常撰:《佛祖历代通载》卷二十二,《大正新修大藏经(史传部一)》卷四十九,第729—730页,佛陀教育基金会,1990年。

(2) 元燕都庆寿寺沙门释沙啰巴传　剌温卜迦啰思巴

释沙啰巴西国积宁人。总丱即依癹思巴帝师剃染。习诸部灌顶法。又从着栗赤上师学大小乘。时有剌温卜。善通焰曼德迦。密教为世所称。投之尽得其道。所以善吐番音说诸妙法兼解诸国文字。后因迦啰思巴帝师荐于世祖。命译中国未备显密诸经。各若干部。其辞旨明辩。特赐大辩广智之号。其时僧司虽盛而风纪浸弊。官吏不能干城遗法抗御外侮。返为僧害。世祖每论至此切忧之。乃选能者整维其失。故特授师为江浙等处释教都总统。帝亲劳送之。既至江南尽削去烦苛务从宽大。故遐迩僧寺赖以安之。随改统福广。因师之气正德庄严峻不倚。是以多忤同列。尝自叹曰。天下何事耶。吾人自扰之耳。朝廷设官愈多。则天下之事愈烦。况释教乎。今僧之苦无他。盖官多事烦耳。所谓十羊九牧可胜言哉。遂建言以闻。得旨尽罢诸路总统。天下快焉。师即遁迹垄坻。筑室种树将欲终老。至大中复召至燕京。拜光禄大夫大司徒。皇太子诸王尝问法要。诏给廪馆于庆寿寺。所译之经朝廷皆为刊行。延祐元年十月五日示疾。赐钞万缗。敕太尉沈王视医药谢却之。竟面佛端坐而化。帝悼之哀赐给葬。遣使驰驿送归故里。建塔系曰。译经之盛莫过于六朝盛唐鸠摩什实叉难陀辈。及入五代北宋则渐渐寝矣。况自康王渡江胡马南饮。銮辇驰遁淳熙之后。虽有一隙之暇。乌能于是哉。至元世祖而华夷一统。始复有译经之命。入我国朝。洪武建元以来以三藏颇足摩滕不至故止是例。今于元史仅得此人。庶不虚此首科亦几希矣。

(明)释如惺撰:《大明高僧传》卷一,第1页,上海古籍出版社,1995年。

(3) 送司徒锡喇卜法师归秦州

秦州法师沙罗巴,前身恐是鸠摩罗。读书诵经逾五车,洞视孔释为一家。帝闻其人征自遐,辩勇精进世莫加。视人言言若空花,我自翼善刊淫侈。雄文大章烂如霞,又如黄河发昆阿。世方浩浩观流波,五护尊经郁嘉峒。受诏翻译无留瑕,辞深义奥极研摩。功力已被恒河沙,经成翩然妙莲华。大官宠锡真浮苴,舍我竟去不可遮。青天荡荡日月赊,何时能来煮春茶。

(元)程文海撰:《雪楼集》卷二十九,第439页,《景印文渊阁四库全书》第1202册,(台北)

"商务印书馆",1986 年。

(4) 送总统佛智师南还

释教总统佛智大师姓积宁氏,名沙啰巴,华言为吉祥慧也。西番人,祖相嘉屹啰,父沙啰观。以象胥主译诸经,至师八世矣。师早侍帝师发思,已受知先朝,精详内典,又喜儒书,乐与吾属游。元贞初,选师为江浙总统,明年率诸山长老入觐,获侍清燕,启沃一言,煦焕三吴,同熙大觉。未归,江东父老投牒行台,趣师南还,将行,以赠言为荣,因赋是诗以送:

白足毗耶不易逢,鬓丝禅榻偶相同。经来震旦三千界,人在天龙八部中。满送酒船浮北海,细熏香雾供南丰。江东父老催飞锡,要沸潮音与海通。

(元)王恽撰:《秋涧先生大全集》卷二十二,第 365 页,《元人文集珍本丛刊(一)》,新文丰出版公司,1985 年。

(5) 清香诗会序

道不同谋,咫尺两间,渺隔千里。心有所会,上下八方,溥同一云。法性三藏宏教佛智大师,江浙总统沙罗巴者,闻予名而喜之,不知于渠何所取也。一日,介应奉曹显祖来约,以清香闲适,与同一会。于是开禅室,敞宾席,蒲团乌几,列坐其次,佳酿数行,意甚怡悦。主人出实薰娱客,温炉回春,楮煤凝雪,窗日含晖,岫云借润。先之以青桂,继之以绿洋,糅以熟结,加之都梁,栈融沉爇,气郁膏煎,黄云作毯,碧雾蒙筵,吟佩未染,鼻观先参。或袖笼而敛瑞,或心融而气宣。于是健诗脾,却蒸湿,燕饮助其清胜,志虑以之冲粹,不知佛齐、勃泥、婆律、大食、真腊、占城,而相去几何,通为一洞天也。众客稽首向师曰:"今夕何夕,余膏剩馥,沾丐如是,有不可思议者。第恐造物者讶其多取而餍饫也。"师曰:"庸何伤!且吾之为香者众,而心香为最,曰戒香、定香、慧香、解脱香、解脱知见香,是为五分香。天之所赋于我者,如是而馨。解脱知见为妙用之极,即诸所谓"天生蒸民,有物有则,民之秉彝,好是懿德"也。贵夫能复其初,而为物之灵也。愿此香云遍满空界,作为无量佛事,以奉五老香供,且合三百五丨岁之寿祺。传初庵七丨五,雷苦斋七十三,阎静轩六十三,王秋涧七十一。贾评事七十。而为无尽藏说法,不亦可乎?于是众宾赞叹曰:"昔远师以庐阜清胜,即于东林结社。绝尘清寂之士,不期而至者甚众。诸人于远游止,独渊明、范宁召而不赴,岂非有不屑者哉?以今论之,殽杂,一也;心有所局,二也;香色执著,似累乎中,三也。何若师心境双清,宾主两忘,不知我之为香,香之为我也,而以心香为主也。"师曰:"有是哉!"遂相与一胡卢而别。大德元年三月吉日谨序。

(元)王恽撰:《秋涧先生大全集》卷四十二,第 18 页,《元人文集珍本丛刊(二)》,新文丰出版公司,1985 年。

六十三、杨琏真加及其子

杨琏真加,生卒年不详,僧侣,号永福,河西人。至元十四年(1277),任元朝江南总摄,后改为总统，掌江南佛教事务。在职期间，盗掘钱塘、绍兴宋陵，引起民愤，至元二十九年(1292年)，被免职。子，杨暗普，为宣政院使，至元三十年，任江浙行省左丞，因民怨其父之行，很快被罢免。至大四年，封为秦国公。

杨琏真伽家族人物表

第一代	第二代
杨琏真加	杨暗普

(1)(十四年二月)诏以僧亢吉祥、怜真加[①]加瓦并为江南总摄，掌释教，除僧租赋，禁扰寺宇者。

(明)宋濂等撰:《元史》卷九，第188页，中华书局，1976年。

(2)丙申，以江南总摄杨琏真加发宋陵冢所收金银宝器修天衣寺。

(明)宋濂等撰:《元史》卷十三，第269页，中华书局，1976年。

(3)以江南废寺土田为人占据者，悉付总统杨琏真加修寺。

(明)宋濂等撰:《元史》卷十四，第285页，中华书局，1976年。

(4)江淮总摄杨琏真加言以宋宫室为塔一，为寺五，已成。诏以水陆地百五十顷养之。

(明)宋濂等撰:《元史》卷十五，第309页，中华书局，1976年。

(5)五月戊戌，遣脱脱、塔剌海、忽辛三人追究僧官江淮总摄杨琏真伽等盗用官物。

(明)宋濂等撰:《元史》卷十六，第346页，中华书局，1976年。

(6)宣谕江淮民恃总统琏真加力不输租者，依例征输。

(明)宋濂等撰:《元史》卷十六，第348页，中华书局，1976年。

(7)壬戌，给还杨琏真加土田、人口之隶僧坊者。初，琏真加重赂桑哥，擅发宋诸陵，取其宝玉，凡发冢一百有一所，戕人命四，攘盗诈掠诸赃为钞十一万六千二百锭，田二万三千亩，金银、珠玉、宝器称是。省台诸臣乞正典刑以示天下，帝犹贷之死，而给还其人口、土田。

(明)宋濂等撰:《元史》卷十七，第362页，中华书局，1976年。

(8)先是，至元间，西僧嗣古、妙高欲毁宋会稽诸陵。夏人杨辇真珈[②]为江南总摄，悉掘徽宗以下诸陵，攫取金宝，裒帝后遗骨，瘗于杭之故宫，筑浮屠其上，名曰镇南，以示厌胜，又截理宗颅骨为饮器。真珈败，其资皆籍于官，颅骨亦入宣政院，以赐所谓帝师者。

---

① 赖天兵《飞来峰郭经历造像题记及相关的元代释教都总统所》(《文物世界》2008年第1期，第31页)与《元史》断句不同，把亢吉祥、怜真加、加瓦断句为3人，即亢吉祥、怜真加(即杨琏真伽，号永福大师，族属西夏党项)、加瓦(似为藏文 rgyal-ba-pa 的音译，亦作加瓦巴)三人。

② 即杨琏真加。

(清)张廷玉:《明史》卷二百八十五,第7315页,中华书局,1974年。

(9) 大方广佛华严经入不可思议境界普贤菩萨行愿品

……又蒙江淮诸路释教都总摄所护念,准给文凭,转呈檐巴上师引觐,皇帝颁降圣旨,护持宗门作成胜事。仍赞大元帝师、大元国师、檐巴上师、江淮诸路释教都总摄扶宗弘教大师、江淮诸路释教都总摄永福大师,大阐宗乘,同增福算。……宣授浙西道杭州等路白云宗僧录、南山普宁寺住持传三乘教九世孙慧照大师沙门道安谨愿。时至元十六年己卯十二月吉日拜书。

大正一切经刊行会著:《大正藏》卷十,第849页,台北新文丰出版公司(影印),1983年。

(10) 杨髡发陵

杨髡发陵之事,人皆知之,而莫能知其详。余偶录得当时其徒互告状一纸,庶可知其首尾云:"至元二十二年八月内,有绍兴路会稽县泰宁寺僧宗允、宗恺,盗斫陵木,与守陵人争诉。遂称亡宋陵,墓有金玉异宝,说诱杨总统,诈称杨侍郎、汪安抚侵占寺地为名,出给文书,将带河西僧人,部领人匠丁夫,前来将宁宗、杨后、理宗、度宗四陵,盗行发掘,割破棺椁,尽取宝货,不计其数。又断理宗头,沥取水银、含珠,用船装载宝货,回至迎恩门。有省台所委官拦挡不住,亦有台察陈言,不见施行。其宗允、宗恺并杨总统等发掘得志,又于当年十一月十一日前来,将孟后、徽宗、郑后、高宗、吴后、孝宗、谢后、光宗等陵尽发掘,劫取宝货,毁弃骸骨。其下本路文书,只言争寺地界,并不曾说开发坟墓,因此江南掘坟大起,而天下无不发之墓矣。其宗恺与宗统分赃不平,已受杖而死。有宗允者,见为寺主,多蓄宝货,豪霸一方。"

(宋)周密著,吴企明点校:《癸辛杂识》(续集上),第152页,《唐宋史料笔记丛刊》,中华书局,1988年。

(11) 发宋帝陵

……岁戊寅,有总江南浮屠者杨琏真珈,怙恩横肆,势焰烁人,穷骄极淫,不可具状。十二月十有二日,帅徒役顿萧山,发赵氏诸陵寝,至断残肢体,攫珠襦玉匣,焚其胔,弃骨草莽间。……

(明)陶宗仪撰:《南村辍耕录》卷四,第449页,《景印文渊阁四库全书》第1040册,(台北)"商务印书馆",1986年。

(12) 钱塘湖上,旧多行乐处。西太乙宫、四圣观皆在孤山。宋虽迁僧寺建宫观于其上,而六一泉寺、喜鹊寺皆迁北山,亦各擅山水之胜。西太乙成后,西出断桥,夹苏公堤皆植花柳。而时,时有小亭馆可憩息,若夫宫之景福之门、迎真之馆、黄庭之殿,结构之巧,丹雘之严,真擅蓬莱道山之胜。四圣观虽建于高宗朝,其规制相去远矣。余童时尚记孤山之阴,一山亭在高阜上,曰"岁寒缭亭",皆古梅,亭下临水,曰"挹翠阁",上下皆拱斗砌成,极为宏丽,盖卢董两珰以内府钱建西太乙宫，又能以其余资建两阁，亦可谓能事。嘉木扬喇勒智[①]夺为僧窟，今皆无一存，荒榛满目，可胜叹哉！

(元)郑元佑撰:《遂昌杂录》，第 392 页，《景印文渊阁四库全书》第 1040 册，(台北)"商务印书馆"，1986 年。

(13) 和靖先生岂有含珠者！嘉木扬喇勒智亦发其墓焉。闻棺中一无所有，独有端砚一枚。余童时尚见一碑，镌"和靖先生墓"五大字，仆草中。久之，余山中以浙省儒学提举，有心力于先生墓上悉力起废，水滨仍建学士桥，傍山建祠宇，塑先生像于其中。今后数年矣，闻又荒落，何贤者之不幸哉？

(元)郑元佑撰:《遂昌杂录》，第 392 页，《景印文渊阁四库全书》第 1040 册，(台北)"商务印书馆"，1986 年。

(14) 德藏寺，在县北五十里。寺虽濒市，亦深静可憩。国初有僧真谛，性若戆騃，而恪守戒律，第为寺中樵汲而已。时有国师杨连真伽[②]来寓寺中，声言欲发天女等墓，然皆古冢，实无意开发，意以云间陆左丞爱女，及朱提举夫人，皆以有色夭死，闻用水银装殓，欲发尸淫秽之耳。及杨下令，果及二墓。真谛闻之，怒形于色，众僧惧其以戆致祸，苦为阴劝。及杨五鼓肩舆发众出寺，真谛忽起抽韦驮木杵奋击，杨命擒之，时众虽数百，皆披荡不能拒，伤者凡百余人，至有头破臂折者。人见真谛于众中超跃，每逾寻丈，若隼撇虎腾，飞捷非人力可到。一时灯炬皆灭，櫌锄畚插皆为段坏，杨大惧，谓是韦驮显圣，遂不敢往发。鼓柁率众而去，亦不敢问此僧也。后二年，真谛行脚峨嵋，不知所往。

(元)姚桐寿撰:《乐郊私语》，第 3 页，《丛书集成初编》，中华书局，1991 年。

(15) 道隆观记 贯云石作

圣朝元仁大德，抚四方，兴三教，各有恒致，以不失所为上。至元间，河西祝发氏杨永福总摄江南僧政，而其玩服、子女、饮食、起居，悉蚕诸僧僧罄而越取。凡唐宋所额宫观，稍似丰厚者，以己力经为佛寺，梵其士，金其像，火其额，不下千百所。尝又罗煅入罪，僇道士凡三四人。由是此流背玄门，趋金教者甚众。永福坐法后，前所额宫观归其教者，才一二耳。余尝观所在诸，既归而复争者，盖不得其官，既安而不葺者，盖不得其人。所不葺者乃人鄙，所复争者乃官贪之故也。延祐第四祀春三月，余游海上，舣舟昌国之顷，搜奇访古，惟以进士倅是郡干文传偕余游此，环观所谓圣母池者，再复登后之翁山，周而视之，云水互碧，明晦交错，唯意在而身亡也。壮哉，观！余又不舍而勤顾，似非老氏室，亦非浮屠，尝试问之，有道士蒋君明善起而应曰："始自汴宋哲宗元符三年前，祠东岳圣帝，后以道院奉朝昏。徽宗宣和初，是邦守楼异请额于朝，赐道隆

---

① 即杨琏真加。

② 即杨琏真加。

观。皇朝至元二十又六年，道士陈可尚附杨炎，断发缁衣，亦归佛氏，遂以观为寺。至大四年春，明善诉之有司，天道好还，复仍其旧，扶颠补弊，规制粗立。今先生之来，可谓大遭也，愿为文记之。”余求郡志按之然，就官僚询之然，即耆宿审之然。呜呼，变其人而道存，取其物而理在。昔也，彼以人胜，吾以物夺，非夺吾之吾也；今也，吾以人还，彼以物弃，亦非弃彼之彼也。老子贵无为，尚清净，吾与彼其有辨邪？其无辨邪？且吾闻是州浮屠之居溢三十，老氏仅一区，使胥而为浮屠，则老氏之教不几息！明善清修强敏，能事其事，其不葺固非吾忧，后之官守能不贪，则能使无烦，其不争审矣。自今焚修不懈，祝圣寿之无疆，明善勉之哉！

(元)袁桷等撰：《延祐四明志》卷十八，第 6409 页，《宋元方志丛刊(第一册)》，中华书局，1990 年。

(16)(至元三十年)二月己丑，从阿老瓦丁、燕公南之请，以杨琏真加子宣政院使暗普为江浙行省左丞。

(明)宋濂等撰：《元史》卷十七，第 370 页，中华书局，1976 年。

(17) 五月丙辰朔……以江南民怨杨琏真珈，罢其子江浙行省左丞暗普。

(明)宋濂等撰：《元史》卷十七，第 372—373 页，中华书局，1976 年。

(18)(至大四年十二月)癸酉，封宣政、会福院使暗普为秦国公。

(明)宋濂等撰：《元史》卷二十四，第 548 页，中华书局，1976 年。

六十四、冯某

冯某，生卒年不详，河西僧，杨琏真珈同乡，冯父子皆为僧。被杨招到江南掘坟，居杭州。

河西僧冯某者，与嘉木扬喇勒智[①]同里，幼同学，情好益甚，相同而相得也。既在江南掘坟，遂以书招冯出河陇来江南。既至，道以杭故宋富贵家十坟，遣冯使之发掘。冯父子皆僧也，十坟已掘六，金宝盖不赀，余四坟方拟发掘，而冯父子两人是夜皆得梦，梦林莽中金紫官人出拜，哀告曰：“君父子所得亦足矣，我辈安居于此久矣，早晚幸贷我。”父子觉而俱惊，此四坟于是乎获全。嘉木扬喇勒智败后，五十年间，此曹无一存者。冯之父居杭西湖北山，余对邻，而其子则居昭庆寺之东。

(元)郑元佑撰：《遂昌杂录》，第 392 页，《景印文渊阁四库全书》第 1040 册，(台北)“商务印书馆”，1986 年。

六十五、扎巴达

扎巴达，西夏僧，居藏地。元世祖时，取得宝印及司徒之职，世袭萨迦本勤之职。建北部昂仁寺。

---

① 又译作杨琏真加。

绛巴主

绛巴主者[①]，乃奉天命，继登圆满众德所成东方中原皇帝大位之木雅色乌王[②]之裔也。色乌王传七代，有木雅·甲郭者[③]出。以后次第相承，为木雅·僧格达。僧格子多吉白。白依止萨迦吉尊·扎巴坚赞，始与具德萨迦巴缔结施供之缘。彼子名衮乔。乔有三子，三子中绷第，承侍萨班，极为诚敬。绷第六子中，一子名扎巴达，得薛禅皇帝敕封为司徒，赐宝印，建立绛昂仁大寺。本钦·扎巴达，别名云尊，颇有声誉。彼子多吉贡布兼任萨迦之本钦，对于僧伽四众极为恭敬承侍。

多吉贡布有六子，其中南喀丹巴朝元廷，获封为"国公"，赐虎头纽水晶宝印及封册。后又加封为大元国师，并给晶印。虔诚供养具德萨迦及昂仁为首诸寺，宣教辅政，颇著劳勋。南喀丹巴有二子，长子仁钦坚赞，次子南喀仁钦。兄袭父要职，有观世音菩萨化身之称。仁钦坚赞前妻生子国公·却扎白桑，获授司徒靖国(公)之封号。后妻生有达瓦坚赞与及昆敦·索南巴之母等人。其弟名绛央巴，能回忆前生曾为萨班侍者等事。天资颖悟，精研学术、博通诸明，袭灌顶国师之职。遵从父兄之命，舍比丘戒，还俗娶妻，共生子女二人。

国公却扎白长子达钦·朗杰扎桑袭大司徒之职。其弟衮乔勒巴继承世袭都指挥使司职，世间福报受享颇大。尤以其兄曾饱尝大译师绛曲孜莫诸善知识之教诲甘露。又曾从印度金刚座寺之堪布舍利佛多与及博东巧勒朗杰瓦等座前，听受深广法要极多，于"吉祥时轮密法"特别精通。智者·多吉坚赞与木雅·却扎桑布等人，曾拜此法王之门，听受《时轮》密经讲解。泽当·桑结伦珠亦特来此贵种王前，详细研习《时轮》之经疏。桑结伦珠后至卫部，又从班钦·降巴林巴学习五明，暇中道及达钦对《时轮》密经所作之绝妙解说，班钦闻之，大为惊叹曰：达钦有如此见地，吾前所有之著作，皆当依之加以修订也。总之，若卫若藏，凡公正之士，皆谓达钦为白莲贵种王之转世。此外师于大小诸乘经典，特具广博慧眼。其次，辩论四时顿入与渐入之理时，达钦挽衣卷袖，成立应成论式，使诸智者均为之结舌。曾造有各种论著：造《时轮经》之经疏；造阐发俞托大师医宗之要论，此医宗能根治凡与世间祖宗梵经相违之病患，为医明典籍中之精华；造声明学心要《迦波罗经庄严论》，驳斥一切谬论；造工巧明类之著作《如来身像量度》等。其它尚造有《圣教住世时间》、《密宗诸尊修法次第》、明示未来休咎之星算等书，善巧法主之辩论答辩等类。其妙论著述莫不应有尽有。又建造时轮竖立之忆想坛

---

① 原注：绛巴主 "绛"意为北方。此处"绛"非泛指北方，而是指藏北牧区，成为地区的专名。称在此藏北牧区居住的民族，则称为绛巴。牧区社会古时都是游牧部落，其首领则称为酋长或邦主。

② 原注：木雅色乌王 木雅，唐时称弭药，宋时称西夏国。西夏之后，其族分散，居朵康境者称为木雅。色乌王，《世系明鉴》作色胡王或西吴王(《世系明鉴》23页)。据近人考证，"色胡"即西夏之古音读。

③ 原注：木雅·甲郭 据《红史》载，西夏从高祖起至木雅甲郭为六代。

城，塑造佛身、语、意三密所依之佛像经塔等亦为数甚多。曾于梦中亲见莲花生大师，对法主萨钦生起猛力敬仰之心，定中现起从萨钦顶门融入之相，诸如是等证验功德，难以枚举。对于一切明处尤具广博慧眼。其身为邦主而具班智达之声誉，此美名之弦，使天竺智者骄傲之弓皆为之曲矣。达钦配带珠宝作显贵之装束，而能与具足贤善诸大师互相议论，抉择经义，专以讲说、辩论、著作而度时光，叹为希有。尤以使自矜为众生导师之傲慢狂徒而百结其说法之舌，详审此情，实足令人不胜随喜！

继达钦后为南喀才旺多吉。才旺有三子：长子为南喀仁钦，次子索南坚赞，三子衮噶勒巴。次子出家为僧，三子衮噶勒巴征服（拉堆）南北，尽纳治下，威名颇大。昆仲三人之后嗣，有南喀坚赞、衮噶仁钦、扎西斗吉旺布德等人。扎西斗吉旺布第者，乃领受敕旨作为莲师深密法要之法主也。诗曰：

“昆族宝裔，从光明天，下降而临世，
东方皇帝，宝幢项首，高供作承事。
随欲德雨，如耳严珠，勇流赡部州，
珍宝增色，加以镶嵌，产饰上流处。

非贱种族有底根，
帝命掌政如高城，
白净晶月露珠滴，
幸福君陀作助缘。”

上乃行文之间所作诗句。

五世达赖喇嘛著、刘立千译：《西藏王臣记》，第76—78页，民族出版社，2000年。

六十六、阿沙及其家族

阿沙，生卒年不详，唐吾氏，居灵武。至元壬辰（1292），以广威将军任泉州路总管府达鲁花赤监泉州。其侄般若帖穆尔，至正丁未（1367），为福建江西等处行中书省参知政事。外孙寿山，为同安县达鲁花赤。

阿沙家族人物表

第一代	第二代	第三代
阿沙	般若帖穆尔	寿山

（1）修碧霄岩记

透碧霄为北山第一胜概，至元壬辰间，灵武唐吾氏广威将军阿沙公来监泉郡。登兹岩而奇之，刻石为三世佛像，饰以金碧，构殿崇奉，以为焚修祝圣之所。仍捐俸买田五十余亩，入大开元寺万寿禅寺，以供佛赡。僧为悠久，规其报国爱民,诚可见已。

厥后,岁远时艰,弗克葺治。至正丁未秋,福建江西等处行中书省参知政事般若帖穆尔公分治东广道,出泉南,追忆先伯监郡公遗迹,慨然兴修,再新堂构,山川增辉,岩壑改观,林木若有德色,而况于人乎?暇日,获陪公游,因磨崖以记。

郡守新安郑潜拜手书,同游行中书省理问官忽纳台唐吾氏、广东道宣慰使司同知副都元帅阿儿温沙哈儿鲁氏、泉州路达鲁花赤元德瓮吉剌氏、官讲资寿教寺讲主智润,及广威公外孙、同安县达鲁花赤寿山与焉。主岩僧志聪。

时至正二十七年十月丙午日题。

勒于三世尊佛像南约30米处岩壁间。计竖写19行,行字数9至17字不等,楷书。幅高宽146厘米×192厘米,字8厘米×7厘米,现在完好。

原峰无题,今题为编者所加

阿沙,前至元二十九年(1292)任泉州达鲁花赤

般若帖穆尔,阿沙从子,其他人身世不详

至元壬辰年即至元二十九年(1292),至正丁未即至正二十七年(1367)

许添源主编:《清源山摩崖选粹》,第54页,中华书局,2004年。

(2)(泉州路总管府达鲁花赤)至元间唆都、乞升忽、散木丁、阿沙、阿里、答失蛮。

(明)阳思谦等纂修:《万历泉州府志》卷九,第9页,《中国史学丛书(三编第4辑)》,学生书局,1987年。

(3)八月丁卯朔,江浙行省平章政事三旦八遁于福建。先是三旦八讨饶州,贪财玩寇,久而无功。遂妄称迁职福建行省。至福建,为廉访佥事般若帖木儿所劾,拘之兴化路。

(明)宋濂等撰:《元史》卷四十五,第944页,中华书局,1976年。

(4)湛庐书院记　揭汯

齐国朱文公讲道于建宁,而杨、罗、李之道愈尊,刘、蔡之学亦显,其若黄、若真、若陈、若李,皆得以表于后世。天下崇尚其道,尊用其书,凡师友游息、问辩之地,皆建书院。起于文公之祠堂,在县治之右七十步。至正十六年,福建行省参知政事阮公德柔同知建宁路时,因其址而拓,其中为讲堂,北为文公祠。祠之南为展礼之庭。堂之南为泮池,而梁其上,翼以两庑。又南为大门。堂之左嘉靖建宁府志院。明年,闽海佥事般若帖木儿行部,覆其事而嘉之,俾请于朝。二十二年,得请而赐额。明年,署罗文谅为山长,遂来请记。余嘉其请,曰:"惟文公之道,孔孟之道也。孔孟之道,二帝三王之道也。松溪之人能服行文公之道,唐虞三代之人矣。"今之书院,昔为祠堂,不过朝夕企仰以致其慕而已。今也则为学宫,有训迪之师焉,有讲诵之友焉。当求文公之微言粤论而推明之,追文公之善行懿懋德而勉之。日有所进,月有所益,庶乎文公之道在是,而不负朝廷尊崇之

实意，与夫参政作兴之初心，何其幸也！

(明)夏玉麟修，汪佃纂：《嘉靖建宁府志》卷十七，第67—68页，《天一阁藏明代方志选刊(第28册)》，上海古籍书店，1964年。

六十七、野仙

(1) 野仙，唐兀人也，为莫州达鲁花赤。笃实谦和，孝友天性。至元二十九年，以武略将军为莫州守，周知民间利害。于时有猎人征索逾制，凌虐乡民，核实申闻，械凶狡于市而痛绳之，后涉其境，敛手莫敢犯，民赖以安。事有不可已者，祇应如数，而扰不及民。有争婚年久，聘礼不备者，公悯其贫而废人道，辍己俸而助之，各感悦而去。以至元三十一年代去，民为立去思碑。

(明)郜相修，樊深纂：《嘉靖河间府志》卷十七，第11页，《天一阁藏明代方志选刊2》，上海古籍书店，1981年。

(2) 额森[①]，唐古人。至元时，以武略将军为莫州守，周知民间利害，有猎人凌虐乡民，核实申闻，械于市，痛惩之。后入其境，皆敛手不敢犯。

《畿辅通志》卷六十九，第665页，《景印文渊阁四库全书》第505册，(台北)"商务印书馆"，1986年。

六十八、那征大德李

皇使都勾管做者，臣僧，那征大德李[②]。

白滨编：《西夏史论文集》，第373页，宁夏人民出版社，1984年。

六十九、都罗乌□吃铁木尔

奉，印施都共干勾管做者枢密院知院臣都罗[③]乌□吃铁木尔。

白滨编：《西夏史论文集》，第366页，宁夏人民出版社，1984年。

七十、阿尔威

(1) 阿尔威[④]，河西人。大德初，授武略将军，富州达噜噶齐。州境岁受水患，马湖垱冲决，损田四十顷，阿尔威至，筑堤三百丈，又修境内坏堤六十四处，水复故道，岁遂有秋。(《林志》)

(清)谢旻等监修：《江西通志》卷五十九，第87页，《景印文渊阁四库全书》第515册，(台

---

① 即野仙。

② 原注：那征为党项族姓，明代保定西夏文石幢题名中有此姓。

③ 原注：都罗亦为党项族姓氏，西夏文《大方广佛华严经》卷有党项人都罗慧性的题名。又《宋史·夏国传》卷四八六有都罗重进，可能为同姓。

④ 又作阿剌威。

北)“商务印书馆”,1986 年。

(2) 阿剌威,河西人。大德初,授武德将军,富州达鲁花赤。州境岁受水患,马湖垱冲决,损田四十顷,剌威至,筑堤三百丈,又修境内坏堤六十四处,筑堤三百丈,又修境内坏堤六十四处,甃石御冲,水复故道。岁遂有秋

(明)范涞修,章潢纂:《万历新修南昌府志》卷十五,第 295 页,《日本藏中国罕见地方志丛刊》,书目文献出版社,1990 年。

七十一、刘伯牙兀歹

刘伯牙兀歹,河西人,进义副尉。镇江主簿,大德三年七月至。

(元)脱因修,希鲁纂:《至顺镇江志》卷十六,第 2826 页,中华书局编辑部编《宋元地方志丛刊》(第一册),中华书局,1990 年。

七十二、任速

任速,生卒年不详,河西僧人。元大德三年,任襄阳路房州僧官,在房州普济寺存放赍夯环刀一口、弓箭一把、红油枪一条,被告发。

拘禁僧人弓箭

大德三年十一月,行中书省札付,准中书省咨:

准河北河南等处行中书省咨:“据襄阳路总管府备房州①:‘房陵县申:弓手节级仇再立状呈:有僧正司官②任速,前来本州普济寺要下赍夯环刀一口、弓箭一把、红油枪一条。照得军器累蒙上司禁断,今有僧人,系是出家善人,别无把执军器体例,县司若便追取,却缘本僧系房州僧正。移文僧正司,取发回牒该:会验上司条画内一款:汉儿人若有隐藏军器,悬带弓箭,即便赴官送纳,仍禁围猎等事。照得本州僧正官系河西色目人数,未审贵州奉到是何上司文字,追取色目僧官弓箭体例,难便施行。准此。照得僧人任速虽是河西人氏,剃度出家,又为房州僧官,率众告天,祝延圣寿。慈悲忍辱清净之家,别无执把弓箭体例。行移不计次数,不肯依例拘禁。’本省看详:剃发僧人修祝为善,执把弓箭、环刀军器若不拘禁,虑恐因而别生事端,咨请定夺。”送刑部议得:河西僧人执把弓箭、枪刀,如准行省所拟拘禁相应。”都省准拟,请依上拘禁施行。

中国书店编辑:《元典章》卷三十五,第 526 页,《海王邨古籍丛刊》,中国书店,1990 年。

七十三、囊加歹

囊加歹,河西人,大德三年任达鲁花赤。

---

① 即湖北房县,古称房陵。

② 僧正司,机构名。管理地方僧尼事务的官。僧正,僧官名,主持司事。

(清)张扬彩修、李士璜等纂:《康熙吉安府龙泉县重修县志》卷六,第7页,《清代孤本方志选第22册》,线装书局,2001年。

七十四、马御里

马御里,生卒年不详,西夏人,读书好礼。祖,父,皆列士。任萧县达鲁花赤。大德年间(1297—1307),萧县发大水,河堤决口,汪洋横溢,马御里亲率僚吏,奋战三个月,防御水患,保住了地方百姓平安。

(1) 马御里,西夏人。大德间为萧县达鲁花赤。有果断才能,捍水患。

(明)梅守德修:《嘉靖徐州志》卷十一,第43页,《中国史学丛书三编第四辑47册》,(台北)学生书局,1987年。

(2) 元大德间达鲁花赤马御里备御水灾,开南伏道口北铁窗孔,而城赖以全。有蒋伯升记,曰:河之为患,其来尚矣。若其决瓠子,破澶渊,污漫济徐,衍溢淮泗,冲荡梁楚,代代不能无也。今之萧即古之萧国也,负山濒河,正当水冲。以形势考之,古亦当被其害,所以增筑南城而居之。至元癸酉,河既南徙民复奠居古城,今之县治是也。大德戊戌六月初大雨,河决蒲口,奔流而东,水至城下,汪洋横溢,渺无涯涘,城不及者三版。民相恐动,达鲁花赤马侯亲率僚吏为谢,役夫聚土积石,刍茭补缉罅陋,可以为水备者,无不尽心。与人民躬操畚锸于风雨中,同心御备。夜必宿城上,严更守戍以防。自初至终,将阅三月,水始就涸,民稍安止,侯亦亲丧去职。城既久为水围浸淫,与地泉相接,阛阓复如江海,平地深数尺,庐舍漂没,非乘舟不能往来。长幼惶惶,栖于城陴,朝不谋夕,民复大恐。先是为水备者,南则有伏道口,北则有铁窗孔。无水则实土,遇水涨则开以泄之。及是民相与请于县,辟是穴,而主者方谋委其人民,徙县治于永固。黎庶惊惶奔走,无所赴诉。侯还自亲丧,不见妻子,趋往二穴,将泄之。后有一言沮止者,侯乃正色曰:"顷刻间民尽溺矣,岂坐视其毙而不之救耶?以我一身,贷千百家命,尚何恤耶?"挥众决道,去水如注,若沃焦釜、泄尾闾。未终日,城郭闾舍皆在陆地,虽沮洳不复为民害也。水息之明年,侯适终更,耆宿杨春等语予曰:"吾民感侯深恩,无以报,子当为文以垂永久。石已具,子毋辞。"乃摭其实而叙之,庶俾世之人知侯有功于民,而民亦知侯之深。又以为是邑后来有官者劝。侯姓马氏,名御里,西夏国人。读书好礼,祖、父皆列士云。

(明)梅守德修:《嘉靖徐州志》卷四,第37—38页,《中国史学丛书三编第四辑47册》,(台北)学生书局,1987年。

(3) 名宦祠,在学宫。祀汉县令费泛,隋刘高,宋张惇,元耶律廷瑞、马御里、达鲁花赤完哲笃。

(明)梅守德修:《嘉靖徐州志》卷八,第21页,《中国史学丛书三编第四辑47册》,(台北)学生书局,1987年。

七十五、朵儿赤

朵儿赤,河西人,(大德)六年任达鲁花赤。

(清)张扬彩等纂、李士璜修:《康熙吉安府龙泉县重修县志》卷六,第8页,《清代孤本方志选第22册》,线装书局,2001年。

七十六、李朵儿济

李朵儿济,河西人,大德八年十二月到任总管,十一年十二月得代。

(明)王鏊撰:《姑苏志》卷三,第49页,《北京图书馆古籍珍本丛刊26》,书目文献出版社,1990年。

七十七、喇勒喇斡

喇勒喇斡,唐古人。大德十年任湖广行省左丞。

(清)金鉷等监修:《广西通志》卷五十二,第507页,《景印文渊阁四库全书》第566册,(台北)"商务印书馆",1986年。

七十八、卜颜

(1) 卜颜,河西人,以进义副尉知龙泉。赋役均,词讼简,问荒田,崇学校。民到于今称之。

(清)谢旻等监修:《江西通志》卷二十五,第50页,《景印文渊阁四库全书》第515册,(台北)"商务印书馆",1986年。

(2) 卜颜,河西人。至大元年任达鲁花赤。诗书从政,岂弟近民,著有《龙泉集》。

(清)张扬彩等纂、李士璜修:《康熙吉安府龙泉县重修县志》卷六,第8页,《清代孤本方志选第22册》,线装书局,2001年。

七十九、李公(李闾伯)及其家族

李闾伯①,生卒年不详,世居宁州,西夏人。其先入元后,徙家大同。祖天佑,父昌,兄安,弟绢。李公最初为护卫,至元十七年授武略将军,太原路坚州达鲁花赤、兼诸军奥鲁。又总制宣政、隆禧、崇祥院。至大二年,任江浙行省参知政事、资政大夫,封陇西郡。子男四人,孙十一人。

---

① 汤开建《元代西夏人物表》认为,李公应该是《雍正浙江通志·职官》所载江浙行省参知政事李闾伯。学界也称其为李闾伯,目前,还无其他史料佐证。《皇元赠陇西郡李公神道碑铭》正文缺失碑主人李公的名字。

李闾伯及其家族人物表

<table>
<tr><th>第一代</th><th>第二代</th><th>第三代</th><th>第四代</th><th>第五代</th></tr>
<tr><td rowspan="8">李天佑
妻传氏</td><td rowspan="6">李昌
妻梁氏</td><td>李安</td><td></td><td></td></tr>
<tr><td rowspan="4">李□
妻邹氏</td><td>李□</td><td rowspan="4">十一人(男)</td></tr>
<tr><td>李□</td></tr>
<tr><td>李庆安</td></tr>
<tr><td>李寿安</td></tr>
<tr><td>李绢</td><td></td><td></td></tr>
<tr><td>李□</td><td></td><td></td><td></td></tr>
<tr><td>李□</td><td></td><td></td><td></td></tr>
</table>

(1) 皇元赠陇西郡李公神道碑铭

武宗践阼，教尚孝理，风厉幅员。凡中外臣僚，身被宠数，又得追荣其先代。亲爵秩有差，以示显扬之道。罔间殁存，庶俗化丕厚。至大二年，今江湖行中书省参知政事李公，由同知宣政院参预江西省，未赴，领行工部官二品。明年，遂赐玺书。祖天祐，赠中奉大夫、陇西郡公。祖妣傅氏，陇西郡夫人。父昌，赠资善大夫、陇西郡公。妣梁氏，陇西郡夫人。公既率子姓群从祭告，以侈圣世，湛恩周洽，昭天漏泉，其曷克报。称而又惟念墓道有碑，宜具著前人里，系行业所以劬躬寿。后者，会守官于杭，而文原还自京师，属纪载以诒永久，辞不可则为叙次。其状曰：李氏世居宁州，胄本西夏。大兵有事沙陲，中奉公犹为其国执戟，即以上命，徙家大同，即古云中雁门地。中奉公乐其风土旷夷，稍治赀产，生资善公。父子相继皆乐为善，处里闾族党，甚获休誉，遇耆老必身礼下之，赈乏匮者不以惠自多，顾再世所蕴负弗获展用于时。故知其事者，亦不悉汉马。少游谓士生，一世但取衣食，裁足乘下，泽车御款，叚马为郡县吏。守坟墓，乡人称善人。斯可矣！世率以为常言，然圣人亦以善人不可得见。有恒者，善人岂易能哉？又尝观古今贤者，多冲约愿谨，不事表襮其后益蕃远。凡赫就功名者，世莫不奈慕而流泽乃易终天之报，施人与时好异也。中奉公生男三：而资善居长，仲曰□，季曰□，领诸路释教。资善公亦生男三：而参政居仲，曰□，长曰安，季曰绢，实子孙咸克绍先志。而尤钟美于参政也。中奉公以庚辰年卒，寿八十有五。资善公以中统壬戌卒，寿七十有四。墓在大同路□□之原。参政早陪宿卫，恪慎厥职，际遇五朝，荐膺简擢。自至元十七年授武略将军、太原路坚州达鲁花赤、兼诸军奥鲁历总制、宣政，隆禧、崇祥院，讫今三十有六年，积官至资政大夫。江浙为东南重镇，倚公藩翰且旌贤也。夫人邹氏，封陇西郡夫人。子男四人：长曰□，知雅州；次曰□，宝具库达鲁花赤，皆承事；即又次曰庆安、寿安尚幼。孙十有一人矣。李氏垂

庆,方来演迤,未有艾。所谓天之报施善人者,岂不较著明甚也耶?是宜为铭。曰:

“邈矣宁州,周豳所理,厥民敦庞,于貉于耜。
被以皇风,耆德孰嗣?维陇西公,奕奕仙李。
善根内植,锦䌹其美,义方所程,是继是似。
积善之庆,施于孙子,圭璋廊庙,迄登朊仕。
帝念勋庸,尔祖尔祢,孝思锡类,仁浃同轨。
西壤疏封,爰复本始,于赫纶章,贲如珂里。
有鹤云盘,佳城迩止,伐石刻辞,以配幽诔。”

(元)邓文原撰:《巴西邓先生文集》,第768—769页,《北京图书馆古籍珍本丛刊92》,书目文献出版社,2000年。

(2) 李闾伯,江浙行省参知政事。

(清)沈翼机,傅王露纂:《浙江通志》卷一百十六,第134页,《景印文渊阁四库全书》第522册,(台北)“商务印书馆”,1986年。

八十、唐兀进义

唐兀进义,生卒年不详,唐兀氏。任澄城县达鲁花赤,至大己酉(1309)年,与幕僚共同捐资修建县学讲堂。

县学讲堂记

皇庆元年季秋立,岳松撰文,刘尧泽正书、篆额,在文庙内文见左。

余尝览先王载籍之文,惟孔子之道穷天地,亘万古,光而不泯,为王化之本,太平之原。可谓圣之大者也,矧大则京国,小则郡邑,莫不建立庙貌而崇敬焉。今澄城县宣圣庙者,中峙正殿,翼分两廊,前敞大成之门,足以称瞻依之望。奈何讲堂阙焉,犹为未备,良可叹也。至大己酉冬,有县尹张征事来宰是邑。公讳洵,子都其字也,世本栾城(缺一字)望盛族。下车之始,越翼日,首谒祠下。香火礼毕,四顾久之,悯其殿宇疏漏,公为之恻然,已而潜窥地形之闲隙,披荆棘往观,迤至丛薄瓦砾之间,得废址存焉。则曰:“此在昔讲堂之故基然也。”于时慨然有复修崇起之意。时公务鞅掌,未暇及此。逮辛亥秋,谋始,遂割己俸,鸠工募役,度材计费,匪朝匪夕,不惮劳悴,躬为董役。又得达鲁花赤唐兀进义、主簿翟将仕,轮赀助役,相与翼成之也。由是兴修正堂三楹、四桷,东西二斋各三楹、二椽,及至垣墉阶尼[①],疏寮向镭,藻绘丹青,罔不毕具,焕然一新。噫!时有否泰,物有盛衰。时之否也,不得不衰,时之泰也,不得不兴,此必然之理。是知一废一兴,盖不能逃其数耶?顾曩时寂寞之邪,睹今日光华之地,其事不相侔矣。是堂之兴,不侈不陋,得其时制,谓尽美矣。不惟俾待,问师席者,有所据依,抑亦使受诲生

① 原文为“戺”之误。

徒，得其归向，庶几有敬业乐群、潜心笃行自远方而来者，藏修息游于其中，则可谓讲习经史，大备之所，岂曰小补之哉！又将大成正殿，暨两序，修廊材，木朽腐者补之，瓴甋破缺者易之，柱础欹倾者正之，垣墉颓毁者完之。如此补弊修废，(缺一字)然如新，能事毕矣。而又创起凌霄门于爽垲，复买东邻之隙屋于大成门东，盖为二室，各三间二厦，今教官居止。厥功告成一日，有前典史郝诚为之先容，继而前典史傅霖持行实之状，丐仆为文以记之。仆才谫力，绵素不能文，大惧不任，其请求之益坚，辞不获已，故有激而云，不免摭其实，聊推次经画堂构，兴建始末之由，俾刻诸瑱珉，传之不朽，以为张征事重修讲堂之记尔。

(清)韩亚熊纂:《咸丰澄城县志》卷二十一，第958—961页，国家图书馆善本金石组编:《辽金元石刻文献全编(第三册)》，北京图书馆出版社，2003年。

八十一、久住

久住，河西人，昭信校尉。镇江路总管府判官，至大四年十月三日至。

(元)脱因修，希鲁纂:《至顺镇江志》卷十五，第2821页，中华书局编辑部编《宋元地方志丛刊》(第一册)，中华书局，1990年。

八十二、添受

添受，唐兀人，昭信校尉。镇江达鲁花赤，至大四年十二月至。

(元)脱因修，希鲁纂:《至顺镇江志》卷十六，第2825页，中华书局编辑部编《宋元地方志丛刊》(第一册)，中华书局，1990年。

八十三、唐兀氏蒙古不花、按弹不花、大不花、王明甫

重兴新安洞真观碑

碑阴

重兴洞真观助缘官员、耆宿、道众

将仕郎安陆府知事刘珪书。

本观道众：燕德和、侯德元、邢道通、刘德海、刘德深、李道明、成道安、王寿童。

……

水延村：唐兀氏蒙古不花、按弹不花、大不花、王明甫。[①]

王俊伟、周峰:《元代新安县的西夏遗民》，载《薪火相传——史金波先生70寿辰西夏学国际学术研讨会论文集》，中国社会科学出版社，2012年，第129页。

---

① 水延村道众四名，只是蒙古不花为唐兀氏，还是这四人均为唐兀氏，学界存争议。

八十四、唐兀公

唐兀公,生卒年不详,唐兀氏,名不详。元仁宗时任左司,与程钜夫、野云廉公为友。

遗音堂记

皇庆二年春正月八日,余过左司唐兀公之庐,环堵萧然,有梅花一树,鸣琴在床,左图右书,余惊焉。促席与余言曰:"古人之所以为古人者何?绝人远甚,遗言遗行具在,可效可师,而卒莫之由,何哉?岂今不古若耶?吾行古之道,亦古人已。而必曰古之人古之人乎哉?"余益惊焉。他日,出"遗音堂"三大字示余曰:"吾以此名左丞野云廉公之堂,且为书之,群贤见之歌咏,君其记诸?"余曰:"余何言哉?公前与余言而忘之耶?此遗音之说也。夫音者,出于虚入于寂,锵然而起,杳然而止。古之音寥寥不可闻已,可闻者,非其遗言遗行乎?考其言,求其行,若有闻焉,若耳提面命焉,遗音从可知已。夫廉公吾闻其人矣,以勋伐世家致位疑丞,政平恕行,公清无贪娟[1],无刻苛,亲贤而下士,方盛而已辞,归而友木石、狎鱼鸟,玩天地之盈虚,阅寒暑之往来,泊然若无与于世,得古人之高,吾敬之。公宦学朔南,谨敏博达,由御史历吏部,佐省闼,受知天子。进则竭心陈力以赞其治,退则弹琴读书以乐吾天,盖与廉公齐心而拟迹,易地则皆然者。庶几能言古人之遗言,行古人之遗行矣。以遗音名廉公之堂,岂无意哉!非公不知名此名,非廉公不足称此名也。"音乎音乎!吾惧夫听者不识二公之趣,而求古人于弦上也,故次第其语而详道之。

(元)程文海撰:《雪楼集》卷十三,第1202册,第166—167页,《景印文渊阁四库全书》(台北)"商务印书馆",1986年。

八十五、即力嵬尼

即力嵬尼[2],生卒年不详,唐兀人。为唐兀卫百户,皇庆二年(1313年)其克扣军人口粮,将所带银牌典当钱钞,被告发判罪。

军官解典[3]牌面

---

① 原注:娟疑为"娟"字或"娼"字之讹。待考。

② 《元典章》未言及即力嵬尼之族属。将其列于此之原因,一是其任职于唐兀侍卫亲军,二是"力嵬"似为党项人常见名。黑水城出土M1·0065文书内有"吾即耳立嵬,羊一百六十口"等字,M1·0637文书内有"石革阿立嵬"一名,学界推测此二人皆为党项人(潘洁:《元代赋税文书研究》,载杜建录主编《西夏学》第4辑,宁夏人民出版社,2009年版,第121页;张重艳:《也火汝足立嵬地土案文卷初探》,载杜建录主编《西夏学》第6辑,上海古籍出版社,2010年版,第96页;佟建荣:《〈中国藏黑水城文献〉中的西夏姓氏考证》,《宁夏社会科学》,2010年第5期,第87页);立于肃南的《元重修文殊寺碑》中有僧官"耳力嵬黎忍普"一名,日本学者松井太认为亦属西夏遗民(松井太著,杨富学、刘锦译《敦煌出土察合台汗国蒙古文令旨》,载达力扎布主编:《中国边疆民族研究》第4辑,中央民族大学出版社,2011年版,第281页注3)。

③ 解送典铺,抵押换钱。

皇庆二年五月，江西廉访司承奉江南行台劄付、御史台咨、承奉中书省劄付：来呈："周伴叔告：'唐兀卫[①]百户即力嵬尼克落军人口粮。'令史田泽状首：'本官将所银牌分付质当钞定，令泽替伊承伏克粮'等事。取讫即力嵬尼招伏，另断罪外，看详：金银牌面，所以著军旅之符，昭尊卑之等。朝廷公器，法度所关。仆从怀插，尚且不许，擅自质当，亵弃名家，宜立禁令，以戒不虔。具呈照详。"得此。行据刑部呈："议得：金银牌面，乃国家之公器，著臣子之尊卑，军官受之，子孙袭替，绵绵不绝。比之民职，特加优重。以此参详：今后军官敢有不虔，擅将所备牌面解典质当者，取问明白，即将所质牌面追给，仍断五十七下，削降散官一等换投，依旧勾当。受质之家，减犯罪二等断相应。具呈照详。"得此，都省仰依上施行。

中国书店编辑：《元典章》卷二十九，第456页，《海王邨古籍丛刊》，中国书店，1990年。

八十六、金刚奴

金刚奴，生卒年不详，河西宁夏人。官职敦武，达鲁花赤。皇庆癸丑(1313)任常宁州知州，捐俸建廉政桥，桥两侧设集市。

(1) 廉政桥，在县西门外。宋淳祐中建，元皇庆中、明天启初，俱重修。

《一统志》元宗道传，廉政桥记：

宜江之源，分而复合，顺流百有余里，贯阛阓之中。又七十里，凿石为九折，达其流于湘江。常宁据荆衡上游，距郡城之南，其西乃车马往来之冲。宋淳祐甲辰，尝梁其上以济。至元丙子，半毁于兵。积有岁月，过者蹴踖，覆压是惧。达鲁花赤金刚奴敦武，河西宁夏人也，皇庆癸丑夏，钦受宣命来守是邦。始议撤而新之，首捐己粟百石以倡，遂单骑伐石度材，不惮险远。巨木坚石，非人力可致者，公为其筏与舟。未逾月，毕集江浒，工偿倍直，人乐效助。桥之墩，叠石于渊为趾，酾水为六道，架空以行，广三百尺。墩之培广者，名桃花洲，屃屓中流，上建宝阁桥屋，两翼列工商之肆，取田毛肆租之岁入。建庵桥侧，请比丘普觉居之。复以己财置四大部经，俾其徒日夕诵之，为圣天子万寿祝厘。木公丞相闻而喜之，施长明灯。此吾使君为桥之大略也。至于莅官以勤，行事以恕，创义仓，葺黉宫，户口日增，圜土屡空，此皆吾使君善政良法。适部使者至，名其桥曰"廉政"，且俾官图上之京师，此州自入职方实为星吉班大王之胙土，王降旨护持，且命昭文馆大学士、荣禄大夫李溥光大书其额以宠之。使者归以语予记，或疑廉政之名于桥为不类。予曰："廉政之说有二，有廉能之廉，有廉察之廉。使君不数月间，能复兴数十年之废遗，以壮千里之形，胜是非廉能如是乎？其可无辞以记？"乃述颠末

---

① 元官署名。元世祖至元十八年(1281)始置。总领河西军三千人，以备征讨。设都指挥使、副都指挥使、签事等。有千户所九翼，门尉三：健德门一、和义门一、肃清门一。

俾归刻之，若捐镪助役姓名，则具于碑阴云。

(清)巴哈布，(清)翁元圻修：《嘉庆湖南通志》卷二十九，第 25 页，清代(1821—1850)，国家图书馆数字方志数据库：http://mylib.nlc.cn/web/guest/search/shuzifangzhi/medaDataObjectDisplay?metaData.id=965230&metaData.lId=969711&IdLib=40283415347ed8bd0134833ed5d60004

(2)(常宁州)知州：金刚奴，敦武，官达鲁花赤。河南[1]宁夏人，皇庆间知州事，捐俸建廉政桥。

(清)张奇勋修：《康熙衡州府志》卷十，第 28 页，《北京图书馆古籍珍本丛刊 36》，书目文献出版社，1990 年。

八十七、杨慧觉

杨慧觉(？—1313)，姑臧人。父仕西夏为显官，国亡，隐居求道。慧觉幼时聪颖好读书，稍长倾心佛乘，遂削发为僧，修行密法。又前往洛阳白马寺，跟随司空护法大师学习经论，协助护法重修白马寺，从护法去大都校经，被授以"宗密圆融大师"之号。出任河南僧录和白马寺释源宗主，多次返回河西地区讲经。皇庆二年，卒于白马寺。

故释源宗主宗密圆融大师塔铭

沙门　法洪撰

公讳慧觉，杨氏，姑臧[2]人。父仕西夏为显官，忧亡易服为苾刍，隐居求道，物论美之。公幼读书，聪颖不群；少长，志慕佛乘，遂祝发为僧。时西北之俗，笃信密乘。公服膺既久，深得其道。乃肥遁岩薮，励精禅想。既而曰："密乘固修心之要，非博通经论，不足以究万法之源，穷佛道之奥。"闻先宗主赠司空护法大师，传一乘圆极之说，风偃秦洛。负笈从之，有针水之契。护法尝顾公以语人曰："此子，吾门梁栋也。"探颐索隐，凡六七载。而于法性圆融之旨焕焉，若临秦镜而睹肝膈，无复余蕴矣。护法以其克荷重寄，付以赤伽梨衣。逮将辞归，护法曰："此寺，佛法滥觞之源。今草昧之初，惟才是用。吾徒虽众，干蛊者寡。方托而以腹心之寄，手足之助，何遽舍吾而归耶？"公以托付之重，竭股肱之力，朝夕左右，虽勤而不以为劳也。故宗社之兴，公有劳焉。世祖皇帝诏海内德望，校经于燕。公从护法，以见赐"宗密圆融大师"之号。会永昌王遣使延公，启讲于凉，公之道大振于故里。创寿光、觉海二寺。护法殁，公不远数千里赴葬。尽心丧之礼。

有旨授公河南僧录。公以祖刹虚席，非负天下众望者，不可尸之。荐故真觉大师于朝，诏以为释源宗主。真觉殁，公亦西归。群雄乖竞，释源鼎沸。诏以公为宗主。错枉举直，因能任事。逾期而百废具修，寺以大治。寻以太后诏，驰驲适凉，修佛事为国延禧。公有家僮四十余人，至是悉良之。以皇庆二年五月甲寅

---

① 应为"河西宁夏人"，原文当为传抄之讹。

② 今河西走廊武威。

卒于白马寺，垂终之夕，以田四十余亩为寺恒产。又以钞五千余缗付寺僧，使岁计其赢。于岁首阅大藏。以福幽显荼毗，获五色舍利。诏乘驿送归姑臧，又分遗骨，□于此。铭曰：学究方等兮道贯圆融，殊途交骋兮独蹈厥中。生不累有兮死不沉空。叶落归根兮体露金风。铭贞石兮□幽宫，惟德音兮昭无穷。延祐元年三月日，门人惠瑄、洪琼等建，周新刊。

洛阳市地方史志编纂委员会编：《洛阳市志》卷十五《白马寺·龙门石窟志》，第101页，中州古籍出版社，1996年。

八十八、察罕不花

察罕不花，生卒年不详，河西人。任永丰县达鲁花赤、县尹，延祐元年，重修县学官。

(1)（永丰县达鲁花赤、县尹）至元：……察罕不花，河西人，一作延祐间任……

（清）王建中修、刘绎纂：《同治永丰县志》卷十三，第5页，成文出版社，1984年。

(2) 学宫：宋至和间，知县段缝建于县治西南。建炎初，兵废。绍兴七年丁巳，县令李谔移县治东，后令邓颉立讲堂，及东西序。十七年丁卯，县令吴南老以旧基狭隘，迁感应坊右，邑人董良史记。元县尹何仲温重修，寻毁于兵。延祐元年，县尹察罕不花重修，曾德裕记。

（清）王建中修、刘绎纂：《同治永丰县志》卷十，第1页，成文出版社，1984年。

八十九、买驴

（广西岭南道肃政廉访司佥事）买驴，唐兀人。延祐二年，以承直郎任。

（明）林富纂修：《嘉靖广西通志》卷五，第27页，《四库全书存目丛书·史部第187册》，齐鲁书社，1996年。

九十、重福

(1) 重福，唐古特人。延祐二年，以嘉议大夫任，广西道肃政廉访使。

（清）金鉷等监修：《广西通志》卷五十二，第501页，《景印文渊阁四库全书》第566册，（台北）"商务印书馆"，1986年。

(2) 重福，亦唐兀氏。见石刻

重福广西廉访使。子，溥华，江西乡贡进士。

（清）钱大昕撰：《元史氏族表》卷二，第164页，《丛书集成初编》，中华书局，1991年。

九十一、惠澄

慧澄，生卒年不详，西夏僧。延祐丙辰间(1316)，翻译《菩提行释论》二十七卷。

法祯传

法祯，字蒙隐，雪硐其号也，蒋氏，其先曹之定陶人。家世阀阅，宋靖康间，高、曾避金兵，徙淮西寿春，因家焉。父德胜，将兵取襄阳有功，封济阴侯。母鲁夫人，严而贤。师生岐嶷，龆龀习诗赋声律，日记数千言。然气羸疾瘵，每病则濒死。术者以为非寿者相。父母舍之出家，事退庵无公大讲师落发。十七入讲肆，通经论大旨，开官讲于建邺，声华夺席。寻入京师，告单庆寿太尉驸马浉王曰："请入府说法。"延祐丙辰，被旨即庆寿开堂。移易州之兴国。逾年，两奉诏，翻译《菩提行释论》二十七卷。西夏僧慧澄译语，师笔受缀文。一言三详，删治一出于师，所司供给，仍指授画工，于大内宝云殿，绘高僧像八十八龛，师作八十八传，金书其上。……

(明)释明河撰:《补续高僧传》卷一，第52页，《续藏经》第134册，新文丰出版公司，1994年。

九十二、杨亦执里不花

杨亦执里不花，生卒年不详，西夏人。延祐间为行御史，后由河南监宪，升为户部尚书，又任治书侍御史，同知宣政院使，还兼任过河西宪，深受河西夏人民爱戴。

宣政使杨公行实序

西夏杨公亦执里不花，延祐间为行御史，有大奸席势，恶窃钜位人重足侧目击之，不报，迁内台，又击之，所恃城社禁掖媒孽，为遣出佥宪，入二长右司，皆有闻。监宪五道，力农桑，修学政，励风俗，教戒家。至乙亥七月，上京有东门之惊，由户部尚书拜治书侍御史，俄除陕西左丞，未行，改同知宣政院事，遂升院使。昔尝以母老弃官归，寻监河西宪，无何，改陕西行台治书侍御史，夏民惜其去，有释之者曰："公之道行于此，夏人被其泽，行于台，诸道被其化，立于朝廷，则天下受其赐，河西独不在钧陶中乎?"序其说以饯，持以示予曰："之人之言，予惧其浮也不颂，而规予望焉!"嗟夫! 吕钜车舞，世未易一二数，宣政公自河南监宪，召为户部，自户部四转至一品，位益崇而心益卑，名益起而行益修，可与语大理矣。士之生世，官崇卑不校也，顾称与否尔。然器之大者，其受必大，亦其宜也。故施之高者其及洿，发之力者其志远，使人器之，而崇卑之效，不能无别焉。朝廷以西方素犷，因其教而柔之，西若南几千里，戎马部署、分职大小皆付宣政，弄兵窃发，则狝薙之，其任亦重矣。宣政修敝举坠，人与其能，予复何规规继今可乎? 宣政位虽高、任虽重，然外是则所施尼矣。一旦置诸钧衡，首诸风纪，以厚民生，以正教化，其重不百倍今日乎? 且昔之为宪或隘焉，部若院或拘焉;隘也、拘也，彼之宜此之戾也，亦思所以宜于此者乎! 挈其纲审其机，本之以至公，守之以至诚，吾之所施无适而不宜矣。世之修饰为筌蹄，获其欲、忘其器、谨于取、怠于成者众矣。宣政毅不可夺。夫人知之而予人及是者，责善之道也。以是为规可乎? 宣政曰："命之矣。"因书以为叙。

(元)许有壬撰:《至正集》卷三十一,第 164 页,《元人文集珍本丛刊》(七),新文丰出版公司,1985 年。

九十三、张翔

张翔①,字雄飞,生卒年不详,唐兀氏。元延祐二年(1315)首科及第,为西台御史,佥宪浙东湖南。有《张雄飞诗集》,今佚。仅有数首诗作留存。

(1) 张雄飞诗集序

延祐首科,国人暨诸部②列右榜者十六人。幸获鱼兔,委其筌蹄,与夫不以一得为足,汲汲所未至者,亦各播人耳目,有不得而掩者焉。唐元氏③张君雄飞,首科右榜有闻者也。不以一得为足,益砺其学,尤工于诗,往往脍炙人口,佳章奇句,不可悉举。拜御史西台,按巴、蜀、越嶲,足迹殆尽西南,履少陵之躅,黔有契焉。移南台,行岭海,穷极幽险。佥浙东宪,过钱塘,登会稽,探禹穴。天台、雁荡之胜,举在心目,得江山之助,故其诗益昌而多也。夫言之精絶者为诗,然昔人有"文章妙一世,诗句不逮古人"之言,亦有文章不传,独以诗显者。工部三赋,他无闻焉,非无文也,以其所长掩之也。雄飞既砺其学,而诗又其尤长者乎？移佥湖南,过余琅璃山中,出其稿,古律诗共若干首,属序其端,愚因得以悉其多也。且作邑而有惠,佐台而有闻,司宪而有为,砺学又不已,不独资以为诗,将泽于道德仁义致其远者大者,其可尚也哉！吾同年之得人,可不谓盛矣乎？

(元)许有壬撰:《至正集》卷三十一,第 164 页,《元人文集珍本丛刊》(七),新文丰出版公司,1985 年。

(2) 同年张雄飞佥事见访醉后作诗赠之

鹤几相见遽相违,渭北江东苦梦思。
四海同年几人在？三湘春水片帆迟。
踏开云雾来骢马,惊破烟霞听老诗。
桃李正浓风日好,不拼沉醉更何时？

(元)许有壬撰:《至正集》卷十九,第 114 页,《元人文集珍本丛刊》(七),新文丰出版公司,1985 年。

(3) 藕溪候雄飞饮

柳塘花坞净无埃,翠雾红云拨不开。
命驾每劳千里梦,乘轺应挂一壶来。

---

① 《至正金陵新志》卷六载"张翔,河西人,承德。元统三年上监察御史。"延祐二年(1315)至元统三年(1335)期间 20 年,是否为同一人,待考。

② 元朝立国后,皇庆二年,仁宗决定开科取士。延祐元年八月乡试,延祐二年二月会试。蒙古色目人榜(右榜)十六人;汉人、南人榜(左榜)四十人。张雄飞属于蒙古色目人榜。

③ 误。应为"唐兀氏。"

从知月下诗成苦，不似山阴兴尽回。

多少风光先揽得，杖藜行遍满园苔。

(元)许有壬撰:《至正集》卷十九，第 114 页，《元人文集珍本丛刊》(七)，新文丰出版公司，1985 年。

(4) 考官王师鲁博士监试张雄飞御史皆同年也因成鄙句以写旧怀

仁皇下诏急求贤，糠粃当时偶在前。

两榜复科新大比，三人联事旧同年。

关山道路寻常梦，台阁风云尺五天。

但使得才今胜昔，吾侪宁复叹华颠。

(元)许有壬撰:《至正集》卷二十，第 119 页，《元人文集珍本丛刊》(七)，新文丰出版公司，1985 年。

(5) 雄飞喜作诗而例禁不得相见作此调之

张子能诗擅士林，无时无地辍搜寻。

文场咫尺不相见，春兴几多应自吟。

炼字直教成白首，知音岂待铸黄金。

何时尊酒论真诀，要自康谣说到今。

(元)许有壬撰:《至正集》卷二十，第 119 页，《元人文集珍本丛刊》(七)，新文丰出版公司，1985 年。

(6) 雄飞有诗次其韵二首

句句珊瑚间木难，君才不愧郑都官

月中有桂天何近，春半无花晓尚寒。

多士文章云五色，野人心事日三竿。

松厅雅兴知多少，只恐毫端墨易干。

少年文战不知难，老矣常忧负县官。

诗笔乱摇松月碎，席房清透柏霜寒。

人间跛鳖从千里，海上连鳌待一竿。

无奈春风笑吾辈，满堂佳客酒杯干。

(元)许有壬撰:《至正集》卷二十，第 119 页，《元人文集珍本丛刊》(七)，新文丰出版公司，1985 年。

(7) 雄飞同年自杞县来访樽酒论文时雪适降

林虑寒翠滴漳滨，岁晚过从感故人。

天下多才宁少我，人间有雪更无尘。

锦囊满贮琼瑶句，玉斝浓浮琥珀春。

湘雨燕云论岁月，白头休厌往来频。

(元)许有壬撰:《至正集》卷二十,第123页,《元人文集珍本丛刊》(七),新文丰出版公司,1985年。

(8) 夜坐与雄飞明初联句就次韵

天风浩浩雁声干,霜月娟娟鹤影寒有壬。
梦远云衢毛质在,诗成雪屋篆烟残翔。
十年黄阁双蓬鬓,万古青山一鹖冠熙。
情话未阑鸡促晓,回头冰雪踏漫漫有壬。

砚池凝玉冻毫干,笑语生春顿不寒。
世路多岐双屐在,书囊无底一灯残。
故人相会须投辖,老境何求不挂冠。
学得屠龙将底用?令人千古笑砰漫。

(元)许有壬撰:《至正集》卷二十,第123页,《元人文集珍本丛刊》(七),新文丰出版公司,1985年。

(9) 雄飞和诗未至以二口号速之

骚坛纪律素严明,一帜拗风到处赢。
何事而今苦坚悭?有人乘夜欲登城。
两厅形迹马牛风,尽日相望杳霭中。
恰似蓬山三万里,怀人何处觅诗筒。

(元)许有壬撰:《至正集》卷二十,第150页,《元人文集珍本丛刊》(七),新文丰出版公司,1985年。

(10) 张佥宪雄飞

雄飞字□□,唐兀氏。延祐首科,登护都沓儿右榜进士第。为西台御史,佥宪浙东湖南。按《元史》别有张雄飞,字鹏举,琅琊临沂人。仕至燕南湖北道宣慰使。

碧鸡山

北阙辞丹凤,南云看碧鸡。
紫苔移玉座,瑶草湿金泥。
雨霁龙归洞,风生虎渡溪。
寻梅穿竹径,采药蹑松梯。
白日依山尽,青天入海低。
寄书无雁过,择木有狼啼。
花映高低树,园分元近畦。
飞星驰宝马,沈水吐银猊。
鱼戏莲房北,鸥鸣获渚西。
长歌汉颂罢,刻石纪新题。

(清)顾嗣立、席世臣编:《元诗选》(癸集上),第275页,中华书局,2001年。

(11) 张佥事翔

翔字雄飞,河西人。官湖南廉访使佥事。明新都杨慎升庵曰:余昔过岳阳楼,见一诗云云,乃视其姓名,则元人张翔字雄飞,不知何地人也。雄飞在元不著诗名,然此诗实可传,同时虞伯生、范德机皆有《岳阳楼》诗,远不及也。[①]

(清)顾嗣立、席世臣编:《元诗选》(癸集上),第421页,中华书局,2001年。

九十四、文伯要解

文伯要解,河西人,中大夫。镇江路总管府总管兼管内劝农事,延祐三年十一月二日至,五年七月,改除宣政院副使。

(元)脱因修,希鲁纂:《至顺镇江志》卷十五,第2816页,中华书局编辑部编《宋元地方志丛刊》(第一册),中华书局,1990年。

九十五、孔安普

孔安普,生卒年不详,唐兀氏。居天台,泰定元年(1324)进士,为嘉兴路录事。

(1) 安普,《(正德)天台志》:父吉祥,本河西唐兀[②]氏,冒姓孔,为僧纲,侨居本县。齐氏召南曰:乾隆三十八年修城隍庙,于仪门外掘得石片,刻乡官鄞县尹许广大、录事安普,无孔字。又有胥吏安二,名盖,天台岭下安人也。

(民国)喻长霖:《民国台州府志》卷二十三,第2页,《中国地方志集成·浙江府县志辑45》,上海书店,1993年。

(2) 泰定元年甲子张益榜……孔安普,天台人,嘉兴路录事。

(清)沈翼机,傅王露纂:《浙江通志》卷一百二十九,第44页,《景印文渊阁四库全书》第522册,(台北)"商务印书馆",1986年。

九十六、师克恭

师克恭,生卒年不详,字敬之,宁夏人。其高祖仕夏为管僧官,师氏在国中称大姓。其祖十四岁时,西夏灭亡,迁居濮阳。其父尊崇儒术,乡里号为德人。克恭,以才思敏捷,步入仕途,先后历官南台监察御史、浙西廉访副使、兵部侍郎,出牧平江,又选为京尹,泰定二年,升江西湖东道肃政廉访使,由工部尚书任淮东宣慰使。

---

① 此文末附:《耒阳吊古》、《岳阳楼》与《杜甫祠》。

② 原志误将"兀"讹为"儿"。

师克恭家族人物关系表

第一代	第二代	第三代	第四代
师某 妻惠氏	师某 妻王氏	师克恭 妻王氏、萧氏、巴雅抡氏、周氏	师恒
			师晋
			师升
			女三
		师托克托穆尔 妻奈曼氏	师德宁
			师博啰
		师某(早世)	师塔海 女二
		师某(早世)	
		女四	阿尔 绰罗

(1) 师氏先茔碑铭并序

师氏，宁夏人，而有茔于濮阳之东。盖其徙居三世矣，徙三世而始显，且大若富人之稼。然耘耔之力，优则铚艾之功至，岂以旦暮计获为赢哉？泰定二年，今江西湖东道肃政廉访使师公，由工部尚书出宣慰淮东，升秩二品，按典式得赠封二代及制下。大父讳某，自中书兵部侍郎，赠嘉议大夫、中书礼部尚书、上轻车都尉，追封宁夏郡侯。父讳某，自中书礼部尚书，赠中奉大夫、河南江北等处行中书省，参知政事、护军，追封宁夏郡公。大母惠氏，母王氏，并宁夏郡夫人。于是以公贵，凡三锡命书矣。宁夏之俗，僧民同廛而异版。郡侯之父讳某，仕夏为管僧官。在国中称大姓，郡侯生十四岁，会天兵破灭夏，以西有旨，戈矛所向，耆髫无遗育，郡侯方被驱，太婿昌王见其姿仪颀憖，发泽鲜润，怜而生之，解驼鞍覆上，使伏其下。传令者再至，太婿不得已宣言曰："全定河西，一国不留，一童男备贵主炊爨乎？"遂收置邸中，迨长，出衔使命，归致分赋，有忠实称。太婿薨，郡侯亦以其家卜大名之濮阳居焉！又营别业，汴之许昌，故濮东之茔，即祖郡侯。郡侯生郡公元，慎厚尚义，不乐为浮。靡事平居，虽临皂隶无矜慢。崇重儒术，教子谆切，终身未尝出一恶言，乡里号为德人。卒年四十九，葬濮茔第二域。盖师氏之在濮阳，肇基于郡侯，堂构于郡公，而涂塈垩丹于廉访公。其所由来，渐矣不然。郡侯以童羁之身，脱锋刃之难，东来数千里，卒开子孙，显大之业。以余观之，其积仁累德是不特一世哉！肆今廉访公早用才敏，跻荣仕路，再还而以左右司都事佐河南省，拜南台监察御史，改西台复以左右司员外郎佐江浙省。召入为御史，除浙西廉访副使。遄以右司员外郎，召进兵部侍郎，出牧平江选为京尹，遂长工曹。入仪班著，出秉旄节，宏猷硕虑，山立云翕，方中外期属，如公不四三人。然则公显，大其祖若父，以光裕于师氏之宗者，殆不止是也，呜呼！士之诚善于躬，不克自奋，虽湮欝于一时，而终焜耀于来世。又幸而代遭圣神、崇孝、劝忠著为褒恤之典宠。有封爵泽及漏泉，曾不以迟速幽显为间，则夫求天道于悠邈，而忽人事于细微，征诸师氏，吾固不得而深信之矣。郡公子男四，其二早世。长即廉访公，名克恭，字敬之。四娶：曰王氏，累封宁夏郡夫人；曰萧氏，未封而卒；曰巴雅抡氏；曰周氏。次托克托穆尔，以子通籍，得封承事郎、长垣县尹，娶奈曼氏，亦封宜人。女四，适某、某、某、某。孙男六，孙女五。曰恒，曰晋，国子生公试，入等承事郎、同知泗州事。曰升，亦国子生。壻曰某、某、某。廉访公出也。曰德宁，曰博啰，登泰定元年进士第、承事郎，同知濬州事。长垣君出也。曰塔海。婿曰某、某。早世者出也。外孙阿尔，国子高等生，起家承务郎、江州彭泽县达噜噶齐。绰罗，泰定四年进士、滑州白马县丞。郡公内外孙九人，其四皆掇文科，余亦有仕资。师氏之德，其可究矣乎？昔贯以博士、教国，子晋、升、博啰，执经席间，审知公立朝大节，乃兹备官江右，实授容察。公谓贯曰先茔之碑，无辞以刻，遗美不彰，余维多罪。子尝司诔，奉尝所言，宜昭潜信，后其为我著之何如？贯承命叙次，复系以铭。铭曰："山条川支，演迤西来。经于夏墟，风气始开。其产美玉，球琳瑶瑰。或显或湮，由见者异。湮为渊珍，显为瑞器。发而之用，不必并世。维宗师氏，曷其徂东。匪于兵棘，将启其逢。譬彼流坎，抵平则通。大鼎养贤，独家千食。烝哉闻孙，仰受成式。式是孝忠，明扬厥职。既仪于廷，亦甸亦宣。灵承湛恩，大贲幽泉。元侯上公，叠衮重延。公曰斯宠，吾祖吾父。蓄厚报优，余何能举？隧有桓碑，庙有簋簠。不声于歌，胡考其休？濮东之封，自吾祖侯。企瞻夏西，兴云如邱。高曾之灵，赫其戾止。同佑我后，歆于毖祀。托辞贞珉，式究终始。"

(元)柳贯撰：《柳待制文集》卷十，第350—352页，《景印文渊阁四库全书》第1210册，(台北)"商务印书馆"，1986年。

(2)师托里图，一名克恭，字敬之，宁夏人。由兵部侍郎迁平江路总管，驰驿到郡，先是贾人货黍草入城匿税，事觉，并及城外余积，行省疑不决。托里图谓物不入城，不应当匿税，法悉以还之。府县司未绝之案，积至二千余编，摄吏曹期以日决。无几，而毕州县役民充里正，主首责以催科陪偿，往往破产。或本都堪役调之，他都吏夤缘为奸。托里图如诏旨，先田多上户，尽放下户，从上推排，不役于他都，民乃便之。其在城者曰坊正，旧以待阙吏充，满岁补吏，其人熟于期会，数十年不改，或欲以例役民，动摇抑配，且失业败事。托里图榜谕，仍役吏，廛肆乃安。城中酒税岁额八千定，以百八十户认办不均，托里图曰："择二十户可也。民出己本营官，息则价之高低随物贵贱，官府用酒亦以见钞沽买。"自是绝差认之。扰漕府运粮，每岁船户务多斛面，托里图两平之，使客如赐田庄官，岁利其廪给，逾年延缓不返。托里图禁其滥给，饬馆舍造学宫，严圣贤像，善政非一见。宜春丞龚璛记。

(明)王鏊撰:《姑苏志》卷四十，第602—603页，《北京图书馆古籍珍本丛刊26》，书目文献出版社，1990年。

九十七、博啰

博啰，唐古氏，奉训。泰定二年上，监察御史。

(元)张铉纂:《至正金陵新志》卷六下，第330页，《景印文渊阁四库全书》，(台北)"商务印书馆"，1986年。

九十八、顺昌

顺昌，唐古氏，承德。泰定二年上，监察御史。

(元)张铉纂:《至正金陵新志》卷六下，第329页，《景印文渊阁四库全书》第492册，(台北)"商务印书馆"，1986年。

九十九、安住

安住，西夏人。泰定三年进士，授承事郎。监邑政平讼理民安物阜，百姓立碑颂之。

(明)石禄修，唐锦纂:《正德大名府志》卷六，第11页，《天一阁藏明代方志选刊》，上海古籍书店，1981年。

一〇〇、赵德平

赵德平，生卒年不详，河西唐兀人，世居开平。儒士，泰定丙寅(1326)，领乡举，不第。

送赵德平下第序　德平河西人[①]

河西包灵夏而带关陇，自古豪杰之士、蹑云之姿，常得名于其地而闻于中国。自汉霍去病、班定远通其城，唐李袭志、薛万均则皆起其处。今赵君德平，其先河西唐兀人，而世居开平，业儒。泰定丙寅，领乡举，预计偕而来会于京，偶不得志于主司。岂天或将大其所成，而不偶合于斯也，是天之所以少靳其利禄，而加其学问之功，则他日登高科，擢显第，于其少者不既多乎哉！不然则昔之投笔砚、开玉关，不效尉佗为唐名臣者有矣。方今太平盛时，朝廷以科目待天下之士，君将勉焉，以就其目，则他日之所成者，又奚止于斯！夫蹑云之姿，固出于西，赵君方盛年，异时如神驹骧天衢未晚，余聊以譬焉。

(元)朱德润撰:《存复斋续集》，第896页，《丛书集成续编》册109，上海书店出版社，1994年。

---

① 原书此处为"河四人"，当系传抄之讹。

一〇一、庆喜

庆喜，唐古氏，从仕。泰定四年上，监察御史。

(元)张铉纂:《至正金陵新志》卷六下，第330页，《景印文渊阁四库全书》第492册，(台北)"商务印书馆"，1986年。

一〇二、苏呼

苏呼，唐古氏，登仕。泰定四年上，监察御史。

(元)张铉纂:《至正金陵新志》卷六下，第330页，《景印文渊阁四库全书》第492册，(台北)"商务印书馆"，1986年。

一〇三、达哈

达哈，宁夏路人。致和元年，以嘉议大夫任，广西道肃政廉访使。

(清)金鉷等监修:《广西通志》卷五十二，第501页，《景印文渊阁四库全书》第566册，(台北)"商务印书馆"，1986年。

一〇四、唐兀君

唐兀君，生卒年不详，名不详，镇原州人。元致和(1328)初任承务郎，监正定获鹿县，有政声，存遗爱碑。

元致和，唐兀君，镇原州[1]人，初迁承务郎，来监正定获鹿县，知民疾苦，叹曰："旱蝗之厄，天实为之，赋役之横，岂非长民者之责乎?"于是务德政以化强暴，贷逋赋以集流亡，节浮费以丰委积。方春勤耕，延见父老诸子弟，慰以孝弟力田，众为感动。见学斋颓蔽，力为增葺，尊礼师儒，聚徒讲授，文化翕然。遇岁旱祷之辙雨，邑人以为诚感。有遗爱碑存。

(清)俞锡纲等修:《光绪获鹿县志》，第四册第223页，《中国地方志集成·河北府县志辑》，江苏古籍出版社、上海书店、巴蜀书社，2006年。

一〇五、托克托

托克托，唐古氏，朝列，天历元年上，监察御史。

(元)张铉纂:《至正金陵新志》卷六下，第330页，《景印文渊阁四库全书》第492册，(台北)"商务印书馆"，1986年。

一〇六、阿赤

阿赤，河西人，承务郎。金坛县达鲁花赤，天历元年七月至。

---

① 元至元七年(1270)镇戎州与原州合并改置镇原州，后又改置开城府、开城路。

(元)脱因修,希鲁纂:《至顺镇江志》卷十六,第2828页,中华书局编辑部编《宋元地方志丛刊》(第一册),中华书局,1990年。

一〇七、明安答儿

(1) 明安答儿,唐兀氏,天历初任知州。

(明)申嘉瑞,李文,陈国光修:《隆庆仪真县志》卷五,第210页,《天一阁藏明代方志选刊》,上海古籍书店,1981年。

(2) (松江府知府)明安答儿,唐兀氏。前真州达鲁花赤。天历二年三月任。

(明)陈威等纂修:《正德松江府志》卷二十二,第2页,《四库全书存目丛书·史部第181册》,齐鲁书社,1996年。

一〇八、达石帖木儿

(1) 达石帖木儿,宁夏人,天历间,监邑有善政。去后,邑人为之立碑,张萝山撰文。

(明)石禄修,唐锦纂:《正德大名府志》卷六,第17页,《天一阁藏明代方志选刊》,上海古籍书店,1981年。

(2) 达实特穆尔,宁夏人,天历间,监南乐,有善政,民为立碑。

《畿辅通志》卷七十,第690页,《景印文渊阁四库全书》第505册,(台北)"商务印书馆",1986年。

一〇九、耿完者秃

耿完者秃(1269—1328),唐兀氏。历官亚中大夫、宣政院判官。

耿完者秃墓志①

大元故亚中大夫、宣政院判官耿完者秃,五十八岁,唐兀氏,天历二年四月十九日卒,葬大都通路县,青安乡窦家庄祖茔。

北京辽金城垣博物馆编:《北京元代史迹图志》,第205页,燕山出版社,2009年。

一一〇、冲卜

(元文宗天历二年)十一月,……戊午,……西夏僧总统封国公冲卜卒,其弟监藏班藏卜袭职,仍以玺书、印章与之。

(明)宋濂等撰:《元史》卷三十三,第744页,中华书局,1976年。

一一一、李纳加台

李纳加台,生卒年不详,西夏侯。至顺庚午(1330年),以开国勋裔监安化,重修儒学。

---

① 耿完者秃墓碑,现存北京市文物研究所,元天历二年(1329)葬,志文楷书,共8行,44字。

重修儒学记　李存

长沙府会，统邑十二。而梅峤为邑，实自熙宁始。邑学之建，亦自当时。始宇宙混一，文运一新，其有职于郡邑者，靡不以学校为先务。故昔者耶律尹于斯，不鄙遗其民，必思所以振德之，而学校之兴，此又一助也。岁月荏苒，日就隤圮。至顺庚午春，西夏侯李纳加台以开国勋裔来监兹邑，署事之明日，祗谒先圣，环视周垣，凛然危压，是惧将无以仰承德意，下慰民望。越明年，政化既孚，亟议修复，既捐己俸，先之主簿杨君旴、县尉南阳屈君、邑士民胥率竞劝。经始于今夏，越十一月，南至工用就绪。佩衿欢然，不约而集，相与言于教谕。李君曰："美哉是功，非先生孰成之。"君曰："不然，吾贤侯之功也。自吾侯下车，临政以平，而民安之；律己以廉，而民化之。于斯文犹汲汲焉，庸非深得学道爱人之意，与是不可无一言，以纪盛德，以示来世。"于是属序于予。予惟学士大夫言政不及化久矣，能以抚字为心难，而惓惓于学校尤难。侯兹举役，不逾时而政已集，民不知劳而绩用成。吾党之士，游歌于此，何以答侯之盛心哉？必切问近思，必明辨笃行，毋容怠于己，能益懋其所未至以自尽。其在我而已是费，出于上下相劝者，为缗二千有奇，出于学廪之羡余者，一千有奇，而职教之能，亦于是乎可见。督役则训导王继孙、诸生刘镇之力，效成皆宜书。

(清)邱育泉修、何才焕纂:《同治安化县志》卷十七，第6页，清同治十一年(1872)。国家图书馆数字方志数据库：http://mylib.nlc.cn/web/guest/search/shuzifangzhi/medaDataObjectDisplay?metaData.id=963114&metaData.lId=967595&IdLib=40283415347ed8bd0134833ed5d60004

一一二、塔出

(义乌县达鲁花赤)文宗：至顺元年凡四年十月改元。塔出，唐兀人。

(明)王懋德:《万历金华府志》卷十二，第49页，《四库全书存目丛书·史部第176册》，齐鲁书社，1996年。

一一三、李察罕

李察罕，河西人，承德郎。金坛县达鲁花赤，至顺二年六月至。

(元)脱因修，希鲁纂:《至顺镇江志》卷十六，第2828页，中华书局编辑部编《宋元地方志丛刊》(第一册)，中华书局，1990年。

一一四、萧伯颜

萧伯颜，生卒年不详，朔方人。泰定元年甲子科进士，授承事郎，任保定路同知安州事，至顺二年(1331)，同知威州事，首捐自己俸禄，倡导僚属，重修威州庙学。

威州重修庙学记　旧志广平府志

威州治国初寓井陉，后徙莅洺水。学因县旧狭隘，弗称瞻仰。庙貌岁久复倾敝，弗克安神栖。至顺庚午，前守董侯守思始议撤而新之，迫代，弗克就。明年，州倅萧侯伯颜将因其绪成之，终以狭隘为慊，得州民地，益展而南。于是首捐己俸，倡率僚属，增修圣殿、两庑若干楹，改颜、曾、思、孟东序西向，以配先圣。仍肖子思像，绘贤像若干轴。州人闻之，佐役助工，惟恐或后。又创神门、幕屋若干楹。初，庙既南徙，前逼民居，无路以通往来。民投牒自献。又与浮屠氏之地相密迩，诸僧复以状献，以亩计若干，皆酬其直。始于是年正月，终于四月。讲诵有堂，游息有所，神像礼器，无一不具。州人以状求记。於戏！如二侯，可谓达为治之本矣！盖三代盛时，未尝不以教养为急务。粤自周室既东，而学校之政弛。重惟秦虐，圣经残缺。黄老于汉、魏、晋，佛于宋、齐、梁、陈，吾道不绝如线。时或有闻，率亦有名无实。师之所以教，弟子之所以学，藐不知吾之所当教者何在，所当学者何事。三代以来，建学立师之本意，果何为乎？不过记诵词章而已。故虽汉唐之隆，有愧三代之末，非道有古今之异，而教有不同也。迨宋濂溪、周子奋乎百世之下，得不传之绪于遗经，程、张、朱子继之，益大发挥，然后斯道晦而复明，如日月昏蚀，一复其旧。圣朝因之，以经学取士，而学以伊洛诸儒为主。士生斯世，得免冥行擿埴之艰，径诣圣人之门庭，升堂入室，与圣贤接，何多幸也夫！何积习既久，流敝易生，至或徒事口语，而无践履之实，甚者但知割裂装缀，以为取富贵之资，又不能一出诸口，故或发口即性学、心学，考其行则非，或下笔则无极、太极，叩其实则于中无所有也。周、程、张、朱之言，无日不相接；周、张、程、朱之域，则邈乎如高天厚地之相隔，终身不能窥其际也。师以是为教，弟子以是为学，流而不返，吾恐其患有不可胜言者矣。是当今之大敝也，任是责者可不思所以正之哉？因其请记，而并论之，用告是职者，庶无负二侯之美意。董侯名守思，藁城人，以父荫来莅是州。萧侯名伯颜，朔方[1]人，甲子科进士，以高第授承事郎、保定路同知安州事，满，调今职。二侯之为州，率以兴学化民为急，故其政有成。以是役言之，功不扰众，役不逾时，割地献工，皆出自然。即此一事，亦可以观政矣。因侯是举，遂使经镇士夫出藏金、具材用，私起洺水县学，如州学之制，其感化又何如也？嘉政可纪，弗能枚举，且有他日去思之碑在，兹不复云。是役也，赞助之力则有威州判官张荣暨郡儒学正张处，割地以广庙庭及修建讲堂、齐室、幕屋姓氏题名于碑阴。

按此记正书国子助教东郡楚惟善撰，萧伯颜书丹，俎冕篆额。至顺二年季夏立石，在城内文庙。又此记亦载《金石分域编》。又按《广平府志》谓樊彬碑目作至大二年误。盖至大元武宗年号，至顺乃文宗年号。

---

① 意为北方。唐方镇有朔方，开元时置，治灵州(今宁夏灵武西南)。

(民国)崔正春修:《民国威县志》卷十八,第10—11页,《中国方志丛书·华北地方第517号》,台北成文出版公司,1976年。

一一五、忽都答儿

忽都答儿,唐兀人,居镇江。承德郎、广德路总管府判官致仕。

(元)脱因修,希鲁纂:《至顺镇江志》卷十九,第2865页,中华书局编辑部编《宋元地方志丛刊》(第一册),中华书局,1990年。

一一六、美里吉台

秘书监校书郎:美里吉台,字洪范,唐古特人,庚午进士。至顺四年六月二十九日上。

(元)王士点,商企翁撰:《元秘书监志》卷十,第850页,《景印文渊阁四库全书》第596册,(台北)"商务印书馆",1986年。

一一七、野仙普化

野仙普化,生卒年不详,字有恒,唐兀氏,排行十,居德州。元统元年(1333)进士,大名路滑州判官。

野仙普化家族人物关系表

第一代	第二代	第三代	第四代
木念兹	驴儿	黑□子 妻叚氏、张氏	野仙普化

(1) 野仙普化

蒙古、色目人第二甲。赐进士出身授承事郎。

贯右都威卫探马赤军户,□□氏[①],居德州。

字有恒,行十,年□□,十一月十九日。

曾祖木念兹,祖驴儿,父黑□子,母叚氏、张氏。具庆下。

乡试东平第二名,会试第四十四名。

授大名路滑州判官。

王颋点校:《庙学典礼》(外二种),《元统元年进士录》,第157页,《元代史料丛刊》,浙江古籍出版社,1992年。

(2) 野仙普化,唐兀氏,居德州。见《元统癸酉进士录》

(清)钱大昕撰:《元史氏族表》卷二,第159页,《丛书集成初编》,中华书局,1991年。

---

① 原注:氏族原缺,《元史氏族表》卷二页五九及《蒙兀儿史记》卷一五四《色目氏族表》皆补作唐兀氏,不知何所据。

(3)（至正十七年）九月，野仙普化为中书右丞。

（明）宋濂等撰：《元史》卷一百一十三，第2855页，中华书局，1976年。

一一八、买住

买住(1307—?)，字从道，唐兀氏，居广平路成安县。元统元年进士，任保定路安州同知，又改任松阳县达鲁花赤。至正间任泉州市舶司副提举，因廉洁而有声望。

买住家族人物关系表

第一代	第二代	第三代	第四代
业母	唐兀歹	□哈答儿 妻岳氏	买住 妻蒙古氏

(1) 买住

蒙古、色目人第二甲。赐进士出身授承事郎。

贯广平路，唐兀人氏，见居成安县。

字从道，行一，年廿七，八月初□日。

曾祖业母，县达鲁花赤；祖唐兀歹；父□哈答儿，县达鲁花赤。母岳氏。具庆下。娶蒙古氏。

乡试燕南第六名，会试第四十二名。

授保定路同知安州事。

王颋点校：《庙学典礼》（外二种），《元统元年进士录》，第175页，《元代史料丛刊》，浙江古籍出版社，1992年。

(2) 达鲁花赤买住公善政碑　至正三年

松阳县文学季仁寿莅教之三月，闻士之论于乡校，僚吏之语于县庭，父老细氓之议于山阿涧曲，往往称监县公之善政不绝口。于是监县公将奏报最于考功矣，缙绅先生暨邑之长者相与谋曰："公三年于兹，终始一致，论定矣。盍劖其事于石以慰他日之思乎！"众皆曰然。属笔仁寿，义不得辞，谨撰其所闻。至元庚辰冬十一月，公下车，家政肃然，门无杂谒，清冰苦檗，廉恪自持。苟求利民，则汲汲若嗜欲。县有金梁堰，引渠水溉田八千余亩。先是，夏潦暴涨，堰坏，膏腴壅为砂砾，渠流横溃，民戚甚。公为相地宜，计丈数，量事期，令徒庸即畚去砾，筑为大防，田开而堰成，水利复旧。役不逾时，民不告劳，垦废田三千余亩，为堰堤三百余丈。民怀其惠，因名其堤曰宣公堤。此利之及于农者然也。县有赡学田三顷五十亩，典计者数易，缘绝簿书，减租额，岁入仅三之二，师生廪膳乏。属缺尹，公提调学事，尽核出隐匿田，如故籍输租，既又履亩，书其土方，图其形制，俾永久可稽。学宫受成，牒下征令。此惠之及于士者然也。县比户口，食盐为额凡一千六百引，畴运司督办，令日以急，民日以困，府又檄县加办他县所不足六百四十七引，公恻然曰："办常额，民已困于逮系，况又加办，民不疲死乎？"力争，承不肯以赋民。上韪其议，未几，牒可，如常额办，人赖以安。此又利之均及于庶民者也。昔载于石，皆可征已，然公之惠利之实可征者，岂止此哉！县自宋乾道，乡都置义役田，应役者所费，于田之所入不至破产，他州旁县悉采取法，文公朱子以常平使节至郡，亦尝称其法之善。自县入职方氏，田没不存，民复用私财应役，贫富不均。至元五年，旧尹始令民自相推逊，隐户产高烦扰。公革其弊，止署其都里姓名县门，期以某月日诣县受役，民无敢后者。其有昔服□，而今因□同役者，佥以为乏，即令选代，民无怨咨。凡和买，必合当官受买输物，吏无所出入，事集而民不知。乡舍义仓法，前后皆按行故事，文具实亡。公曰："此朝廷仁民之政，天地之大德寓焉，奉行可不谨乎！"于是申明旧章，身历乡社巡视，以时法敛，民多赖焉。其听讼也，以忠信为本，明决为用，片言之间，不烦鞫治，而洞其情伪，故能使虚诞者自愧而输，桀骜者亦自戢而孱焉。留心劳来，督察奸宄，尝曰：羞恶之心人皆有之，孰肯为贼盗！苟岁无凶荒，人用给足，则廉耻自见。每殷勤接父老，使归语子弟，务勤生理以食其力。急游食之人，严蒲博之禁。由是贼盗屏息，户口用增，下至道路、沟渠、亭传、馆舍，无不整饬。扁其厅事曰"勤政"，其励志为治如此。公退之暇，游泳典籍，宾礼才俊，其于学校尤加之意，月吉必会校官诸生，讲论经史，率请益身为之倡。或时集公堂，赋诗咏歌，终日忘倦。立先贤祠，祀濂溪至考亭六君子，使士知道统所在。繇是县司翕然大化，名誉籍籍，远近称叹，是岂声音笑貌之所为哉！盖有其本焉矣。公名买住，字从道，唐兀氏，世居广平。以元统元年进士同知安州事，除今任。材识精敏，声容舒徐，不尚苛猛，而毅不可犯。子谅岂弟出于天性，而又以文学济之，宜其治行之不可及也。呜呼，循良之治不见久矣。吏机张其民，民仇视其吏，上下睽而情不相维，桀黠民方持法议吏短长，无所回忌，奚暇其去后之思？而于公独不然，官且满代，而民爱慕之如一日，畏詟之如始至，惟恐遽舍而去，故未去而先形其思，则去后之思又将何如也？《诗》曰："心乎爱矣，遐不谓矣。中心藏之，何日忘之？"出于诚矣。故为署其概以慰其思，且以俟夫后之传循良者有所取焉。至正三年记。

李修生主编：《全元文》(第47册)，第32—34页，凤凰出版社，2004年。

(3) 邑令买住公去思碑　明　刘基

松阳民金文俊致其父老之言，走郡请曰："邑长买住公治吾邑六年，有善政，今秩满而去矣。吾民不能忘，愿得文以记。"伯温辞不获，则询，治状曰："公为政以爱民为先，以廉洁为本。其始至也，复金梁堰以灌民田，民受其利。歌之曰：'闵闵污莱，我畲我菑。堰流以溉，有堤相之。积潦肆啮，堤圮赴壑。究其原田，白石凿凿。公来相攸，负锸商功。阴泄阳潴，岁则屡丰。'既而民以食盐为苦，公请于运司复旧额。民又颂曰：'盐策僅止，我则弗胜。来者绳绳，曾莫我矜。公独我恤，曰盐不可增。义气横出，慨然争承。我实赖之，犁耕轴鸣。日用饮食，企其有成。'其修学宫也，士颂之曰：'桓桓学宫，教化所基。支倾柱败，孰振前规。显允进士，职是县长。载葺载完，有教有养，理其田疆。辑其租逋，惠我多士。'矜佩来趋予曰：'美哉！愿悉数之。'曰：'县役旧弗均，无教条绳墨，岁点差吏得为奸。公阅前政簿账，按成式，随民力所至高下使自承，民均其平而赋役用均。县民素好讼，公以明察，洞其情伪，事曲直立判，亦婴节解，民各自戢而词讼用简。劝农桑，课树畜，使皆力本务实效。故荒垦沃耕，田野用辟。他邑民或致鱼盐货物居县廛，而乡村之民无带牛佩犊之风。勤于劳来而户口以增，谨于关讥而盗贼自息。行省抡公廉干，以海舶事委公之朝阳。数月，县中讼柅牍稽。公归，悉为疏决，吏民益服。浙东宪佥琐主公按郡至县，得公治绩荐之。已而索公行部，复廉察之，交剡上台。今去我将羽仪天朝，是不可不识其思也。'"余曰："美哉！邑长之政固善矣，若父老不忘其善，能致其去后之思，亦善也。"语曰："斯民也，三代之所以直道而行。"有循良之政，使得相安于田里，则所以渗漉乎其心者，自有以使人不忘如是也。然汉传循吏六人，班固称其所居民富，所去见思，然皆二千石守相。唐世县令若韦景俊、何易于等往往始得列是传，然大要以惠利在民不忘者预焉。今买住公去而见思，正所谓古循良者欤。因作诗畀其父老，且以续夫士民之所未诵者。公字从道，唐兀氏，世居广平。由进士出身，故知爱民之方，而民亦不忘之如此。诗曰：民产有恒，役则罕均。何以均之，曰义以使民。民情好恶，喧讦以刃。何以理之，曰明德知本。迤逦阡陌，莑莑禾麻。民用胥勤，力及荒畬。受廛为氓，旅涂任载。苍苍萑将，夜寂厖吠。治无大小，学道爱人。已惟冰蘖，民则阳春。车声辚辚，辕攀辙卧。去者之思，用勖来者。善达而思，天下之兼。宁独尔思，一邑之奄。蟾峰秋高，明月千里。甘棠蔽芾，柏台森峙。至正六年正月记。

(清)支恒春修：《光绪松阳县志》卷十一，第898—902页，《中国方志丛书·华中地方·第190号》，台北成文出版公司，1975年。

(4) 县尹买住

买住字从道，家世唐兀氏，居广平。元统元年，登进士第，任保定路安州同知，转松阳县[①]达鲁花赤。

和伯笃鲁丁浮云寺　此诗一作无名氏。

马首山光泼眼青，柳边童叟远欢迎。
花飞南苑芳春暮，凉入西楼夜月平。
野鸟唤晴声正滑，主人留客酒初行。
明年我亦燕山去，稻可供炊鱼可羹。

(清)顾嗣立、席世臣编：《元诗选》(癸集上)，第756页，北京中华书局，2001年。

① 原注："阳"，原误作"江"，据稿本改。

(5) 买住,(元)唐兀氏,居广平路成安县。字从道。元统元年进士。授保定路同知安州事,至正间任泉州市舶司副提举。以廉介闻。

杨清江,陈苍松编著:《福建市舶司人物录:纪念泉州市舶司设置九百周年》,第64页,厦门海关出版社,1987年。

(6) 莲珠[1],崇祯《处州府志》,家世唐古氏,居广平。元统元年举进士,任安州同知,转松阳达噜噶齐。莅官政德彰著。民为立石者四:曰善政,曰新筑宣公堤,曰遗爱,曰去思。

(清)沈翼机,傅王露纂:《浙江通志》卷一百五十七,第243页,《景印文渊阁四库全书》第523册,(台北)"商务印书馆",1986年。

(7) 买从道枯木石图　陈镒

寂历何年树,
槎牙傍水村。
霜风吹叶尽,
秋色落云根。

(元)陈镒撰:《午溪集》卷四,第379页,《影印文渊阁四库全书》第1215册,(台北)"商务印书馆",1986年。

一一九、伯颜

伯颜(1317—?),字鲁卿,唐兀氏。居成都路温江县,为管蒙古军户。排行二,十七岁,中元统元年进士第,授成都路同知崇庆州事。

伯颜家族人物关系表

第一代	第二代	第三代	第四代
剌真	秃弄歹 妻唐兀氏	赫闾 妻女直氏	伯颜 妻周氏

蒙古、色目人第二甲。赐进士出身,授承事郎。

贯成都路温江县籍,管蒙古军户,唐兀人氏。字鲁卿,行二,年一十七,十二月初七日寅时。

曾祖剌真,祖秃弄歹,祖母唐兀氏,父赫闾,母女直人氏。具庆下。娶周氏。

乡试四川第三名,会试第四十八名。

授成都路同知崇庆州事。

王颋点校:《庙学典礼》(外二种),《元统元年进士录》,第176页,《元代史料丛刊》,浙江古籍出版社,1992年。

---

[1] 即买住。

一二〇、安笃剌

安笃剌[①](1306—?)，字□□，唐兀氏。居益都路滕州邹县，二十六岁，中元统元年进士第，授卫辉路辉州官。

安笃剌家族人物关系表

第一代	第二代	第三代	第四代
□□	□□儿赤 妻樊氏、刘氏	公安 妻□□□氏	安笃剌

蒙古、色目人第三甲。赐同进士出身授将仕郎。

贯益[②]都路滕州邹县，唐兀氏。

[字]□□，行八　年二十六，二月初二日。

曾祖□□，祖□□儿[赤][③]。祖母樊氏、刘氏。父公安，母□□□氏。重庆下。娶未。

乡试山东第一名，会试第二十名。

授卫辉路辉州判官。

王颋点校：《庙学典礼》(外二种)，《元统元年进士录》，第182页，《元代史料丛刊》，浙江古籍出版社，1992年。

一二一、唐兀氏

唐兀氏，生卒年不详，其子百嘉纳，中元统元年进士第。

百嘉纳，贯河南府洛阳县，蒙古人氏。曾祖□□，祖□□，父哈剌，母唐兀氏。

王颋点校：《庙学典礼》(外二种)，《元统元年进士录》，第187页，《元代史料丛刊》，浙江古籍出版社，1992年。

一二二、唐兀氏

唐兀氏，生卒年不详，子彻台，中元统元年进士第。

彻台，贯广平路曲周县军籍，乃蛮氏。曾祖□□。祖忽都帖儿，敦武校尉。父那海，忠显校尉，母唐兀氏。

王颋点校：《庙学典礼》(外二种)，《元统元年进士录》，第187页，《元代史料丛刊》，浙江古籍出版社，1992年。

---

① 原注：笃剌二字原脱。《元史氏族表》卷二页六〇增一笃字，《蒙兀儿史记》卷一九四《色目氏族表》增笃剌二字，今从补。吴师道《吴礼部集》卷一四《送芈希曾之江西序》提到的"江西佥宪按笃剌公"当即此安笃剌。

② 原注：按元代滕州属益都路，见《元史》卷五八《地理志一》，今益字据补。

③ 原注：赤，据《元史氏族表》卷二页六〇补。

一二三、山东

山东，生卒年不详，字子春，号元斋，河西人。元统元年，任德清县达鲁花赤，有政声，受民爱戴。

(1) 山东，字子春，号元斋，河西人。元统元年达鲁花赤。

(清)宗源瀚等修：《同治湖州府志》卷五，第15页，《中国方志丛书·华中地方·第54号》，台北成文出版公司，1970年。

(2) 德清县达鲁花赤山东去思之碑石佚据湖录金石考载文

公出自世阀，以胄学进身。历中外之任，周知民情。祗命之来长龟邑，致空虚之美，徭役无不均之叹。罪非大辟，按法而已。始终在官，未尝轻意苟杀一人。曰："恃三尺以肆虐，吾敢为也欤？"由是仁爱之风，扇于四境。其廉不矫，其通不阿，贤绩屡建，声实茂著。监司以其懿闻，下典旌异。侯于邑尤崇学校，尚节义，修饰坛壝、廨舍，莫不一新。又特作预备仓及为祠以祀乡贤，以至整修桥梁之属，功尤多。以其各有纪载，故不详书。儒学教谕刘曾信撰。

(清)宗源瀚等修：《同治湖州府志》卷五十三，第35页，《中国方志丛书·华中地方·第54号》，台北成文出版公司，1970年。

(3) 山东，元统元年任，字子春，号元斋，河西人。为政仁惠宽平，未尝用不测之赏、已甚之罚。任三年，德化孚洽，民咸安而思之。见元人刘曾信撰《去思碑》文。

(清)侯元棐等修：《德清县志》卷五，《中国方志丛书·华中地方·第491号》，台北成文出版公司，1983年。

一二四、托克托

托克托，唐古氏，承直。元统元年上经历。

(元)张铉纂：《至正金陵新志》卷六下，第321页，《景印文渊阁四库全书》第492册，(台北)"商务印书馆"，1986年。

一二五、别台

(广西岭南道肃政廉访司佥事)别台，唐兀人[①]。元统二年，以中顺大夫任。

(明)林富纂修：《嘉靖广西通志》卷五，第28页，《四库全书存目丛书·史部第187册》，齐鲁书社，1996年。

一二六、必塔

必塔，唐古特人。元统二年，以中顺大夫任廉访佥事。

(清)金鉷等监修：《广西通志》卷五十二，第504页，《景印文渊阁四库全书》第566册，(台

① 原志误作"唐元人"。

北)“商务印书馆”,1986年。

一二七、纳加台教化

纳加台教化,生卒年不详,西夏人。元统二年题摩崖诗刻于大伾山。

元统二年十月二十一日,西夏纳加台教化、济南郡天骥同登留题。

南望黄河北望燕,石头成佛主心安。

倚云翠阁神移去,落木西风谁问禅?

高村吴义铁笔①

班朝忠主编:《天书地字·大伾文化2》,第103页,文物出版社,2006年。

一二八、爱鲁

爱鲁②,生卒年不详,唐兀氏。元统甲戌(1334),主管监利县时,重建县大成殿。

(元)孔思明重建大成殿记

夫道之大原本乎天,道统之传本乎圣人,圣人设教本乎学。学也者,有国之大典也。明人伦,美教化,移风俗,治隆平,皆道也,由学以行之。洪惟黄元混一海宇,爰自国都,迨夫郡邑,靡不建学以行其道。是道不可须臾离,学不可一日而废也。中兴属邑曰监利③者,古汉南华容地也。旧有学,与邑俱毁于宋端平之丙申。复兴于圣朝至元之丙子,然而殿宇卑隘,不足以揭虔妥灵。泰定丙寅,曹南进士伯颜帖睦尔来监是邑,见而叹之,遂革故以新,辟隘以广,礼殿翚飞,堂庑翼如,邦人敬服。厥后物换星移,雨凌风震,榱颓桷朽,岌哉殆哉。元统丙戌④,荆岑文应祥职教是庠。始至谒庙,顾瞻惕然,以为己任。咨诸监利曰:“政行似缓而实急者,学校是也。今若此,将何安?”监利曰:“举百废,非一日可成,非一人之力可就也。”乃毅然捐己俸以倡之,邑之义士裒金以助之。于是鸠工抡材,扶颠持危。监利乃朝夕躬亲督视。斧斤方殷,令尹李侯适至,下车之始,协力赞成,经之营之,不逾月间,殿宇鼎新,黝垩丹潦,壮观殊胜,邦以为盛事。噫!天生圣人,所以行其道也。建学立师,所以阐其教也。教隆道亨,洋溢四海,则君君臣臣、父父子子,岂非格致诚正,以至于修齐治平也哉?然学不可废,功不可忘,勒诸贞石,以劝将来,罔俾僖公专美于鲁,游是门者,可不勉诸?监县名爱鲁,唐兀氏。文学、政事,二美兼,故能成其事也。权典史杨桂,与有劳焉。

(清)郭茂泰修,(清)胡在恪纂:《康熙荆州府志》卷三十七,第42页,《中国地方志集成·湖

---

① 原注:铁笔　刻石。

② 元初大名路达鲁花赤昔里钤部之子名爱鲁,曾任云南行尚书省右丞。然其卒于至元二十五年。故本文之爱鲁,当系另一唐兀人。

③ 监利县位于湖北省中南部,江汉平原南端、洞庭湖北面。

④ 误。应该是“元统甲戌”。

北府县志辑 35》，江苏古籍出版社，2001 年。

一二九、伊埒

伊埒，唐古氏，儒林。元统三年上监察御史。

(元)张铉纂：《至正金陵新志》卷六下，第 330 页，《景印文渊阁四库全书》第 492 册，(台北)“商务印书馆”，1986 年。

一三〇、丹巴

丹巴，唐古氏，儒林。元统三年上监察御史。

(元)张铉纂：《至正金陵新志》卷六下，第 330 页，《景印文渊阁四库全书》第 492 册，(台北)“商务印书馆”，1986 年。

一三一、多岱

多岱，唐古氏，奉政。元统三年上监察御史。

(元)张铉纂：《至正金陵新志》卷六下，第 330 页，《景印文渊阁四库全书》第 492 册，(台北)“商务印书馆”，1986 年。

一三二、哈喇

(1) 哈喇，唐古氏，奉训。元统三年上监察御史。

(元)张铉纂：《至正金陵新志》卷六下，第 330 页，《景印文渊阁四库全书》第 492 册，(台北)“商务印书馆”，1986 年。

(2) 哈喇，唐古氏，至正间，俱饶州路总管。

(清)《江西通志》卷四十六，第 510 页，《景印文渊阁四库全书》第 514 册，(台北)“商务印书馆”，1986 年。

一三三、张翔

(1) 张翔，河西人，承德。元统三年上监察御史。

(元)张铉纂：《至正金陵新志》卷六下，第 330 页，《景印文渊阁四库全书》第 492 册，(台北)“商务印书馆”，1986 年。

(2) 张翔，河西人，奉训。至元二年上都事。

(元)张铉纂：《至正金陵新志》卷六下，第 322 页，《景印文渊阁四库全书》第 492 册，(台北)“商务印书馆”，1986 年。

一三四、张西源

张西源，生卒年不详，宁夏人。元统三年，为庆元路郡守。

庆元路儒学涂田记

庆元路儒学正虞师道撰

承务郎庆元路总管府推官况逵书

承德郎浙东道宣慰司使都元帅府经历李忽都达儿篆额

元统三年秋，台庆分司廉访副使静斋李公，按部至四明，凡官吏贪残、奸豪悍鸷为民害者，发谪无遗。政令简肃，士论交庆。乃十月朔，谒先圣庙，升论堂，进诸生，问所以为学，历举格言大训，勉谕谆切，闻者竦息佩服，退则欣然有得也。郡泮旧有涂田三百一十二亩有畸[①]，隶鄞之东鄙，曰大嵩，籍存而佃非，岁为近境育王大慈寺僧所据，以硗易腴，指熟为歉，租入仅为钞七十二贯。数十年间，或纳或否，田几干没。宪部洞悉兹弊，檄帅阃经理考核。僧惧罪及，始自实于官，听别召居民佃种。由是，邻氓郑椿等视旧僧租为缗钱十倍以请，寺僧德升、介祉遂怀诈谖，依增数仍佃，久假不归，并兼可图也。复与郑交诉于有司，吏甘于货饵，依阿不决。公阅郡牍，灼其欺，曰："彼皆规利故尔，宜两黜之。"即追毁各执榜券，属郡倅燕山刘侯敬叔厘正其事。侯亦锐意斯文，议募小民承佃，为散户若干，每戸田不过十亩，亩为租入若干。诡名冒佃，罚有常宪。其数则勒之坚珉，副以印籍，所司互为键防，垂远弗坠。征僧积负，输校廪，备士供，豪民黠髡，虽极嚚狡奸无所容，噤不复竞。于是诸生相与请于郡守宁夏张侯西源，曰："博哉，李公之用心也。既为学规以教诲我，又为复田以饮食我。公之德其可忘乎?"时张侯方以教养缮修为急务，闻之，喜曰："此吾志也！子盍为之记以示后?"师道方摄教事，义不敢辞。钦惟圣元，统正皇极，富有四海，常赋出纳，悉隶有司。独赡学田土，嘉惠儒流，禁诸侵夺，以充粢盛馔设，蠲徭赋艺，恩遇罕伦。宪臣勉励，非不严且明也，然职教或匪其人。宫墙传舍，籍固有田，惟利之趋，莫诘佃之谁某。如是者踵相接，藩篱不密，以召外侮，寇攘侵削，为今通患。若斯田者，岂惟豪黠朵颐攘臂，得视为彀中物，抑由吾党士嗜利忘义，推而与之之为可罪耳。今几没而复归，非赖部使者廉断之下，畴克昰耶?盖公之学，光明正大，故临事若神，积年奸弊，不崇朝而剖剔，以绝患于未然，诚学校春回之一机也。谨列田亩步角与佃民之数，备刻诸石，以成公志。后之职教而义利之不明，庶亦永戒之哉！公名端，字彦方，保定人。父退斋先生，元贞初为御史，有直声闻于天下。及公为御史，论事謇谔有父风，三入翰林，一为国子师，践扬中外，所至有善政，树碑传诵，述公言行，宜为缙绅楷则者也。请以是为记。

是年岁在乙亥十一月　日学录曹性之、直学王厚孙立石。张周士刻。

(清)阮元主编:《两浙金石志》卷十六，第 402—403 页，《浙江文丛》，浙江古籍出版社，2012 年。

---

① 原文有误。似"有奇"。

一三五、特穆尔巴哈

（1）特穆尔巴哈，唐元[①]从仕，元统三年上，架阁库管勾。

（元）张铉纂：《至正金陵新志》卷六下，第 323 页，《景印文渊阁四库全书》第 492 册，（台北）"商务印书馆"，1986 年。

（2）特穆尔巴哈，唐古氏。至元四年上监察御史。

（元）张铉纂：《至正金陵新志》卷六下，第 332 页，《景印文渊阁四库全书》第 492 册，（台北）"商务印书馆"，1986 年。

（3）特穆尔巴哈，唐古氏，奉训。至元五年上监察御史。

（元）张铉纂：《至正金陵新志》卷六下，第 332 页，《景印文渊阁四库全书》第 492 册，（台北）"商务印书馆"，1986 年。

一三六、额森特穆尔

额森特穆尔，唐古氏，奉议。至元二年上监察御史。

（元）张铉纂：《至正金陵新志》卷六下，第 332 页，《景印文渊阁四库全书》第 492 册，（台北）"商务印书馆"，1986 年。

一三七、伊埒哲伯

伊埒哲伯，唐古氏，荣禄。至元二年上御史中丞。

（元）张铉纂：《至正金陵新志》卷六下，第 318 页，《景印文渊阁四库全书》第 492 册，（台北）"商务印书馆"，1986 年。

一三八、锡实

锡实，唐古人，承德。至元三年上监察御史。

（元）张铉纂：《至正金陵新志》卷六下，第 332 页，《景印文渊阁四库全书》第 492 册，（台北）"商务印书馆"，1986 年。

一三九、脱忽脱

脱忽脱，河西兀剌海牙氏。前黄岩州同知，授武德将军。后至元三年七月任，除陕西行台监察御史。

（明）陈威等纂修：《正德松江府志》卷二十二，第 4 页，《四库全书存目丛书·史部第 181 册》，齐鲁书社，1996 年。

一四〇、鸿嘉努

鸿嘉努，唐古氏，从仕。至元四年，任监察御史。

---

① 误。"元"应是"兀"。

(元)张铉纂:《至正金陵新志》卷六下,第 332 页,《景印文渊阁四库全书》第 492 册,(台北)"商务印书馆",1986 年。

一四一、崔嘉讷

崔嘉讷,生卒年不详,字泰举,居延人,至正间任萧山邑令。

(1) 崔嘉讷,字泰举,居延人,至正间邑令。均税赋、平政治、鼎新县廨,役不病民。

(明)林策修:《嘉靖萧山县志》卷五,第 332 页,《天一阁藏明代方志选刊续编第 29 册》,上海书店,1990 年。

(2) 萧山县记　元　李孝光

会稽属县萧山,汉余暨也。吴曰永兴,唐始以山名。萧山土地狭,故宋都吴时,以比壮县。淳祐中,令高历大起居治,作堂曰"翠帘"。自历至今,百有余岁。风雨飘摇,墉屋挠缺。吏失威重,民慢弗庄。至元五年,居延崔侯嘉讷泰举来为县尹,中诚病之,未敢以为功,乃务先利安斯民,恩勤顾省,视如其家,民滋信尹。会是岁大熟,赋平人和,进其耆艾而告之,将作居治,皆应曰:"我且率子弟以供凡役。"于是贱工度材,因其故制而拓之降之。相地卑湿,增高其址。乃作厅事,次宾幕,次史舍,以及大门、东西庑、库庋、次舍。度其南作谯楼,置鼙。又少□□观化之亭以居,察民之所好恶。凡役皆次第以成,而侯且代去,县尹李侯守其政如崔侯。适主簿刘君伯焕上,共踵成之。益使为丹雘、涂塈、砥甓、树垣,植松柏于庭。至是民思尹而曰:"我见诸吏赋功未有不渔民,而侯于是役不以病我,其意常恐伤我,此德厚宜报。"乃谋树刻石。予以为善保民者,其民思报之。保民者,仁民也。自崔侯之去,今五年矣,民犹不能忘,而将报其德。噫!崔侯无几知保民矣!夫令受民于上,不难于治民,而诚仁民之为难。治民者,固多为之防,严为之制,以禁其邪僻之行,伐其慆淫之思,期无犯刑止耳。仁民异于是,寒往衣□,□咎食之,无以为居舍之。又惟忧其或坠于恶,道之德以绝其诡行,养其仁以易其邪思,习其礼以消其异习,朝妪夕煦,若顾赤子。故民亦以为上常仁我,而未尝厉我,父母事其上而不怨,繇保民也。观于《豳风》之诗,其曰:"八月载绩,载玄载黄。我朱孔阳,为公子裳。"又曰:"取彼狐狸,为公子裘。"以报衣也。其曰:"跻彼公堂,称彼兕觥。"以报饮食也。其曰:"上入执宫功。昼尔于茅,宵尔索绹。亟其乘屋,其始播百谷。"以报居室也。其所为报劳于趋工,非有驱迫拘戒之者。上以此仁之,下以此报之,若初无所事,而其效自至。呜呼!仁哉!此其于治民者,殆有间矣。今不肖不知虑此,既不能保,又不能治,甚者渔其民以自殖,不得所欲则下苛政以厉之,民且仇之矣。今民思我尹,果遵何德而致是?吾故曰:"崔侯庶几知保民者矣。"

(明)林策修:《嘉靖萧山县志》卷二,第 96—98 页,《天一阁藏明代方志选刊续编第 29 册》,

上海书店,1990 年。

(3) 重建学记　元　倪渊

人才风俗,天下国家之元气。古之圣人君师亿兆,莫不以育人才、正风俗为先。故司徒兴乐之官设,学校庠序之制立。人生斯时,仁渐义摩,礼融乐化,在位者无未成之材,在野者无不教之民。卒能陶成虞夏、商周泰和之治世。至春秋[①],僖公修泮宫,子产不毁乡校,论者美之。战国之际,谈说纷纭矣,干戈扰攘矣。而慈母迁居,深以近学宫、习俎豆揖让为喜。学之有益于人如此。汉唐以来,非不闻置博士弟子若干员,增广学舍若干区。顾其为教,不本之德行、道艺而惟训诂、词章是务。人才风俗之不古,则亦奚咎。皇元启运,文教诞敷。市廛寰阓,穷山深谷,遐荒远徼,学院溢于郡县,常制不可胜数。纶音颁布,必命风宪勉励之,守令敦劝之,谆谆然不少置,德意至矣。绍兴路萧山县,当元统甲戌之春,天大雨雹,坏官廨、民庐十八九,幸学之大成殿岿然独[②]存。三四年来,弗克葺治,日以摧败。后至元戊庚[③],云内崔侯嘉讷来令兹邑,慨念先圣纲常之主、庙廷教化之宫,崇奉弗严,何以示民所趋向?于是计学廪之旧储,节浮费,收宿逋,抡材度庸,不资于士,不役于民。教谕天台赵公孟善稽邑耆士董之。治作于是年之春,毕工于明年之冬。礼殿翼翼,谕堂耽耽。灵星严竦,泮水洁清。从祀之像,冕黼鲜明。肄业之斋,窗几静好。垣墉丹雘,仓庾[④]泡湢,莫不完整。侯之为是,岂直以观美哉?诚为令者之宣上德化,莫此为急。而狱讼赋租,簿书期会,特余事耳。萧山西瞰浙江潮汐之雄放,东揽会稽岩壑之奇秀,英才雅德,前后相望。昔者龟山先生杨文靖公尝宰于兹,其为程门,主敬穷理、修已治人之学,先辈当有得其传者。矧今科举之制复行,后生子弟必能翕然兴起,以应贤令作新之意。虽然,先生之言曰:"舜跖之分,善利而已。使世无科举而不学,如是而不为跖之徒也几希!"斯言深有警于吾党。士之为善,固不待科举之复,第讲之未熟,鲜有不以利为善者。今而后学之博,问之审,思之慎,辨之详,而善无不明;意之诚,心之正,身之修,家之齐,而善无不得。一乡皆善矣,以至于一邑皆善士焉。人才之多,风俗之美,不期于治,而自治矣。邑士重侯之嘉惠于我,求文以记之。余谢不敏,而请之不已,惟崔侯可以为。凡县令者,法不固以鄙陋辞。邑士当知侯之修学,不区区望于归美其功;所望之至,亦犹先生之意,欲邑之士皆为舜之徒也。尚有以勉之。若学之创始迁易颠末,前记已悉,兹不赘。

(明)林策修:《嘉靖萧山县志》卷二,第 115—117 页,《天一阁藏明代方志选刊续编第 29

---

① 原志误为"民",根据上下文意思,应为"春"。

② 原文误为"陶"。

③ 误。后至元有戊寅年,即至元四年(1338)。

④ 原文误为"庋"。仓庾:贮存粮食的仓库。

册》,上海书店,1990 年。

(4) 觉苑寺兴造记　元　赵贳翁

觉苑寺僧有成,介其邑士张君塈来请曰:"师志尧上人,尝樽衣钵之赢,新作寺门矣,又作圆通阁于圮废之余,阁成而师示寂。惧无以垂成来世,请为之记,以昭示不朽焉。"余受言而作,曰:"萧山,古永兴繁邑,觉苑,为江文通宅。南齐建元二年,文通之子昭玄,舍宅为寺,距今九百有余岁矣。迄唐及宋,易昭玄为昭庆,香火不泯。治平三年,再易觉苑之名,吴越钱氏,尝纲纪而兴造之矣。迨熙宁初,可荣法师作千手眼大悲菩萨阁,钱塘沈辽为之记。一时壮丽,为杭越往来伟观。至大德十年丙午岁,寺耆旧德,弥辟阁为三楹,以宏其规。元统二年甲戌春,风雹大振,阁竟摧仆。时有荣师像置之北甓墉内,固势必压焉。已而视之,像在阁外林下,若神物拥护之者。上尧于是倾资囊,市材鸠工,大建杰阁。邑令崔侯嘉讷闻而是之,乃相其役,经始于至元三年[1]丁丑岁十二月,逾季而告成。翼跂翚飞,过者洞心骇目,视旧益崇敞矣。始余以公事至觉苑,见尧上人尘衿滓屦,敦匠于门,语余以兴作故。余喜而复之曰:"勉为之,余记无难者。"及兹再至,十又七年矣,门与阁皆岿然,尧不可复见。俯仰之间,已为陈迹。虽然,尧不有其蓄而建永久功,有成能嗣其业,又有以绪成先绩,皆可书已。若树塔寺西,为法众归藏之所,是又尧之隐行也。区区得于见闻,不敢以固陋辞,谨为次第之,而系以铭曰:"伊昔文通,国之善士。居为名蓝,可谓能子。会昌中辍,祥符屹起。猗欤熙宁,轮奂完美。荣助辽笔,表表愈伟。德弥克拓,雹沴近山。不有志尧,孰任经纪?昔高者宏,昔大者侈。殚吾之赢,奚有诸己。八衺永归,功崇弗毁。成也嗣之,勿替其始。干山入廉,胥涛穿市。善颂无涯,庸勒桑梓。

(明)林策修:《嘉靖萧山县志》卷二,第 422—424 页,《天一阁藏明代方志选刊续编第 29 册》,上海书店,1990 年。

一四二、哈斯呼

哈斯呼,其先唐古氏,以小字哈斯行。至元四年,任保定路总管,劝农兴学,扶弱抑强。蝗生伤稼,密祷于神,翼日蝗灭,人以为神。

《畿辅通志》卷六十八,第 655 页,《景印文渊阁四库全书》第 505 册,(台北)"商务印书馆",1986 年。

一四三、张讷

张讷,生卒年不详,西夏人。居保定,至元戊寅(1338)任河南参政。

---

[1] 说明邑令崔侯嘉讷任职时间不是至元四年。

瑞芝堂记

河南参政张讷翁，以张夫人忧弃官不仕。至元戊寅①，建义学，其家其秋芝生梁间者五，乃作瑞芝堂远征。余记之，余闻而喜，曰："美哉！孝友之祥。"此唐曲江公居母丧时，休征也。按五色生五岳益五脏，久服食轻身延年，使人有智慧，聪察仁恕忠知强勇之德，比物有珊瑚，截肪泽漆翠羽紫金之色，而紫芝又为万年茯苓，夜有光怪佩之辟兵，故在天为景星庆云，在地为醴泉甘露，在谷为嘉禾，在飞走为麟凤皆其类也。尝谓生五岳者，天地中和之气所钟，生一家者人伦孝友之感，所应圣朝以同伦理，天下以殊俗通五方，敉伦者诛违，俗者禁道并行而不相悖也。张侯族出西夏，家居保定，扬名中外，历官台省。出其至性，行其至孝，有厚伦之道，有易俗之心，于是义学起其间，于是灵芝生其上，于是无人非鬼责，而天祐神相之矣。使侯不能弃官，则不可行志，不能行志，则不可兴学。孟子曰："学则三代，共之皆所以明人伦也。"安有孝友废而学校不可兴，学校不可兴而祥瑞可至者哉！张侯可谓出乎其类矣，苏文忠有言，上以孝取人，则勇者割股怯者庐墓，此言极俗，失世坏之弊深恶夫，伪以要名者也。若侯至诚恻怛，由内生心，以生于此化民成俗，不亦善乎！此豪杰之士，此天下国家之福也。余闻延祐科兴芝生国学殿楹者，九茎芝不轻为时出，如此科举宾兴，贤能以兴孝兴弟，以先此其应也。传曰："孝悌为仁之本，又曰一家仁一国兴仁，国学庶学皆学也。一家仁一国仁皆仁也，芝有异哉！"余将上以为天下，国家胥庆而下。以为保定志，喜故乐为之记，四月。

(元)刘岳申撰:《申斋集》卷六，第265—267页，《景印文渊阁四库全书》第1204册，(台北)"商务印书馆"，1986年。

一四四、观音努

观音努，唐古氏，文林。至元五年上监察御史。

(元)张铉纂:《至正金陵新志》卷六下，第332页，《景印文渊阁四库全书》第492册，(台北)"商务印书馆"，1986年。

一四五、田厮

田厮，生卒年不详，唐兀人。后至元五年(1339)，任昌平县达鲁花赤，政平讼理。至正二年，重修昌平县儒学。

重修昌平县儒学碑记　马房辉　教官

学校乃古今之急务，兴则治安，废则乱亡，必然之理也。洪惟圣朝以经术治天下，先德后刑，本末具举，而条约悉备，莫不以崇儒重道、兴校讲学为之最急者。

---

① 根据上下文时间顺序判断，为后至元，即1338年。

爰自监学而下，路府郡邑咸设教官，以育人材，以厚风化。所任虽小，而贵望匪轻。复虑有司奉行未至，失于勉励，或至隳弛，于是内则御史，外则访司，恒加严督，既谆谆矣。然而民牧以学校为泛，常略不介意，尚多有之何邪？此盖不思急务之甚者，奚足道哉！一日河间孙氏彦颙来谂，曰："达鲁花赤田厮公，唐兀人也。英伟倜傥，见之可畏。"至元再元之五年，以盗功居多，出监昌平。下车之后，即以课农讲学，屡挂于心胸，兴利除害，弗忘于寝食，廉而干，慎而勤，事至物来，何啻迎刃，奉上御下，咸得其宜。不数月，而政平讼理，歌欢之声溢于闾闬焉。至正二年正月既望，率僚佐祭于大成至圣文宣王庙，礼行才毕，历学左右，顾盼沉吟，尽得阙坏未完之所，于是尽然有动于心。因谓众曰："庙学乃神明所居，人材所自出之地，而有司常切留意□也。且讲堂疏何以施绛帐，斋舍阙何以处青衿，□墉矮何以卫神宫，灵星坏何以蔽神路，以至殿守之类，壁穿瓦裂，其间须葺理者甚多。或可因而创建者不无必当，佥谋其何如耳。"僚佐闻之，唯唯而退。居无何，公捐己赀一千五百余缗，遂乃市材木，募匠佣，不攸于官，不动于民，皆出于公之规度，咄嗟而事已办集。自肇作底讫功，为日二十有八。于是坏者复，阙者备，焕然一新，而人争快睹矣。鲰生兴教兹邑二载有奇，公亦咫尺瓜代。将刻石以纪岁日，仍表公向善慕道之诚。谁曰："不可，请子识之，勿让。"余应之曰："吾虽不佞，自二八时负笈担簦，飘泊南北，迨今二十余年矣。每怪诗礼之家，久于州县之职，不思报本者，是何心哉？"今乃于唐兀氏，幸见斯人，是可嘉尚也已。予侨此训蒙逾月，亦听邑中播公之德，称公之廉，如出一口，又可信孙氏□公之言矣。故余不揆狂僭，序次如右，以告来者。

(清)吴都梁等纂修:《康熙昌平州志》卷二十，第6—9页，《中国地方志集成·北京府县志辑4》，上海书店出版社，2002年。

一四六、绰罗

绰罗，唐古氏，承直。至元五年上监察御史。

(元)张铉纂:《至正金陵新志》卷六下，第332页，《景印文渊阁四库全书》第492册，(台北)"商务印书馆"，1986年。

一四七、雅奇

雅奇，唐古氏，儒林。至元六年上监察御史。

(元)张铉纂:《至正金陵新志》卷六下，第332页，《景印文渊阁四库全书》第492册，(台北)"商务印书馆"，1986年。

一四八、布色岱尔

(1) 布色岱尔，唐古氏，承直。至元六年上监察御史。

(元)张铉纂:《至正金陵新志》卷六下,第333页,《景印文渊阁四库全书》第492册,(台北)"商务印书馆",1986年。

(2)题张希孟中丞送毕提点申达卷后

十年七聘不还朝,起为饥民夜驾轺。

嘉树百年谁忍伐,生刍一束不能招。

西州华屋交游少,北海清尊意气消。

欲写济南名士传,泉声山影晚萧萧。

(元)虞集撰:《道园学古录》卷三,第43页,《景印文渊阁四库全书》第1207册,(台北)"商务印书馆",1986年。

一四九、鄂约达勒

鄂约达勒,河西人,朝请。至元六年上经历。

(元)张铉纂:《至正金陵新志》卷六下,第321页,《景印文渊阁四库全书》第492册,(台北)"商务印书馆",1986年。

一五〇、天佑

天佑,生卒年不详,唐兀氏。泰定元年进士,至元六年(1340),任新城县达鲁花赤,出俸资,倡导官僚佐吏,重建县学大成殿。

新城县学大成殿记

新城县有学,昉于唐中宗时。其礼殿,则后四百八十年,宋乾道间县令耿君秉所建也。继耿君者,刘君景修、谢君梦生、张君德逵,皆尝缮葺之。逮国朝大德七年,又一百三十年矣。县尹魏君荣欲谋改作,而力有弗给,仅克营其斋庐门庑而止。仍纪至元之六年,今达鲁花赤来莅县事。下车之初,展谒于先圣。视其栋宇摧敝,支柱架漏,垂将覆压,大惧无以庇俎豆,毅然以兴造为己责。遂缀俸资,用为众倡。官僚佐吏咸乐相其役,有力而好事之家,佽助恐后。于是撤故礼殿而新之,斥大旧规,加其广者四寻,增其崇者一仞。砻斫藻绘,悉中法式。仪象有严,器服毕具。以至正元年夏五月始事,秋八月讫功。其月上丁,释奠于新庙,诸生骏奔执事惟谨,邑里秀民,向慕就列,靡不观感兴起,而相与咏歌贤侯之德,非直土木之壮丽足为夸美也。窃惟古者有学而无庙,故孔子之庙,终汉世不出阙里。至唐,而州县学皆得庙祭孔子为先圣,其后,学之废兴不常,而庙以通祀著于令,莫之有改。宋初,州县未有学,而新城在唐已先有学。历五季而独完者,学依乎庙而存也。矧今承平浸久,治教休明,庙学之制,于斯大备。有土有人者,能汲汲致其力焉,可谓知化民成俗之本也已。是役也,教谕芮耆孙实身任之,而俾士人马章总其役费之出纳。会有诏遵旧典,用科目收天下士。章充赋而来,首取乡荐,为言《诗》者第一。耆孙既驰书来谒记,且谓章之策名有司,乃贤侯作兴之效,宜牵联得书。呜呼！孔子之道，推而极之，至于位天地、育万物，皆士之分也。文运初复，礼殿聿新，仰瞻睟容，如亲熏炙。勿忘其所已能，而益勉其所未至，庶几不负贤侯风厉作成之意矣。同志之士，尚无忽诸。达鲁花赤唐兀氏，名天祐，泰定元年进士也。

（元）黄溍撰：《金华黄先生文集》卷第十，第1—2页，《四部丛刊初编》第354函，商务印书馆，1922年。

一五一、脱因

脱因，生卒年不详，字宗善，河西人。历官承德郎、达鲁花赤。至元庚辰（1340），与泾邑县令石珉重建明伦堂。

（1）明伦堂记　碑存

前饶州路、乐平州学教授郭雷焕撰

赐进士出身、承直郎、前衡州路总管府推官何克明书

嘉议大夫、宁国路总管兼管内劝农事郗释鉴篆额

人伦有五：父子、君臣、夫妇、长幼、朋友。人能知之。亲也、义也、别也、序也、信也。人或不能知，由不知而安不知，此人伦之所以不明也欤！孟子曰："学则三代共之，皆所以明人伦也。"三代而上，人人有士君子之行，岂其天性独异后世哉？当是时，家有塾，党有庠，术有序，国有学。人生八岁入小学，十五升太学。作成熏陶，教化大备。自封建废为郡邑，党庠术序之制荒。虽国学犹旧，而四方遐远，幸郡邑建学，尚类诸侯类宫，庶几赖乎守令，昧者忽焉。至元又庚辰，泾邑令石珉下车，谒孔子庙，慨然谓："为政以明伦为先，今堂无专名，斯略甚，将何以为化民成俗地乎？"乃捐俸，刲羊设醴，勉士之贤者更新之。鸠工于八月十一日，不逾月构成。是年，达鲁花赤脱因至，莅学升堂，喜召匠丹雘涂塈，又俾易殿楹榱桷朽腐，与令日督因循，若治私室。且曰："吾发轫上庠，敢忘所自？士亦勿辞！"佥曰："公嘉惠趣修未压，谨奉命。"校官吴国贤，继周宗元咸克辅赞。既完，俾余记之。余惟人心天理，千万世犹一日。学校之教行，则天下无不可化之人。圣人人伦之至，学以孔子为至圣，衮冕端拱，其门人及历代传道者像绘俨然。春秋朔望，多士相邑大夫拜跪俯伏，升降进退，尊坫罍洗笾豆间。目击吾道之尊，礼乐之盛，与夫贵贱、尊卑、隆杀等级，心切感慕。退而升堂，邑大夫中席，师徒序爵、序齿，长者揖坐，讲明经传。少者拱立侍教，业必授，惑必解，而后止三纲五常。于是乎，在四方圜堂而观听者，啧啧称赞。归语其子弟乡人曰："吾游圣门，而后知明伦堂有功于世教也，闾塾宁有是哉！"闻者相继于于来观，理义之心，油然而生。然则崇一堂而千万人不失其伦焉，岂不愈于家喻户晓而人弗从也。嗟夫！昔是学坏而邑令马晋创之。达鲁花赤列檐完之，余尝为之记。时明伦堂独未改作。后十余年堂坏，今为令者创之，今达鲁花赤完之，余又

记焉。自今以往，历年久而创之完之者，岂无其人哉？士尽力学宫，诗书道德之泽，垂裕未艾。使来者咸有志于是，又岂无名人大书特书，纪其成功者乎？达鲁花赤，字宗善，河西人，授承德郎。令字伯，□，古汴人，授承事郎。时主簿刘谨，县尉侯鹏举、元文庶，典史周文杰、姚□□（按钱志作姚澈学）有力焉。至正初元九月朔日。

（清）李德淦修：《嘉庆泾县志》卷七，第1—2页，《中国方志丛书·华中地方·第231号》，台北成文出版公司，1975年。

（2）寄达鲁花赤脱因

县官真有古人风，且听田夫讲论公。舆仆莫愁行色晚，乱山留住夕阳红。

（清）李德淦修：《嘉庆泾县志》卷三十一，第36页，《中国方志丛书·华中地方·第231号》，台北成文出版公司，1975年。

一五二、伯耀德

伯耀德，生卒年不详，西夏进士。至元时以达鲁噶齐兼管忠州诸军，劝农事。修文庙，置学田。

（1）知州吴友篪重修学宫记

忠州为周巴地，汉置临江县，后魏置临州。唐贞观八年，以曼子严颜故改临曰忠，此建置所由昉也。旧隶重庆府，雍正十二年始改为直隶州。学宫旧在北门玉屏山之麓，为宋绍圣四年刺史王公建。元至正中，达噜噶齐伯耀德重修，绘像置田。明洪武时，刺史王公迁于东门外，犹以旧学祀。

（清）吴友篪修，（清）熊履青纂：《（道光）忠州直隶州志》卷五，第16页，清道光六年（1826），国家图书馆数字方志数据库：http://mylib.nlc.cn/web/guest/search/shuzifangzhi/medaDataObjectDisplay?metaData.id=961079&metaData.lId=965560&IdLib=40283415347ed8bd0134833ed5d60004

（2）伯耀德，西夏进士。至元时以达鲁噶齐兼管本州诸军，劝农事。修文庙，置学田，课士育民，教化聿新，祀名宦。

（清）吴友篪修，（清）熊履青纂：《（道光）忠州直隶州志》卷七，第41页。

一五三、勃罗帖穆尔

勃罗帖穆尔，生卒年不详，字存中，号一斋，唐兀氏。祖忽剌出，银青荣禄大夫、湖广省丞相。父彻里帖木儿，中奉大夫、湖广省参知政事。勃罗帖穆尔袭世禄，初授承务郎，升奉训大夫、武备寺丞，历大府监提点。至正辛巳（1341）以奉议大夫监昆山州，开浚河道，爱护百姓，办庙学，置礼乐，修志乘。

勃罗帖穆尔家族人物表

第一代	第二代	第三代
忽剌出	彻里帖木儿	勃罗帖穆尔

(1) 勃罗帖穆尔，字存中，号一斋，唐兀人氏。祖忽剌出，银青荣禄大夫、湖广省丞相。父彻里帖木儿，中奉大夫、湖广省参知政事。公以相门世禄，初授承务郎、直省舍人，升奉训大夫、武备寺丞，历大府监提点。至正辛巳冬，以奉议大夫来为监州，初下车，适立都水庸田使，同开浚河道，公受委提调，日冒风雪，罔惮劳苦，而以矜恤为意，故民乐于趋役，不扰而事集。尤留心学校捐资，率先置造大成雅乐及成此郡志。又尝施己粟拯被火人户三百余家，适值亢旱，公长齐蔬食，曝于烈日，以事祷祈。因以致疾，而不惮也。暇日则延儒生讲论义理，择善而行，惟恐弗及。临民以仁恕称，美政日闻，人皆以远大期之。行秉政纲，以尽其所蕴。

(元)杨谌纂:《至正昆山郡志·昆山郡志后序》，第1121页，中华书局编辑部:《宋元地方志丛刊(第一册)》，中华书局，1990年。

(2) 至正辛巳，监州孛罗帖穆尔绩修志乘，聘杨履谌详纂修，书凡六卷，简而有法。

(元)杨谌纂:《至正昆山郡志·昆山郡志后序》，第1112页，中华书局编辑部:《宋元地方志丛刊(第一册)》，中华书局，1990年。

(3) 勃罗帖木尔，字存中，唐兀氏，至正辛巳监昆山州，适初立都水庸田司，开疏河渠，受委临督，竭思经营，兼存矜恤，工就民罔，怨恫修举庙学，礼乐力善，爱民有仁恕之风。

(明)王鏊撰:《姑苏志》卷四十一，第625页，《北京图书馆古籍珍本丛刊26》，书目文献出版社，1990年。

一五四、多尔济巴勒

多尔济巴勒，唐古氏，承直。至正元年上监察御史。

(元)张铉纂:《至正金陵新志》卷六下，第333页，《景印文渊阁四库全书》第492册，(台北)"商务印书馆"，1986年。

一五五、玖珠格

玖珠格，唐古氏，奉直。至正元年上监察御史。

(元)张铉纂:《至正金陵新志》卷六下，第333页，《景印文渊阁四库全书》第492册，(台北)"商务印书馆"，1986年。

一五六、甘立

甘立，生卒年不详，字允从，河西人。居陈留，约公元1341年前后在世。年少时就有文学声誉，自负为台阁体，后辟为奎章阁照磨，官至丞相。《元诗选·二集》有甘立《允从集》，录诗二十五首，是顾嗣立自辑而成，二十四首出于《元风雅》卷一七，一首选自《西湖竹枝集》。

(1) 送甘允从甫北上序

天可得而知乎？曰：天难知而理可寻，霜未陨而裘褐制，日未入而膏烛具。何也？人知燠寒昼夜之必相代而至也。夫既知其必相代而至也，而或戚戚于未至，或用其知力以求其所不必至，是皆谓之不能知天。陈留甘允从甫，年少富才华。天历中遭逢圣明，得在廷阁。从搢绅先生纂经世大典。方进用，俄以病去。久之，来江南补行省掾。又拓落不偶，于是闭门读书，治文章穷，巷草灭屦，而允从之学大进矣。夫蓄之厚者，其用舒郁之。久者，其达茂。允从去此其将有得于天乎？天何心哉！盈虚消息，相推而至者，天不能啬；于人，而人不能辞于天也。今中书左丞耿公器识宏朗，位高而礼恭，海内之士咸愿进见，冀得展布尺寸。况允从有知遇之素，顾不得少自见于宰都物之地乎？吾知允从将有得于天者，殆亦于是乎？卜之呜呼！余阅世深矣，事皆不足据，惟天最可信。允从其行矣哉！

(元)陈旅撰：《安雅堂集》卷四，第 35 页，《景印文渊阁四库全书》第 1213 册，(台北)"商务印书馆"，1986 年。

(2) 甘立，字允从，河西人，官至中书检校，才具秀拔亦善书札。

(明)陶宗仪撰：《书史会要》卷七，第 762 页，《景印文渊阁四库全书》第 814 册，(台北)"商务印书馆"，1986 年。

(3) 甘相掾立

甘字允从，陈留人。年少得时誉，公卿辟为奎章阁照磨，至丞相掾卒。杨铁厓谓允从平日学文，自负为台阁体，然理不胜才，唯诗善炼饬，脱去凡近，其《夜烏啼曲》可配古乐府云。

(清)顾嗣立编：《元诗选二集》(下)，第 896 页，中华书局，1987 年。

(4) 和西湖竹枝词[①]

河西女儿戴罟罛，当时生长在西湖。
手抱琵琶作胡语，记得吴中吴大姑。

(清)顾嗣立编：《元诗选二集》(下)，第 896 页，中华书局，1987 年。

一五七、彻辰特穆尔

彻辰特穆尔，唐古氏，奉训。至正二年上监察御史。

(元)张铉纂：《至正金陵新志》卷六下，第 333 页，《景印文渊阁四库全书》第 492 册，(台北)"商务印书馆"，1986 年。

---

① 甘立的诗作。

一五八、哈剌

哈剌，生卒年不详，西夏人。至正二年(1342)，任江西湖广道肃政廉访司使。

贞节传序　危素

至大元年五月乙丑，金溪吴君泰发溺死三衢，其配黄氏年二十七，誓死不贰，因抚其二男一女，教之读书，为之婚姻。泰定三年，赋诗一章三十韵训其子，稍传之四方。至正元年，县丞广阳尹君大鹏，采里父老言，县以闻于郡。明年，总管洛阳杨公镒申其言于郡，以闻于省宪。佥浙东海右道肃政廉访司事。泰山王公楚鳌闻之，以书抵江西湖广道肃政廉访司使西夏哈剌公，亟檄分司，核其事。经历东平司君允德既为赋诗，将遣其女子事之，以道远而止，力言于佥事。大原郝公行部至郡，道遣县尹江陵孙君毅诣其家，求黄氏他文字。黄氏故有《祭夫文》，虽其子未之见，至是闻部使者命，鐍藏益固。孙君拳拳语其群从曰："吾何以复命？是使我□得其罪。"乃出其文授之。郝公并采以上。宪府使西夏沙剌班公、洛阳李公守仁署堞抚州，达于行省，左右司郎中大梁崔君矩、员外郎会稽王君艮力赞之。会王君致仕去，与崔君别曰："吾老而休，独不见旌表吴节妇为可恨。"故其后崔君犹犹属焉。既闻于朝，中书掾广阳宋君犷历告宰相执政。平章政事帖木达世公读其诗文曰："老儒之言，不是过也。"事下，礼部员外东平王公事点告其僚友，三日而上其议，乃旌其门，复之如令式。右丞相别□□不花公时提督修史事，遂命翰林待制费著为保章奏官送入史馆。中书右丞朵尔直班公大书其傍，于是番阳□颙集黄氏诗文，而以公卿大夫士为之纪永，类录而刻之，牍附焉。《烝民》之诗曰："民之秉彝，好是懿德。"夫黄氏居于山谷之间，修于闺门之内，而庙堂、风纪、籓府、守令莫不贤之，斯可以观人性之善，而笃志力行者亦可以自信矣。黄氏之家世学行，此不著，备录诸公之始终者，嘉其成人之美而知治道之先务也。至正七年正月甲子，应举翰林文字、文林郎、同知制诰谦国史院编修官危素序。

(清)沈士秀修，梁奇纂：《康熙东乡县志》卷七，第19—21页，《北京师范大学图书馆藏稀见方志丛刊续编(第15册)》，北京学苑出版社，2009年。

一五九、阿息保多尔济

阿息保多尔济，唐古人，朝列。至正三年上监察御史。

(元)张铉纂：《至正金陵新志》卷六下，第333页，《景印文渊阁四库全书》第492册，(台北)"商务印书馆"，1986年。

一六〇、脱脱

脱脱，生卒年不详，宁夏人。至正四年，自行中书省郎中任江西宪司副宪事，修缮江西宪司之门。

江西宪司新门记

宫室之有门，所以限内外，时启闭，严出入，有备豫之道焉。古之有天下国家者，因其崇高，而为之品节，以辨上下，以肃观瞻，而仪制立焉。又以通达其聪明，屏斥其邪辟，毋或窥觇而有所僭逾，则门之所系亦大矣。况乎风纪之司，以天子之使临制一方，其可无以致谨于户庭之近者哉？昔在世祖皇帝，置御史台领邦宪，分道置使。其在江西湖东者，总治于豫章。于政事无所不得治，非分土列职，效一官领一事者之比也。至元二十八年，以肃政廉访易提刑按察之名，然其听政之堂，府史之舍，文书图籍之储，门垣之设，悉因其旧，以时完葺而无改焉。元统元年癸酉，普颜公之来监宪也，以为外门前临行道，与仪门相直而不相远也，无以致严密尊重之体，度其东若干步，更置门焉。以旧门之地为库，所部有簠簋不饰之惩者，则庋焉以示戒。其为门也，树两楹，设两扉，限以中阑而已，无风雨之蔽，居十二年而木多朽。至正四年，中顺大夫宁夏脱脱公，自行中书省郎中来副宪事，观于门而叹曰："是可以一日不葺乎？行道憧憧，几与齐民为比屋，何可无所表异。"规作新门，如仪门之制，命有司度材择工而从事焉。乃于八月二十有一日，工役就序。次年二月，太中大夫张掖刘公沙剌班以监宪至，乃□□□梓人告具。明年正月九日甲午，定柱石。越十有四日丁未，升栋梁而作焉。公亲率僚佐莅之，自行省以下，郡县百司咸集。祝史陈辞，神人胥洽，工不待劝，翕然奏能。又七日癸丑，中顺大夫河内李公守仁以宪使至，与二公志同道合而无间然。幕府赞之者，则经历司君允德、知事张君汝遴、照磨高君克明也。六月五日丁巳，门成。既而中顺大夫张公珪来佥宪事。门之为屋，基崇于地三尺有五寸，极崇于基三十又三尺，南北之深四十尺，东西之广如其深而赢二尺。铁石、木瓦、丹雘工徒之用，出郡之经费中统钞百三十有五锭。门左石为崇墉，高十有六尺八寸，长十有六丈，厚称之。其费中统钞八十有五锭，则宪司公膳之所节也。董其役者，宪史纪元翁、阿里沙，以有司治凡役者，南昌簿陆某也。宪府以集昔尝待罪国史，侨其部内之野而老焉，雅有文学之好，乃命佐书黄钟持书币来，请记其事如此云。集乃为之言曰："天下治平久矣，政化已成，民事已定。圣天子视民如伤，出于至诚，无为而治，本乎天性，履信思顺，亿兆赖之。顾念远人于江湖之表，寄耳目之任者，四五君子，实以儒学为政事，忠恕不欺为主本。至公廓然，同声相应，未有会合纯备如今日者也。不以过察夺郡县之政，不以过厉杜隐伏之情。旌别以谨审而防微，镇静以悠久而成化。诸君子之用心，亦可以无愧于当时矣。环数千里间，年谷顺成，邪慝不起，使斯民不以饥溺伤残为旦暮之虞者，此新门之作所以为可记也。虽然，记为门作也，请遂言之。门也者，一阖一辟之道也。辟者阳也，阖者阴也。阳有君子明通之善，阴有小人暗塞之咎焉。董仲舒所谓前有谗而不见，后有贼而不知者，则暗塞之所由生祸也。诸葛孔明，所谓开诚心，布公道，集众思，广忠益者，此君子之明通所以能成社稷之功者乎！敢以为出入是门者献。”

(元)虞集撰:《道园类稿》卷二十六，第1—2页，《元人文集珍本丛刊》(六)，新文丰出版公司，1985年。

一六一、伯帖木耳

(安岳县知县、达鲁花赤):至正四年，伯帖木耳，宁夏唐兀人。

(清)张松孙纂修:《乾隆安岳县志》卷五，第6页，《故宫珍本丛刊》第208册，海南出版社，2001年。

一六二、唐兀那怀

唐兀那怀，生卒年不详，唐兀氏。至正甲申(1344)年间，任溧阳同知州事。

(1) 徐州奇闻

溧阳同知州事唐兀那怀，至正甲申岁，尝与予言一事，亦可怪。徐州村民一妻一妹，家贫与人代当军役。一日见其妹有孕，询究其事，不能明，欲杀其妻与妹。邻媪咸至，曰:“我等近居，惟一壁耳，终岁未尝见其他也。考其得胎之由，乃兄尝早行时，与妻交合而出，妹适来伴其嫂，嫂偶言及淫狎之事，覆于姑之身，作男子状，因相感遗气成孕也。”噫！防微杜渐之道，可不谨乎？又闻老人言:凡室女与男子同溺器者，则乳色变起，此又不可不知也。

(元)孔齐撰:《静斋至正直记》卷一，第5—6页，《丛书集成初编本》，中华书局，1991年。

(2) 妇女出游

人家往往习染不美者，皆由出游于外，与妇客燕集，习以成风。始则见不美者诮之，终则效之。尝记至正甲申春，继嫂自杭归。其姻党那怀者，为溧阳同知州事。因好会家眷燕聚，适亲友宣城贡清之有源为教授，假居南轩，妻妹亦与席，惟先妣及家人辈不得已略相见，即托疾不出。明日各家再会，作回席之意，先妣及家人辈亦坚辞不赴，且曰:“前日之会在我家，尚不乐终席。今日岂可出游赴宴耶?”自是燕集者数，以致外议纷纷，渐起变夷之诮，则家人辈幸而免也。向使我不以家法自拘，先妣不以先人所言是戒，鲜不为此曹所陷也。盖同知之妻，嫂氏之同母姊，畏吾氏也。

(元)孔齐撰:《静斋至正直记》卷一，第9—10页，《丛书集成初编本》，中华书局，1991年。

一六三、也先帖陆尔

也先帖陆儿，生卒年不详，西夏人。至正甲申(1344)，建议在肇庆修包公祠。

包孝肃公祠记　钱义方　吴兴人

宋包公堂在肇庆郡治东南陬于城之内郡，无志不详，自何时建，桷陊檐玷，象设无有，废为军寓。古碑刻三，其一植堂北经历司甬道之左，一断卧于其东空庑之下。至正甲申正月，广东道宣慰司都元帅府经历罗理公，分领府事，顾瞻徘徊，慨然太息，谓："令史江夏王志雄、吴兴钱义方、知印陇右普颜、奏差凌江张贤璲、西夏也先帖陆尔曰：'凡郡有前修名宦，庙貌严祀，所以景行先哲，闻风树立其于世教，诚非小补。矧包孝肃公磊落大节，世无贤愚，咸能知敬而乐道之者耶。其堂废若兹，吾侪所职宣风慰俗，盍思所以兴复之。'"众皆曰："然。"公乃出令斥军士还营伍，进父老，询堂所以废之故。则曰：堂旧有公像，近年移配濂溪周子于星岩书院，瞻敬无人，因是以废。复像公而祀之也，固宜公于是合己与大吏之属得俸钱二百缗。万户贝丘尹侯铸助俸五十缗，推官章贡孙侯毅臣变其公田之入，为钱五十缗以助，郡官属复裒俸百缗以给其用。佥以奏差张贤璲、诸生陈希贤，董凡庀役事。外为仪门，中塑肖像，栋桷檐壁，完旧益新，移植三碑刻左右庑经。始于其年二月丁未，落成于五月庚寅。遗民故老，咸来敬仰，曰："此吾先人之召父杜母也。"郡之守贰，参相与警戒曰："公在，尔我黾勉思无愧于公。"无几何，罗公以艰去。四月乙酉，郡官属以少牢祀公祠下，而请余文以志其事。是年五月辛卯。

（明）陈烜奎等纂修：《崇祯肇庆府志》卷二十九，第10页，《日本藏中国罕见地方志丛刊续编第15册》，北京图书馆出版社，2003年。

一六四、邬密执理

邬密执理，字本初，河西人，隐居贺兰山。至正初以晦迹业园，召为集贤待制，复迁除行枢密院佥书。

不到慈溪寺，于今已六年。遥知龙象集，花雨摊诸天。

最爱双峰老，清名海上闻。悠然超物表，高卧越山云。

一室桂花下，天香满衲衣。何时解簪笏，来触箭锋机。

自作江南客，长思浙水东。月闰三百片，好为寄庐仝。

（明）释来复辑：《澹游集》，第222页，《续修四库全书本》第1622册，上海古籍出版社，1995年。

一六五、祖师保

元·黎载　孔子造像记

（孔子像）大元至正年，畏兀氏塔海帖木儿、喜童、同安、马家奴、答密失海牙、李京、孙章道、静江[1]闾[2]唐兀氏祖师保，各侍亲官桂林宪帅司，来学于颜公书岩，刻孔子像，朝夕瞻敬，永保无荒。临川黎载谨识。丁方钟画，朱瑞刊石。

---

① 静江，广西桂林市的古称。

② 闾，古代二十五家为闾。

右磨崖在独秀峰读书岩。像半身，高二尺二寸，宽二尺，黎记在像下，真书径六分。丁、朱名刻在栏外，真书径四分。

《桂林石刻》(上册)，第368页，桂林市文物管理委员会编印(内部资料)，1977年。

一六六、也速迭儿

也速迭儿，生卒年不详，河西人。仕元为留守同知，元亡，北遁，后归降明。

(1) 元也速迭儿弑其主脱古思帖木儿而立坤帖木儿。

(清)张廷玉等撰：《明史》卷三，第47页，中华书局，1974年。

(2) 也速迭儿，河西人。仕元至廉访使。

(清)张金城修、(清)杨浣雨纂、陈明猷点校：《乾隆宁夏府志》卷十三，第439页，《宁夏历代方志萃编》，宁夏人民出版社，1988年。

一六七、明安帖木儿

明安帖木儿，生卒年不详，唐兀人，至正五年授赞皇县达鲁花赤，为治以孝弟忠信教化其民。

(1) 明安帖木儿，至正中授赞皇县达鲁花赤，见名宦。

(明)唐臣、雷礼纂修：《嘉靖真定府志》卷四，第32页，《四库全书存目丛书·史部一九二》，齐鲁书社，1996年。

(2) 明安帖木儿，唐兀人，至正五年授赞皇县达鲁花赤。为治以孝弟忠信导其民。先教化而后刑禁，进迟钝悃愊之吏，绶簿书期会，不求近效。尝自诵先儒格言，一命之士，苟存心于爱物与人，必有所济。其从政虽新，而同侪老成，咸服其精练如素习。每岁上司计买褚皮白穰二千余斤，折估直二千余缗，以非□所贡，民蒙其害，力言千，上免之，方春劝相夙驾羸粮适郊，薪水必偿直，不欲费民财。江东村有娶后妻，屏其子七年于外者，召至，谕化之，赐粟米一斛，父子感泣，遂还同处。北郭村郑姓者聘同里刘士殳女，郑贫，二十年不果娶，刘诉有背盟，随以婚姻大义论之，且出丝一匹付郑助聘礼，丁是其姻娅郑保争赏之，而郑遂有家立。常平诸仓四楹，经画有制，悉尽其方，凡工役民，不知劳，□[①]底干成。燕南廉访南阳王仪，刚方嫉恶，揽辔澄清，州郡贪污望风逃遁，按部至邑境，父老咸遮道颂其德，王列于台焉。至正九年□之□□，官至□□□□□。

(明)唐臣、雷礼纂修：《嘉靖真定府志》卷二十四，第37页，《四库全书存目丛书·史部第192册》，齐鲁书社，1996年。

(3) 明安特穆尔[②]，唐古人，至正五年授赞皇县达噜噶齐。为治先教诲，进迟钝悃愊之吏，簿书期会，不求近效。燕南廉访王仪，刚方疾恶，按部至境，父老遮道颂明安德，王列于台为一道之最。

---

① 此文献中□为字迹不清楚无法辨认的字。

② 即明安帖木儿。

《畿辅通志》卷六十九，第 670 页，《景印文渊阁四库全书》第 505 册，(台北)"商务印书馆"，1986 年。

一六八、阿都赤

阿都赤，生卒年不详，字孝卿，西夏人。至正初监永嘉，至正七年任温州路总管兼管内劝农事。

(1) (温州路总管兼管内劝农事)阿都赤，①至正七年。

明·邓淮修，王瓒、蔡芳纂：《弘治温州府志》卷八，第 278 页，《天一阁藏明代方志选刊续编 32》，上海书店，1990 年。

(2) 思远楼记　林泉生

思远楼在永嘉郡治之西，冠山履湖，为东州胜地，以其思致幽远故名。或曰为浮屠惠远者，非也。

旧楼毁于至正辛巳之冬，又明年癸未，太守西夏嘉议公广其故址，作崇台高榭，甍飞栋举，粲然加盛于旧。既成，太守燕客其上，遥望晴峰落日，长河流云，林园茂密，禾麦满野，浦菰荇芡之属杂沓川涧，风帆烟艇，渔歌樵唱相往来，应合于空蒙杳霭间，皆足以涤尘虑、发幽趣也。宾有举酒属公者曰："东瓯佳山水，王谢之风流远矣。余韵所存，君子尚文，小人习于机巧妙丽，斯楼废而复兴者，众所欲也。公能与民同欲，以复其古，故其成易也。"或曰："郡四封外皆崇山峻阪，溪流激湍，行者病其险。至郡境则乎衍千里，江河环流，沃野气舒，故其民皆安土重迁，乐修其业，明公政行人悦、集事无艰者，因地之利也。"余曰："不然。当瓯摇用兵时，锄耰棘矜，民不能以武事上，愿去此地，远从江淮不可得，虽有山林川泽之利，谁能利之？晋氏始置城郭，列郡县千有余年，混合日少，国小赋烦，君子难于治也。内附七十年，四方无事，海隅之民长子长孙，不识戈戟。诗书文物之会，邹鲁并也。盐桔织贝之贡，青扬匹也；酾渠行田之利，泾洛右也。国家海涵春育之辉，百姓日用而不知，良二千石与国共治者，当宣布德教，鼓之舞之，然后可以乐其乐也。公兴废起坠，而民欢虞，所谓鼓之舞之，以乐其乐耳。若后之登斯楼，必有踌躇俯仰，慨叹今昔，虽山川景物之不殊，而忧乐感人异矣。然则斯楼之谓'思远'者，固不在彼而在此也。"公名阿都赤，字孝卿，由礼部出典是邦，政务长厚云。

明·邓淮修，王瓒、蔡芳纂：《弘治温州府志》卷十九，第 955—957 页，《天一阁藏明代方志选刊续编 32》，上海书店，1990 年。

---

① 汤开建《〈增订〉西夏人物表》收录于"至元元年"任丹徒县达鲁花赤之河西人阿都赤。按前至元(元世祖年号)元年，丹徒尚在南宋控制下，又后至元(元惠宗年号)元年，至顺时编纂之《镇江府志》又如何得知？故此处当有误，该志排列名宦以时间为先后顺序，阿都赤前一人为延祐五年任，后一人为至治三年任，则可推测此阿都赤担任丹徒县达鲁花赤之时间应在"至治元年"，而非"至元元年"。又至治元年为公元 1321 年，本条所述之阿都赤任温州路总管事在至正七年，即公元 1347 年，时隔 26 年之久。二人从活动年代上看相差较久，难以判断是否为同一人物，故存疑，暂列为两人。

（3）故建安书院山长陈公墓志铭　坊下陈氏谱　元　林淳

公讳印翁，字德权，陈妫姓，以国氏。先世有自颍川迁闵中者，其地于今为福之宁德县支题山。唐广明初，十六世祖有光，又自支题山迁于永嘉平阳之瀛州里，是为瀛州始祖。后奉议郎、马步院判官书枝叶蕃衍，而阀阅始大着。在宋朝，则有朝奉郎、秘书省正字兼吴兴郡王宫宗教授逢辰，朝散大夫、漳州太守、吏部侍郎栩，数世文物全盛，冠盖相望，四方学士咸宗之。时登瀛之誉，多归美于陈氏矣。曾大父故，大父舆，父熹，皆隐德弗仕。公幼聪敏往行，莫不晓畅，性孝友，敦□旌以和，交乡党以信。凡处置时事，为民去害兴利，必适于义而后行，甚为伯父帅干公所器重。尝谓人曰："兴吾宗者，其此子也。"公志在隐居，既成堂构，乃作琴书之所。环种修竹，故以可竹自号。顾海之东有阴均水门，岁久就圮，公以僧知融能道人为善，遂与协力，命工修而复之。又海之东南有峻岭，人病其上下□□挽反复之艰。公乃谋诸耆老，相彼丘原，更营坦道。于斯二者，其志虑及民，概可见矣。先是，省宪以茂异举公为建安书院山长。未几，永嘉郡守西夏公①致书币，命郡博士祝君定，来请摄永嘉书院事。弦诵暇日，从贤士大夫游，观览夫华盖中川之胜，发为歌诗，倡和成集。他日归语诸子曰："吾老矣，聪明日衰，惧勿能永年。"岁余果卒。公生于咸淳九年四月廿七，殁于至正四年十二月十八，春秋七十有二。……

（民国）符璋，刘绍宽等纂修：《平阳县志》卷六十七，第687页，《中国地方志丛书·华中地方志·第七二号》，（台北）成文出版社，1970年。

一六九、大都子敬

大都子敬，生卒年不详，唐兀氏。至正七年，任奉议大夫、佥山东东西道肃政廉访司事。同年六月十二日，偕同僚，巡历郡县，至曲阜，拜谒林庙。

至正七年唐兀氏大都子敬题名碣

奉议大夫佥山东东西道肃政廉访司事，东平等处审囚分司西夏唐兀氏大都子敬，偕书吏北平李进亨明德、德州孟献士贤、奏差河间崔居正仲德，巡历郡县，至曲阜，谨斋沐，祇谒林庙致敬而还。时至正七年六月十二日也。

济宁路曲阜县尉王泰亨，进义副尉济宁路曲阜县主簿蔡黼，从仕郎济宁路曲阜县尹兼管本县诸军奥鲁劝农事孔克钦立。

此石立于元惠宗至正七年（1347年）。

位于孔庙西斋宿北墙，西起第16石。

石高0.56米。宽0.58米。孔克钦立，正书。12行，行10字。

---

① 此西夏公未著姓名，至正间为永嘉郡守之西夏遗民，目前史料中仅见有阿都赤，故将此信息附于阿都赤条下。

骆承烈汇编:《中国孔子基金会文库:石头上的儒家文献——曲阜碑文录》,第318页,齐鲁书社,2001年。

一七〇、吉祥

吉祥,生卒年不详,字文卿,西夏人。在湖南茶陵为官,至正七年间谢官居洛阳。

知还亭记

西夏吉祥文卿谢官茶陵,居洛阳里第,扁其燕休之亭曰"知还",盖取晋陶靖节之言也。翰林待制大梁吴公以小篆题其榜,征予文以记之。夫以靖节之脱颖不羁,博学厉操,使出而致用,则其效可以返淳风于千古,振大雅于末俗。所谓羲皇之上者,不止北窗之下矣。不幸而遇衰世,仕不足以屑其意,则宁浮游尘埃之外,以庶几夫不远复之义,夫岂其获已哉!今文卿生靖节不可得之时,而又器局过人,鸣珂曳组世有朊仕,顾不乘清飙凭灏气去,去而参鹓鸿于九重,友鸾凤于阿阁,而乃遗荣高蹈,浩然赋归,左右琴书,沾沾自适,是盖学靖节而过焉者,固非流俗徇禄忘返者,所可同日而语也。虽然,方今圣明在上,求贤若不及,非若彼时有一靖节而不为用。是以山林有志之士,莫不以功名自奋,思有所树立,矧文卿家世显荣,年甫强仕,固宜以退为进,不宜遽自弃也。若夫优哉游哉,聊以卒岁,庸伺他日奚晚呼?因书以为记。至正七年六月朔旦。

(元)陈基撰:《夷白斋稿》外集卷下,第388页,《景印文渊阁四库全书》第1222册,(台北)"商务印书馆",1986年。

一七一、买述丁

买述丁[①],生卒年不详,字永锡,西夏人。初为护卫,后升至资善大夫、中政院使。至正七年(1347)为海道都漕运万户府之府监,联合幕僚出俸金,重建海道都漕运万户府。

(1) 重建海道都漕运万户府碑

海漕古未有也,古者天子中千里而都,公侯中百里为都,天子都漕而入者地不过五百里,公侯都漕而入者地不过五十里。禹贡所载入谓乱何乃级节转输之次,其输止于方贡之物,盖畏时兵未有饷,仕未有廪,何有于漕运哉?春秋时,国各有兵事,则始讲求其法,亦不过师行之饷,国都之漕犹未讲也。秦罢侯置郡,令天下飞刍挽粟,负海之郡转输北河,率三十钟致一石,漕之为役始劳,而泛海之漕亦未讲也。国家定都于燕,控制万里外,军国百司之调度,皆仰给于江之南,汉仰漕山东,唐仰漕江淮,皆无道里辽绝之阻也。今京师去江南相望水陆数千里,而军国百司之调度,欲朝夕供亿,如取诸左右。吁!使无良法以致之,则民劳国弊,

---

① 《东维子文集》卷二十三记载为西夏人,为此西夏学界认为买述丁为西夏人,《存复斋文集》卷一、续集记载为不花剌氏,故两种文献都收录,学界可以对比研究。

又可胜言也哉？此江南海道漕运之法开，实天运之所启也，乃至元十有二年，天兵下江南，丞相白颜公悉收库藏图籍上之京师。属将朱清、张瑄自崇明径海达于燕，而海道实开于此。繇是东南入运者，浮游大舶绝海而行，发陵仓逾成山历莱洋入界河，抵直沽以灌于天庾，海若受职洋飚逆顺龙骧北指，仅旬日程耳。兹非旷古以来所未有之大利捷便乎？故曰漕运之开，天运之启也。越裳氏谓海无烈风，意中国之有圣人也。证之于今不信已乎。初漕之署开三府于平江，置万夫长六员，僚属若干人，虎符金节兼点军旅，秩数视他万夫长府弗得俪其笔且重焉。大德癸卯，并府归一长，贰及幕僚凡九员，隶属凡八所。粮运岁增至三百余万，每起漕必行中书官亲临督调。吁！漕运之功，大则漕府之职，隆势使然也。至正丁亥夏，万户买术丁公来顾府，治庳陋，土木弗之，无以副朝廷设司授职之重。乃谋诸僚友付万户郑公、洎定僧公，协乃心力各出俸金，以率僚属助以营运子本之赢。明年九月某日，始获彻弊而新，规制视昔益宏而壮。阅三月某日，告及幕元僚孙君来谒，配且谓自创府来七十有余年，未有名言垂诸金石，惟子其言之予。既为推言海漕之关于天，而又有名于人者，天既启之，人克佐之，斯万世万全利也。不然，万一鱼龙之国，阻为巢穴，天有不可恃。君子之所虑者，亦远矣！居是司者，知天人交应之道，则知其责愈不薄也。已可不勉哉！买术公，字永锡，西夏人，起身宿卫，连佐省台，有风节，今以资善大夫为府之监。郑公用和，字彦礼，三衢人。定僧，字平叔，浚仪人，皆以近侍辍居漕运。经历孙震、知事邓绘、照磨卫权、董役者千户杨元正、府吏汤文脩、冯谦章复也。铭诗曰：

“朔方圣人启中天，天府之国宅幽燕。
帝车回旋统幅员，南海北海无中边。
海陵运饷主领颛，龙骧万斛谁开先。
神人手执鲸鲵鞭，朝发扶桑暮咸渊。
清明风生五两县，不周风起人南还。
炮云不作飚不颠，神灯在天大珠圆。
帝曰开府具区壖，出台入省居才贤。
将军来自西于阗，高明大屋重翚骞。
十风五雨熟大田，天仓如泉积陈身。
武夫翼艘挟飞仙，天人交赞利万全。
漕臣奏功帝曰然，困星煌煌千万年。”

至正八年十二月某日撰

(元)杨维祯撰:《东维子文集》卷二十三，第 7—9 页，《四部丛刊初编》第 364 函，商务印书馆，1922 年。

（2）资善大夫中政院使买公世德之碑铭

皇元混一区宇，际天所覆，罔不臣服。于阗尤先效顺，时则有若不花剌氏，以佃巧手艺入附，徙置和林，又迁于西京。朝廷设局院官曹以领之，今资善大夫、中政院使买述丁之曾祖洪城公实在焉。公讳马合麻，以天文之学获知于朝，不属局院领。中统初，亲王阿里子哥叛，公与其子撒的迷失随官军相事有功，诏赐名马、白金。至元十七年，国家建洪城屯卫，授公百夫长。及洪城公病笃，呼诸子谓曰：吾自内附以来，心怀忠报，未竟所怀。汝曹勉之。命长子撒的迷失居京师，充禁役；次子哈散袭百夫长；季子乌马儿畜卒。撒的迷失，即今资善公之祖也。至顺中，以资善公贵，赠咸阳郡公。生一子，讳阿合麻，即资善公之父也，亦以子贵，赠咸阳郡公，年三十二，早卒。夫人阿鲁温氏，生二子：长即资善公；次曰间间，仕止集贤院经历。一女，适翰林待制轧哈麻。咸阳公殁后，夫人守义不移。哈散等尝有阋墙之侮，夫人辩甚直，朝端怜之，白成宗皇帝，得玺书护其家。且敕其子执经太学，后亦以资善公贵，封咸阳郡夫人。初，资善公以李叔固丞相，奏从大都丞相入宿卫。至大中，授尚服院长史，再授利用监大使、京畿运粮提举、河间运判、集贤经历，俱有能声。盖咸阳郡夫人尝训以事上忠、律己廉、抚民仁，以致公之显贵焉。学士杨公德方，作锡类堂记以褒之。泰定二年，公拜南台监察御史，即言出使官三品以下，止给驿饷一名，以苏民力。天历初，拜内台监察御史，言为人臣不可侥幸。蒙古翰林院官曹数请玺书护持，乞追还官，不得再请。又言官买民物，不许减其常直。京城耆老旧设五十名，近五门、南城续增设一百名，皆富商托此庇役，乞止仍旧。朝廷皆从之。至顺初，出为山南廉访副使，至则首平民役，俾置文簿编次，以十年周转，甲者先之，乙者次之。时岁饥，公劝率富人，并移官镪赈济，疾病者命医视之，至春遣复乡土。再迁户部侍郎，言岁和织素缎，止宜改织平绫，省官费三万五千锭。又以造钞局民贫，人给绵布一疋，迄今行之。是年，朝廷以公材干，皆母氏之训，旌表曰贞节之门，后太夫人寿至八十。公再升左司郎中，至正元年，拜户部尚书，言为国当节费养民，乞停不急之务及造钞局。再迁河东宪副，中书请复公为长尚书，加授中奉大夫。公以两京供需烦民，官给钞本，畀之居庸北洪赞地及狼山、土墓、炒米店。民病远汲，公首捐己俸二千五百缗，复请于官，得给钱凿井，居民便之，翰林揭公曼硕尝铭其井。三年，升中书参议，诏赐云龙金带。四年，转宣徽同知，旋授资善大夫、中政院使。至正七年，国家以军储之重，起公为海道万户府达鲁花赤。公至之日，斟酌权宜，尽转输之道。九年，又起公为江西等处茶运使，将行矣，使谓德润曰：吾家世忠孝，尽瘁国事，则以于阗之丘陇未有以彰厥祖考者，子盍为我纪其实而铭之？呜呼！古者有功，铭于太常，世其任子。今不花剌氏来归王庭，效夷险止于屯卫长。独资善公以母氏之化，克勤政治，为时名卿，岂不伟欤？而德润托知于公者素矣，义不敢辞，乃书其祖代，且愿公益励前修，以永世德焉。铭曰："惟不花剌氏，来为王臣。咸以巧艺，或织或纹。曾祖有觉，通天文学。不坠艺伦，平叛有作。宿卫之伍，实为公祖。尽瘁小心，靡有蹇迕。父氏蚤世，贤母守义。训子孝忠，俾学而仕。公既显贵，久厘庶政。列于名臣，锡赉有庆。惟忠为臣，惟孝为子。尚勤我公，终世其美。"

(元)朱德润撰：《存复斋文集》卷一，第22—27页，《历代画家诗文集》，(台北)学生书局，1973年。

(3) 资善大夫海道都漕运万户府达鲁花赤买公惠政之碑铭并序

有天下然后有民人，有民人然后有廪食，廪食足然后礼义兴。故古昔圣王教民稼穑，或地有肥硗，岁有丰歉，则以有余补不足，此转输之所由作也。国家厌飞刍挽粟之病民，而建海漕、造舟运粮垂七十年，具有成式。而大纲小纪，同法殊治，随时制宜者，亦在其人焉尔。至正七年秋，诏以资善大夫、前中政院使买述丁公为海道都漕运万户府达鲁花赤，用老成也。公至之日，恭祀海神而祝曰：皇元混一之初，太傅伯颜丞相追思收宋图籍归京师，实由航海之便。于是，命罗璧、张瑄、朱清等寻涉海道，载缉日增月益，底于成绩。今岁漕至三百万石，实由始谋之有度也。某等恭承朝命，克循旧规，罔敢惰慢，风涛天险，神其相之。于是，营缉天妃祠宇，祭尽悃愊，用祈神庥。乃集僚佐同议漕法，首出文约，俾漕民修完樯缆，预期给值，仍审核漕人恒业，以均其役。又以诸千户所吏胥，岁久为弊，悉更调之，下至皂隶亦然，余冗员皆汰去，漕民便之。公以漕府粮运，关涉两江左右郡县，而旧治在吴郡文德坊，庳陋厄僻，乃捐己俸，并撙栉公食、营运之费，而一新之。台宇宏敞，足以耸观听而宣恩威，漕人伟之。至正八年春，海寇窃发，公亲率所部出刘家港迎贼捕敌，潜入北洋诸岛。漕舟有遇贼夺其粮者，公申言宽贷之；回风不能进者，俾户人再岁运纳；漕民德之。凡事有略于成规者，悉厘正之。浙省右丞道同公，素知公才干，特章荐之。资善公字永锡，不花剌氏。自至顺中，迁户部侍郎左司郎中；至正初，拜户部尚书、参议宣徽、同知中政院使。其年，转海道府达鲁花赤。凡临政事，治剧而理，明恕而惠，故民皆多之。介漕府方妥熟公之治，而公寻调江西等处茶运使。乃砻石于台门之右，俾德润纪公之实而歌之。呜呼！汉以穿渭渠、过三门为险，唐以漕汾晋、通江淮为艰。我朝因东南之利，长驱舟楫，不数日程，涉海道一万三千余里直抵，京仓积粟红腐，岂不伟欤？盖取诸易曰：舟楫之利，以济不通，致远以利天下也。然自五季抢攘，金、宋角争，中原河渠亩浍之利，莽为丘墟，民人远戍于烟瘴之地，耕不足而食有余。今朔方军储、京官廪禄，所藉于江浙一省而已，以故东南之漕，不得不日益，而民斯困焉。而况漕府与有司，岁常有升斗之费，海船、河船又有铢量之分，以此易彼，不其难乎？若资善公，素以经济之材，而多历繁要，故临政规措，调画如指掌，其所以深思远谋而惠民者非一。今姑摭其大概，而为之铭曰："维帝抚民，民食为天。懋迁有无，食为民先。辇车骡载，内运阻歧。太傅有思，航海惟宜。爰立漕府，询谋成式。

惟资善公，来勤其职。恭祀海神，用祈天休。谕民给直，俾完其舟。□□府垣，轮奂具新。捐俸节费，毋劳我民。吏久则调，卒繁则汰。验产均役，因劳输载。小丑掠海，公则御之。民遭攘夺，公则贷之。书最考功，公升有日。入赞庙谟，庶知民疾。漕法允遵，惠政有常。我作颂言，俾民勿忘。"

(元)朱德润撰:《存复斋续集》，第883—885页，《丛书集成续编》册109，上海书店出版社，1994年。

一七二、高昂吉

高昂吉(1317—1366)，字起(或启)文，唐兀氏，世居西夏。至正八年(1348)，中进士，授绍兴录事参军，又改任池州录事。为人清廉耿直，有诗名。

高昂吉家族人物关系表

第一代	第二代	第三代	第四代	第五代
蒙古歹	探马赤	僧家奴 妻胡氏	昂吉	喜同

(1) 故福建等处行中书省检校官高君墓志铭

至正二十六年八月二十七日，福建行省检校官卒于官所。是年十二月，其孤喜同奉骨，葬于明州鄞县其乡先墓之次，乃以自为状来乞铭。君尝为绍兴录事长，子郡士也，知君之政为详，及君满去，往来吴越间，与予交久，又与其请不敢辞，用次序所述而铭之。文曰："噫！检校君世出唐兀古黄河西银夏之域，君讳昂吉，字曰起文。其先武职，国初有勋，曰蒙古歹，为君曾祖。莞库甘刑，官实千户。祖探马赤，宰邑罗源，克孚其民，誉于越壖。讳僧家奴，则君之父，试吏东瓯，遂为编伍。妣夫人胡，生君而秀，日记万言，学勤以究。有乡先生，曰陈履常，君受《尚书》，蚤升其堂。至正之元，君试行省，副榜是跻，小捷奚逞。七年领荐，擢于春官，入对大廷，呈其琅玕。乃登丙科，官阶正八，长郡录事，自池改越。越民素朴，政贵不扰，君以宽仁，拊摩有道。市有工商，籍君安之；学有俊造，视君为师。治之三年，厥有成迹。既去而思，文在贞石。继丞贵溪，适君丧怙，暨彼山阴，又哭而母。二邑之氓，耳君令名，曰我弗幸，弗君是承。既君释忧，亦倦于仕，优游肥遯，教授闾里。国有燕公，辨章闽藩，承剖辟君，署检校官。君曰吾志，畴弗□禄，行靡正途，宁说予毂。张据于西，方雄于东，阳示所尊，阴实不恭。惟闽一隅，王政所暨，吾舍弗从，是曰匪义。乃往就命，公曰钦，君举其职，公曰允材。省有检校，职视台察，绳愆纠违，君实有法。间以公命，出按田亩，披冒荆榛，瘴毒是疾，药石弗良，竟以长逝。长贰朋僚，罔不陨涕。属纩有言，以命遗息，君亲之恩，欲报未克。岭海緜邈，旅榇曷奉，汝妆遗骨，返葬先垅。孤奉君教，间阕来鄞，既卜既葬，图勤坚珉。噫！检校君，起身以传，五十而殁，志弗人舒。不隘不沔，惟正是蹈，蹈正是陨，天啬其报。天报之啬，君则无愧。凡君子孙，视予铭志。”

（明）唐肃撰：《丹崖集》卷八，第 207 页，《续修四库全书》第 1326 册，上海古籍出版社，1995 年。

（2）昂吉，字启（一作起）文，本唐兀氏，世居西夏，昂吉留吴中。举至正七年乡荐，明年登张秦榜进士。授绍兴录事参军，迁池州录事。为人廉谨，寡言笑，时往来玉山，唱和为多。杨铁崖《送启文会试诗》有云：“西凉家世东瓯学，公子才名久擅场。”其推奖可知也。

（清）顾嗣立编：《元诗选》，第 414 页，中华书局，1987 年。

（3）昂吉，字启文，西夏人。登戊子进士榜，授绍兴录事参军。多留吴中，时扁舟过余草堂。其为人廉谨，寡言笑。非独述作可称，其行尤足尚也。

（元）顾英编：《草堂雅集》卷十，第 463 页，《景印文渊阁四库全书》第 1471 册，（台北）“商务印书馆”，1986 年。

（4）分韵诗序 西夏昂吉起文

七月既望日，玉山主人与客晚酌于草堂中。肴果既陈，壶酒将泻。时暑渐退，月色出林树间。主人乃以“高秋爽气相鲜新”分韵，昂吉得“高”字。诗不成者三人，各罚酒二觥；诗成者并书于后。

（元）顾瑛辑：《玉山名胜集》卷一，第 14 页，《景印文渊阁四库全书》第 1369 册，（台北）“商务印书馆”，1986 年。

（5）西夏昂吉起文

玉山雅集图者，淮海张叔厚为玉山主人作也。主人当花柳春明之时，宴客于玉山中，极其衣冠人物之盛至今，林泉有光叔厚，即一时景绘而成图，杨铁史既序其事，又各分韵赋诗于左俾，当时预是会者，既足以示不忘而后之览是图，与是诗者又能使人心畅神驰，如在当时會中展玩之余，因赋诗以记其后云。

（元）顾瑛辑：《玉山名胜集》卷二，第 21—22 页，《景印文渊阁四库全书》第 1369 册，（台北）“商务印书馆”，1986 年。

（6）至正十年七月初五日，琦龙门过玉山，留数日，将泛兰陵之舟而未果。十二日，起文高先生雨中见过，复留周旋。是日，饮酒钓月轩中。秋暑乍退，雨止复作。龙门琦以“旧雨不来今雨来”分题，余得旧字。

（元）顾瑛辑：《玉山名胜集》卷八，第 126 页，《景印文渊阁四库全书》第 1369 册，（台北）“商务印书馆”，1986 年。

（7）至正十年秋七月十有三日，起文高先生自姑苏泛舟携酒肴过玉山，会饮芝云堂上。坐客于匡山、琦龙门相与谈诗，亹亹不绝。酒半，龙门分“蓝田日暖玉生烟”为韵，予探得蓝字。坐无长幼，能诗者咸赋焉。是日，以“蓝田日暖玉生烟”分韵赋诗，诗成者七人。

（元）顾瑛辑：《玉山名胜集》卷八，第 134 页，《景印文渊阁四库全书》第 1369 册，（台北）“商务印书馆”，1986 年。

(8) 西夏昂吉起文

危楼倚天何壮哉，轩窗八面玲珑开。

水摇万丈白虹气，山横十二青瑶台。

林光朝开宿鸟散，帆影暮接归云回。

坐久身如在泉石，神清骨爽无纤埃。

(元)顾瑛辑:《玉山名胜集》卷三，第 49 页，《景印文渊阁四库全书》第 1369 册，(台北)“商务印书馆”，1986 年。

(9) 昂吉，西夏人，绍兴录事参军。为人廉介，文行俱可称。

(明)萧良干，张元忭等纂修:《万历绍兴府志》卷十，第 2530 页，齐鲁书社，1997 年。

(10) 昂吉，至正八年戊子科，唐兀人氏，寓居永嘉。

(明)邓淮修，王瓒、蔡芳纂:《弘治温州府志》，第 358 页，《天一阁藏明代方志选刊续编 32》，上海书店，1990 年。

(11) 送高起文归越兼柬陈伯昂、王梦强

昔年同客百花洲，绣幕珠帘映绮楼。

岁月几何成契阔，兵戈相见独绸缪。

开樽坐对吴山雨，挂席行归禹穴秋。

最忆吾宗陈伯子，笑谈真有晋风流。

(元)陈基撰:《夷白斋稿》卷八，第 217 页，《景印文渊阁四库全书》第 1222 册，(台北)“商务印书馆”，1986 年。

(12) 郑元明、高启文携友人所画《谷口图》访予湖山。未几，启文先入城府。

(清)康熙皇帝辑:《御选宋金元明四朝诗》，第 317 页，《景印文渊阁四库全书》第 1441 册，(台北)“商务印书馆”，1986 年。

一七三、唐兀火鲁火孙

(至正八年)三月丁酉朔，诏以束帛旌郡县守令之廉勤者。辽东锁火奴反，诈称大金子孙，水达达路脱脱禾孙唐兀火鲁火孙讨擒之。

(明)宋濂等撰:《元史》卷四十一，第 881 页，中华书局，1976 年。

一七四、西夏六十公

六十，字子约，西夏人。历官濠州同知，南平、浦城县令，南阳府同知，富宁库提举，同知都漕运事，归德知府，监察御史，江西廉访副使，至正九年(1349)，任平江路达鲁花赤。

(1) 平江路达噜噶齐西夏禄实公纪绩碑颂

今天子御极之十有七年为至正六年，诏公卿辅弼之臣，若曰:“朕将以天下之治责成守令，尔尚各举所知以称朕意。”于是皆拜手稽首曰:“幸甚，臣等不佞，敢不慎择其人，以无负圣天子嘉惠元元之意乎！”既退，咸以四方万国至于遐荒守土之臣，莫不各以其职宣布上恩，时节贡水土百物，以供郊庙社稷神明之祀。而平

江为郡，控带楚、越，所部四州二县，地方千里，海陆之产饶于古；昔国家所恃以为奉祀根本，所系实异他壤，职师帅任保厘于此者，尤难其选。居久之，有以西夏禄实公子约之贤为言者，宰相曰："是故同知濠州，有德于民者乎？此长者，可以复明诏矣。"即奏为平江路达噜噶齐。时至正九年也。公方持江西部使者，节命下，即由豫章趋吴郡。长民者方临人以严，而刀笔吏规规守文，不知大体。公因怃然叹曰："此风其可长乎？不戢将败吾政。"乃以旦日谒宣圣先师，饬学宫，增弟子员，礼聘名师，用月书季考之法程试之，录其中式补郡曹吏。寻饰学宫墙，广仓庾以储廪粟，买学宫南废圃，作灵星门以正庙堂。公余政隙，升堂呼吏，属雁行立，从容考究修身理人之术，出入经史，上下古今，亹亹不倦，时以为常。郡诸生化之，寻自激昂，以明经取进士登高第者，至是彬彬焉。公方务与民兴利除害，会有诏罢长生牛水深围长荡之属，省宪遣官与公循行其地，而昆山、嘉定濒海事故之田，病民者为尤甚，公因自念，使民安其田里而无愁叹之心者，二千石之事也。今圣天子下宽大之诏，苟不以斯时悉除民所疾苦，后悔将焉！及因疏其害，力请而免之。吴介居东南道路之咽喉，有田者，常赋之外，又以余苗供郡城与吴江平望水陆驲传劳来之需。公曰："此非政之善者也。"乃以岁余官粮变钱为子母，月取其赢，以次责郡曹吏主其费，号曰"祗待"，民大称便。海运梗于寇，行省委公按兵昆山之刘家港，公身先士卒，僇力海事，春夏两漕，皆以时达京师。

淮右盗窃发，攻陷江东、西郡县。浙右骚动。省宪督吴郡募民，大兴筑城之役，周围四十里。费且巨万，然皆不取给于官属。方盛暑，公不忍重困，民因泣下，时以身出入版筑间劳慰之。海盗复犯昆山，公募民为兵，选官吏之家居者，分守郡城。时门之启闭，以备叵测。初寇之入杭也，行省征富户引兵入援，公曰："苏、杭唇齿，不应祸且及，应之则民不堪命。"因发所募义兵五百人赴之。未几，寇陷常，继入湖，烽燧炽空，钲鼓四闻，羽书告急，旁午相望，资粮兵械什物之求，络绎不绝，人情汹汹。公昼则督率趣办，供亿纷纭；夜则申严约束，以死自誓。民赖以无恐。居久之，朝廷除行省臣，不远数千里，率蒙古军备御吴郡。已而省臣调他省，江浙行中书因檄公兼制军事。公夙夜鞠躬，与士卒同劳苦，然不动声色，而赏罚号令视前毖饬，居民安业，远近赖之。

间奉诏，募民输粟佐江西军，以多寡补官有差，列郡承风应募。比至吴，郡公恳恳为使者言："吴民困于和籴百需，民价涌贵，斗至钱若干缗，小民艰食无措，方发官粟赈粜之，实无以应募。"使者感公言，遂以所余告身还朝廷，时论韪之。先是榷酤官止收其税，后公私宴贺，更取酒酤户，吏徒并缘乘隙，甚者民至破家，公议罢之，征止常税而已。

公学醇识正，性尚宽和，德政决狱，务本经义，而参之以章程。秉志忠贞，立己廉恕，而将之以勤敏起家，诸生官至二千石而退。然身若不胜衣。始公之下车也，士仰其德久之，吏服其能，终也民安其业。宰相奏公治行最南东，诏嘉之。特命增公秩，复公位三年。而吴人室家相庆曰："圣天子以公保乂我百姓，三载告成，例当代，复诏以公私我，使吾入有父母，出有司命，俯仰六载，夷险一节。宴然不与邻郡之民俱冒矢石、殒锋镝、膏血涂野草者，圣天子之赐也。盍刻石载德，以昭示无极！且公旦暮入参廊庙，晋升台阁，勋随位崇，爵与德称，其大书特书，屡书不一。书者太史之职也。"乃具状授余，俾论著公治吴善政，刻而颂之，以无忘圣天子之赐。

公以成均上舍生释褐，授濠州同知，调南平、浦城二县令，转南阳府同知，富宁库提举，寻改同知都漕运事。由归德知府拜监察御史，又江西廉访副使，除今职云。颂曰："明明天子，子惠兆民，孰宣上恩？曰在守臣。芒芒疆理，广禹旧迹，孰先农人，布时黍稷？济济在廷，奉诏拜手，慎肃乃僚，傍求远取。九州立牧，施及八荒，各贡方物，时节来王。眷兹吴会，东南奥区，厥土涂泥，化为膏腴。岂伊人工，胜于地力！谆谆德音，斯民之福。孰将明命，往绥兹土，抱其婴孩，授之父母。宰相荐公，天子曰宜，彼诚长者，朕用勿疑。始而吴政，遑以刑罚；始而吴吏，拘以文法。公宽理之，训之经义，大者宾兴，小者试吏。诜诜多士，更化翕然，饬其儒宫，以表化源。公教既施，民瘼斯究，天畴沧胥，驲犒何有？公承宽诏，上疏蠲租，使者劳来，责之吏胥。海寇梗漕，公威却之，船粟亿万，挽实京师。蠢尔妖寇，蜂起蚁聚，蔓延江南，屠州陷府。公筑郡城，载高其雉，公厉郡兵，载奋其士。吴城匪城，公仁可凭，吴兵匪兵，公义可乘。公哺我饥，公拯我溺，去其蟊贼，滋我稼穑。羽檄交驰，以急告公，征求调发，斯万不同。公曰恤哉！皆由王事，敢不鞠躬，夙兴夜寐。有卓治行，上达九重，天子曰都，予懋乃功。有臣若斯，宜在左右，重念吴氓，失贤太守。诏增公秩，诏复公位，以公私吴，实天子意。公之为吏，如汉龚黄，公婴其变，民获治康。公之爱民，如郑国侨，始不忍欺，终安其教。公留拊我，公勿去我，公不我遗，我忍公舍。公惠在吴，公勋在石，天子因公，视此成绩。"

(元)陈基撰：《夷白斋稿》卷十二，第237—239页，《景印文渊阁四库全书》第1222册，(台北)"商务印书馆"，1986年。

(2) 光福观音显应记

吴郡城西六十里，光福寺铜像观音，以宋康定元年六月念三日示现，故吴人因以是日为观音初度焉。故事凡雨旸祈祀必迎入。郡城去年秋苦雨，都水庸田使西夏文殊努、平江路达噜噶齐西夏禄实、总管大名高履迎寓卧佛寺，设斋藏事，灵贶昭灼，是岁称大有年，既绘像刻诸石，又蠲寺之杂徭，且勒文以记之。今年春雨滋甚，迎祷辄应，夏淫雨继至，农人告病，复以六月戊戌迎圣像。百官有司出郡西门，稽首宾迓，冒暑徒行即承天寺供焉。越十三日癸丑，适值示现之辰。江浙行中书右丞西域敏珠尔丹、都水庸田使文殊努、海道都漕运万户燕山托音、平江路达噜噶齐禄实、总管高履出俸金大集缁似作诸佛事。文殊努拜淮南行省参知政事，将行寻制法衣，传之玉环以衣之。监修国史掾淮南施允恭，时以使事在吴，遘兹殊胜，谨奉母命捐俸鸠工，以黄金饰慈容金相端严宝冠有炜，行殿内外备极瑰丽，四众围绕，众人具瞻香花纷郁，幢幡飘扬，钹锣钟鼓鉴镝震鸣，如是三旬有二日，而放大光明者，二六月甲子，七月戊申也。阴霾屏除，阳德焜耀，全吴之壤欢呼，并作有年之庆，复兆于兹。七月，自城还，光福百官有司，寅饯如初，礼道路之人，瞻仰仪容，莫不改观易视蒲伏赞叹以为希有，允恭复俾善画者，写像勒之美石，以彰显应之实。古者水旱之祭曰"雩禜"。或城阓或山川或岳镇或海渎或社稷郡邑，则祭其界内所得祭者，及佛氏以圆通威力方便慈门，利益群品在吴之铜像，盖自前代以来，碑刻所载，历历可考，以今观之，其迹尤著，宜吴人事铜像，如事山川岳镇、海渎、社稷而礼有加焉。为民上者从其俗，而虔其事，弭疵疠祈丰稔，以为圣天子养育元元无疆惟休之计也。是不可以无记铜像示现之，颠末见于旧刻，兹不复赘云。至正十四年甲午秋七月。

(元)陈基撰:《夷白斋稿》卷二十七，第319—320页，《景印文渊阁四库全书》第1222册，(台北)"商务印书馆"，1986年。

(3) 书赵冀公墨梅后

有故宋赵冀公墨梅石刻，在吴中虎丘寺。此内本监郡西夏六十公子约所藏，以为珍玩者也。余尝观其新英静秀，有冀公少年机警之风。其盘根错节似与金人战；高头而横斜劲拔之势，又似率众突骑应策奋击金人；呼声撼山谷之时，其寒梢挺特有直而不挠之意，仿佛论李全必叛；义形于色，而请兵讨贼以安社稷之气，虽贲育不能夺也。至于风霜摇落之余，而贞色凛然，气凌群木又俨若筋力既老，而卫国之志不衰。呜呼！壮哉！公之大节若此，亦可谓社稷之臣矣！宋自端平以来，捍御淮蜀两边，非其材馆宾客，即其偏裨将校，当时倚之如长城，有以夫惜其两参政府，而不得安于朝廷，一命右相而不得宅，夫百揆而雄才大略，仅一见之武功，是犹梅之不得尽其和羹之用，而楂梨橘柚之属，反得效其滋味于俎豆间，此豪杰之士所以不能无遗憾也。公在淳祐间上疏论天下事莫先用人，用人莫先牧养，牧养莫先宽厚。今监郡公以宽厚之政治吴，吴人恃之如金城汤池，使其居朝廷，赞百揆际。冀公所不得之，时行今日所欲行之志，等而上之则于公乎何有？且冀公之声名不待画而传，监郡公之玩赏不待梅而见，然观其画而思其人，因其意而知其志，则斯卷也！岂可少哉？

(元)陈基撰:《夷白斋稿》卷三十二，第343页，《景印文渊阁四库全书》第1222册，(台北)"商务印书馆"，1986年。

(4) 六十，西夏人，达鲁花赤。

(明)王鏊撰:《姑苏志》卷三，第50页，《北京图书馆古籍珍本丛刊26》，书目文献出版社，1990年。

一七五、亦怜真

亦怜真，生卒年不详，字显卿，唐兀氏。至正九年(1349)，任旌德县达鲁花赤兼劝农事使。廉明有谋略，兴学育人，有政绩。

(1)（旌德县达鲁花赤）至正九年，亦怜真，唐兀氏[①]，详政绩。

(清)陈炳德修：《嘉庆旌德县志》卷六，第13页，《中国地方志集成·安徽府县志辑53》，江苏古籍出版社，1998年。

(2) 小岭山寨。县西十九都。元末达鲁花赤亦怜真剿红巾贼钟富二于此。

(清)陈炳德修：《嘉庆旌德县志》卷一，第29页，《中国地方志集成·安徽府县志辑53》，江苏古籍出版社，1998年。

(3) 官治……元至元中尹单执中，至正时达鲁花赤亦怜真相继修葺，后毁于兵……

(清)陈炳德修：《嘉庆旌德县志》卷二，第3页，《中国地方志集成·安徽府县志辑53》，江苏古籍出版社，1998年。

(4) 双瑞堂。即清风堂故址。元尹王贞引鹿饮泉注为清池，以种莲芡。有嘉莲二本生于池中，同茎并蒂。士庶聚观，咸谓善政所致，因以名堂。至正中达鲁花赤亦怜真重建正厅五间。

(清)陈炳德修：《嘉庆旌德县志》卷二，第7页，《中国地方志集成·安徽府县志辑53》，江苏古籍出版社，1998年。

(5) 学宫……至正九年达鲁花赤亦怜真暨县尹杨宝宝兴学校，塑诸贤像，有教谕许道传记，见艺文。末年毁。

(清)陈炳德修：《嘉庆旌德县志》卷三，第9页，《中国地方志集成·安徽府县志辑53》，江苏古籍出版社，1998年。

(6) 学田

计存华阳寺、多宝寺二处，共瘠田八十三亩三分七厘五毫。每年佃户额交租谷五十三石四斗。教谕、训导各收一半，共折解租银二十六两七钱。

旌邑学田，向非不足也。宋开禧中，县令李延中始置田八十余亩。嘉定中，县令方倩又没灵源浮屠田三百余亩，尽归于学。未几，田复没去。元至正中，达鲁花赤亦怜真留心育士，乃征方令所没田及地侵于豪猾者，核实增租至二十石有奇。凡山荒水损，悉为推究。而其时又有儒士程昌右、程德施者，割田二百簿，捐输于学廪，饩裕如矣。乃至于今，侵隐干没，仅存瘠田八十余亩，不亦深可慨哉。

(清)陈炳德修：《嘉庆旌德县志》卷三，第43页，《中国地方志集成·安徽府县志辑53》，江苏古籍出版社，1998年。

---

① 方志原文讹作“唐元氏”。

(7) 威显庙　俗名东平庙

在县城东，宋景祐间立。嘉定丁丑，庙灾，知县莫泽、方俌、赵时镃增建。宝祐年知县赵崇涉建楼。元至元戊寅重建。元贞，县尉毛胜创门栏台庑。至正庚寅，达鲁花赤亦怜真饰武士二像于门，壬辰毁于兵。……

(清)陈炳德修:《嘉庆旌德县志》卷四，第 17—18 页，《中国地方志集成·安徽府县志辑53》，江苏古籍出版社，1998 年。

(8) 元达鲁花赤:亦怜真，字显卿。至正九年为邑之达鲁花赤兼劝农事使。廉明有干略，崇学育贤，劝民务本业，善教惠民，卓然著绩。府志良吏

(清)陈炳德修:《嘉庆旌德县志》卷六，第 45 页，《中国地方志集成·安徽府县志辑 53》，江苏古籍出版社，1998 年。

(9) 兴学记　许道传

大元至正九年二月甲戌，宁国路旌德县达鲁花赤亦怜真公，以天子之命守官于县。越二月丙子，祗谒先圣，低徊顾瞻，见殿宇攲倾，丹漆陊剥，瓦甓断裂。米廪枵虚，职教者将不能自存。问宋嘉定中方令所没浮屠田三百余亩者，无有也。公曰:"得无复以饱缁黄辈耶?"悉征入学。学地侵于豪右者，岁输十不一二，即为核实，增租至二十石有奇。凡山荒水损，悉为推究，学稍裕矣。于是攲倾者正之，陊剥者新之，断裂者易之。招来生徒，以养以教，朔望行释菜礼，升堂讲说，诸生及斗粟吏皆帖帖环听。叱覇学者，使削迹。添置经史子集，规堂试赏格，以激劝多士。夏四月朔日辛酉，礼谒毕，合邑文武官吏暨诸生咸在，公复稔于众曰:"圣朝以文治天下，崇重学校。自李唐来建庙于学，孔子正南面被王者服，四配十哲，暨两庑诸贤，炳炳洋洋，肖像如在。今兹邑庙学固已肖像，而两庑仅图其壁，素绚销落，将无以揭虔起敬。"于是取两庑而充拓之，仿四配十哲，孔门高第弟子自金乡侯以下，及汉晋唐宋诸贤，讫我魏国许文正公，凡一百又五位，稽上公九命、侯伯七命之制，考图肖像。土石金木，丹碧黝垩，举用其良。工善吏勤，辰夜展力，己丑告成用币，谒拜跪奠，咸怀新敬。儒士程昌右、程宗德服公之敬，施田二百箹，众请曰:"盍记之。"则以命道传。道传乃作诗曰:"惟此庙学，由唐有作。或废或兴，公来究度。昔学有碑，就磨其阴。题名于县，田用以沉。今公之来，正地之侵。增其税入，民胥以忱。庙学之修，自我弗坏。丹楹碧瓦，而式弘大。米廪之设，自我弗枵。征其负逋，益裕以饶。昔教之来，坐不安席。今去可留，有余以给。昔学制蠹，弦歌不闻。今夹于于，须会以文。昔学有试，具焉而已。今赏以劝，闻风斯起。朔望释菜，春秋采芹。牲牷肥腯，燔燎芬芬。从祀诸贤，一百又五。粉墨无光，萧条两庑。公命考古，肖像维新。山龙藻火，焕炳嶙峋。八月己丑，告成用币。公曰:'嘻哉，来尔多士。'公兴在泮，从者如云。公曰诲汝，孝忠俭勤。有动于中，油然悦乐。爰以其田，施之于学。士餍公德，我诗其碑。凡百君子，勿替引之。"

(清)陈炳德修:《嘉庆旌德县志》卷九,第37—38页,《中国地方志集成·安徽府县志辑53》,江苏古籍出版社,1998年。

一七六、嵬名公

送月彦明经历赴行都水监序

河北破金堤,逾丰、沛,曹郓诸郡大受其害。天子哀民之垫溺,乃疏柳河,欲引之南,工不就。又遣平章政事嵬名公,御史中丞李公及礼部尚书台布哈公,沉两珪有邸及白马而祀之河之患。

(元)余阙撰:《青阳先生文集》卷四,第11页,《四部丛刊续编》(72),商务印书馆,1934年。

一七七、嵬宰文兴

(江东道肃政廉访司佥事)至正九年:嵬宰文兴,字光祖,唐兀儿人。监察御史迁,六月到任。

(清)鲁铨等修:《嘉庆宁国府志》卷二,第108页,《中国地方志集成·安徽府县志辑43》,江苏古籍出版社,1998年。

一七八、朵朵

朵朵,唐兀人。至正九年,以朝列大夫任广西廉访副使。

(明)林富纂修:《嘉靖广西通志》卷五,第29页,《四库全书存目丛书·史部第187册》,齐鲁书社,1996年。

一七九、道童

道童,生卒年不详,字德章,自号贺兰逸人,唐兀人。至正十年由工部尚书任江东廉访使。

(1) 道童,字德章,唐兀人。至正中由工部尚书出为江东廉访使,缮城隍,除戎器。十五年,蕲黄贼陷徽州,来犯宣州,时礼部尚书汪泽民居宣州,道童雅重泽民,日就之狗守计,城得无虞。

(清)鲁铨等修:《嘉庆宁国府志》卷五,第20页,《中国地方志集成·安徽府县志辑43》,江苏古籍出版社,1998年。

(2) 至正中名道童而见于史者两人:一为高昌人,号石岩,由平江路总管累迁江西行省左丞相,谥忠烈,在列传一百四十四卷;一为唐兀人,字德章,自号贺兰逸人,至正十年为江东廉访使。《汪泽民传》:"至正十五年:蕲黄贼犯宣州,江东廉访使道童雅重泽民,日就之询守御计,城得无恙。"此即唐兀之道童也。其明年,城陷,泽民遇害。史不言道童所终。予尝见《江东宪司题名碑》,知其《氏族记》即泽民所撰,称道童为宁夏中大夫公,盖元时称西夏人曰唐兀氏,宁夏本西夏地也。

(清)钱大昕著:《十驾斋养新录》,第216页,上海书店,1983年。

一八〇、安僧

安僧，生卒年与家世不详，唐兀氏。任翰林修撰、朝请大夫，至正十一年正月，前往南海广利灵孚王祠颁香致祭。

颁降御香题名　篆额

至正十一年正月朔旦，皇帝御大明殿，百官朝贺。礼成，中书省奏请，若曰："岳渎岁遣清望官颁香致祭，南海宜令大司农少卿王敬方、翰林修撰朝请大夫安僧偕往，宝盒、香币、金旛，式如常仪。"越十五日，上供香密祷，亲授使者，即日启行。渡河浮江，逾梅关几万里，夙夜罔敢弗虔。三月七日，方抵南海广利灵孚王祠下。广东宪副甄囊嘉、台宪佥沙班、宪幕签事必式温、宣阃幕僚丑厮，实同其来。荐香奠币，祀事孔修。先是使至必勒名纪行，以为故实。洪惟圣天子以四海为家，子惠黎蒸，事神保民，必敬必诚。尚赖神之庇荫，密扶元化，以祐群生。雨旸时若，百谷用登。边衅屏息，瘴疠廓清。钟秀降神，笃生贤能，如申如甫，为国之祯。于以昭皇上至诚，有感于神明，于以见神明祐国之有灵。俾一介之命，不负圣君之使令，又何敢拟前修，示后世，刻石而题名也欤！是行也，大司农少卿洛阳王敬方，字可矩；翰林修撰、朝请大夫西夏唐兀氏安僧云。亚中大夫、海北广东道肃政廉访副使甄囊嘉，台朝列大夫、佥海北广东道肃政廉访司知事沙班，从事郎、海北广东道肃政廉访司知事必式温，通事住僧，书吏彭翰、游从惠，奏差何弼，典史王璋，江西行中书省宣使灭理沙，帅府经历丑厮，令史史超宗、刘伟、陈良贵，广州路照磨沈桢、祝官，广州路儒学正朱杞，番禺县主簿余奎，录事司典史吴俊立石。

案：记在广州南海庙，不着立石年月及书撰人，惟记首云至正十一年，下又云三月七日方抵南海广利灵孚王祠下，则立石亦在三月矣。记末云是行也，大司农少卿洛阳王敬方，字可矩，翰林修撰、朝请大夫西夏唐兀氏安僧，则书撰当并出安僧矣。篆额"香"[即香字]改"从曰"作"从白"，此不通六书所为。立石立字上有"巡检住持"四字，分两行。细审之，盖磨砻旧碑未尽者，非此碑文也。《宋史·职官志》："沿江沿海招集水军控扼要害，及地方阔远处皆置巡检一员。"《容斋三笔》："监司巡历郡邑，巡检尉必迎于界首。"据此则宋已有巡检，此石盖旧为宋刻矣。

(清)李福泰修：《同治番禺县志》卷三十，第18—19页，《中国方志丛书第48号》，(台北)成文出版公司，1967年。

一八一、伯颜察儿

伯颜察儿，生卒年不详，字彬卿，唐兀氏，东平阳谷人。至正辛卯(1351)左右，任慈溪主簿达七年之久，奉公爱民，有惠政。

(1) 去思碑记

慈溪主簿伯颜察儿既代去之。明年,邑士民相率踵门请曰:簿佐吾邑七年,勤以奉公,切于爱民,民德之今。既代去,念惠政之在邑者,彰彰非一,愿序而刻诸石,以慰我民之思。予尝忝教慈湖,或与往来,熟其政行。簿为人直而不私,尤勤敏于事。至正辛卯,海寇攻掠台、温,烽起旁午。省府下庆元府漕粟温州,给军食,尝漕督者以贿。主簿承命,不辞冒风涛,犯锋镝,凡漕粟若干斛,卒以无虞。既至,大守左心,惊喜称叹不已。明年再漕,复以公督之;又明年,漕台州,亦然。公益设法求便民,以身率先。民知公意,乐劝趋之,事辄先集。公亦悉民之苦,输粮之际,必为力争,仓吏不得多取。有羡,复均于民。甲午岁钱,邻邑有流移者,公惧,亟议赈恤,验缺食为口若千万,劝富民出粟,随其乡给之。通楮弊,平市价,民赖之以安。运司督买食盐,急公以岁歉民贫,请缓其征,民得不病。县治倾颓,不庇风雨,公曰:"是可已乎?"遂谋诸邑长,捐俸以倡,撤旧易新,轮奂整翼,视替有加。董孝子庙废,公曰:"风化之本,民之所劝。"社稷坛壝废,公曰:"祈报之地,民所依也。"或修或筑,以次悉举。邻邑寇发,远近乘时骚动,海滨无赖,聚众刈人麦,伐人竹木,民莫敢御。公虑其盛,而与尉王中立掩捕,获之,悉正其罪,一境肃然。巡逻必躬,不以寒暑风雨废,旱即徒跣露祷,祷必应而后止。其急于民患,皆此类也。公在职,以干敏闻,故尤为上官所任。居县之日少,然惠政之及民者多矣。州县号称难治,为簿居,下僚尤甚奔是办集,百役是丛,苟能免罪责,幸矣。况望其誉于上、德于下哉。仲尼之门三子,可使从政,而由独以果称。夫果,则力专而志直,专则不二,直则不挠,以是政易成,阳民易化也。本簿以天资为政而治,仃若此,谓非有令于道可乎?公尝以事留郡府,日久,民辄告迎以归。又屡以檄委当远役民,后争之得止。使者行部,民必投牍言簿贤。今既代去,□春眷君,是有以见簿能爱其民,抑以见兹邑民俗之厚。予既序其实,复运民志以□诗。公字彬卿,族唐兀氏,东平阳谷人,其□由蒙古胄监生,历官升今职。诗曰:畇畇慈溪,纯孝之乡。负山滞河,俗阜以良。惟俗之良,必资于理。□患我民,以作父母。侃侃贤簿,西夏之英。惟取□□,抚我以诚。我灾公恤,我□公御。我饥公食,我旱公雨。民有曲直,公抑而舒。民有利害,公兴而除。我凿我耕,我作我息。公任其劳,遗我以逸。谓矢非直,谓水非清。式政七稔,民戴益增。今公之去,鸿渐天际。恨不卧辙,以竟公惠。惟公之惠,惟民之恩。勒词于石,以永其贻。

(明)李逢申修:《天启慈溪县志》卷十五,第17—18页,《中国方志丛书华中地方第490号》,(台北)成文出版公司,1976年。

(2) 作去思碑　成化府志

伯颜察儿,字彬卿,族唐兀氏,东平阳谷人。由蒙古胄监生,官邑主簿。为人直而不私,尤勤敏于事。至正辛卯,海寇攻掠台、温,烽火旁午,省府下庆元府漕粟温州给军食，尝督漕者卒以贿免。察儿承命，不辞冒风涛，犯锋镝，凡漕粟若干斛，卒以无虞。明年再漕，复督之；又明年，漕台州，亦然。察儿亦设法求便民，以身率先。民知其意，乐劝趋之，事辄先集。察儿亦悉民之苦，输粮之际，必为力争，仓卒不得多取。有羡，复均于民。甲午岁饥，邻邑有流移者，亟议赈恤验缺食为口若千万，劝富民出粟，随其乡给之。通楮币，平市价，民赖之以安。运司督买食盐，急乃以岁歉民贫，请缓其征，民得不病。县治倾颓，不庇风雨，曰："岂可已乎？"谋诸邑长，捐俸以倡，撤旧易新，视昔有加。董孝子庙废，曰："风化之本，民之所劝。"社稷坛壝废，曰："祈报之地，民所依也。"或筑或修，以次悉举。邻邑寇发，远近乘时骚动，海滨无赖，聚众刈人麦，伐人竹木，民莫敢御。乃与尉王立中掩捕，获之，悉正其罪，一境肃然。巡逻必躬，不以寒暑风雨废，旱即徒跣露祷，祷必应而后止。其急于民患皆此类。尝以事留郡府，日久，民辄告迎以归，又屡以檄委当远，役民复争之得止，使者行部，民必授牍言簿贤。莅任七载，受代去。

(清)杨泰亨，冯可镛纂：《光绪慈溪县志》卷二十三，第11—12页，《中国地方志集成》，江苏古籍出版社、上海书店、巴蜀书社，1990年。

一八二、托克托

托克托使君，生卒年不详，字清卿，西夏人。任都水大监、浙西廉访使。

(1) 寄浙西廉访托克托使君　字清卿　西夏人

银床清夜忆高谭，寄食门墙每自惭。
久望旌麾来阙下，忽闻骢马渡江南。
宦情秋水人空老，世事浮云总不堪。
独有苏公堤上柳，春来依旧绿毵毵。

(元)纳延撰：《金台集》卷二，第293页，《景印文渊阁四库全书》第1215册，(台北)"商务印书馆"，1986年。

(2) 送都水大监托克托清卿使君奉命塞白茅决河

黄河汹汹决中州，三策深烦贾让谋。①
圣主忧勤过舜禹，相君勋德并伊周。
渠通故道鱼龙避，木斩空山虎豹愁。
十七万人齐举锸，一千余里总安流。
皇天蚤出图书瑞，赤子行歌黍麦秋。
白璧遣官祠岳渎，黄金当殿赐公侯。
使君世重无双论，太史功书第一筹。

① 原注：时用工部尚书贾鲁之议。公元1351年，贾鲁被任命为工部尚书，总治河防使，亲自率人修筑黄河。

绣衮从今登两府，更将忠孝辅皇猷。

(元)纳延撰:《金台集》卷一，第283页，《景印文渊阁四库全书》第1215册，(台北)"商务印书馆"，1986年。

一八三、那海

那海，生卒年不详，唐兀氏。至正辛卯(1351)，任奉议大夫、同知山东路都转运盐使司事，重修此邑龙王庙。

重修龙王庙记　樊恩征　盐运司使

沧海吾知其至大，江汉无不朝宗；鬼神吾知其至灵，祈禳无不感格。祀无常享，在乎克诚。利津县东海广德灵会王行祀在焉，惟神海之所主也，祀典载之详矣。夫军国之需，盐贡是尚，凡兴作煎辨，必借是神之佑，莫不备香火、割牲酾酒以奠献，诚则享而收功多，否则不享而年额不足矣。是知诚与不诚，验于吉凶，捷于影响，岂不信然！至正辛卯正月辛亥朔，奉议大夫、同知山东路都转运盐使司事那海唐兀氏备檄分司滨乐，到司越二日，谒庙拜奠。询其所以，乃前本司运使刘楫之创建也。自至正甲午迄今七十余载，风雨摧淋，百工已圮。公睹是荒凉，愀然曰："不修可乎？"遂首捐俸金，命工需材。邑尹张著、南华张实，同寅赞襄，增广一新，经营于花朝之前，落成于蕤宾之后。壮观海宇，俯瞰清河。邑人偕四方过者，咸起敬焉。由是乞潮，则滩场生盐；祷雨，则禾稼茂盛；占风信，则盐艘舸舰免狂涛之险。惟公忠敬之诚积于中，而感格之机著于物，神人相协，何其速哉！佥感公诚，咸曰："不镌翠琰，何以垂后！"众曰："然。"故代石，征余文以纪其略云。

(清)韩文焜纂修:《康熙利津县新志》卷十，第13—14页，《中国方志丛书·华北地方第393号》，(台北)成文出版公司，1976年。

一八四、八里颜

八里颜，生卒年不详，唐兀台氏。至正辛卯(1351)，任崇明州达鲁花赤，至正十二年(1352年)，迁建崇明州儒学。

(1) 崇明州迁建儒学记　张士坚

崇明踞海为州，民社屋宇简朴狭陋，俗动生而啬力，时号易治。惟学宫未称，屡有改作，勿良于图，并海砂碛倾圮成巨浸。州与市益徙以北，官民屋室、库廪，有条有苑。德化沾溉，日加殷庶焉。达鲁花赤唐兀台氏八里颜公、知州程公世昌率耆儒徐元鼎、朱祯等谋曰："孔子之道，覆载万世。无古今遐迩，所在有学。我国家尊事之典，视往代特甚。穷乡下色[①]，犹有一亩之宫，以备弦诵。今州北迁，奠厥攸居，独庙学未有卜。固吾守之不任，亦二三子所当用心也。"元鼎即捐地十

① "色"疑为"邑"之误。

亩，亢爽者为基，二侯割己俸，啧选本石林匠，剔蠹拉朽，益新采坚。学正任克明与朱祯等实相经营之。工始于至正十二年秋八月，至冬十二月告成。殿宇门庑雅合法故，斋堂庖湢聿恢旧规，笾豆、图像、丹垩、髹漆，勿侈而章，舍菜落之，神人谁庆。里人杨文骥来谒记，故不可辞。夫学校之设，非若衣帛钱各尤切于民生日用。自天子至于庶人，孰有不学而知，不教而成者耶？纲常之本，风化之基，渐磨沦决、非日讲于学，知何从知之。乃者四方多垒，烟尘所袭，溃裂奔窜，乞为俘馘之不暇。其在承平时，有司视学事为迂，缓漫不加励，竭力致身之学，素晦勿究故也。二侯深推治体之要，爰州之人，垂教于无穷，长育材器，以忠孝立节，岂特乡闾之赖，为邦家之荣！是所谓知所务矣！乃作诗曰："东海之墟，生聚实烦。沙卤流移，不遑永安。北迁既宁，民社攸塈。维兹庙学，风教所系。二侯倡之，和者跃然。神奠广居，瞻企肃虔。叔降有常，讲肄有堂。良士之愿，夫[1]侯之光。振振二侯，教养孔宜。勒诗于石，孠人则之。"

赐进士及第、承务郎、翰林修撰、同知制诰、兼修国史院编修官张士坚撰。

(明)卢熊撰：《洪武苏州府志》卷四十七，第64—65页，《中国方志丛书·华中地方第432号》，(台北)成文出版公司，1983年。

(2) 迁建崇明州记　元　伯颜帖木儿

天下之事，有缓急之殊，审事势而度权宜，凡于民生、关于利害者，皆为急务也，庸可缓哉？崇明州俗尚简摸，无浇竞之风，素称易治。近以沙卤流移逼于州址，久而勿迁，民实病焉。至正辛卯春，达鲁花赤八里颜公莅事之初，顾瞻公署民居，日就倾圮，慨然叹曰："明诏以档安责，任守臣不能与民迁利避害，生视沦溺，咎将焉归？"乃谋诸知州程世昌、同知王也先不花，即州北十五里搔高阜之基，慨然有乐比之志。卜既得告，首捐己俸，募民力，鸠工市材，撤朽益坚，分任有役，督责有规。而民之趋事赴功，阖敢或怠。经始于壬辰闰三月，告成于是年冬十月。所堂幕庑，轮奂鼎新，丽谯仪门，恢宏旧观。捕司库廪，完美有条。主于迁利庙祀，浚筑河堤，营树坊舍，镇守府司，功业之有成，不一书而足。此非切于民生、有关于利害者，而可缓乎？盖尝闻之，民心难与谋始，而可与乐成。昔州之未迁也，洪涛骇浪，凛乎不可朝夕。居今州之既迁也，土壤夷旷，无风涛荡激之险，民物日加殷阜焉。是皆州侯心乎爱民，故能创基业，垂久安。为斯民者，可不知报其所自乎？《传》曰："君子学道则爱人，小人学道则易使也。"是州虽僻居海隅，乡校书堂尝废弛。吾州之人，盖体侯爱民之心，熏陶讲学，益迁于善，以礼义立身，以忠孝立节，庶几无负州侯作新之美意，顾不韪欤？余承之牧赞，是州乡之士民，以记为请，义不获辞，故书此以为来者劝云。

赐进士出身、承务郎、杨州路同知崇明州事伯颜帖木儿撰

---

[1] 《汉语大字典》有"夫"无"夫"。夫，地名。"夫"疑为"吴"的讹字。

(明)卢熊撰:《洪武苏州府志》卷四十七,第39—40页,《中国方志丛书·华中地方第432号》,(台北)成文出版公司,1983年。

一八五、赵拜布哈

赵拜布哈,生卒年不详,西夏人。至正十二年(1352),吴江儒学大成殿落成,又逢庙乐制成,奉议大夫西夏郡赵拜不哈以首领选来尹是州。

吴江州学大成乐记

按周制《大胥》:"春入学,舍菜合舞;秋,颁乐合声。"故凡释奠,必有合也,其登歌清庙,下管、象舞,大武是也。故《月令》:"仲春上丁,命乐正习舞释菜。"盖学校以行礼乐,小有舍菜而以食为主,大有释奠而以饮为主,其于学校习舞与声,大合六代之乐一也。吾夫子以圣人享南面王爵,历代尊崇。礼颂之缛,情文之备,至于今而莫之能尚也。唐贞观间,太宗以文治,然庙享圣人,袭用齐典,仅设轩架之乐、六佾之舞而已。继后开元间,释奠始用宫县之乐。至于故宋,崇儒右文,可谓至矣。然春秋上丁释奠东序,上戊释奠西序,虽登降有部,至于用乐,不以轩县,而以判架,兼不设舞位。先儒谓有歌而无乐,非古人习乐合舞之意也,遂乞厘正,以表尊崇。至于唐储君其释奠于学,钟磬簨虡,丝声在弦,匏笙并陈。柷敔合止,贲鼗间作,埙篪和鸣,具有成规。礼将陈,协律郎府伏举麾,则永和之乐作,登歌则肃和之乐奏,雍和纾和,悦人心而娱神明者,其为乐可谓盛矣。今夫路府州县莫不有学,其所谓尊崇圣人者,衣冠章服,殿寝阶陛,顾已纯乎王者之礼矣。若夫庙乐八音并奏,盖有取乎虞廷之箫韶,岂不曰后世虽有作者,虞舜氏不可及矣。吴江之为州也,虽于吴为南北津要,然州治出乎江湖之上,风涛之所掀播,鱼龙之所出没。而州学迫市里之隘,在垂虹桥之南。庙享圣人,既有著令,学宫与庙虽皆具,至于庙乐,则有缺焉。至正十二年,州达噜葛齐哈密勒人济雅济公,以奉议大夫来监是州。既建戟门,以大庙制,颛命乐师,选学之彦,肄习庙乐,甫及期而乐大备。自凝安曲九变成章,与八音并奏,而无纤毫敢略者,庙于是告完。盖公之来是州也,适寇犯邻境,州民忧惶。而公能镇之以安舒,抚之以仁厚,狡猾从化,奸凶伏诛,民既大和,乃能以其余力重制庙。乐成,奉议大夫西夏郡赵拜布哈以首领选来尹是州,同知金刚讷昭信、哈智承直、判官诺海敦武、哈扎尔特穆尔从仕、提控案牍钱惟贤、都目陈济,顾能与公同志协心,兴学造士。州泽国,其人士之美者来游来歌者,观感庙乐,以矢其音。况当大比之年,其为世用必矣。若夫琴瑟在御,笙歌间奏,且将见蛟龙鼋鼍,秘怪水兽,与仰秣之马,出听之鱼,咸感化于庙乐之盛者,而况于人乎?况于鬼神乎?至正十二年癸巳十月吉旦,亚中大夫、福建闽海道廉访使许从宣记。

(明)莫旦纂:《弘治吴江志》卷十四,第21—23页,《中国方志丛书·华北地方》第446号,(台北)成文出版公司,1983年。

一八六、孟昉

孟昉，生卒年不详，字天伟(一作時)，西夏人。居大都，仕元，为翰林待制，官至江南行台监察御史，有文学名。

(1) 孟待制文集序

国朝之文凡三变：中统、至元以来，风气开辟，车书混同，名家作者与时更始，其文如云行雨施，雱霈万物，充然有余也。延祐初，继禅之君，虚己右文，学士大夫涵煦乎承平，歌舞乎雍熙，出其所长，与世驰骋，黼黻皇猷，铺张人文，号极古今之盛。然厉金石以激和平之音，肆雕琢以泄忠厚之朴，而峭刻森严，殆未易以浅近窥也。天历之际，作者中兴，上探诗书礼乐之源，下泳秦汉唐宋之澜，摆落凡近，宪章往哲，缉熙典坟，照熠日月，登歌清庙，气凌骚雅，由是和平之音大振，忠厚之朴复还。其用力也，如蔺相如抗身秦庭，全璧归赵。呜呼！亦不易矣。今翰林待制孟君，砥砺成均，激昂文圃，于斯时也，固已步趋延祐之辙而先后之矣。乃扬厉省台，左章右程，问其职则补缺而拾遗也，询其业则稽古而立言也。人方役役，我独熙熙；众皆碌碌，我则彬彬。奉其所谓忠厚和平者，绸缪于诗书，周旋于礼乐，浸淫于秦汉，优游于宋唐。身勤而词愈修，迹隆而业益专，发改而志弥笃，虽劫以兵戈弗变也。噫！其用心亦精矣。文章与时升降，故气胜则野，词胜则史，要非人力之所能为也，天也！今孟君之文，舍峭刻而就和平，却雕琢而趋忠厚，倬然于三变之后，抒不野之音，含不朽之璞，若固有之。充是道也，吾知其完璧而归，无难也。诗文总若干首，分为若干卷，序而存之，以伺知者。君名昉，字天瞬[①]，西夏人也。至正十二年十二月乙未书。

(元)陈基撰：《夷白斋稿》卷二十二，第 296—297 页，《景印文渊阁四库全书》第 1222 册，(台北)"商务印书馆"，1986 年。

(2) 跋孟天時拟古卷后

杨侍郎以《太玄》准《易》、《法言》准《鲁论》，而《剧秦美新》，君子病之。柳柳州作《南睢阳碑》，用骈俪语，紫阳夫子谓子厚非不能古文，特作剧尔。河东孟君天時，延祐间为胄监生，明敏英妙，质美而行懿，由乡举得解，从事臬司宪部掾枢府，进中书西曹，及今典国子监簿，二十年间，读书不废，亦贤矣哉！尝拟先秦、西汉诸作，摹仿工致，大夫士皆与之。然游戏翰墨，殆若作剧者，其志则子云也。呜呼！文以载道，道之大原出于天，其传则由尧舜讫孟轲氏，先儒称孟子文章，不可及，道之传也。天時进道与文，其必学孟子，子归而求之有余，师秦汉云乎哉！

(元)宋褧撰：《燕石集》卷十五，第 238 页，《北京图书馆古籍珍本丛刊 92》，书目文献出版社，1998 年。

---

① 误。应该是"伟"。

(3) 孟天伟文稿序

文与时盛衰，道斯系也。文之论，世皆曰主乎气，蒙则以为有志焉，不徒谓气也。今夫射不志乎彀，不能以中的；御不志乎绥，不能以及辙；梓匠轮舆，圆不志乎规，方不志乎矩，平直不志乎准绳，不能以成器。为文而不志乎古之作者，而能合道，鲜矣。是故志以为主，而气以充之，必至之道也。河东孟天伟，好学有才识，尝贡于乡，下第春官，由是辟掾宪司，历御史府、刑部、枢密院，用且未已。暇日即读书为文不废，凡志、记、叙、述、铭、赞、赋、颂之作，各极其体，汲汲焉古作者之度，惟恐其不合。盖能先其所志而充之以气者也。夫南北之气异，文亦如之。南方作者，婉密而不枯，其失也靡；北方简重而不浮，其失也俚。君兼采其长，而力惩其失，其能合古之度，不亦宜哉！然君方壮，进于学不已，譬诸登山者，足益往，身益高。余南归，当与君别，后数年再至，余望君绝顶矣！

(元)傅若金撰：《傅与砺文集》卷四，第704页，《北京图书馆古籍珍本丛刊92》，书目文献出版社，1998年。

(4) 孟御史昉

昉字天晖，本西域人，寓北平。至正十二年，为翰林待制，官至江南行台监察御史。苏伯修尝《题孟天晖疑古文后》云："太原孟天晖，学博而识敏，气清而文奇，盖欲杰出一世，其志不亦伟乎！"张光弼《寄孟昉郎中诗》云："孟子论文自老成，早于国语亦留情。"其为当时所推重如此。按[1]陈基《孟待制文集序》云："翰林待制孟君砥砺成均，扬历省台。"张光弼集多载与孟天晖西湖往还之作。盖天晖自翰林出，历官江浙，亦在江淮兵乱之后。入本朝未详所终。

(清)顾嗣立、(清)席世臣编：《元诗选》(癸集下)，第1148页，中华书局，2001年。

(5) 题孟天晖拟古文后

秦燔烧《诗》、《书》百家之言，汉兴，稍掇拾之。诸子后出，然颇杂以依仿之说，如《国策》诸篇，多蒯彻之流所撰，甚至窃取他书以足之如先秦者，岂尽《短长》之旧哉？孟君天晖喜模仿先秦文章，多能似之，其读《国策》，当能辩之，知予言为不妄也。

(元)余阙撰：《青阳先生文集》卷六，第2页，《四部丛刊续编》(72)，商务印书馆，1934年。

(6) 题孟天晖氏拟秦汉语后

天下之言文者，《诗》、《书》而下，春秋战国至于先秦，风声气习之宏伟，极一时之变，后世莫之及也。《左氏春秋》传、《国语》、《战国策》至于太史公、刘向，极矣。魏晋衰敝，岂复有昔之肮脏者哉？学士大夫怀抱利器，雅好古人之作，未有不慨然于斯焉。成均旧游，若孟天晖氏，拟秦汉间之辞，以发其聪明，乐于习熟近俚，岂知言乎？古之人，有至公之识，至通之学，至敏之才，至宽之量，无人己之分

---

① 原注：按稿本作"钱宗伯牧斋曰"。

也。《离骚》、《远游》之高见，太史公不鄙楚人，直以为日月争光。《过秦》之论，太史公优为之，全取贾谊之言，而载诸《秦纪》。其不可及者，终不可及也，焉可诬哉！吾故读天玮之书而快之也。然吾天玮宗家，有七篇之言在，集尝伏而读之，其辞气不能无当时之辩。然所言先王之道也，所行先王之政也，上接道学之传，下为万世之法，天玮归而求之，有余师矣。噫！岂止于有余师而已哉？辄书其后而复之。

(元)虞集撰:《道园类稿》卷三十五，第162—163页，《元人文集珍本丛刊》(六)，新文丰出版公司，1985年。

(7) 次韵孟天玮典簿佐奉使行江西所赋

帝念苍生不鄙夷，任贤清问载旌驰。山川旧履车书会，草木新春雨露私。

千道悠悠分楚越，四门穆穆出宣慈。举头见日天光近，老去无忧托启期。

(元)虞集:《道园遗稿》卷三，第770页，《景印文渊阁四库全书》第1207册，(台北)"商务印书馆"，1986年。

(8) 孟昉，字天伟，大都人。官至江南行台监察御史，工书。

(明)陶宗仪撰:《书史会要》卷七，第758页，《景印文渊阁四库全书》第814册，(台北)"商务印书馆"，1986年。

一八七、巴延

巴延(？—1352)，字谦斋，唐古特人。居嘉兴崇德州，任黟县达噜噶齐。

叶子澄，以清，号雪篷，吴人也。贫而尚义之士。与黟县达噜噶齐巴延为厚交。至正壬辰，寇起江东，浙省调兵守昱岭关，巴延在遣中，没于王事。其家旧居嘉兴崇德州，讣音至，家人招黄冠岩隐者追荐，摄召之，颜云："旦夕杭城受危，尔辈宜速往吾弟处逃生。"母妻以无弟可依，再扣之，云："即松江叶子澄，乃我存日生死交也，可往依之。"其即备船东行。比至前三日，叶夜梦巴延相见，以家属为托。叶即为留居，供给不怠。后杭城果陷。此得巴延平日止心不昧，故能灵悟若是！亦由叶之与人交情不渝，真诚相感之所至也。宋仁宗时，有《托公书》之事，颇相冥合，信有之矣。巴延，字谦斋，唐古特人也。

(元)杨瑀撰:《山居新话》卷四，第371页，《景印文渊阁四库全书》第1040册，(台北)"商务印书馆"，1986年。

一八八、史福胜

史福胜[①](1314—1352)，姓史氏，俗名省吉巴，法名讳福胜，号五明成就妙峰上师，世为唐

---

① 元顺帝至正十二年十二月十四日病逝于真定(今河北正定)。其弟子八剌实理(秦王伯颜之子)为之立碑。今碑存河北正定隆兴寺。碑高256厘米，宽121厘米，汉文24行，行字多少不等，多者为58字。《常山贞石志》卷二十四录有该碑碑文。

兀部族。自幼出家为僧，隶宁夏之奉天寺，拜大德辉公为师，得秘密之传，又学习儒学，中外融一，为各方广泛推重，为元代高僧。至正十二年十二月十四日，奄然坐逝，其骨一则，归藏宁夏，表示不忘本。

元故五明成就妙峰上师胜公和尚道行碑铭

朝请大夫秘书少监答失蛮撰并书

承直郎佥燕南河北道肃政廉访司事赵俨篆额

至正十有三年春壬三月，无碍君□剌实理躬致礼币，介释教宗主栖源心公之状而言于予曰："理也不天，早失所怙。"遂染衣祝发，归命佛乘。内奉慈训，求师甚切，而尤慎择。越时，始得先师妙峰胜公而事之。师亦雅以师道自任，诱掖渐磨，循循弗倦，破惑闲邪，指示正法，旁及儒术，罔不命理究心。今理也粗知趋向，免于墙面，皆先师之赐也。不幸中途灭我慧炬，罔极之恩，无以称报。谋欲树石，以寿师行。方今言足以取信者，无逾先生，惟先生有以命之。予固让弗获，乃按其状曰：师姓史氏，名省吉巴，法讳福胜，世为唐兀部族。幼异凡儿，稍长，沉静简默，不喜俗事。父母知其善根夙植，遂俾为僧，隶宁夏之奉天寺，执弟子礼于大德辉公。服勤尽瘁，夙夜匪懈，以企至道。辉公识为法器，且悯其精进，卒授以秘密之传。师即得闻心要，不欲滞迹一方，乃振锡远游，遍历丛林，究阅典藏，参请征诘，犹是心地圆明，中外融一，闻望蔼然，为诸方推重。道愈尊而身愈谦，韬光晦迹，禅观斋居，人罕见其面。化缘时尽，风烛靡停。以至正十二年十二月十四日奄然坐逝，观者欢感交集。阅世凡三十七年，而夏安居者十有八，后七日阇维于镇府之东法华院，得舍利无算。顺德之开元、真定之龙兴及台山名蓝，皆以师尝感，欲建塔以奉，无碍君以师素不违众□，因四分其骨，则应诸刹之请。一则归藏宁夏，示不忘本也。无碍君复建祠于天宁阁左，仍入楮币五千缗恒居之，而以子钱具燃灯供佛之费，俾寺僧世世主奉祠事焉。予既悉其状，始钦师道德之充，终则嗟无碍君之不可及。尝闻吾儒之言曰：民生于三，事之如一。父生之恩，君临之义，莫大莫厚，而师则兼恩义而有之。是以于其生也，则无犯无隐；殁则心丧，是制尊师之道，其重盖若是。粤惟西方之教，所以隆教源□□□者，抑不殊乎？此世道日降，人不知本，学未通经，已忘所自。师徒相视，漠然如路人，分义几绝，有志之士，恒悲且愤。而无碍君乃能自拔于流俗，□□□古，主治其师之后事，慎终追远者，纤悉周尽，是则不徒增辉于宗门，其于扶世教、明纲常，岂无补哉？於戏！源澄则流洁，表直则景端，观无碍君□□□耿介，溯而测其徒来，则师之由以及人者，又□考见焉。既备载其状，仍系之以铭。铭曰：

慧日西沉慈云兴，遍覆九围周四瀛。法雨普施资□灵，利泽万有福群生。变灭倏翕杳无形，神功妙用归冥冥。遗膏余润谁其赝，我崇塔庙存仪刑。幡幢拥护栴檀馨，焰焰相续无尽灯。它山之石丰而贞，螭首龟趺镌吾铭。恶池滔滔大茂青，山无骞摧川方增。吾铭□□言足征，绵绵终古人永承。

是岁四月 □世日立□

佛日广照大师住持□□路大龙兴寺讲经论沙门 福岩 志庆

宏圣普照通明圆觉大师□定路释教宗主经论沙门　栖源　智心

(清)沈涛撰:《常山贞石志》卷二十四《胜公和尚道行碑铭》,第 131 页,《历代碑志丛书第 13 册》,江苏古籍出版社,1998 年。

一八九、三旦八

三旦八,字山堂,飞山子为其铁甲兵号,西夏人。自幼博览群书,谙熟兵法,善剑术骑射,历官淮南平章、云南右丞。至正十二年(1352),任江浙平章,在江浙一带抗击起义军,多有功,深得军民爱戴。

(1) 江浙平章三旦八公勋德碑

天监有德,于我有元,太祖应运,肇基于翔。世祖受天全付,奄有四海,纪纲法度,内维外持。圣子神孙,百代丕纂其规,宏矣远矣。承平百年,祸无宫闱,戚畹阉寺,藩臣治极,而变变职吏苛,吏苛民亡,艺极民无逃,逃盗朱鬓赤帻,群煽汝、颍,遂挺祸江浙,诸道兵麋集莫能支。至正壬辰秋,直犯垣府,封豕长蛇,穴我宫庙,食我仓庾,荡覆我比闾,虔刘我牧圉。七月庚辰,杭陷。维时疆场臣遁,参政樊公执敬死之,监司孛兰氏率东营士巷战。十月夜,寇退。无几,陷广德,阽吴兴。时平章三旦八公以宿望重臣,膺天子明命,统哈赤、贵赤、兀鲁三卫军,专征江之南。兵次于秀,被复旨援建康。杭以急告;寇骎骎压境,将袭凤口。凤口去省治仅两舍所。公马首不东,杭重陷,公以阃外制便宜,即日夜兼程抵杭。凤口实杭要隘,九月己亥,大军屯凤口;寇退据武康,犬牙德清。公遣部将率精锐前茅,岐水陆进,首尾蛇应。继遣突马掠阵,士气百倍,伪师生擒者数十徒皆倒戈相喋血死。庚子,复武康。十月辛丑,师次德清,公望气知寇东奔,亟要二覆裹去之。戊申,屯菁山,俘贼将程琳,辄释不杀,尽得其虚实状。庚戌,陈去施桥,亘蠡山,寇迎敌,大败之。壬子,公草檄誓诸将会吴兴,曰:"蠢寇不灭,无以身为。"号令精肃,虽措军散地,势不可拔,兵不战复吴兴。寇退守长兴,命骁将用惊马阵,直劘贼垒,丁卯,复长兴。十一月乙亥,用火攻,复泗安,寇奔方山,诸将由空山南掩击之。丁丑,继进塔山,寇有自北山覆围官军,公挟雨犷骑,亲摄弓射贼,皆应弦倒,诸将破围出,杀尸亡算。余逆皆惊拜曰:"飞山真神兵也,吾贼可与神抗耶!"遂溃。是日,复泗安。戊寅,复广德,大索三日,俘裔伏草倚禾,飞走无路,公下令曰:"手无凶器,即吾良民。"宥而不杀者以万计。于是大赉将士,封积聚,掩骼胔,原诖误,纾系累。版授庶府官,诫以文命,申以鹗鹊,圣训使民知有逆顺吉凶,民用大悦。班师日,杭父老争持牛酒壶飧,先后道路,咸欢呼伏地,涕泗若丧家赤子重见父母也。

明年春正月,天子有命,以徽、饶寇复聚,趣公南征。越三月,平徽,以达于饶,使俘裔散约,而无亡矢遗镞之费。十五年,公班师还,省平南功,奏天子申以锡命,金带赤舄彤弓郁鬯,升平章甘肃,未行,继升淮南。滨行,寇陷吴门,秀以急告,省大臣及将吏士庶咸挠留,复统师平吴,杭又藉以安。由是父老祠公像,且树石纪勋德,谒予文以登载。

某尝录公南征事状,未尝不叹公为中兴贤佐应运于天者也。予读江汉诸诗,见宣王中兴,天必为生贤佐,方叔、召虎是也。一时勋德歌咏雅颂,至今犹赫赫然在人耳目。若公之丰功钜烈,固将铭鼎彝、载旗常与成周声诗相为不朽,何有于杭片石哉!为之书者,不过纪浙民恩私,抑予悼他将臣,当报国日乃或恫挠脆怯、颠顿蹶踣者不尠,公之勋烈不足立劝乎?

公字山堂,"飞山子"其铁甲兵号也,西夏人。自幼警悟,博达载籍,淹贯弢钤。善剑术骑射。其佩上赐剑曰"龙电剑"云。其属将曰哈迷剑、脱因、韩拜老,称平南三杰。其幕府僚曰李国麟、叶伯颜、僧家奴称平南三俊。器使诸英各获其所。故其麾下多名将,幕中多名士。其千夫长、百夫长沐浴风烈者不可以枚书。铭曰:"天生烝民,孰乱我常,吏用多辟,哀彼讧殇。哀彼讧殇,毒秽我良,炰烋中土,覃于震方。眷我杭土,故国天府,实建南垣,以控土宇。恳我城池,戕我牧圉。民之覩瘏,靡有定处。天子曰咨,咨汝臣旦,维汝臣旦,维国之翰。分尔徒御,徒御啴啴,专尔斧钺,火剑龙电。维杭风口,杭要之括,孰后孰先,隙不容发。我师厄之,寇冲以折,支叶虽害,本实未拔。陂湖之洑,赤帻朱缨,具区长雪,大艎小艇。宅我水国,汤我火城,山攫野鹿,跳踉满庭。王师南下,克震克怒,陆有犷马,水有犀虎。如竹之解,如矢之注,民大来苏,沛若时雨。於乎小萌,不知否臧,阽薄诖误,弗念卒狂。诞置怀宥,毋渝胥以戕。戎作用戒,文告用章,奉我圣训,曰鹗曰鹊。取譬不远,俾民大若,用我为教,不用我虐,我用靡不承,圣训是假。曰武曰文,鲜不为威。彼卒出殂,行出狗鸡,诅于其神,式寇遏堤。翱翔河上,弃我六师。天子赉功,无越我旦父,肃将天威,既执丑虏,遏暴吊民。无垫上下,天监有元,实生我旦父,维岳降神,吉甫作颂,臣祯继雅,肆好其风,繄我旦父,入觐上公,旦拜稽首,天子之功。"

(元)杨维祯撰:《铁崖文集》卷二,韩荫晟《党项与西夏资料汇编》(上卷),第560—563页,宁夏人民出版社,1983年。

(2) 江浙平章三旦八第宅观 敕赐龙电剑引

有剑有剑龙电名,白水为质金为精,虹光夜贯斗牛气,玉匣昼起波涛声。藏之九庙社稷重,用之六合风尘清,英宗皇帝加抚惜,八十一鳞寒动色。滦阳冰泮卧蜿蜒,海子雨来翻霹雳,神物自迷前代宝,国公亲授彤庭锡。鹭鹈膏莹今几年,淮汴襄汉兴妖祆,吕虔大刀霜雪锷,顿芒挫锋莫敢前。公身佩之下幽燕,独当一面东南天,马蹄所过春草歇,百里青见孤炊烟。古来克敌与制胜,未有如公忠勇盛,主将无惭李义师,偏裨亦是花敬定。四郡九州联贡篚,千村万落归亡命,剑当是时成大勋，凯旋却挂吴山云。歌长奔腾木石怪，酒酣激烈貔虎群，复欲扣阍斩佞臣，以谢父老安生民。於乎！此剑实与国公出处相类也，不久，踊跃变化延平津。

(元)王逢撰：《梧溪集》卷一，第420页，《北京图书馆古籍珍本丛刊95》，书目文献出版社，2000年。

(3) 六月甲寅，江浙行省平章政事三旦八、参知政事杨完者以兵守嘉兴路，御张士诚。

宋濂等撰：《元史》卷四十四，第931页，中华书局，1976年。

(4) 八月丁卯朔，江浙行省平章政事三旦八遁于福建。

宋濂等撰：《元史》卷四十五，第944页，中华书局，1976年。

(5) 萨木丹巴勒[①]，字山堂，号飞山子，西夏人。至正间，行省云南右丞，多善政，深得军民之心，有遗爱焉。

(清)范承勋等修：《云南通志》卷十九，第647页，《景印文渊阁四库全书》第569册，(台北)"商务印书馆"，1986年。

(6) 上山堂院使书

某奉违钧范，又逾岁，钥北向驰，情曷有弛日？去冬，闻除书到江浙，有宣政之首命。某将谓克日可拜尘从，尝屡候江滨，竟无来节。乃知别有荣擢，又不得接晤语，心旌摇摇，愈深思仰春暄。想惟钧候，动履介福。某杜门读书，无足云者，南俗日薄，惟自谨慎尔。伯帖木经历，去时已尝奉书于左右，想达钧听。兹因尚书相公赴京之任，便中略此奉状。尚书仕浙廉干之绩，始终若一，又且不弃儒贱，故得附羽言达钧听。公暇想为国为民自爱，言不尽意。伏冀钧察。不宣。

(元)朱德润撰：《存复斋文集》卷七，第219—220页，《历代画家诗文集》，(台北)学生书局，1973年。

一九〇、赫斯

赫斯，生卒年不详，西夏人。至正十三年(1353)，任旌德县达鲁花赤，有惠政。

送旌德县达鲁花赤赫斯公秩满序

旌德属宣古邑也。居万山中，去郡几二百里，土饶民殷，昔称易治。凡监兹邑者，率皆国族与夫色目廉慎有才之人。至正癸巳秋，今西夏赫斯公来为邑长，下车初，遭时多难，甲胄未尝去体，一食之顷，战兢是持，日思夫靖安之道而未得。迨甲午冬，钦承诏旨，差税更免三年，惠至渥也。而四方未宁，兵革不息，供给之繁，科敛之重，尤甚于昔。明年，和买军需，公恻然念民之穷困，乃杜奸幸、缩浮费，俾富实之家蓄筈干筋角皮革之属供给其用，而贫者不与焉。守御关隘，则召募好义之士，招集壮丁。若沙城，若上泾，动以万计。府委督是役，秋毫无犯。由

---

① 即三旦八。

是寇不入境，民赖以安。

凡讼于庭者，辨其曲直，审其是非，彼欺于心诳于官者，辞穷色厉，则责以罪而戒夫众，以警夫将来。彼或当罪，限信符以摄之，吏胥弗获肆其奸。于是庭无留讼，民亦莫敢轻犯。

乙未秋八月，郡失守，公独守县治，与民约曰："寇至誓死战，背顺者诛。"民咸畏之。总兵者闻公宣力，遂升为本路治中。夫治中古之别驾也，职居佐贰，与太守可否行事，其职亦不为不重。以监邑而升别驾，民社之寄何如耶？汉龚遂为渤海太守，宣帝召见，谓遂曰："渤海发乱，卿何以息盗？"遂曰："海濒遐远，民困于饥寒，而吏不恤，故使陛下赤子弄兵于潢池中！"公之治邑，爱民如子，去而民思之不忘。郡失守而公坚志不退，彼闻风而遁者，宁不少愧！今秩满比旋，行将羽仪于天朝也，其盗贼之未息，生民之穷困，上召见之，将如遂对乎？民日望之，相期于乂安也。

(元)舒頔撰：《贞素斋集》卷二，第573—574页，《景印文渊阁四库全书》第1217册，(台北)"商务印书馆"，1986年。

一九一、文卿

文卿，生卒年不详，字文卿，河西人。所处时代为元代末期，初为台译，有文武才略，后任浙西肃政司经历。

浙西宪府经历司题名记

浙西肃政司经历也怜帖木公语予于帅正堂，曰凡官寺署所，必有显名非徒志岁月，著爵里编其名位于此，将有辨名实于彼者，可不畏哉！吾幕府旧有石登，载殆已遍，今石承其后，请予记以文，予读柳子中丞壁记，曰由号观实使后之居于斯者，有以敬于事，公之言盖知所敬者已。予尝论朝廷选官，莫难于法则之司，而尤莫难于宾佐之寮也。宾佐者得人其时义也，大立节也，贞执法也，确议事也。详允一司之法则，其有一私而挠者乎？故宪幕府得一良经历，一道之政无不理三尺之法，无不信职于兹者，可不敬哉！然则题名之误也，岂为金石美观而已哉？后之览者，当有知公之敬者，敬其事如柳子之所言者也。公字文卿，河西人，起身台译，史性忠朗、峻直，有文武才略，以从大夫某公平冦有功，升是选云。至正癸巳九月丙寅记。

(元)杨维祯撰：《东维子文集》卷十二，第5页，《四部丛刊初编》第364函，商务印书馆，1922年。

一九二、木八剌沙

木八剌沙，生卒年不详，西夏人，字某，平章某公之孙。至正十三年之前，任两浙盐使司同知，管理盐务有政声。

两浙盐使司同知木八剌沙侯善政碑

至正十三年春正月，杭之监检校官刘某将、监商严峻等，来见余东门次舍，请文以记使司同知木八剌沙侯之善政，余惊疑曰："当朱鬟氏冦乱之余，而监漕官有政可纪，非官之祥也欤。"余尝官于海滨矣，见岁之分漕官，挟悍吏二、傔伇一、校卒数十，至分所，必先震刑威，而以售沓墨于其后。下视亭民吏，如圈置兔，狼残隼虐，无毫毛隐痛，其啖噬满，然后民吏始得垂展手足，官给工楮，大亭与亭吏必撙捐过其半，谨而储之，以俟分漕。为故常若轮公租、奉公养者。吁！民其有不病乎？朝廷悯之，为减额数三之一。署监漕者皆辍，以台宪老臣及州郡之良二千石。今沙侯之同知两浙监漕事，其应是选欤？峻曰："自侯下车，即揽辔慨然有激扬志。"分漕嘉禾，先问亭黎，老贫艰孤苦，听以状闻。取其损数与大亭垂除之，豪民故犯，推与吏作奸市钧，逮富人及仇家，不论情实，侯一理已，犯弊立革，桀吏舞文败吾法，诛其尤，而余皆有儆。任指使者，皆恂恂然谨行于冥，恒若侯视听之。及亭工楮，毫厘皆到，民无异时撙捐，民咸抃手叫嚾，以为非工楮之惠，沙使君之惠也。故在嘉禾，未尝一棰及亭之民，服力岁课，不啻如子职。比还司，而漕使长且驱驰兵事，亭之商散转漕之利，几格侯于此时兼伯长之政，招徕客商不减平昔。先是，仓史与网兵相为奸，杂监以伪恶，侯申令禁止，又其所藏监悉多累年不发，较常数亏十之三四，侯验商人所给数，俾新间故以与之且不便，强有力者越先，后次不数月，商舶押至，流运不绝。足课于常数以充军国之需。于此，是侯之才有大过人者，无负国家选用之科矣。吾闻君子论祥，以政不以物，商人谈侯之善政如此，亭家被其泽者可知已，非吾所谓官之祥也欤！是宜书其莅官行事，刻诸真石，永示后轨。侯西夏人，字某，平章某公之孙也。记铭曰：

"惟海殖利，利民利邦，谨政厥策，惧民有创。

法苛亭困，法慢困商，官不理法，墨败我常。

爰选才德，以量漕纲，惟我沙侯，良二千石。

下车求言，民我休戚，指使循良，抉去蟊蠹。

刑罚不乖，尔亭我力，关石不颇，尔商我役。

惟侯治法，廉厚秉心，其履怛怛，其德惜惜。

展我讴歌，易尔呻吟，昭然冰镜，溉若旱霖。

转运大利，出纳弗偺，君子论祥，以政以德。

殄丁冦乱，官失守职，我侯守官，乃建成绩。

盍践公辅，以祯王国，我作铭诗，昭示政则。"

(元)杨维祯撰：《东维子文集》卷二十三，第1—2页，《四部丛刊初编》第364函，商务印书馆，1922年。

一九三、阿尔长普

阿尔长普，生卒年不详，西夏人。任达鲁花赤，至正十四年守安庆。

大节堂记

宗正郎中韩君建之守安庆也，……十四年[1]春三月，朝廷录十月功，特加君中奉大夫，秩从二品幞官以下，各升秩有差，余因名其厅事曰“大节之堂”，所以扬君之懿于无穷也。虽然治之乱犹旦之有夜也，后之人坐其堂而思其人，思其人而惧其时，有不协于其行，不完于其民者，独不欲然于君者乎？余之名堂，又所以劝于无穷也。时与君守者，达鲁花赤西夏阿儿长普、照磨杨恒。……

(元)余阙撰：《青阳先生文集》卷三，第10页，《四部丛刊续编》(72)，商务印书馆，1934年。

一九四、嵬的

(至正十四年)十二月，命甘肃右丞嵬的讨捕西番贼。

(明)宋濂等撰：《元史》卷四十三，第918页，中华书局，1976年。

一九五、邬密公

邬密公，生卒年不详，西夏人。至正十四年(1354)，居苏州。

听雪斋记

西夏邬密公，寓第在吴门天宫里，其东偏有屋六楹，朴而不陋。公即南营为小斋，西为壁，北为户，疏其东南，以楮承之。中无长物，左右琴书宴如也。岁方冬，公端居肃容，虚心无为，与造物者游。俄闻中庭桂树间，索索然有声，起而视之，则积雪在地皜然矣！公因援琴鼓之，客有候公于门者，公揖之坐，且谓之曰：“客亦知好此乎！”客曰：“仆东海之鄙人也，何足以知之。虽然公所鼓白雪之曲也，仆不敏请为公和之。”乃逡巡就席，因歌曰：“白雪兮，交下美人兮，犹处岁晏兮，何所娱抚阳春兮，容与阳春兮，迟迟白雪兮，飞飞彼美人兮，劳我思巾余车兮，往从之端余居兮，正余襟若有取兮，青桂林桂树兮，后凋咏白雪兮。”逍遥时，至正十四年十二月也。

(元)陈基撰：《夷白斋稿》卷二十八，第322—323页，《景印文渊阁四库全书》第1222册，(台北)“商务印书馆”，1986年。

一九六、郏经及其子

郏经，生卒年不详，字仲谊，号观梦道士、西清居士，西夏人。侨居吴郡，元末进士，至正十五年(1355)任平江学录。入明后，洪武四年(1371)为浙江省考试官，有《玩斋集》。子，郏启文，

---

① 元顺帝至正十四年，即公元1354年。

仕明为中书宣使、工部奏差。

郏经家族人物表

第一代	第二代
郏经	郏旼

（1）郏仲谊名经，陇人[①]，号观梦道士，又西清居士。以儒业起为浙江省考试官，权衡允当，士林称之。侨居吴山之下，因而家焉。丰神潇洒，文质彬彬。为文章未尝停思。八分书极高。善琴操，德隐语。交余甚深，日相游览湖光山色于苏堤、林墓间，吟咏不辍于口。有《观梦》等集行于世，名重一时。所作乐府，特其余事云。

《三塔记》西湖三塔记　《鬼推门》胭脂女子鬼推门　《鸳鸯冢》死葬鸳鸯冢

（元）钟嗣成撰：《录鬼簿续编》，第103页，上海古典文学出版社，1957年。

（2）郏启文，仲谊之子，任中书宣使。文学过人，克继其父，亦善乐府隐语。

（元）钟嗣成撰：《录鬼簿续编》，第111页，上海古典文学出版社，1957年。

（3）题录鬼簿蟾宫曲

可人千古风骚，如意珊瑚，苍水鲸鳌。纸上功名，曲中情思，话里渔樵。叹雾阁云囱梦窈，想风魂月魄谁招。裹骊珠，泪冷鲛绡。续冰弦，指冻鸾胶。传芳名，玉兔挥毫。谱遗音，彩凤衔箫。至正庚子七月八日西清道士郏经仲谊识。

（元）钟嗣成撰：《录鬼簿续编》，第4页，上海古典文学出版社，1957年。

（4）娄东述怀寄玉山　郏经

寂寞娄东寺，经过岁暮时。后凋霜柏古，乱点石苔滋。方外尊吾友，龙门得老琦。十年今已遇，早岁故相知。震泽三江入，虹桥五色垂。水西春酒熟，花下晚尊移。联句旋题竹，留餐更折葵。那知俱是客，各以业为师。莲社招呼费，茅堂出处卑。也驰支遁马，而尚习家池。何物讥臣朔，如人舞怪逵。遂全兄弟急，岂但友生疑。落落情偏好，悠悠事莫期。参商天上路，萍梗海之涯。向忆身犹白，前修道不缁。君攀狮子座，我把桂花枝。吴子非无学，周　缺为。龙津终再合，豹管未容窥。泥泞双扶屐，灯明共弈棋。笑言方款洽，交谊更坚持。好客囊羞涩，捐人佩陆离。初筵俄列豆，屡舞竞扬卮。醉揖都轻别，醒吟每重思。优哉聊复尔，舍此欲何之。伐木鸣幽鸟，缄筒寄阿谁。玉山投美璞，珠水照摩尼。为说饶清事，从游尽白眉。载观名胜集，多是故人诗。自笑如张翰，何烦识项斯。江帆风去逆，林馆雨留迟。紫砚玄香润，纹窗棐几宜。翔鸾开粉纸，直发引乌丝。燕坐书成癖，穷探字识奇。雄文毛颖傅，小隶武梁词。韩柳文章在，云龙上下随。两家才并立，千喙语难追。小子真狂简，前贤具点嗤。百金宁取直，三绝且闻痴。

① 郏经自称“西夏人”，参见第(6)条。

漫与非神品,居然奉令仪。一时倾孔盖,八字读曹碑。回首高飞隼,行歌倒接䍦。剡溪归野兴,泌水乐忘饥。开阁延疏广,韦编拾散遗。儒冠傲轩冕,农耒力菑畲。明月怀人远,长林鼓瑟悲。寻常要久契,翻覆讶群儿。愿把平生意,无求小有疵。矢心同白水,披腹献丹墀。判袂寒潮送,还家雪夜吹。上人逢顾恺,凭谢拙言辞。

(元)顾瑛编:《玉山名胜集》外集,第168—169页,《景印文渊阁四库全书》第1369册,(台北)"商务印书馆",1986年。

(5) 郏经

经,字仲谊,仁和人,元末进士,有《玩斋集》。

春陪吕志学、曾彦鲁、刘仲原同登虎丘,赋呈居中老。

虎丘山前新筑城,虎丘寺里断人行。梵僧自识灰千劫,蜀魄时飘泪一声。渐少松杉围窣堵,无多桃李过清明。向来游事夸全盛,曾对春风咏太平。

《静志居诗话》,《虎丘诗集》一卷,王高士宾所录,吾乡项氏万卷楼藏书也。中载仲谊是诗,同时和者吕敏志学云:"山上楼台山下城,朱旗夹道少人行"。曾朴彦鲁云云。僧宁居中云云。又周南老正道,有至正丁酉冬,督役城虎丘诗八首云云。虎丘筑城,吴人亦鲜有知者,予尝泊舟山后,见遗趾尚存。

(清)陈衍辑撰:《元诗纪事》卷十,第545页,《万有文库本》,商务印书馆,1935年。

(6) 方寸铁颂

猗方寸铁媲昆,吾刀游刃发硎,妙契纵操六书,奥旨探赜损劳,史籀秦斯作则,孔昭翔鸾翥凤,腾龙骞蛟为印,为章奎壁丽霄,文苑艺林世赖,荣褒我颂匪私,永言弗佻。至正庚子八月十又八日,淮海秦约造方寸铁,诗奉美伯盛有道。陇右郏经上。

朱珪手持方寸铁,抚印能工汉篆文。并剪分江龙喷月,昆刀切玉凤窥云。他年金马须承诏,此日雕虫试策勋。老我八分方漫写,诗成亦足张吾军。

至正八月辛丑朔平湖草堂中写,西夏朱仲义隶古。

(明)汪砢玉撰:《珊瑚网》卷十一,第184页,《景印文渊阁四库全》第818册,(台北)"商务印书馆",1986年。

(7) 宫墙记 魏俊民

吴郡之西南,偏孔子庙学在焉。庙居学之左,缭以宫墙九百余尺,旧学筑土为之,雨淋日炙,弗克坚久。教授徐震、学正徐昭文、学录郏经,一日相与慨然曰:"庙自旧宋以来,迄于今三百余年,而宫墙之广,岁必加墁饰,始免颓圮,计其费几万贯矣,殆不为浮费耶?"乃谋易以砖石,为悠久计。即言于监郡六十公[①]、经历白公枢,二公曰:"是吾志也。"爰命教授偕府吏刘鼎计工度程,躬董其事。其费一出于廪粟岁用之余,不亏于公,不损于民。墙之基内外为石三层,凡五百七十丈,其

---

① 西夏六十公,至正九年(1349),任平江路达鲁花赤,即监吴郡。

袤九十五丈，高盈丈而隆其三，下广杀高之数丈有六十，上广如下之数而又杀十之三，砖一十五万，瓦三万九千六百，役佣二千三百，他物称是，用粟一千斛。始事于至正十五年之六月，告成于其年八月。工既成，典教者俾俊民记其颠末。谨按，吴学肇基于范文正公，更宋南渡，而其制始备。至我朝崇尚文教，诏兴学校，而宏敞伟丽，遂为江浙之冠。庙宇堂庑、斋廪食庐，靡不完美，独宫墙之制未备，因循于百年之久，累葺而累坏，非亏一篑之功与。一旦鸠工聚材，撤而更之，高广坚厚，一如矩度，历数百载可弗坏。虽事之兴举有数，要非郡监之言、参佐之良，教官之多才，亦未暇理此。俾后之人仰数仞之高，咸指而言曰：是某守郡所成也，是某教授所营也，岂不足为方来者之劝云？是年冬十月甲子立石。

（明）钱谷辑撰：《吴都文粹续集》卷三，第 64 页，《景印文渊阁四库全书》第 1385 册，（台北）"商务印书馆"，1986 年。

（8）赠朱启文还乡省亲序

工部奏差朱旼启文，既书满，将省亲虎林山中，荐绅家多发为声诗。吴府伴读王骥，与启文有连，遂以首简请予序。

浙江名区，虎林甲郡，文彩朗耀，光冲于牛斗。才猷振拔，轸接于荆杨。故三沈有翘隽之声，二徐为俊髦之冠。多历年所，匪惟今斯。粤自唐季以来，海田屡化，独繁华之如故，庆光景之常新。富庶亚于咸阳，侈丽比于京索。停鸾峙鹄，山川之灵气郁蟠。绮陌香衢，笙管之春声宛潬。嗟士习之易染，悯风俗之频移，傥有拔萃其间，实称良彦。行必传于缃素，誉遍接于卿公。惟朱氏之名家，惬舆清之所属。埙篪交奏，四经之义髓昭明。黼黻相宜，一姓之文锋犀利。棣萼既形于周雅，芝兰遽产于谢庭。华颖高骞，允符二妙之选；藻思遄发，何惭八斗之才。珠彩虽沈，玉光难掩，遂因文艺，上贡铨曹。虽王勃之少年，岂朱云之可吏。厕行人于起部，期试事于薇垣。三载积劳，行将授政。一朝予告，得遂荣亲。服彩上堂，每赋高年之引，奉觞为寿，尚瞻游子之衣。春晖澹荡以娱人，秋月连娟而在户。争夸具庆，奚翅前踪。平浦西风，催秦淮之急桨；遥天去雁，起名胜之长吟。不鄙哀孱，来征序引。无山东之雅制，续洛下之群贤。愧陈瓦罍，式联宝卣云尔，系之以诗曰："松帷落秋阴，月魄淡凉夕。朝鼓官河棹，暮宿青山驿。忆昔为行人，风雨尚征役。王事有程期，吾敢思燕息。今焉返吾庐，摇曳武林陌。上堂献寿觞，踉跄喜增剧。衣带来时香，酒仍去年白。门前青桂枝，寒花破寥阒。不见近三年，为我动颜色。子归趣诚佳，子乐复何极，可怜城头乌，肯倦西风翼。"

（明）宋濂撰：《文宪集》卷九，第 504 页，《景印文渊阁四库全书》第 1223 册，（台北）"商务印书馆"，1986 年。

一九七、昔宝赤

昔宝赤，生卒年不详，唐兀氏。以近侍出监潞城，有嘉政。至正丙申(1356)监武强，参与修三皇庙、重建庙学。

(1) 三皇庙碑记 元 牛继志

事神以像,非古也。唯夫世代辽邈,影迹莫接,人虽存乎敬事之心,而举目无形似可睹,不怠而辍焉者,几希矣!此像事之不可废也。皇元混一,亟夏制度文为□超前古,俾天下郡邑,得通祀伏羲、神农、黄帝氏。额其殿曰“开天门”,亦曰“开天像”。设巍然享以春秋二季月,所以示天下以报本,反始一其敬而起其怠也。渊乎远哉!按古传记:三圣人生各数千百载。伏羲氏,风姓,继燧人氏而王,蛇身人首。神农氏,姜姓,继风氏而王,人身牛首。黄帝氏,姬姓,代姜氏为天子,有霓枢之祥,衣裳而治,虽历纪载茫昧,有荐绅之所难言者。然当鸿蒙肇判,人物乍形,始而粗疏,后渐精密,要亦近似然者。武强故庙,神像华美,殊失太古淳庞之真。至正丙申岁,南阳周侯实尹是邑,乃谋诸监县昔宝赤公,因搜故实,稽图史,择匠之良者,易而新之,去华以朴,反俗而古。然后三圣之像,焕然一归于正。虽去今千百世,宛如羹墙之彷佛。既乃扳文于余,镵诸坚珉,示其民以骏奔也。余唯像以道存者也,向使三圣人之有,其道不足以利天下泽后世,虽其姓号,于今无闻焉,可也?像又何有,请以其道之见于功德,施诸天下。后世者言之,厥惟今之人,孰不栋宇以居乎?孰不衣裳以处乎?孰不舟楫以济不通,牛马以引重致远乎?孰不佃渔以鲜食,耒耜以粒食乎?孰不重门以自固,臼杵以养生乎?孰不文籍以纪事乎?孰不弧矢以灭乱乎?孰不交易于市,以通货财、医药,以攻疾病、棺椁以厚生死乎?不能不然,而不知其所从始,不几于忘本乎?考之易、系始为卦画、佃渔之教者,我伏羲氏也。始为耒耜交易之教者,我神农氏也。始为衣裳、舟楫、牛马、门柝、臼杵、弧矢、宫室、棺椁、书契之教者,大抵又皆我羲农及我黄帝氏也。其他如制嫁娶、尝百草、立医药、作甲子、造律历、散处多书,皆所以前民用以开务成物者也。三圣人之福利,我后人者何如哉。虽复家置一庙,人尊为祖,每出入祭饮食,祭犹不足答圣泽之万一,况一邑乎。然像与道,相为悠久,道存而像亦显,像显则道益彰。俾是民睹三圣人之像,尊其瞻视,以齐其恭于外,复俾闻三圣人之道,启其向慕以齐其敬于内。恭敬两尽,内外交至,于事神之道,不庶几其备矣乎?县监唐兀氏[1],前以近侍出监潞城,有嘉政,民于今讴思之,未忘也。尹名宗鲁,字邦彦,由三道宪府从事入为察院,掾以曹府幕佐今职,其为治宽而有制,廉而克惠。邑之人方将伐巨石,以揭诸通衢,兹不复言。

(清)冼国干修、张星法纂:《康熙武强县志》卷八,第36—38页,《故宫珍本丛刊第072册》,海南出版社,2001年。

(2) 重修庙学记 牛继志

武强,古武遂也,唐以来称今名。国初隶深,今隶晋。庙学在城之东南陬,金

① 原志误作“唐元氏”。

季毁于兵。至元十九年，邑侯岳德润始即故址起正殿，塑先圣先贤像。厥后邑之监与尹，稍稍各有营建，殿庑门墉，亦已略具。至正乙酉大水，丙戌又水，浸泊神座，邑人欲为朔望礼者，虽知向慕不得已，尽以望洋去水。既退，枯桥栖于户牖，淤淖留于庭陛，柱础既拥，门壁撑拨，两廊庑颓圮尤甚。惟时主者，视为故常，漫不加意。至甲午，乃得今南阳周侯名宗鲁，字邦彦，为之尹。下车瞻谒，深以为惧，有志修葺，以军务倥偬未遑也。越二年丙申，大熟。侯曰："嘻！此其时矣。"乃谋诸监县昔宝赤公，遂慨然以倡，邑之诸生起而助之者若干人。鸠工庀材，程功课役，不懈朝夕。起正殿广各三楹，宏敞坚整，巍如翼如，丹朗碧彰，翚翔鸟革。又撤旧殿材木应门，高卑广狭，得正殿七之五。神像之尘垢者新之，贤庑之攲堕者理之。辟中堂，易棂星，起论堂，修馔次，师有居，生有馆。然后缭以周垣，荫以佳植，沉沉肃清，穆穆渊邃，武强庙学遂为燕赵之最。经始于是年八月，断工于明年三月。时继志以内艰处乡里，训导李俨仲威以学校之建，莫若周侯之盛且备也，求予言以记之。予以忧辞，不得；以荒菲辞，又不得。因有所感而为之言曰：古之兴教化而宾从者，学校是也。学校者，彝伦所赖，以序风俗，所赖以美人心，所赖以正邪说，所赖以熄先王。所以承天立命，化民成俗者于此乎。在岂徒盛豆笾、繁仪节以为粉饰承平之具哉。迩来泰宁既久，安而忘危，武备不修，文治日弛，达官贤宦，每自比于须达给孤，以徼冥福，视学校教化以为是无关于政治也而置之。一日妖寇侵起，竟执左道以为乱首，大河以南，江淮之上，流血千里。於戏！不既惨矣乎？向使学校之教行，彝伦叙而风化美，人心正而邪说熄。彼诐僻支离之说，假福田地狱，以诱诳我民者，无自而入，又孰肯与之同恶哉。周侯以视篆倥偬之际，供馈奔走之余，汲汲焉以兴学立教为重，所谓弭患于无形，销乱于未萌，化呻吟之苦而为弦诵之声，较之摧强敌，破坚阵，执俘折馘以自售于首功之赏者，其贤不肖何如也。"是为记。

(清)冼国干修、张星法纂：《康熙武强县志》卷八，第5—6页，《故宫珍本丛刊第072册》，海南出版社，2001年。

一九八、邬密筠

邬密筠，生卒年不详，唐兀氏。至正丙申(1356)，任常熟守将杨椿的参军谋事。

书杨仪金姬传后

余尝删削杨梦羽《金姬传》，存其近是者若干言，附于《平吴录》之后。今年采辑《伪周事略》乃知其尽诬也。传称平江镇帅脱寅恐常熟失守，遣参谋杨椿将兵二千人守御，士德兵渡福山港，椿伏兵湖桥，与士德转战甚力，兵败，遁还吴门。椿之没也，吴兴张文蔚作诔，称至正十六年正月辛亥晦，义军府参谋杨椿与守齐门，而淮兵奄至。明日，城且陷，犹跃马呼其子，若有所指授。追者及之，遂并遇害。文蔚之诔，于时盛称之，顾不载椿与士德战常熟事。及考徐显、克昭为椿立传,则云:至正丙申,郡守籍民守陴,君以贡士亦与焉。予以告其参军谋事邬密[1]公篘,署君李司马宾客佐其军。君入幕之明日,淮兵即附城,戎衣率其卒,昼夜独守一隅。比明,大官绾郡绶者皆遁去,兵夺门入,君独持弓矢督民伍接战,遂死城下。繇此观之,椿之为参谋,徐所援引也。入幕之明日而淮兵即附城,安得有先奉脱寅命守御常熟之事?以是知文蔚之诔为信,而梦羽所载皆诬也。传又称椿卜居湖桥,家庙岿然,士诚撤以造金姬墓祠。此又诬也。徐传云:椿平江人也,以《尚书》教授里中。文蔚诔云:椿故吴中授徒,累应乡试。吴文定公跋文蔚诔亦云:椿蜀人,侨居吴中,初不言居常熟也。椿贫居授徒,几不免授兵登陴。岂有余赀营建家庙,又壮丽若是耶?传称椿为宋少师栋之后,与杨文靖子孙居常熟者相为伦齿。人言梦羽好夸大其族姓,欲假椿为谱牒重,亦已陋矣。梦羽他著述多子虚亡是之谭,人皆知之。此传载伪周始末,缘饰形似,惧其为史家之蠹,不可以不正也。梦羽以此传示邓文度,文度书复之曰:文字不可坏元气,宏博深厚,其人所享必厚。文度之规梦羽,有旨哉!梦羽,名仪,官至副使。文度,名韨,乡贡士。杨爱慕《史汉》,工词曲,而邓每称述儒先有本之学。其志尚不同,皆嘉靖中吾乡博雅名士也。天启六年七月望日书。

(清)钱谦益著:《牧斋初学集》卷二十二,第760页,(台北)文海出版社,1966年。

一九九、药僧

药僧,唐兀人,至正十八年自中书任达鲁花赤。才猷过人,爱民如子,时贼寇逼境,邑人大恐欲溃。公与县尹张名昭、主簿商显祖同心协谋,以为备御,卒赖保安。民立碑颂之。

(清)沈凤翔纂:《同治稷山县志》卷三,第27—28页,《中国方志丛书·华北地方第424号》,成文出版公司,1976年。

二〇〇、石贤

石贤,生卒年不详,字安卿,西夏人。至正十九年(1359),任昆山州同知州事,重修其州三皇庙。

昆山州重修三皇庙记　　许规五

稽古鸿荒之世,人文未开,蚩蚩之氓与鸟兽争一旦之命,不有圣神出而立人极焉,生人之类,灭已久矣。毛茹而血饮也,为之庖厨;巢居而穴处也,为之宫室。画卦以通神明之德,造契以代结绳之政。为之耒耜,以厚其生;为之医药,以救其死。造律历,垂衣裳,以开万世之治。其有功于生民甚大。庙焉而栋宇挠,祀焉而笾豆缺,岂教民报本之意哉?昆山三皇庙,自州治迁后日就隳废。至正十九年

① 邬密,即嵬名之异写,西夏皇族姓氏。

州治复还，承制以石君贤同知州事。奠谒之初，顾瞻太息，退而谋诸知州费侯。侯曰："世事草创，百废宜次第举。三皇，建极之圣。今庙宇崩摧，神像暴露，国家崇奉之意安在耶？宜举所宜先。"费侯是其议，亟共捐俸为倡。医流义士，翕然和之，不数日得钱若干缗，米若干石。召匠度材，以工给其役，以吏董其事。不数月，殿宇之颠覆者隆然起，两庑皇门之朽敝者翼然张，阶墀砖级之堕剥者整以密，像塑丹白之漫漶者焕以新。所谓人存政举，其以是乎？夫张弛系乎理，不系乎时；废兴由乎人，不由乎数。有为者，何所施而不可也。学有田若干，荡租若干，册籍迷失无所考。石君为追究，归之学，祭祀馔供之用，于是乎不窘矣。庙成，石君去。费侯曰："石君之善，不可没也。"征予文记之。余读邵子《经世书》至皇帝王霸，未尝不废书而叹也。皇以道化人民，霸以力服人。世降俗漓，古道茫昧，昆山之长独修举废坠，而以皇庙先焉，其薄利功以尊道德者邪？其知报本而善教民者邪？《诗》云："有斐君子，终不可谊兮。"后之人，庶乎尚有考也。费侯名复初，字克明，东平人。石君字安卿，西夏人。至正二十三年夏五月望日，平江路昆山州知州偰傒斯，同知州事部肃、州判丁克明、提控案牍赵从周、都目谢弘道、医学权教授许晔。教授许规五撰，饶介书，余铨篆额。

(明)钱谷辑：《吴都文粹续集》卷十七，第424—425页，《景印文渊阁四库全书》第1385册，(台北)"商务印书馆"，1986年。

二〇一、普颜不花

至正庚子国学贡试题名记

普颜不花，唐兀氏。至正二十年国子贡试中正榜。

(明)朱希召撰：《宋元科举题名录》，第264页，《北京图书馆古籍珍本丛刊21》，书目文献出版社，1987年。

二〇二、完者不花

秘书监奏差：完者不花，字仲美，唐兀氏。至正二十一年四月参。

(元)王士点，商企翁撰：《元秘书监志》卷十一，第856页，《景印文渊阁四库全书》第596册，(台北)"商务印书馆"，1986年。

二〇三、王相嘉世礼

王相嘉世礼，生卒年不详，西夏人。至正二十二年，时任江浙行中书通事。

吊徐节孝先生序

至正二十二年岁次壬寅，临海陈基辱与桐城钱用壬，以左右司员外郎待罪江浙行中书。秋九月，同参平章公吴陵军事于淮阴。冬十月十五日，同率僚友出郡东门，行三四里，谒古宋儒先生节孝徐公之墓。偕行者江浙行枢密院断事官秦邮盛元辅、行枢密都事淮南汤鼎、江浙行中书通事西夏王相嘉世礼、掾[1]史吴陵杨楫，洎行中书照磨维扬刘惟敬等咸在焉。时城守甫解严，积雨新霁，霜气清肃，周视原隰，皆遗甃废垒。往时农村渔市，樵蹊牧径，贩夫贾竖相往来、通有无贸易者，四境皆是也，而今鞠为丘墟。平阳弥望，坡陀起伏，残阡败冢，狐兔出没无禁。古今陵谷沧桑，不知更几乱离。其生食厚封，都显爵、建牙树旄，以贵富夸当时，没以侯王公卿礼葬者，不知凡几人矣。百世之下，顾独求前代一老儒先生丘墓所在，匍伏再拜，奉牲酒荐享，如弟子北面事其师。惟恐后荒榛莽苍间，断碑将仆，相与走其下，藉草跽诵，三复欷歔不克休，至有感慨泣下者。日且暮，各上马归。明日相见，犹叹息不去口，好事者形之歌咏，得诗若干首，属余为之序。

(元)陈基撰:《夷白斋稿》卷二十一，第 294 页，《景印文渊阁四库全书》第 1222 册，(台北)"商务印书馆"，1986 年。

二〇四、桑哥实理

秘书监丞:桑哥实理，字仲凯，至正二十四年十一月上，唐古特人。

(元)王士点，商企翁撰:《元秘书监志》卷九，第 841 页，《景印文渊阁四库全书》第 596 册，(台北)"商务印书馆"，1986 年。

二〇五、五十六

秘书太监:五十六，朝散大夫、佥将作院事。至正二十五年九月上，字正卿，唐古特人，年七十岁。

(元)王士点，商企翁撰:《元秘书监志》卷九，第 835 页，《景印文渊阁四库全书》第 596 册，(台北)"商务印书馆"，1986 年。

二〇六、托音布哈

托音布哈，西夏人。至元二十五年高平达噜噶齐。

(清)觉罗石麟修:《山西通志》卷七十七，第 641 页，《景印文渊阁四库全书》第 544 册，(台北)"商务印书馆"，1986 年。

二〇七、多尔济

(1) 多尔济[2]，西夏人。至元间，任襄陵，有德政，民为立石颂之。

(清)觉罗石麟修:《山西通志》卷八十九，第 181 页，《景印文渊阁四库全书》第 545 册，(台北)"商务印书馆"，1986 年。

(2) 多尔济，西夏人。至元中，任曲沃达噜噶齐，河中府达噜噶齐。

---

① 原文误为"椽"。

② 又作朵而只。

(清)觉罗石麟修:《山西通志》卷七十七,第 642 页,《景印文渊阁四库全书》第 544 册,(台北)“商务印书馆”,1986 年。

(3) 朵儿只,西夏人,为曲沃县监,宽爱为政,故民念之立石颂德。

(明)李侃,胡谧纂修:《成化山西通志》卷八,第 247 页,《四库全书存目丛书·史部第 174 册》,齐鲁书社,1996 年。

二〇八、海达儿

至正丙午国子监公试题名记

海达儿,字道原,唐兀氏。至正二十六年国子贡试中正榜。

(明)朱希召撰:《宋元科举题名录》,第 265 页,《北京图书馆古籍珍本丛刊 21》,书目文献出版社,1987 年。

二〇九、添喜

(1) 至正丙午国子监公试题名记

添喜,字彦嘉,唐兀氏。至正二十六年国子贡试中正榜。

萧启庆:《元代进士辑考》附录,第 461 页,(台北)“中央研究院”历史语言研究所,2013 年。

(2) 至正丙午国子监公试题名记

□喜,字彦□,唐兀氏。至正二十六年国子贡试中正榜。

(明)朱希召撰:《宋元科举题名录》,第 265 页,《北京图书馆古籍珍本丛刊 21》,书目文献出版社,1987 年。

二一〇、宋嘉闾

至正丙午国子监公试题名记

宋嘉闾,唐兀氏。至正二十六年国子贡试中正榜。

萧启庆著:《元代进士辑考》附录,第 461 页,(台北)“中央研究院”历史语言研究所,2013 年。

二一一、李氏

李氏(1345—1366),河西人,居钱塘,早孤,淮南儒学提举戴良之妾,年二十得疾病而亡。

(1) 亡妾李氏墓志铭

妾姓李氏,河西人。故江南行御史台治书侍御史笃鲁迷失公之妻侄女也。公以李之惠敏且早孤,抱之为己女。未几,公薨,其义母复抱以适维扬董氏。董亦河西贵族,与太尉御史大夫高公、太尉丞相答失帖木儿公皆姻娅。两公既官江南,而其诸子又皆从仕浙东、西,有禄食,故遂携家即钱塘居焉。于是李年十九。以至正乙巳冬,自钱塘归余为妾。余时以淮南儒学提举留吴门,与妻金华县君居,李入门,事余恪敬以顺,事金华县君肃恭畏谨。岁时率诸女妇进拜,捧觞称寿，无违礼，家庭之素习然也。李气貌颇庄重，两颐丰下，耳长而垂。或以为禀之天者宜厚，然竟以事余之次年，感暴疾以亡，距入门时仅六阅月，丙午六月三日也。亡后三日，用浮屠法火厝于吴东门外，函其骨，葬灭度桥水裔，吴之士友自学士陈公而下咸来归赙，而大夫公之子参政安安公亦踖门吊哭。后一月，金华县君往钱塘，命子礼择道士之有功行者为醮以度之。集庆路同知宣君昭实商其醮事且成焉。又一月，余始追刻其事于石，纳诸水为铭。

(元)戴良撰:《九灵山房集》卷之十四，第 9 页，《四部丛刊初编》第 361 函，商务印书馆，1922 年。

(2) 伤李氏妾

李乃笃鲁迷失治书之女，有女德。年十九归吾为妾，未几，即死。因赋此伤。

皎皎彼姝子，粲粲美容华。
鲜肌映朝日，惠质斗晴葩。
借问何从来，生自公侯家。
一为箕帚妾，敛已绝矜谇。
居处辞曩贵，食饮避前奢。
奈何九秋霜，竟殒三春花。
时时想尔形，抚膺叹以嗟。

凉风撼房闼，朗月照帘栊。
佳人已冥冥，仿佛睹尔容。
入室抚遗迹，茵在床竟空。
海阔无回波，叶落岂留蓬。
茫茫百年内，私怀谁克从。

(元)戴良撰:《九灵山房集》卷之九，第 1 页，《四部丛刊初编》第 361 函，商务印书馆，1922 年。

二一二、董氏

董氏，生卒年不详，河西人。

故江南行御史台治书侍御史笃鲁迷失公之妻侄女也。公以李之惠敏且早孤，抱之为己女。未几，公薨，其义母复抱以适维扬董氏，董亦河西贵族，与太尉御史大夫高公、太尉丞相答失帖木儿公皆姻娅。

(元)戴良撰:《九灵山房集》卷之十四，第 9 页，《四部丛刊初编》第 361 函，商务印书馆，1922 年。

二一三、忽纳台

忽纳台，生卒年不详，唐吾氏。至正丁未(1367)间，任中书省理问官。

许添源主编:《清源山摩崖选粹》,第54页,中华书局,2004年。

二一四、卜元吉

卜元吉,河西唐兀氏,寓天台。以乡试副榜任庆元路翁洲书院山长,明以故官起授。

(民国)喻长霖等撰修:《民国台州府志》卷九十九,第20页,《中国地方志集成·浙江府县志辑45》,上海书店,1993年。

二一五、伯颜

伯颜,生卒年不详,字请斋,唐兀氏。大同人。至正末以省镇抚调尹崇安。入明后,仍居崇安。

(1) 唐兀氏伯颜,大同人。至正末以省镇抚调尹,理军治民,叛乱自戢。国初征至京师,以老乞归。仍居崇安,清慎不改,老稚称为故侯。

(明)何乔远撰:《崇祯闽书》卷五十六,第1557页,福建人民出版社,1994年。

(2) 唐兀氏伯颜,名[1]请斋,山西大同路人,以省镇抚调尹崇安。至正末,江西红军猖狂,伯颜理军治民,红军自戢。国朝征至京师,以老乞归。居崇安,清慎如故,老稚爱敬之。

(明)夏玉麟修,汪佃纂:《嘉靖建宁府志》卷六,第161页,《天一阁藏明代方志选刊(第28册)》,上海古籍书店,1964年。

二一六、居理直

居理直,唐兀人[2]。初承父荫,累迁平定州同知,以干济称。至正间监管州,善政益著,民为立去思碑。

(明)李侃,胡谧纂修:《成化山西通志》卷八,第249页,《四库全书存目丛书·史部第174册》,齐鲁书社,1996年。

二一七、安帖木儿

元顺帝至正年间,属永昌路之庄浪(今古浪县),同治安帖木儿,唐兀人。

(清)升允等修:《甘肃新通志》卷五十八,广陵古籍刻印社,1989年。

二一八、驴儿

驴儿,(元)唐兀氏,居德州。至正间任泉州市舶司提举。

杨清江,陈苍松编著:《福建市舶司人物录:纪念泉州市舶司设置九百周年》,第64页,海关

---

① 应该是“字”之误。

② 原志误作“唐元人”。

出版社，1987 年。

二一九、吴允诚

吴允诚①(1357—1417)，初名把都帖木耳，河西人，为河西大族，居亦集乃，仕元官至平章。永乐三年，降明，赐名吴允诚，居凉州，擢右军都督佥事，有战功，累升都督同知、右都督，转左都督，敕封恭顺伯，卒，赠国公，谥忠壮。

吴允诚家族人物关系表

<table>
<tr><th>第一代</th><th>第二代</th><th>第三代</th></tr>
<tr><td rowspan="4">初名把都帖木耳
赐名吴允诚
妻杨氏</td><td>答兰，一名克忠</td><td rowspan="3">吴瑾
吴璘
吴玘
吴瓒
吴琮
吴琪
吴璘</td></tr>
<tr><td>官者</td></tr>
<tr><td>吴克勤</td></tr>
<tr><td>女三人</td><td></td></tr>
</table>

(1) 吴恭顺伯碑在武威金塔寺今存

皇明之兴，受天景运。太祖高皇帝开创弘图，统一华夷。太宗文皇帝，嗣承大业，德宏教敷。四海敉宁，万方臣服，于斯之时，遐方绝域之士，能识天命，致身归附，依托风云，树立勋绩，荐□□□□□俾声光著乎当时，庆泽延乎后嗣□□□□□，若恭顺伯吴公允诚其人也。公本河西大族，居亦集乃，仕元受深封，其族位侯伯者，累累有之。初名把都帖木耳，永乐□□□辛□率部来归。太宗嘉其款诚，赏赉优厚，遂赐名，擢右军都督佥事，锡以诰命，俾居于凉州。公性刚直，誓欲殚心报国。岁次己丑，虏有出没为寇者，公乃率百骑深入卜哈思地，生获寇首哈剌乞台等。捷奏，升都督同知，赐敕奖谕，有智谋深远，材识高迈之语。是冬，召至京。明年春，从驾北征，至宣冥河，追本雅失里。继攻静虏广汉戍之地，败阿鲁台之党。论功升右都督。辛卯，转左都督，屡受□金□□□□。既而凉州转管都指挥阔台赤叛，表□□□□公敕封恭顺伯，岁食禄千二百石，复赐诰命。未几，同丰成侯征石灰秃，擒阔台赤还。寻追叛贼奥利花剌乞八等，斩获之口居多。岁甲午，又扈从出塞，败胡寇于红崖，归受赏赉，迁居于凉。丁酉四月二十七日得疾卒，年六十有一。讣闻，太宗深为悼叹，亲撰文祭之。赙予优厚，仍命所司治葬事。是岁秋九月十九日，

① 《明史》有传，作蒙古人。其墓碑谓“河西大族”，应该是西夏人，故收录。

葬于凉之金塔寺山之原。子克忠，继袭前爵。□□岁，奉敕移家于京，配夫人杨氏，淑善有谋，智克相夫。凉州鞑官尝以公从征于外，遣众谋叛，劫其母子以行。夫人伺知□□次子官者，以计擒其人，戮之。众皆帖息□□□。太宗嘉之，赐白金、彩币，称为贤德夫人，仍赐奖谕："尔妻能忠以报国，智以脱患，夫人而秉丈夫之节，虽古罕有焉。"后公五年卒。朝廷遣祭治丧，具葬北京顺天府房山县之北。□□锁南昝卜，留居武威守坟；板达，授指挥同知，□□□都督□□□敦赐名守义，授都督佥事。子男四人：长答□□□，仁宗皇帝嗣位，封广义伯，岁食禄二千石；次克忠，端谨信实，多效劳勩，加封恭顺侯，赐诰券□□甲子岁征□有□□□太子太保，岁食禄二千一百石；次也儿克台，赐□□□□。女三人：长适右军都督柴别里华，次适指挥杨完者秃；其三女为太宗皇帝妃。□□□信满哥、文质、阿颜、台彬、信满哥，俱系指挥使。文质从征擒，为昝卜少□授□千户；阿颜授都督佥事。男七：瑾、璘、玘、瓒、琮、琪、璘。指挥使玘袭封广义伯，□□□□宣宗皇帝妃。公既葬三十有二年，碑未立，克忠以状固请。乃叙述如右，系以诗曰："□□皇明，天眷惟隆。太祖创业，□成大功。继□太宗，嗣承大统。万方率臣，如星拱北。显显吴公，朔漠伟人。奋躯来归，誓竭忠勤。乃系甲胄，乃奋弓矢。如鹰斯扬，所至风靡。蹂于群□，歼厥豺豕。懋绩殊勋，太常是纪。天宠荐隆，伯爵是封。克昭其诚，曰恭曰顺。恭则有礼，顺则克从。帝命之褒，天下之公。始终恩荣，藐焉寡□。孰其承之，诜诜后嗣。绍厥有光，咸有名爵。伐石刻铭，昭公勋德。即怀国恩，永锡勿替。维忠维孝，公祀百世。"

（民国）张维撰：《陇右金石录》，第710—711页，《国家图书馆善本金石组编．明清石刻文献全编第三册》，北京图书馆出版社，2003年。

（2）吴允诚传

吴允诚，蒙古人。名把都帖木儿，居甘肃塞外塔沟地，官至平章。永乐三年，与其党伦都儿灰率妻子及部落五千、马驼万六千，因宋晟来归。帝以蒙古人多同名，当赐姓别之。尚书刘俊请如洪武故事，编为勘合。允诚得赐姓名，授右军都督佥事。伦都儿灰亦赐姓名柴秉诚，授后军都督佥事。余授官赐冠带，给畜产钞币有差。使领所部居凉州耕牧。晟以招徕功，封西宁侯。自是降附者益众，边境日安，由允诚始。

七年往亦集乃觇敌，擒哈剌等二十余人，进都督同知。明年从出塞，败本雅失里，进右都督。寻进左都督。与中官王安追阔脱赤，至把力河获之。封恭顺伯，食禄千二百石，予世券。允诚三子：答兰、管者、克勤。允诚与二子从军，留其妻及管者居凉州。番人虎保等诱胁允诚众，欲叛去。允诚妻与管者谋，召部将都指挥保住、卜颜不花等擒其党，诛之。帝喜，降敕奖之，赐缣钞羊米甚厚，授管者指挥佥事。保住赐姓名杨效诚，授指挥佥事。鞑靼可汗鬼力赤遇弑，其下多溃。答兰与别立哥请出塞自效，有功。别立哥者，秉诚子也。

帝征瓦剌，允诚父子皆从。师还，命仍居凉州备边。允诚卒，赠国公，谥忠壮。

(清)张廷玉等撰:《明史》卷一百五十六,第 4269 页,中华书局,1974 年。

二二〇、唐兀不花

唐兀不花,生卒年不详,唐兀氏,居和林。北元时期任丞相。子庄家。

《奸党录》载封绩招云:绩系常州府武进县人,幼系神童。大军破常州时,被百户掳作小厮,拾柴使唤。及长,有千户见绩聪明,招为女壻。后与妻家不和,被告发,迁往海南住坐,因见胡陈擅权,实封言其非。为时中书省凡有实封到京,必先开视,其有言及己非者,即匿不发,仍诬罪其人。胡丞相见绩所言有关于己,匿不以闻,诈传圣旨,提绩赴京,送刑部鞫问,坐死。胡丞相着人问说:"你今当死,若去北边走一遭,便饶了你。"绩应允。胡丞相差宣使送往宁夏耿指挥、居指挥、于指挥、王指挥等处。耿指挥差千户张林,镇抚张虎、李用,转送亦集乃地面。行至中路,遇达达人爱族保哥等,就与马骑,引至火林见唐兀不花丞相。令儿子庄家送至哈剌章蛮子处,将胡丞相消息备细说与,着发兵扰边。我奏了。将京城军马发出去,我里面好做事……

(清)潘柽章撰:《国史考异》卷二,第 58 页,《丛书集成初编本》,中华书局,1985 年。

二二一、唐兀不花

唐兀不花,生卒年不详,唐兀氏。明太祖时,为东寨千户,归降。

庚午置礼店千户所,以孙忠谅、赵伯寿为正千户,石添寿等为副千户。忠谅本文州汉军,为西番万户府正万户,夏主授以礼店副元帅、达鲁花赤,闻颍[①]川侯傅友德征蜀,师次秦州,率所部降,与汉番千户王均谅俱从友德,克阶、文二州,至是蜀平。忠谅率其军民千户、世袭达鲁花赤赵阿南、赵伯寿,东寨千户唐兀不花,达鲁户所,以忠谅为千户。

《明太祖实录》卷六十九,第 1289 页,(台北)"中央研究院"历史语言研究所,1983 年。

二二二、朵罗只

朵罗只,生卒年不详,河西僧。至正间,建寺于石佛山,名智果院。

石佛山、海会寺。石佛西联宝山,南面瑞石,旧有大乘石佛寺。宋嘉熙间,僧凿石为三佛。元至正间,河西僧朵罗只募缘庄严建寺居之,改名智果院。

(明)田汝成编:《西湖游览志》卷十二,第 140 页,浙江人民出版社,1980 年。

二二三、贺庸

贺弘文庸[②]

---

① "颖"为"颍"之误。原文"颖"同"颕",此处应该是"颍"。

② 原注:"弘文"原缺,据稿本补。

庸号野堂,武威人。授经于余忠宣公阙,官爵失其传[①]。明初侨寓兴化,以教授为业,有《野堂集》[②]。

(清)顾嗣立、席世臣编:《元诗选》(癸集下),第1150页,中华书局,2001年。

二二四、文殊奴

文殊奴(?—1370),唐兀氏。居甘肃,为达鲁花赤。

文书奴神识经幢佛顶尊圣陀罗尼神咒[③]

□□路达鲁花赤文殊奴,甘肃省居住,唐兀人氏,宣光五年八月十三日亡过。宣光七年二月□十日坐□□子妻……

文殊奴神识

方国瑜著:《云南金石文物题跋》,第303页,载《方国瑜文集》(第4辑),云南教育出版社,2001年。

二二五、李南哥

李南哥(1338—1430),姓李氏。其先世居西夏,后迁居西宁,遂占籍为西宁人。祖梅的古,父管吉禄,皆追封会宁伯。李南哥自幼气质超卓,稍长习武,为部落豪杰。明太祖时,率所部归顺,授西宁卫管军土官所镇抚。招抚西纳诸族,奉命建罕东、安定、曲先三卫,擒拿西纳族不守礼度者,升指挥佥事,阶怀远将军、武德将军,后年老退休在家,宣德五年(1430)卒,寿九十三,葬西宁之巴州山。子,李英代其职,屡从明太宗出征北敌,官至陕西行都司都指挥佥事,右军左都督,推诚宣力武臣特进荣禄大夫柱国会宁伯。

李南哥家族人物表

<table>
<tr><th>第一代</th><th>第二代</th><th>第三代</th><th>第四代</th><th>第五代</th></tr>
<tr><td rowspan="3">梅的古</td><td rowspan="3">管吉禄
妻公氏</td><td rowspan="3">李南哥
妻王氏</td><td>李英</td><td rowspan="3">李文
李武
李衵
女三人</td></tr>
<tr><td>李雄</td></tr>
<tr><td>女三人</td></tr>
</table>

会宁伯李公墓志铭[④]

推诚宣力武臣特进荣禄大夫柱国会宁伯李英,以所述先考会宁伯之官封事

---

① 原注:"官爵失其传",稿本作"累官至弘文馆"。

② 《野堂集》,今佚。仅存《至正二十三年秋九月同孟州知州登玉龙山》诗一首。

③ 原石刻无题名,《文殊奴神识经幢佛顶尊圣陀罗尼神咒》题系方国瑜先生所拟。

④ 《会宁伯李公墓志铭》是现存最早的记载李南哥家族文献。其家族文献多见于《明史》、《明实录》、地方文献以及出土的实物文献《李英神道碑》。

迹一通，泣拜请余为铭，以志其墓。余辞再三不获，则为按状而序之曰：公讳南哥，姓李氏。其先世居西夏，后有居西宁者，遂占籍为西宁人。祖讳梅的古，考讳管吉禄，皆追封会宁伯。母公氏，赠夫人。公姿貌丰伟，性质直，自幼志气超卓，为乡人所推。比长颇习武事，番族部落皆信爱之。

我太祖高皇帝既定中原，薄海内外皆称臣奉贡。公远处西徼，独能识察天命，率所部来归，特授西宁卫管军土官所镇抚。其后，西宁建卫置官府，公屡效劳力，招徕西纳诸族，先后来朝者不可胜计。既又奉命建罕东、安定、曲先三卫，令岁入马三千余匹，至今号金牌马云。已而千户析者孙构逆谋祸延于众，公独被旨无扰，复升卫镇抚，阶武德将军。且给公符验，但有以无理相加者，许驰释来奏。及西纳族指挥板麻领直答儿、千户领真奔协比为恶，不守礼度，太祖高黄帝命公禽二人以献，特升指挥佥事，阶怀远将军，重加赉赐。其后，公老退休于家，遂以子英代其职。英克承公教，尽心朝廷，屡从太宗皇帝出征北敌，累劳升陕西行都司都指挥佥事。今上皇帝莅阼之初，复（升）右军左都督。公两膺封秩，皆如其子，又以英封，由都督进封会宁伯。然公虽耆龄，其心拳拳，不忘朝廷，时英奉朝诣京师，公匍匐万里，备良马方物来贡。上嘉其诚，优赐银币，即遣其西还。比至家，数月而卒，时宣德五年正月十四日也，享春秋九十有三。上为感悼，特遣中使谕祭，且命官司营葬事，以某年某月某日葬西宁之巴州山。

公娶王氏，赠夫人。子男二人，长英，次雄，锦衣卫千户；女三人，长适指挥班贵，次适汪福，次赘婿薛某；孙男三人，长文，陕西行都指挥使，次武，次昶，孙女三人。为之铭曰："侃侃李公，夙秉忠义，来归太祖，累效劳勋。至于太宗，益勤弗替，既昌厥家，以畀其子。子有禄位，是公所致，公享其福，恩宠荐至。冠缨峨峨，照耀乡里，寿考令终，无憾生死。公去日远，九原难起，最事以铭，属于太史。巴州之原，公藏于此，奕世有闻，尚告来裔。"

(明)金幼孜撰：《金文靖集》，第829—830页，《景印文渊阁四库全书》第1240册，(台北)"商务印书馆"，1986年。

二二六、沙览答里

沙览答里(？—1367)，河西人，姓路氏。仕元，官至平章、左丞相。

(1) 沙览答里，(至正二十五年)十月，升为头平章。

(明)宋濂等撰：《元史》卷一百一十三，第2860—2861页，中华书局，1976年。

(2) 沙览答里，至正二十六年正月，升为左丞相。二十七年，九月分省大同，十一月薨。

(明)宋濂等撰：《元史》卷一百一十三，第2862—2863页，中华书局，1976年。

(3) 沙览答里，河西人，姓路氏。仕元至丞相、南台御史大夫。

(明)朱旃著，吴忠礼笺证：《宁夏志笺证》卷上，第135页，宁夏人民出版社，1996年。

二二七、论卜

论卜[1]，河西人。仕元至司徒平章。元末守宁夏。

(明)朱旃著，吴忠礼笺证:《宁夏志笺证》卷上，第135页，宁夏人民出版社，1996年。

二二八、冯答兰帖木

冯答兰帖木，生卒年不详，河西人。父藏卜，仕元至国公。元亡，降明，居灵州，后叛逃，被捕斩。

(1) 冯答兰帖木，河西人。父藏卜，仕元至国公。来降，居灵州，卒。答兰以军功仕至都指挥。

(明)朱旃著，吴忠礼笺证:《宁夏志笺证》卷上，第136页，宁夏人民出版社，1996年。

(2) 柳升……出镇宁夏，讨斩叛将冯答兰帖木儿[2]等。

(清)张廷玉等撰:《明史》卷一百五十四，第4236页，中华书局，1974年。

二二九、偰斯

偰斯，河西人，元末知嘉定州，以全城归附。洪武二年，擢为符宝郎，奉使高丽。历官尚宝丞户部郎中，擢尚书，转吏部，卒。

(明)王鏊撰:《姑苏志》卷四十一，第627页，《北京图书馆古籍珍本丛刊26》，书目文献出版社，1990年。

二三〇、文舜卿

□书省委官□ 本县驿唐兀氏文舜卿

孙继民，宋坤:《元代西夏遗民踪迹的新发现——元〈重修鹿泉神应庙碑〉考释》，《宁夏社会科学》2011年第2期。

二三一、张俊德、张彦中

张俊德，生卒年不详，西夏人。仕元，官教谕。

张彦中，生卒年不详，西夏人。仕元，官录事。

赠张俊德教谕彦中录事

王陵一代英，徐庶百世士。

功名系遭逢，孝诚本天理。

吾友两孝张，其先西夏氏。

众方冒国姓，而独变夷礼。

---

① 《元史》无论卜信息。

② 即冯答兰帖木。

兄犹困鸡口，弟尝蹑龙尾。
出处矢弗违，安危视同体。
前年瓯人横，猰貐[1]越南鄙。
仰事惟君亲，彷徨曷能已。
挂帆藉风姨，扶舆拱山鬼。
艰劳千百状，息心饮谷水。
登堂拜大宾，列帐坐弟子。
鹳雀三衔鳣，春冰双跃鲤。
虽加晋楚富，未忍彼易此。
绿林气凋伤，玉璧[2]见秾李[3]。
殷勤报二难，安排书五始。

(元)王逢撰：《梧溪集》卷四，第489页，《北京图书馆古籍珍本丛刊95》，书目文献出版社，2000年。

二三二、何伯翰

何伯翰，生卒年不详，西夏人，居杭州。为杨维桢弟子，元代举人。

何伯翰家族人物表

第一代	第二代	第三代
息简礼	益怜质班 妻何氏	何伯翰

(1) 送何生序

何生伯翰氏，其先西夏人也。祖息简礼，尝录僧事于杭因家焉。父益怜质班，早丧。翰生五岁依舅氏，舅氏因以母姓姓之。母素贤，通文史，既寡，以节自誓。教翰有法，日出就外傅，夜归课其业。年十六岁受经于予，通《春秋》、《五传》、《毛氏诗》，尤长于《易》。遭时丧乱，士以弓刀之习，易铅椠。翰独负郭，辟圃奉菽水于母，暇则退处小室，理故书，收缉予平生遗落文草，遂补注吴复所编予《古乐府集》行于时。人称其学该识广复不能过之。今年夏，文闱复开，翰就试，先三月，灵鹊巢其书，舍木见其扶梁，启离户占者，知其为中隽之兆，而不知其学有素也。将会试，春官同门友为赋诗，供张西门之外，求予为叙，遂为书，其世出行艺之概于卷首云。

---

① 原注：一作窫窳。
② 原注：一作雪。
③ 原注：秾李谓李忠襄。

(元)杨维祯撰:《东维子文集》卷八,第 6—7 页,《四部丛刊初编》第 364 函,商务印书馆,1922 年。

(2) 送三士会试京师序

至正己亥夏四月,江浙省试,吴越之士吾门弟子在其选者三人焉。南士曰忻怍,色目曰宝宝,曰何生三人者,择日赴春官。来别曰:"先生何以教我?"余既期其大对,为汉晁董而又勉其大器以宋李迪也。三人请迪故,迪盖从于种放先生者,业或试京师,种先以书见柳先生开,开留迪客门下,出题与门下共赋,迪赋出,诸生右,开惊曰:"君必魁天下且为宰相。"异时果然,余同年李中丞稷今之柳先生也,三人者以余言见之,并以文为贽中丞,当以迪故事待二人,并以文之占三人,顾魁多士,为太平宰相三人者,谁先惟三人焉,勉之勿多让迪。

(元)杨维祯撰:《东维子文集》卷一,第 8 页,《四部丛刊初编》第 364 函,商务印书馆,1922 年。

二三三、永济尚师

永济尚师,河西人。通三学,为西夏释氏之宗,称为祖师焉。修建华严,斋会科仪僧徒,至今尊而行之。

(明)朱旃著,吴忠礼笺证:《宁夏志笺证》卷上,第 176 页,宁夏人民出版社,1996 年。

二三四、黑禅和尚

黑禅和尚,河西人。深通禅观之学。年六十余示微疾,先知死期。至日坐化。

(明)朱旃著,吴忠礼笺证:《宁夏志笺证》卷上,第 176 页,宁夏人民出版社,1996 年。

二三五、惠广

惠广,生卒年不详,河西僧。元代时,为某府治观音庵住持。

河西僧惠广住观音庵疏

观音庵在府治之北垣,慈悲显相;舍利子来国都之西夏,欢喜住持。岂曰鸡园,聊资土苑。然菩萨之晨香夕火,舆伊蒲之朝斋墓盐,仰扣檀那,同结因果。况蜗蜓坏壁,蛛网颓梁,白衣相虽不染尘,青莲座亦皆涂地。开犍椎疏,实望信人,了粥饭缘,共成胜事。

(元)朱德润撰:《存复斋文集》卷七,第 200 页,《历代画家诗文集》,(台北)学生书局,1973 年。

二三六、杨弘正

杨弘正,生卒年不详,号静隐,西夏贵族。仕元为御史。

静隐字说

御史杨公弘正，世为西夏贵族，年方壮又登显宦，才茂器宏翕然，人以宰辅期之。而常嗜欲泊然，自号"静隐"，以寓其志或谓公耻与俗婴思，自拔埃尘之表。有慕幽人逸士之翛然，遐举于世若不屑焉。予闻而疑之，因考古人命名立字，或揭诸室而铭，诸盘盂几杖虽其义无常，然皆欲勖其德，以求合于圣人之道也。圣人之道，必由定而静，以接于群动严乎！显微而后辉，光著于事业，是以静隐之功致于学者也，及其成德则虽穷困，隐约寓诸耕钓版筑，未尝一日忘天下。岂若寒灰槁木，漠然自弃于无用，既而出为卿为公为帝者，师则列土而封五鼎而食，岂若泰然肆志，甘蹈祸辟而不止者。故君子闲居则思，致君泽民，处荣观则思静退，是又以静隐之道砥砺志操，而审乎进退之几也。夫静也、微也、动也、著也，循夫内以应，夫物而全吾心之德也。出也、隐也，观夫时以进退吾身也。皆所以存吾道，而求合于圣人之道也。古有不得志于时，则犹隐于吏，隐于市，非必逃山林，若避地避世为哉？况今朝廷清明俊乂，在位公日向用若预戒贵盛，无忘勇退以不改陋巷之乐。如前所陈者云耳，而彼乃方之以巢许沮溺不知公者也。予不得以无辩。

(元)释大昕撰：《蒲室集》卷十三，第334—336页，《四部丛刊四编》，中国书店，2016年。

二三七、河西李氏孝义旌门

邦人推厚德，天语表高门，自昔干戈集，于今孝友敦。振振生八世，蛰蛰又诸孙，世已朱轮贵，颜如白玉温。承家深雨露，制行谨朝昏，粟麦千夫膳，牛羊几处村。聊翩来汗马，奋激起溟鹍，家法常如此，官赀讵足论。一经遗教在，百忍古风存，棣萼荣春服，荆花覆酒尊。羽仪鸿有序，兵卫虎连屯，盛事垂编简，声华彻禁阍。恩波通弱水，和气接昆仑，薄俗嗟沦靡，陈诗示后昆。

(元)吴当撰：《学言稿》卷二，第268页，《景印文渊阁四库全书》第1217册，(台北)"商务印书馆"，1986年。

二三八、拜帖穆尔

拜帖穆尔字□□，唐兀氏。

溪山春晚

兴来无事上幽亭，雨过郊原一片春。
路失前山云气重，帆收远浦客舟停。
笛笙野馆二三曲，灯烛林坰四五星。
坐久不堪闻杜宇，东风吹我酒初醒。

(清)顾嗣立、席世臣编：《元诗选》(癸集上)，第654页，中华书局，2001年。

二三九、燕不花

燕不花，生卒年不详，字孟初，张掖人。读书为文，最善辩论。

(1) 燕不花字孟初,张掖人。出贵胄而贫,贫而有操,不忘请干于人。读书为文,最善持论。尝建月旦人物评,人以其言多中云。

西湖竹枝词

湖头春满藕花香,夜深何处有鸣榔。

郎来打鱼三更里,凌乱波光与月光。

(清)顾嗣立、席世臣编:《元诗选》(癸集上),第889页,中华书局,2001年。

(2) 初士门前集赛

杜清碧先生本应召,次钱唐,诸儒者争趋其门。燕孟初作诗嘲之,有"紫藤帽子高丽靴,处士门前当集赛"之句,闻者传以为笑。用紫色棕藤缚帽,而制靴作高丽国样,皆一时所尚。集赛则内府执役者之译语也。

(明)陶宗仪撰:《南村辍耕录》卷二十八,第720页,《景印文渊阁四库全书》第1040册,(台北)"商务印书馆",1986年。

二四〇、完泽

完泽,生卒年不详,字兰谷,西夏人。喜欢读书,尤工于诗律。仕元为平江路一字翼万户府镇抚。

完万户泽

泽字兰谷,西夏人。聪敏过人,善读书,尤工于诗律。仕为平江路一字翼万户府镇抚,廉谨且尚义,平汀寇实有功焉。

和西湖竹枝词二首

花满苏堤酒满壶,昼船日日醉西湖。阿依最苦雨离别,不唱黄莺唱鹧鸪。

堤边三月柳阴阴,湖上春光似海深。游人来往多如蚁,半是南音半北音。

(清)顾嗣立、席世臣编:《元诗选》(癸集下),第988页,中华书局,2001年。

二四一、恩宁普

恩宁普,生卒年不详,西夏名族。仕元为福建府省右丞,得太子赐书"文行忠信,为善最乐"。

为福建监宪恩德卿作

宝章,美皇太子也。太子聪明天授,锐志圣学。皇帝为开端本堂以教太子,太子自与师保之臣讲诵不辍。性雅好翰墨,内有所蕴,外笔之书,然每书辄寓惩劝以赐近臣。福建府省右丞恩宁普君,以西夏名族扬历中外,声光赫然,太子为书"文行忠信,为善最乐"八字以褒宠之,笔势飞动,气象森然。大夫美之而作是诗也。

倬彼云汉,为章于天。相彼宝章,昭回于编。

如龙斯升,如凤斯骞。如泰山斯重,如北斗斯悬。

泰山维何，岩岩高矣。北斗维何，奎璧交矣。
缅彼结绳，心焉忉忉。睆彼科斗，不可以淆。
何以似之，禹畴羲爻。于洛有书，于河有图。
圣人则之，人文诞敷。于古有训，世有格言。
格言孔嘉，垂裕后昆。於昭元子，岐嶷夙成。
群后在天，克配于京。终始典学，缉熙光明。
帝曰元子，毋怠毋盈。元子有命，咨尔墨卿。
乃召楮生，乃召管城。征彼处士，进彼陶泓。
执事有恪，遹观厥成。於皇尼父，载宣四教。
文行是先，忠信是蹈。曰维为善，处身之纲。
谁其乐之，东平王苍。彼臧克臧，俾也孔昌。
彼狂弗庄，俾也斯亡。嗟尔恩卿，永保全名。
允矣君子，展也大成。恩拜稽首，对扬洪休。
君子万年，永锡尔猷。

宝章十章，五章章八句，五章章四句。

(元)李士瞻撰:《经济文集》卷六，第486页，《文渊阁四库全书》第1214册，台北"商务印书馆"，1986年。

二四二、孟克特穆尔

孟克特穆尔，唐古人氏，授宣武将军。俱建昌路总管。

(清)谢旻等监修:《江西通志》卷四十六，第509页，《景印文渊阁四库全书》第514册，(台北)"商务印书馆"，1986年。

二四三、托克托

托克托，万历《绍兴府志》，字子安，敦煌人。余姚州达噜噶齐。为人廉明持重，莫能窥其际。及事至，刃解斧断，张弛得宜。

(清)沈翼机，傅王露纂:《浙江通志》卷一百五十三，第152页，《景印文渊阁四库全书》第523册，(台北)"商务印书馆"，1986年。

二四四、智妙酩布

智妙酩布，西夏人，大都寺庙僧人。

史金波:《西夏文化》第二章《居庸关过街塔六体文石刻》，第100页，吉林教育出版社，1986年。

二四五、托克托

托克托，宁夏人，俱江西肃政廉访使。

(清)谢旻等监修:《江西通志》卷四十六,第509页,《景印文渊阁四库全书》第514册,(台北)"商务印书馆",1986年。

二四六、宝宝

宝宝,字子约,唐兀人,为钟离县达鲁花赤。廉洁有善政,当时称之。

(明)柳瑛修:《成化中都志》卷六,第22页,《四库全书存目丛书·史部一七六》,齐鲁书社,1996年。

二四七、山马

山马,西夏人,同知州事。治行殊卓,民怀之,立去思碑。

(明)钟崇文纂修:《隆庆岳州府志》卷十三,第74页,《天一阁藏明代方志选刊57》,上海古籍书店,1963年。

二四八、吉泰

吉泰,生卒年不详,字祐之,西夏人。仕元为宪府,从虞集学习《易》。

吉泰祐之字说

《大有》上九之《象辞》曰:"自天祐之,吉,无不利。"吉而又言无不利者,吉之至也。其曰"自天祐之"者,盖言所以至吉,皆天祐之也。大有之时,火在天上,最明最盛之时也。天之与火,高明在上,是以上爻有此吉也。祐者,助也。则所谓吉者,天助之也。《易大传》、仲尼,再三言之。又推其所以得吉者,履信、思顺、尚贤也。天即理也,顺理而行,无非天道,则厥无凶悔吝之事,所以祐而助之者皆吉也。信,顺之实也。天人无二理也,是以周公以天为言,仲尼又兼以人为言者,得乎天,斯得乎人矣。是道也,非贤者不足以得之,是以尚之也。《易》之为书大矣,而辞象变占,可以尽知。仲尼又以明之曰,居则观其象而玩其辞,动则观其变而玩其占。动静之间,有以察乎阴阳之往来,刚柔之变化,昼夜寒暑之交,而有得于逆顺从违之理焉,而趋吉之道尽矣。噫!周公处忧患久矣,天祐之吉,方见于此爻。而仲尼反复论之,盖言必如是而后可吉也。祐之,西夏之俊也。西夏之学,明于佛理,致吉之道,亦多术哉。祐之从仕宪府,乃独于吾《易》有取焉,此善于处泰者也。愚之朴学如此,譬之于人,饭糗茹草,自信为甘美,则有以献诸友朋,不自知其苦寂之甚也。祐之或有所择焉。

(元)虞集撰:《道园类稿》卷三十一,第91—92页,《元人文集珍本丛刊》(六),新文丰出版公司,1985年。

二四九、长寿景仁

长寿景仁,生卒年不详,西夏人。仕元为湖广行省理问所知事。

赠曾彦鲁序

西夏长寿君景仁，以湖广行省理问所[①]知事，乘传使吴，适母夫人病中满黄发外且剧。景仁忧甚，问医者于庸田副使高公，公以曾君彦鲁荐。彦鲁诊脉曰："此病在脾胃湿热。"投药疗之随愈。景仁思欲以言美其术。余雅知景仁事亲孝，而彦鲁为大府史，以医游公卿间，其起人之疾如此，皆可书。乃为之言曰：昔者先王立医师，治医事，凡邦有疾病者咸造焉，则使医师分而治之。岁终则稽其事，以颁其禄。而五味、五谷、五药之剂，存乎神农、子仪之书，五气、五声、五色之审，显乎扁卢之技，而九窍、九藏之侯，著乎岐伯、秦和、榆柎之数。然自秦焚典籍，而医方亦与圣人之经并废。至汉广开献书之路，使谒者陈农求遗书于天下，作史者取以列诸《艺文》，而与六经百家之书并传于后世者，皆李柱国之所校也。夫脉有经络、骨节、阴阳、表里之殊，药有五苦、六辛、水火之济，而治有针石汤火酒醪之异。因脉以察病之浅深，在腠理者以汤熨之，在血脉者以针石攻之，在肠胃者以酒胶散之。此皆神农、岐伯、子仪、卢扁、秦和、榆柎之伦，起度权，立规矩，称量衡，按绳墨，与天地参，为生人万世之计。而汉世淳于公、张长沙，近世刘河间、张易水、李东垣之徒，共守之以为律令者也。盖医之用药，犹吏之用法。药以去病，法以除弊。故礼不足而后法施，犹养不足而后药用焉。今彦鲁之禄不制于医司，职守不掌于医师，而邦之有疾者造之恐后，不待岁终，而其起人之疾，如起景仁之母夫人者，皆可称也。然究其业，方以儒术缘饰吏事，而刑名法家之说，习之如习神农、子仪之书，其执文牍，佐郡长吏，除民间疾苦，又若用汤火、针石之属以去夙疾也。今秩满，将辟漕府史。使由此而升，则其登显荣，食厚禄，如太仓令、长沙守者，殆犹策骏马以适燕蓟，非一日千里不止也。昔之论为国者，盖以医取喻焉。故余因景仁之意，申而言之，非敢为彦鲁告。告其知彦鲁者，必以吾言为弗戾也。

(元)陈基撰：《夷白斋稿》卷十八，第278—279页，《景印文渊阁四库全书》第1222册，(台北)"商务印书馆"，1986年。

二五〇、迁家讷

迁家讷，生卒年不详，西夏人。任平江路长洲县丞三年，受民爱戴。

送长洲县丞归诗

夫裒衣裧冠，乘坚策肥，驰骛仕宦之林，而有贵夫世之佳公子者，盖以其习闻于家庭者，非忠于其君，则孝于其亲也，非弟于其长，则信于其友也。其周旋于朝夕，则威仪之度，进退之容，射御之文，应对之节，又皆可以莅官而临民者也。使之出而从政，殆犹驾熟路之车、骋康衢之骏，而予也则于长洲丞西夏迁家讷君见之。盖君之上世，鸣玉纡组，垂休著烈，代不乏人。而君因其先大夫之泽，效官仓

---

① 官名。元各行中书省所属有理问所理问与副理问。

庾而来也，始则人敬之，终则人爱之，去则人思之。胡为其能尔哉？盖长洲为邑，丽于大府，赋夥而讼烦。丞之为职，所以贰令，位美而势逼。前人之处于是者，佥以为难。而君也佐烦夥之邑，不急以虐民，不缓以偾事，居势逼之位，不嫚以长傲，不阿以辱身。三年之间，不强民以敬而民敬，不徼民以爱而民爱，不要民以思而民思。嘻！善之足以动物也若是乎？君顾不以习闻于家庭者为已足，周旋于朝夕者为已至，而谌谌焉若将益充其所以孝、所以忠与夫弟且信者，以云汉为康衢，朝廷为熟路，而其所谓不负丞者，未足为君颂也。然诗者所以宣有德，序者所以纪其善，吴之大夫士于君亦厚矣，故予不敢让而乐为之书。

(元)陈基撰：《夷白斋稿》外集卷下，第374页，《景印文渊阁四库全书》第1222册，(台北)"商务印书馆"，1986年。

二五一、孛兰奚

孛兰奚，生卒年不详，河西右族。仕元为德清县达鲁花赤。

德清县学祭器记

德清县学新作祭器成，主簿潘君以书来曰："县有学，学有庙，尚矣。前教谕蒋钧所置祭器仅四十有九，吾县尹苏侯之始至也，首以兴学为务。勒褒封之辞，以昭国典；饰严奉之具，以崇庙貌。增广生员而训迪劝励之。寻用今教谕胡宗海之请，按旧图补造祭器之未备者百三十有九。罇、爵、簠、簋、豆、登、罍、勺、盘、坫之属，如式告完。费钱以缗计者千七百五十，皆富而好礼之家慕向而悦助之者也。盖侯之抚民有恩，驭吏有法，而济之以无倦。今达鲁花赤与侯下车同日，克笃于寅恭之义，并志壹虑，俾伸其所欲为。仆居其间，虽无能为役，亦左右交赞之。故未及期月，而庭无滞讼，奸豪屏息，官府事益以简。余力所逮，自社稷坛、三皇庙，至于公署、宾馆、亭台、库厩，以次毕新。凡侯之所设施，可称道者非一，而莫重于礼器之大备。愿举其所重为之记，它善状得以附见焉。"予惟古之释奠，为礼也略，为器也容不必备。今既庙事孔子，在著令为中祀，牲币物器咸有定制，其礼自朝廷达于四方。而偏州下邑，迫于米盐细故，日不暇给，春秋之荐，幸不废而已。苏侯独识其若缓实急，而不苟于因陋就寡，考仪文之缺，而于器数之末有所不遗，能尽其职分之当为，而敬其事如此，余可知也。庸弗辞而记之。达鲁花赤名孛兰奚，河西右族。苏侯名靖，世居濮之临清。潘君名子阳，予同郡金华人也。祭器之及助钱者之氏名，悉列于石阴云。

(元)黄溍撰：《金华黄先生文集》卷十，第187—188页，《续修四库全书》第1323册，上海古籍出版社，2002年。

二五二、燮理俞询

燮理俞询，生卒年不详，河西人。仕元为统军经历，喜好读书。

孤隼叹

燮理俞询，河西人。白衣受府辟，以统军经历来壁吾乡，州同知托欢达实密者，贪冒丧师，律当坐，徼幸以赂免。营求继至，故挠其权，迫使他去。挟奸吏，玩寇营私，民稍自给者不幸为吏所知，即中以奇祸，尽覆其家。慨思燮理不可已。燮理廉而文，工水墨，慷慨自负，惜武略非所长。

河西万里来孤隼，侧目烟埃心未逞。黠枭自诡产阴山，失势包羞苟逃命。咄哉隼去枭独留，引类呼俦肆残忍。毒蛇见面即唤名，怪虫含沙工射影。十家屏息九杜门，恨不移居托智井。枭鸣喂肉群飞翔，草间狐兔尽陆梁。细思物极理当反，安得仪凤鸣朝阳。呜呼！安得仪凤鸣朝阳。

(元)周霆震撰:《石初集》卷二，第 470 页，《景印文渊阁四库全书》第 1218 册，(台北)"商务印书馆"，1986 年。

二五三、大礼普化

大礼普化，生卒年不详，字君宝，唐兀氏。仕元为许州达鲁花赤。

(1)(许州达鲁花赤)大礼普化，字君宝，西夏唐兀氏，兼襄城。

(明)张良知:《嘉靖许州志》卷五，第 23 页，《天一阁藏明代方志选刊第 47 册》，上海古籍书店，1982 年。

(2)峄县儒学。在县城东。创于宋元，知州梁宜重建，大礼普化继葺。国朝洪武二十三年知县王盘，正统八年知县王御，天顺六年主簿张彬，嘉靖十年知县□□相□修书，社学在各里。

(明)陆钎等纂修:《嘉靖山东通志》卷十六，第 13 页，《景印文渊阁四库全书》第 540 册，(台北)"商务印书馆"，1986 年。

二五四、阔阔出

元，达鲁花赤。尹:阔阔出，河西人。

(清)齐德正纂修:《同治湘乡县志》卷六，第 6 页，《中国地方志集成·湖南府县志辑 19》，江苏古籍出版社，2002 年。

二五五、梁帖木儿

(义乌县丞)梁帖木儿，唐兀人。

(明)王懋德纂修:《万历金华府志》卷十二，第 54 页，《四库全书存目丛书·史部第 176 册》，齐鲁书社，1996 年。

二五六、方显祖

(诸暨县达鲁花赤)方显祖，子谦，唐兀氏，女直人。

(清)沈椿龄修:《乾隆诸暨县志》卷十六,第22页,《中国方志丛书·华中地方第598号》,(台北)成文出版公司,1983年。

二五七、高智

(江南诸道行御史台御史中丞)世次无考:高智。

(江南诸道行御史台侍御史)世次无考:高智,河西人。

(明)陈善等修:《万历杭州府志》卷之九,第702页,《中国方志丛书·华中地方第524号》,(台北)成文出版公司,1983年。

二五八、宁猪狗

宁猪狗,生卒年不详,山丹人,孝母。

宁猪狗,山丹州[1]人。母年七十余,感风疾,药饵不效,猪狗割股肉进啖,遂愈。岁余复作,不能行,猪狗手涤溷秽,护视甚周,造板舆载母,夫妇共舁,行园田以娱之。后卒,居丧有礼,乡闾称焉。

(明)宋濂等撰:《元史》卷一百九十七,第4443页,中华书局,1976年。

二五九、高沙剌巴

高沙剌巴,生卒年不详,河西僧,献言于朝廷,提议修建帝师殿,被采纳。

敕建帝师殿碑

有河西僧高沙剌巴建言于朝,以为孔子以修述文教之功,世享庙祀而光帝师德,侔将圣师表一人制字书,以资文治之用,迪圣虑以致于变之化,其功大且远矣。而封号未追,庙享不及,岂国家崇德报功之道哉!大臣以闻,诏郡国建祠宇,岁时致享。

(元)释念常撰:《佛祖历代通载》卷二十二,《大正新修大藏经(史传部一)》卷四十九,第733页,佛陀教育基金会,1990年。

二六〇、都罗慧性

西夏文大方广佛华严经

都罗[2]慧性,党项人。发愿施印西夏文《大方广佛华严经》。

史金波著:《西夏佛教史略》,第209页,宁夏人民出版社,1988年。

二六一、奴伦及其父

奴伦,生卒年不详,唐兀氏,达鲁花赤伯家奴之女。

---

① 《嘉靖陕西通志》误为“卫”。“卫”为明代地方建制,原志将宁猪狗事迹归入元代,同条下还有昂吉儿、刘容、余阙等河西人物,应系元代人物。山丹在元朝为州,隶属甘肃行省,在西夏故地张掖境内。

② 都罗为党项姓氏。

奴伦家族人物表

第一代	第二代
伯家奴	奴伦(女)

太傅文安忠宪王家传

伯都由翰林学士三迁，遥授中书平章政事，侍御史，拜中书参知政事，进右丞，没，赠克勤智义佐运功臣，金紫光禄大夫、行中书省左丞相、上柱国，追封赵国公，谥安肃王。初娶唐兀氏奴伦，某达鲁花赤伯家奴之女，由鲁国夫人，追封父安王夫人者也。

(元)黄溍撰:《金华黄先生文集》卷四，第 872 页，《续修四库全书》，上海古籍出版社，2002 年。

二六二、喜饶益稀

喜饶益稀，西夏禅师。为《红史》作者公哥朵儿只叙西夏国王属火命，成吉思汗属水命，阔端为西夏杰廊王转世等。

蔡巴·贡噶多吉著:《红史》，第 28 页，西藏人民出版社，2002 年。

二六三、刘中守

刘中守，生卒年不详，西夏人。善著书与修经世大典，初掌管所在地方教育行政事务，又升为丞相幕府官员，后累官宣文阁博士、工部员外郎。

送刘中守佥事还京师序

予闻天于瑰伟卓荦峻特之士，必有所抑遏摧沮顿挫，而后志专学力奋焉。有为以大其业而张其名，不然其志不专，其学不力，虽有瑰伟卓荦峻特之士，业不大名不张也。西夏刘君中守，以善书与修经世大典。由郡文学辟东曹，掾累官宣文阁博士、工部员外郎。比年，四方兵起，天子以闽海道远，守吏失职，遣君浮海持节，佥廉访司事。既至行，按建宁、邵武二郡，时二郡大盗压境，民方苦暴敛，君所过，召父老慰问疾苦，布宣德意至，为之感泣。然君性外慈内刚，有不直辄，攘臂挺起，正言不顾，用是多与人龃龉不合，久之竟以言去君阖门，愈自刻厉读书，穷日夜不已，兴至即赋诗写字，或援笔画山水，意趣天出。虽疏食屡空泊如也，若是则中守得以专志力学，于抑遏摧沮顿挫之余矣。天果以是大其业张其名耶！夫克敌之将，每胜于几危，徇国之忠，恒信于孤愤。故善学之士，亦往往得于困心衡虑焉。然非确然有以见天下之理，即其所遇而无不安者能尔乎？吾于是益知君之果为瑰伟卓荦峻特之士矣。今复将涉鲸海之涛酹，燕山之月，以游于京师，其必有所遇也哉！于其行序以别。

(元)贡师泰撰:《贡礼部玩斋集》卷六，第 380—382 页，《四部丛刊四编》，中国书店，2016 年。

二六四、常公

常公，生卒年不详，号方壶，西夏人。博学好古，工诗文，遨游四方，善讲怪神者诸事。

（1）方壶记

西夏常公，少有高世之志，家故名族。生长富贵，恒欲屣视，轩冕寄兴，烟霞挥斥，八极与造化者游，因号曰“方壶”。四方之士，想其风采，咸以为神仙中人，非流俗所能测也。予游崆峒，公特列高仲所为记，求著其说。予与公有通家之好，奚敢以芜陋辞。予闻方壶乃海中神山之一，仙圣所居，其说具载列御寇书，世以为寓言咸莫之信。惟山之有，无不足深，辨所谓神仙者，若果有之要必离世，独立超然物表，非沉溺声利者所能也。世无仙山则已，有则唯无欲者能窥其奥。秦汉之君穷极奢侈欲浮海以求非惑欤。呜呼！天地肇分鳌极，以立神州赤县环瀛海，以为奥区，圣神代作弥纶玄化，斯民熙熙皞皞跻乎寿域。至于山川草木鸟兽鱼鳖，莫不咸若此。盖域中之神仙，人居其间者，咸有至行，则亦仙圣之俦也。世衰道熄，七雄并争，赤县神州几何不为鲸鲵之区，民殆变为异类矣。列御寇生乎其时，厌浊世之秕糠，悼民生之寡，遂意为中国不可居矣。海中乃有神仙所居，敻绝凡俗庶乎可求。而世人不能超然，以独往也。噫！列御寇之言，若是殆亦忧世者欤。矧当时避世之流，固有往来商山桃源之间，而世人未之识也。谓世果无仙山，然欤？否欤？公博学好古，工为诗文，以方壶自号，岂好语怪神者，盖如子房欲从赤松子游。俟它日名遂身退，翛然归隐，优游江南诸名山人之见公者，或邂逅于此，而复遇于彼，出入隐显，莫知所终，安知世之人，不以为仙。如南昌梅福云。

（元）胡行简撰：《樗隐集》卷四，第136页，《景印文渊阁四库全书》第1221册，（台北）“商务印书馆”，1986年。

（2）方壶诗序

海宇混合，声教大同，光岳之气，冲融磅礴，而人材生焉。西北贵族，联英挺华，咸诵诗读书，佩服仁义。入则谋谟帷幄，出则与韦布周旋，交相磨砻，以刻厉问学，蔚为邦家之光。至元、大德间，硕儒巨卿，前后相望，自近世言之，书法之美，如康里氏子山、扎剌尔氏惟中。诗文雄混清丽，如马公伯庸、泰公兼善、余公廷心皆卓然自成一家。其余卿大夫士，以才谞擅名于时，不可屡数。若方壶常君，河右之伟人也。才总角飘飘然有凌云气，下笔惊人，如不食烟火之语，暨长遨游四方，充之以学问，广之以见闻，于是其所著述，大篇短章，咸中矩度铿锵韶濩，翕辟宫商。惜其流落江南，遭回州县，不得与诸贤颉颃颂歌，清庙以鸣太平之盛尔。乡友宋子与宗人胡震亨往来京师，谈公之美不绝口。然时亦莫之用也，二君一时作者惜俱已矣。惟公之精神老而弥健，文章学问与年俱高，俯仰今昔不胜慨然，姑识是语以征来者。

（元）胡行简撰：《樗隐集》卷五，第143—144页，《景印文渊阁四库全书》第1221册，（台北）

“商务印书馆”,1986 年。

二六五、三宝

三宝,生卒年不详,河西僧。在钱塘门西面,垒石与砖,建了一座西番塔。

钱塘门西出石函桥,河西僧三宝者,垒石与砖为西番塔。旧无有也,今四五十年矣,想塔未能如旧也。塔南即宋放生池,旧碑磨去高文虎误用事,所谓夏王道传语商王:“这鸟兽鱼鳖元来是你。”西去即保叔塔,山脚下有大石,世传秦始皇缆船石,喻弥陀劝人修西方净业,画丈余弥陀,遇填头行刑日,弥陀张大像颂佛号,其用勤矣。正凿缆船石为大佛头,耳窍可坐七人,其大可知。東临湖白云宗寺,西则水月园,由山而上,则相严寺。寺西石磴直上,则叔宝塔也,下则多宝寺,寺西宋诗人孙花翁墓也。墓西嘉泽庙,祠西湖龙王,苏文忠公题“和靖处士像”语,结谓“不然配食水仙王,一盏寒泉荐秋菊”。祠西小寺,忘其名。稍西复陟巘,瞿运使廨宇在焉。后舍为善住阁,其间有山中四时小窗横幅“安乐窝”之类,其结构皆明敞可喜。稍西为寿星寺,寺有寒碧轩,苏文忠公题诗尚在。寺稍西,陟磴而上,为江湖伟观,文忠公所谓“一舸鸥夷江海去,尚余君子六千人”。余尝与张贞居欲登伟观,则磴道坏,不复有其处矣。寺西则玛瑙寺,寺南养乐园,园中花卉、湖石、杉桧尚存,临湖飞楼雄丽。贾相养其母夫人,车船自其第,茶顷便至园。园有悦生堂,前有亭,今归吴中周佥省。园北出稍西,复登巘,则玉清宫也。宫北户直上为初阳台,台有亭,倚亭而望,尽得西湖之胜,复有屋数间,祠葛仙翁。宫西为阁山寺,为六一泉寺,为圆明寺。寺西则栖霞岭,岭下为岳王坟。南临湖为褒忠寺,寺为其孙毁,今迁寺忠烈庙后。岳坟西则冲虚宫,宋宁宗老宫人为女冠所建也。宫西为耿家步,余先人旧居,与宫正相对,今屡易主矣。由耿家步而西,为东山庵,庵有女冠神,宫火后,仅仿佛尔。内附后,僧建静胜寺,殊宏壮。

(元)郑元佑撰:《遂昌杂录》,第 393—394 页,《景印文渊阁四库全书》第 1040 册,(台北)“商务印书馆”,1986 年。

二六六、惠善

(1) 大朝至元八年七月二十八日,西夏国仁王院僧惠善到此。

李逸友:《呼和浩特市万部华严经塔的金元明各代题记》,《文物》1977 年第 5 期,第 62 页。

(2) 西夏仁王院僧人惠善,在西夏灭亡之后,曾远游至丰州。

史金波著:《西夏文化》,第 100 页,吉林教育出版社,1986 年。

二六七、邪卜不花

(唐兀氏刘完泽)女二人:长适同郡李某;次适邪卜不花[1],奉政大夫,大都督

---

① 邪卜,为西夏党项人姓氏。《元史》有也蒲甘卜、余阙之妻耶卜氏。

漕运副使。

（元）虞集撰：《道园类稿》卷三十一，第267页，《元人文集珍本丛刊》（六），新文丰出版公司，1985年。

二六八、鲁宗岱

鲁宗岱，生卒年不详，西夏人。任昆山州判。

云岩说

岿然而高者，泰山之岩也；悠然而生者，泰山之云也。方其触石而出，肤寸而合，不崇朝而雨天下，其利泽之及物，可谓广矣。及其抱石而止，依岩而栖，招之不来，引之不去，悠悠乎泊于槁木之枝，泛泛乎游于野鹤之群，殆若无心于出处者也。然王者德至山林则庆云出，而天下望之。太史氏纪之，以为治世之瑞、盛世之符也。至于从龙泽物，又其功用之较然者焉。今圣人作而万物睹矣。云龙风虎各以类应，以云之瑞泽物，而丁此盛际也。其能终栖岩穴乎？西夏鲁侯宗岱自号云岩，其在贵公子时，已怀瑞世泽物之志，及判昆山州，以廉公仁爱，大得民和，千里邑上有伯长临焉，下有宾客封焉，其志或有不相同者，则终未能广平生泽物之利。异时庙堂之上，握枢机以展抱负，则将推一邑之所泽，以应四海之望，使商岩相业复见于今，此云岩平生瑞世利物之心也。侯其勉之哉！

（元）杨维祯撰：《铁崖文集》卷五，韩荫晟《党项与西夏资料汇编》（上卷），第564—565页，宁夏人民出版社，1983年。

二六九、唐吾氏

右臣按滩封谥制

朕以崇德报功之制，圣王建国之皇图。论名立谥之称，昭代褒贤之钜典。用光绥宠，俾洽臣邻。右臣按滩少禀粹姿，蚤登朊仕。周庐星列，入陈扈跸之劳；专驲飚驰，来上屯田之奏。恩威袭蛮夷于冠带，忠孝扩诗礼于箕裘。锡类著乎家邦，浚明勤乎夙夜。貂蝉七叶，饰躬不渎于华鲜；弧矢四方，迪德弥彰于懿美。笃生令器，丕佐明时，聿殚嘉猷，晋参大政。横经内殿，矢兹密勿之言；熙载外朝，体朕都俞之意。有司考礼，于汝推恩。爰颁涣号之辞，式副哀荣之志。於戏！丞相一品，英灵尚克以歆承；泰阶六符，善庆益延于似续，录诸告第，钦我赞书。可赠秉义效忠著节佐治功臣、太保、开府仪同三司、上柱国，追封特进赵国公、中书左丞相，谥贞孝。

周南正始，教化被于闺门，赵国疏封，宠荣光于泉壤。爰稽彝典，用奖有官。右丞按滩妻唐吾氏，毓质柔嘉，修仪婉娩。来嫔阀阅，蚤乘翟茀之车；克相夫君，益著鹊巢之德。笃生令器，褒作名臣。服慈训之不忘，迪嘉谋之入告。推恩追锡，体人子报本之心；考礼饰终，示我朝广孝之治。尚昭懿范，歆此告词。可封赵国夫人。

(元)马祖常撰:《马石田文集》卷六,第 601—602 页,《元人文集珍本丛刊》(六),新文丰出版公司,1985 年。

二七〇、丹巴

丹巴师父者,河西僧也。大德间,朝廷事之与帝师并驾,适德寿太子病瘢而薨,博啰罕皇后遣使致言于师曰:"我夫妇以师事汝至矣,止有一子何不能保护耶?"师答曰:"佛法譬若灯笼,风雨至则可蔽尔,若烛尽则灯笼亦无如之何也?"可谓善于应对。

(元)杨瑀撰:《山居新话》卷一,第 351 页,《景印文渊阁四库全书》第 1040 册,(台北)"商务印书馆",1986 年。

二七一、李氏

河东郡公布都公夫人李氏墓碑

长安君娶蔡氏,生三女,夫人居其仲,始九岁随父官洛阳,天兵南伐,城陷家破。军帅成格勒一见夫人,惊曰:"此女丰度异常,他日必贵。"问其姓曰"李氏",而帅之妻西夏主之后也,亦李氏,乃鞠如己子,而恩意加焉,成格勒者诸王锡喇之爱将也。

(元)程文海撰:《雪楼集》卷二十,第 281—282 页,《景印文渊阁四库全书》第 1202 册,(台北)"商务印书馆",1986 年。

二七二、孛罗真

为汝父秦王薨憨二忌,供佛饭僧超度之赀,并与吾母嬴国夫人生辰延寿,修营之助,岁凡三日,以为常庶沐吾志。……嬴国夫人,唐兀氏名孛罗真。……

(清)沈涛撰:《常山贞石志》卷二十四《秦王夫人施长生钱记》,第 133—134 页,《历代碑志丛书第 13 册》,江苏古籍出版社,1998 年。

二七三、索那等八十余人

保定出土明代西夏文石幢[①]

保定发现的明弘治十五年(1502)西夏文石幢,所记西夏人,不仅有建幢者,寺院住持,写西夏文字人和死僧名姓,更重要的是记出助缘随喜的八十多个西夏人。这八十多人中,包括男女、僧俗、姓名、法号、复姓和单姓。他们都属于西夏番姓之列。所谓番姓,即西夏以党项羌为主的非汉人姓氏。所记八十余人当是西夏番人居住在保定的一个集体,这些人应是这个集体中有名望的人物。

以下就所记西夏人姓氏依次译释,姓氏前所加宗教称谓,因与识别西夏人姓

① 主要摘录了郑绍宗、王静如《保定出土明代西夏文石幢》所涉及的西夏人姓氏部分。

氏无关，均从略。

索那三人（一·二五·10—11、14—15、18—19）①

高三人（一·二五·22、58、60）

高氏一人（一·二七·18—19）

赵一人（一·二五·25）

咩屈氏三人（一·二六·11—13、一·二七·26—28、一·二八·24—26）

啝尚氏一人（一·二六·17—19）

罗十二人（一·二六·24、26、28、34、36、一·二八·31、一·二九·15、一·三〇·3、9、11、13、48）

梁三人（一·二六·38、40、45）

梁氏三人（一·二九·29—30、一·三〇·39—40、二·二八、26—27）

西壁五人（一·二七·6—7、31—32、一·二八·3—4、二·二四·11—12、二·三七·1—2）

西壁氏四人（二·二六·22—24、二·二七·7—9、二·二八·10—12、15—17）

都五人（一·二七·39、41、43、一·二九·20、二·二六·10）

旺四人（一·二八·2、33、一·二九·7、二·二四·5）

昊五人（一·二六·7、一·二八·29、35、一·二九·5、二·二四·9）

耶三人（一·二八·14、一·三〇·5、7）

平尚二人（二·二九·1—2、二·三〇·1—2）

平尚氏四人（一·三〇·20—22、二·二六·15—16、二·二七·12—14、18—20）

以“孝”，为名的四人（一·二五·50、52、54、56）

夏四人（一·二五·50、52、54、56）

啰罗三人（二·二五·1—2、7—8、二·二九·14—15）

咩铭氏一人（二·二五·5—7）

李一人（二·二六·27）

瑞诚一人（二·二八·20—22）

此外有：

以“慧”为法号的十一人（一·二五·27、29、31、42、48、一·三〇·54、二·二三·25、27、二·二九·7、16、二·三〇·3）

称“比丘师”的一人（二·二四·5—7）

以上共八十余人（尚有少数，因字迹不清未计入）。其中女性十九人（妇女姓氏后加一“氏”字）、复姓三十一人。这些姓氏，有的曾见于史籍、碑刻，以及佛经题款上。嵬名是西夏主李元昊的姓，西壁是有名的西壁太傅的姓，罗、梁两姓也

① 原注：括弧内的数字是该姓氏在石幢上的位置。“一”指“一号幢”，“二五”指“二十五行”（即第八面第一行），“10—11”指“第10字、11字”。以下依此类推。

是西夏统治者皇室外戚的大姓。傅、高、石、都、赵，亦有史籍可查。

郑绍宗、王静如：《保定出土明代西夏文石幢》，《考古学报》1977 年第 1 期。

二七四、唐兀崇喜及其家族

唐兀崇喜，生卒年不详，唐兀氏。祖籍武威，世居宁夏路贺兰山。曾祖唐兀台，归元后，随皇子南征，为弹压。祖父闾马，居开州濮阳，为蒙古侍卫亲军百夫长，赠敦武校尉。父达海，左翊蒙古侍卫百户长、忠显校尉。崇喜，国子上舍生，左翊蒙古侍卫百户，重儒教，立乡约，做慈善，兴学校。其家族截至至正十六年(1356)，有信息记载的人物共五代九十人，男性四十五人，女性四十七人。

唐兀崇喜家族人物表

第一代	第二代	第三代	第四代	第五代
唐兀台 妻九姐	闾马 妻哈剌鲁氏	达海 一名杨忠显 妻孙氏	杨崇喜 妻李氏	杨理安 妻哈剌鲁氏
				女二人
			杨卜兰台 妻旭申氏	杨从安
				女三人
			女二人	
		杨镇化台 妻盖氏	杨塔哈出 妻袁氏、王氏	杨保童
				杨佑童
				女二
		杨闾儿 妻王氏	杨换住 妻哈剌鲁氏	杨福安
				杨延安
				杨善安
				女一人
			杨留住	
			杨教化 妻高氏	杨保安
				杨祐安
				杨祜安
			杨伯颜 妻彭氏	女二人

续表

第一代	第二代	第三代	第四代	第五代
			杨春兴 妻张氏	杨安儿
				杨歪儿
			杨录僧	
			玉珍(女)	
		杨当儿 妻冯氏、盖氏	杨帖穆 乃蛮氏	杨冀安 妻高氏
				杨卫安
				杨添儿
				杨炉安
				女一人
			杨不老 怯烈氏	杨童儿 妻乃蛮氏
				杨道儿
				杨德儿
			杨脱脱 妻孔氏	
			杨广儿 更名伯颜普化 妻旭申氏	杨关住
				女一人
			杨野仙普化 妻刘氏	杨哈剌
			赛珍(女)	
		杨买儿 乃蛮氏	杨拜住 妻李氏、旭申氏	女三人
			女一人	
		迈讷(女)	安庆，又名脱脱	

(1) 序杨氏遗集　　王崇庆

端溪子曰："吾尝读杨氏集而知人性之本善也。"夫氏也，生于贺兰，迁于濮阳,里于榆林,派衍于元,云仍于明,何其盛也。然而是西夷之人也,夷之变于夏者也。故君子以为善变也。是故,吾于“思本”见其祭焉,于“顺乐”见其养焉,于“敬止”见其履焉,于“观德”见其射焉,于《乡约》见其邻焉,于“为善最乐”见其所慕焉。故读其集之后,又知是集之可训也。

嗟呼!杨之先人,君子以为善变固也。继自今,为其后人,宜何如而可也?亦曰:“谨率乃祖,勿变乃训,则亦庶几之矣。”杨氏世系与其官,见本集。因序其概,使归而藏之。

时大明嘉靖岁丁酉(1527)①夏四月四日开州端溪子王崇庆序。

焦进文,杨富学校注:《元代西夏遗民文献〈述善集〉校注》,第1页,甘肃人民出版社,2001年。

(2) 述善集叙　张以宁

《述善集》者,纪唐兀崇喜象贤氏世德行事之实,而象贤汇录之册,示不忘也。记、序、碑名、字说、诗文、杂著,凡为篇二十九。其十有二,皆故礼部尚书魏郡潘先生作,余则佥宪愚庵颜先生洎名荐绅逢掖之为辞,象贤所自著,而中书礼部、郡侯县大夫之旌劝而褒嘉者咸在焉。予受而读之,叹曰:象贤之先,自贺兰而澶渊,为善之积,盖四世矣。夫其龙祠乡社有约,蓝田吕氏之范也;精舍论堂曰“崇义”,曰“亦乐”,睢阳戚氏之规也;祀先之室曰“思本”,肄业之斋曰“敬止”,曰“知止”,则紫阳家礼、横渠砭愚之训也。敦武之发潜有名,昆弟之敬名有说,孝感有记,于是见一家父子祖孙之懿;“顺乐”之堂有记,祖宗契券有志,“为善最乐”有说,“观德”之会有文,于是又见君提身正家之有本。而书院锡号,具载始末,尤以见为下者,捐己以纾国家之急;为上者,褒义以敦风化之源,甚盛举也。既而复有感焉。

古昔田为井授之世,联之以州闾族党,淑之以学校庠序,习之以《诗》、《书》、《礼》、《乐》、干龠、弧矢,正之以君臣、父子、长幼、朋友,协之以友助、扶持之义,而掖之以敬业乐群之序。是时,士无不善也。

自夫经界坏,教典废,而上之善治,下之善俗,咸无焉。斯近代儒先,区区修补,盖心古人之心。而象贤氏拳拳景慕,又心近代儒先之心者乎?

呜呼!诚使人皆象贤,则世其隆古,是集将无述也。而世之人人顾有心象贤之心者乎,盖有之矣,而鲜克以直遂也。然则是集之传,秉彝好德,人心倏同,必有感发而作兴者,于斯世或有助云。

时象贤避地,自澶渊来京师。

寔至正十又八年(1358)之嘉平月,晋安张以宁叙。

焦进文,杨富学校注:《元代西夏遗民文献〈述善集〉校注》,第4—5页,甘肃人民出版社,2001年。

---

① 误。应为(1537)。

（3）龙祠乡社义约序　潘迪

余每爱《蓝田吕氏乡约》，诚后世转移风俗之机也。虽未必一一悉合先王之礼，而劝善惩恶之方，备载于籍。故鲁斋先生许文正公取之，以列善俗十书之一，而左辖张公仲谦为之锓梓以传世。呜呼！信可谓善俗矣。

蒙古侍卫百夫长唐兀崇喜，向在成均，尝从余游。及余来魏，拜谒之余，请曰：崇喜世居开州濮阳县十八郎寨，寨有古龙祠，每旱干，祷雨辄应，士人神之，遂立乡社，而俎豆焉。除夏季忙月不会外，起七月止三月，月一会，上下轮次，不过朔望。初犹简约，比来因袭之弊，习于奢靡，不究立社之义，但盛酒馔以相矜。先人百夫长忠显府君，暨千夫长高公，皆社内老人也。佥议曰：乡社之礼，本以义会，风俗之美，在于礼交，此社之设，本以敬神明，祈雨泽，美风俗，厚人伦，救灾恤难，厚本抑末，忧悯茕独。岂忆近来以酒馔相侈，甚非可久之道，恐难以继。遂议定肴馔酒醴，多寡有数，违者有罚，置立社籍，推举年高德盛，才良行修者俾充社举、社司，掌管社事，可行者行之，可戒者戒之，凡劝善惩恶，悉书于籍，使各人遵守，庶可行乎悠久。愿先生书其端，冀为风俗之一助。

余观其条目详约备，颇增于吕氏，而其大致多与吕同。吁！当后世风俗披靡中，何幸是乡有此约乎。使自乡而邑，自邑而郡，自郡而天下，则风俗之丕变，安知不自是乡而权舆哉？

昔吕氏之学出于程子，今崇喜之学，实得之成均。宜其相去数百年，所见略同，而且能化其乡之父兄，能守是约云。

至正丙戌（1346）八月乙丑朝列大夫前国子司业愜山潘迪序。

焦进文，杨富学校注：《元代西夏遗民文献〈述善集〉校注》，第16—17页，甘肃人民出版社，2001年。

（4）龙祠乡社义约　唐兀忠显　唐兀崇喜

至正元年（1341）岁在辛巳，七月丙子朔，越二日，丁丑，十八郎寨龙王社内老人百夫长唐兀忠显与千夫长高公等佥议曰：乡社之礼，本以义会，风俗之美，在于礼交。本寨近南有一大堤，上有一古庙，名曰“龙王之殿”，殿中所塑神像龙云皆古。时遇天旱，寨中耆老人等斋戒沐浴，洁其巾衣靰履[①]，诣庙行香祷祝，祈降甘雨，其应累著灵验。因此敬神为会，故名曰“龙王社”。

此社之设，其来久矣。所设之意，本以重神明，祈雨泽，美风俗，厚人伦，救灾恤难，厚本抑末，周济贫乏，忧悯茕独。逮后因袭之弊，尚于奢侈，不究立社之义，乡约之礼。但以肴馔相侈，宴饮为尚，甚有悖于礼。

今议此社，置立籍簿，推举年高有德、才良行修者，俾充社举、社司，掌管社

---

① 根据句意判断，此处应该是靰履，指代鞋子。查《辞海》：靰，马缰绳。（《辞海》，第4638页，上海辞书出版社，1979年。）

人。斟酌古礼，合乎时宜，可行之事，当禁之失，悉载社籍，使各人遵守而行。其社内之家，死丧、患难、济救之礼，德业、过失、劝惩之道，逐项历举于后。

一，议定每年设社。除夏季忙月不会，余月皆会。七月为首，三月住罢。上轮下次，周而复始。每设肴馔酬酢之礼，肉面止各用二十斤，造膳不过二道，鸡酒茶汤，相为宴乐。盖会数礼勤，物薄情厚。

一，每月该设者不过朔望。既设必要如法，违者罚钞五两。若遇骤风雪雨一切不虞之事，过期不在此限。

一，该设者与(遇)有丧之家，即报社司知会，发书转送。误者罚钞一两。

一，其坐社者必要早至，非社人不与。在社之时，务辨尊卑之杀，别长幼之序，明宾主之礼，相为坐次，酬酢饮宴，言谈经史，讲究农务。不得喧哗作戏，议论人长短是非正法。违者罚钞一两。

一，其丧助之礼，各赠钞二两五钱，连二纸五十张，一名四口为率，止籍本家尊长，随社人亲诣丧所，挽曳棺柩，以送其葬。非天命而死者不与。其送纳赠钱，斋饭止从本家，勿较其限量、多少、美恶。违者罚钞十两。

一，婚姻相助之礼，时颇存行，故不复书。

一，学校之设，见有讲室。礼请师儒，教诲各家子弟。矧又购材命工，大建夫子庙堂，以为书院。自有交会，亦不复书。

一，其社内之家，使牛一犋，内有倒死，则社人自备饮食，各与助耕地一晌。其锄田人，社随忙月、灾害，自备饮食，各与耕田一日。其助耕耘者不行，依法在意罚钞一两五钱。

一，社内人等，不得托散诸物，及与人鸠告酒帖黍课，亦不得接散牌场，搬唱词话、傀儡、杂技等物戏，伤败彝伦，妨误农业，齐敛钱物，烦扰社内。违者罚钞十两。

一，各家头匹，务要牢固收拾牧养，毋得恣意撒放，作践田禾，暴殄天物。违者每一匹罚钞一两。若是透漏，不在所罚，香誓为准。

一，倘值天旱，社内众人俱要上庙行香祈祷。违众者罚钞五钱。

一，夫社举、社司所举之事，务在公当。若管社人当罚而不罚，与不当罚而妄罚者，罚钞二两。合举不举及举不当，亦罚钞二两。当罚者不受罚，除名。社内俱与绝交，违者罚绢一疋。

一，社内所罚是钞两，社举、社司附历对众交付管社人收贮，营运修盖庙宇，补塑神像。余者周给社内，毋得非礼花破，入己使用。

一，除社簿内所载罚赏、劝戒事外，若有水火盗贼一切不虞之家，从管社人所举，各量己力而济助之。

一，如有无事饮酒，失误农业，好乐赌博，交非其人，不孝不悌，非礼过为，则聚众而惩戒，三犯而行罚，罚而不悛，削去其籍。若有善事，亦聚众而奖之。

如此为社，虽不尽合于古礼，亦颇有补于世教。今将各人姓名，籍录于左。

焦进文，杨富学校注：《元代西夏遗民文献〈述善集〉校注》，第23—25页，甘肃人民出版社，2001年。

(5) 龙祠乡社义约赞　伯颜宗道

吾友象贤，裒友朋，结乡社，惟讲信修睦为事，蹑蓝田之芳踪，遵许公之垂训，与醵饮无仪者，大有径庭。予窃闻而是之，敢续朝列潘公辈众作之貂，为之赞云：

善俗有方，乡约为美；
翘楚士林，蓝田吕氏；
文正许公，十书中纪；
锓梓寿传，仲谦张子；
户庀家藏，化宏遐迩。
猗欤象贤，祖居仁里；
鸠集朋友，前修遵履；
至祷神龙，克诚禋祀；
有感必通，畤繁离祉；
宴集有时，农隙是俟；
朋酒斯享，序宾以齿；
冗费裁省，奢华禁止；
好乐无荒，礼勤而已；
善恶惩劝，立监垂史；
邻保相助，或耕或耔；
吉凶所需，赗生赙死；
救患分灾，缕觌条理；
礼让风淳，敬恭桑梓；
迈迹于今，古风是似；
化洽乡邦，济跄良士；
一揆蓝田，端无彼此；
爰赞兹垂，后昆昭示。

焦进文，杨富学校注：《元代西夏遗民文献〈述善集〉校注》，第27—28页，甘肃人民出版社，2001年。

(6) 龙祠乡社义约赞　罗逢原

北窗书困，一枕风清。客有袖一卷，踵门而过之者，于是洗昏花开视之，则惬山潘司业之序，愚庵颜佥宪之赞，乃知唐兀象贤乡社约也。

读既竟，象贤起而告予曰："孟子曰：'出入相友，守望相助，疾病相扶持。'此乡田同井之义也。”然当前古之时，民淳俗美，虽无乡社之约，而其心自同，无要质之言，而信不失。世至春秋，民漓俗败，凡诸侯有会，则必刑牲歃血，要质鬼神，其载书有曰：“有渝此盟，明神殛之。”而人犹有渝之者，况以无要质之言乎？

今吾里有龙祠，凡土有灾，祷之辄应。稽之圣经，凡御大灾，捍大患，则祀之。故土之人，以其有功捍御也，岁不废常祀，援乡田同井之意，而立社之约，盖仿蓝田吕氏旧规与鲁斋许公遗意，恐人心不齐，违约而背信，故托龙祠以为要质之地，所以齐人心不齐。

潘序于前，颜赞于后，引而伸之，敢假手于一笔可乎？予因辞象贤曰：“伐木之燕，为朋友也，不以于粲洒扫，陈馈八簋为夸，而以神之听之，终和且平为福。既醉之设，答父兄也。不以既醉以酒为盛，而以朋友攸摄，摄以威仪为德。今是会也，不计俎豆丰约，而求攸摄之助于朋友，徼和平之福于神明，其意敦本抑末，救灾恤患，兴学校，成礼俗。”

子张子志未及就，而象贤能就之。将与乡田同井同一风俗矣！况立社初意，有象贤旧约，及潘、颜二大手笔在，又何以予言为哉？

至正戊子(1348)夏五月，寓澶渊精舍罗逢原谨书。

焦进文，杨富学校注：《元代西夏遗民文献〈述善集〉校注》，第30—31页，甘肃人民出版社，2001年。

(7) 诗一首　忠公严

劝君驻马龙祠下，邂逅成均旧友生，
偶读惬山诗老序，方知郎寨义乡盟。
里人自致浇风变，郡守何曾教化行，
但愿斯民捴相效，老夫拭目看升平。

至正戊子(1348)冬十二月谨书于慎思学宫，为友人太学生象贤。开州牧守忠公严也。再拜。

焦进文，杨富学校注：《元代西夏遗民文献〈述善集〉校注》，第33页，甘肃人民出版社，2001年。

(8) 诗一首　马淳斋

细条乡约自贤明，此迹追修谅不轻，
自智自愚那得效，有惩有劝始能成。
一天甘雨称殊庆，满地嘉禾贺太平，
仁寿有途终可致，朱陈未必与齐名。

焦进文，杨富学校注：《元代西夏遗民文献〈述善集〉校注》，第34页，甘肃人民出版社，2001年。

(9) 诗一首并序　唐兀伯都

尝闻诸夫子曰：“里仁为美，择不处仁，焉得知！”盖里有仁厚之俗，则薰陶染习以成其德。周恤爱以全其生，实躯命德行之所关，岂细故而已哉？今读《乡社义约》，则其议之也公，其虑之也远，其行之也严，其处之也当。凡同约者何幸如焉！

由此观之，里不必择，而身已在仁俗中矣！苟或叛盟以自绝者，诚失其是非之本心而不知类也。噫！愚嘉斯美，因嗟叹不足，故叙鄙颜以咏歌之。

虽假龙祠立社名，本书乡约正人情，
祈晴祷雨非淫祀，劝善惩邪实义盟。
助罚有方风俗美，交劝无过礼义明，
蓝田剂券覃怀籍，一脉流芳到郢城。

唐兀伯都拜书。

焦进文，杨富学校注：《元代西夏遗民文献〈述善集〉校注》，第35页，甘肃人民出版社，2001年。

(10) 诗一首并序　李周臣

至正丁亥(1347)冬，余蒙象贤、彦国之邀，假馆官人寨。越明年戊子(1348)春，象贤携卷示余，曰："此《龙祠乡社义约》之卷子，盍不留题以光其行乎。"余视之愕然曰："悭山先生序之甚详且悉，愚庵先生赞之既明且当，象贤条之已输其蕴，彦国咏之已尽其情，奚俟余言为哉？以余言之，是犹赞泰山之高，誉东海之大，赘孰甚焉。"象贤曰："幸毋见让。"周臣辞之再三，义不克获，乃赓彦国严韵以咏之，曰：

"象贤斯举匪沽名，严立成规养性情，
朔望行香龙祠约，寒暄有礼吕乡盟。
老终幼毓恩尤厚，善劝奸惩法甚明，
不晚雄藩推是美，佳声看播凤凰城。"

古澶渊李周臣拜书。

焦进文，杨富学校注：《元代西夏遗民文献〈述善集〉校注》，第37页，甘肃人民出版社，2001年。

(11) 诗一首　空空道人

里有仁人德业隆，举令顽俗返淳风，
固知天使变齐鲁，更在人能秉孝忠。
此约本缘乡社设，异时当与国朝通，
孔颜相继扶皇极，尚冀诸贤赞画功。

桐溪东谷空空道人。

焦进文，杨富学校注：《元代西夏遗民文献〈述善集〉校注》，第39页，甘肃人民出版社，2001年。

(12) 诗一首　董庸

徽福龙祠岁月长，依神立社炷心香，
日新月会规模远，俗厚民淳德业彰。
赏罚既明言可践，劝惩以理语尤详，
约严费省堪遵守，千载流芳礼义乡。

芝山董庸。

焦进文，杨富学校注：《元代西夏遗民文献〈述善集〉校注》，第 41 页，甘肃人民出版社，2001 年。

(13) 诗一首并序　邓震

按月令，择元吉，命民社，是使民祀社以为祈报之举，自与公府所祀不同。然歌《良耜》，颂《载芟》，犹袭《豳风》之常。今濮阳十八郎寨，以祀民社而祀于龙王之祠，是其变也。盖变而不失其道，则民俗亦变而复古矣。诚可咏也。

转移风俗固多端，道在人弘只等闲。
秋霁枫林奏箫鼓，春和榆里荐杯盘。
衣冠俨雅追前达，禾黍丰登免后艰。
髦士耆英咸萃此，一时文物耸遐观。

魏亭邓震。

焦进文，杨富学校注：《元代西夏遗民文献〈述善集〉校注》，第 42 页，甘肃人民出版社，2001 年。

(14) 诗一首　马国骃

流俗浇讹水下趋，狂澜既倒谁能扶？
龙祠义约嗟奇伟，豹管旁觇愧拙愚。
社内平均君已宰，乡耆推重我非诬，
买邻百万今虽欠，会看他年遂社图。

莱芜马国骃。

焦进文，杨富学校注：《元代西夏遗民文献〈述善集〉校注》，第 44 页，甘肃人民出版社，2001 年。

(15) 五言长诗一首　张以宁

澶渊古帝丘，属县名濮阳。
有乡曰孝义，土沃民阜康。
惟夏唐兀氏，聿来裹喉粮。
卜居龟食兆，鸠族蜂分房。
大堤古龙祠，树木郁青苍。
昔时里中社，水旱此祈禳。
岁深俗滋弊，崇饮礼意荒。
番番忠显君，训子明义方。

岂独秀兰桂，所重梓与桑。
悬悬定私约，申申告于乡。
约言月必会，不夺农时忙。
祀必洁冠服，毋或敢弗庄。
晏必序长幼，毋或敢乱行。
过相规以寡，德相劝以藏。
礼俗相交际，患难相扶将。
善恶书诸籍，劝惩俱有章。
面数情则亲，物薄意弥长。
牲币毋已[①]渎，不敬神必殃。
酒肴毋已[②]侈，不节财必伤。
鸠杖行矍铄，银符佩荧煌。
坐使仝里门，化为古心肠。
我读起叹息，念昔增慨慷。
井田制久坏，乡饮礼亦亡。
周亲有斗室，同气多阋墙。
况乃非骨肉，安能不参商。
所以吕蓝田，于焉著其详。
既往藐难逮，方来殊可望。
朝鲜化礼让，晋鄙薰善良。
斯道久寂寞，伊人绍馨芳。
手持曩[③]中胶，救此奔流黄。
安得君辈百，淳风返陶唐。
神明祐作善，子姓其必昌。
矢诗勖厥后，善继思勿忘。
晋安张以宁。

焦进文，杨富学校注：《元代西夏遗民文献〈述善集〉校注》，第45—46页，甘肃人民出版社，2001年。

(16) 自序　唐兀崇喜

余杨其姓，世居宁夏之贺兰山。先曾祖讳唐兀台，国初从军有功，选为弹压。岁乙未(1235)，扈从皇嗣兄弟南征，收未顺之国，攻不降之城，累著劳绩，将议超擢，以疾卒于行营。

---

①② 似误。应为“已”。

③ 似误。应为“囊”。

先祖讳闾马继其役，攻城野战，围襄取樊，无不在行。而素乐恬退，不希进用。大事既定，来开州濮阳县东，官与草地，偕民错居，卜祖茔置居于草地之西北，俗呼十八郎寨者，迄今百年，逾六世矣。

至元八年(1271)，签充山东河北蒙古军。十六年(1279)，奉旨选充左翊蒙古侍卫亲军。三十年(1293)，定著为籍，后追赠敦武校尉军民万户府百夫长。

公为人资性纯厚，好学向义，服勤稼穑。尝言："宁得子孙贤，莫求家道富。"厚礼学师以教子孙。岁至治癸亥(1323)，于所居之西北官人寨之乾隅卜地一区，市屋为塾，南北为楹者九，东西广亦如之。肇始经营，而竟不果。

先考忠显公，慨然继志，立乡约，一风俗，兴学校，育人材，以成其事。暨岁泰定(1324—1328)，续置东西瓦舍，为楹者亦如先祖敦武公所市之数，适与南北九楹齐。先甃井于其西，乃叹曰："欲求家道久昌，莫若教子义方。"割资一千五万缗，购瓦舍为楹者三，为檩有七，欲于前所置东西九间房之正北，构讲堂，延师儒，诲子孙，以为永图。复未就，以疾终于正寝，可胜痛哉！

愚窃自谓，资虽不敏，叨居胄馆，忝预公试，俟贡有期。值父忧，还家养母，以守业务本为事。既毕丧，敢不思先祖积累之勤，成均师友切磋之笃，圣天子涵养六世之恩，使祖宗以来安享百年之福，冀以报其万一。于是拜禀于母恭人孙氏，恪遵先志，计仰事俯育之余。罄家资，购材僝工，于先人忠显公续置东西九间房之正北，创购讲堂，为间者三，颜以"亦乐"，故集贤学士魏郡潘先生名且记之。复于其西规地为亩者三，建大成之殿。神门两庑，斋馆庖湢，及学田五百亩，不侥浮誉，专为育材。

寻以妖贼蜂起，两河调兵，遂至正十六年(1356)秋，愿献粟五百石、草一万束，助殄寇之资，不求官钱名爵。朝议嘉之，赐以"崇义书院"之号。

继念先考忠显公先立乡会义约，凡十余条，月为一会，各相稽订，置簿立籍，定其赏罚。中推年高德盛、材良行修者，俾充约举、约司，掌管约人。酌古礼意，合今时宜，凡可行之事，当戒之失，悉书于籍，使各遵而由之。其在约者，死丧、患难、济救之礼，德业、过失、劝惩之道，历举而行。数年有成，四方来观，皆慕且仿。故学士潘先生复为之序，翰林待制愚庵颜先生为之赞，今翰林侍讲学士晋安张先生诗。

乃至正十一年(1351)，盗起颖[①]、亳。又七年，延蔓河北。兵燹之际，避地京师，又十年矣。

今乱略既定，将挈家复业，裒友朋耆宿，续为前约，务农兴学，重建崇义书院，以酬平生之志，诚所愿也。谨缮写三先生所著暨元约于卷端，伏惟省、台、馆、阁、

① 误。应为"颍"，即颍州。

成均之钜公，四方游居在京之大夫士，赐之题咏，以为教勉。不惟使愚陋庶有传于当时，后世亦以见我圣朝用武之日，而其未乏材也夫。

至正二十有七年(1367)春三月吉，杨氏崇喜敬书。

焦进文，杨富学校注：《元代西夏遗民文献〈述善集〉校注》，第49—51页，甘肃人民出版社，2001年。

(17) 五言长诗一首　程徐书　张翥题

大朴久已散，民风日浇漓，
比屋昔可封，于今思见之。
英英西夏贤，好古敦民彝，
几世家濮阳，乐兹风土宜。
同乡余百年，桑梓联阴翳，
礼让庶几兴，居人聿来归。
父老乃申约，交修著名规，
三时叙情会，孝弟无衍违。
况复拓广宇，训迪资名师，
匪直守望义，真将返雍熙。
风尘鸿洞中，志业竟已隳，
缅怀此古道，千载增唏嘘。
王烈去避地，田畴甘息机，
天运谅循环，思治惟其时。
愿言终相依，岁寒以为期。

至正丁未(1367)腊月四明程徐呵冻书。八十二翁河东张翥题。

焦进文，杨富学校注：《元代西夏遗民文献〈述善集〉校注》，第58—59页，甘肃人民出版社，2001年。

(18) 龙祠乡社义约赞　曾坚

予阅《龙祠乡社义约》，为之叹曰：人心风俗，可移于礼法，世衰习陋，人以吏为师。异端双从而漏之，甚矣。吾疑其弗复也。是约且有二难，设于龙神之堂，创于军砦之士，而视吕蓝田，增其条规，摹古乡饮之仪，与洛社真率会相近似，有足尚也。

忠显公之于崇喜，旧学于成均，有儒风，适追其祖武买地，因建书院，甫就。王师南伐，道经开州，君大具粮刍共军需。朝廷多之，以崇义锡院额。既毁于盗，君亦徙京，居十有稘。澶渊濮阳犹墟，将俟兵偃，图归，理先业，修前约，此其立心，顾不磊落丈夫哉？予前祭酒也，知君笃行而揆其志，可与有成也。故书以为勉焉。

开州之封濮阳县，东官草地平且衍。

地皆官给寨官营，安富相承镇中甸。
嵯峨高栋起乾位，前敞神门后祠殿。
廊庑庖厨翼两傍，千载容仪俨然见。
深衣跄跄曳鞫履，童冠从之俱后先。
笥盛遗经坐中授，蒲席敷舒铁为砚。
诵声吾伊达州邑，善训薰陶出英彦。
寨西盘回大堤曲，在昔龙祠郁葱蒨。
旱干为岁报与祈，俎豆雍容遂高燕。
因之中明古乡约，潜寓劝惩何缱绻。
鸡黍肴蔬称有无，尊卑长幼期分辨。
农桑经史恣谈说，长短是非毋辄擅。
耕耘灾患贵相助，丧葬艰虞严遣奠。
苟违斥罚□不恕，神物照临思竟劝。
问人谁能善俗倡，唐兀象贤金百炼。
移家宁夏今六世，敦武开基嗣忠显。
君从成均得师法，故里挥财力营缮。
刍茭万束粟五百，卜式输边为时献。
煌煌金榜自天下，缠纠蛟龙日霞绚。
妖氛骄凭忽十载，梦寐空怀故鱼佃。
民生思治在兹际，矫首升平宜转乱。
余风遗俗还邃古，浑朴无雕玉无琢。
有基夙夜构堂宇，有土春秋肃坛墠。
肹蚃仍来旧祠龙，窠巢定集重归燕。
君家子弟况多秀，赞引周详成裸荐。
白鹿之规蓝田约，陶冶乡闾乐丕变。
一门尽自辟雍出，染习见闻人所羡。
二美重修世则齐，请君勉力期无倦。
翰林先生若林立，潘记增书从拣选。
从此雍熙亿万年，优游礼乐消征战。

右送唐兀君象贤归濮阳重修乡校、乡约二美事。至正二十有八年(1368)岁次戊申二月十有八日己未，宗圣公孙临川郡曾坚书于京师昭回里之寓，曰北圃轩。

焦进文，杨富学校注：《元代西夏遗民文献〈述善集〉校注》，第62—64页，甘肃人民出版社，2001年。

(19) 亦乐堂记　潘迪

亦乐堂者，澶渊乡校之讲室也。前国子上舍贡士法百夫长唐兀象贤，乃祖赠敦武府君，至治癸亥(1323)于官人寨之西北，市别墅一区，南北瓦舍九楹，东西广亦如之。此义塾之权舆也。

泰定间(1324—1328)，乃考忠显府君续置瓦舍为楹者，亦如敦武所市之数，前后凡为步者十有八，适与南北九楹齐，仍凿井于乾隅。忠显叹曰："欲求家道久昌，莫若教子义方。"于是用楮币为缗者一千五百，市瓦堂三楹，方欲谋徙建于东西九楹房之正北，以为讲堂，将议礼请师儒，教诲子孙。未及以寿终。既免丧，象贤思乃祖之积德，乃考之好义，与其兄思贤、弟百夫长卜兰台佥议，继祖考之志，扩而大之。不数月，卑者崇，故者新，狭者裕，暗者明，轮奂翚飞，青碧璀璨，凡为正堂三楹，堵头二楹，桓高弥丈，梁倍之。又重葺东西九楹，西三楹以居师儒，中三楹门之以出入，东三楹以寓四方学者。以讲室后基稍隘，地主啬之。濮阳监尹伯都用意劝率。既允，象贤又用楮缗一千五百有奇，凡三券，市地计为步者若干，鸠工于至正丁亥(1347)十有一月，落成于今年四月。

伯都亦前国子上舍，故于学校尤力，先是象贤与兄思贤暨闾里信义士夫诗礼之家，愿备厚礼，敦请新除密州儒学正唐兀彦国先生以主师席，教诲各家子弟。今甫再期，远近学者不啻五十余员，讲解课业已有成效。堂既毕工，郡邑监尹暨军帅长二悉来劝勉，饮以落之，岂徒为一乡学者劝，实可为一郡学校华也。

将落成，以书来请扁，余僭为署曰"亦乐"。摭吾夫子朋来自远，不亦乐乎之意，而孟子亦以得天下英材而教育之为三乐之一。愚闻：人之为学，既有时习之功，则理与心契，同类之朋自远而来，则理与人符者从，而乐之发于中者为何如？然君子之学，积于己者厚，将以养德性，变气质。初非有待于朋来也，惟其积于中者厚，英华发于外者著，则后觉者孰不仰其德业之盛，思有以启其昏蒙之蔽哉？宜乎担负簦笈，弗惮跋涉而愿从焉，则理之悦于心，而乐之发于外。其容已乎。

呜呼！唐虞三代何愧于古哉？后世风浇俗漓，视学校为不急务，此人材风俗所以不古若也。士君子虽有好善之心，不为流俗所移者，鲜矣。今象贤培养于成均者久，其居乡邑，乃能继祖考之志，兴起乡校，尊礼师儒，治经诲子，以及乡邻之子弟，以至构讲堂，施廪给，割学田，略无靳色。四方学者，莫不感发，信乎？人心之天，今不愧于古矣。

诸生居是堂，肄是业，玩亦乐之旨，体圣贤之心，则他日将见人材辈出，以需世用，则不惟不负彦国教诲之勤，其于象贤兴举乡校之意亦不负矣。若然，则乐之所得，又何如哉？

彦国名伯都，尝为燕南名进士。其博学高识，殆未易量。象贤名崇喜，学问纯正，抱远大器，不屑轻进云。

至正戊子(1348)四月甲午朝列大夫国子司业魏郡潘迪谨记。

焦进文，杨富学校注：《元代西夏遗民文献〈述善集〉校注》，第67—69页，甘肃人民出版社，2001年。

(20) 诗一首　张桢

万象涵濡丽泽多，蕊珠琪树共吟哦。
风行川水波光溢，日射帘栊昼影和。
白马翩翩来上国，锦衣灿灿照行窝。
明堂厦屋须梁栋，不是衡门隐者歌。

焦进文，杨富学校注：《元代西夏遗民文献〈述善集〉校注》，第71页，甘肃人民出版社，2001年。

(21) 赋一首　张以宁

侯贺兰之名裔兮，
宅澶渊之隩区；
族浸蕃而孔硕兮，
袭祖祢之庆余。
既齿虎闱之胄子兮，
又长兔罝之武夫；
超辞荣以隐处兮，
慨然念夫厥初。
曩贻谋之是思兮，
追往哲之宏模；
谓嵩阳白鹿之经始兮，
举昔幽贞之所庐。
矧予奕叶之清白兮，
吾谁赖曰诗书；
恢精舍之遗制兮，
割土田之上腴。
聚购书以淑士兮，
驰骋币以招儒。
崇以阏宫之翼翼兮，
承以厦屋之渠渠；
考既勤于作屋兮，
亶肯构之在予。
征吉占于日者兮，
协佥议于友于；
辟斯堂之弘敞兮，
寔讲习之所。
群青矜之济济兮，

俨缃帙以舒舒；
论中声于雅颂兮，
诹古义于典谟。
粤昔孔门之多贤兮，
缤三千其有徒；
曾屣履而歌商兮，
颜箪瓢其宴如。
维兹万物之源兮，
匪丰啬于贤愚；
傥群迷而独觉兮，
噫中情其纡郁。
遵明训于潜圣兮，
佩格言于予舆；
来远朋而育英材兮，
庶余心其乐胥。
怡远观于川水兮，
畅高咏于风雩；
嘉薄采于芹茆兮，
欣妙契于渊鱼。
始心和而气平兮，
遂志泰而神愉；
谅宣宫商而谐律吕兮，
夫岂斯乐之能逾。
世浮夸之是耽兮，
曰般游以康娱；
曾快意其几何兮，
只自昧夫远图。
歌舞化而为鸣蛩兮，
华屋忽其荒墟；
繄名教之有地兮，
永世守而弗渝.
莪带草于中庭兮，
植香芸于前除；
冀沐后皇之雨露兮，

登芳馨而存诸。
乱曰跹跹眉学登斯堂兮，
以游以歌；
讲唐虞兮，
乐只斯文。
邦家之光兮，
嗟后之人；
继序思不忘兮，
晋安张以宁为唐兀象贤赋。

至正庚子(1300)[①]春二月吉旦节于成均之崇术堂。

焦进文，杨富学校注：《元代西夏遗民文献〈述善集〉校注》，第72—75页，甘肃人民出版社，2001年。

(22) 象贤征士亦乐堂诗　程徐

圣朝崇教化，乡塾总儒林；
古郡弦歌盛，征君众庶钦。
构堂千载意，讲道百年心；
龢会交闾里，欢欣动风襟。
育材宁弃禄，教子不遗金；
邂逅纷倾盖，追随尽盍簪。
传经师说富，辅德友情深；
知二怀端木，闻三喜子禽。
菁菁莪草茂，秩秩简芸森；
适意诗频和，忘怀酒屡斟。
华香浮几静，云影落窗阴；
步月秋携手，临流昼听琴。
中原称胜事，大雅托遗音；
俊彦罗阶玉，贤材拟国琛。
涵煦思盛世，腾跃望甘霖；
他日澶渊上，扁舟许我寻。

右题《象贤征士亦乐堂诗》一首，四明程徐仲能甫顿首。

焦进文，杨富学校注：《元代西夏遗民文献〈述善集〉校注》，第77页，甘肃人民出版社，2001年。

---

① 误。至正庚子年(1360年)。

(23) 诗一首　张翥

好事多君有义方，里人弦诵共琅琅。

须知石鼓终名院，要似匡山旧筑房。

高栋宿云油素润，虚窗迎日碧□香。

此心尚友当千古，不独朋来乐一堂。

河东张翥。

焦进文，杨富学校注：《元代西夏遗民文献〈述善集〉校注》，第 79 页，甘肃人民出版社，2001 年。

(24) 题杨崇喜亦乐堂诗二首　王继善

世任云雷变，斯堂道自隆；

朋来欣有得，瓢饮味无穷。

院宇光风里，襟怀霁月中；

陶然真境在，直与混鸿蒙。

又诗一首

诗礼传家业，芸香蔼栋楹；

义途脩坦熟，性地入高明。

千里薰兰复，九皋感鹤鸣；

浮云时事改，应不役斯名。

东原王继善。

焦进文，杨富学校注：《元代西夏遗民文献〈述善集〉校注》，第 81 页，甘肃人民出版社，2001 年。

(25) 诗一首并序　刘文房

《濮阳亦乐堂记》，至正戊子(1348)前集贤学士潘公之所作也，详述百夫长唐兀氏父子建义塾之美意。

戊子(1348)及今十三年矣，想书房讲室已为兵烬焚荡，尚贵《堂记》，求讨缙绅间，题赞者更纷然无斁，可见斯文在世，千载犹一朝焉。感而且喜，遂为八句以写其梗概云尔。其诗曰：

风尘浩荡暗澶漪，亦乐堂空漫索诗。

我有虚灵元不昧，天无声臭竟难归。

乾坤满眼兜鍪士，仁义常思俎豆师。

昨夜半边袄彗灭，重寻白鹿理□基。

右淄野刘文房。

焦进文，杨富学校注：《元代西夏遗民文献〈述善集〉校注》，第 83 页，甘肃人民出版社，2001 年。

(26) 诗一首　贾俞

士趋堂肯构，斯乐泮池宫。
心会天彝内，朋来性善中。
寒檠桃夜雨，绛帐纳春风。
他日澶渊志，诗应采辟雍。

焦进文，杨富学校注：《元代西夏遗民文献〈述善集〉校注》，第 84 页，甘肃人民出版社，2001 年。

(27) 诗一首　胡益上

泮沼菁莪化雨深，春开绛帐盍朋簪，
庭前新种千桅树，坐待屯云长绿阴。
祖功父德庆源长，□肯重成乐亦堂，
俎豆衣冠春济济，琴书灯火夜琅琅。

右安定胡益上。

焦进文，杨富学校注：《元代西夏遗民文献〈述善集〉校注》，第 85 页，甘肃人民出版社，2001 年。

(28) 诗一首　张士明

羡子崇儒教，欣然构此堂，
朋来方籍籍，喜气自洋洋。
时雨沾千里，春风住一乡，
穷经将致用，莫更论行藏。

焦进文，杨富学校注：《元代西夏遗民文献〈述善集〉校注》，第 87 页，甘肃人民出版社，2001 年。

(29) 诗一首　孙子初

君何不淬励，厉世守之纯钩，
收复未复东南州，谈笑坐取凌烟侯；
又何不申请，君前进纳粟□，
远袭羊豕之拔足，大换公卿万钟禄；
胡为乎？日勤乎？
荒寒之戍，寂寞之场，
若有弗及，汲汲皇皇。
今年买赡士田，明年构讲读堂；
于庖于湢，于垣于墙。
往必有立，至必有时，
几岁月历，有处弗忘，
粤合完美，必诚必详。

虽人之孜孜于其私者，有不足与之兢强，
我知夫君不寻常。
仰辅吾君，岂在用一己之长；
惠泽之大，莫过育天下之才良。
我将奉名师，于是而德化，
贤士于是而修藏；
我将于兹，以风四方，
术必有序，党必有庠；
于昭礼义诗书，光教化放达，溢然无疆。
元恺具举同辛阳，济济翼翼媲周昌，
随采随足，大者中梁柱，
小者成桷榱，聘为世用，
大与皇上作时康，鲰尝与君上下床。
雍宫辟水连翱翔，君所择术厥有当，
小鹰隼不为而为鸾凤，鄙英发不事而事淳庞；
惟其蓄贮注且洋，故其所施霈与滂。
嗟哉！象贤！诚足有尚。
呜呼！世之人作必为己作，动必为己谋，
一蜗角触蛮肺，附属而仇雠，
闻君之义，得不为之包羞。
嗟哉！象贤！诚莫与俦。

右乐安孙子初。

焦进文，杨富学校注：《元代西夏遗民文献〈述善集〉校注》，第88—89页，甘肃人民出版社，2001年。

(30) 诗一首　武起宗

胜友来千里，高堂庆盍簪，
波光涵丽泽，兰臭发同心。
凫雁纷交影，埙篪迭奏音，
主人嘉兴在，白雪叶青吟。

右东原武起宗。

焦进文，杨富学校注：《元代西夏遗民文献〈述善集〉校注》，第91页，甘肃人民出版社，2001年。

(31) 亦乐堂铭有序　王章

前国子上舍生，夏台崇喜象贤，克继乃祖考之志，作崇义书院于澶渊寓弟[1]之里，构堂其中，为学者讲诵之所，故前集贤直学士魏郡潘公迪，既为之扁曰“亦乐”，取《论语》首章之旨。

象贤复求临川王章为之铭。铭曰：“于穆闳宫，有翼其阿。卓彼中堂，有郁其峨。青青子衿，来游来歌。如切如磋，如琢如磨。维德日新，惟业日广。台莱杞梓，是崇是长。金玉圭壁[2]，令闻令望。近悦远来，虚至实往。维贤维能，亦既孔多。朋从尔思，不遐以过。瞻彼中陵，菁菁者莪。我心悠悠，其乐如何？其乐如何？有扁斯纪。诵言洋洋，我之怀矣。南山有杨，北山有李。岂弟君子，德音不已。”

焦进文，杨富学校注：《元代西夏遗民文献〈述善集〉校注》，第92—93页，甘肃人民出版社，2001年。

(32) 亦乐堂诗　广昪

翼翼新学，有堂其阿，
朋来云从，载咏以歌。
其歌维何，乐此乡校，
已善则多，百士是效。
鹤鸣九皋，声闻于外，
好是懿德，不昭而会。
其言孔嘉，千里斯从，
君子有美，之德之风。
自乡而邦，济济多士，
诗书礼乐，亦既在此。
丽泽交益，草木之滋，
已志之乐，孰大于斯。
五亩树桑，自我先祖，
躬耕且学，绳继厥武。
作此庠序，百夫之良，
我歌以诗，昭劝四方。

右临川广昪。

焦进文，杨富学校注：《元代西夏遗民文献〈述善集〉校注》，第95—96页，甘肃人民出版社，2001年。

---

① 似误。寓第：府第，寓所。
② 误。圭璧：礼神之玉。“壁”为“璧”之误。

(33) 濮阳县孝义乡重建书院疏 张以宁

书院重建于唐兀氏敦武公，三世始完。近兵燹，一朝遂废，兹其孙崇喜象贤，乃心继述，重经营，未免苦于独力，端望好义之士乐相其成者。

右伏以维兹濮阳，当河朔一名都之会，视昔岳麓，有宋初四书院之规，自敦武公三世之经营，实唐兀氏百年之积累，贻后裔为读书之地，荷中朝锡"崇义"之名，泮涣尔游，方咏薄采藻芹之乐，乱离斯瘼，遽兴鞠为草莽之悲，虽贲而固有剥然。往者无不复之理，兹欲继昔时而重建，其如在今日以大难，惟其丹雘之塗，幸厥考肯堂之有子，相彼缁黄之盛，岂吾儒同道之无人，倘好义以成人之美而为心，庶斯文有不日而兴之可望。巍巍宫庙闻金石，济济衣冠阐礼乐。读书之教，乃所愿也。尚其图之。谨疏。

至正二十三年(1363)十一月　日，翰林待制奉直大夫兼国史编修官晋安张以宁疏。

焦进文，杨富学校注：《元代西夏遗民文献〈述善集〉校注》，第 97 页，甘肃人民出版社，2001 年。

(34) 崇义书院田记 程徐

贺兰唐兀氏，有侨居澶[1]之濮阳者，曰杨君崇喜，承其祖父之志，建义学，买田以给师生廪膳。朝廷锡号"崇义书院"，以褒美之。礼部尚书潘公迪既为作《庙记》，国子博士张君以宁复为作《书院记》矣。崇喜复谒徐，志其学田焉。

徐谓："田为书院设也，书院既有记，田地可附见，奚庸赘录?"辞之不获命。且曰："某之托文也，岂徒纪其多寡数目、岁月颠末而已哉？盖将上有以副国家养士之意，下有以昭先世志业之勤，外有以淑吾乡里，内有以遗我子孙。俾无坠，则某之素志也。"不何以文为?

学田先后所置，为区二十有九，皆在学宫之傍，地以亩计，凡四百五十有四，其人皆为学用。直以缗记，凡十五万有畸，其资皆自君出。别为置籍，以防侵敓。盖自君之大父敦武府君侨于濮阳，至治间(1321—1324)肇建义塾，君之父忠显府君泰定间(1324—1328)增倍其楹数，然皆弗克如其所愿。至于庙有殿，讲有堂，学田则皆自君成之。宜其忧深虑远，托于文辞，以图不朽也。

呜呼！三代盛时，井田制定，民无不受田之家，将壮者无饥寒之患，家塾、党庠、遂序，不过以暇日修其孝弟忠信之行，明其三纲五常之道，习其礼、乐、射、御、书、数之艺而已。当是时，学田无称也。

末世田制既坏，彼务兼并者，既以连田阡陌为夸，农工商贾，亦各执其业以自食。独为士者，诵诗读书，以修先圣之道。乃或婠婠，然贫无所于养，故有国者，于郡县之学，皆有田以供其牢醴，廪其师徒。庶几乎教养之道，而好义之家，亦割己田以赡乡校。凡祭祀、醴齐、币帛、脯修、膳饮供需，毕于是乎出，使其子弟得专

---

① 此处脱一字"渊"。

心励志于学，成德达材以待宾兴之用，则褒崇之典，国家礼亦宜之。而学田之志，虽特书可也。

杨君以三世之积，兴建是学，始终不倦，无求于时，卒成厥志。心勤以诚，规宏以固，是由足尚为可述者，故书以为《崇义书院田记》。

君象贤尝补国子生，将入官矣，去之。尝长百夫，又去之。尝出粟藁以助军用，授以官，复辞不受。其义举甚多，尚当为君别书之。

至正十八年(1358)春三月朔，奉训大夫监察御史程徐记。

焦进文，杨富学校注：《元代西夏遗民文献〈述善集〉校注》，第100—101页，甘肃人民出版社，2001年。

(35) 礼请师儒疏　潘迪

开州濮阳县官人寨蒙古侍卫百夫长唐兀崇喜并兄涣著及友蒙古百夫长铁砺，盖社长张仲义、柳仲亨、元道亨等，就于本寨起立乡校，愿备束脩楮币一十五锭、米一十五石、学田四十亩、柴薪一千束，礼请到新除密州儒学正唐兀彦国，尊为乡师，教训各家子弟，此诚善事也。崇喜以余有旧，请疏之。

伏以邑虽十室，岂无忠信之人，寨未百家，尚有谦恭之士。弗延先觉，孰诲晚生。

窃惟彦国学正先生，诗礼名门，簪缨世胄，驰芳馨于河北，占上甲于山东。舆论久归，敢输献贽抠衣之悃；诸生素仰，愿效持经请益之勤。蒙发蔽开，彝伦明而君子众；风移俗易，师道立而善人多。学校既兴，英才愈盛，凡同义约，请署荣御。

右谨疏。

至正十六年(1356)闰十月　日惬山疏。

焦进文，杨富学校注：《元代西夏遗民文献〈述善集〉校注》，第104页，甘肃人民出版社，2001年。

(36) 礼请师儒疏　潘迪

建学立师，既开蒙而解惑；授经传业，必端己而正人。

伏惟师德先生，有志诗书，无心利禄，德足以服众，道足以济人，垂训立言，允蹈先儒之范，行规导矩，当为后进之模。讲解有渊源，每得程朱之余论，文章有机杼，世修韩柳之正传，若允舆论，宜主师席，将见后进，有所依归。学者云趋，门徒雾滃，谨备束脩之薄礼，以为献贽之菲仪，言不必多，辞不容再。

右谨疏。

至正十五年(1355)正月　日惬山疏。

焦进文，杨富学校注：《元代西夏遗民文献〈述善集〉校注》，第106页，甘肃人民出版社，2001年。

(37) 有元澶渊官人寨创建庙学记

正议大夫集贤直学士致仕礼部尚书魏郡潘迪撰

前国子掌仪将仕郎、提举万亿绮源库知事邢台张昭书丹

宣文阁鉴书博士、奉训大夫兼经筵译文官金华王余庆篆额

至正癸巳(1353)夏四月，澶渊官人寨庙学讫工。前国子生唐兀崇喜遣其子理安来京师，述其营缮之颠末，谒予于登瀛堂，请记诸石。昔侍亲于魏，素闻其事。且崇喜父子皆从余游，义不容辞。

案其状，创建之由自祖敦武府君，岁至治癸亥(1323)，于官人寨店之艮方卜宅一区，南北瓦舍为间者九，东西亦如之。方始经营，意不果至。其忠显府君慨然有继述志，岁泰定(1324—1328)之际，续置东西瓦舍为间者亦九，与前所置西缴[①]东西相齐，即甃井于兑方。尝曰："欲求家道久昌，莫若教子义方。"乃割资一千五百缗，购瓦舍为楹者三，为檩有七。欲于前所置东西九间之正北，起构讲堂，延师儒，诲子孙以为永图，有志未就而卒。

至正丁亥(1347)，其子崇喜于东西九楹之北，创起讲堂，为间者三，承先志也。

堂成，求余扁。尔尝取朋来之意，以"亦乐"名之。其事亦尝为之记。堂构既成，乃叹曰：人生天地间，幸际太平时，无官守言责，袭祖宗累世之所积，家道颇丰，衣食粗给。上无以报国家，下无以报祖宗，是徒植于世，宁无所愧乎？遂拜禀于母恭人孙氏，佥议于叔敦武百夫长、兄思贤、弟师贤、齐贤、百夫长希贤、好贤等。母弟百夫长卜兰台敬贤同心协力，以襄其事，诹谋于讲堂西北卜地之爽垲，割资二千缗五券，续置地为亩者三，创建大成至圣文宣王之殿，以为春秋释奠、朔望行香、诸生瞻仰之所。阶崇四尺五寸，柱植丈有一尺，梁修二丈有二尺，歇山周角四，铺五明璃瑠，金碧璀灿，朱户绿窗，丹青炳辉，轮奂飞翚，材抡二致，以为一方文明之状观。

文济王大书"大成殿"三字，以华其扁。至于神门两庑，庖湢居舍，各有其序。鸠工于至正九年(1349)三月，落成于十有二年(1352)五月。

呜呼！甚哉！学校之重也，富庶而教治之序也。教一日不立于天下，则纲常沦，九法斁，争斗之心滋，僭侈之风炽，欲富庶不可得也。兹非教者，富庶之本乎？

治人之道，必曰明伦始，学则三代共之。皆所以明人伦，曰庠、曰序、曰校。虽命名不同，而设教则一。矧六府、三事，无非教也；皇极、九畴，无非教也；历代因革损益，礼乐、刑政、法度、班制，考于经典，无非教也，则所学者，孰非教之本乎？

方今圣明治教，大敷四民，居仁由义，人人有士君子行化，渐靡使然也。自其塾立而教达于家，庠立而教达于党，序立而教达于遂，学立而教达于国，则人材之培养，风俗之丕变，岂无所本欤？

---

① "缴"似为"徼"之误。徼 jiào 边界。

今观唐兀氏，累业积德，庆衍后裔，是役之兴，乃祖肇其基，乃考修其砌，贤孙肯其构，可谓世继其美，克绳祖武矣。矧其一椽一瓴，竹头木屑，必躬临抡择，虽晨霜暑雨，亦所不惮。至于德容有庙，讲论有室，出入有门，庖湥有厨，师儒有居，不烦于官，不资于人，倾意奋为，其志匪夺，诚可尚也。鲁无君子斯焉，取斯唐兀氏以焉。

况贤王锡以云翰之章，庸侈其美，所以激励群伦，兴举奖劝，其得转移之机乎。虽然祖考兴是役于前，子孙成是役于后，凡居其堂，习是业，拜瞻是殿，亦必思精而业，行而修，讲明三代之学，以资世用。品节五常之教，以施天下，诚非小补。他日人材之盛，风俗之美，宁不由是邑学校之化有以先之？故曰：人伦明于上，小民亲于下，信有征矣。若然则不惟不负唐兀氏兴举学校之心，贤五崇儒重道之意，而明时激劝之悬，亦不负矣。

大成殿举会知音，此作非私我一身。

匪赖吾皇宣圣教，安能得享太平春？

焦进文，杨富学校注：《元代西夏遗民文献〈述善集〉校注》，第 109—111 页，甘肃人民出版社，2001 年。

(38) 自述　刘让

至正八年(1348)春，予以守令判濮阳首知。同夏，象贤杨君伯仲，好义能下士，继祖父志，为吾夫子庙貌，费巨万，殿堂门庑轮奂一新。亲王额书，名贤赞美，差强人意，诚一段嘉话。

征拙作，不欲赘，聊笔五言律：

若祖来西夏，澶乡卜震居；

百夫虽授长，三代寔崇儒。

肯构魁多士，周旁变六虚；

明时君子重，金柜正抽书。

西夏刘让。

焦进文，杨富学校注：《元代西夏遗民文献〈述善集〉校注》，第 116 页，甘肃人民出版社，2001 年。

(39) 报效军储　唐兀崇喜

前国子生唐兀崇喜呈。系唐兀氏，左翊蒙古侍卫兵籍，年五十七岁，见于开州濮阳县郾城乡张郭保十八郎寨，置庄住坐。

伏惟崇德报功，固有国之先务，保后胥感，诚往古之成规。岂为国家方调军储，需用至广，崇喜除创建庙学及糊口外，愿出粟五百石，草一万束，并不愿除授名爵，关请官钱，但期天戈早息，生民获安，此愚心之至愿也。合行具呈。

濮阳县照详施行须至呈者。

右谨具呈。

至正十六年(1356)七月　日,唐兀崇喜呈。

焦进文,杨富学校注:《元代西夏遗民文献〈述善集〉校注》,第118页,甘肃人民出版社,2001年。

(40) 锡号崇义书院中书礼部符文

皇帝圣旨里中书礼部据大名路申,据开州备濮阳县申,准本县尹刘德新奉训,关该照得近为前国子生唐兀崇喜创建宣圣庙学,及置学田。已经备细申达上司,乞赐书院之号,照验去讫。

施行间,又据崇喜呈,为方调大兵,不愿名爵官钱,献粟五百石,草一万束,另行申覆照验,到今未蒙书院之呈,乞照验。得此当职切详。

义士崇喜,愿备物力,创建庙学,欲尽报本之心,以为育材之地。复为朝廷方调军储,不望名爵官钱,愿献粟草,欲尽报国之心,以为殄寇之资,似此忠义之士,诚为罕有,请早为申达上司,乞赐书院之号,付下遵奉施行。准此。照得先为此事已有申覆,照验去讫。

施行间,又据崇喜呈,近为创建大成至圣文宣王之殿,神门、两庑、讲堂、庠舍、学田三顷二十六亩已经具呈,乞赐转申上司,赐以书院之号。

付下去后,未蒙明降令。今又用中统钞八百一十六锭,续置到条段不等学田三段,计一顷二十八亩,通前地,四顷五十四亩。若不再呈,恐有不率之人毁蠹侵欺;若蒙申达上司,赐以书院之号,护持禁约,使庙学无沮坏之虞,田土免侵欺之弊,上不失朝廷重道崇儒之意,下可励士庶学古向善之心。呈讫照验事,得此县司看详。

唐兀崇喜创建庙学,置买学田,献纳粮储,慕道报国,诚非细故。申乞照检,事得此除,另行申覆照验,得此府司申覆照验。得此行据集贤院,经历司呈奉院,劄送待制厅议得。

前国子生唐兀崇喜创建宣圣庙学,并置学田四顷五十四亩,献粟五百石,草一万束,以供调兵之用,不愿名爵官钱,惟求书院之号。斯人尚义轻财,尊儒重道,建学田,育人材以报国,献粟草,供军需而效忠。既无心爵赏之名,惟注意书院之号,若兹嘉士,良可褒称,可拟"崇义书院",盖取褒崇义士之意,如蒙准呈,亦励薄俗,厚风化之一端也。

从省部。可否定夺,相应连呈,照详得此,使院合下仰照验就呈。合干部分照验施行。承此具呈照详。得此。已经议拟,具呈中书省照详。

去讫,施行间,承奉中书省判送本部元呈,议得大名路申濮阳县县尹刘德新奉训,切照前国子生唐兀崇喜,愿备物力创建宣圣庙学,及置学田四顷五十四亩,欲尽报本之心,以为育材之地,又献粟五百石,草一万束,已供军储。本人不望名爵官钱,欲尽报国之心,以为殄寇之资,乞赐以书院之号,护持禁约,使庙学无沮坏之虞,田土免侵欺之弊,上不失朝廷重道崇儒之意,下可励士庶学古向善之心。

以此参详国子生唐兀崇喜献粟，以供军储，舍田以赡庙学，以兹善行，诚可嘉尚。既集贤院褒称定拟“崇义书院”之号，合准所拟，合依已拟相应。如蒙准呈，宜从都省劄付本部，依上施行具呈，照详得此覆奉都堂钧旨，连送礼部，依上施行。奉此。除外省部，合下仰照验，依上施行，须至符下大名路总管府主者，符到奉行。

至正十八年(1358)四月吉日令史杜秉周承学校等事。

焦进文，杨富学校注：《元代西夏遗民文献〈述善集〉校注》，第119—121页，甘肃人民出版社，2001年。

(41) 中书礼部护持学校文榜

皇帝圣旨里中书礼部承奉中书省判送本部元呈，议得大名路申濮阳县尹刘德新奉训，切照前国子生员唐兀崇喜，愿备物力，创建宣圣庙学，欲尽报本之心，以为育材之地。舍学田五百余亩，又献粟五百石，草一万束，已供军储。本人不望名爵官钱，欲尽报国之心，为殄寇之资，乞赐以书院之号，护持禁约，使庙学无沮坏之虞，田土免侵欺之弊，上不失朝廷重道崇儒之意，下可以励士庶学古向善之心。

以此参详国子生唐兀崇喜，献粟以供军储，舍田以赡庙学，以兹善行，诚可嘉尚。既集贤院定拟“崇义书院”之号，合依已拟相应。如蒙准呈，宜从都省札付本部，依上施行，具呈照详，得此覆奉都堂钧旨，连送礼部，依上施行，奉此。

除外会验到至元三十一年(1294)七月内钦奉圣旨，节该孔子之道，垂教万世有国家者，当崇奉曲阜林庙。上都、大都诸路府州县邑庙学、书院，钦依世祖皇帝圣旨，禁约诸官员、使臣军马，毋得于内安下，或聚集理问词讼，亵渎饮晏，工役造作，收贮官物。

本路总管府提举儒学、肃政廉访司，宣明教化，勉励学校。凡庙学公事，诸人毋得沮扰，钦此。

除钦遵外，切详学校乃造士育材之地，化民成俗之源，治本攸先，理宜崇重。今出文榜于“崇义书院”内张挂，仰拘该有司常加勉力、巡视，若有非理搅扰之人，钦依圣旨事意就便究治施行。所有文榜，省部须议出给者。

右榜晓谕

诸人通知

至正拾捌年(1358)月　日

焦进文，杨富学校注：《元代西夏遗民文献〈述善集〉校注》，第123—124页，甘肃人民出版社，2001年。

(42) 崇义书院记　张以宁

至正十三年(1353)夏四月，前国子生唐兀氏崇喜，新作庙学于开州濮阳县所居之鄄城乡，既成。十六年(1356)秋，献粟为石五百，藁为束万，予县官，佐军兴用。粤十又八年(1358)之夏四月，中书礼部符下大名路，赐“崇义书院”名，旌义士，劝齐民也。

初，崇喜之祖赠敦武府君，名在五符，从其父繇河西，下江左，还侨于澶，即今开州之濮阳也。生聚教训，既殖以蕃子姓，僮奴食者万指，思贻孙谋，用永励世，乃至治癸亥(1323)，市屋为塾于居室之西北陬，南北为楹者九，东西广亦如之。至泰定间(1324—1328)，考忠显府君议广前规，爰作义学，东西为楹，如敦武所市之数。中建讲堂，楹三檩七，以为讲读之所。先甃井于其西，它未奏功，赍志以终。君既仕，奋然曰："幸得生圣明时，庶富而教，以克荷国宠荣，繄祖考遗德是赖，其曷为报称？"遂禀于母恭人孙氏，谘于季父敦武伯诸昆弟，捐金出粟，购材命工，首成堂三间，颜以"亦乐"，故赠礼部尚书潘公迪名且记也。寻买地三亩，创礼殿，扁以"大成"，藩王文济书以赐也。

殿崇为阶四尺有五，柱杖有一，其修为梁二丈有二，广为丈有三，面势宏敞，缔构坚缀，丹碧黝垩，焕丽辉炳，既而灵星、周庑、斋馆、庖湢，次第毕备。买田四顷五十亩有畸，定著于籍，延聘儒师，训迪学子，凡醴齐、膳饮、币帛、脯修之须，胥此焉出。惟官未锡名，无以列诸学院，大欢弗称。及是县上其事于州若郡，郡请于朝。集贤院议曰："是义人也。宜旌之如郡，请达于春官。

闻于宰相，宰相曰："俞。"故获是命。余闻之，志曰："善作者不必善成。是举也，起敦武，历三世，用巨万，始克成于君，岂易易也已？"夫其兴学以光先猷，不忘其本，孝也；输家以助国费，不志于禄，忠也。维忠与孝，天下大义。用兵九载，凡建功立节，明兹义以扶人极，于今类皆学孔氏者，县官嘉惠斯文，以宠赉于唐兀氏，岂直若汉代尊显，卜式风厉百姓而止哉？

于[①]乎，其所关者，大矣。肇自今兹。游于斯者，处而治已，出而治身，孳孳乎善利之间，断断乎舍生取义之际，使人称曰："是。"诚学忠孝者，于"崇义"名，庶其无忝乎。且昔之书院，为古学也，记以劝寔甚宜。君字象贤，繇上舍擢侍卫百夫长，辞不仕。季父镇化中、兄换住、弟帖睦塔哈出、拜住、母弟卜兰台、子理安，协志赞谋，皆贤可纪。系以诗曰：

"桓桓敦武，于维厥祖，
自河之右，于澶胥宇。
其艰其勤，既阜既殷，
世其读书，遗子若孙。
乃齿胄闳，乃长禁旅，
乃辞印组，式宴以处。
维乡有校，祖也叔营，

① 原文为"于呼"。加注"即呜呼。感叹词。"这样似不妥，因"于"只读 yú，不读 wū，"於乎"、"於戏"才同"呜呼"。

荐更乃世，未溃于成。
我忧念哉，我谋我度，
我朴我斫，新庙我作。
有孙绳绳，有徒丞丞，
我食我教，先志是承。
兴言为国，如汉臣式，
崇义之名，春官斯锡。
其崇伊何，为龙为光，
子孙其昌，祖考之庆。
其义伊何，为忠为孝，
祖考之教，子孙是孝。
天经地纪，昭兹永存，
撰辞刻石，以勖后昆。”

晋安张以宁撰。

焦进文，杨富学校注：《元代西夏遗民文献〈述善集〉校注》，第125—127页，甘肃人民出版社，2001年。

(43) 大元赠敦武校尉军民万户府百夫长唐兀公碑铭并序

正议大夫、集贤直学士致仕、礼部尚书魏郡潘迪撰并书石篆额

敦武校尉、左翊蒙古侍卫百夫长崇喜，状其祖军民万户府百夫长府君行实，请曰：“曩在成均，深蒙教养，获跻上舍，积分入等，已豫会试，俟贡有期。奈户隶蒙古兵籍，为门户计，弗获已，俯就武职。荷祖宗之积累，叠蒙恩宠，一门之中，父子昆弟，咸膺武爵。褒封祖考，荣及存殁，诚子孙之至愿也。然先世潜德，苟不托钜笔铭诸琬琰，不惟无以示后人，而百世之下，亦安知余庆之所自哉。敢再拜请。”余素嘉其有嗜学，且从游久，固不敢以不敏辞。

谨案府君讳闾马，唐兀氏。其父唐兀台，世居宁夏路贺兰山。岁乙未(1235)，扈从皇嗣昆仲南征，收金破宋，不避艰险，宣力国家。尝为弹压，累著功效。方议超擢，年六十余，以疾卒于营戍。其妻名九姐，年五十余，先卒。

时府君甫十岁许，别无恒产，依所亲营次以居，即崇喜之祖也。及长成丁，优于武艺，攻城野战，围打襄樊，诸处征讨，多获功赏。然性恬退，不求进用，大事既定，遂来开州濮阳县东，拨付草地，与民相参住坐，后置庄于草地之西北官人寨店东南十八郎寨两堤之间，卜茔于本宅之西北，堤南道北爽垲之地，亲茔冢圹，栽植柏杨。乃迁其祖考妣而安葬焉。

至元八年(1271)，籍充山东河北蒙古军户。十六年(1279)，奉旨选充左翊蒙古侍卫亲军。三十年(1293)，编类入籍。累得功赏。马匹、楮币弗肯过侈，用之有节，推其余以济乡党之匮乏。

虽幼在戎行，然好学向义，勤于稼穑。尝言："宁得子孙贤，莫求家道富。"常厚礼学师，以教子孙。乡人家贫好学者，悉为代其束脩礼。亲戚有贫弗能育其子女者，府君辄与其值赎之，以养于家。或曰："他人之子女，费钱以养育，毕竟是他人。"府君曰："不然，此非汝所知也。子女之父母，贫乏弗能自存，得钱足以活己。故谚曰：'减口胜添粮。'其子女在吾家又得饱暖，一举而两全。他日将养成人，女备装奁以嫁，男备聘财以娶，所费几何？"

乡人有死，弗克葬者，则与丧具、米粮以葬之。其父祖有官，而子孙不能袭荫者，则与楮币、鞍马为之起复公文，以袭荫之，若此者十有余家。

又置产于宿州灵璧县东南芦沟村，以为别墅。致和元年九月二十有八日，以天年终于正寝，享年八十有一。

祖母哈剌鲁氏，纺绩织纴，佐夫内治，俭而好礼，和以睦族，至元后三年三月十有九日，以疾终，享年八十有二。

子五人，长达海，次镇花台，次间儿，次当儿，次买儿。女一人，曰迈讷。

长即崇喜之父也。以崇喜恩封忠显校尉、左翊蒙古侍卫百夫长，娶孙氏。年七十有二而康宁，封恭人。忠显性资温厚，仁慈恺悌。祖母既亡之后，凡诸家所假斛粟、楮币之类，悉命焚其券，以年难，免索也。贫者莫不德之。其典买田土契券，命崇喜整治收顿，戒之曰："夫契者，家业之基，祖先所遗，祭祀供需之源，宗族衣食之本，诚为重事。"

本寨耆老等，旧随香会，名曰《龙祠乡社义约》，因袭之弊，尚于奢侈，以酒馔相矜。忠显一日来会，言于众曰："乡社之礼，本以义会，风俗之美，在于礼交。是会之设，本欲敬神明，祈雨泽，救灾恤患，厚本抑末，周济贫乏，忧悯茕独，弗意习奢至此，甚非可久之道，大为不可。"遂佥议创置籍，定其赏罚，斟酌古礼，合乎时宜，凡可行之事，当戒之矣，悉载于上，永远恪守。推举年高有德才良行修之士，以掌其簿，至今遵守，乡里赖之。如纵放头匹，践蹂田禾，非礼饮酒，失误农业，好乐赌博，交非其人，不教不弟，皆在所罚。

祖先茔域，旧仅壹亩，今扩为亩者十。亲诣指画，命崇喜栽植柏杨，东西南北，皆有伦理，赡坟地至二百余亩，内有所产，以供祭祀。

天历兵兴，起遣渐丁，蒙朝廷差来官选委为百夫长。忠显恐乌合之众，有害于百姓，谕于众曰："他家即己家，彼我有父母，安可惟知有己，而不知有人乎？众皆感悟，循行正道，无有害于百姓者。"

其恤贫济困，克绍先志。至正四年(1344)七月五日，以疾终，得年六十有五。恭人孙氏，亦极贤。自四年冬至五年春，大歉。恭人命崇喜，令家人每旦多备粥饭，以食乞人之老弱。有少壮男子饥饿濒死，命收留养济，以活者十余人。客户贫不能自存，辄贷粮以济者十余家。

子二人，长即崇喜，次卜兰台。

崇喜，国子上舍生，积分及等，蒙枢密院奏充本卫百户，受敦武校尉。娶李氏，封恭人。

子一人，名理安，娶征士奉议大夫翰林待制伯颜宗道之女哈剌鲁氏。女二人，长适旭申氏阳律。

卜兰台，攻习儒书及蒙古文字，深通农务，晓知水利。蒙塔塔里军民屯田万户府选保充本府百户，受敦武校尉。以其先仕，奉父命让封祖父敦武校尉、本府百户，祖母宜人。娶旭申氏，子一人，名从安。女三人，长适国子生燕山忠显。女二人，长适武德将军武卫亲军千户所达鲁花赤长安，封濮阳县君。次适哈剌鲁氏保住。

镇花台，府君之第二子也。年六十有五而康宁，居于濮州鄄城县西南张村保青窝村。性禀温纯，尚义疏财，以勤俭起家。至正五年(1345)春，大歉，亲诣州廨，愿施白米五十石，以赈饥民。娶盖氏，子一人，名塔哈出。

天历兵兴，出征有功。至元四年(1338)，蒙枢密院除充塔塔里军民万户府百户，受敦武校尉，封其父亦敦武校尉、本府百户，母宜人。

至正四年(1344)八月二十五日，以疾终，得年六十有二。再娶王氏。妻袁氏，亦封宜人。

二子，长保童，次祐童。二女，长适山东河北蒙古军都万户府左手万户府镇抚宝宝，次适左翊蒙古军侍卫千户关住。

闾儿，府君之第三子也。居于官人寨店西，天资明敏，性体纯粹，儒吏兼优。蒙本卫保充令史。辞曰:“父母年迈，不能远离。”至顺三年(1334)[1]七月六日卒，得年四十有七。娶王氏，年六十有二而康健。子六人。

长曰换住，娶哈剌鲁氏，子三人，长福安，次延安，次善安。女一人，适儒士闾闾。

次曰留住，早卒。

次曰教化，娶高氏。子三人，长保安，次祐安，次祜安。

次曰伯颜，娶彭氏。女二人。

次曰春兴，娶张氏。子二人，长安儿，次歪儿。

次曰禄僧，未娶。

女一人，适蒙古氏朵烈团。

当儿，府君之第四子也。娶冯氏，早卒。子一人帖睦，娶乃蛮氏。子四人:长冀安，以军功除固始县达鲁花赤，娶高氏;次卫安;次添儿;次芦安。女一人。再

---

① 误。至顺三年(1332)。

娶盖氏，子四人，女一人赛珍。

长曰不老，娶怯烈氏。子三人：长童儿，娶乃蛮氏；次道儿；次德儿。

次曰脱脱，娶孔氏，俱早卒。

次曰广儿，更名伯颜普化，国子生。至正四年(1344)，因劝粜拜爵，受进义校尉、济宁路金乡县务司提领。娶旭申氏。子一人关住，女一人。

次曰野仙普化，亦因劝粜以拜其爵，受敦武校尉、长芦盐运司利民场司令。娶刘氏。子一人哈剌。

赛珍，适兰阳县务司副使旭申氏添孙。

买儿，府君之第五子也，泰定五年(1328)正月初三日以病卒，年仅三十有九，娶乃蛮氏。子一人拜住，娶李氏，早卒，再娶旭申氏。女三人：长适哈剌鲁氏保住，次适哈剌鲁氏保童，次适乃蛮氏。女一人。

迈讷，府君之女也。适哈剌鲁氏普化，早寡，以孝节闻，有子一人庆安，又名脱脱，充军民万户府百户。

呜呼！观其子孙之荣盛，则其祖考之积累，不无启于前；观其祖考之勤俭，则其子孙之发达，宜乎丰于后矣。

唐兀氏自贺兰始祖，启庆源于其端，而敦武府君以孑然孤童，勤俭起家，功著于国而不求其报，则其子孙荣盛而发达，殆有以浚庆源于其后欤！一门之中，荣膺宠渥，长百夫者，父子昆弟不啻数人，子孙及家人无虑近万指。苟非祖考积累之功，奚克致是，猗欤盛哉！

铭曰："贺兰右族，归顺国初。拥扈圣胄，强梗是锄。剪金蹙宋，不避艰虞。未及受禄，抱勋以殂。奇哉敦武，零丁孤苦。生未十龄，居无宁所。爰依所亲，长隶行伍。襄樊之攻，多获丑虏。大勋未酬，慨然归休。济贫恤匮，余扩田畴。延师诲子，道义是求。贫而好学，愿代束脩。子女匮食，乃赎于室。乃室乃归，俾遂所适。贫弗能官，我叙其职。亡不能葬，我资其力。有子有孙，家道裕温。恩加三命，寿逾八旬。庆分五派，春满一门，森森翠柏，惟公之坟。"

至正十六年(1356)六月吉日崇喜等立石。

焦进文，杨富学校注：《元代西夏遗民文献〈述善集〉校注》，第137—143页，甘肃人民出版社，2001年。

(44) 唐兀公碑赋诗　唐兀崇喜

欲镌金石纪宗枝，特特求文谒我师。

为感恩亲无可报，且传行实后人知。

焦进文，杨富学校注：《元代西夏遗民文献〈述善集〉校注》，第153页，甘肃人民出版社，2001年。

(45) 思本堂记　潘迪

古者家必有庙，欲营宫室，先营家庙。则庙之设于家，其来尚矣。礼诸侯五，大夫三，元士二，官师一，士冠，礼筮于庙门，士婚礼迎宾于庙门外，释者谓称庙也。

惟朱文公，家礼通上下，始祖以下，四世祀之。则祠堂之设，虽非庙制，亦礼缘人情而为之制。尔今人臣庙制，虽未暇论，人子往往思亲，必为藏主之所，亦庙制之权舆也。

澶渊左翊百夫长唐兀崇喜，以思本扁其家庙，请余记。踞请，请既笃，义不容辞，敬书以成厥志。

夫万物本乎天，人生本乎祖。人物虽殊。其初各有所本也。礼冬至祭始祖，岂万物至此？归根复命于一。阳，初生之日乃见其本乎？此必于冬至祭始祖，明其一本之所以然也。按字义，本为木之根。本之盛者，枝必茂；实之繁者，根必深。人之谱系，叠衍子孙，殷盛其先世。籍之者，必深远可知。

予观唐兀氏，自其乃祖积德，派衍五枝，子孙蕃盛，一门万指，则其积累，岂无自而然哉？今崇喜庸思其本，乃构堂以妥其先祖，不丰不陋，适合厥度，叠甓以代筵，列位以陈主，帟以覆之，帷以周之。春秋致祭，由祖祢推而思之，则思之所及，庸可已乎？且四时迁改，霜露下降，晨鸡鸣，暮角哀，此固孝子之思亲也。此特思之小者，由一世推而至百世，必思本之所自，则其思也。为何如？故孝子之思亲也，不以孝思为难，而以时思为难；不以时思为难，而能思其本为尤难欤。

唐兀氏能思其本，固所以为孝，至于保守遗体，尤当充其思本之实乎？苟能事上接下，处己待物，各尽其理之当然。至于一出言，一举足，唯恐有以累吾亲，不惟遗体能保，而不负思本之实，而名堂之意，亦为不负矣。若其堂构之轮奂，工役之先后，在所略云。

至正癸巳(1353)九月己卯集贤直学士朝散大夫愜山潘迪于登瀛堂书。

焦进文，杨富学校注：《元代西夏遗民文献〈述善集〉校注》，第154—155页，甘肃人民出版社，2001年。

(46) 祖遗契券志　唐兀崇喜

至元后二年(1336)二月二十有三日，父忠显公命崇喜，将各年文契、问据、典倚诸等文字，编类次序，置籍抄写，仍易于寻照。

崇喜敬将远年近岁典倚、问据诸等文字，各以类编，买契以契封讫。后凡寻照者，必以年次编类，置籍抄录。先以籍策内检阅年号。年号相同，然后方许开封寻照，照验过仍旧类放，勿令折皱散乱。

夫契者，家业之基，祖先所遗，祭祀供需之源，宗族衣食之本，诚为重事，可不谨乎？

焦进文，杨富学校注：《元代西夏遗民文献〈述善集〉校注》，第158页，甘肃人民出版社，2001年。

(47) 昆季字说　潘迪

蒙古百夫长崇喜象贤，从予问学既久，闻见益广，而谦虚益甚。尝以国子生，积分及等，升上舍，略无自满色。会试有日，乃叹曰："亲老违养，非孝也；膺禄独荣，非义也。"乃俯就是职。不惟便养，亦可以庇族。

盖蒙古军，无事则一卒应番，有事则举族皆行。象贤之就此，弗离乡戍，不惟可以便养，亦可以庇族，贤矣哉。

一日来谒，曰："诸昆季因崇喜在席下，皆知有慕于斯文。崇喜既蒙师友锡之以字，曰'象贤'，愧无以当。昆季之未字者，愿先生有以始终之。"愚谓贤者，才德兼备，能多于人之称，乃希圣之基也。生之昆季，循循雅饬。若诗礼家，因象贤推类以代其名，可乎。夫思贤则能象贤，象贤则知师贤，师贤则知齐贤矣。既知齐贤，人之贤者，知所以敬之；先世之贤者，知所以继之绍之矣。若徒知继绍而不能实有于身，则未可也。故次之以居贤，居贤则大贤之事业，知所以希之志之，又岂但惟贤是好是尚，信能世继其贤于无穷矣。象贤昆季十有四人，故字象贤之兄换住曰思贤，次象贤也。象贤之弟帖穆曰师贤。次塔哈出，曰齐贤。卜兰台，曰敬贤。齐贤、敬贤，亦皆百夫长也。留住曰继贤，不老曰绍贤，教化曰居贤，伯颜曰希贤，广儿曰志贤，希也志也。皆国子上舍生。柰憬曰惟贤，拜住曰好贤，春兴曰尚贤，禄僧曰世贤。

呜呼！字以代名，因字思义，勉尔令德，永保世禄若之。昆季勖之哉。

至正改元(1341)三月甲子朔列大夫前国子司业惬山潘迪书。

焦进文，杨富学校注：《元代西夏遗民文献〈述善集〉校注》，第159—160页，甘肃人民出版社，2001年。

(48) 顺乐堂记　潘迪

澶渊进士，前成均上舍生唐兀崇喜，昔从余游颇久。余以亲老来魏，崇喜适丁外艰，亦家居焉。一日抵魏，请曰："崇喜幸侍先生于函丈之末，上有垂白之母，次有克家之弟，卜有内助之偶，应门之嗣，家人无虑千指。"因摭《中庸》引《诗》："妻子好合，如鼓瑟琴。兄弟既翕，和乐且耽。宜尔室家，乐尔妻帑。"夫子赞云："父母其顺矣乎！"之意，扁其堂曰"顺乐"。愿先生记之。余闻君子修身之道，必自家始，"妻子好合，如鼓瑟琴"，和之形于闺门者，可知矣。兄弟既翕和乐，且耽和之，及于同气，可想矣。吾夫子读诗至此，则知室家之宜，妻帑之乐，兄弟之翕其和如此，父母其有不顺者乎？

人能自一身之和顺，推而至于一家之和顺，使父母安其乐于上，子孙致其乐于下，熙熙然，一家之唐虞也。推而至于天下，国家则和顺之，所及岂不益广乎？

今崇喜处于家道优裕之中，而能知止以安分，延师以诲子，和顺以悦乎亲，怡逊以友其弟，薄利禄如浮云，鄙功名为外物，则其乐之所适，又岂他人之可逮哉？余虽未及登生之堂，想其晨昏侍侧，不违亲之志，固足以为顺乎。抑甘旨备养，所欲毕给，亦足以为乐乎。是盖未足以尽生之乐，则生之乐岂非在于子弟之趋，教家人之力本，尊卑之有等，长幼之有序，使吾亲安且乐。自乡而邑，自邑而郡，自郡而天下，皆在春风和气中。则乐之所及广矣。若然，则自生之所以为乐。其然乎？抑不然乎？

生再拜，请书诸绅，余素嘉生有志，因为书之。

至正丁亥(1347)七月庚午朝列大夫国子司业惬山潘迪记。

焦进文，杨富学校注：《元代西夏遗民文献〈述善集〉校注》，第161—162页，甘肃人民出版社，2001年。

(49) 敬止斋记　潘迪

斋以“敬止”名，表厥志也。主之者谁？澶渊士唐兀崇喜象贤也。斋有名，久未有记者，抠衣跽请，嘱余责焉。

余素嘉崇喜有志嗜学，观其持守严，践履笃，讲习精明，议论正大，所以名斋之意可知矣。《大学传》之三章，引《诗》曰：“于[①]缉熙敬止。”先儒引之，以明止善之实，岂君子修身之道？固在于毋不敬而入德之方，尤在于安所止自主，一无适，俨若思积而极之，止于笃恭之效。昔伊川程子、考亭朱子，皆由敬而入，故竟造学问之极功。

今象贤不独摭敬以名斋，必取敬止以为扁，可谓知所本矣。今虽未尝造其斋，想其牙箴万轴，经史列前，图书在后，入孝出恭，兄友弟敬，铢轩冕而尘金玉，外物不足以动其心，安其所居之位，乐其日用之常，何莫非敬止之功乎？

矧格物致知，诚意正心，非敬无由入；而修齐治平，非敬无以成，讵非敬为圣学成始终之要，而须臾不可阙哉。

今象贤尝游成均，从事于《四书》，得之于程朱，闻之于师友者多，所以存养践履，有非他人可逮者矣。生诚能于敬止而有得焉。将见参前倚衡，莫非敬止之所，在异日施之于行，事特举而措之耳。若然，则先儒所谓有天德，便可语王道，其要只在慎独。余因象贤之“敬止”深有所冀云。

至正丁亥(1347)七月庚子朝列大夫国子司业惬山潘迪记。

焦进文，杨富学校注：《元代西夏遗民文献〈述善集〉校注》，第163—164页，甘肃人民出版社，2001年。

(50) 知止斋记　潘迪

澶渊百夫长唐兀敬贤，颜其斋曰“知止”，请余记之。敬贤兄象贤尝北面执弟子礼，余视之均诸生也。敢以不敏辞。

夫天下事物之礼，莫不各有当止之处止，不失其所止而止，适其时则止，得其止矣。然君之所谓止，岂清心迹，绝嗜好，定性情，息思虑之止乎？曰：否。岂铢

---

① 误。“於”为叹词，不能简作“于”，“於缉”之“於”音“乌 wū”。

轩冕，尘金玉，澹势利，薄功名之止乎？曰：否。抑内欲不萌外物，不接离群而超世，守株而水止之乎？曰：殆不然。然则君之所谓止，可知矣。岂非父止于慈，子止于孝，兄止于友，弟止于敬。曰：然。

吁兮！之所当止止之大者，君既知之，然事之当止者，可不知乎？若夫齐家止于勤俭，处友止于敬信，居官止于公廉，侍下止于宽仁，道德止于高远，文章止于正大，六经止于通融，学问止于圣贤。至若九仞而止，半途而止，亲于老，流于释，皆非吾之所止。敬贤曰：斯得其止矣。余是以记。

至正己丑(1349)四月丙子朔列大夫国子司业惬山潘迪书于遗安堂。

焦进文，杨富学校注：《元代西夏遗民文献〈述善集〉校注》，第167页，甘肃人民出版社，2001年。

(51) 知止斋后记　张以宁

“嘉禾堂”主者李彦辉，称唐兀氏象贤及其弟敬贤之孝友，皆可传也。又言敬贤早擢百夫长，既遵父命，追封祖父母，遂养母，不求仕进，独谋于兄，捐赀数万缗，大建孔子庙堂，置田延师，将淑其家，而薰其里焉。又言其斋，居名以“知止”，请予为记。不获辞，乃曰：“古之言‘知止’者，有二老氏言，‘知止’者，不殆昔汉疏广受行之以名于百载。”

孔子曰：“知止而后有定”，“于止，知其所止”者。昔曾子述之，以教于万世。二者义不同焉。夫勇退于急流而无穷途覆辙之忧者，一行之卓也。徐进于识路而无冥行，擿埴之患者，大学之先也。信如子言，则敬贤之于行卓矣。犹且不忘于学焉。予知其必不繇于老氏之义，以自居盖将繇吾圣人之义，以自勖也。夫彦辉曰：“然。司业潘先生既以是为之记矣。”予叹曰：“有志哉，敬贤乎！”予请为征之于《易》。

夫《易》，广大悉备之书也。其卦曰：“艮，艮者，止也。其彖曰：艮其止，止其所也。吾圣人之曰知止者是已。又曰：“时止则止，时行则行。”则老氏之知不能外焉。而非若老氏之一于止也。

今敬贤允能不以老氏者自居，而以吾圣人者自勖也。则将于亲焉，而益致其孝，知为子之止也；于兄焉，而益尽其友，知为弟之止也。今日之不求仕进，他日之不苟禄也。今日之建学延师，他日之兴学教民也。又可知乎为臣之止也。行以立之，学以成之，声名之出，爵禄之入也，不日矣。繇乎！止其所之义，予知敬贤之能知其止也。繇乎！时止时行之义，予知敬贤之安能遂其止也乎。虽然静而止，以养其知，动而止，以行其知，止其欲，以澄其滓，止其言，以密其几，未至而止焉，画也。我则进之，已至而不止焉，迁矣。我则安之，学非可以蹴到也，知其所知，止其所止，非可以一言尽也。他日敬贤倘见予，当为更仆言之。彦辉曰：“诺，请书其说，先以贻之。”是为记。

至正壬辰(1352)立春日晋安张以宁记。

焦进文,杨富学校注:《元代西夏遗民文献〈述善集〉校注》,第 169—170 页,甘肃人民出版社,2001 年。

(52) 知止斋铭　张桢

有含斯贞,有流斯峙,
亭毒端倪,明扬终始。

道有显污,物有隆替,
知之则哲,止其所止。

乌集丘隅,鱼游川水,
习与性成,妙契斯理。

惟唐兀有子,由文武而仕,
相其后先,随之时义。

斋居有铭,祝规有记,
朝斯夕斯,儿蹈厥旨。

焦进文,杨富学校注:《元代西夏遗民文献〈述善集〉校注》,第 173 页,甘肃人民出版社,2001 年。

(53) 诗一首　睢稼

濮水之阳,有蒲与荷,
乐尔有常,云如之何。
蔚蔚穷林,有鹗萃止,
乐尔有常,丽音其矢。
物之有止,万汇一同,
学也多岐,进之在躬。
进进不已,惟止所之,
止之以善,德广业熙。
以是名斋,常目在兹,
贤哲于祀,嘻其远而。

焦进文,杨富学校注:《元代西夏遗民文献〈述善集〉校注》,第 174 页,甘肃人民出版社,2001 年。

(54) 知止斋箴　程徐

惟皇降衷,有物有则,
惟厥圣人,克践其极。

贤哲造请，实繇学力，
为臣敬忠，孝惟子职。
义实正路，仕乃安宅，
究之推之，月将日积。
一旦贯通，涣然冰释，
知而至焉，如射中的。
至而安焉，如饫饮食，
相彼鸟矣，翔集自适。
矧伊人矣，胡求不得，
彼昧于知，懵如面壁。
知而不至，无乃自画，
君子颜斋，知止是绎。
我用作箴，敢告司直，
愿言勉旃，服之毋斁。

焦进文，杨富学校注：《元代西夏遗民文献〈述善集〉校注》，第175页，甘肃人民出版社，2001年。

(55) 唐兀敬贤孝感序　潘迪

百夫长唐兀象贤，谒予于魏郡。余询其亲之起居，及弟敬贤行藏，起而对曰："有亲康健，有弟孝感，是以崇喜得优游于诗书，从侍于先生长者，皆弟之功也。"

弟名卜兰台，因观光京师，蒙塔塔里军民万户府剡辟本府百夫长枢府，允其请授敦武校尉故事，品及七级，褒封父母，乃让封祖父闾马敦武校尉，祖妣哈剌鲁氏宜人，遵父命也。

父因崇喜，职亦封忠显校尉，寻本府例革，遂事亲，不复进。知止之士也。

岁甲申(1344)秋，父卒。崇喜京师，卜兰台制棺椁、衣衾，悉遵礼制。殡于客位，寝苫枕块，以讣凶问。

是年秋九月，有强寇二百余人围其第，操兵突入。乃置母他处，举家逃窜，独守父柩，以身膺之。寇至，取良马时，马已镯足。怒，令仆牛儿者，操斧推击，镯弗开。寇怒剧，欲刃之，躬为操斧。斧未及，镯自释，悉取良马数匹，但戕及邻人孙其姓者，好语劝率，庸事得免。寇去，慰之曰："汝，大孝人，不敢有犯。此非误也。"

逾月，崇喜奔赴至，置明器，修葬具。明年夏，克葬忠显府君于先茔。丁亥(1347)冬，虑母老，欲豫寿器，躬诣炎陬，市紫沙棺材，修盈又广尺许。夏至，自南康母氏之情甚欢，如愿书数语以为弟勉。

吁！忠孝一源，天人一理，有感必应，应复有感。天人之理，未始不通也。孝弟固出于天性，虽由庸行之常，然世之克尽其道者鲜。今观敬贤，能尽孝敬之道，故行人所难能之事，一旦遘难，不丧所守，力未施而镯自释，凶徒凛然不敢侵。苟非一念之谌感天地鬼神者，讵能然哉？然则孟氏之笋，王氏之鲤，天下之所以阴相孝子者，固必有道矣。敬贤之孝感余，不容默云。

至正己丑(1349)四月既望，朝列大夫、国子司业惬山潘迪序。

焦进文，杨富学校注：《元代西夏遗民文献〈述善集〉校注》，第177—178页，甘肃人民出版社，2001年。

(56) 书唐兀敬贤孝后序　张以宁

大哉孝乎，可以感天地，感鬼神，笋生而瓜实，兔扰而鹿驯，鱼之跃，乌之号，鸟为之耘而燕为之衔土，凡草木、禽兽、鳞虫之微，举可以感焉。盗亦人也，於戏有不感而动者乎？予读汉蔡顺、赵礼事，击恻也。

今观《唐兀敬贤孝感序》，益信。序，国子司业潘先生作也。

予行河朔，见舍于逆旅者有群马夜辄镯其足，以虞盗。益信其言有征云，或有病敬贤以将家子，尝长百夫，不能为国家尸，鼠辈顾乃德色于苟免者。予讦之曰："不然。"士无问勇，怯问义，何如耳？古人有言曰：千金之子，不死于盗贼。以其身之重，而盗不足以死也。若曾子云："战阵无勇，非孝也。"谓当时居位者耳。

今敬贤，位百夫长，已去而家食，方服父丧，毁瘠。有老母在，是身非其身，乃致力其亲之身也。夫以累然苫块之身，而猝遇悍然虎狼之盗，旁无潺然蚁子之援，使其不量力且斗，斗且死。是可以无死而死，伤勇而害义矣。有如他日，敬贤出当推毂之选，任专城之寄，则身又非其身，而委质于君之身矣。予知其必能奋身以贼盗，立功无难也。今兹之隐忍，所以为他日之有为。敬贤尝知学其处此也。审矣！

况孝之积，将有解力刀佩犊，与夫盗不入境之化者乎？或者语塞，疑释然。遂书叙右，以备其义。若夫行事之详，具于序者。不赘云。

至正十有二年(1352)龙集壬辰立春日，前进士晋安张以宁书于左屯之嘉禾堂。

焦进文，杨富学校注：《元代西夏遗民文献〈述善集〉校注》，第181—182页，甘肃人民出版社，2001年。

(57) 诗一首　张桢

春晖散川陆，零露濡桑梓。
累累五女冢，遥映遽公里。
清时逸群盗，扶枢哀所恃。
匕首当其凶，贞心谅昭只。
保身视明哲，庇宗念终始。
良马压槽枥，纵之如弃屣。
慷慨挥千金，徘徊荐甘旨。
赓歌失其音，卫国多君子。

焦进文,杨富学校注:《元代西夏遗民文献〈述善集〉校注》,第187页,甘肃人民出版社,2001年。

(58)诗一首　睢稼

岁晚群盗起,纷纭恣一朝。

狼分方劫货,蚁附竞操刀。

取马镯自解,戕人怒已消。

君侯啼扶柩,孝已格昭昭。

焦进文,杨富学校注:《元代西夏遗民文献〈述善集〉校注》,第189页,甘肃人民出版社,2001年。

(59)诗一首　程徐

名都多节行,尤说二难贤。

共掷银符贵,相趋彩服鲜。

获丧宁问马,尽孝即通天。

柩上回飞火,江边汲涌泉。

古今同一理,又见后人传。

焦进文,杨富学校注:《元代西夏遗民文献〈述善集〉校注》,第190页,甘肃人民出版社,2001年。

(60)为善最乐　唐兀崇喜

《戴溪笔义》曰:"夫为善之人,从容中道,不为不义。明无人非,幽无鬼责。浩然天地之间,俯仰无愧,心平气和,神安而体舒。天下之乐,岂夫有大于此者?"

余悲夫世之人,以忧为乐,而卒莫之知也。忧乐聚门,乐未去而忧随之。千日之乐,不足以敌一日之忧。汉诸侯王,大抵皆骄佚放恣。夫其为骄佚放恣者,岂不以为乐哉?曾未几何,身死国除,其祸惨矣。岂非前日之乐,乃所以为后日之忧乎?

善哉!东平王之言也。岂独善保其国而已哉?虽怀道致义之士,隐约穷阎明于利害之故,察于人情之变,深沉默静,灼然有得于心者,其论亦无以过此也。故于东平王之言,有感焉。

余读史至汉东平王"为善最乐"之言,《戴溪笔义》之语,每置册于几而思绎之。诚有补于世教,欲缮写其图以广其闻,又恐世人误认于为善者,故赘以鄙意而释之曰:夫为善,非是信邪诞之说,祭淫辟之祠,盖为是我职分之当,为善是性分之固,有俾人人俛焉。以尽其力。此其所以谓"为善最乐"。

至正十有三年(1343)正月二十有一日古澶崇喜书。

焦进文,杨富学校注:《元代西夏遗民文献〈述善集〉校注》,第191页,甘肃人民出版社,2001年。

(61) 观德会 唐兀崇喜

余尝读文公先生《小学书》。《周礼·大司徒》:“一乡三物,教万民而宾兴之。一曰六德:智、仁、圣、义、忠、和。二曰六行:孝、友、睦、姻、任、恤。三曰六艺:礼、乐、射、御、书、数。”

夫六德、六行,为人切己,学者之当务。讲书修心,循序渐进,不患不能行。若夫六艺,礼、乐、书、数四者,亦切于学者之事,固不可以不习。然六德、六行,讲之有素,行之有常,得之于心,熟之于己,而其本立矣。本既立,其于礼、乐、书、数,稍加推测之力,自然有得而不差矣。但射、御二者,习彼为难,人多所忽而莫之治。然御虽古法,时制不同,姑舍是。盖射者,前代之制,时王所尚,养心修德,持身处物,有益于为己,试用于将来,何不讲而习之耶?故于鄙里与二三同志,考古人之成规,合当时之法制,而于岁余暇隙时日习射,以为会,名之曰“观德”。

夫射者,每人弓一矢三,量其力能,度其矢及,而为鸡鹄于两端,偶偶对射。验中否,定赏罚。将射时,先须志体正直,于内外揖逊,中合乎礼节,方可持弓矢。审固,持弓矢。审固,然后敢发而虑中。发若不中,节躬以自责,不敢有怨于胜己者。

孔子曰:“君子无所争。必也射乎!其争也君子。”愚窃谓,固验德取士而荐用。然德之修,射之熟,不但取士荐用而已,又可蕃篱王室,保障居第。何则宣力于国,忠君御敌,威镇天下,使外夷不敢有谋于边境;用之于家,防己避患,风闻远道,使寇盗畏避乎闾里。为射之义,岂浅浅哉?

刿胜负赏罚,遵依礼制,患难救恤,恪守信义。如此为会,虽与古法颇有争悬,其于世教不无少补云。

至正辛卯(1351)正月十有四日唐兀崇喜书。

焦进文,杨富学校注:《元代西夏遗民文献〈述善集〉校注》,第193—194页,甘肃人民出版社,2001年。

(62) 观德会跋 潘迪

侍卫百夫长唐兀崇喜,以谓六德、六行,固人人之所勉,而六艺惟射御今日所忽,莫之或究。乃约同志之士,酌古准今,为会以“观德”。取共内体正,外体直,然后持弓矢。审固,持弓矢。审固,然后言中。发而不中,不敢怨胜己者。明立赏罚,各务修德。闾里之中,朔望之内,习以为常。岂徒御外侮,亦足以威远人。一旦施之于用,岂小补哉?

集贤直学士、朝散大夫惬山潘迪书于登瀛堂。

焦进文,杨富学校注:《元代西夏遗民文献〈述善集〉校注》,第196页,甘肃人民出版社,2001年。

(63) 劝善直述 唐兀崇喜

汉昭烈将终,敕后主曰:“勿以恶小而为之,勿以善小而不为。”

朱子曰："善必积而后成，恶虽小而可戒。"

古语云："从善如登，从恶如崩。"

《书》曰："天道福善祸淫。"

又曰："作善降之百祥，作不善降之百殃。"

或问其友曰："何谓善？何谓恶？"

其友答曰："善是秉彝好德之良心，操之有要，行之无违，穷则独善其身，达则兼善天下。恶是越礼犯分之私意，肆欲妄行，无所忌惮。小则殒身灭性，大则覆宗绝嗣。"

或又疑曰："善恶之说，既闻命矣。敢问积善之家或未福，作恶之家或未殃，何也？"

其友答曰："吾闻之，积善而善未成，作恶而恶未满，善成则福必至，恶满则祸自来矣。"

或曰："以子之言，善恶之报，理固然也。敢问善成福至，恶满祸来，其有征欤？"

友曰："善如尔问，不能尽述，姑举其梗概。如子路，自食藜藿，为亲负米百里外，后为楚大夫，从车百乘，积粟万钟。孙叔敖为儿时，出游，见两头蛇，必死。恐死后人，杀而埋之。后为楚相。兹非善成福至之征欤？舜诛四凶，而天下咸服。四凶不见诛之于尧，而见诛之于舜，兹非恶满祸来之征欤。"

世之愚人、谬子，心既不藏沮疾为善，每以尧、舜父子贤否以为论，颜子、盗跖寿夭之所比，殊不知人性本善，但气禀有清浊不齐，是以有圣、愚、贤、不肖之分。

矧世道之变常，时运之盛衰，其有所关矣。乃人道尽，其当为富贵、贫贱、穷、达、寿、夭，间有不同，是天命之所为，非人力之可必也。先儒所谓"自古圣贤，不系于世类"，尚矣！乌可执一而论哉？

夫颜子高明之资，生知之亚，传道于一时，为法于万世。不幸而夭，虽死犹生。盗跖极愚，肆不道能几何？遗恶名于无穷。幸而有寿，虽生何益？其于颜子，如薰莸、冰炭之相反，霄壤之不侔矣。岂可列名而比哉？

程子尝曰："自暴者，拒之以不信，自弃者，绝之以不为，虽圣人与居，不能化而入。"正谓此下愚之人耳。愚人、谬子无异于是也。大抵气数盛衰所值，固有不同，人为善恶，迟疾必报，不及其身，必及其子孙。天道循环，岂有往而不复之理？

或人语塞，疑释豁然，而叹曰："老子云：'天网恢恢，疏而不漏。'亦犹此也。"

其友曰："然。"

余闻是论，辩析分详，明天理昭著，善恶显应，因书座右自以为警。又恐不广其闻，故缮写为图，以传诸世，使人人闻之，警以自勉，皆感发而进于善矣。岂不盛哉？

道听途说之非，固有所责，与人为善之意，不无小补云。

洪武壬子(1372)二月朔旦，古澶杨崇喜述。

焦进文，杨富学校注:《元代西夏遗民文献〈述善集〉校注》，第198—200页，甘肃人民出版社，2001年。

(64) 赠武威处士杨象贤序　危素

昔我国家用兵南伐，既灭女贞，乃命诸留镇中土，蕃汉之民，参错而居，虽其制驭甚严，久则流敝生焉。倚军势而为暴，蔑官府而称雄，鳃鳃然以自营其私者，皆是也。余客北燕，谈者多称武威象贤之善而识之。

盖其大父国初在兵间，留居开州之濮阳，有惠及民。其父忠显君作《龙祠乡社义约》十有五条，所以维持风俗，保固人心者，其虑远矣。

象贤蚤肄业上庠，以孝友见推，承列圣之诏旨，乃作孔子庙学；谓射者六艺之一，承平既久而武事弗修，乃作“观德”之会；营先祠以奉祖祢，曰“思本”之堂；藏修以求圣贤之学，曰“敬止”之斋；兵乱以来，裒所得晋绅先生之文章次辑之，曰“述善”之集。此其人品为何如耶？向使河南山东都府所部将校士卒，皆若象贤父子祖孙之立心处己，虽有悍嚚之徒，其能为乱乎？虽乱，亦岂有逾纪之久而靖乎？

象贤有弟曰敬贤，居丧，遇盗，克尽其孝。惜乎其蚤世。然其见诸纪述，传诵于天下，后世不其盛欤！老子曰：“修之于乡，其德乃长。”吾于象贤之父子祖孙见之矣。

象贤避难北来，观其敦朴，自将言论恳至，善而能恒者。因其取别，南还濮阳，庸书其美，以谂其后昆，且有儆焉。

至正二十四年(1364)五月既望，临川危素书。

焦进文，杨富学校注:《元代西夏遗民文献〈述善集〉校注》，第205—206页，甘肃人民出版社，2001年。

(65) 送杨象贤归澶渊序　张以宁

至正丁未(1367)夏四月，唐兀杨氏象贤将归大名开州之濮阳，谒予而言别。

盖君自河北避地于京师，十有余年矣。予为之叹曰：“自寇乱以来，海内百年涵煦，休息之氓，弱者恋赀产而不去以蹈祸，强者決性命勇往以从戎。胥为鱼肉，暴露原野者，奚可胜计？而君独以胄监老生，辞荣不仕，翩然远举，托于辇毂之下，全身及家，岂不真明哲烛几之士哉？”

君蹙然曰：“仆不武先祖敦武公洎考忠显公，自夏来澶于兹六叶，自力于善，购地买田，即居傍便近地建先圣庙学；效蓝田吕氏法，为义约，以淑其乡。历三世，乃克有成，恩赐以‘崇义书院’之名，匪一手烈乎？今不幸毁于兵，荡为瓦砾。言瞻遗趾，戚然痛心。今之归讵，惟上世之瘠田，敝庐之念，实亟于复旧规以述先志是求，庶其获鸠族间，奉前约，使异时有以白吾祖考于地下，是吾志也。”

予闻而重叹曰："厥今俶扰定，小人谋阛庐以避，寒暑之弗逮，高者易其坟墓，岁时得以酒壶浆盂饭于其上，足矣。而遑以他为？"

昔者，嵩阳、岳麓、睢阳、白鹿，号为四书院者，始皆创于锋镝甫息之余，而绛流为诗书不尽之泽。今君缓彼而急于此，先儒所云不为一时之谋，而有千载古之虑者，君其知此道也哉。古人有言："有志者事竟成。"君其勉诸。遂序，以饯其行。

是月壬戌之日，翰林侍讲学士、中奉大夫、知制诰、同修国史张以宁书于玉堂之署。

焦进文，杨富学校注：《元代西夏遗民文献〈述善集〉校注》，第209—210页，甘肃人民出版社，2001年。

(66) 送杨公象贤归澶渊序　陶凯

杨公象贤，其先贺兰人，后徙居澶渊，历四世，以耕桑积赀富饶，而力学树善，为乡闾楷式。其处于家也，祀先之祠曰"思本"；养亲之堂曰"顺乐"，藏修之所"敬止"、"知止"，其惟以淑人也。建书院曰"崇义"，辟射圃曰"观德"，即龙祠以为社，则立约以示戒焉。集嘉言以垂范，则为图以劝善焉。平王取"为善最乐"四字，书之座右，视若布帛粟菽之有以资于人者焉。用是人咸慕用而景仰之。

时元政失驭，兵革并起，国用不足。公辄输财助官而辞不受赏，人由[是]服其高义。一家之内缌麻同爨，凡若干口，盗过而无犯，兵临而不害其子弟。或仕宦四方者，亦能保全其身。凡先世之田庐，祖父之茔封，其在开州濮州及南宿临濠者，皆无恙也。庸讵非积善之报然欤？

今天下既平，象贤与其昆弟宗族，虽异居，尚有无相通，以给食，其犹子曰大本，仕礼部侍郎，戒诸弟，使奉母居开州，而身居京师，竭力以治官事，所得俸禄，岁时具甘旨奉母，又推以与其族人。兹象贤之来，奉养之敬，事之无怠无忽，载酒肉，遗糗粮，靡有不至。其自奉旦夕蔬食，泊如也。余以是知象贤德修于身，教行于家，而化及乡人。可谓能力于为善者矣。

君子乐道人之善，庶闻者有所感发而兴起焉。象贤行，与大本为同僚者，咸歌以送之，授首简，俾余为序，余辞不获，遂书以为序云。

洪武五年(1372)三月朔日，琼台山人陶凯序。

焦进文，杨富学校注：《元代西夏遗民文献〈述善集〉校注》，第213—214页，甘肃人民出版社，2001年。

(67) 诗一首　魏观

张守从来畏简书，薛苞归去复田庐，
蓬莱春色吟无尽，桑梓韶华乐有余。
日上虚庭初度鹤，雨收芳漳忽沉鱼。
邻翁贳酒来相过，好为南宫致起居。

焦进文，杨富学校注：《元代西夏遗民文献〈述善集〉校注》，第216页，甘肃人民出版社，2001年。

（68）诗二首 曾鲁

微雨泛华滋，御沟柳新绿，
攀条送行人，举觞听离曲。
燕飞语高樯，莺迁啭乔木，
川途慎驱驰，到家酒应熟。

又一首

高谊敦薄俗，清风播乡闾，
岂无耆旧传，足裨史氏书。
乘兴观上国，返棹归田庐，
时应报阿咸，眠食果何如？

焦进文，杨富学校注：《元代西夏遗民文献〈述善集〉校注》，第218页，甘肃人民出版社，2001年。

（69）诗一首 李颜

与君同是贺兰人，柳色都门别意新。
万里青山横上国，一簪白发照青春。
诗书尚足征文献，耕钓何妨老晋绅，
旧隐可能无恙否，好因秋雁寄书频。

焦进文，杨富学校注：《元代西夏遗民文献〈述善集〉校注》，第220页，甘肃人民出版社，2001年。

（69）诗一首 项驾

隐居别业在澶渊，乔木于今已百年。
好义旧开崇义馆，辞官曾入卖官钱。
青云历仕多犹子，白发归耕有薄田。
想得到家三月尽，酒杯政对落花开。

焦进文，杨富学校注：《元代西夏遗民文献〈述善集〉校注》，第221页，甘肃人民出版社，2001年。

（70）诗一首 张筹

江上花飞委绿波，送君柰此别愁何，
一杯且干麻姑酒，万里须经瓠子河。
某水某山宜猎钓，我疆我理足委佗，
白头归隐真奇事，不愧诗人赋在阿。

焦进文，杨富学校注：《元代西夏遗民文献〈述善集〉校注》，第222页，甘肃人民出版社，2001年。

(71) 诗一首　陈信之

东风官柳绿垂丝，忍向江头把别卮。

万里扁舟归故国，半挑行李束新诗。

莺华已逐春光老，□□何妨客路□，

好遂庞公耕隐志，到家蚕岁麦秋时。

焦进文，杨富学校注：《元代西夏遗民文献〈述善集〉校注》，第224页，甘肃人民出版社，2001年。

(72) 诗二首　张孟兼

天上青春老，江干细柳长。

客归舟倚渡，人送酒盈觞。

未觉年华晚，空怜岁月忙。

惭予留滞久，惜别最思乡。

又一首

三月江南景，村村荠麦齐，

归装连晓发，好鸟向人啼。

纵酒歌频放，停车思欲迷，

今朝回首地，应隔五云西。

焦进文，杨富学校注：《元代西夏遗民文献〈述善集〉校注》，第225页，甘肃人民出版社，2001年。

(73) 尾题诗　佚名氏

历览祖遗述善篇，始知起居自贺兰，

迁濮先修龙祠殿，回乡又买崇义田。

顺乐思本孝已尽，收灭报效忠可全，

自元至清三百载，谁能承先把后传。

顺治十六年(1659)七月十五日。

焦进文，杨富学校注：《元代西夏遗民文献〈述善集〉校注》，第237页，甘肃人民出版社，2001年。

(74) 附录二　杨氏家谱资料

杨氏家谱序

始祖，大元赐姓唐兀，原居贺兰山人氏。大元国初，从军有功，选为弹压。自宋理宗开庆元年(1259)，扈从大元皇嗣南征，收金破宋。其祖卒于行营。祖妣先卒，生一子，乃二世祖也。时方十岁，及长，优于武艺，攻城野战，围襄取樊，有功。大事既定，遂来大名开州濮阳县东十八郎寨，置庄居住，卜茔而安葬祖考妣焉。

至治三年(1323)，编类入籍，有五世祖军籍二名。至大明分四里十八户，军籍、民籍分别入册。大元追封二祖敦武校尉，祖母封宜人。生五子，分为五图，按图而叙，至于五世、七世。至于八世、九世，则未叙焉。有九世孙名炜、名佑，亦按图而再叙九世、十世。至于十一世、十二世，又未叙焉。有十世孙等、十一世孙等、十二世孙等亦按图而再叙焉。盖先祖遗集浥澜，惧久而或失焉。今刊板（版）刷印，使族人钦奉秘藏，庶我先祖行实不泯。五服虽尽，尊卑秩然而可观；支派虽多，莫不由于一气而传。故序。

大明嘉靖十四年（1535）春吉旦重序录。

大明隆庆元年（1567）春二月重刊录。

四世祖唐兀崇喜蒙大明建国，改为杨姓。想祖象贤昆弟一十有四人，同五世祖理安等昆弟二十有二人，行龙祠乡社义约会，至至正十六年（1356），其祖象贤愿献粟米五百石、草一万束以助殄寇之资，不求名爵，求赐"崇义书院"之号，创建《大成至圣庙学碑记》暨《祖茔石门碑铭》，四至笋石。逮我大明正德十三年（1518），呈奉上司，委差前兵科都给事中、知开州事山阳潘公，考查历代功臣入乡贤奉祀。考得崇喜祖有功，送祖入州祠。自宋理宗开庆元年（1259）至明嘉靖十四年（1535），凡二百七十八年。九世孙名炜、名佑叙图未泯。自明嘉靖十四年（1535）至明隆庆元年（1567），凡三百一十二年，十代孙等、十一代孙等、十二代孙等亦刊板（版）图而再叙焉。如此，不惟支派有序，庶不失其先祖之遗规焉。

自明隆庆元年（1567）至大清乾隆三年（1738），凡一百七十二年，二世祖以下，遗失板（版）图不知几世，故阙之不敢妄叙。名廷贵、名义魁、名天榜，掇拾残板（版），载在布帛而再叙焉。

大清乾隆三年（1738）小阳春吉旦重序录。

焦进文，杨富学校注：《元代西夏遗民文献〈述善集〉校注》，第270—271页，甘肃人民出版社，2001年。

[道光五年]杨氏重修家谱序　平昇

余原籍蒙古国宁夏贺兰山人，蒙大元赐姓唐兀。余始祖讳台，从军有功，选为弹压。乙未岁，扈从皇嗣兄弟南征，收未顺之国，攻不降之城，累著功绩，将议超擢，以疾卒于行营。

二世祖讳闾马，继其役，攻城野战，围襄取樊，诸处征讨二十余年，多立奇功。大事既定，遂卜居于开州东四十里十八郎寨，卜茔于宅之西北而安葬考妣焉。

至元八年（1271），签充山东河北蒙古军。十六年（1279），奉旨选充左翊蒙古侍卫亲军。三十年（1293），定著为籍。后追赠敦武校尉军民万户府百夫长。有子五人，长讳达海，百夫长，赠忠显校尉；次讳镇花台，百户，赠敦武校尉，迁居于濮州鄄城县西南张村、保青窝村，即今之东杨庄也；次讳闾儿，迁居于官人寨西刘家庄、焦家村；次讳当儿，次讳买儿，三世祖兄弟五人。

四世祖讳崇喜，字象贤，上舍百户，封敦武校尉，入州奉祀，崇德报功。

讳卜兰台，字敬贤，百户，封敦武校尉。兄弟二人，系三世祖讳达海府君之子。

讳塔合出，字齐贤，百户，封敦武校尉，系三世祖讳镇花台府君之子。

讳换住，字思贤；讳留住，字继贤；讳教化，字居贤；讳伯颜，字希贤；讳春兴，字尚贤；讳录僧，字世贤，兄弟六人，系三世祖讳闾儿府君之子，皆上舍生。

讳帖穆，字师贤；讳不老，字绍贤；讳广儿，字志贤，上舍生，禄司提领，受进义校尉。讳奈惊，字惟贤，系利民场司舍，封敦武校尉，兄弟四人，系三世祖当儿府君之子。

讳拜住，字好贤，系三世祖讳买儿府君之子，亦皆上传舍生。

四世祖同堂兄弟十有四人。

五世祖讳大本，字冀安，大明任礼部侍郎，系四世祖师贤府君之子，同曾祖兄弟共二十有二人。

六世祖讳和尚，系五世祖冀安府君之次子，随任迁居于南宿州灵璧县居住，兄弟共三十有一人。

七世祖讳瓒，两淮运判。同族兄弟共四十有九人。

八世祖讳绍，大明成化庚子(1480)科举人。讳聪，大明成化癸卯(1482)科举人，甲辰(1484)科进士，登李旻榜，隆德知县。同族兄弟共八十有八人，流外者十有二人。

自始祖以至八世，皆已叙谱，刻为板(版)图，按图而叙。至嘉靖十四年(1535)，有九世祖讳炜，亦刻板(版)图，按次而叙。至隆庆元年(1567)，有十世祖、十一世祖、十二世祖亦刻板(版)图而再叙焉。及板(版)图已成，有宿州灵璧县杨公署濮州事，言系余同族，来借板(版)图以叙其谱。查考灵璧县一支，原系余五世祖讳大本，字冀安，大明礼部侍郎之次子讳和尚，迁居于灵璧县。既系同族，未有不原其修谱者，遂将板(版)图令其带去。以后并未送回，自此板(版)图遗失。

至乾隆三年(1738)，有十四世祖讳廷贵、讳义魁，十五世祖讳天榜，共议叙谱，因不见板(版)图，所以八世以上不敢妄叙，故按九世祖讳炜兄弟十七人分为十七图而书于帛，各按本图次第而叙，自九世叙至十六世。族众人繁，而帛已无地可书，故自乾隆三年以至道光二十年(1840)，凡百有二年尚未叙焉。余以为，或以板(版)为图，或以帛为图，后世叙之。殊觉不便，不如集为册本，以次而书，虽族众日繁，而册本可随时而增，庶可为尽善无弊之道。余思族谱之修，固所以明世系，睦宗族，亦未尝非报本追远之意也。故族谱不可不修，而祠堂亦不可不立。

余尝阅吾家藏书，余四世祖象贤曾修大成殿、思本堂、龙祠乡社义约及崇义书院。至正十八年(1358)，奉旨赐以“崇义书院”之号。考其地基，惟思本堂并无迹可指，或先人有志未逮，未可知也。余于道光五年(1825)会集族人，共议立思本堂，以继先人之志，而无其地。余与胞兄平太、堂兄华堂议定，遂施庄基一处，合族又捐钱若干，而思本堂遂成。

至道光二十年(1840)，始制为册本，以叙谱，又查出先世所刻板(版)图三块，自始祖以至八世并未遗失，但字迹残破，名讳、封爵有不能辨其详悉者，故自九世以下而叙之。凡前之书于帛者，皆移而书之册中。后之未叙者，亦继而书之。册中每一支先书一册，以为各门之谱，合族共书为一册，以为合族之谱。其中世次详明，宗支不紊，长幼不混，后世继而叙之，即世传数十，支分数百，而世系固历历可考也。

至于叙谱之法，或越一世而即叙，或越二世而即叙，后世子孙，甚不可惮其烦劳，迟疑不叙。倘历年久远，虽欲叙而不能矣。不亦失先人之遗意也哉！

时大清道光岁庚子(1840)桂月吉旦，道期村附李德昌、本村增广生王廷彦较证。不肖平昇谨志。

焦进文，杨富学校注:《元代西夏遗民文献〈述善集〉校注》，第273—275页，甘肃人民出版社，2001年。

[道光五年]杨氏重序家谱文　翟尧岭

澶东杨氏者，固邑中之世家望族也。始自贺兰，肇基中国，元明清三朝以来，历有板(版)图，以谱世系。余尝考其旧谱与其藏书，见其始也。

辅元定鼎，克勤王家，其继也。世袭荫封，光宠名门，至崇喜公之芳行修洁，入乡贤而奉祀，大本公之超擢礼部，任侍郎以显荣。迨后杨聪登李旻榜，任隆德县。余未尝不流连而慨慕焉。猗与休哉，何其盛也！然而前人之述已备矣，余亦何敢拾遗乎？

第思杨氏有谱，所以联杨氏之族而知有一本之亲也，故于道光乙酉年(1825)重修思本堂。自落成以后，至己丑(1829)考取太医院医生，敬庵值胞兄和庵病故，老母八十有余，无人奉养，无奈告假回籍，至庚子年(1840)因览旧谱，乃知家谱之宜叙也。于是合族同宗而书焉，分支别派而详焉，明亲疏长幼之序，联一本九族之情意深远也。

睹斯谱也，孝弟仁爱之心可油然而生矣。苏子曰：“情见乎亲，亲见乎服，服始于衰而至于缌麻。”无服则亲尽，亲尽则喜不庆，忧不吊。喜不庆、忧不吊则途人也。抑知所视为途人者，其初兄弟也。兄弟其初一人之身也，悲夫。

一人之身分而至于途人，此谱之所以修也，其意曰：“分到于途人者，势也。势固无如何也，幸其未至途人，使其无至于忽忘焉，可也。”谱之所系，岂浅鲜哉？

睹斯谱也，孝弟仁爱之心可油然而生矣。

今敬庵首倡是举而纂叙焉。则上有以永先人之世传，下有以动族人之辑睦，殆亦有孝弟仁爱之雅意与！故自斯谱之叙也，亲疏明而孝行益笃，远近分而仁爱益深，长幼序而礼让兴，尊卑辨而等威著。其于斯谱之重续，亦大有赖与！

诗曰："孝思不匮，永锡尔类。"记曰："有其举之，莫敢废也。"此其事矣。后之继者，其将有感于斯文。因咏诗曰：

"重修谱序已成篇，祖武相绳几百年；

创业元朝留世泽，迁居濮邑肇基田；

乡贤入祠芳行著，礼部高升德位全；

雅爱今朝能缵继，承先启后赖君传。"

时大清道光岁庚子(1840)桂月吉旦，同郡廪膳生翟尧岭撰。

焦进文，杨富学校注：《元代西夏遗民文献〈述善集〉校注》，第277—278页，甘肃人民出版社，2001年。

杨氏重序家谱诗(2首)

一　李德昌

重将旧谱又新编，五百余年一脉传。

蒙古肇基能裕后，澶渊缵绪亦光前。

敬宗尊祖仁心著，别派分支恩意联。

杨氏家声今已振，诗书继世自绵绵。

二　王廷彦

重修旧谱检残编，华胄遥遥数百年。

蒙古肇兴能启后，澶东缵绪亦承先。

文优武备功原大，孝至忠贞义更全。

礼部乡贤谁得嗣，绵绵世泽凭君传。

焦进文，杨富学校注：《元代西夏遗民文献〈述善集〉校注》，第280页，甘肃人民出版社，2001年。

杨氏生重修思本堂记　翟尧岭

思本堂者，昔之所建，以报本而垂裕后昆也。自百夫长崇喜先生有孝思无穷之心，遵文公家庙之制，乃与《龙祠乡约》、"崇义书院"并建，题其额曰"思本堂"。又祈朝散大夫潘公作《思本堂记》，先生之意亦深远矣。盖欲使本支百世穷本支追源，孝子贤孙思承无替云。

奈世远年湮，"龙祠"、"崇义"遗迹犹存，而"思本堂"故址绝无可考。至道光五年(1825)，医生敬庵慨然念先人之遗事不可不承，思重修之以报本，而苦无其他，于是谋于胞兄武生和庵、堂兄华堂，以所居之东南隅有坐北向南庄一所，施为庙地。其地南至道，北至赵遁，西至胡同，东至杨荣春东。长活二十步零三小尺，西长活二十二步一小尺，北横活九步三小尺五寸，南横活九步一小尺，共计八分三厘三毫七系一忽。

庙地既具，乃会同族人庇①材鸠工，修祠堂三间，出一外厦，奉前人神主于中，以致春秋享祀。又修东西平房两座，延师教读，以代“崇义书院”之制。夫因思本而思及书院，书院之修，其亦思本之意，与古称善继人之志、善述人之事者，此其选欤？

夫万物本乎天，人本乎祖，本之不可一日忘也，所关重矣。昔人比为木之有根本，水之有本源。谓木之本固，则枝繁叶茂；水之本深，则时出不穷；人本立，则福禄绥而子孙昌。此葛藟之所以思庇其本也。本之时义大矣，如之何其勿思。

今敬庵欲继先人之德，因“思本”之所自始与堂之所由来而重修焉。其孝思庸有穷乎？吾知自仁率亲本乎祖，必思更有以尊之；自义率祖本乎宗，必思益有以敬之。则由一世而思及百世，由百世而思及无负于百世。其思为甚深也。岂但春露秋霜为之怵惕而感怆哉。故孝子之思亲也，不难于思亲而难于思本，亦不难于思本而难于思本于数世沦湑之后，为之克笃前烈而复其旧制焉。

敬庵重修斯堂，则知有其本而孝思不匮者，其与斯堂之初建亦大有光欤！孟子曰：“孰不为事？事亲，事之本也；孰不为守？守身，守之本也。”诚能充其重修思本之义，将事上接下，思本前人之恭，应事待物，思本前人之诚，谨言慎行，思本前人之敬，平争息讼，思本前人之和，则内有以培本来之德，外无累于本体之全，其与思本之意不更无愧乎！至于堂构之轮奂，翚飞之美备，丹楹刻桷之壮丽，乃堂之末务而非重修之本意也。余能舍本而记末哉！

焦进文，杨富学校注：《元代西夏遗民文献〈述善集〉校注》，第281—282页，甘肃人民出版社，2001年。

思本堂诗(3首)

一　翟尧岭

思本堂废已多年，而今复建直如前；

翚飞鸟革增新制，礿祀蒸尝接旧传。

俎豆重修鳂鲤美，香烟更结篆文鲜；

承先启后君能仕，籍籍芳名定昭宣。

时大清道光岁庚子(1840)桂月吉旦，同郡廪膳生翟尧岭题。

二　李德昌

思本堂修序已编，先人遗事又新传；

丹楹刻桷难仍旧，春礿秋尝却似前。

自昔经营宗祖德，而今继述子孙贤；

① “庇”为“庀”之误。庀材：备齐材料。

馨香但可随时荐，何事芳心制祭田。

三　王廷彦

遗留祖训几何年，思本堂修尚宛然；

基址更新崇祀典，规模依旧振家传。

作成载咏《闷宫》什，荐享应详《月令》篇；

可是君公无替意，先灵侑妥后昆贤。

不肖金标、桂芳敬书。

焦进文，杨富学校注：《元代西夏遗民文献〈述善集〉校注》，第283—284页，甘肃人民出版社，2001年。

[民国九年]唐兀杨氏重序家谱文　翟朝翰

澶渊东唐兀杨氏，盛族也，派衍久矣。稽其肇其，来自贺兰。大元定鼎，而后功名显于一世，勋业著于当时，人之艳称，至今籍籍矣。甥读《述善集》而知犹未足尽其美也。如文节公之拒沙刘二，身不必为官守，而昂然不屈于逆类，千载后犹有生气焉！使非其基于“思本”，娴于“观德”，得于“顺乐”，范于“为善最乐”，而“敬止”，而“知止”，何以见理之明，处事如斯之当也哉？

元之后，时为之也，势为之也，而迄于本朝，一切义举悉无以举矣。而派衍亦几将久而欲舛。道光庚子年(1840)有敬庵公承先待后，首举其事，按支分派，有总谱，有各门谱，而昭穆宛然，秩序晰如也。至咸丰辛酉年(1861)，东匪西犯，本境蹂躏不堪，氏之同族，悉携戴远避，各留能捍御者守家。时七月初，有裕泰公，素精武艺，罔识之无。夜方枕戈，无端意乱心扰，影影如有所失，忽洞然曰：“《述善集》谁贮之也?”邀同诸君，寻于杨连仲家得之，越堤渡河，送至许家屯村，呈交敦古公，启明犹未灿也。越二日，而宅基已泽国矣。甥闻之而喟然叹曰：“殆有天焉，天道福善，信不误矣。”不然，《述善》一集，先世之功德著焉，训诲昭焉，序次详焉，一切义举备载焉。而一旦沦亡，后之孝子贤孙，名垂青史，光耀门闾，何以世其家哉？故《述善集》之所关非细，故而《述善集》之得以永存，非小可也。自敬庵公重序至今三十年矣。甥叔外祖敦古公等，心乎其事，复恐时久舛错，乃会同族，按谱承续，嘱甥执事。极知不敏，讵敢方命，又有振西安老夫子为之开导，得不小心敬事为之？终始有焕章公选拈“兴存世成美永智士进贤”十字笔之于谱，以便后之派名，庶不至辈次参差，与先世重字，谱序之后，俟有克振家声者，远绍前徽，复乡社义约之制，广为善最乐之说，建思本、顺乐之堂，缔敬止、知止之斋亦乐堂，以重儒观德，会以习射，恢恢乎旧制克复，光前裕后，悉赖此举云尔。是为序。

附对联：

肇元历明迄大清祖功宗德数百载，流传百序，

据今承先启厥后子孝孙贤亿万年，缵绪无疆。

二十世甥增生翟朝翰撰书。

十八世尚德、振德，十九世金保，廿一世兴仁　谨志。

焦进文，杨富学校注：《元代西夏遗民文献〈述善集〉校注》，第285—286页，甘肃人民出版社，2001年。

[民国九年]续修杨氏族谱序　刘新宫

乡也，余于案头翻阅载籍，见有《述善集》本，则余季弟所抄，捧读之下，不胜爱慕，然特见一斑，未窥全豹。岁庚申，苏程兄弟秀峰等，延余与安润生先生续修其家乘，乃获睹《述善集》之全。

斯集也，系杨氏四世祖象贤老先达所留遗，分《善俗》、《育材》、《行实》三卷，为篇二十有九，铭、赞、序、记、诗、赋、箴说，胥一时之贤士大夫所撰著吟哦。则象贤先达之生平，嘉言善行，备载其中。余读之，不禁慨然曰："甚哉！先民之制，行高而垂训于裔祀者，详且远也。"今序谱蒇事之余，余宜作序以弁简端，因欲与秀峰等阐发祖规，故谨释廿九篇之义如左。

思本堂，追远也；顺乐堂，悦亲也；建书院，立教也；约乡社，理俗也；以饬伦纪，则昆弟有说，孝感有序也；以造誉髦，则亦乐有堂，敬止有斋也；而且以垂训戒，则茔碑有铭，知止有箴也；以昭忠烈，则报效有疏，节孝有文也；至若庙学之田，以养士；观德之会，以习射；而为善最乐，劝善直述则又乐善不倦，善与人同，而有君子，与人为善之量焉。此唐兀氏之高风，所以独有千古，而乡校遗址、龙祠旧规、与夫行实碑铭、轶事佳话流传，迄今不替也。

若夫杨氏始于何祖，官于某爵，以及谱牒颠末，修续几次，前既载于先帙，今又详于安先生之序，故无烦余之再赘云。

民国九年(1920)暮春月，前清岁进士刘新宫拜撰。

焦进文，杨富学校注：《元代西夏遗民文献〈述善集〉校注》第287页，甘肃人民出版社，2001年。

[民国九年]唐兀杨氏续修家乘序　安春塘

唐兀氏族谱由来久矣，自始祖以迄八世，例刊版图，举历代之嘉言懿行、名位爵秩，毕载其上，盖名谱也。清初有宿州灵璧县某署濮州事，造门请谒，言系杨氏同宗，祈假谱版一观。溯厥渊源之合，谨查灵璧一支，原系明礼部侍郎冀安公次子和尚之裔。竟将谱版令伊赚去，后未追还，惜哉！

乾隆三年(1738)，十四世廷贵公、义奎公，十五世天榜公，痛谱书之失守，叹补续之莫从，遂按九世讳炜公兄弟十有七人，分为十七图而帛书之。九世以下，书凡七世而九世，上则阙如也。至道光廿五年(1845)，十九世平昇公与其胞史平泰公、堂兄华堂公以子姓日繁，帛幅隘碍，难备书，议将易之以册。适翻藏谱旧积，得四世崇喜公所遗《述善集》一卷，腐朽不堪著手，片揭缕缀，抄写一过，阅知所载始祖以下四世甚悉。又得旧遗谱版三块，字迹虽云磨灭，世次尚可稽查，合二者而参互考订，始获补修前缺，而毕书诸册焉。

是谱也，有总谱所以联气类也，有分谱所以别支派也，一世至四世最详，以《述善集》之可考也，五世至八世从略，以旧谱版之已残也。虽补修之谱，父子祖孙气脉不能联络，而信以传信，疑以传疑，较前之相隔数世，而书缺有间者，殊不大侔矣。而平昇诸公之有功于斯谱也，岂浅少哉？

自此以降，续修凡越两次，庚申春合族又议续修，表侄秀峰子婿翊鲲延，余与望鲁刘老夫子为主笔。是役也，监督有人，调查有人，司抄录者，若而人供饮膳者，若而人不数日而聿观。厥成事讫，望鲁夫子作序，以弁简首而塘也。自愧不文，勉就此谱，崖落砌书之，以附于后云。

民国九年(1920)岁次庚申春三月前清郡庠廪生安春塘撰。

焦进文，杨富学校注：《元代西夏遗民文献〈述善集〉校注》，第289—290页，甘肃人民出版社，2001年。

读《述善集》诗十首　刘新宫

龙祠

约立乡规共讲宣，每逢朔望说斯篇。
迄今我从祠前过，俗美里仁以昔年。

碑铭

碣峙堤南高千古，群将轶事说唐兀。
关心为欲箴来裔，片石详镌先人模。

顺乐堂

和乐室家自顺亲，高堂默慰是何人。
我今重辑唐兀谱，为仰百夫长袭尊。

崇义书院

好义乃锡崇义名，书院重建总财轻。
我今来访官人寨，碑高犹峙濮阳东。

述善集

述善集藏廿九篇，嘉言懿行赖斯传。
循名责实真无负，共仰先民字象贤。

思本堂

思本有堂几续修，祖功宗德永千秋。
而今基址犹存否？贻厥孙谋在后头。

观德会

射以德观须讲求，张弓挟矢讵好仇。

其至尔力中非力，争胜务将君子修。

为善最乐

为善乐能消百忧，东平一语重千秋。

高风谁克贤王继，唐兀有人绍好修。

孝感

大孝从来格地天，凶顽亦自敬仁贤。

马良未献镯先解，脱却杀身患与难。

敬止知止二斋

敬止端由先在知，文王穆穆鸟倦飞。

名斋聊把诸生勉，愿学圣人两诵诗。

焦进文，杨富学校注：《元代西夏遗民文献〈述善集〉校注》，第291—292页，甘肃人民出版社，2001年。

题续修谱书序后　安春塘

历来名谱说苏欧，唐兀谱书几次修。

子孙若能常继续，直将鼎峙永千秋。

焦进文，杨富学校注：《元代西夏遗民文献〈述善集〉校注》，第294页，甘肃人民出版社，2001年。

读《述善集》　二十世峻山敬题

厥初生民溯贺兰，濮阳始自有元迁。

荣褒敦武称唐兀，学克修文景象贤。

亦乐顺乐堂何在，知止敬止齐共传。

迄今述善集存久，为诵先规廿九篇。

焦进文，杨富学校注：《元代西夏遗民文献〈述善集〉校注》，第296页，甘肃人民出版社，2001年。

续谱　二十世廷辂敬题

念昔先人初，关心续谱书；

今居澶水左，古寓贺兰墟；

上历三朝远，下传九族疏；

我从思祖德，搔首益踟蹰。

焦进文，杨富学校注：《元代西夏遗民文献〈述善集〉校注》，第297页，甘肃人民出版社，2001年。

修谱　二十世化鹏敬题

瓜瓞绵绵椒聊蕃，重修谱牒世几传。

于今无替居濮水，蒙古有家溯贺兰。

叶密枝繁思根本，派分流别总渊源。

承承继继望来许，永垂唐兀氏万年。

焦进文，杨富学校注：《元代西夏遗民文献〈述善集〉校注》，第298页，甘肃人民出版社，2001年。

[民国二十八年]续修唐兀氏族谱序　刘新吾

余年逾知命，阅谱多矣。壮随先兄望鲁公自修家谱，并与人代修家谱亦屡矣。其间之困难繁杂，并有经验，虽数从事于斯，然只供缮书之役而已，未曾首膺钜任。盖修谱之事，原辑为敬宗收族之书，将以昭来许也，其所关非小，学疏识浅之人弗能为之。己卯暮春，同砚杨翊鲲者，将有事于修谱，来谋于余。恐蹈覆竦之讥，而深为之惧。奈时至于今，宿儒凋谢，义不容辞，幸有名士许伯欣亦赞襄其事，而心始觉惬然而敢任。

夫谱牒之作，昉于周之小史，其所以奠世系、辨昭穆者，详也。沿至叔季，百事纷更，独敦宗睦族之谊，犹为新潮所容，一时号称荣显者，尤首重其典。我为国民之一，以为世道人心计，安可不以谱为重乎！

余尝见世家大族，其家门之盛衰，一视其族谱之勤修不勤修为比例。其谱之荒芜不治者，家门亦旋落。今值中原板荡之秋，戎马倥偬之日，而犹知加意于此，吾知唐兀之族方兴未艾矣。

然谱之修，实有难焉者，难在追考上世，或不知其始迁之所自，或不知其支派之由分，甚或世序不续，母氏难稽。分门既多，调查不易，父或不能名其子，子或不能名其父，以至娶媳嫁女，中途变更，执笔者往往难之。又，居址迁徙，坟茔改变，外出及承继兼祧等事，纷纭错杂，动多棘手。又或以贤愚不齐，贫富异等，于修家谱时，因饮食纸笔均属窘迫，在所不免，此诚难之难也。

今阅杨氏谱，无是难矣，故余与伯欣不顾谫陋而愿为之序。

附对联：

贺兰卜居濮阳廿余世云霞蒸蔚

大元赐姓唐兀六百载瓜瓞绵延

时民国二十八年岁次己卯首夏清和月天雄师范生刘新吾拜撰。

焦进文，杨富学校注：《元代西夏遗民文献〈述善集〉校注》，第300—301页，甘肃人民出版社，2001年。

追述裕泰殿甫父子拯谱书后　[二十三世孙]世爵

我族家谱屡遭难，黄水兵劫未失传，

幸有大功父子德，拯全先人遗谱牒。

前遭水患裕泰救，后遇兵燹殿甫搬，

承先修谱绵绵序，祖宗气脉延万年。

续修家谱书后　[二十一世孙]兴汉

始祖宁夏贺兰山，扈从大元来澶渊。
卜宅草地同民处，十八郎居世世安。
复姓唐兀人口广，续谱修书柜内藏。
八至九世缺了序，后裔重修渐炽昌。

焦进文，杨富学校注：《元代西夏遗民文献〈述善集〉校注》，第302—303页，甘肃人民出版社，2001年。

二七五、刘让

刘让①，生卒年不详，西夏人。仕元为濮阳通判。

二七六、李颜

李颜②，生卒年不详，贺兰人③。

二七七、李彦国

李彦国④，生卒年不详，唐兀氏，字伯都。居濮州，国子上舍生，濮阳监邑，密州儒学正，崇义书院主讲席。

待考人物：

一、唐兀带

(1)（至元十四年）九月，……甲辰，……昂吉儿、忻都、唐兀带等引兵攻司空山寨，破之，杀张德兴，执其三子以归。

（明）宋濂等撰：《元史》卷九，第192页，中华书局，1976年。

(2)（至元十五年，二月壬午）以参知政事夏贵、范文虎、陈岩并为中书左丞，黄州路宣慰使唐兀带、史弼并参知政事。

（明）宋濂等撰：《元史》卷十，第198页，中华书局，1976年。

(3) 六月……甲戌……以史塔剌浑、唐兀带骤升执政，忙古带任无为军达鲁花赤，复遥领黄州宣慰使，并罢之。

（明）宋濂等撰：《元史》卷十，第201页，中华书局，1976年。

---

① 焦进文，杨富学校注：《元代西夏遗民文献〈述善集〉校注》，第116页，有其信息，此信息在唐兀崇喜及其家族史料里已收录。

② 焦进文，杨富学校注：《元代西夏遗民文献〈述善集〉校注》，第202页，有其信息，此信息在唐兀崇喜及其家族史料里已收录。

③ 贺兰在今宁夏银川。

④ 焦进文，杨富学校注：《元代西夏遗民文献〈述善集〉校注》，第35、37、67、69、104页，分别有其信息，这些信息在唐兀崇喜及其家族史料里已收录。

(4) 敕斩唐兀带、武伯不花，余减死论，以所掠者还其民。给河西行省钞万锭，以备支用。

(明)宋濂等撰:《元史》卷十，第 216 页，中华书局，1976 年。

(5) (十九年)庚戌，以参知政事唐兀带等六人，镇守黄州、健康、江陵、池州、兴国。

(明)宋濂等撰:《元史》卷十二，第 240 页，中华书局，1976 年。

(6) (二十二年)复以唐兀带为荆湖行省左丞。唐兀带请放征交趾军还家休憩，诏从脱欢、阿里海牙处之。

(明)宋濂等撰:《元史》卷十三，第 278 页，中华书局，1976 年。

(7) (二十六年)戊戌，以荆湖占城省左丞唐兀带副按的忽都合为蒙古都万户，统兵会江淮、福建二省及月的迷失兵，讨盗于江西。

(明)宋濂等撰:《元史》卷十五，第 319 页，中华书局，1976 年。

二、斡只

武宗至大三年八月至十一月，斡只为中书左丞。明年正月一月，斡只再为中书左丞。

(明)宋濂等撰:《元史》卷一百一十二，第 2816 页，中华书局，1976 年。

三、斡耳朵

(元武宗至大元年正月)，己丑，中书省臣言:“阿失铁木儿请遣教化的诣河西地采玉，驮攻玉沙需马四十余匹，采玉人千余。臣等以为不急之务劳民，乞罢之。”又言:“近百姓艰食，盗贼充斥，苟不严治，将行滋蔓。……”有旨:“弭盗安民，事为至重，宜即议行之。”封诸王也先铁木儿为营王。以乳母夫斡耳朵为司徒。

(明)宋濂:《元史》卷二十二，第 494—495 页，中华书局，1976 年。

四、斡赤

(1) (元仁宗延祐五年)，六月……癸巳，以典瑞院使斡赤为集贤大学士、领典瑞院事、大司徒。

(明)宋濂等撰:《元史》卷二十六，第 584 页，中华书局，1976 年。

(2) (泰定元年八月)辛亥，遣翰林学士承旨斡赤祀太祖、太宗、睿宗御容于普庆寺。

(明)宋濂等撰:《元史》卷二十九，第 650 页，中华书局，1976 年。

(3) 封宁朔王制

朕纂膺丕绪，聿怀旧德之臣；扬历治朝，夙被先皇之眷。未及悬车之岁，遽闻拱木之新，爰命有司，备循彝典。具官斡赤，刚明而有守，沉毅而善谋，闲舆卫于藩垣，治军实于幕府。自覃怀而入定内难，与赞庙谟；望龙朔而奉道前驱，仰承天表。进拜集贤之任，旋参储极之寮，遍践清华，具瞻台鼎。往填南服，偶逢草棘之弄兵，召使北还，犹驻襜帷而按堵。不遗忧于宵旰，真知体之股肱。久简朕心，方将柄用，乃致慭遗之诔，实深耆艾之思，贤子能忠在朕左右，真王加锡贲卿始终，并兼封赠之崇，式表哀荣之极。於戏！往哉魂魄，乐壮美之山河，宜尔子孙，辅尊安之社稷。

(元)虞集撰:《道园类稿》卷十五，第403页，《元人文集珍本丛刊》(五)，新文丰出版公司，1985年。

(4) 封宁朔王夫人制

眷我大臣，既极褒崇之典，相其内助，宜同恩数之隆。俾增耀于袆褕，用齐华于圭衮。具官斡赤妻铁理，柔嘉而端肃，恭俭而和平，克赞其夫，终始股肱之任；善仪诸子，服勤左右之方。身致康宁，家用昌炽，命锡封章之贵，养宜鼎食之珍。於戏！维此朔方，实而世家之旧，跻于上寿，用成贤母之名。

(元)虞集撰:《道园类稿》卷十二，第403页，《元人文集珍本丛刊》(五)，新文丰出版公司，1985年。

五、忽都纳

(1) 忽都纳，至元间为高唐州达鲁花赤。

(清)胡德琳，赫绅泰，张官五修:《嘉庆东昌府志》卷十五，第225页，凤凰出版社编撰《中国地方志集成·山东府县志辑87》，(香港)凤凰出版社、上海书店、巴蜀书社，2004年。

(2) 忽都纳，朔方人，以祖武毅王有佐命勋为高唐州达鲁花赤，考课农桑天下第一，子斡朵忽都袭武德将军，监高唐寅恭廉正礼士爱民，新驿传置义阡三年，讼牒稀少，囹圄空虚，孙潘湿祥。泰定间，袭监高唐，遵守家训，推议僚属，咨访民瘼，以州驿疲累请于上，官俾德州平原协济三之一，与同知陈思济挑浚减水河，建回龙庙。

(清)胡德琳，赫绅泰，张官五修:《嘉庆东昌府志》卷二十，第360页，凤凰出版社编撰《中国地方志集成·山东府县志辑87》，(香港)凤凰出版社、上海书店、巴蜀书社，2004年。

六、李观

李观，生卒年不详，河西寿州人，任元云南行省右丞。洪武十四年，降明，为金齿指挥使，赐姓名李观。

(1) 李观，河西寿州人[①]，任元云南行省右丞。洪武十四年，天兵下云南，举城归附，从大军征进大理、金齿等处，所向有功，升指挥佥事，调守金齿，兼署永昌

① 元代河西未有“寿州”地名，此寿州究竟系何处，待考。

府事，招抚边夷土酋。叚惠作耗，率兵捕获之，节奉太祖高皇帝奖谕："观固守忠诚，名播蛮中，诸夷怀德。若欲行号令，制服恃功放肆之徒，必储杰、严武。"至今人颂其美。

(明)郑颙修，陈文纂：《景泰重修云南图经志》卷六，第10页，《续修四库全书第681册》，上海古籍出版社，2002年。

(2) 征南将军傅友德等，遣人送故元云南右丞观音保、参政车里不花，及酋长段世等一百六十人至京。各赐其家衣服。以观音保为金齿指挥使，赐姓名李观。

(明)雷礼：《皇明大政纪》卷三，第418页，北京大学出版社，1993年。

(3) 洪武十五年定云南，立金齿卫。以元云南右丞观音保为金齿指挥使，赐姓名李观。……

十八年置金齿卫指挥使司。二十年，遣使谕金齿卫指挥储杰、严武、李观曰："金齿远在边徼，土民不遵礼法。尔指挥李观处事宽厚，名播蛮中，为诸蛮所爱。然其下多恃功放恣，有乖军律，故特命杰、武辅之。观之宽，可以绥远；杰、武之严，可以驭下。敕至，其整练诸军，以观外变。"

(清)张廷玉等撰：《明史》卷三百一十四，第8103页，中华书局，1974年。

七、拓跋旭暾

拓跋旭暾[①]，拓跋氏。至治二年任滕县同知。正书《滕县学天碑记》。

(明)易登瀛、卢学礼修，于慎行纂：《万历兖州府志》卷五十一，《天一阁藏明代方志选刊续编》，上海书店，1990年。

八、错监藏

错监藏，西僧[②]。元贞二年授资善大夫昭文馆功德使司学士。奉旨建圣安寺于钱塘县州桥之东。

(明)陈让，夏时正纂修：《成化杭州府志》卷四十七，齐鲁书社，1997年。

九、唐括子举

(1) 跋唐括[③]子举遗安堂记后

躬贵富而幸爵秩，广园田以遗其子孙者，欲其安于贵富也。处贱贫而以一经一业遗其子孙，使之安于贱贫者有几？盖有之矣，其子孙能安其贱贫者又有几？

---

① 蒙元时期姓拓跋氏者，也有可能为党项人，列此待考。

② 元代对信仰藏传佛教僧人的统称。元代西夏僧人也被称河西僧或西僧，如杨琏真珈也被称为河西僧或西僧，故此人待考。

③ 唐括氏(Tanggu Hala)，又译唐古氏，见于《皇朝通志·氏族略·满洲八旗姓》。又作汤务，满语"百"之意，满族最古老的姓氏，以部为氏，为金朝后族。世居哈达、长白山等地，辛亥革命后后改汉姓"唐"或"谭"。

思德公之言，读翰林之记，而后知世固未始无也。子举家辽东，昔管幼安索居于彼者数十年，聘召者屡而卒不至，至使时君画其衣冠容状，问其起居辞令，以慰愿见之心。若幼安者真能安矣，抑谁遗之乎？吾不知德公子孙如何，今子举好学自修，安于先训，吾深有所感矣。喜而书其后。

(元)程文海撰:《雪楼集》卷二十四，第357—358页，《景印文渊阁四库全书》第1202册，(台北)"商务印书馆"，1986年。

(2) 遗安堂记

故上怀恩监州唐古君，齐年友也，以燧之生偶先，兄命之。其不恙时，尝谓记其遗安堂。疾革犹促为，将启手足，顾言其子师皋曰:"记成，当奠几筵以告。"呜呼！君欲鄙文，忍死以待，而吾迟忽于操牍，其真负君哉！追记之曰:时有治乱，故士有晦。显炎汉末世，何时哉！中原板荡，曹操托名讨贼，挟天子令诸侯。孙策再战而有江东，以故庞公荆州焉依非依刘表，盖幸是方无有日寻干戈之事，为避地谋耳。及表即陇上来候，发不官无以遗子孙之问，故对以遗安，表终不白其心之不欲臣已，徒高其事而去。自今思之，畎亩果可以尽天下之安乎？是有二焉，有定在之安，有无定在之安。有定在则道，无定在则义，犹权衡也，加铢于两，则不安而仰，徙石于钧，则不安而俯。且错置轻重于尺寸之间，而不安有是焉，况大此者乎。三仁同事殷矣，微子安去，箕子安囚，比干安死。二老同归周矣，太公安为伐纣之师而鹰扬，伯夷耻不听其扣马。安亦不可必人之安，伊尹又异是焉。方耕莘亩，非不安也，及汤三聘，遂任天下之重，一人之身始终之安，自不能同者，非《易》所谓时义者乎？义之安，可推移于一时。道犹规矩也，哲匠亦止守此，有不能舍以为方圆，如君止仁，臣止敬，子止孝，父止慈，交国人止信，非书所谓安汝止者乎？道之安，可不易于万世。以君生平，一官裔夷，呼嘘毒疠，不难为往，既时其出，至郡逾年，而求终养其亲以归。归择有道，俾师其子，笃其成材，与自汴而鄂，安而能徙。又时其处，臣责塞，子职供，而父道周矣。其安于道义者何如，君尝深思乎？故于先民歌哭聚族之地，揭以是名，其意以为取之古，未若师之今，与其法之人，未若本之家。然遗必有受，师皋其受者也，年方壮矣，好学有誉，其行于家，既如君之孝其亲者孝其亲，其闻诸乡，又如君之信于友者信于友。推是移忠他日，有不能如君事其上者事其上乎？君见庞公之策可施其时，未可施是家于休明之世也。大德龙集，辛丑十月记。

(元)姚燧撰:《牧庵集》卷八，第3—4页，《四部丛刊初编》第345函，商务印书馆，1922年。

十、王义

咸宁县

在府治东南三里许，唐天祐间韩建筑东郭小城为县治，宋金因之。元泰定、至正间县尹唐兀、王义修[①]，明洪武初因拓城，移建今治。

（清）舒其绅，严长明：《乾隆西安府志》卷九，第7页，三秦出版社，2011年。

十一、唐兀带

至元十九年，以参知政事唐兀带[②]等六人镇守黄州、健康、江陵、池州、兴国。

（清）刘权之：《乾隆池州府志》卷二十六，第23页，《中国地方志集成：安徽府县志辑59》，江苏古籍出版社，1998年。

十二、唐兀歹

官廨……至正元年县尹唐兀歹[③]还为县署……

（清）沈锡荣：《宣统郿县志》卷三，第12页，《中国地方志集成·陕西府县志辑35》，江苏古籍出版社，1998年。

---

① 汤开建先生把唐兀与王义作一人，注王义为唐兀氏（《党项西夏史探微》，495页）。按：泰定年号为1323至1328年，至正年号为1341年至1370年，从泰定末年到至正元年亦有13年之间隔，据《元史·选举志三》，凡官吏迁叙，一般以三十月或三年为期限，不可能有十三年不改一官者。故"唐兀"和"王义"应为二人，分别在泰定和至正间增修。这里的唐兀是另一位县尹的姓名，而非王义的族名。又《（雍正）陕西通志》（卷十五页八）中改"元泰定、至正间县尹唐兀、王义修"一句为"元泰定、至正间县尹唐兀、王义相继增修"，增加"相继"二字，亦能说明此问题。

② 汤开建先生（《党项西夏史探微》，590页）分别收录"唐兀带"、"唐兀歹"二人。元代之"唐兀"，或称"唐兀惕"、"唐兀歹"、"唐兀带"、"唐古特"、"唐古岱"。该词既可以表示族名，又可表示姓氏或人名。当其作族名称呼，或作为姓氏放在尊称之前时，我们一般可以将其视作西夏遗民。然而，"唐兀"也被很多民族用作人名，如"公讳唐兀歹，小字奠住，其先本辽东临潢路女真人"（[元]李庭《寓庵集》卷六《故宣授陕西等路达鲁花赤夹谷公墓志铭》）；"唐仁祖字寿卿，畏兀人，祖名唐古直，子孙因以唐为氏"（《元史·唐仁祖传》）；又有唐兀台大王，为蒙古宗王、黄金家族成员（张岱玉《〈元史·诸王表〉补证及部分诸王研究》，内蒙古大学博士学位论文2008年，297页）。因此除非有佐证之材料，否则不可以将名为"唐兀"者统统视作西夏遗裔。

③ 汤开建先生（《党项西夏史探微》，590页）分别收录"唐兀带"、"唐兀歹"二人。元代之"唐兀"，或称"唐兀惕"、"唐兀歹"、"唐兀带"、"唐古特"、"唐古岱"。该词既可以表示族名，又可表姓氏或人名。当其作族名称呼，或作为姓氏放在尊称之前时，我们一般可以将其视作西夏遗民。然而，"唐兀"也被很多民族用作人名，如"公讳唐兀歹，小字奠住，其先本辽东临潢路女真人"（[元]李庭《寓庵集》卷六《故宣授陕西等路达鲁花赤夹谷公墓志铭》）；"唐仁祖字寿卿，畏兀人，祖名唐古直，子孙因以唐为氏"（《元史·唐仁祖传》）；又有唐兀台大王，为蒙古宗王、黄金家族成员（张岱玉《〈元史·诸王表〉补证及部分诸王研究》，内蒙古大学博士学位论文2008年，297页）。因此除非有佐证之材料，否则不可以将名为"唐兀"者统统视作西夏遗裔。

第二部分　西夏遗民研究篇[①]

《增订〈元代西夏人物表〉》补校

为了解决元代西夏遗民史料较为分散的问题，1986 年汤开建先生在《甘肃民族研究》期刊上发表《元代西夏人物表》，详尽考证了 370 名元代西夏人物。2003 年，他又对成果作了一定的修改和增补，发表《增订〈元代西夏人物表〉》于《暨南史学》第 2 辑，将西夏遗民人物增录至 400 余名。近年来，针对西夏遗民的研究成果层出不穷，不少碑传、方志以及佛教文献中的材料被学界发现，使得目前能见到的西夏遗民人物比昔时又有增多。2013 年底，汤开建先生对商务印书馆再版其《党项西夏史探微》一书中的《增订〈元代西夏人物表〉》再次进行了增补，这次收录近五百人。

笔者从传统史籍、方志、碑刻材料中又发现不少《增订〈元代西夏人物表〉》(以下简称《人物表》)未能收录的西夏遗民，故在 2015 年出版的《西夏学》第十一辑上发表《增订〈元代西夏人物表〉补录》一文，将原表未收西夏遗民一并按《人物表》的格式进行整理，新增近 80 余人。笔者于两年后的学习中，再次发现了近 30 名学界之前未加关注的元代唐兀人物，故在此将其补入本人所列的表格中，即《增订〈元代西夏人物表〉再补录》，使得本表所收录的西夏遗民人物达 110 余名。

本表判断其是否为西夏遗民之标准主要有三个。第一是史籍中明确记载其为唐兀人(又作唐兀惕)、河西人、西夏人者。第二是使用“唐兀”(又作“唐吾”、“唐括”)、“嵬名”(部分史籍作“邬密”)、“都罗”、“夜蒲”、“嵬宰”等西夏党项姓氏者。第三，针对一些族属不明，从姓名上也无法分辨的人物，其祖籍为西夏故地(如宁夏、灵州、亦集乃、陇右)也同样存在是西夏遗民的可能性，故仍录于表中俟考。后两种标准较易理解，故不再赘述。

此外，为了使《人物表》的内容更加精准，又对《人物表》中原有的内容作了若干条校勘，列于表末。

---

① 第一、六、七篇作者为邓文韬，第五篇作者为刘志月，邓文韬，第二、三、四、八、九篇作者为张琰玲。

一、《增订〈元代西夏人物表〉》再补录

姓名、字、号	族称、居地、世次	职官、爵位、谥号	主要事迹	史料来源
阿里鲜	河西人	通事	传译成吉思汗与丘处机问对，出任宣差护送丘处机东归	《长春真人西游记》卷下
恤可	西夏人		元太宗用恤可计，自河中由河清县白坡渡河，攻郑州	《通鉴续编》卷二十一
八哈都儿	唐兀惕人	太宗窝阔台位下的异密	率领一支军队作为“探马”，防守贵由征服的浑汗地区	《史集》第二卷
长寿景仁	西夏人	湖广行省理问所知事	事亲孝，为母求医于曾彦鲁	《夷白斋稿》卷十八
王相嘉世礼	西夏人	至正二十二年任江浙行省通事	随同陈基吊宋徐绩墓	《夷白斋稿》卷二十二
迁嘉纳	西夏人	平江路长洲县丞	不急以螯民，不缓以败事，不嫚以长傲，不阿以耶辱	《夷白斋稿·外集》
吉泰，字佑之	西夏之俊	从仕宪府	从虞集学《易》	《道园类稿》卷三十一
邬密[1]筠	西夏人	至正十六年为常熟守将杨椿参军谋事		《牧斋初学集》卷二十二
邬密执理	河西人	隐居贺兰山，至正初为集贤待制，除行枢密院佥书	有诗四首赠见心禅师	《澹游集》卷上
郝经，字仲宜，号观梦道士、西清居士	西夏人，籍陇右，居扬州路泰州、徙杭州路仁和县，明初徙滇	乡贡进士，至正十五年任平江学录；不就张士诚辟举；洪武四年任江浙考试官	跋《录鬼簿》，序《青楼集》，有杂居《鸳鸯家》、《三塔记》、《鬼推门》3种，作《观梦》、《玩斋稿》等集	《录鬼簿》续编；《梧溪集》卷五；《明诗纪事》甲卷二十

① “邬密”即“嵬名”，西夏皇族姓氏。

续表

姓名、字、号	族称、居地、世次	职官、爵位、谥号	主要事迹	史料来源
朱旼,字启文	邾经之子	入明先后为中书宣使、工部奏差	文学过人,克继其父,亦善乐府隐语	《录鬼簿》续编;《宋学士文集》卷三十八
昔宝赤	唐兀人	以近侍出监潞城,至正十六年监武强县	有嘉政于民	《(康熙)武强县志》卷八
普颜不花	唐兀氏		至正二十年国子贡试中正榜	《至正庚子国学贡试题名记》①
海达儿,字道原	唐兀氏		至正二十六年国子贡试中正榜	《至正丙午国子监公试题名记》②
添喜,字彦嘉	唐兀氏		至正二十六年国子贡试中正榜	《至正丙午国子监公试题名记》
宋嘉闾	唐兀氏		至正二十六年国子贡试中正榜	《至正丙午国子监公试题名记》
唐兀那怀	唐兀氏	至正甲申任溧阳同知州事		《静斋至正直记》卷一
明安答儿	唐兀氏	天历二年至至顺二年任松江知府		《(正德)松江府志》卷三十六
崔嘉纳,字泰举	居延人③,后徙大同	至正元年任萧山县达鲁花赤	均税赋,平政治,鼎新县廨,役不病民	《(嘉靖)萧山县志》卷五
爱鲁④	唐兀氏	元统二年任监利县达鲁花赤	文学、政事,二美兼具	《(同治)监利县志》卷十一
孔吉祥	河西唐兀氏,冒姓孔氏,侨居天台	为僧纲		《(民国)台州府志》卷二十三

① 萧启庆:《元代进士辑考》附录,(台北)"中央研究院"历史语言研究所,2013年,第456页。

② 同上,第461页。

③ 居延即亦集乃路,故西夏黑山威福军司。

④ 非昔里钤部子爱鲁

续表

姓名、字、号	族称、居地、世次	职官、爵位、谥号	主要事迹	史料来源
唐兀火鲁火孙	唐兀氏	至正八年任水达达路脱脱禾孙	讨平诈称大金子孙起义的锁火奴	《元史》卷四十一
卜颜	河西人	至大元年以进义副尉任龙泉县达鲁花赤	赋役均，词讼简，问荒田，崇学校，民称之；诗书从政、岂弟近民，著有《龙泉集》	《(嘉靖)江西通志卷》卷二十五；《(康熙)吉安府重修龙泉县志》卷六
朵儿赤	河西人，世侍濮州	至元二十二年以宣武将军任横州总管府达鲁花赤	守土有修学功	《(嘉靖)南宁府志》卷六
朵儿赤	河西人	大德六年任龙泉县达鲁花赤		《(康熙)吉安府龙泉县重修县志》卷六
朵而只	西夏人	至元间任襄陵县达鲁花赤	有德政，民为之立去思碑	《(康熙)平阳府志》卷二十
阿都赤，字孝卿	西夏人	至正三年以嘉议大夫由礼部出任温州路总管	政务长厚	《(弘治)温州府志》卷十九
脱因，字宗善	河西人	至元六年任泾县达鲁花赤	有古人风，整修明伦堂	《(嘉庆)泾县志》卷七、三十一
阔阔出	河西人	湘乡县达鲁花赤		《(康熙)长沙府志·职官志》
嵬宰文兴，字光祖	唐兀儿人	至正九年由监察御史迁江东道肃政廉访司佥事		《(嘉庆)宁国府志》卷二
山东，字子春，号元斋	河西人	出自世阀以胄学进身，元统元年任德清县达鲁花赤	崇学校、尚节义，修饰坛壝、廨舍；又特作预备仓及为祠以祀乡贤，整修桥梁，民为之立去思碑	《(同治)湖州府志》卷五十三；《(康熙)德清县志》卷五
马彻里	西夏人	大德间为萧县达鲁花赤	备御水蓄，开南伏道口，北铁窗孔，而城赖以全。	《(嘉靖)徐州志》卷十一；《天下郡国利病书·淮徐》

续表

姓名、字、号	族称、居地、世次	职官、爵位、谥号	主要事迹	史料来源
马元,字仲彬	唐古氏	至元四年任都水监	治会通河,改建东大闸	《漕运通志》卷十
吴允诚,本名把都帖木儿	本河西大族①,居亦集乃	本仕北元为平章政事,永乐时降明,升都督同知,转都指挥,以功封恭顺伯	率百骑深入卜哈思地生获寇首哈剌乞台;从驾北征至宣冥河,败阿鲁台之党;征石灰秃,擒阔台赤还;寻追叛贼奥利花剌乞八等,斩获之口居多;又扈从出塞败"胡寇"于红崖	《陇右金石录》卷九;《明太宗实录》卷四十四
居里直	唐兀人	初承父荫迁平定州同知,至正间监管州	以干济称,善政,民为立去思碑	《(成化)山西通志》卷八
买驴	唐兀人	延祐二年以承直郎任广西岭南道肃政廉访司佥事		《(嘉靖)广西通志》卷五
别台	唐兀人	元统二年以中顺大夫任广西岭南道肃政廉访司佥事		《(嘉靖)广西通志》卷五
亦怜真,字显卿	唐兀氏	至元九年为旌德县达鲁花赤兼劝农使	廉明有干略,崇学育贤,劝民务本业,善教惠民,卓然著绩;率兵围剿红巾军于小岭山寨	《(嘉庆)旌德县志》卷六
赵伯不花	西夏郡人	至正十二年以奉议大夫任吴江知州	重修州儒学	《(弘治)吴江志》卷十四;《吴都文萃续集》卷六
脱脱	宁夏人	至正四年任江西湖东道肃政廉访副使	修江西宪司新门	《道园类稿》卷十五

① 《明史》谓其蒙古人,据《吴恭顺伯碑》可知其为河西人。

续表

姓名、字、号	族称、居地、世次	职官、爵位、谥号	主要事迹	史料来源
神保生	宁夏人		治书室于家庭之内，题斋名“求放心”	《畏斋集》卷六
普颜不华，字从升	贺兰人	至正六年任海北广东道肃政廉访司译掾	来潮州宣谕作新风宪圣旨	《永乐大典》卷七二三九
高智	河西人	先后任江南行台侍御史、御史中丞		《(万历)杭州府志》卷九
伯家奴	唐兀氏奴伦之父	某达鲁花赤	嫁女中书省参知政事伯都	《金华黄先生文集》卷四十三
月禄	唐兀人，福寿之父	追封岭北行省丞相、冀国公		《毅斋集》卷八
高野仙	月禄之子，福寿之弟	元末福建行省平章兼江南行台御史中丞	与福建闽海道廉访副使蒙古人铁木约为婚姻，令子高景初娶铁木女原氏	《毅斋集》卷八
高景初	高野仙子	元亡隐居不仕，其子高应于明永乐间任兵部主事		《毅斋集》卷八
萧伯颜	朔方人	登泰定元年甲子科进士第，授安州同知，转威州同知	以兴学化民为急，重修威州庙学	《(嘉靖)广平府志》卷九；《(民国)威县志》卷十八
伯耀德	西夏进士	至元时任忠州达鲁花赤	修文庙、置学田，课上育民，教化聿新	《(道光)忠州直隶州志》卷七
也速迭儿	河西人	仕元至廉访使		《(弘治)宁夏新志》卷一
冯达兰帖木	先为河西人，居灵州	仕元至国公，降明，官至都指挥		《(弘治)宁夏新志》卷八
囊加歹	河西人	大德三年任龙泉县达鲁花赤		《(康熙)吉安府龙泉县重修县志》卷六

续表

姓名、字、号	族称、居地、世次	职官、爵位、谥号	主要事迹	史料来源
察罕不花	河西人	延祐元年任永丰县达鲁花赤	重修县儒学	《(同治)永丰县志》卷十
也先帖陆[①]尔	西夏人	至正四年任广东道宣慰司都元帅府奏差	与经历罗理公等视察包拯祠	《(崇祯)肇庆府志》卷二十九
普颜	陇右人	至正四年任广东道宣慰司都元帅府知印	与经历罗理公等视察包拯祠	《(崇祯)肇庆府志》卷二十九
哈剌	西夏人	至正二年为江西湖广道肃政廉访使		《(康熙)东乡县志》卷七
金刚奴	河西宁夏人	延祐二年以敦武校尉任常宁州达鲁花赤	捐己粟百石重修廉政桥	《(嘉庆)湖南通志》卷二十五
张恒	河西人,后迁河南		从同知制诰国史院编修官吴澄学经,后教授余阙	《吴澄墓志铭》[②];《元史·余阙传》
驴儿	唐兀氏,居德州	至正间为泉州市舶司提举		《福建市舶司人物志》
石贤,字安卿	西夏人,籍巩昌	至正十九年任昆山州同知	捐俸倡修平江路昆山州三皇庙	《吴都文萃续集》卷十七
阿剌威	河西人	大德初授武德将军富州达鲁花赤	筑堤三百丈,又修境内壤堤六十四处,甃石御冲水,复故道	《(万历)新修南昌府志》卷十五
唐兀不花		礼店东寨千户	北元宣光元年,随礼店千户所正千户孙仲谅入明朝贡马	《明太祖实录》卷六十九
唐兀不花	居和林	北元丞相	与胡惟庸结交	《国史考邑》卷二

① 按原文即此,应为也先帖睦尔。

② 见(元)揭傒斯著,李梦生点校:《揭傒斯全集》辑遗《吴澄神道碑》,上海古籍出版社,1985 年版,第 456 页。

续表

姓名、字、号	族称、居地、世次	职官、爵位、谥号	主要事迹	史料来源
庄家	唐兀不花子		送胡惟庸使者封绩至哈剌章处，告知其发兵骚扰明朝边境	《国史考邑》卷二
孛兰奚	河西右族	德清县达鲁花赤	新作德清县学祭器	《金华黄先生文集》卷十
燮理俞询	河西人	本白衣，受府辟出任统军经历于安福州。	燮理廉而文，工水墨，慷慨自负，惜武略非所长，作《孤隼叹》	《石初集》卷二
唐括子宽，又作唐括仲宽	唐括氏	照磨	与诗人张以宁合《次韻唐括仲寬照磨雪中》、《洗衣曲同唐括子寬賦》等作品	《翠屏集》卷一
唐括子举	唐括氏，家辽东	上怀恩州达鲁花赤	好学自修，安于先训；程钜夫为之作《跋唐括子举遗安堂记后》；以姚燧为兄	《雪楼集》卷二十四；《牧庵集》卷八
唐括师皋	子举之子		好学有誉，孝其亲，信于友，一如其父	《雪楼集》卷二十四；《牧庵集》卷八
唐兀进义	唐兀氏	皇庆元年任澄城县达鲁花赤	出资助修县学讲堂	《(咸丰)澄城县志》卷二十一
河西善	河西氏	元太宗五年为宣差	为通圆懿公禅师俗家门人	《故大行禅师懿公功德碑》①
唐兀潞州	唐兀氏	至正八年为燕南河北道廉访司书吏	与廉访佥事久童、书吏赵从义、奏差吕正卿等同观大伾山弥勒佛像	《元至正童敬之题记》②
阿沙③	灵武唐吾氏	至元二十九年以威武将军监泉州路	捐俸买田五十余亩，入大开元万寿禅寺，以供佛赡僧	《闽中金石略》卷十二；《(万历)泉州府志》卷九
忽纳台	唐吾氏	至元二十九年任行中书省理问官		《闽中金石略》卷十二

① 该碑图版与录文，见齐心主编：《元代北京史迹图志》，燕山出版社，2009年，第115—121页。

② 该摩崖图版与录文，见班朝忠主编：《天书地字2：大伾文化》，文物出版社，2006年，第13页。

③ 非肃州路达鲁花赤阿沙。

续表

姓名、字、号	族称、居地、世次	职官、爵位、谥号	主要事迹	史料来源
式笃儿，赐名卢英	河西人	原为齐国大长公主忽都鲁揭里迷失怯怜口，随之出嫁高丽；赐名，授中郎将、将军	多次代表高丽王廷出使元朝，性温厚聪敏，颇知书	《高丽史》卷一百二十四
李托铁穆尔	居大名，李朵儿赤从子	致和元年为御位下必阇赤	与集贤待制周仁荣，钦奉圣旨，致祭于南镇之祠，勒石纪事	《两浙金石志》卷十六
圃兰蹊，取汉姓兰，字庭芳	西夏人	湖广行省正郎	以通才历华贵	《至正集》卷六十五
张西源	宁夏人	元统三年为庆元路郡守	以教养缮修为急务，助庆元路儒学涂田	《两浙金石志》卷十六
亦吉兒赤	河西人		为克烈人称海所举荐，其子爲名臣	《圭塘小稿》卷十
张子敬	居河西		沉厚默靖，莫敢自暇。内外交养，在己治人	《清容居士集》卷四十四
杨定省，字九思	西夏人	明初任广西都尉经历，怀集县知县。	题诗于岳忠武王庙；于怀集县恪遵新式，建造公廨及官吏私第	《藏园群书经眼录》卷四；《安雅堂集》卷十三；《永乐大典》卷二三四一；《清江诗集》卷六
遏老丁	河西人	至顺二年为肃政廉访使掾	学力而文工，常策名天府	《知非堂稿》卷十
哈剌达失，字君宝	陇右人	由脱脱举荐，历任中書直省舍人、客省副使、利用监丞、客省使、经正少監	沉毅负才气，能骑射，善调弓。从脱脱征张士诚，劝其不受朝廷夺军之诏，在脱脱坚持去官后自刎	《哈剌达失传》①

① 见《全元文》第57册，凤凰出版社，2004年，第893—894页。

续表

姓名、字、号	族称、居地、世次	职官、爵位、谥号	主要事迹	史料来源
也伯先，字伯高	唐兀氏，寓居怀宁县		曾中举人	《直隶安庆郡志》卷十
张翥	河西人	泰定四年为吉安路吏	倡修南湖桥	《(光绪)吉安府志》卷四
丁公	西夏人		西夏之彦，有知人之明	《贞肃斋家藏集》补遗①
安侯	陇右人	曾任职于滕州	于城南修葺静乐园	《滕县志》卷十二
宁猪狗	山丹人②	未见宦迹	事母甚孝，乡间称之	《(嘉靖)陕西通志》卷三十一
文舜卿	唐兀氏	中书省委官获鹿县驿		《元重修鹿泉神应庙碑》③
小李大	小李氏	居河南新安县铁门镇赵村		《重兴新安洞真观碑》
薛阇干	河西人	领兵为宣慰	其吏诣廉访司，告其三十六事，而薛阇干率军人禽问者辱之；被崔彧揭发，从行台选御史往按问，夺其职	《元史·崔彧传》
即力嵬尼		唐兀卫百户	克落军人口粮，将所带银牌典当钱钞，为人告发断罪	《元典章·礼部卷二·军官解典牌面》
任速	河西人氏	大德二年任襄阳路房州僧官	在房州普济寺安下赍夯环刀一口、弓箭一把、红油枪一条，为人告发	《元典章·兵部卷二·拘收·拘禁僧人弓箭》
喜饶益希	西夏禅师		为《红史》作者公哥朵儿只叙西夏国王属火命，成吉思汗属水命，阔端为西夏杰廊王转世等事	《红史·西夏简述》

① 见《全元文》第52册，凤凰出版社，2004年，第205—296页。

② 按《(嘉靖)陕西通志》载其为“山丹卫人”，核《元史·地理志》，山丹在元朝为州，隶甘肃行省，为西夏故地。

③ 孙继民、宋坤：《元代西夏遗民踪迹的新发现——元〈重修鹿泉神应庙碑〉考释》，《宁夏社会科学》2011年第2期。

续表

姓名、字、号	族称、居地、世次	职官、爵位、谥号	主要事迹	史料来源
沙罗巴，又译沙喇卜、锡喇卜、胜吉祥，汉名佛智	积宁氏；秦州人；祖名相嘉屹罗，父名沙罗观，世代译经	诏赐大辩广智法师。后来又赐法性三藏宏教佛智大师之号；元贞元年任江浙等处释教总统；寻授福建等处释教总统；至大时拜光禄大夫、司徒	少时从上师著栗夫学习藏语文和佛法；总丱之岁，依帝师发思巴薙染为僧，学诸部灌顶之法。河西之人尊其道而不敢名，止稱其氏，至呼其子弟皆曰“此積寧法師家”；任职江南时注意整饬僧纪，缓和僧俗矛盾，提议精简僧官，译《佛顶大白伞盖陀罗尼经》、《佛说坏相金刚陀罗尼经》、《佛说文殊菩萨最胜真实名义经》、《药师琉璃光王七佛本愿功德经念诵仪轨供养法》、《药师琉璃光王七佛本愿功德经念诵仪轨》等五部八卷	《佛祖通载》卷二十二；《秋涧集》卷二十二；《雪楼集》卷二十九
高沙剌巴	河西僧		建言于朝，请追封帝师八思巴	《佛祖通载》卷二十二
多罗只	河西僧		至正间募缘庄严，建寺居石佛山，改名智国院	《西湖游览志》卷十二
李慧月，法号光明禅师	陇西人	曾任福建路僧权，嘉兴府录首；至元二十八年自称终南山万寿禅寺住持	七岁遭掳，九岁在贺兰山佛祖院出家。后云游塞北、江南。至元二十七年印施十二部大藏经	《西夏遗民李慧月的法宝姻缘》①
惠澄	西夏僧		延祐年间与释法桢奉诏于易州兴国寺译出《菩提行释论》二十七卷，由惠澄译语，法桢自笔受缀文	《补续高僧传》卷一
龙泉禅师	党②人，俗姓李氏		世役边塞，祖居宦门，幼习儒学，长充武战，后出家遂礼安塞县柏家崖韦公山主为师	《重修大普济禅寺记》③

① 该文载李际宁：《佛经版本》，江苏古籍出版社，2002年。

② 此处原文似脱一“项”字。

③ 见李福顺：《子长县新发现的元代佛教史料》，《文博》1988年第1期。

续表

姓名、字、号	族称、居地、世次	职官、爵位、谥号	主要事迹	史料来源
敏公讲主	西夏僧，居凉州		元初至江南求赎《大藏经》	《敏公讲主江南求法功德碑》①
都罗慧性	党项人②		发愿施印西夏文《大方广佛华严经》	《西夏文大方广佛华严经》③
姓名不详	唐兀地区来自哈剌塔什的一个穆斯林		献给成吉思汗一车粮食，希望获允返回他的故国，合罕给他一车八里失，给他自由	《世界征服者史》上册
以下诸人存疑俟考				
彭瑞	河西人④	延祐间任武昌路同知，升汉中府知府		《（同治）重修上高县志》卷六
也先帖木	兀氏⑤	至正十年为副崇教	题名于飞来峰龙泓洞	《续修云林寺志》卷七
邪卜不花⑥	邪卜氏	奉政大夫，大都督漕运副使	娶唐兀人刘完泽之女	《道园类稿》卷四十二
兀南卜	疑兀南氏	至顺三年崞县达鲁花赤		《续修崞县志》卷四《职官志》
观音保，后改名李观	河西寿州人⑦	仕元为云南行省右丞，洪武初降明，授金齿军民指挥使司佥事	讨金齿诸部有功	《（景泰）云南图经志书》卷六；《明史·土司传》

① 高辉、于光建：《元〈敏公讲主江南求法功德碑〉考释》，《西夏研究》2012年第3期。

② “都罗”为党项姓氏。

③ 史金波：《西夏佛教史略》，宁夏人民出版社，1988年，第209页。

④ 按同卷有“任清则，河西六口人”，可知“河西六口”或为该地某地名，“河西人”既有可能是按地名称呼，也有可能是按族籍称呼，待考。

⑤ “兀氏”，疑为“唐兀氏”脱第一字。

⑥ 邪卜，为西夏党项人姓氏，《元史》中有也蒲甘卜、昂吉儿、昂阿秃以及余阙之妻耶卜氏。

⑦ 核《元史·地理志》无寿州一地，存疑待考。

续表

姓名、字、号	族称、居地、世次	职官、爵位、谥号	主要事迹	史料来源
拓跋旭暾	拓跋氏①	至治二年任滕县同知	正书《滕县学田碑记》	《(万历)兖州府志》卷五十一;《山左金石志》卷二十三
错监臧	西僧②	元贞二年授资善大夫昭文馆功德使司学士	奉旨建圣安寺于钱塘县州桥之东	《(成化)杭州府志》卷四十七
耳力嵬③		至正八年任御史台管勾		《(民国)重修广元县志稿》

二、《增订〈元代西夏人物表〉》考订

(一) 第488页④“哈斯乎”:与汤表第500页“黑厮”为同一人物。《(万历)保定府志》卷13载“黑斯公,本唐兀氏,以小字黑斯行,故名。至元四年,以内史府咨议出任保定路总管”⑤,与汤表中哈斯乎于“至元四年任保定路总管”一致,故“哈斯乎”与“黑厮”应为同一人。

(二) 第489页“高纳麟”:字有误。《人物表》谓纳麟字文灿,或依据《元诗选

① 按拓跋氏本为鲜卑族姓,北魏孝文帝太和改革易拓跋为元氏。时游牧于青海的吐谷浑鲜卑或党项人未经改姓,仍姓拓跋。西夏皇族姓氏亦为拓跋,后元昊开国,摒弃李、赵赐姓,径改“嵬名”。蒙元时期故西夏皇族一部分沿用嵬名氏(或音转为邬密),如察罕、卜颜帖木儿;一些使用李姓,如李恒、李桢;一些恢复拓跋旧姓,如李恒之孙拓跋元善。另《按扎儿传》在《元史》卷一百二十二,属蒙古色目人之传记,同卷有唐兀人昔里钤部传记,并不在汉人、南人专属的卷一百四十六到卷一百八十八中,与西夏人属色目人不属汉人类似。综上,故蒙元时期凡姓拓跋氏者,也有可能是西夏人,列此待考。

② 按“西僧”为元代对信仰藏传佛教僧人之统称,在元代历史舞台上有不少信仰藏传佛教的西夏僧人(如杨琏真伽)也被称为“河西僧”或“西僧”,但也未能排除其为吐蕃僧人之可能,故列入存疑。

③ “耳力嵬”似为党项人名,黑水城出土M1·0065[F111:W72]内有“吾即耳立嵬,羊一百六十口”等字,M1·0637[84H·F116:W366/1538]内有“石革阿立嵬”一名,学界推测此二人皆为党项人(潘洁:《元代赋税文书研究》,载杜建录主编《西夏学》第4辑,宁夏人民出版社,2009年;张重艳:《也火汝足立嵬地土案文卷初探》,载杜建录主编《西夏学》第6辑,上海古籍出版社,2010年;佟建荣:《〈中国藏黑水城文献〉中的西夏姓氏考证》,《宁夏社会科学》2010年第5期。立于肃南的《元重修文殊寺碑》中有僧官“耳力嵬黎忍普”一名,日本学者松井太认为亦属西夏遗民(松井太著,杨富学、刘锦译:《敦煌出土察合台汗国蒙古文令旨》,载达力扎布主编:《中国边疆民族研究》(第4辑),中央民族大学出版社,2011年,第281页注3)

④ 按:本节校勘页码以刊登于汤氏《党项西夏史探微》,商务印书馆,2013年,第481—510页的《增订〈元代西夏人物表〉》为准。

⑤ (明)冯惟敏纂修,王国桢续修,王政熙续纂:《(万历)保定府志》卷三〇《宦绩志》,书目文献出版社,1992年,第585页。

癸集》所收《题第一山答余廷心》下所注“纳璘，字文灿”。对此，杨镰先生早有驳斥，谓“第一山即在盱眙县境，特别是陈奎《第一山唱和诗序》已经明言，作诗者为‘监邑高昌纳公’，而纳璘不花文灿于后至元任盱眙县达鲁花赤。高纳麟是河西人，纳璘不花是北庭人，北庭为高昌人的郡望。以上情况均与高纳麟不合。《元诗选癸集》断为高纳麟作必误”[①]。笔者据史料推测，高纳麟应字“道隐”：张士诚于至正十有六年二月朔陷平江，西台御史王伯颜不花被软禁，“明年八月，防者稍懈，始得脱。南台御史大夫道隐公嘉其大节，特书‘忠贞’二字以旌之”[②]。按《元史·纳麟传》，“十六年九月，诏以江南行台移置绍兴，复以纳麟为御史大夫，仍太尉。明年，移治绍兴。十八年，赴召，由海道入朝……”，由此可见，于至正十七年王伯颜不花脱困后特书“忠贞”二字以嘉奖之的南台御史大夫“道隐公”正是纳麟。此外，贡师泰还曾于《鸣凤亭记》提及“平章道隐公”，周伯琦《通犀饮卮诗》提及“御史大夫道隐相国”，与至正初高纳麟先后在河南江北行省、江浙行省和中书省任职平章政事的仕履亦能够对应。故纳麟应字“道隐”而非“文璨”、

（三）第489页“木速忽里”：籍贯夏州有误。《人物表》按《西夏书事》记其籍贯为夏州。元朝撤夏州，其旧地属延安路而非宁夏路，《元史》记其为宁夏人而非延安人，则《西夏书事》误，应改为“宁夏人”。

（四）第489页“木速忽勒”：居地开封有误。按虎益墓志记其“过汴慨息曰：‘吾祖世官西河之壖，吾考寓垘东海之滨，是邦去路而迩，亦地之中，于是为家，可以西望吾祖，东望吾考’”[③]。故虎氏自此始定居于汴，虎益之父木速忽勒则居于“东海之滨”的般阳路淄川县。

（五）第490页“亦怜真班”：姓氏嵬名有误。《人物表》谓此其为“唐兀嵬名氏”，理由为亦怜真班至正六年（1346）任御史大夫。《青阳先生文集》卷四《送归彦温赴河西廉使序》提到“今皇帝用嵬名公为御史大夫”，查《元史·归彦温传》核知归彦温任河西肃政廉访使，事在至正九年（1349），而非至正六年。又《元史·哈麻传》云“九年，太平为左丞相，韩嘉纳为御史大夫”，此韩嘉纳又见于《元史·立智理威传》，该传提到立智理威有子二人“次韩嘉纳，御史大夫”，故此“嵬名公”乃察罕（《元史·察罕传》记其为“唐兀乌密氏”）从孙立智理威之子韩嘉纳，非亦怜真班。亦邻真班家族的姓氏在现有文献中还不得而知。

（六）第491页“斡玉伦徒”：仕履有误。斡玉伦徒未曾在御史台或殿中司就

---

① 杨镰：《元代文学编年史》，山西教育出版社，2005年，第398页注1。

② 蒋易：《前监察御史王君彦芳忠贞诗序》，转引自《全元文》第48册，凤凰出版社，2004年，第119页。

③ （元）姚燧著，查洪德编校：《牧庵集》卷十四《徽州路总管府达噜噶齐兼管内劝农事虎公神道碑》，人民文学出版社，2011年，第211—212页。

职侍御史，仅曾为殿中司知班[①]。

（七）第 491 页“斡朵忽都”：族属有误，不应列入。《（光绪）高唐州志》卷七《武德将军斡朵忽都政绩碑》谓斡朵忽都为“驸马武毅王后，袭爵武德将军，高唐州达鲁花赤兼诸军奥鲁劝农事”，阎复撰《驸马高唐王忠献碑》（载苏天爵编：《元文类》卷二十三）云“大德九年（1309）秋七月诏谥故驸马高唐王阔里吉思为高唐忠献王……祖驸马孛要合为高唐武毅王”，可知“驸马高唐武毅王”为元世祖孙女婿，汪古名将阔里吉思之祖父，则斡朵忽都与阔里吉思当有血亲关系，应为汪古人。

（八）第 491 页“斡赤”：族属未详，不应列入。汤表注 13 以斡氏为西夏大姓，而收录于此。而斡赤并不姓“斡”名“赤”，按至大元年曲阜《加封孔子圣旨碑》载“六月初八日，香山司徒、斡赤大学士、赵大学士、王大学士、安大学士奏……”[②]，如按汤先生理解将“斡”视为姓氏，那么在此碑中，斡赤自然应如后文的赵大学士、王大学士、安大学士一般被称为“斡大学士”，可见“斡赤”是蒙古名而非汉式姓名。“斡赤斤是称号，又有斡惕赤斤、窝嗔、斡辰、斡陈等异写，其中 ot 是突厥语借词，译言‘灶火’、‘炉灶’；chigin 源于突厥语词 tigin，译言‘（可汗）子弟’。是则斡赤斤一词意谓‘守灶火之子’。按蒙古旧俗，子女成人后各携一份家产分户另立，惟幼子留在父母身边，将来由他继承家业。故多称守产幼子为斡赤斤”[③]。仅凭这一蒙古名还无法确定此人的族属。

（九）第 491 页“唐兀海平”：即汤表第 492 页“唐兀海牙”之讹，按《元史·朵罗台传》，元世祖时大同路总管当为“唐兀海牙”。

（十）第 492 页“师孛罗登”条：姓名有误。原始文献为“孛罗，登泰定元年进士第”，“登”为动词，即登科、登第，而非名号。

（十一）第 492 页“买术”：族属有误，不应列入。买术，在其他史籍中又作买述丁，字永锡。此人并非西夏遗民或唐兀氏，理由如下。第一，按朱德润《买公世德碑》：“皇元混一区宇，际天所覆，罔不臣服，于阗尤先效顺。时则有若不花剌氏，以佃巧手艺入附……今资善大夫中政院使买述丁之曾祖父洪城公实在焉。”[④]第二，在汤表所标注的原始史料出处《东维子集》卷二十三《重建海道都漕运万户府碑》中的铭文部分有“将军来自西于阗”一句。第三，陈基《光福观音显应记》称

① （元）危素：《危太朴集》卷二《殿中司题名记》，《元人文集珍本丛刊》（七），（台北）新文丰出版公司，1985 年，第 408 页。

② 孟继新主编：《孔府孔庙碑文楹联集萃（上）》，中国社会出版社，2011 年，第 184 页。

③ 白寿彝总主编，陈德芝主编：《中国通史（第 8 卷下）》，上海人民出版社，1998 年，第 37 页。

④ （元）朱德润：《存复斋文集》卷一《资善大夫中政院使买公世德之碑铭》，《续修四库全书》第 1324 册，上海古籍出版社，2002 年，第 268 页。

呼此人为“西域买术丁”[①]。第四,《(至正)金陵新志》所载江南行台监察御史题名记中有“买住丁[②],阿噜威氏,朝请,泰定四年(1327)上”的记载[③],“阿噜威氏”即阿儿浑人(或称之为阿鲁浑、阿儿温、阿剌温、阿鲁忽等等,为 Arghun 之对音),泛指今“中亚七河(Semirechye)流域至楚河(Chu)流域,即吉尔吉斯共和国全部及哈萨克共和国一部地区及该地区的突厥部族”[④]。种种迹象表明,买术应为来自中亚不花剌一带的阿儿浑人,而非唐兀人,不应被收入此表。

(十二)第 493 页“谢兰”,姓名有误。核对《元史·谢仲温传》,谢兰之子应名“孛完”,非“李完”。

(十三)第 495 页“王义”条,族属有误,不应列入。汤表谓王义为唐兀氏,核《(雍正)陕西通志》卷十五谓咸宁县署于“元泰定至正间县尹唐兀王义相继增修”,《(乾隆)西安府志》卷九谓“元泰定至正间县尹唐兀王义修”,可见乾隆志明显脱漏“相继”二字,应按雍正旧志理解,断句为“元泰定、至正间,县尹唐兀、王义相继增修”,则唐兀与王义当是两人,分别在泰定和至正时任县尹,相继修葺咸宁县公署,而非某名叫“唐兀王义”的县尹于泰定到至正间增修。唐兀在这里并不是族名,而是人名,王义也未必是西夏遗民。

(十四)第 497 页“杨双泉”:与汤表第 497 页“杨文殊奴”为同一人。按《题大灵岩寺碑阴》谓:“宪副之父御史中丞、夏国襄愍杨公一心王室,勋载史册。天之报施其子又迈前人,因摭其实而书之。公西夏世家,名文书讷,字国贤,双泉其号也。”[⑤]可见,“杨文殊奴”为按姓名称呼,“杨双泉”为按姓号称呼,二者当为同一人物。

(十五)第 497 页“张讷”:与汤表第 488 页之“讷怀”为同一人,不应另作一人[⑥]。

(十六)第 498 页“大慈都”:族属唐兀氏有误。汤表“大慈都”条史源为《蒙兀儿史记》卷八,即“行詹事丞大慈都加平章军国重事”一句“大慈都”一词下加“唐兀氏”注释。核《元史》、《新元史》、《元史类编》、《元史新编》同句下均无此注释,不知《蒙兀儿史记》作者屠寄以何为据?同时,《蒙兀儿史记》卷百五十四《色目氏

---

① (元)陈基著,丘居里、李黎点校:《陈基集·夷白斋稿》卷二十七《光福观音显应记》,吉林文史出版社,2009 年,第 237—238 页。

② 清文渊阁四库全书本作“拜珠尔丹”,系根据至正本“买住丁”所改,详见该卷之校勘记。

③ (元)张铉纂修,王会豪等点校:《至正金陵新志》卷六下《官守志二·题名》,四川大学出版社,2009 年,第 1025、1091 页。

④ 杨志玖:《元代的阿儿浑人》,《南开史学》1983 年第 1 期。

⑤ 《书大灵岩寺碑阴记》,杜建录著:《党项西夏碑石整理研究》,上海古籍出版社,2015 年,第 255 页。

⑥ 邓文韬:《元代西夏遗民讷怀事迹补考》,《西夏研究》2013 年第 3 期。

族表上》[1]列大乘都家族,"亦畏兀家族",此表将大慈都列为大乘都之子,大理都之弟,可谓与卷八前文自相矛盾。按程钜夫《秦国先墓碑》,大慈都之先世为"别石拔里人也"[2],应为畏兀儿人。

(十七)第 499 页"永年":核查永年之仕宦经历与事迹,与第 508 页"福寿"相同,当为福寿之另一种称呼,不应另作一人。

(十八)第 500 页"沙览答里":居地大同有误。核查汤表所开列史源,未见沙览答里有定居大同之记载,仅见《元史》卷四十七《顺帝纪十》载至正二十七年九月"沙蓝答里以中书左丞相分省大同"[3],可见大同是沙蓝答里的任官之所,而非居地。

(十九)第 501 页"桑节":与汤表第 494 页之"星吉"为同音异名,不应另作一人。

(二十)第 502 页"明安帖木儿":与同页另一"明安帖木儿"除就职地分赞皇县与庄浪州之别,就职时间(均至正五年)与在官政绩完全相同。按《(隆庆)赵州志》卷四《祠祀》"宁晋县五龙庙"条下记有监县明安帖木儿拜谒事迹,故明安帖木儿应在赞皇县就职。清人编修《五凉全志》时误将其附会为庄浪州同知。

(二十一)第 503 页"札忽儿歹":与汤表第 505 页"札忽儿歹"条重。

(二十二)第 503 页"久住":当拆分作两人。汤表载久住之仕履为"先任处州龙泉县主簿,至大四年任镇江路判官"。按《(至顺)镇江志》载镇江路总管府有判官名"久住,河西人",至大四年上;而《龙泉县重修城隍庙记》"至正十年夏五月,主簿唐兀公乃慨然为久远之谋……公名九住,字伸义,唐兀其氏也",且不说两人姓名写法不同,唐兀九住出任龙泉县主簿约在至正十年(1350)前后,据至大四年(1311)已近四十年之久,而路总管府判官为正六品官员,县主簿仅为正九品官员。实在难以想象此人的品级会在四十年后不升反降,由路判官降为县主簿,故应作为并无关系的两人。

(二十三)第 504 页"顺昌":姓宇氏,据《(康熙)长山县志》补[4]。

(二十四)第 505 页"道童":仕履江西行省平章有误。汤表以《元史·亦怜真班传》有江西行省平章道童,故在此道童的仕履中加入了江西行省平章。然而钱大昕概已指出"至正中名道童而见于史者两人。一为高昌人,号石岩,由平江路总管累迁江西行省左丞相,谥忠烈,在列传一百四十四卷;一为唐兀人,字德章,

---

① (民国)屠寄撰:《蒙兀儿史记》卷一百五十四《色目氏族上》,中国书店,1984 年,第 1034 页。

② (元)程钜夫著,张文淑点校:《程钜夫集》卷八《秦国先墓碑》,吉林文史出版社,2009 年,第 90 页。

③ (明)宋濂等撰:《元史》卷四十七《顺帝纪十》,中华书局,1976 年,第 981 页。

④ (清)倪企望修,钟廷瑛纂:《(嘉庆)长山县志》卷五《秩官》,凤凰出版社,2004 年,第 329 页。

自号贺兰逸人，至正十年为江东廉访使”[①]，索之《元史·道童传》可知与亦怜真班同时任职于江西行省的是高昌人道童，而非唐兀人道童。

（二十五）第 508 页“买诺”：与汤表第 485 页“买讷”为同一人物。汤表所注出处《荆湖北道宣慰使司杞梓堂题名记》曰，“讷之考亦只儿嵬，大德间常假相衔为使，位终丞辖”[②]，与《元史·立智理威》传中“大德三年，以参知政事为湖南宣慰使，继改荆湖”[③]的描述相符，故“亦只儿嵬”即立智理威，“买诺”即《立智理威传》所载其长子买讷之同音异写，不应另作一人。

（二十六）第 509 页“唐兀带”、“唐兀歹”，以上两处均作人名，非氏族名，故不能确定属唐兀人，不应列入。

（二十七）第 509 页“常公”：姓名可补。按《（嘉靖）赣州府志》“元会昌州达鲁花赤”条目下有“常金刚奴，方壶，至正二十一年任”[④]。可见，此人应名常金刚奴，方壶为字或号。

（二十八）第 509 页“杨□正”：与汤表第 497 页“杨衎饬”为同一人。按汤表出处核对原始文献，得其姓名为“杨宏正”，按唐桂芳自叙“某庚辰秋来南台，当时群御史中惟复礼董御史、公平李御史、弘正杨御史、德昭曹御史、光复王御史、元用潘御史最为知己”[⑤]，唐氏为元末明初时人，“庚辰秋”应指后至元六年（1340），可知这位“弘正杨御史”，应于此前后在任。核《（至正）金陵新志》所见江南行台御史年表，只有杨教化之子衎饬为“至元六年”上任的杨姓御史，故“杨弘正”或为杨衎饬之汉名。

（二十九）第 510 页“胆巴”：族属有误。胆巴国师为西番突甘斯旦麻人，非唐兀氏。

---

① （清）钱大昕：《十驾斋养新录》卷九《道童》，上海书店出版社，1983 年版，第 216 页。

② （元）宋褧：《燕石集》卷十二《荆湖北道宣慰使司杞梓堂题名记》，北京图书馆藏古籍珍本丛刊（92），书目文献出版社，1992 年版，第 206 页。

③ （明）宋濂等撰：《元史》卷一百二十《立智理威传》，中华书局，1976 年，第 2959 页。

④ （明）康河修、董天锡纂：《（嘉靖）赣州府志》卷七《秩官》，上海古籍书店，1981 年，第 32 页。

⑤ （明）程敏政：《唐氏三先生集·白云文稿》卷二十《上御史书》，北京图书馆藏古籍珍本丛刊（115），书目文献出版社，1990 年，第 686 页。

元代西夏女性遗民人物史料整理与研究

西夏是11—13世纪中国古代少数民族党项以今宁夏地区为主体建立的少数民族地方割据政权。它的兴起与衰亡是构成中国历史不可或缺的一环。自成吉思汗五次伐夏至公元1227年蒙古灭西夏始，大批原居于西夏境内的各民族由于各种原因，主动或被迫地离开家园，迁往中亚、尼泊尔、漠北、西藏、青海、四川、云南、甘肃、陕西、山西、河南、河北、安徽、山东、江浙等诸多地区，逐渐消逝在历史深处。清末民初，西夏遗民[①]问题就引起学者的注意。屠寄(1856—1921)的《蒙兀儿史记》以及柯绍忞(1850—1933)的《新元史》中的《氏族表・色目氏考》，均专列唐兀氏。随后，著名史学家陈垣在《元西域人华化考》中列出9位仕元唐兀人，并对其在政治、经济、文化诸方面的活动与贡献作了比较详尽的论述。汤开建则根据《元史》、《新元史》、《蒙兀儿史记》、《元史类编》及各种元明文集，先后发表《元代西夏人物表》[②]、《增订〈元代西夏人物表〉》[③]，采用表格形式详细记录了近500名西夏遗民信息，邓文韬先后对汤开建老师的西夏遗民信息作了补充，新增西夏遗民110余名[④]。但这些研究只限于西夏男性遗民，未曾涉及西夏女性遗民。本文则搜集整理出新旧元史、元人文集、家谱、墓志铭中所见298名西夏女性遗民资料，按氏族集中，分姓氏、社会关系、封赠与事迹、资料来源四方面予以介绍，以期初步勾勒出元代西夏遗民家族的人物关系与发展变化，并在此基础上初步探讨了元代西夏女性遗民的社会地位、社会关系等问题。

元代西夏女性遗民人物表

姓氏或名字	社会关系	封赠与事迹	史料来源
察儿，又作察合	唐兀氏	西夏国主李安全之女，嫁成吉思汗，为皇后	《元史・后妃表》卷一百六;《蒙兀儿史记》卷三;《元圣武亲征录》;《元朝秘史》卷十三;《元史译文证补・后妃公主表补辑》卷一;《新元史》卷九十七;《道园类稿》卷四十二;《长春真人西游记》;《汇编》下卷

---

① 人们把西夏王朝灭亡后，原居住、生活于西夏境内的各民族统称为西夏遗民。元代将西夏称为"唐兀"，既指西夏的党项族，又包括西夏的汉族、吐蕃、回鹘、沙陀各族。

② 汤开建:《元代西夏人物表》,《甘肃民族研究》1986年第1期。

③ 汤开建:《增订〈元代西夏人物表〉》,《暨南史学》2003年第2期，汤开建:《增订〈元代西夏人物表〉》,《党项西夏史探微》,商务印书馆，2013年。

④ 邓文韬:《蒙元时期西夏遗民人物补表》,《西夏学(第十一辑)》,上海古籍出版社，2015年。

续表

姓氏或名字	社会关系	封赠与事迹	史料来源
唐兀氏	文宗之母	生文宗，天历二年(1329)追谥文献昭圣皇后	《元史》卷三十二、三十三、三十五、一百六、一百一十四、一百八十七；《新元史》卷九十七
弘吉剌氏	察罕妻	弘吉剌氏为宫人	《元史》卷一百二十
算吉女	亦力撒合妻或妾	至元二十七年(1290)，帝命尚诸王算吉女，亲为资装以送之	《元史》卷一百二十
梁氏	立智理威妻	封宁夏郡夫人。追封秦国夫人。治家谨法度，有母道，教二子为学	《道园类稿》卷四十二
明理氏	察罕孙塔出妻	以贞节称，旌其门闾	《元史》卷一百三十五
伯牙伦	察罕曾孙必宰牙妻	泰安郡武穆王哱鲁欢之女，守义有贤行	《元史》卷一百三十五
立智理威女	五人	长适银青荣禄大夫、陕西诸道行御史台大夫某，皆故；次二，适故四川蒙古军万户某；次三，适资德大夫、行中书省右丞、湖南道宣慰使某，皆故；次四，适中奉大夫、户部尚书某；次五，适汉中道廉访副使某	《道园类稿》卷四十二
瑞童	察罕孙女	漕运同知粘合世臣，钧妻。丈夫卒后，励节治家，田园经葺有加。初封恭人，再封威宁郡君。一子禄童	《至正集》卷五十八
梁氏	答加沙妻	唐兀昔李钤部母，从封魏国夫人	《牧庵集》卷十九
田氏	唐兀昔李钤部妻	爱鲁母，从封魏国夫人	《秋涧先生大全文集》卷五十一
白氏	唐兀昔李钤部妻		同上
王氏	爱鲁妻	教化母，从封魏国夫人	《牧庵集》卷十九

续表

姓氏或名字	社会关系	封赠与事迹	史料来源
西止	爱鲁女	长适同知台州路事巴约特；次适浙东右丞宣慰都元帅阿尔丹；幼姆	《牧庵集》卷十九；《雪楼集》卷二十五
某			
也先帖儿			
威弥氏	野速普花妻	参政祝真普女，封濮阳郡夫人。子六，女三	《正德大名府志》卷十
忽都帖	昔李野速普花长女	适粘合中书孙禄同	同上
也先帖尼	昔李野速普花次女	早逝	同上
宝寿奴	昔李野速普花次女	早逝	同上
萧氏	昔李勃妻	初娶，平江路同知塔海之女	《正德大名府志》卷十
宋氏	昔李勃妻	继娶，济南杂造提举友庆之女	《正德大名府志》卷十
爱鲁孙女	四人		朱建路、刘佳《元代唐兀人李爱鲁墓志考释》，《民族研究》2012年第3期
昔李勃女	五人		《正德大名府志》卷十
王氏	於弥氏李恒妻	诸侯淄州王之妃姑	《牧庵集》卷三
颜氏	李世安妻	先四十八年卒，追封滕国夫人	《吴文正公集》卷四十二
张氏	李世安妻	先三十年卒，追封滕国夫人	同上
崔氏	李世雄妻	故平章政事御史中丞彧之女。子一，女一	《养蒙先生文集》卷四
李世安女	一人	适典瑞院同佥经里鬲	《吴文正公集》卷四十二
李世雄女	一人	幼	《养蒙先生文集》卷四
李世安孙女	四人		《吴文正公集》卷四十二
李世安曾孙女	二人		同上
杨氏	河西人虎益妻	严于内治，闺门截若	《牧庵集》卷十四
赵氏	河西人虎仪妻	虎仪夫人四，其亚赵	同上

续表

姓氏或名字	社会关系	封赠与事迹	史料来源
虎益女	三人	长适武憨孙、今湖广行省左揆世安子，利用监某；次适池州总管府判官隋载子某；幼姆	《牧庵集》卷十四
赵氏	张掖刘完泽母	追封彭城郡夫人	《道园类稿》卷四十二
李氏	张掖刘完泽妻	公仕于外，李夫人事亲于家，饮食衣服备尽爱敬，有疾，汤药之奉不资于他人。追封彭城郡夫人	同上
刘完泽女	二人	长适同郡李某；次适邪卜不花，奉政大夫、大都督漕运副使	同上
般若，一名宣奴	江西湖东道肃政廉访使张掖刘伯温之女	会诵诗，习女工，剪纸，刺绣，精妙天出，病故	《道园类稿》卷四十九；《元人文集珍本丛刊》（六）
尹氏	唐兀氏余阙母	母尹氏，梦异人生阙，阙生而发尽白	《宋学士全集》卷十一
蒋氏	唐兀氏余阙妻	生一子德臣，一女安安。阙拔剑自刎后，其妻蒋氏闻之，帅女安安，妾耶律氏、耶卜氏同赴井死	《元史》卷一百四十三
耶卜氏	唐兀氏余阙妾		同上
耶律氏	唐兀氏余阙妾		《山房集附录》
满堂	唐兀氏余阙妾	生一子，甫晬弃水滨，被万户杜某所救	《宋学士全集》卷十一
安安	唐兀氏余阙女	母蒋氏	《山房集附录》
余阙侄女	一人	池州判官李宗可妻	《宋学士全集》卷十一
伦彻彻	朵吉妻	河西人星吉曾祖母，从封秦国夫人，改封王夫人	《牧庵集》卷二十六
阿樘	搠思吉朵儿只妻	河西人星吉祖母，从封代国夫人，改封王夫人	同上
顺祖	搠思吉妻	河西人星吉母，从封赵国夫人，改封王夫人	同上

续表

姓氏或名字	社会关系	封赠与事迹	史料来源
奴伦	河西人星吉妻	帝命龙庆州达鲁花赤脱欢以女妻公，赐钞三万贯为聘资。生一子而卒	《牧庵集》卷二十六
郭氏	河西人星吉妻	中书平章政事不花之女，封赵国夫人。生子男五人，女一人	同上
星吉女	一人		同上
米卜氏	西夏后裔杨世刺妻	杨朵儿只祖母，封夏国夫人	《虞文靖公道园全集》卷三十五
赵氏	杨式腊唐兀台妻	杨朵儿只母，封夏国夫人	同上
梁氏	杨式腊唐兀台妻	封夏国夫人	同上
李氏	杨朵儿只妻	同知诸路人匠总管府事某之女，追封夏国夫人。子一人，不华	《虞文靖公道园全集》卷十二
刘氏	杨朵儿只妻	同知徽州路总管府事某之女。公死时，权臣将夺俾人，夫人剪发毁容以自势，乃免。封夏国夫人。子一人，文殊奴	《元史》卷一百七十九；《新元史》卷一百八十三；《蒙兀儿史记》卷一百二十四；《虞文靖公道园全集》卷十二
李夫人	杨教化妻	封夏国太夫人。李夫人事君姑赵夫人至孝，有疾，侍汤药不解带。公在北方军，夫人治家尝如公家居然。族人咸赖之。生子一人，衍饬	《虞文靖公道园全集》卷三十五
王夫人	杨教化妻	封夏国太夫人。适公时年十九，甫四月，而公卒。王夫人与其孤鞠育恩勤如己出者，劝之学尤笃，尝曰："吾门惟汝一人耳！不力学何以自致？"	《虞文靖公道园全集》卷三十五
迈里古思母		迈里古思被杀后，其鹤发老母，哭儿萤案前	《南村辍耕录》卷十；《梧溪集》卷四；《王忠文公文集》卷二；《党项与西夏资料汇编》上卷、补遗

续表

姓氏或名字	社会关系	封赠与事迹	史料来源
迈里古思女	一人	适淮省都事王顺	《九灵山房集》卷十三
邢氏	河西人周喜同妻	妖贼陷南阳，同突围见杀。妻邢氏，闻喜同力战死，率家童数人出走，遇贼，夺贼刀斫之，且骂且前，亦见杀	《元史》卷一百九十四；《新元史》卷二百三十
唐兀氏	唐兀氏塔不台母	封宜人。子塔不台中元统元年进士	《元统元年进士录》
王氏	唐兀氏塔不台妻		同上
秦氏	囊加台妻	唐兀氏明安达耳母	《元统元年进士录》
护都伦氏	唐兀氏明安达耳妻		同上
葛氏	伯颜察儿妻	丑闾母，子丑闾中元统元年(1333)进士	《元统元年进士录》
侯氏	唐兀氏丑闾妻	丑闾被杀。侯氏自经死。赠侯氏宁夏郡夫人，立表其门曰“双节”	《元统元年进士录》;《元史》卷一百九十五
朱氏	唐兀氏黄头妻	封陈台夫人	《道园学古录》卷四十
周氏	唐兀氏黄头妻	封陈台夫人	同上
黄头女	五人		同上
黄头孙女	十一		同上
蔡氏	河西人史拉吉尔威妻	乞台普济祖母。封夏国夫人	《新元史》卷一百九十九
乌纳氏	史算智尔威妻	乞台普济母，夏王外孙。封夏国夫人。生五子	同上
乌纳氏	史算智尔威妻	生二子。史托罗台母	同上
库库楞	乞台普济妻	封庆国夫人	《牧庵集》卷二十六
戬伊特楚	乞台普济孙女		同上
按巴	乞台普济孙女		同上
哈达逊	乞台普济孙女		同上
斡斡	乞台普济孙女		同上

续表

姓氏或名字	社会关系	封赠与事迹	史料来源
聂辰	乞台普济孙女		《牧庵集》卷二十六
世兼千户	乞台普济孙女		同上
聂尔布	乞台普济孙女		同上
吉连布	乞台普济孙女		同上
染齐	乞台普济孙女		同上
善布	乞台普济孙女		同上
乞台普济曾孙女	二人		同上
夏氏	唐兀氏王额森布哈妻	王翰母，封合肥县君。夏氏由宋太保贵以来，为州显姓	《闻过斋集》卷五
孙氏	王额森布哈妻	王翰继母，诺摩罕五岁生母夏氏见背，赖继母孙夫人鞠育，恩意隆重，如己自出。先将军殁，夫人刻苦持植门户	同上
王额森布哈女	二人	孙夫人生，孙夫人合肥人，年若干，来嫔将军，不三年而寡。夫人无出，所生二女子	同上
夏氏	王翰妻		《闻过斋集》卷五
刘氏	王翰妻	王偁母	《虚舟集》卷五
郑氏	王偁妻		《虚舟集》卷五
薛氏	王偁妻	闽故族，孝养于姑，贞淑内得其亮	《虚舟集》卷五
李氏	王偁妻	侧室	《虚舟集》卷五
王偁女	二人		《虚舟集》卷五
蔑里吉氏	哈石霸都儿妻	述哥察儿母	《吴文正公集》卷三十三
康里氏	西夏人述哥察儿妻	康里郡君俭勤理家，至老不卷。郡君受禄养，追封南乐县君	同上
述哥察儿女	一人		同上

续表

姓氏或名字	社会关系	封赠与事迹	史料来源
述哥察儿曾孙女	二人		《吴文正公集》卷三十三
夏氏	赫思妻，秃满台祖母	夏氏贤明柔顺，克协妇道	《(道光)巨野县志》卷二十；周峰《元代西夏遗民秃满台家族考》载《薪火相传——史金波先生70寿辰西夏学国际学术研讨会论文集》，中国社会科学出版社，2012年
邵氏	咬住妻，秃满台母		同上
荣氏	秃满台妻		同上
赵氏	睦里赤妻		同上
刘氏	睦里赤妻		同上
田氏	睦里赤妻		同上
咬住女	四人	长适□□县达鲁花赤慕理持，余三人皆嫁令族	同上
秃满台女	一人	适李氏	同上
康里真氏	唐兀氏河西老索妻	宫女。追封夫人，子二人	梁松涛《河西老索神道碑铭考释》，《民族研究》2002年第2期
眭氏	河西老索子忙古妻	子一人，忽都不花	同上
民氏	河西老索孙忽都不花妻	守义，育鞠有加。子一人，讷怀	同上
唐兀真氏	也先帖木儿祖母	追封泰安王夫人。袭爵真封，永以王夫人之称，配食忠定君之庙	《雪楼集》卷三
传氏	李天佑妻	李闾伯祖母，赠陇西郡夫人	《巴西集》卷下
梁氏	李昌妻	李闾伯母，赠陇西郡夫人	同上
邹氏	李□(李闾伯)妻	封陇西郡夫人	同上

续表

姓氏或名字	社会关系	封赠与事迹	史料来源
惠氏	宁夏人师克恭祖母	封宁夏郡夫人	《待制集》卷十
王氏	师克恭母	封宁夏郡夫人	同上
王氏	师克恭妻	累封宁夏郡夫人	同上
巴雅伦氏	师克恭妻		同上
周氏	师克恭妻		同上
萧氏	师克恭妻	未封而卒	同上
奈曼氏	师克恭弟师托克托穆尔妻	封宜人	同上
师克恭女	四人适某、某、某、某		同上
师克恭孙女	五人		同上
叚氏	唐兀氏埜仙普化母		《元统元年进士录》
张氏	唐兀氏埜仙普化母		同上
岳氏	唐兀氏买住母		同上
蒙古氏	唐兀氏买住妻		同上
唐兀氏	秃弄歹妻	其孙伯颜中元统元年进士第	同上
女真人氏	赫间妻	唐兀氏伯颜母	同上
周氏	唐兀氏伯颜妻		同上
唐兀氏	百嘉纳母	其子百嘉纳，中元统元年进士第	同上
唐兀氏	彻台母	其子彻台，中元统元年进士第	同上
胡氏	僧家奴妻	高昂吉母	《丹崖集》卷八
李氏	河西人。元末号九灵山人的著名文人戴良妾	江南行御史台治书侍御史笃鲁迷失公之妻侄女，李惠敏且早孤，年十九，以至正乙巳冬，自钱塘归戴良为妾	《九灵集》卷十四

续表

姓氏或名字	社会关系	封赠与事迹	史料来源
李氏	河西人笃鲁迷失之妻		《九灵集》卷十四
杨氏	吴允诚妻	淑善有谋，智克相夫。凉州鞑官尝以公从征于外，遣众谋叛，劫其母子以行。夫人以计擒其人，戮之	《陇右金石录》；《明史》卷一百五十六
吴允诚女	三人	长适右军都督柴别里华，次适指挥杨完者秃；其三女为太宗皇帝妃	同上
公氏	李南哥母	赠夫人	王继光《跋〈李南哥墓志〉》，《青海社会科学》1994年第3期
王氏	李南哥妻	赠夫人	同上
李南哥女	三人	长适指挥班贵，次适汪福，次赘婿薛某	同上
李南哥孙女	三人		同上
何氏	益怜质班妻	西夏人何伯翰母	《东维子集》卷八
李氏	河西人	孝义旌门	《学言稿》卷二
奴伦	唐兀氏	达鲁花赤伯家奴之女	《金华黄先生文集》卷四十三
唐兀氏	邪卜不花妻	唐兀人刘完泽之女	《道园类稿》卷四十二
唐儿氏	右丞按滩妻	毓质柔嘉，修仪婉娩。封赵国夫人	《石田文集》卷六
李氏	诸王旭烈兀之爱将重合剌妻	乃西夏王族之后	《雪楼集》卷二十《河东郡公伯德公夫人李氏墓碑》
唐兀氏李罗真	答剌罕秦王右丞相之妻，怯烈真氏之母	封嬴国夫人	《常山贞石志》卷二十四《秦王夫人施长生钱记》

续表

姓氏或姓名	社会关系	封赠与事迹	史料来源
高氏	一人	西夏供养人	郑绍宗、王静如《保定出土明代西夏文石幢》,《考古学报》1977年第1期①
咩屈氏	三人	同上	同上
啷尚氏	一人	同上	同上
梁氏	三人	同上	同上
西壁	四人	同上	同上
平尚氏	四人	同上	同上
咩铭氏	一人	同上	同上
瑞俄氏	一人	同上	同上
嵬名氏	一人	同上	同上
九姐	唐兀台妻	唐兀闾马母	穆朝庆、任崇岳《〈大元赠敦武校尉军民万户府百夫长唐兀公碑铭〉笺注》,《宁夏社会科学》1987年第1期
哈剌鲁氏	唐兀闾马妻	封宜人。哈剌鲁氏,纺绩织纴,佐夫内治,俭而好礼,和以睦族,至元后三年(1337)三月十有九日以疾终,享年八十有二。子五人	同上
孙氏	唐兀闾马长子杨达海妻	极贤,自四年冬至五年春大俭,恭人命崇喜全家人每旦多备粥饭,以食乞食之老弱,有少壮男子饥饿濒死者,命长留养济以活者十余,客户贫不能自存辄贷粮以济者十余家。子二人	同上
盖氏	唐兀闾马二子杨镇化台妻	子一人,名塔哈出。出征有功,受敦武校尉,封其母宜人	同上

① 1962年,保定市韩庄发现了明代西夏文石幢2座,其中所记西夏遗民,不仅有建幢者、寺院住持、书手和死僧姓名,而且还有西夏供养人80余位。这80多人中,包括男女、僧俗、法号、复姓和单姓。其中女性19人,妇女姓氏后加一"氏"字。

续表

姓氏或姓名	社会关系	封赠与事迹	史料来源
王氏	唐兀闾马三子闾儿妻	年六十有二而康健	穆朝庆、任崇岳《〈大元赠敦武校尉军民万户府百夫长唐兀公碑铭〉笺注》，《宁夏社会科学》1987年第1期
冯氏	唐兀闾马四子杨当儿妻	早卒	同上
盖氏	唐兀闾马四子杨当儿妻		同上
乃蛮氏	唐兀闾马五子杨买儿妻		同上
迈讷	唐兀闾马女	适哈剌鲁氏普化。早寡，以孝节闻	同上
李氏	杨崇喜妻	封恭人	同上
旭申氏	杨卜兰台妻		同上
忠显女	二人	长适武德将军武卫亲军千户所达鲁花赤长安。封濮阳县君	同上
		次适哈剌鲁氏保	同上
袁氏	杨塔哈出妻	封宜人	同上
王氏	杨塔哈出妻	封宜人	同上
哈剌鲁氏	杨孙换住妻		同上
高氏	杨教化妻		同上
彭氏	唐兀闾马孙杨伯颜妻		同上
张氏	唐兀闾马孙杨春兴妻		同上
玉珍	杨闾儿女	适蒙古氏朵烈团	同上
乃蛮氏	唐兀闾马孙杨帖睦妻		同上
怯列氏	唐兀闾马孙杨不老妻		同上

续表

姓氏或姓名	社会关系	封赠与事迹	史料来源
孔氏	唐兀闾马孙杨脱脱妻	早卒	穆朝庆、任崇岳《〈大元赠敦武校尉军民万户府百夫长唐兀公碑铭〉笺注》,《宁夏社会科学》1987 年第 1 期
旭申氏	唐兀闾马孙杨广儿妻		同上
刘氏	唐兀闾马孙杨野仙普化妻		同上
赛珍	唐兀闾马孙女,杨当儿女	适兰阳县务司副使添孙	同上
李氏	唐兀闾马孙杨拜住妻	早卒	同上
旭申氏	唐兀闾马孙杨拜住妻		同上
杨买儿	女一人		同上
庆安,又名脱脱	迈讷女,唐兀闾马外孙女	充军民万户府百户	同上
哈剌鲁氏	杨崇喜子杨理安妻	征士奏议大夫翰林待制伯颜宗道女	同上
杨崇喜女	二人	长适旭申氏阳律	同上
杨卜兰台女	三人	长适国子生燕山忠显	同上
杨塔哈出女	二人	长适山东河北蒙古军都万户府左手万户府镇抚宝宝,次适左翊蒙古军侍卫千户关住	同上
杨换住女	一人	适儒士闾闾	同上
杨伯颜女	二人		同上
高氏	唐兀闾马曾孙杨冀安妻		同上
杨帖睦女	一人		同上
乃蛮氏	唐兀闾马曾孙杨童儿妻		同上

续表

姓氏或姓名	社会关系	封赠与事迹	史料来源
杨广儿女	一人		穆朝庆、任崇岳《〈大元赠敦武校尉军民万户府百夫长唐兀公碑铭〉笺注》，《宁夏社会科学》1987 年第 1 期
杨拜住女	三人	长适哈剌鲁氏保住，次适哈剌鲁氏宝童，次适乃蛮氏买住	同上
铁理	宁朔王斡赤妻	封宁朔王夫人。柔嘉而端肃，恭俭而和平，善仪诸子，服勤左右之方	《道园学古录》卷二十二

注：本表所收西夏遗民女性人物，包含西夏遗民后裔和他族通过婚姻关系嫁入西夏遗民家庭者。

通过上表可以看出元代西夏女性遗民的主要特点。

第一，来源广泛。上表辑录西夏女眷共 298 人，嫁入西夏家族的女性 154 人，其中有姓氏者 145 人，有名字者 9 人。西夏族生女 144 人中有明确婚姻记载的生女 66 人，未婚的 74 人，早卒的 4 人。据分析，154 名外来女性，分别来自蒙古族、色目人、汉族、女真人等。其中汉姓主要有梁、田、白、王、萧、宋、颜、张、崔、杨、赵、李、尹、蒋、郭、刘、邢、葛、侯、朱、周、蔡、孙、盖、袁、马、高、彭、孔、眭、民、夏、公、傅、邹、惠、段、岳、秦等。从姓氏判断，这些汉姓女子大部分来自于汉族家庭，如崔彧之女，崔彧在《元史》中有传，弘州（今河北阳原）人；也有少部分来自于西夏遗民家庭，例如“李氏，河西人，笃鲁迷失之妻”、“李氏，河西人，笃鲁迷失公之妻侄女”等；张澍《西夏姓氏录》就有梁氏、田氏等汉姓。少数民族则分别来自于唐兀氏、弘吉剌氏、明理氏、威弥氏、铁理、耶卜氏、耶律氏、蔑里吉氏、康里氏、米卜氏、乌纳氏、唐兀真氏、唐吾氏、哈剌鲁氏、乃蛮氏、旭申氏、怯列氏、康里真氏、巴雅伦氏、奈曼氏、咩屈氏、啣尚氏、西壁氏、平尚氏、咩铭氏、瑞俄氏、嵬名氏、护都伦氏、女真人氏、蒙古氏等 30 个家族。其中弘吉剌部是蒙古显赫部族，公元 1237 年窝阔台汗下旨，弘吉剌部“生女为后，生男尚公主，世世不绝”，元朝历代皇后多出此族。察汗初名益德，及长，成吉思汗赐姓蒙古，妻以宫人弘吉剌氏；伯牙伦乃泰安郡武穆王哱鲁欢之女。哱鲁欢又作博罗欢，《元史》卷一百二十一有传，出身蒙古忙兀氏。另外，陶宗仪《南村辍耕录》蔑里吉氏、旭申氏、怯列氏、巴雅伦氏（又译作拜叶伦氏），均为蒙古七十二种之一，康里氏、哈剌鲁氏、乃蛮氏为色目人。西壁，通鲜卑，为鲜卑族；耶律氏，疑为契丹族；张澍《西夏姓氏录》有咩布氏，或作蔑布氏，咩布音转米卜；有野浦氏，耶卜氏即野浦氏之异译，如余阙妾耶卜氏;有穆纳氏即乌纳氏,如史算智尔威妻乌纳氏,夏王外孙。唐兀真氏、唐吾氏二姓即唐兀氏。由此可见西夏遗民通婚范围不是局限于西夏遗民内部,而是广泛与周边民族通婚。因此,婚姻因素在西夏遗民同化过程中的作用不可低估。

第二,文化多元。嫁入西夏遗民家族的女性绝大多数只有姓而无名字记载。如“弘吉剌氏,唐兀乌密氏察罕妻”、“梁氏,立智立威妻”等。仅有9位有名字,分别是伯牙伦、铁理、满堂、伦彻彻、顺祖、奴伦、阿樫、九姐、库库楞。其中满堂、顺祖同汉族人名相似;九姐为排行;伯牙伦、铁理、伦彻彻、奴伦、阿樫、库库楞、包含明显的少数民族文化元素。西夏遗民的生女144名,其中26位有名字,如“必宰牙女,瑞童”、“野速普花长女,忽都帖”。118位以××女、××孙女、××曾孙女称,如“李世安女一、孙女四”等。姓氏一栏西夏生女的起名体现了西夏人命名文化的双重性,如“玉珍、赛珍、安安、庆安”这些包含汉文化元素的名字,还有“戬伊特楚、按巴、吉连布、宝寿奴、迈讷、染齐”等充满西夏本民族文化元素的命名。男性西夏遗民无论长幼、有无建树,家谱都有名字可寻,且一般都是按男在前女在后排列顺序。而女性有名字记载的却少之又少。这一现象说明即使在当时西夏遗民社会仍然存在严重的重男轻女、男尊女卑的思想。

第三,位居社会上层。西夏女性遗民有迹可寻者,基本都是上层社会的女眷,上者如“唐兀氏,(元)文宗之母”,下者如“杨换住女一,适儒士闾闾”,绝大多数都是有官有爵位者的女眷。列表中的298名西夏女性,其中51名被封赠。她们的封赠大多数以丈夫或儿子、孙子加封进爵而被封赠,如“孙卜兰台受敦武校尉,讨封祖母宜人”。“河西人星吉母,从封赵国夫人,改封王夫人”。也有一些因自己的行为事迹被封,如“必宰牙女瑞童,嫁与女真人粘合世臣。丈夫卒后,夫人屏斥华泽,励节治家,坐亦有常处,田园经葺有加焉。初封恭人,再封威宁郡君”。这种社会关系,从侧面反映了西夏遗民在元代社会、政治中占居较高地位的事实。

第四,社会分工依然延续“男主外,女主内”的传统模式。西夏女性遗民人物,同古代中国女性一样,主要承担家庭内部事务。她们肩负的重任是生儿育女、孝顺公婆、相夫教子、勤俭持家等。她们的事迹彰显了中国妇女的传统美德。如“梁氏,立智理威妻,治家谨法度,有母道,教二子为学,使从贤大夫士游,俾有所成立”。“李夫人,杨教化妻。李夫人事君姑赵夫人至孝,有疾,侍汤药不解带。公在北方军,夫人治家尝如公家居然。族人咸赖之”。

第五,乐善好施,助人为乐。古代妇女无论社会地位还是家庭地位都比较低下,西夏遗民妇女也一样。即使在这样的社会环境下,西夏遗民妇女也有大胸怀大爱心之辈,她们也有慈善之举,如“唐兀闾马长子达海妻孙氏,年七十有二而康宁,封恭人。恭人孙氏亦极贤,自四年冬至五年春大俭,恭人命崇喜全家人每旦多备粥饭，以食乞食之老弱，有少壮男子饥饿濒死者，命长留养济以活者十余人，客户贫不能自存辄贷粮以济者十余家”。

第六，深受儒家女性贞节观念影响。从上表可以看出，儒家女性贞节观念在元代已经影响到西夏遗民，尤其是党项族等少数民族。如“侯氏，唐兀氏丑闾妻，丑闾被杀，贼愤其不降，复以布囊囊其尸，置其家。丑闾妻侯氏出，大哭，且列酒肉满前，渴者令饮酒，饥者令食肉，以绐贼之不防己。至夜，自经死。事闻，赠丑闾河南行省参知政事，赠侯氏宁夏郡夫人，立表其门曰‘双节’”。“朵儿只死时，权臣欲夺其妻刘氏与人，刘氏剪发毁容以自势，乃免。”“阙拔剑自刎，堕濠西清水塘死。其妻蒋氏闻之，帅女安安，妾耶律氏、耶卜氏同赴井死。”

宁夏旧志辑录西夏遗民史料汇考

宁夏现存旧志共30部，其中《宣德宁夏志》、《弘治宁夏新志》、《嘉靖宁夏新志》、《乾隆宁夏府志》四部志书直接或间接记载了诸多西夏遗民[1]信息，有些信息和正史有差异，有些相同，有些信息正史无记载，可以补正史之缺。

一、宁夏旧志辑录西夏遗民史料概况

《宣德宁夏志》(明)朱旃撰修，原书现藏日本国会图书馆，是宁夏现存的第一部志书，据复印本，经吴忠礼笺证，刘仲芳审校，《宁夏志笺证》由宁夏人民出版社1996年出版。该志书由卷上、卷下两部分组成，其中卷上“第十七条·人物”辑录元代西夏遗民“高智耀、沙览答里、论卜、也速迭儿、福寿”5人，明代西夏遗民“藏卜、冯答兰帖木”2人，“第二十条·名僧”辑录明代西夏遗民“永济尚师、黑禅和尚”2人，全书共辑录西夏遗民9人。

《弘治宁夏新志》(明)胡汝砺编纂，成书于明弘治十四年(1501年)，该书先后三次编修补充，均未刊行。直到嘉靖十八年(1539年)，宁夏巡抚杨守礼主持，管律在三个月内对《弘治宁夏新志》未刊本进行重修完成，即《嘉靖宁夏新志》(明)胡汝砺编，(明)管律重修。弘治本与嘉靖本宁夏新志，人物卷所载西夏遗民内容相同，故本文以嘉靖本为主。《嘉靖宁夏新志》共八卷，分门别类记述了古代宁夏北部地区的政治、军事、经济、文化等历史状况。卷之二·宁夏总镇·第二十二条·人物辑录元代西夏遗民“斡道明、斡玉伦徒、李禎、高智耀、高睿、李恒、星吉、沙览答里、论卜、也速迭儿、福寿、常八斤”12人，卷之三·所属各地·中路灵州·人物辑录明代西夏遗民“藏卜、冯答兰帖木”2人，卷之二·宁夏总镇·第二十七条·仙释辑录明代西夏遗民“永济尚师、黑禅和尚”2人，共16人。

《乾隆宁夏府志》(下)(清)张金城修，(清)杨浣雨纂，陈明猷点校，宁夏人民出版社1992年出版。宁夏府志卷十三“人物·乡献”条辑录元代西夏遗民“斡道明、斡玉伦徒、李禎、高智耀、高睿、高纳麟、李恒、星吉、来阿八赤、杨朵儿只、杨卜花、拜延、喜同、沙览答里、论卜、也速迭儿、福寿、常八斤、迈里古思、亦怜真班”18人，宁夏府志卷十六“人物·仙释”条辑录明代西夏遗民“永济尚师、黑禅和尚”2人，“人物·列妇”条辑录元代西夏女性遗民“邢氏”1人，“人物·节妇”条辑录元代西夏女性遗民“刘氏”1人，共24人。

---

[1] 一般把西夏王朝灭亡后，原居住、生活于西夏境内的各民族统称为西夏遗民。元代将西夏称为“唐兀”，既指西夏的党项族，又包括西夏的汉族、吐蕃、回鹘、沙陀各族。但是在有些文献中，西夏遗民仅指党项羌后裔。

《宁夏志笺证》、《嘉靖宁夏新志》、《乾隆宁夏府志》辑录西夏遗民人物表

《宁夏志笺证》	《嘉靖宁夏新志》	《乾隆宁夏府志》
《卷上・十七・人物 1. 高智耀 2. 沙览答里 3. 论卜 4. 也速迭儿 5. 福寿 6. 冯答兰帖木 7. 藏卜	《卷之二・二十二・人物》 1. 斡道明 2. 斡玉伦徒 3. 李禛 4. 高智耀 5. 高睿 6. 李恒 7. 星吉 8. 沙览答里 9. 论卜 10. 也速迭儿 11. 福寿 12. 常八斤	《卷十三・人物・乡献》 1. 斡道明 2. 斡玉伦徒 3. 李禛 4. 高智耀 5. 高睿 6. 高纳麟 7. 李恒 8. 星吉 9. 来阿八赤 10. 杨朵儿只 11. 杨卜花 12. 拜延 13. 喜同 14. 沙览达里 15. 论卜 16. 也速迭儿 17. 福寿 18. 常八斤 19. 迈里古思 20. 亦怜真班
《卷上・二十・名僧》 8. 永济尚师 9. 黑禅和尚	《卷之三・人物》 13. 冯答兰帖木 14. 藏卜	《卷十六・人物・仙释》 21. 永济尚师 22. 黑禅和尚
	卷之二・仙释》 15. 永济尚师 16. 黑禅和尚	《宁夏府志卷十七・人物・烈妇》 23. 邢氏
		《宁夏府志卷十七・人物・节妇》 24. 刘氏

从上表可以看出三本宁夏旧志分别辑录西夏遗民:《宣德宁夏志》即《宁夏志笺证》9 人、《嘉靖宁夏新志》16 人、《乾隆宁夏府志》24 人,共 49 人,嘉靖本比宣德本多辑录了斡道明、斡玉伦徒、李禛、高睿、李恒、星吉、常八斤 7 人。乾隆本又比嘉靖本多辑录了高纳麟、来阿八赤、杨朵儿只、杨卜花、拜延、喜同、迈里古思、亦怜真班、邢氏、刘氏 10 人。但乾隆志没有辑录冯答兰帖木、藏卜 2 人,这样三志辑录西夏遗民除互有的,共 26 人,分别为高智耀、沙览答里、论卜、也速迭儿、福

寿、冯答兰帖木、藏卜、永济尚师、黑禅和尚、斡道明、斡玉伦徒、李禛、高睿、李恒、星吉、常八斤、高纳麟、来阿八赤、杨朵儿只、杨卜花、拜延、喜同、迈里古思、亦怜真班、邢氏、刘氏。

二、宁夏旧志辑录西夏遗民史料整理与研究

1. 高智耀，宁夏人。世仕夏国。智耀登本国进士第。夏亡，隐贺兰山。元太宗访求得之。至元五年，擢为西夏中兴等路提刑、按察使。(《宁夏志笺证》卷上，页一三五)

高智耀，河西人。世仕夏，祖良惠为夏右丞相。智耀登本国进士。夏亡，隐贺兰山。元太祖召见，将用之。遽辞归，后入见宪宗，言儒者宜蠲徭役。世祖时，又言儒术有补治道。拜翰林学士，迁西夏中兴等路提刑、按察使。卒，追封为宁国公，谥文忠。(《嘉靖宁夏新志》卷二，页一二九)

高智耀，《宁夏志笺证》对高智耀的事情记载比较简单，《嘉靖宁夏新志》与《乾隆宁夏府志》记载内容一样，只是乾隆志在高智耀信息后增加了子高睿、孙高纳麟的信息。如：

子睿年十六，授符宝郎，出入禁闼，详雅恭谨。历嘉兴路总管、浙西淮东廉访使，所至有政绩，两为南台御史中丞。务持大体，有儒者风。子纳麟官至太尉。(《乾隆宁夏府志》卷十三，页四三六)

《元史·高智耀传》卷一百二十五·列传第十二载，高智耀，河西人。河西，春秋战国时原指今山、陕两省间黄河南段之西区。汉、唐以后，多指今甘肃、青海两省黄河以西，即河西走廊与湟水流域。唐景云元年(710)于凉州(今甘肃武威市)置河西节度使。西夏时，河西地区大部分入西夏版图，故谓高可称西夏人。西夏之国都在兴庆府，即今宁夏银川市。又可称高为宁夏人。元以后，往往称西夏遗民为河西人。①

2. 沙览答里，河西人，姓路氏。仕元至丞相、南台御史大夫。(《宁夏志笺证》卷上，页一三五；《嘉靖宁夏新志》卷二，页一二九；《乾隆宁夏府志》卷十三，页四三九)

宁夏旧志对此人记载内容一样，只是《乾隆宁夏府志》作沙览达里，“答”、“达”二字有差异。沙览答里，《元史》无传，《元史·宰相年表二》卷一百一十三称沙蓝答里。至正二十五年(1365)任中书省平章，十月升为头平章。二十六年正月升左丞相，九月分省大同，十一月薨。

3. 论卜，河西人。仕元至司徒平章。元末守宁夏。(《宁夏志笺证》卷上，页

---

① 吴忠礼:《宁夏志笺证》，宁夏人民出版社，1996年，第136页。

一三五;《嘉靖宁夏新志》卷二,页一三〇;《乾隆宁夏府志》卷十三,页四三九)

对论卜记载,三本志书内容相同,只是《乾隆宁夏府志》少“河西人”三字。宁夏旧志间接涉及论卜的信息还有两条。

马鉴,任前军都督。孝陵甚宠眷之。洪武初,命守宁夏。时边境粗安,密迩胡寇。鉴率兵越贺兰,至地名五井,与伪平章论卜战,败之,杀伤甚众,军声大振,余寇远遁,边人以安。(《宁夏志笺证》卷上,页一四五)

马鉴,前军都督,洪武初镇守宁夏,率兵出贺兰,至地名五井,与元故平章论卜战,败之,远遁,军声大振。(《嘉靖宁夏新志》卷二,页一〇四)

平章,作为官名,始于唐。元代于京中书省置平章政事,与丞相同居宰相之位。地方于行尚书省置平章政事,则为一省最高长官。简称为平章。论卜,《元史》无传,宰相年表也查无论卜此人,是为宁夏平章。[1]

4. 也速迭儿,河西人。仕元至廉访使。(《宁夏志笺证》卷上,页一三五;《嘉靖宁夏新志》卷二,页一三〇;《乾隆宁夏府志》卷十三,页四三九)

也速迭儿,三本志书记载内容相同,只是《嘉靖宁夏新志》谓“河南人”有误,应是“河西人”。据《明史》,元亡,也速迭儿北遁,后归降。如:《明史·太祖三》载“元也速迭儿弑其主脱古思帖木儿而立坤帖木儿”。《明史·外国八》载“脱古思帖木儿既遁,将依丞相咬住于和林,行至土剌河,为其下也速迭儿所袭,众复散,独与捏怯来等十六骑偕。适咬住来迎,欲共往依阔阔帖木儿,大雪不得发。也速迭儿兵猝至,缢杀之,并杀天保奴”。

5. 福寿,河西人。仕元至南台御史大夫。(《宁夏志笺证》卷上,页一三五;《嘉靖宁夏新志》卷二,页一三〇;《乾隆宁夏府志》卷十三,页四三九)

福寿,三本志书对他的记载内容相同。《元史·福寿传》卷一百四十四·列传第三十一,明确记载福寿为唐兀人。另外《元史·宰相年表》卷一百一十三、《元史·顺帝本纪》卷四十四等,对福寿都有记载。

6. 冯答兰帖木,河西人。父藏卜,仕元至国公。来降居灵州卒。答兰以军功仕至都指挥。(《宁夏志笺证》卷上,页一三六;《嘉靖宁夏新志》卷三,页二〇八)

冯答兰帖木,《乾隆宁夏府志》未收录,《元史》无记载。父藏卜,《元史·宰相年表二》卷一百一十三有载,至正十四年(1354)任中书省参知政事,九月由将作院使除。次年迁右丞。十七年升平章政事,十一月分省太原。藏卜仕元至国公,《元史三公表》无载。冯答兰帖木《明史》称冯答兰帖木儿,《明史·列传第四十二·柳升传》载“出镇宁夏,讨斩叛将冯答兰帖木儿等”。《明成祖实录》载:“冯答兰帖木儿为前元降将,授灵州都指挥。永乐九年七月,率部叛明,寇扰黄河南地

---

① 吴忠礼:《宁夏志笺证》,宁夏人民出版社,1996年,第138页。

方。宁夏镇总兵官、安远侯柳升命陕西都指挥孙霖、王仪领军剿办，其部指挥王辅、仇智与叛军战于大坝，破敌擒斩叛将冯答兰帖木儿等。”

7. 永济尚师，河西人。通三学，为西夏释氏之宗，称为祖师焉。修建华严，斋会科仪僧徒，至今尊而行之。（《宁夏志笺证》卷上，页一七六；《嘉靖宁夏新志》卷二，页一五〇；《乾隆宁夏府志》卷十六，页五八八）

8. 黑禅和尚，河西人。深通禅观之学。年六十余示微疾，先知死期。至日坐化。（《宁夏志笺证》卷上，页一七六；《嘉靖宁夏新志》卷二，页一五〇；《乾隆宁夏府志》卷十六，页五八八）

永济尚师：三本志书记载有差异，笺证本谓“通三学”，并且多“修建华严，斋会科仪僧徒，至今尊而行之”这些信息；嘉靖与乾隆本谓“通五学”，嘉靖本还有一字之误，“为西夏释氏之定”，“定”应是“宗”之误。三学，是佛教教义。学佛者必须修持的三种基本学业，即戒学、定学、慧学。用戒止恶修善，用定息虑澄心，用慧破惑证道。五学，指《乐》、《诗》、《书》、《礼》、《春秋》。嘉靖与乾隆本谓“通五学”应是有误。

三本志书对黑禅和尚记载相同。另外，此二人《元史》均无记载。

9. 斡道明、斡玉伦徒

斡道冲，字宗圣，灵武人。其先从伪夏主迁兴州，世掌夏国史。道冲通五经，为蕃汉教授，译论语注，别作解义二十卷，又作周易卜噬断，以其国字书之，行于国中。后官至其国之中书宰相而没。夏人常尊孔子为“至圣文宣帝”，是以画公像列诸从祀。其国郡县之学，率是行之。夏亡，郡县废于兵，庙学尽坏，独甘州仅存其迹。兴州有帝庙门榜及夏主灵芝歌石刻。凉州有殿及庑。皇元至元间，公之曾孙云南廉访使道明奉诏使过凉州，见殿庑有公从祀遗像，欷歔流涕不能去，求工人摹而藏诸家。延祐间，荆王修庙学，尽撤其旧而新之，所像亡矣。廉访之孙奎章典签玉伦徒，常以礼记举进士。从子成钧于阁下又为僚焉。间来告曰：昔国崇尚文治，先中书与有功焉。国中从祀庙学之像，仅存兵火之余，而泯坠于今日，不亦悲夫。先世元所摹像固无恙也。愿有述焉，以贻我后之人。乃为录其事而述赞曰：

西夏之盛，礼事孔子。极其尊亲，以帝庙祀。
乃有儒臣，蚤就典谟。通经同文，教其国都。
遂相其君，作服施采。顾瞻学宫，遗像斯在。
国废人远，人鲜克知。坏宫改作，不闻金丝。
不忘其亲，在贤孙子。载图丹青，取征良史。

(《嘉靖宁夏新志》卷二,页一二八;《乾隆宁夏府志》卷十三,页四三六)

斡氏,唐兀贵族。斡道冲为西夏宰相,朵儿赤是其曾孙。《元史·朵儿赤传》卷一百三十四·列传第二十一,载"朵儿赤字道明,西夏宁州人。父斡扎篑,世掌其国史。子仁通,为云南省理问"。

斡道冲,《宁夏志笺证》未录,《乾隆宁夏府志》记载很简略,只是他本人的简历。《嘉靖宁夏新志》记载详细,人物关系有,其曾孙云南廉访使"道明",廉访之孙奎章典签"玉伦徒"。斡玉伦徒史载,登进士第,历奎章典签,工部侍郎,山南廉访使,拜侍御史,修《宋史》,善书画,有诗名。

10. 李禎,西夏国族子。金末以经童中选。既长,入为质子,以文学得近侍。元太宗嘉之,后从伐金及下淮甸。累官广阳军马万户。(《嘉靖宁夏新志》卷二,页一二九;《乾隆宁夏府志》卷十三,页四三六)

李禎《元史》作李桢,有传,即《元史·李桢传》卷一百二十四,列传第十一。《乾隆宁夏府志》称李徵,字干臣,其他记载与《嘉靖宁夏新志》内容一样。

11. 高睿,智耀子。年十六,授符宝郎。出入禁闼,详雅恭谨。历嘉兴路总管,浙西、淮东廉访使。所致有政绩,两为南台御史中丞。务持大体,有儒者之风。卒,赠太傅,谥贞简。子纳麟,官至太尉。(《嘉靖宁夏新志》卷二,页一二九;(《乾隆宁夏府志》卷十三,页四三六)

高睿,元史有传,附在父高智耀传后,即《元史·高智耀传》卷一百二十五,列传第十二。高纳麟,元史单独有传,即《元史·纳麟传》卷一百四十二,列传第二十九。

12. 李恒,西夏国兀纳城族子。生有异质。世祖时累官为益都淄莱万户,从取宋襄阳、江西及平崖山,累官中书左丞。后讨交趾,中毒矢卒。谥武愍,追封腾国公。(《嘉靖宁夏新志》卷二,页一二九;《乾隆宁夏府志》卷十三,页四三七)

李恒,元史有传,即《元史·李恒传》卷一百二十九·列传第十六。

13. 星吉,河西人。事仁宗于潜邸,以精敏称。累官江西行台御史大夫。克持风裁。历湖广、江西行省平章。诏守江西时,贼据州县,屡破之。中流矢而死。为人公廉明决,能以忠义感激人心,故能以少击众云。(《嘉靖宁夏新志》卷二,页一二九;《乾隆宁夏府志》卷十三,页四三七)

星吉,两本志书记载相同,乾隆本多"字吉甫"三字,此人,元史有传,即《元史·星吉传》卷一百四十四·列传第三十一。

14. 常八斤,夏人。以治弓见知,乃托于耶律楚材曰:"本朝尚武,而明公欲以文进,不已左乎?"楚材曰:"且治弓尚须弓匠,岂治天下不用治天下匠耶。"(《嘉靖宁夏新志》卷二,页一三〇;《乾隆宁夏府志》卷十三,页四三九)

常八斤,《元史》无传。《元史·耶律楚材传》卷一百四十六·列传第三十三有所涉及,“夏人常八斤,以善造弓见知于帝,因每自矜曰:“国家方用武,耶律儒者何用。”楚材曰:“治弓尚须用弓匠,为天下者岂可不用治天下匠耶?”帝闻之甚喜,日见亲用。

15. 来阿八赤,宁夏人。至元七年南征襄樊,赤督军器械粮储运,二日而毕,世祖悦。后发兵开运河,督视寒暑不辍。调辽左招讨使,招来降附。上征交趾,俾领中卫亲军千人,诩导皇子。至思明州,贼阻险据守,于是选精锐与贼战于女儿关,斩首万计,余兵弃国走,于是大兵进至交州。陈日烜空其城而遁。(《乾隆宁夏府志》卷十三,页四三七)

来阿八赤,元史有传,即《元史·来阿八赤传》卷一百二十九,列传第十六,载:宁夏人,父术速忽里,归太祖,选居宿卫,继命掌膳事。子寄僧,为水达达屯田总管府达鲁花赤。孙完者不花,同知潮州路总管府事;次秃满不花、也先不花、太不花。另外,还有《辽东志》卷五载:来阿八赤,宁夏人,累官同佥宣徽院事、辽左不宁,降虎符授征东招讨使,八赤招徕降附远近贴然,寻改湖广行中书省右丞,从征交趾卒于军。

16. 杨朵儿只,宁夏人。事仁宗于藩邸,甚见重命。只与丞相定议,迎武宗与北藩。仁宗还京师,只密致警备,仁宗嘉之,亲解所服带以赐。既佐定内难,论功为大中大夫,家令丞,日久侍侧,虽休沐不至家,众敬惮之。帝他日与李孟论元人才,孟以只第一。拜礼部尚书,为权臣铁木儿所害而死。死时权臣欲夺其妻刘氏与人,刘氏剪发毁容豁免。(《乾隆宁夏府志》卷十三,页四三七)

17. 杨卜花,幼有才气,能以礼自持,好读书。仁宗欲以为翰林直学士,力辞。后以荫补武备司提点。转佥河东廉访司事。尝出按部民,有杀子以诬怨者,狱成,卜花谳之得其情,平反出之。河东民饥,先捐己赀以给。请命未下,即发公廪赈之,民赖以不死。除通政院判,将行,值陕西诸军拒诏,不花率众出御见杀。二仆亦见执,曰,“吾主既为国死,吾纵得生,何以见主于地下?”皆被杀。(《乾隆宁夏府志》卷十三,页四三八)

18. 刘氏,礼部尚书杨朵儿只妻。权臣铁木儿害朵儿只死,欲夺其妻。刘剪发毁容获免。(《乾隆宁夏府志》卷十七,页六〇〇)

杨朵儿只,子杨卜花,妻刘氏,元史有传,即《元史·杨朵儿只传》卷一百七十九,列传第六十六。《道园类稿》等古籍中的《御史中丞杨襄愍公神道碑》、《正议大夫江南湖北道肃政廉访使特赠宣忠效力翊戴功臣大司徒金紫光禄大夫上柱国夏国公谥襄敏杨公神道碑》,以及近年在北京石景山杨庄发现的《□□□□□□御史中丞夏国杨襄愍公墓志铭》碑[1],记载朵儿只,姓杨氏,世家河西宁夏,祖失

① 陈康:《石景山出土元代杨朵儿只墓志考》,《北京文博文丛》,2018年第2期。

剌，赠推忠佐运功臣、太保、金紫光禄大夫、柱国，追封夏国公，谥忠定。父失剌唐兀台，赠推忠翊戴功臣、太傅、开府仪同三司、上柱国，追封夏国公，谥康靖。

19. 拜延，河西人。以父火夺贵袭授千户。宋师侵成都，四川签省严忠范遣拜延迎击，大败之。又从攻嘉定、泸叙、重庆，数有战功。汪田哥用兵忠州，命延将兵往涪州策应，宋人以舟师邀于清江，拜延领兵驰赴，擒其部将十七人。泸州复叛，拜延领兵趋泸州，败其将，遂克泸州。行院副使卜花进兵围重庆，遣拜延将兵降之。制授宣武将军、蒙古汉军总督。（《乾隆宁夏府志》卷十三，页四三八）

元史载：拜延，河西人。父火夺都，以质子从太祖征河西，太祖立质子军，号秃鲁花，遂以火夺都为秃鲁花军百户。火夺都卒，拜延袭。至元九年，制授征行千户，佩金符。元史称拜延父为"火夺都"，宁夏志为"火夺贵"。"都"与"贵"有差异。

20. 喜同，周姓，河西人。调达鲁花赤，居二岁，妖贼陷邓州，南阳无城及兵，贼入若虚邑。同以计获数贼，斩之。贼乘锐取南阳，同策励义兵与战，贼退去。明日复至，与战甚力，杀贼凡数百。贼知无后援，战愈急，南阳遂陷。同突围见杀。妻邢氏闻同死，帅家僮数人出走，遇贼夺刀斫之，且骂且前，亦见杀。（《乾隆宁夏府志》卷十三，页四三八）

21. 邢氏，达鲁花赤喜同妻，妖贼陷南阳，同突围见杀。邢闻之，率家童数人出走遇贼，夺刀砍之，且骂且前，亦见杀。（《乾隆宁夏府志》卷十七，页五九六）

喜同，元史有传，妻，邢氏，即《元史・忠义》卷一百九十四，列传第八十一。乾隆志与元史记载无差异。

22. 迈里古思，字善卿，至正十四年进士。授绍兴路录事司达鲁花赤。苗军在杭者纵抄掠，有至绍兴强夺人马者。迈里古思擒斩数人，苗军不敢至其境，声名大振。平处州山贼，擢江东廉访司经历，仍留绍兴。时浙东西郡县多残破，独迈里古思保障绍兴，境内晏然，民爱之如父母。会方国珍遣兵侵据绍兴，迈里古思欲率兵问罪，而御史大夫拜住哥与国珍素通贿赂，情好甚厚，愤迈里古思擅举兵，使人召之私第，命左右以铁锤挝死之，断其头掷厕中。城中民闻之，男女老幼无不恸哭者。部将黄中乃率其众复仇，尽杀拜住哥家人。拜住哥后为御史真童所纠，削官职，安置湖州，迈里古思冤始白。（《乾隆宁夏府志》卷十三，页四四〇）

宁夏旧志对迈里古思籍贯没有说明，但迈里古思，元史有传，《元史・迈里古思传》卷一百八十八・列传第七十五载："迈里古思者，宁夏人也，字善卿。至正十四年进士，授绍兴路录事司达鲁花赤。"另外，《南村辍耕录》载："穆尔古苏[迈里古思]字善卿，西夏人，侨居松江。家贫，授徒以养母。性至孝，然落落不羁，善谐谑，名人士与游。至正甲午，进士及第，授绍兴路录事司达鲁花赤"。

23. 亦怜真班，西夏人。性刚正，动有礼法。仁宗时为翰林侍读学士。至正六年拜御史大夫，尽选中外廉能之官置诸风宪，一时号为得人。迁宣政院使，出为甘肃行省平章政事。弭西羌之寇，民赖以安，立石颂之。历官银青光禄大夫，知枢密院事。卒，追封齐王，谥忠献。（《乾隆宁夏府志》卷十三，页四四〇）

亦怜真班，元史有传，即《元史·亦怜真班传》卷一百十五，列传第三十二。宁夏旧志与元史记载内容相同。

宁夏旧志间接记载的西夏遗民相关信息：

1. 张文谦，邢州沙河人。至元间，以中书左丞行省西夏中兴等路。（《宁夏志笺证》卷上，页一四三）

2. 郭守敬，邢台人。以河渠副使、加银符，从张文谦行省西夏。（《宁夏志笺证》卷上，页一四三）

3. 唐来渠，拓跋氏据西夏已有此二渠，资其富强。迄元世祖至元元年，藁城人董文用为西夏中兴等路行省郎中，始复开汉延、唐来、秦家等渠，垦水田授民。寻以浑都海兵乱，渠复淤塞。张文谦荐邢台人郭守敬为河渠提举，因旧谋新，更立闸堰，渠复通，夏人利之。（《嘉靖宁夏新志》卷一，页二〇）

4. 甲子(1264 年)、理宗皇帝景定五年、蒙古世祖皇帝至元元年春正月，蒙古遣唆脱颜、郭守敬行观宁夏河渠。至元元年，命藁城县人董文用为西夏中兴省郎中。文用开汉延、唐来、秦家等渠。垦水田以授夏人。寻以浑都海作乱，渠复淤塞。至是，因张文谦荐邢台县人郭守敬为西夏河渠提举。守敬因旧谋新，更立闸堰，渠复通，夏人利之，遂立生祠以祀守敬。（《嘉靖宁夏新志》卷四，页二七〇）

通过上表及宁夏旧志辑录的西夏遗民史料可以看出：

一、宁夏旧志辑录西夏遗民 26 位，主要来自社会上层，他们的父辈就是西夏时期在宁夏的官宦。子辈到了元代，成为元代子民，他们能够顺应时代发展之变，或在宁夏或在外省，为元代的社会发展献计献策，建功立业。如“高智耀，宁夏人。至元五年，擢为西夏中兴等路提刑、按察使”。

二、宁夏旧志辑录西夏遗民 26 位，其中沙览答里、论卜、也速迭儿、冯答兰帖木、藏卜、永济尚师、黑禅和尚 7 人，这 7 位西夏遗民《元史》或无传、或无任何信息记载，因此，宁夏旧志辑录到他们的信息，弥足珍贵。

三、高智耀，至元五年，擢为西夏中兴等路提刑、按察使。路，为宋、金、元地方行政区划名称。宋、金路为省级，而元代于全国首置行省，降路为二级地方行政建制，置总管府，故亦称府路。至元五年置西夏中兴等路，《元史》无载，可补史之缺。[①]

四、中国古代史籍只给男性人物立传，女性事迹片言只语捎带附着在家族中

---

① 吴忠礼:《宁夏志笺证》，宁夏人民出版社，1996 年，第 137 页。

男人的事迹里。宁夏旧志只辑录了2位西夏女性人物，但她们的事迹也彰显了古代妇女的勇敢与坚强，如“邢氏，达鲁花赤喜同妻，妖贼陷南阳，同突围见杀。邢闻之，率家童数人出走遇贼，夺刀砍之，且骂且前，亦见杀”。“杨朵儿只为权臣铁木儿所害而死。死时权臣欲夺其妻刘氏与人，刘氏剪发毁容豁免”。

五、公元1227年蒙古灭西夏后，西夏境内的各民族(含党项羌)大批迁往西藏、青海、四川、云南、河南、河北、安徽、山东、江浙等诸多地区。但也有许多留在原居住地，宁夏旧志有关西夏遗民信息，反映了这一情况，如“张文谦，邢州沙河人。至元间，以中书左丞行省西夏中兴等路”。“郭守敬，邢台人。以河渠副使、加银符，从张文谦行省西夏”。“守敬因旧谋新，更立闸堰，渠复通，夏人利之，遂立生祠以祀守敬”。从以上信息分析可知，到了元代，仍然称西夏故地宁夏为“西夏”，并且称这里的人民为“夏人”，说明这里有许多西夏遗民存在。

昔李钤部家族研究述论

主要依据《元史》、明清史籍、文集、方志、碑铭等资料系统梳理了昔李钤部家族文献、研究动态，整理出《昔李钤部家族人物表》。昔李氏先祖仕夏，1226年降元，到元朝末年，其家族一直世袭大名路达鲁花赤与肃州达鲁花赤，长期活跃在元朝军事政治舞台上，居于元代上层社会，家族有迹可寻的人物63人：男性人物七世，41人；女性人物六世，22人。昔李钤部家族本姓"李"，仕夏后，为了同其国主李姓加以区分，谓"小李"，后演变为"昔李"或"昔里"。为沙陀人，唐兀氏（唐兀人）、西夏人、河西人的称呼是不同时代背景下对西夏故地民众的泛称，不涉及其族属。

一、文献来源

昔李氏家族文献是研究元代西夏遗民融合以及去向等问题的珍贵资料之一，记载昔李钤部家族史料的文献有以下几种。

（一）史书

1.《元史》：《世祖本纪》卷五、卷九有小钤部信息，卷六、卷十四有爱鲁信息，卷四、卷五、卷八、卷十四有阿沙信息；

《成宗本纪》卷二十一有爱鲁信息；

《武宗本纪》卷二十二有教化信息；

《兵志二》卷九十九有阿沙信息；

卷一百二十二《昔里钤部传》附《爱鲁传》。

2.《新元史》：卷一百三十一《昔里钤部传》附《爱鲁传》及小钤部信息。

3.《蒙兀儿史记》：卷四十七《昔里钤部传》附《爱鲁传》。

4.《元史类编》：卷二十《昔里钤部传》附《爱鲁传》。

（二）文集

1.《秋涧先生大全文集》：卷五十一《大元故大名路宣差李公神道碑铭并序》；卷八十一《中堂事记》有爱鲁被黜的信息。

2.《牧庵集》：卷十九《资德大夫云南行中书省右丞赠秉忠执德威远功臣开府仪同三司太师上柱国魏国公谥忠节李公神道碑》。

3.《雪楼集》：卷二《特进平章政事教化特加开府仪同三司太子太保太尉平章军国重事上柱国封魏国公制》、《特进平章教化故曾祖父答加沙特赠效忠翊运保德功臣开府仪同三司太傅上柱国追封魏国公谥康懿制》、《故曾祖母梁氏追封魏国夫人制》、《故祖父昔李特赠推忠佐命宣力功臣开府仪同三司太师上柱国追封魏国公谥贞献制》、《故祖母田氏追封魏国夫人制》、《故父资德大夫云南等处行中书省右丞赠银青荣禄大夫平章政事谥毅敏爱鲁加赠秉忠执义威远功臣开府仪同三司太师上柱国追封魏国公改谥忠节制》、《故母王氏追封魏国夫人制》，卷二十五《魏国公先世述》、《跋魏国公碑阴》。

4.《元文类》：卷四十一《经世大典序录政典招捕》有爱鲁信息。

5. 虞集《姚天福神道碑》含小钤部因罪被处死之信息，载胡聘之编《山右石刻丛编》卷三十四，《石刻史料新编》第1辑第21册，台北新文丰出版公司，1982年版。

（三）方志

1.《正德大名府志》：卷六有昔李益立山信息，卷十《元大名监郡昔李公神道碑》①、《元大名达鲁花赤昔李公墓志铭》、《元礼仪院判昔李公墓志铭》。

2.（清）《广西通志》：卷五十二有爱鲁信息。

3.（清）《云南通志》：卷十九有爱鲁信息。

4.（越）《安南志略》：卷四《征讨运饷》有爱鲁信息。

5.《正德云南志》：卷二十六《赛典赤赡思丁德政碑》有爱鲁信息。

6.《至顺镇江志》：卷十九有教化信息。

7.《弘治保定郡志》：卷九有黑厮信息。

（四）墓碑

1.《大元肃州路也可达鲁花赤世袭之碑》。1962年，发现于酒泉市，现存酒泉市博物馆。碑高2.36米，宽0.91米；碑阳汉文、碑阴回鹘文。系唐兀氏举立沙墓碑，记载了元太祖初至元末，唐兀氏举立沙一家13人的事迹。②

2.《大元故资善大夫云南行尚书省右丞赠银青荣禄大夫平章政事毅敏李公墓志》。1990年，河北大名县旧治乡陈庄村出土。墓志长71厘米，宽58厘米，厚16厘米，青石质，系李爱鲁墓碑，其子教化为父所立。主要记载李爱鲁生平事迹及其家族人物关系。③

3.《宣差大名路达鲁花赤小李钤部公墓志》。2013年，河北大名县陈庄村出土。墓志宽35厘米、高60厘米、厚11厘米，碑座宽47厘米、高32厘米、厚26.5厘米。墓志两面书写：一面为西夏文，共两行11个字；一面为汉文，顶部有篆书“小李钤部公墓志铭”8个字。小李钤部，即昔李钤部，去世后，长孙教化，至元十五年（1278）二月五日，立碑悼念。记载小李钤部生平事迹及子孙情况。④

---

① 该碑文与《大元故大名路宣差李公神道碑铭并序》（《秋涧先生大全文集》卷五十一）为同一碑文，但两个版本所记载内容详略有所不同，《正德大名府志》所载碑文内容更详细。

② 白滨、史金波：《大元肃州路也可达鲁花赤世袭之碑考释——论元代党项人在河西的活动》，《民族研究》，1979年第1期。

③ 朱建路、刘佳：《元代唐兀人李爱鲁墓志考释》，《民族研究》，2012年第3期。

④ 刘广瑞、朱建路：《大名新出夏汉文合璧墓志铭的价值和意义》，《光明日报》2014年5月21日。

二、研究动态

昔李钤部家族已知文献为研究元代西夏遗民问题提供了大量弥足珍贵的信息，尤其是近年该家族墓碑的不断发现，进一步推动了学界对唐兀昔李氏家族的研究。目前，学界围绕出土墓碑涉及的相关问题，如该家族姓氏、族源、世系、文化等诸多方面作了详尽探讨，揭示了进入元代上层社会的西夏遗民在元代的地位、作用、去向、民族融合等重要问题。

(一) 大元肃州路也可达鲁花赤世袭之碑研究

1976 年，白滨、史金波先生对酒泉市文化馆珍藏的两条石碑碑文进行了研究，并于 1979 年撰文《大元肃州路也可达鲁花赤世袭之碑考释——论元代党项人在河西的活动》(以下简称《肃州碑》，发表在《民族研究》1979 年第 1 期)，公布了《肃州碑》，引起学界重视，开启了学界对唐兀昔李钤部家族研究之端。该文首先对碑石的发现做了介绍，指出此碑记录一个党项家族自西夏灭亡至元朝末年 130 多年间，历六代(13 人)的职官世袭及其活动。第二，对碑阳的汉文碑文做了录文，结合耿世民《〈大元肃州路也可达鲁花赤世袭之碑〉回鹘文部分译释》[①]，补充完善碑文所记人物信息。对碑名、立碑时代与立碑人，碑记人物阿沙之史证等做了研究。第三，认为《元史》与碑文各从不同的角度记述了成吉思汗征西夏取肃州事，碑文提供了西夏灭亡后河西、陇右一带党项人居留活动的重要资料。从政治、军事、文化、经济生产等方面对元代党项人在河西地区的活动做了细致分析研究。第四，认为直到元朝末年仍有相当数量的回鹘人居住在肃州一带，并使用回鹘文。

汤开建《大元肃州路也可达鲁花赤世袭之碑补释》(《中国史研究》1983 年第 4 期，又收入《党项西夏史探微》，商务印书馆，2013 年)，在白、史二位先生考释《肃州碑》的基础上，做了许多研究。一是对碑主之族属进行了研究，认为不能因有“唐兀”二字，就确认“唐兀氏举立沙”为党项人。二是对举立沙一族姓氏研究，指出白、史二位先生认为昔里、举立音相近，可能为音转，这个结论是错误的。李姓“以小大称”，为了与西夏王室李姓相区分，“小李”是对西夏王室的一种屈称，“昔里”为“小李”之讹，“小李”源于沙陀李姓。三是对举立沙献城和战死事迹辨析。四是对阿沙甘布事迹辑补，指出《肃州碑》之阿沙，即《新元史》所载阿沙。《新元史・太祖纪》载“(太祖二十年六月)帝亲征西夏初，西夏主伪降，请纳质子，且言愿助兵西讨，及征兵于西夏，其大将阿沙敢卜对使者曰：俟大国兵败，吾师方

---

① 已故突厥——回鹘语文学家耿世民先生，对《肃州碑》碑阴回鹘文作了译释，译文收录在白滨、史金波《大元肃州路也可达鲁花赤世袭之碑考释——论元代党项人在河西的活动》一文中。1986 年，新疆人民出版社出版的《向达先生纪念论文集》也收录了此文。

出。帝怒，西夏主乃阴结漠北诸部酋拒守之计”。又“（二十一年）三月，自将诸军拔西夏黑水等城，败其将阿沙敢卜于贺兰山，获之”。阿沙应为西夏国主身旁大将，归降元朝后，阿沙统领由西夏人组成的河西军、唐兀卫。诸多学者认为这两位阿沙不是同一人，这一争论还有待进一步研究探讨。五是对沙陀昔李氏世系研究，即昔李氏一家入元以后，分为三支：一支为《肃州碑》所载世袭肃州路也可达鲁花赤的举立沙系，一支为大名路世袭达鲁花赤的益立山系，一支为欧阳圭《元礼仪院判昔李公墓志铭》所记勃兰奚系。

（二）李爱鲁墓志研究

1990年3月，河北省大名县旧治乡陈庄村出土一方墓碑，系元代唐兀人李爱鲁墓碑，其子教化为父所立，主要记载李爱鲁生平事迹及其家族人物关系，收入朱献东、陈振山编《大名石刻选》卷六《元李毅敏墓志》。2012年，朱建路、刘佳撰文《元代唐兀人李爱鲁墓志考释》对该墓志做了详细研究（《民族研究》2012年第3期）。该文对墓志做了录文，并依据墓志内容，结合大名昔里氏家族已知史料，对大名昔里氏家族人物关系进行了一些考证，指出李爱鲁墓碑弥补了大名唐兀昔里氏家族未曾发现实物证据的缺憾，也为昔里氏家族其他碑传资料校勘及人物关系研究提供了新史料。赵生泉《〈元代唐兀人李爱鲁墓志考释〉补正》（《宁夏社会科学》2015年第4期）指出了朱文在释录中存在的两处疏漏以及在断句方面存在的一些小疏误。朱建路《元代唐兀人李爱鲁墓志释补》（《宁夏社会科学》2016年第1期）对此进行了回应。

（三）达鲁花赤小李钤部公墓志研究

2014年3月30日，邯郸学院和大名县历史文化研究会联合召开了“元代夏汉文合璧墓志铭研讨会”，学者围绕新出“宣差大名路达鲁花赤小李钤部公墓志”的内容、特点、学术价值等相关问题进行了讨论。刘广瑞、朱建路《大名新出夏汉文合璧墓志铭的价值和意义》（《光明日报》2014年5月21日）对墓志作了录文及介绍。刘广瑞《河北新出西夏文墓志铭简释》（《西夏研究》2014年第3期）对墓志中西夏文11字进行了释读：第一行对译为“田氏，夫也，阿母”，意译为“阿妈，田氏也”；第二行为“小李统军大”，意译为“小李大钤部”，认为“小李大”与“小李”为同一姓氏，只是翻译有所不同。指出该墓志铭为学界提供了一件夏汉文合璧碑刻史料，第一次以西夏文形式记载西夏姓氏“小李”，是研究西夏遗民史的实物资料。朱建路《元代〈宣差大名路达鲁花赤小李钤部公墓志〉考释》（《民族研究》2014年第6期）对墓志汉文做了录文及详细考证，指出传世文献中记载小李钤部担任的“也可扎鲁火赤”、“天下断事官”等，都是燕京行省的断事官；元代的“钤部”一词由西夏文音译而来，在西夏时期的含义是“统军”。

史金波《河北邯郸大名出土小李钤部公墓志刍议》（《河北学刊》2014年第4

期)对该墓碑进行了研究。将西夏文第一行翻译为"田氏夫人母亲",第二行"小李将军大人",认为墓志用西夏文记小李钤部和其夫人田氏两人称谓,应是两人合葬墓。小李钤部卒后已归葬肃州先茔,大名只是虚墓,在大名建立家族墓地,始祖就是小李钤部。提出应对墓地进行抢救性发掘,对出土墓志相关地区从民族学、社会学的角度予以调查,以便进行更深层次的研究。

(四) 世系与族属研究

王颋《元代大名路达鲁花赤唐兀人昔李氏世系考》(《北方民族大学学报》2009 年第 1 期)对昔李钤部家族已知文献进行了梳理,指出其世系:第一代"東南玉绀部"、"举立沙"、"益立山"。其父辈三人"玉里止吉住"、"答加沙"、"小李玉黑"。第二代"小李玉"、"阿沙"、"爱鲁"、"罗合"、"小钤部"。第三代"乞答哈"、"剌麻朵儿只"、"管固儿加哥"、"教化"、"帖木儿"、"忽都答儿"等。其族属,是东迁至"河东"又回迁"河西"的"沙陀"。其袭爵,有"益立山"、"爱鲁"、"小钤部"、"教化"、"万奴"、"忽都答儿"、"野速普花"、"普颜"。昔李氏家族几代世袭大名路达鲁花赤,应与当地为窝阔台系封邑有关。此外,该文也讨论了:袭职大名路达鲁花赤的爱鲁,在去云南前,曾两次被黜之事;昔李野速普花长女忽都帖,适粘合中书孙禄同之事;《新元史》卷三《太祖纪》所载"阿沙敢卜"与《大元肃州路也可达鲁花赤世袭之碑》所记"阿沙"不是同一人等问题。

敖特根《西夏沙州守将昔里钤部》(《敦煌学辑刊》2004 年第 1 期)主要从姓氏、族属、世系家谱以及生平事迹等方面,对昔里钤部信息做了详细梳理及系统研究,认为西夏沙州守将昔里钤部为突厥沙陀部后裔,举立沙遇害只是举立沙一人,并非其全家。蔡家艺《辽宋金夏境内的沙陀族遗民》(《民族研究》2004 年第 5 期)对沙陀族解体后,其族人去向进行了研究,认为大都散居于辽、宋、金、夏境内。流入西夏境内的沙陀人数量也为数不少,"昔里钤部"先世,有可能是李克用叔父李友金。李正宇《以千骑降夏的瓜州王是谁?》(《敦煌研究》1991 年第 2 期)对《宋史 · 夏国传》"(天圣)八年,瓜州王以千骑降夏"进行了详尽的分析,认为瓜沙地区沙陀部首领"小李氏"有可能就是以千骑降夏的瓜州王。此外,"敦煌遗书 S. 4358 抄有《李相公叹真身》诗一首,诗题中的李相公,大约就是七世相夏的沙陀李氏的某一位相公"。邓如萍《昔里钤部及沙陀后裔的神话:宗谱的忧虑与元代家族史》(《西夏研究》2015 年第 4 期)以昔李钤部家族存世文献及新出土碑刻文献为主,对这些文献及其背景作了梳理介绍,重点分析研究了昔李氏家族"族属、姓氏、降蒙"三大问题,认为教化虚构了其家族的沙陀血统,同时还试图以"昔里"攀附唐朝皇家的"李"姓。但是,两方面的尝试都没能使其免于 1308 年的罢黜及随后在元代史料中的销声匿迹。

(五) 家族文化

专门探讨昔李钤部家族文化的文章，是张沛之《元代色目人家族的文化倾向——以唐兀昔里氏为例》(《历史教学》2009 年第 3 期)，从婚姻、丧葬祭祀、宗教信仰、汉化与蒙古化方面探讨了昔李钤部家族文化倾向，认为唐兀昔李氏家族留居西夏故地一支基本保持自身原有文化，同时也受到汉和蒙古文化的影响；进入汉地的两支则兼具汉化与蒙古化的倾向。指出形成昔李钤部家族这种复杂文化倾向的原因：该家族的官僚身份以及怯薛背景是其蒙古化的重要原因；在西夏或汉地的生活与居住环境是其汉化及保持唐兀人原有文化的客观条件和依据；家族的仕宦领域对其文化选择也有一定影响。除此文外，还有一些专家学者的研究成果从某一方面也涉及昔李钤部家族的文化倾向。[①]

三、家世

综合文献记载，可以大致梳理昔李氏家族人物关系。昔李氏远祖信息比较模糊笼统，家族兴旺始于西夏时期，有姓名记载的先祖始于玉里止吉住、答加沙、小李玉黑三兄弟，他们后代各支的发展延续，有迹可寻的人物信息相对丰富，这些信息相互补充印证，勾勒出昔李氏整个家族发展脉络。昔李氏家族，由西夏灭亡前至元代末，玉里止吉住这支有迹可寻的人物 15 人，其中，男性 8 人、女性 7 人。答加沙这支有迹可寻的人物 48 人，其中，男性 33 人、女性 15 人。小李玉黑这支文献无记载。研究昔李氏家族世系，主要依据《元礼仪院判昔李公墓志铭》、《元大名达鲁花赤昔李公墓志铭》、《大元肃州路也可达鲁花赤世袭之碑》、《元代唐兀人李爱鲁墓志》所载人物信息以及结合昔李氏家族其他文献，比较清晰地梳理出唐兀昔李氏家族人物关系，见下表。

<table>
<tr><th>第一代</th><th>第二代</th><th>第三代</th><th>第四代</th><th>第五代</th><th>第六代</th><th>第七代</th></tr>
<tr><td rowspan="3">玉里止吉住</td><td rowspan="3">東南玉绀部</td><td rowspan="3">小李土</td><td rowspan="3">乞答哈</td><td>益怜真</td><td></td><td></td></tr>
<tr><td rowspan="2">孛兰奚
妻萧氏、
宋氏</td><td>道安</td><td rowspan="2">观僧</td></tr>
<tr><td>女五人</td></tr>
</table>

① 白滨、史金波：《大元肃州路也可达鲁花赤世袭之碑考释——论元代党项人在河西的活动》，《民族研究》1979 年第 1 期。该文指出从举立沙之后已不用党项人所习用的姓名，大部分代以元代蒙古人常用的名字。碑文的内容充满了儒家精神。史金波《河北邯郸大名出土小李钤部公墓志刍议》，载《河北学刊》2014 年第 4 期。该文谈到昔李钤部夫人为田氏，可能是汉族。若是则为族际婚。这种族际婚在元代西夏后裔的有关资料中比比皆是。而民族间的通婚则不仅从血缘上，还从文化、习俗、语言等方面更深刻地改变着民族特征，弱化原有的民族属性。朱建路：《元代宣差大名路达鲁花赤小李钤部公墓志考释》，《民族研究》2014 年第 4 期，认为西夏遗民在汉化或蒙古化的过程中往往也极力保存自己的民族文化。

续表

第一代	第二代	第三代	第四代	第五代	第六代	第七代
答加沙，又作达加沙，妻梁氏	举立沙，一名昔李都水	阿沙	剌麻朵儿只	贯努普□	帖信普	定者帖木儿
						赤斤帖木儿
				耳玉		
				管布		
				令只沙	普达实理	
					善居	
			管固儿加哥			
	昔李钤部，一名益立山，又译疾立沙，一名小李钤部。妻田氏、白氏	爱鲁 妻王氏	教化	阿丁		
			也先帖木儿	黑斯		
			忽都答儿	元元		
				四人(女)		
			西止(女)			
			曰某(女)			
			也先帖儿(女)			
		罗合				
		小钤部	万奴	野速普化 妻威弥氏	玉立沙	
					舍利威	
					普颜	
					僧加奴	
					连德沙	
					波若奴	
					忽都帖(女)	
					也先帖尼(女)	
					宝寿奴(女)	
小李玉						

昔李氏男性人物：第一代 3 人，第二代 3 人，第三代 5 人，第四代 7 人，第五代 10 人，第六代 10 人，第七代 3 人。这些人物信息相对清楚，只有第四代万奴的身份文献记载有差异，一说万奴为爱鲁之子，一说为爱鲁之侄。据 1990 年 3 月出

土的河北大名县李爱鲁墓志记载，李爱鲁有“子男三人：长曰教化，次曰帖木儿，次曰忽都答儿；侄一人，曰万奴”，由此可以明确万奴之身份为爱鲁之侄。第五代，李爱鲁墓志记载爱鲁孙三人——阿丁、黑斯、元元，孙女四人。这几人的父辈关系不明确，他们应该是教化、帖木儿、忽都答儿的后人，但具体是哪位的，无法判断。《弘治保定郡志》卷九载：“黑厮公，本唐兀氏，以小子黑厮行故名。至元四年以内史府咨议出任保定路总管，首以劝农兴学扶弱抑强为本，公勇于有为，英谟独断，不三月而政声赫然，积年奸宄闻风敛迹。五年秋，河朔诸郡，紫蝗生发食穗啮叶，伤残过半，公与邑尹密祷于神，翌日蝗已扑灭矣，人皆以公为神明。”这条信息所记保定路黑厮，为唐兀氏，疑为爱鲁之孙黑斯。则墓志文与志书所记黑斯信息，相互补充，完善了黑斯（一作黑厮）这个人物履历，丰富了昔李钤部家族史料。昔李氏女性人物：第一代1人，第二代2人，第三代1人，第四代3人，第五代7人，第六代8人。嫁入昔李氏家族女性7人，其中梁氏既是汉姓也是西夏大姓，只从姓氏无法判断梁氏的族属。田、白、王、萧、宋为汉姓，威弥氏为典型的西夏姓。嫁入昔李钤部家族的女性，只从姓氏判断汉姓为多。生女15人，其中5人有名字，即西止、也先帖儿、忽都帖、也先帖尼、宝寿奴。从表中可以看出，昔李氏家族七代，无论男性人物还是女性人物，他们的名字绝大多数都带有明显的少数民族文化特征。另外，对婚姻关系的探讨，能揭示昔李钤部家族社会关系、民族融合等信息。历史上民族融合的最主要形式，便是各民族密切相处，互通婚姻。[①]

四、民族归属

（一）关于姓氏“李”、“小李”、“昔李”、“昔里”的演变

元代王恽、姚燧分别为昔李钤部、爱鲁撰写的神道碑名都冠以“李”姓，不过姚燧对“李”姓进一步作了解释，同其王李姓，以小大区别。如《秋涧先生大全文集》卷五十一《大元故大名路宣差李公神道碑铭并序》载：“钤部李公其人也。公讳益立山。”《牧庵集》卷十九《资德大夫云南行中书省右丞赠秉忠执德威远功臣开府仪同三司太师上柱国魏国公谥忠节李公神道碑》载：“康懿之先，七世相夏，同其王李姓，以小大称。”还有，1990年3月，河北省大名县出土《大元故资善大夫云南行尚书省右丞赠银青荣禄大夫平章政事毅敏李公墓志》[②]，这里平章政事毅敏为“李”姓。2013年9月，大名县陈庄村出土《宣差大名路达鲁花赤小李钤部公墓志》[③]，是一方夏汉合璧的墓碑，墓主人为小李钤部，即昔李钤部。碑文不仅汉文署名姓氏“小李”，而且首次用西夏文书写了西夏姓氏“小李”。《雪楼集》卷二

① 史金波：《河北邯郸大名出土小李钤部公墓志刍议》，《河北学刊》2014年第4期。

② 朱建路、刘佳：《元代唐兀人李爱鲁墓志考释》，《民族研究》2012年第3期。

③ 刘广瑞、朱建路：《大名新出夏汉文合璧墓志铭的价值和意义》，《光明日报》2014年5月21日。

十五《魏国公先世述》载:“夫人梁氏,追封魏国夫人,实生昔李钤部,是为贞献公。”《雪楼集》卷二《故祖父昔李特赠推忠佐命宣力功臣开府仪同三司太师上柱国追封魏国公谥贞献制》标题中称故祖父为“昔李”。《至顺镇江志》卷十九载:“昔李教化的,河西人。”《正德大名府志》卷十《元大名达鲁花赤昔李公墓志铭》载:“公讳野速普花,字从善,姓昔李,唐兀氏。”又《元礼仪院判昔李公墓志铭》载:“惟太常公讳勃,小字孛兰奚,字天广,姓昔李氏。”这里称其家族人姓“昔李”与《宣差大名路达鲁花赤小李钤部公墓志》对照知,昔李即小李。就目前存世资料看,姓氏“李”、“小李”、“昔李”见于元代文人之著述。至于“昔李”演变为“昔里”始见于明清文人的著述。从《元史》起始称“昔里”,《新元史》、《蒙兀儿史记》也称“昔里”。如《元史》卷一百二十二载:“昔里钤部,唐兀人,昔里氏。”《新元史》卷二十八《氏族表》载:“昔里氏,唐兀世族,以别于国姓称小李,讹为昔李。”《蒙兀儿史记》卷一百五十四《氏族表》载:“昔里氏,本氏李,别于国氏称小李,语讹为昔里。”综合以上可知,昔李钤部家族本姓“李”,仕夏后,为了同其国主李姓加以区分,谓“小李”,后演变为“昔李”或“昔里”。当前学界从其姓氏渊源、同音异译、音转等方面进行了论述。[①]

(二)族属

昔李钤部家族的族属争议较多,大致有沙陀人、唐兀氏、西夏人、河西人四种记载。《正德大名府志》卷十《元大名监郡昔李公神道碑》载:“公讳益立山,其先系沙陀贵种,唐亡,子孙散落陕陇间。远祖曰仲者,与其伯避地遁五台山谷,复以世故徙酒泉郡之沙州,遂为河西人。”《李爱鲁墓志》载:“公讳爱鲁,其先沙陀贵种,唐末之乱,余裔流寓陇右。”[②]这两则史料明确追溯昔李钤部为唐代沙陀人后裔,后迁居河西走廊,“公钤部,其先河西肃州之世系,祖茔在焉”[③],故称“河西人”。即河西人之称为地域泛指,与族属无关。如《至顺镇江志》卷十九载:“昔李教化的,河西人,居镇江。累官至开府仪同三司、太子太保、太尉、平章军国重事,上柱国、魏国公。”而西夏时期,河西属西夏领地,昔李钤部祖先几代仕夏,又被称为“西夏人”或“夏人”。如《正德大名府志》卷十《元礼仪院判昔李公墓志铭》载:“其先夏人,五世祖讳某,生三子,长玉里止吉住,为夏国经略使。”这里的夏人即指西夏人,是指其朝代国别而言,同样不涉及其民族族属。还有《正德大名府志》卷六《昔李益立山传》载:“元昔李益立山,本西夏沙州钤部。”由于元人常称西夏

① 汤开建:《大元肃州路也可达鲁花赤世袭之碑补释》,《中国史研究》1983年第4期;朱建路、刘佳:《元代唐兀人李爱鲁墓志考释》,《民族研究》2012年第3期;刘广瑞:《河北新出西夏文墓志铭简释》,《西夏研究》2014年第3期;史金波:《河北邯郸大名出土小李钤部公墓志刍议》,《河北学刊》2014年第4期;邓如萍:《昔里钤部及沙陀后裔的神话:宗谱的忧虑与元代家族史》,《西夏研究》2015年第4期。

② 朱建路、刘佳:《元代唐兀人李爱鲁墓志考释》,《民族研究》2012年第3期。

③ 朱建路:《元代宣差大名路达鲁花赤小李钤部公墓志考释》,《民族研究》2014年第4期。

人为唐兀人，造成时人对昔李家族的称呼亦“与时俱进”，“时有唐兀氏举立沙者，肃州阀阅之家”。[①] 但是这里的唐兀氏是等同于唐兀人，指称意义与西夏人一样，不涉及族属。这一点可以从《正德大名府志》卷十《元大名达鲁花赤昔李公墓志铭》、《元史》卷一百二十二《昔里钤部传》的记载看出。前者称“公讳野速普花，字从善，姓昔李，唐兀氏”，后者载“昔里钤部，唐兀人，昔里氏”，都明确了其姓氏为昔里，唐兀氏等同唐兀人。所以，我们知道《弘治保定郡志》卷九载“黑厮公，本唐兀氏，以小子黑厮行故名”中的“唐兀氏”不过是明人沿袭元人对西夏人、唐兀人的称呼。综上可知，昔李钤部家族为沙陀人，唐兀氏（唐兀人）、西夏人、河西人的称呼是不同时代背景下对西夏故地民众的泛称，不涉及其族属。昔李钤部家族从唐末至元末，一直在中国西北部繁衍生息，由沙陀人到唐兀人，既反映了昔李钤部家族的演变发展过程，同时也反映了昔李钤部家族，在不同时代，世世代代与其所处时代、民族的密切关系，以及与其他民族融合发展的轨迹，其家族发展史也是中华民族几千年发展融合史的组成部分之一。

---

① （明）石禄修，唐锦纂：《正德大名府志》卷六《昔李益立山传》，《天一阁藏明代方志选刊》，上海古籍书店，1981年。

元代西夏遗民著述篇目考

1227年，西夏被成吉思汗所率领的蒙古大军所灭，幸存的西夏遗民在改朝换代后成为“唐兀人”。由于党项人自唐初从青藏高原内迁以来就长期受中原文化影响，西夏立国后又在文化上与北宋和辽、金密切交流，故而元代的唐兀人普遍具有较高的汉化水平。国学大师陈垣先生曾对唐兀人的诗学给予高度评价，“唐兀去中国最近，其地又颇崇儒术，习睹汉文，故入元以来，以诗名者较他族为众”[①]。然而，目前学界还未见专门梳理唐兀人著述篇目的成果，难以展现元代唐兀人的文学盛况。一些论文在谈及唐兀人的著述时对现存与已佚的篇目不加区分，为研究者带来了不便。笔者拟就元代唐兀人物为线索，考证其诗文著述篇目，对版本和存佚情况作出初步考察。

一、余阙

余阙字廷心，一字天心，唐兀氏。世家河西武威。父官庐州，遂居庐州。元统元年(1333)进士，曾预修宋、辽、金三史。累官监察御史。至正十三年(1353)出守安庆，任都元帅、淮南行省左丞，与红巾军各部相拒数年。至正十七年(1357)冬，为陈友谅部围城，次年城破身死。有诗文别集《青阳先生文集》。今存九卷本，五卷本，四卷本。九卷本，正统十年(1445)由高诚汇刊、郭奎辑刊、张毅补遗者最属善本。卷一收诗八十首；卷二至卷八为各体文，共六十二篇；卷九为张毅补遗，收诗歌十四首、文八篇。《四部丛刊续编》即收此本。五卷本，以嘉庆八年(1803)张祥云校刊之《青阳山房集》最属善本，该版本卷一为诗，卷二至卷五为各体文，卷末有附录一卷。四卷本则是据编修励守谦家所藏之《青阳集》，收入《四库全书》别集类的版本。除《青阳集》外，余阙尚有若干诗文，散见于金石与家谱文献中，如镌刻于今淮安盱眙县第一山风景区内的《瑞岩题诗》、《秀岩题诗》[②]、大都《城隍庙碑记》[③](文佚)、《重修后土祠记》[④]、《阳翟县学记》[⑤]和为《余姚周氏东水阁宗谱》所撰写的《周氏家乘序》[⑥]等等。

---

① 陈垣:《元西域人华化考》,上海古籍出版社,2008年,第53页。

② 高仁,邓文韬:《唐兀人余阙盱眙题诗考释》,《淮阴师范学院学报》2015年第5期,第622页。

③ 孙星衍:《京畿金石考》,中华书局,1985年,第14页。

④ 舒其绅等修:《(乾隆)西安府志》,成文出版公司,1960年,第3744页。

⑤ 骆兆平,谢典勋编:《天一阁碑帖目录汇编》,上海辞书出版社,2012年,第48页。

⑥ 方柏令,主编:《十里长街——坎墩》,新华出版社,2006年,第148页。

二、王翰

王翰字用文，又名那木罕，灵武人，唐兀氏。先世以千户镇庐州，遂为庐州人。初袭千户，升庐州路治中，改福州路同知，后综理永福、罗源二县及泉州事。擢行省郎中。至正二十六年(1366)，任潮州路总管。元亡后屏居永福山中，号友石山人。后因拒绝明廷聘用，引刃自绝。有《友石山人遗稿》一卷行世，今存，系其子王偁所辑，计诸体诗八十四首。前有陈仲述序，后附志铭表词等七篇，皆吴海所作，今存《四库全书》本。《元诗选》初集录其诗十七首[①]，系从《友石山人遗稿》中辑出。除诗歌外，王翰亦擅书法，在福建、广东等地有摩崖题刻留存，如福建永泰县方广岩上的楷书“飞珮”与篆书“铁壁”[②]题刻，广东省潮州市金山西南麓崖壁上的“清晖同趣”题刻以及位于汕头市潮阳区卓锡古寺白牛岩上的“飞云”题刻等等[③]。

三、杨崇喜

杨崇喜原名唐兀崇喜，汉姓杨，字象贤。西夏人，其先世随元朝征讨南宋，后定居开州濮阳。崇喜早年袭承百夫长，为国子生。至正十六年(1356)，崇喜在家乡创建书院，朝廷赐名“崇义书院”。后因战乱频仍，崇喜在大都避难十余年，明初曾出游金陵。他编辑时贤所赠诗文以及与家族出处有关的文献为《述善集》三卷，分别为《善俗卷》、《育才卷》、《行实卷》，其中属崇喜撰写的有《龙祠乡社义约》、《自序》、《报效军储》、《节妇后序》、《唐兀公碑赋诗》、《祖遗契券志》、《为善最乐》、《观德会》、《劝善直述》等九篇文章。此外，崇喜聘请的书院教师——前密州学正唐兀伯都亦有诗一首被该集收录。《述善集》一直在家族中珍藏，历经500年，仍然没有为岁月湮没，直到20世纪末才被学界发现和公开。目前刊布的版本有焦进文、杨富学校注本，甘肃人民出版社2001年出版。

四、张翔

张翔字雄飞，河西唐兀人，生卒年不详。元仁宗延祐二年(1315)登右榜进士，官居西台御史。喜游历，足迹遍及江浙、西南名山大川，铭记于心，化为诗行，时人赞其“尤工于诗，往往脍炙人口。佳章奇句，不可悉举”[④]。有《张雄飞诗集》，

---

① (清)顾嗣立编:《元诗选初集》，中华书局，1987年，第1749—1756页。

② 许添源:《清源山摩崖石刻选粹》，中华书局，2004年，第234页。

③ 黄挺，马明达:《潮汕金石文征(宋元卷)》，广东人民出版社，1999年，第314—315页。

④ (元)许有壬:《至正集》，新文丰出版公司，1985年，第174页。

今佚。作品仅有数首传世,《四朝诗》以张雄飞为名,收录《栖霞洞》与《碧鸡山》二首[①];又以张翔为名,收录《岳阳楼》与《杜甫祠》二首[②];又有《华山二首》,为《华岳全集》所辑录[③]。除以上篇目外,《元诗选癸集》又多收张翔的《耒阳吊古》一首[④]。此外,国家图书馆藏有《洛阳怀古四首》诗拓本一幅,尾款"元统三年(1335)岁次乙亥孟秋朔备员御史张翔雄飞题留",可知该诗亦为张翔所作[⑤]。

五、孟昉

孟昉字天纬,占籍大都或太原。族属颇有争议,四库本《夷白斋稿》中《孟待制文集序》一文谓之"西夏人"[⑥]。孟昉好学,工古文,早年入国子监,会试不第,辟掾宪词。至正十二年(1352)历官翰林待制,迁南台御史,行枢密院判官。江淮兵乱,弃官隐居。洪武三年(1370)应召至京师。有《孟待制文集》,今佚。现存诗歌《十二月乐词》[⑦]、《奉题见心禅师天香室》、《奉题见心禅师蒲庵》[⑧]等,文章有《杭州路重建庙学记》[⑨]、《李王狱级田碑》[⑩]。

六、贺庸

贺庸号野堂,武威人,师从余阙,弘文馆学士。元亡后侨居福建兴化,以教授为业。本有《野堂集》,今佚。作品仅存《至正二十三年秋九月同孟州知州登玉龙山》[⑪]。

七、燕不花

燕不花,张掖人,虽世为贵胄之家,但"贫而有操,不妄请干于人。读书为文,最善持论"。历官兵部郎中、兵部尚书、大司农丞等职。仅《西湖竹枝词》七绝一

---

①② 张豫章等编:《御定四朝诗》,《影印文渊阁四库全书》(第1441册),商务印书馆,1986年,分别为第67页,第401页,第180页,第439页。

③ 张维新:《华岳全集》,《续修四库全书》(第722册),上海古籍出版社,2002年,第370页。

④ 顾嗣立,席世臣编:《元诗选癸集》,中华书局,2001年,第421页。

⑤ 北京图书馆金石组编:《北京图书馆藏中国历代石刻拓本汇编》,中州古籍出版社,1989年,第17页。

⑥ (元)陈基撰:《夷白斋稿》,《影印文渊阁四库全书》第1222册,商务印书馆,1986年,第297页。

⑦ 隋树森编:《全元散曲》,中华书局,1964年,第1397—1399页。

⑧ 释来复辑:《澹游集》,《续修四库全书》第1622册,上海古籍出版社,2002年,第223页。

⑨ (清)毕沅辑:《两浙金石志》,浙江古籍出版社,2012年,第464页。

⑩ 北京图书馆金石组编:《北京图书馆藏中国历代石刻拓本汇编(50)》,中州古籍出版社,1989年,第27页。

⑪ 顾嗣立,席世臣编:《元诗选癸集》,中华书局,2001年,第1150页。

首[1]传世。

八、甘立

甘立字允从，居陈留，西夏人，早年有时誉，至顺年间由内掾改奎章阁照磨。预修《经世大典》，任中书检校。与柯九思、虞集、倪瓒、陈旅交往唱和，“亦擅书札”[2]。现存作品以《元诗选·二集》从《允从集》中辑出的诗词最为全面，分别为《八月十一夜值省中》、《题寄湖口方氏木斋》、《送张文焕安定山长》、《晚出西掖同柯博士赋》、《送客赋得城上乌》（一作《夜乌啼曲》）、《琼林台为薛玄卿赋》、《送方叔高赋得长安道》、《有怀玉文堂》（一作《有怀敬仲伯生》）、《秋雨夜坐》、《送合》（一作《周学士赴上都》）、《送国王多尔济就国》、《郊祀庆成》、《和完》（一作《宋学士晚出丽正门》）、《题柯博士墨竹》、《和西湖竹枝词》、《吴王纳凉图》、《贾治安骑驴图》、《古长信秋词二首》、《昆明池乐歌二首》、《送唐子华嘉兴照磨》、《送孙士元越州经历》、《春日有怀柯博士二首》等[3]。此外，甘立还曾于赵孟頫手书《过秦论》卷上题写“右黄素《过秦论》，赵吴兴楷书第一。神情萧散，结构丽整，诚希世珍也。晚生甘立书”[4]等文字。

九、郏经

郏经字仲谊，号观梦道人、西清居士，陇右人，居海陵，自称“西夏郏经”[5]。至正间为乡贡进士，任平江路儒学录。元明之际寓居杭州。洪武四年（1371）充江浙考试官，后迁云南，洪武十一年（1378）至京师就养于其子。诗文书法均有时名，善琴操，能隐语。本有《玩斋集》、《观梦集》，均佚。杂剧有《死葬鸳鸯冢》、《西湖三塔记》、《鬼推门》[6]，仅《鸳鸯冢》存曲二套。明初沐昂编《沧海遗珠》，辑明初徙滇诗人作品，以郏经为首，录《题顾定之墨竹》、《题读图碑》、《题芦花散人小像》、《题画梅》、《题澄碧楼》、《题唐伯刚贯月轩》、《奉同谢雪坡次韵杨孟载》、《走马灯》、《题兰亭长咏图》、《题映雪图》、《三友图》、《吕德叔小小斋》、《题画》、《题桃花白头翁》、《题桂花十二红便面》、《题执扇美人》、《题络纬图》等诗[7]。郏经见于

---

① 顾嗣立，席世臣编：《元诗选癸集》，中华书局，2001年，第888—889页。
② （明）陶宗仪：《书史会要》，上海书店出版社，1984年，第336页。
③ （清）顾嗣立编：《元诗选二集》，中华书局，2002年，第896—901页。
④ 卞永誉：《式古堂书画汇考》，《影印文渊阁四库全书》第827册，商务印书馆，1986年，第715页。
⑤ 卞永誉：《式古堂书画汇考》，《影印文渊阁四库全书》第829册，商务印书馆，1986年，第254页。
⑥ 无名氏：《录鬼簿续编》，《中国古典戏曲论著集成（2）》，中国戏剧出版社，1959年，第283页。
⑦ （明）沐昂：《沧海遗珠》，《影印文渊阁四库全书》第1372册，商务印书馆，1986年，第452—454页。

其他文献中的诗文作品还有《青楼集序》[①]、《题〈录鬼簿〉》[②]、《娄东述怀寄玉山》[③]、《寄席帽山人题澄江旧稿》、《为张藻仲题高文壁画抱琴图并序》、《题马远四皓弈棋图》、《题盛叔章画》、《寄德机判簿》、《孤山帆影》、《骥渚渔灯》、《陪吕志学曾彦鲁刘仲原登虎丘赋呈居中长老》、《子贞还示佳章见寄因次韵以复克用高尚先生》、《方存铁赠朱伯盛》、《营海轩诗》、《舟中连句》[④]等。

十、高昂吉

高昂吉字启文，唐兀氏，世居西夏，后留吴中。至正七年(1347)中乡试，至正八年(1348)进士及第，授翰林编修，改绍兴路录事司参军，迁池州录事。为人廉谨寡言笑，出入于吴中诗坛，是顾瑛玉山诗会座上客之一，著有《启文集》，今佚。现存作品主要见于顾瑛编纂的《草堂雅集》与《玉山名胜集》。前者收《乐府二章送吴景良》、《姑苏台送友人之京师》、《虎丘山送友人》[⑤]三首；后者收录了昂吉在玉山诗会分题分韵作诗时的十余首作品。

十一、观音奴

观音奴字志能，唐兀人，居新州，泰定四年(1327)进士。由户部主事，出为广西宪司经历，至元五年(1339)任南台御史，转知归德府，断狱有声，升都水监。《元诗选癸集》收其作品三首，分别为《四见亭》、《栖霞洞》、《赈宁陵》[⑥]。观音奴在广西桂林市南溪山刘仙岩上有《绝句二首以赠刘仙岩道士胡清安》题刻，诗曰："道人家住仙岩下，山运秋深落叶重。只恐羽衣归去晚，上山迷却下山踪。石洞云深龙出早，仙岩月冷鹤归迟。道人政自眼如漆，莫遣秋风吹鬓丝。"[⑦]

十二、斡玉伦徒

斡玉伦徒字克庄，祖籍灵州，斡道冲后人。家族世代执掌西夏国史，祖父朵儿赤十五岁时通《论语》等经书古注。斡玉伦徒以《礼》举进士，历奎章阁典签、淮西廉访司佥事；至元六年(1340)除南台经历，至正元年擢福建廉访副使；入为工部侍郎，预修《宋史》。累迁山南廉访使，拜侍御史。文学作品存《游山谷寺》、《题

---

① 夏庭芝著，孙崇涛等笺注:《青楼集笺注》，中国戏剧出版社，1990年，第20—21页。
② 隋树森编:《全元散曲》，中华书局，1964年，第1376页。
③ (明)顾瑛辑:《玉山名胜集》，中华书局，2008年，第450页。
④ 钱熙彦编:《元诗选补遗》，中华书局，2002年，第498—509页。
⑤ (明)顾瑛辑:《草堂雅集》，中华书局，2008年，第844—845页。
⑥ (清)顾嗣立，席世臣编:《元诗选癸集》，中华书局，2001年，第322—323页。
⑦ 谢启昆修，胡虔纂:《广西通志》，广西人民出版社，1988年，第5878页。

西湖亭子寄徐复初检校》[1]、《题三沙》[2]、《访周古象不遇留题》[3]、《宿蕲阳驿》[4]等。

十三、刘沙剌班

刘沙剌班字伯温，张掖人。出身国子学释褐，历官监察御史、山北廉访副使、江浙行省郎中，入为秘书太监。至正三年（1343），脱脱修宋、辽、金三史，沙剌班被选为《金史》纂修官。史成，拜江西廉访使，入为秘书卿，擢西台侍御史。虞集曾为刘沙剌班《学斋吟稿》作序[5]，黄溍为其《学圃诗》作序[6]。此外，沙剌班还曾编著《馆阁诸君子送行诗文》两大卷[7]和《洛阳怀古诗》[8]，今皆不存。

十四、高纳麟

高纳麟，河西人，名臣高智耀孙。大德六年（1302）入备宿卫，至大四年（1311）为宗正府郎中，皇庆元年擢河南肃政廉访司佥事，天历二年（1329）为江西廉访使。至正二年（1342）升宣政院使。至正十二年（1352）率军镇压江淮地区红巾军。官至御史大夫、太尉。至正十九年（1359）朝觐大都。后病死于通州，存诗作《题第一山答余廷心》[9]传世。

十五、邬密执理

邬密执理字本初，河西人，隐居贺兰山。至正初为集贤殿待制，后迁行枢密院佥书。有《满上人归定水谤赋五首四绝奉寄见心禅师方丈》[10]传世。

十六、买住

买住字从道，家世唐兀氏，居广平。元统元年（1333）进士。任保定路安州同知，转松阳县达鲁花赤。《达鲁花赤买住公善政碑》称买住闲暇时，“游泳典籍，宾礼才俊，其于学校尤加之意，月吉必会校官诸生，讲论经史，率请益身为之倡。或

---

① （清）顾嗣立，席世臣编：《元诗选癸集》，中华书局，2001 年，第 425 页。
② 同上，第 664 页。
③ 陈衍辑：《元诗纪事》，上海古籍出版社，1987 年，第 398 页。
④ 卢希哲修：《（弘治）黄州府志》，上海古籍书店，1965 年，卷七页七十七。
⑤ （元）虞集撰：《道园类稿》，新文丰出版公司，1985 年，第 507 页。
⑥ （元）黄溍：《金华黄先生文集》，《续修四库全书》第 1323 册，上海古籍出版社，2002 年，第 270 页。
⑦ （元）虞集：《道园遗稿》，《影印文渊阁四库全书》第 1207 册，商务印书馆，1986 年，第 766 页。
⑧ （元）陈基：《夷白斋稿》，《影印文渊阁四库全书》第 1222 册，商务印书馆，1986 年，第 391 页。
⑨ （清）顾嗣立，席世臣编：《元诗选癸集》，中华书局，2001 年，第 942 页。
⑩ 释来复辑：《澹游集》，《续修四库全书》第 1622 册，上海古籍出版社，2002 年，第 222 页。

时集公堂，赋诗咏歌，终日忘倦”[①]。有诗《和伯笃鲁丁浮云寺》[②]传世。

十七、迈里古思

迈里古思，汉姓吴，字善卿，祖籍武威。至正十四年(1354)右榜进士，历任绍兴路录事司达鲁花赤，江南行御史台镇抚，江东道廉访司经历，行枢密院判。元末镇守绍兴，保境安民，为行台御史大夫拜住所杀，死后被绍兴军民私谥为“越民考”。迈里古思曾观南宋陆游《晨起》诗卷，并于其上题写道：“龟堂先生仕宋至太中大夫，归老田里，以放翁自号。观其《晨起》一诗，蔼然有致君泽民之意，是岂果于疏散者哉？其仍孙枢，复能宝藏敬慕，凡遇名公士夫必求言以表襮之，可谓能绳祖武矣。吁！臣不忘乎君，子孙不忘乎祖，忠孝萃于一门，陆氏之业其不坠矣夫。迈里古思谨书。”[③]

十八、三旦八

三旦八字山堂，汉名旦景初。本为河西僧人，由功德副使入仕，深得元英宗宠幸，获御赐佩剑。至正十二年(1352)出任江浙行省平章政事，率哈赤、贵赤、兀鲁三支宿卫军赴江南镇压天完红巾军，一度稳定浙西局势。后迁官福建，与政敌构兵引发持续十年之久的亦思巴奚兵乱。三旦八善吟诗作赋、弹琴绘画，与欧阳玄、虞集、马祖常等名儒皆有交游，与诗人朱德润之关系密切，有《赠朱泽民诗》一首[④]，惜已不传。

十九、李伯瞻

李伯瞻，蒙古名彻彻干，又作薛彻干，汉名屺，字伯瞻，号熙怡。居于龙兴，西夏皇室后裔，名将李恒之孙，李世安之子。泰定年间为翰林直学士，顺帝初任兵部侍郎。吴澄赞其“博儒术、精国语，又工晋人书法”，可谓多才多艺。传世词曲，有小令《殿前欢·省悟》七首及残曲《殿前欢》一首[⑤]。

二十、完泽

完泽，字兰谷，唐兀氏，为平江路一字翼万户府镇抚。聪敏过人，善读书，尤

---

① 周峰：《元代西夏遗民买住的两通德政碑》，《西夏学》(第11辑)，上海古籍出版社，2015年，第256页。

② (清)顾嗣立，徐世臣编：《元诗选癸集》，中华书局，2001年，第756页。

③ (清)陆时化：《吴越所见书画录》，《续修四库全书》第1068册，上海古籍出版社，2002年，第44页。

④ (明)顾复：《平生壮观》，上海书画出版社，1993年，第926页。

⑤ 隋树森编：《全元散曲》，中华书局，1964年，第1290页。

工于律诗，作品存《和西湖竹枝词》二首①。

二十一、必申达儿

必申达儿，唐兀氏，号樵隐。出身与家世不详，先后在陕西行御史台与江南行御史台担任监察御史。著述多散见于金石与方志，有至正四年(1344)《书大灵岩寺碑阴记》，至今仍存，立于山东省长清县灵岩寺山门前；又有至元六年(1340)《元必申达儿普陀岩题记》②，在广西桂林七星岩。

二十二、纳加台教化

纳加台教化，西夏人。出身与家世不详。元统二年(1334)十月二十一日登临大伾山题刻七言绝句一首："南望黄河北望燕，石头成佛主心安。倚云翠阁神移去，落木西风谁问禅。"③

二十三、拜帖木儿

拜帖木儿，唐兀氏。事迹不详。作品存《溪山春晚》④。

二十四、唐兀氏安僧

唐兀氏安僧，生平与事迹不详，西夏人。至正十一年(1351)正月为朝请大夫、翰林修撰，作《颁降御香题名》⑤。

二十五、燮理俞询

燮理俞询，河西人。受府辟为统军经历。燮理"廉而文，工水墨，慷慨自负，惜武略非所长"。有七言诗《孤隼叹》存世⑥，系讽刺州同知托欢达实蛮"挟奸吏，玩寇营私"，抒发自身郁郁不得志之情绪所作。

以上共考得25位元代西夏遗民所著述的作品，其种类涵盖诗、词、曲、文等多种，其中绝大多数至今仍然传世。这些作品既能彰显西夏遗民较高的汉化水平，又体现了元代西夏遗裔为中华文化的繁荣所作出的贡献。

---

① 陈衍辑：《元诗纪事》，上海古籍出版社，1987年，第577页。

② 谢启昆修，胡虔纂：《广西通志》，广西人民出版社，1988年，第5879页。

③ 班朝忠主编：《天书地字·大伾文化2》，文物出版社，2006年，第103页。

④ (清)顾嗣立，席世臣编：《元诗选癸集》，中华书局，2001年，第654页。

⑤ 番禺市地方志编纂委员会办公室整理：《(同治)番禺县志》，广东人民出版社，1998年，第493—494页。

⑥ 周霆震：《石初集》，《影印文渊阁四库全书》第1218册，商务印书馆，1986年，第470页。

元代西夏遗裔三旦八事迹考

在今泉州市清源山左峰的半山腰有一座弥陀岩石室。石室旁有一处刻于至正二十四年(1364)的《重修弥陀岩石室题记》。该题记嵌入岩壁间,高200厘米,宽60厘米,字径6厘米,题款字径约4.5厘米,楷书8行。录文如下:

弥陀岩年深屋弊,金陵僧竟成云游来泉,会平章三旦八、御史帖木尔不花、宪使孙三宝、佥事释迦奴,捐财首倡,化合众缘,易殿以石,建台塔,改堂宇,再精琢佛像,涂金。始末四春。郡士孙世宽舍田充焚修香灯费。以此功德,回施众生,共证菩提者。任役:智通、寿坚、兴安、惠崧、善衍、善清、善泰、善真、善良、妙实、法善、法义、义祥、惠性、法立、志遂、正弼、志光、师安、本康、法日、了一、智信、宗受。赞成:吴竟日、张君义、周天桂、徐留住、吴君举、郑觉照、志坚、师印、德省、法念、宗贵、自本。

大元至正二十四年甲辰中和日告功立石。[①]

这则题记记载了至正二十年(1360)至二十四年(1364)泉州地方官员捐财首倡,重修弥陀岩石室与佛像的事迹。身为这起佛事活动主导者之一的平章三旦八,是生活于元代中后期的西夏遗民。在元末江南地区动荡的政局中,这位文武双全的僧人曾统辖宿卫亲军镇压天完红巾军,抵御张士诚在江南的扩张,并制造了元末福建行省的"省宪构兵",直接引发了持续十年之久的亦思巴奚兵乱,事迹颇为丰富。然而《元史》并未为三旦八立传,其事迹亦散见诸史书、文集、方志、碑碣之中。现仅见方龄贵先生有初步考证[②],有待于进一步系统整理。笔者不揣浅陋,试从史料中勾勒出三旦八的大致事迹。如有错误,请方家指正。

一、名字、身份、文化倾向与早年宦迹

关于三旦八字号与早年经历,可见于杨维祯所撰写的《江浙平章三旦八公勋德碑》,碑文称:"公字山堂,'飞山子'其铁甲兵号也。西夏人,自幼警悟,博达载籍,淹贯弢铭。善剑术骑射。其佩上赐剑曰'龙电剑'云。"[③]由此可见,"山堂"是

---

① 福建省政协文史资料委员会:《福建摩崖石刻精品》,福建人民出版社,2005年,第152页。

② 《大光明寺住持瑞岩长老智照灵塔铭并序考释》,载方龄贵,王云:《大理五华楼新出元碑选录并考释》,云南大学出版社,2000年,第230页。

③ (明)董斯张等编:《吴兴艺文补》,《四库全书存目丛书》第376册,齐鲁书社,1997年,第723页。

三旦八的字，故元人有尊称其为“山堂右丞”[①]、“山堂院使”[②]或“山堂公”[③]者。

除本名与字之外，身为西夏遗裔的三旦八还有汉式姓名[④]。翰林学士虞集《次韵筠轩司徒足成旦公所藏》提及自己曾于“旦公”处看到一对“英宗御题之句”，曰“日光照吾民，月色清我心”[⑤]。无独有偶，汪古族文学家马祖常亦曾睹见“功德使三旦八藏英宗皇帝所赐御书”，“有御制诗云‘月色清吾心，日光照吾民’十字”[⑥]。显然，虞集和马祖常看到的是同一对御题，虞集诗中的“旦公”应该就是指马祖常笔下的三旦八，他可能在与士大夫交游时以“旦”为姓[⑦]，故有此称谓。此外，虞集还有一首《题旦景初佥司画》诗“旦公山堂城东南，画图古桧何毵毵”[⑧]，诗题中的“旦景初”应为三旦八的汉式姓名；至于“山堂”的字，从这首诗来推测，应该是来自于三旦八位于城东南的居所名。

虽家世已无可考，但三旦八的出身却有蛛丝马迹可循。《菊坡丛话》载：学士欧阳玄女婿何贞立“少有俊名，举进士。原功（欧阳玄）欲拔入翰林，于虞、揭诸公极称道之。及相见，适僧旦景初持墨菊卷诣翰林求题”[⑨]。据萧启庆先生考证，何贞立系至治元年（1321）进士[⑩]，《菊坡丛话》的记载说明三旦八在此前后还是一名僧人。

然而，身处佛门的三旦八却并不排斥儒学，并颇喜爱与儒生交游。他的妻子[⑪]蔑儿乞氏，就是翰林学士承旨脱脱之女[⑫]。吾庐先生严威开馆授学于京师，“四方贽问馈遗者填于室……其授五经义者至占其监学之半，时人目为西监云”，

---

① （明）陈文修等纂：《云南图经志书校注》，李春龙，刘景毛校注，云南民族出版社，2002 年，第 415 页。

② （元）朱德润撰：《存复斋文集》，学生书局，1973 年，第 219 页。

③ （明）程敏政编：《唐氏三先生集》，《北京图书馆藏古籍珍本丛刊第 115 册》，书目文献出版社，1990 年，第 666 页。

④ 在元代，不少西夏遗民在使用党项人名或蒙古人名的同时，会给自己也取一个汉名。如迈里古思汉名吴善卿，李朵儿只汉名李希谢，师朵烈秃汉名师克恭，王翰一名那木罕，李世雄一名囊加真，刘伯温一名沙剌班等（详见汤开建《增订〈元代西夏人物表〉》，《暨南史学》2003 年，并列的“姓名字号”一栏），俱是西夏人有两种姓名之例。

⑤ （元）虞集撰：《道园学古录》，商务印书馆，1937 年，第 28 页。

⑥ （元）马祖常撰：《石田文集》，《元人文集珍本丛刊》6，新文丰出版公司，1985 年，第 575 页。

⑦ 周有光先生以“三”为三旦八之姓氏（见氏著《语文闲谈・二编》第 961 条《数字姓氏》，生活・读书・新知三联书店，2012 年，第 418 页），这一说法并不准确。

⑧ （元）虞集撰：《道园学古录》，商务印书馆，1937 年，第 18 页。

⑨ （明）单宇辑：《菊坡丛话》，收入吴文治主编：《明诗话全编》，江苏古籍出版社，1997 年，第 745 页。

⑩ 萧启庆著：《元代进士辑考》，“中央研究院”历史语言研究所，2012 年，第 202 页。

⑪ 受藏传佛教影响，元代河西人僧侣有娶妻现象。马祖常《河西歌效李长吉体》曰，“贺兰山下河西地，女郎十八梳高髻。茜根染衣光如霞，却召瞿昙作夫婿”，故三旦八以僧侣之身份娶妻并无不妥。

⑫ （元）黄溍撰：《金华黄先生文集》，《续修四库全书》第 1323 册，上海古籍出版社，2002 年。

三旦八亦慕名而来，为其门人[①]。郁郁不得志的朱德润本将外任儒学提举，却机缘巧合得到三旦八的推荐，向英宗献上了洋洋洒洒的《雪猎赋》，得以诗才留居大都[②]。云南名儒王昪“以文章政事名于南诏”，“是以中州文章巨公仕于滇之省宪者，如伯高右相、山堂右丞(即三旦八)、雪山宪副、鹤野大参、著庭佥宪、秋江郎中，无不与之交游”[③]。即便是日后出师江南，身在军旅，三旦八亦尤为器重热衷传播胡瑗理学的潘著[④]与杨维祯门人张宪[⑤]。

至于与其他文人吟诗作赋，弹琴绘画，对深谙汉文化的三旦八而言，亦不算难事。明末清初鉴赏家顾复曾观赏过三旦八书写并赠予朱德润的诗歌一幅[⑥]，而类似于“旦公弹琴古桧下，郁郁窗户生晴岚。春雨时来鹤鸣谷，秋声夜作龙吟潭”或“是时旦公主舒卷，一二文士相交参。旦公归来坐成想，亦颇拈笔为梗楠”[⑦]等诗句，说明三旦八还精于书法与琴艺。除此以外，虞集还曾见其家藏慧甄所绘《腐瓜行蚁图》一幅[⑧]，可见其亦热衷于收藏翰墨丹青。

总而言之，从日常喜好与交游对象来看，三旦八可谓是一个爱慕风雅，兼通儒学的“儒僧”。陈垣先生曾对西夏遗民之华化水平给予高度评价，谓“唐兀去中国最近，其地又颇崇儒术，习睹汉文，故入元以来，以诗名者较他族为众”[⑨]。三旦八的素养，亦体现了元代河西人的优良文化传承。

三旦八由僧人入仕，大致始于元英宗至治年间(1321—1323)。时人朱德润曾见元英宗于“明仁殿书《舜歌南风诗》赐功德副使臣旦”[⑩]，这位深受皇帝宠信，并获得御书赏赐的西夏遗僧似乎是在功德使司开启自己仕途的。

功德使司，在西夏与元代的职官体系中皆有建制：西夏有僧人功德司、出家功德司与道士功德司，均为仅次于中书和枢密的次等司[⑪]，掌国内宗教事务；元代功德使司属从二品，“掌奏帝师所统僧人并吐番军民等事”[⑫]。或许因二者有一定

---

① (明)刘崧撰：《槎翁文集》，《四库全书存目丛书·集部》第24册，齐鲁书社，1997年，第593页。

② (清)顾嗣立编：《元诗选》，中华书局，1987年，第1610页。

③ (明)陈文修：《云南图经志书校注》，李春龙，刘景毛校注，云南民族出版社，2002年，第415页。

④ (元)贡师泰撰：《玩斋集》，《影印文渊阁四库全书》第1215册，(台北)“商务印书馆”，1986年，第698页。

⑤ (元)杨维桢撰：《东维子文集》，《影印文渊阁四库全书》第1221册，(台北)“商务印书馆”，1986年，第404页。

⑥ (清)顾复撰：《平生壮观》，上海书画出版社，1993年，第926页。

⑦ (元)虞集撰：《道园学古录》，商务印书馆，1937年，第18页。

⑧ (元)虞集撰：《道园学古录》，商务印书馆，1937年，第56页。

⑨ 陈垣：《元西域人华化考》，上海古籍出版社，2008年，第53页。

⑩ (元)朱德润撰：《存复斋文集》，学生书局，1973年，第179—180页。

⑪ 《天盛改旧新定律令》，史金波，白滨，聂鸿音等译注，法律出版社，2000年，第363页。

⑫ (明)宋濂等撰：《元史》，中华书局，1976年，第223页。

制度上的渊源，三旦八被元英宗视为掌管功德使司的合适人员，在入仕之初就已位居正四品①。

好景不长，至治三年(1323)八月元英宗在南坡遇刺，旋即泰定帝登基，不得宠的三旦八一度淡出了权力中枢。虞集《题旦景初佥司画》称之"佥司"，当指三旦八被外派往某道肃政廉访司担任佥事，这意味着他已不再仅仅是一个掌握宗教事务的僧官，而是开始管理世俗政务，协助长官监临一道和分巡按治。不过，廉访司佥事的品秩为正五品②，所以这次任命实际上是一次降职。

泰定帝去世以后，元朝内部爆发了皇位争夺战——两都之战。王逢《江浙平章三旦八第宅观敕赐龙电剑引》称"公身佩之下幽燕"③，"幽燕"即古幽州、燕国之地，泛指今北京、河北北部以及辽宁西部一带，元代中后期"幽燕"方向的敌人，只应当是被大都视为威胁的上都天顺帝集团。从王逢的诗句推测，三旦八很可能佩戴着元英宗赐予的龙电剑，站在大都一方参与了两都之战，并凭借其出色的军事才能崭露头角，赢取了大都朝廷的信任。

至迟于至正二年(1342)秋，三旦八再次回到中央任职，并以某官署"院使"的身份到平江路出差，游览了姑苏城西北郊的虎丘④。至正四年(1344)，三旦八外任为云南行省右丞，"多善政，深得军民之心，有遗爱焉"⑤。至正九年(1349)，时为云南行省平章政事的三旦八给咨赴阙，觐见皇帝，在教友瑞岩长老智照的陪同下返回大都⑥。至正十年(1350)三旦八被任命为宣徽使⑦，掌管宫廷饮食，足见其深受孛儿只斤氏皇家之信任。

二、就职江浙，克复杭州

至正十二年(1352)七月，红巾军项普略、彭莹玉部受天完政权徐寿辉之派遣东征，连克江州、饶州、徽州，打破昱岭关，进占江浙行省首府杭州，元参知政事樊执敬战死，震惊朝廷。元惠宗便以三旦八为江浙行省平章，率领哈赤、贵赤、兀鲁三支宿卫军南下助战。

有元一代，蒙古统治者眼中僧侣的作用往往是"告天祝寿"，为大汗或整个黄

---

① 《元典章》，陈高华等点校，中华书局，天津古籍出版社，2011年，第198页。

② 《元典章》，陈高华等点校，中华书局，天津古籍出版社，2011年，第201页。

③ (元)王逢撰：《梧溪集》，中华书局，1985年，第5页。

④ 详见(清)顾诒禄撰辑：《虎邱山志》卷十四《刘天易〈虎邱〉诗》，文海出版社，1971年，第375页。该诗末有题署曰："至正二年秋七月陪山堂院使元辅监郡游虎邱"。

⑤ (清)倪蜕辑：《滇云历年传》，李埏校点，云南大学出版社，1992年，第232页。

⑥ 《大光明寺住持瑞岩长老智照灵塔铭并序》，载方龄贵，王云选录：《大理五华楼新出元碑选录并考释》，云南大学出版社，2000年，第65页。

⑦ (元)黄溍撰：《金华黄先生文集》，《续修四库全书》第1323册，上海古籍出版社，2002年，第374页。

金家族祈福。从早年的仕宦履历与作为来看，三旦八为僧人出身，以僧官入仕，而后才转为文职，又缘何能得到带兵作战的机遇？

或许这与西夏人的尚武旧俗有一定关系——僧侣是西夏“全民皆兵”体制中的重要一环：在激烈的宋夏战争中，“诸州僧侣”就曾被穷兵黩武的梁太后临时征召，与十二监军司会兵伐宋[①]，西夏法典也规定僧人若还俗，“不许入臣僚中”，但却能够在上报注册后“入军待命”[②]。即便是与西夏对垒的北宋陕西边军，亦乐于起用定居缘边蕃落的僧人作为将官[③]。时至元代，河西僧人仍有随身携带武器的现象，这严重与元代统治者设想中僧人“率众告天，祝延圣寿，慈悲忍辱，清净之家”的形象不符，从而遭到了中书省禁止[④]。此种文化背景下，河西僧三旦八“善剑术骑射”是不难理解的。

不过，三旦八毕竟不是专职武将，而是常年任职于功德司、廉访司、行省、宣徽院这样的宗教、行政或监察机构。元廷为何会挑中他“统哈赤、贵赤、兀鲁三卫军，专征江之南”[⑤]？笔者推测，一方面固然是因为三旦八在“佩剑下幽燕”中的出色表现，但另一方面或许与这三支卫军的构成有一定关系。尤其是贵赤卫，至元十三年(1276)，“世祖诏民之荡析离居及僧道、漏籍诸色人不当差徭者万余人充贵赤”[⑥]。可见这支宿卫军在组建之初就吸纳了若干僧道为兵；再加上元廷不信任汉人卫军，有着汉兵宿卫军“大小将校之设，必自唐兀卫择人以为之监”[⑦]的传统，有执掌功德司经验的唐兀人(元代西夏遗民之族称)三旦八便成了三卫军统帅的最合适人选。

在领命出征之初，宿卫军颇为朝令夕改的圣旨所困扰。方行至嘉兴，三旦八便因红巾军项普略部北上围攻集庆而领旨北返救援。如此一来，刚从杭州退出的红巾军残部便获得了喘息之机，再次占据杭州。三旦八当机立断，以“外制便宜”，突破圣旨约束，日夜兼程地赶赴离杭州不远的凤口，占领了战略要地，切断了杭州残兵与其余红巾军的联系，迫使其再次退出杭州，向武康突围。元军在三旦八的带领下势如破竹，连克武康、德清、吴兴、长兴、泗安、广德等州县[⑧]。

---

① (清)吴广成撰，龚世俊等校注《西夏书事校正》，甘肃文化出版社，1995年，第295页。

② 《天盛改旧新定律令》，史金波，白滨，聂鸿音译注，法律出版社，2000年，第410页。

③ “有僧王光信者，趫勇善骑射，习知蕃部山川道路。(种)世衡出兵，常使为向导，数荡族帐。奏以为三班借职，改名嵩。”([元]脱脱，等：《宋史》卷三百三十五《种世衡传》，中华书局，1977年，第10743页)。

④ 在该案例中，名叫任速的河西僧人携带环刀、弓箭和红油枪，被告发。于是中书省自此禁断河西僧执把弓箭、枪刀。(陈高华等点校：《元典章》典章三十五《军器・拘禁僧人弓箭》，中华书局、天津古籍出版社，2011年，第1224—1225页)。

⑤ (明)董斯张等编：《吴兴艺文补》，《四库全书存目丛书》第376册，齐鲁书社，1997年，第722页。

⑥ (明)宋濂等撰：《元史》，中华书局，1976年，第3281页。

⑦ (元)虞集撰：《道园类稿》，《元人文集珍本丛刊6》，台北新文丰出版公司，1985年，第267页。

⑧ (明)董斯张等编：《吴兴艺文补》，《四库全书存目丛书》第376册，齐鲁书社，1997年，第272—273页。

从时人之评价来看，元军能在江南战场进展顺利，得益于出身释氏的三旦八在战斗中宽大为怀，招降纳叛，进而瓦解敌军。在出征之初，三旦八的友人幕僚朱德润便建策曰："民不识兵将百年矣！变生不虞，宜以安集为念，凡掷兵来附者，皆平民胁从诖误者，请一切贷之，庶克有济"，"平章韪之，三军用命"。[①] 对被俘的红巾军将程琳，三旦八通过"辄释不杀"的感化，最终"尽得其虚实状"。[②] 在攻克广德后，元军"大索三日，俘裔伏草倚禾，飞走无路"，"公下令曰：'手无凶器，即吾良民。'宥而不杀者以万计"[③]。三旦八的部将哈迷，亦秉承了主帅对起义军的宽大态度："舟师次湖州横山，贼以五百艘拒战。公(哈迷)手火筒炮曰：'贼兵多胁从，吾不忍万众无知就死，将惊之使自散尔。'……俄赭衣数万，循山奄至，公登岸谓将士曰：'贼虽破，皆新衣，不过仓卒被驱迫尔，慎无多杀。'仍使骑前呼曰：'汝等皆吾良民，宜舍兵！'"[④]三旦八以仁义之师南征，故往往能旗开得胜，令敌人望风披靡。其班师之日，"杭父老争持牛酒壶飧，先后道路，咸欢呼伏地，涕泗若丧家赤子重见父母也"[⑤]，是可见其颇受杭城平民之拥戴。

三、西征皖南，功亏一篑

至正十三年(1353)春，从浙西撤回的天完红巾军继续据徽、饶等路，在皖南进行抗元斗争。为根除后顾之忧，元廷催促三旦八继续西征平乱。当年二月，三旦八取道严州，"复广德，击贼淳安，以诏书示赦其人，卒定徽州"[⑥]，其部将韩邦彦、哈迷取道湖州、广德，与主帅会兵徽州路[⑦]；四月，三旦八的另一属将刘脱因攻下婺源州；五月，哈迷攻占饶州，三旦八便宜除之为达鲁花赤[⑧]。经过近半年的拉锯战，皖南局势基本稳定。至正十五年(1355)，三旦八留下几员部将镇守，自己则回归江浙行省省治杭州。

为更加有效地治理皖南地区，三旦八尤其注重对当地士族豪绅的拉拢。江州豪族出身的汗同随三旦八克复饶州路，被授予余干州同知，三旦八"赍白金盂色段新楮二万券赏之"[⑨]。"家世簪缨为望族"的鄱阳人刘明"激乡闾以义勇保

---

① (元)朱德润撰：《存复斋文集》，学生书局，1973年，第324—325页。

② (明)董斯张等编：《吴兴艺文补》，《四库全书存目丛书》第376册，齐鲁书社，1997年，第722页。

③ (明)董斯张等编：《吴兴艺文补》，《四库全书存目丛书》第376册，齐鲁书社，1997年，第723页。

④ (元)赵汸撰：《东山存稿》，《影印文渊阁四库全书》第1221册，(台北)"商务印书馆"，1986年，第316页。

⑤ (明)董斯张等编：《吴兴艺文补》，《四库全书存目丛书》第376册，齐鲁书社，1997年，第723页。

⑥ (元)赵汸撰：《东山存稿》，《影印文渊阁四库全书》第1221册，(台北)"商务印书馆"，1986年，第319页。

⑦ (元)赵汸撰：《东山存稿》，《影印文渊阁四库全书》第1221册，(台北)"商务印书馆"，1986年，第350页。

⑧ (元)赵汸撰：《东山存稿》，《影印文渊阁四库全书》第1221册，(台北)"商务印书馆"，1986年，第317页。

⑨ (元)赵汸撰：《东山存稿》，《影印文渊阁四库全书》第1221册，(台北)"商务印书馆"，1986年，第350—351页。

境”，为官军充任向导，“总兵官三旦八平章屡以银碗宫段赏赐”[①]。乐平人许则祖率乡族起义兵，后战死，平章三旦八特书“忠义”表其闾[②]。休宁人金震祖本已隐居严陵多年，却在难却的盛情下受三旦八聘举而为徽州路治中[③]。出身歙县的理学家郑玉亦是三旦八的礼聘对象，只不过终因病而作罢[④]，郑玉的同乡唐桂芳则为三旦八作《平章山堂公画像记》[⑤]，赞颂其“平乱”功绩。前贤概已指出红巾起义后，“其维持蒙人二十年之残余统治者，乃政府借富豪财力所募之‘义军’与富豪自动召集之‘义军’耳”[⑥]；就三旦八的饶州征伐战来看，“地方豪绅对元军实现成功反扑功不可没”[⑦]这个结论显然也是适用的。

然而，与初征江南时的顺风顺水不同，三旦八在西征皖南的过程中遭遇到的困难也更多。出兵之初，幕僚鲁修就指出了元军的三个短处：“大军北来而南下，此其不足恃，一也。举郡饥荒，人心易动，无德以怀之，二也。义士有功德者不赏，赂行者得列爵，训其下以贪，三也。”可惜的是，鲁修这通直言忤逆了三旦八，在幕中郁郁不得志，终“振衣归旧庐”[⑧]。果然，在与红巾军周伯颜部的战斗中，“平南兵多北人，不便险阻，为红巾所邀。三旦八仅以身免。贼乘胜长驱入州”[⑨]，险些令元军前功尽弃。

三旦八回杭以后，饶州路局势日趋恶化，终再次沦陷于红巾军之手。按时人之评价，饶州失陷于红巾军原因有二：其一，“饶自平章三旦八去后，朝廷以脱脱、阿鲁灰并为元帅，分统三旦八军，遇贼剿捕。参政恩宁普军镇州城。镇抚哈迷素以战功，不受约束，由是军不统一，贼得乘隙而进，官军溃”[⑩]，即将城池失陷归咎于三旦八走后，余下将帅不能齐心。其二，如明初御史刘炳所言，“明年，韩元帅死，平章不善调度，援兵不至，矢竭粮尽，于是城陷”[⑪]，因远在杭州的三旦八未能派遣援军，以致饶州路孤立无援，最终被攻破。

---

① (明)刘炳撰:《刘彦昺集》,《影印文渊阁四库全》第1229册,(台北)“商务印书馆”,1986年,第764页。

② (清)董萼荣修:《乐平县志》刻本,乐平,翥山书院,1870(清同治九年),卷八页一三五。

③ (明)汪舜民纂修:《徽州府志》,《四库全书存目丛书第181册》,齐鲁书社,1997年,第47页。

④ (元)汪克宽撰:《环谷集》,《影印文渊阁四库全书》第1220册,(台北)“商务印书馆”,1986年,第724页。

⑤ (明)程敏政编:《唐氏三先生集》,《北京图书馆藏古籍珍本丛刊第115册》,书目文献出版社,1990年,第666页。

⑥ 蒙思明:《元代社会阶级制度》,上海人民出版社,2006年,第179页。

⑦ 钟起煌:《江西通史·元代卷》,江西人民出版社,2008年,第182页。

⑧ (清)锡真修:《饶州府志》,成文出版公司,1975年,第2513页。

⑨ (清)于成龙纂修:《江西通志(四)》,《影印文渊阁四库全书》第516册,(台北)“商务印书馆”,1986年,第48页。

⑩ (元)赵汸撰:《东山存稿》,《影印文渊阁四库全书》第1221册,(台北)“商务印书馆”,1986年,第351页。

⑪ (明)刘炳著:《代侄斯干预书墓志铭》,收入杨讷等编:《元代农民战争史料汇编》(中册),中华书局,1985年,245页。

无论出于何种原因，至正十五年(1355)，三旦八费劲千辛万苦才收复的饶州路再次被天完政权夺回，元廷江浙行省重新控制皖南仅有不到两年的时间。

四、分省兴化，身陷泉州

若从政区地理的角度考量，至正十五年(1355)三旦八从前线东返浙西的原因，大致因饶州路已达江浙行省之西缘行政边界，天完红巾军余部当由湖广与江西行省负责绞杀。然而，《元史》却清晰地记载了三旦八返浙的真正目的："六月甲寅，江浙行省平章政事三旦八、参知政事杨完者以兵守嘉兴路，御张士诚。"[①]

至正十四年(1354)，因临阵换帅，云集高邮讨伐张士诚的百万元军分崩离析，不战而胜的张士诚再无牵掣，势力迅速发展。十五年(1355)冬，张军从南通渡江，攻破常熟；次年二月，张军拔平江路，改为隆平府，据以为都。数月之间，江浙行省先后失去了对无锡、常州等城的控制。三旦八出镇嘉兴，扼守杭州东北之门户，便是在这样的背景下。然而，杭州还是在同年七月一度被张士诚攻陷，幸得杨完者率领的另一路元军经过苦战，方才再次收复。八月，张士诚接受江浙左丞相达识帖睦迩的招抚降元。或许是因为精锐部队和麾下勇将均留在了皖南防御天完红巾军，三旦八在与张士诚较量中的战绩并不耀眼，几乎没有太出色的表现。

至正十八年(1358)八月，"江浙行省平章政事三旦八逼于福建"。对于这次迁调，《元史》解释其因果谓："先是，三旦八讨饶州，贪财玩寇，久而无功，遂妄称迁职福建行省。至福建，为福建闽海道肃政廉访司佥事般若帖木儿所劾，拘之兴化路。"[②]这段记载颇有疑点：按杨维祯所作之《勋德碑》，三旦八自饶州回杭后，"平南功奏，天子申以锡命，金带赤舄彤弓郁鬯，升平章甘肃。未行，继升淮南。滨行，寇陷吴阴，秀以急告，省大臣及将吏士庶咸挽留"[③]，是可见上至天子，下至将吏士庶均已肯定了三旦八的平南功勋，又如何会被定性为"贪财玩寇，久而无功"？或许这只是般若帖木儿攻讦外来政敌的一个借口罢了。

同年十二月，遭到弹劾的三旦八被贬谪为掌管江南僧众的行宣政院使，寓居于兴化路。直至今日，在福清民间仍然流传着三旦八暗访石竹山的传说，事涉其取缔某伪装为佛寺的道观[④]。然而，依旧有政治野心的三旦八并不甘于就此安心从事宗教事务管理，退出政治舞台。恰好，从中书省迁调至福建行省的平章政事普化帖木儿，与般若帖木儿为首的福建地方官发生了矛盾，于是普化帖木儿派人

---

① (明)宋濂等撰：《元史》，中华书局，1976年，第931页。

② (明)宋濂等撰：《元史》，中华书局，1976年，第944页。

③ (明)董斯张等编：《吴兴艺文补》，《四库全书存目丛书》第376册，齐鲁书社，1997年，第723页。

④ 郑敬平：《接春——石竹山景观传说与民俗活动故事》，大众文艺出版社，2008年，第96—100页。

联络前任兴化路总管安童和三旦八共集乡兵，并以钱财收买泉州的亦思巴奚军首领赛甫丁与阿迷里丁[①]，意欲借这支回回人武装，排挤福建闽海道廉访司的政敌，发起了“省宪构兵”。

至正十九年(1359)正月，三旦八自称平章，安童自称参政，开分省于兴化路；二月，三旦八亲自统帅兴化乡兵及亦思巴奚军北上福州夺权。不料留守兴化后方的安童却与亦思巴奚军发生了冲突，阿迷里丁遂率部攻城。正在前线的三旦八听闻后方内讧，连忙轻骑赶回兴化，劝安童开城和解。安童不听，三旦八只得独自出城抚慰，被阿迷里丁扣押。亦思巴奚军破城后，在兴化大肆掳掠一番，直至四月方才押着三旦八和战利品撤回泉州[②]。

被拘押于泉州的三旦八虽仍有“平章”之官衔，但在阿迷里丁等人的拘押和制约下，他是不可能有任何实权的。于是，这位失意的河西僧人只得淡出政治，回归释氏，寄情山水，便有了本文开篇时提及的至正二十年(1360)重修弥陀岩石室之事。题记中三旦八之志同道合者，有新任宪使孙三宝、佥事释迦奴，二人俱列名于三旦八之下，这或许说明三旦八等人收服福建闽海道肃政廉访司政敌的初始目标已然达成——但付出的代价也是巨大的。

至正二十四年(1364)的《重修弥陀岩石室题记》是现存可见三旦八活动的最晚记载，似乎在不久之后，这位在政坛上活跃了近三十年的僧官就与他所效忠的元王朝一样寿终正寝了。从客观角度用两分法来评价，在元末江浙行省动荡的政局中，三旦八曾一度力挽狂澜，成为元廷统治江南的基石，无愧于时人“独当一面东南天”[③]的高度赞誉；然而，晚年的他因执著于政争，不惜与同朝官员兵刃相见，直接酿成亦思巴奚兵乱，导致各支军阀混战兴化、泉州近十年之久，其破坏不可估量。作为乱局的最初制造者之一，三旦八应对元廷在福建统治秩序的崩坏负有一定责任。

---

①② (明)黄仲昭修纂，福建省地方志编纂委员会主编:《八闽通志》，福建人民出版社，1991年，第1035页。

③ (元)王逢撰:《梧溪集》，中华书局，1985年，第5页。

元代唐兀怯薛考论

怯薛是元代最高级别的军事组织，为轮流直宿，守卫蒙古大汗的扈卫军。最初的职能为保卫大汗宫帐和分管汗廷各种事物。后来逐渐成为宫廷军事官僚集团，为元代官僚阶层的核心部分。自1227年蒙古灭夏，有不少优秀的唐兀人才以蒙元帝国臣民之身份投充蒙古大汗或元代皇帝的宿卫之中。对于身份为怯薛的西夏遗民，西夏学界尚未有完整的讨论，笔者在此领域作出一些初步的求索，以探知元代西夏遗民在怯薛这一上层特权集团中的地位与贡献如何。

一、唐兀怯薛人物表

为便于进行接下来的讨论，本文试图尽可能的把元明清史籍中所有曾入侍怯薛的西夏遗民制成一表，开列其姓名、侍奉的大汗或皇帝、家世、任怯薛时具体执事、出仕授官的原因、品级以及史源，试图展现元代西夏遗民进入怯薛之全貌。①

表1　元代唐兀怯薛一览表

家族	人物	侍奉	家世	执事	入仕授官	最高任职	主要史源
察罕家族	察罕	太祖	夏臣曲也怯律子	给事内廷	以军功授御前帐首千户	都元帅兼领尚书省	《元史·察罕传》
	木花里	宪宗	察罕长子	值宿卫	从攻钓鱼山，以功授四斡耳朵怯怜口千户	蒙古军万户	
	亦力撒合	世祖	察罕从孙；父亲为诸王阿鲁忽怯薛	以贵族子入宿卫，为速古儿赤	以奏诸王只必帖木儿用官太滥，而为世祖所嘉奖，擢河东提刑按察使	四川行省左丞	《元史·亦力撒合传》

① 另外还有几点需在注释中予以说明：第一，本表选取唐兀人入侍怯薛，除史籍说明的怯薛执事外，亦将“近侍”、“给事”等词作为出任宿卫之标志。第二，元代之怯薛并非皇帝或大汗之独有，诸王、驸马皆有自己的怯薛，为了使论证更有典型性，本文仅针对大汗或皇帝之怯薛进行探讨，因而西夏遗民阿波古侍察合台，刘完泽侍安西王，厘日侍晋王，秃满台侍鲁王等例，不在此表中。第三，在皇帝尚未登基的情况下投效潜邸的唐兀怯薛后加“＊”予以区别。第四，汤开建《增订〈元代西夏人物表〉》以及侯子罡《元代怯薛入仕研究》附表皆总结了一些入事怯薛的唐兀人，但皆有遗漏和错误；不过本表之制成仍离不开前贤的工作，故在此对他们的努力表示感谢。

续表

家族	人物	侍奉	家世	执事	入仕授官	最高任职	主要史源
察罕家族	立智理威	裕宗 *	亦力撒合弟	以勋臣子入宿卫，为东宫必阇赤	世祖欲以近臣安抚川蜀，命其任嘉定路达鲁花赤	湖广行省右丞	《元史·立智理威传》
	塔出	世祖	察罕从孙	近侍，擅长占对	至元七年，降金虎符，授昭勇大将军、山东统军使	江西行中书省右丞	《元史·塔出传》
西卑家族	西卑	太祖		充博儿赤	不详	积官金紫光禄大夫	《永乐大典》卷2806《西卑传》
	阿速	世祖	西卑子	充速古儿赤	至元十八年授唐兀亲军副都指挥使	枢密同佥、右卫亲军都指挥使	
	仙仙	世祖	阿速子	充舍儿伯赤	元贞元年授唐兀亲军都指挥使	不详	
阿八赤家族	术速忽里	太祖	·	选居宿卫，继命掌膳事	不详	不详	《元史·来阿八赤传》
	来阿八赤	宪宗世祖	术速忽里子	为“宿卫中材力可任用者”	至元十四年立尚膳院，授同知尚膳院事	湖广等处行中书省右丞	
亦怜真班家族	僧吉陀	太祖		归附太祖，授秃鲁哈必阇赤兼怯里马赤	不详	不详	《元史·暗伯传》
	秃儿赤	宪宗	僧吉陀子	袭父职	不详	文州礼店元帅府达鲁花赤	《元史·亦邻真班》

续表

家族	人物	侍奉	家世	执事	入仕授官	最高任职	主要史源
亦怜真班家族	暗伯	世祖	僧吉陀孙，秃儿赤子	弱冠入宿卫	权充枢密院客省使	知枢密院事	《元史·亦邻真班》
	亦怜真班	仁宗	暗伯子	仁宗召见，令入宿卫	延祐六年，超拜翰林侍讲学士	江西行省左丞相	
星吉家族	朵吉	太祖		怯里马赤	不详	不详	《元史·星吉传》;《宋学士全集》卷十八《星吉神道碑》
	搠思吉朵儿只	宪宗	朵吉子	袭怯里马赤	不详	不详	
	搠思吉	世祖	朵吉孙	袭怯里马赤	不详	不详	
	星吉	仁宗 *	朵吉曾孙	袭怯里马赤	授中尚监丞	江西行省平章	
乞台普济家族	史拉吉尔威	太祖	夏臣持持理威孙	宿卫太祖	不详	不详	《新元史·乞台普济传》;《牧庵集》卷26《中书右丞相史公先德碑》
	史算尔威	世祖 *	拉吉尔威子	世祖于潜邸	从讨云南、鄂州、阿里不哥等，以军功授蒙古唐兀军民达鲁花赤	不详	
	史乞台普济	裕宗 * 武宗 *	算尔威子	选侍裕宗，保育武宗	武宗即位后授中书平章政事	太傅	
	史也克吉儿	武宗 *	乞台普济子	自幼为武宗伴读	从镇漠北，武宗即位授同知枢密院事	知枢密院事	《蒙兀儿史记·也儿吉尼传》
	老索	太祖	俾入宿卫		不详	顺天路达鲁花赤	《河西老索神道碑》
	李桢	太宗	西夏王族	入质子，以文学得近侍	随察罕征宋，以功授军前行中书省左右司郎中	襄阳军马万户	《元史·李桢传》

续表

家族	人物	侍奉	家世	执事	入仕授官	最高任职	主要史源
	速哥察儿	定宗、宪宗	河西著族	选直宿卫	从宪宗出征，以功受浚州达鲁花赤	浚州达鲁花赤	《吴文正集》卷六十六《魏郡伯墓碑》
昂吉儿家族	昂阿秃	世祖	祖千户也蒲甘卜；父行省左丞相昂吉儿	随父昂吉儿入见，充速古儿赤	从征乃颜有功，袭父职为千户	庐州蒙古汉军万户府达鲁花赤	《元史·也蒲甘卜传》
	安普	世祖	昂阿秃弟	速古儿赤	授金符、唐兀秃鲁花千户	海北海南道廉访使	
高纳麟家族	高睿	世祖	翰林学士高智耀子	近臣以高智耀子进见，授符宝郎，出入禁闼	唐兀卫指挥副使	江南行台御史中丞	《元史·高智耀传》
	高纳麟	成宗	高智耀孙，高睿子。	以名臣子，用丞相哈剌哈孙荐入宿卫	大德十年除中书舍人	中书省平章政事、御史大夫	
	刘容	裕宗*	高祖为西夏主尚食	以国师荐，侍于东宫，专掌库藏	至元十九年立詹事院，授为太子司议	广平路总管	《元史·刘容传》
	刘完泽	世祖		代兄入唐兀卫，世祖召见，入备禁卫	朝夕禁卫达二十年，至大时，拜监察御史	陕西汉中道肃政廉访副使	《道园类稿》卷四十二《刘完泽神道碑》
朵罗台家族	阔阔出	世祖	祖、父为怯怜口行营工匠百户。	以进献良弓且擅射得近侍	明年，武备寺臣以其弓献，并奏用之，授大同路广胜库达鲁花赤	大宁路总管	《元史·朵罗台传》

续表

家族	人物	侍奉	家世	执事	入仕授官	最高任职	主要史源
朵罗台家族	脱欢	世祖	父为芍陂屯田千户所达鲁花赤	初直宿卫	授御史台译史	枢密院断事官	《元史·朵罗台传》
谢仲温家族	谢仲温	世祖*	父任太原路金银铁冶达鲁花	世祖命备宿卫,凡所行幸,必在左右	中统元年,擢平阳、太原两路宣抚使	淮东宣慰使	《元史·谢仲温传》
	谢孛完	世祖	谢仲温孙	备宿卫	不详	冀宁等路管民提举司达鲁花赤	
杨氏家族	杨式腊唐兀台	世祖、裕宗*		见世祖皇帝,受命在左右	不详	不详	《道园学古录》卷四十二《杨襄愍公神道碑》
	杨教化	武宗*	式腊唐兀台长子	受裕宗隆福皇后指派,分别选侍武宗及仁宗	武宗登基,论功超拜教化为同知太府院事	将作院使	
	杨朵儿只	仁宗*	式腊唐兀台长子次子		仁宗受封皇太弟,授朵儿只太子家令丞	御史中丞	《元史·杨朵儿只传》
昔里氏家族	李教化	裕宗*	父爱鲁为云南行省右丞	以世袭大名路达鲁花赤让弟,还宿卫东宫	入东宫宿卫同年,再出为江浙等处行中书省参知政事	仕至中书省平章政事	《(正德)大名府志》卷十《大名监郡昔李公神道碑》;《礼仪院判昔李公墓志铭》
	李万奴	世祖	爱鲁三子,教化弟	篚中朝侍从官	授中顺大夫,袭兄职大名路达鲁花赤	江浙等行省参知政事	
	李勃	武宗、仁宗*	高祖为夏经略使,父任四路达鲁花赤	入宿卫,掌尚辇	陕西行台监察御史	河南行省理问	

续表

家族	人物	侍奉	家世	执事	入仕授官	最高任职	主要史源
	善居	不详	曾祖肃州路世袭达鲁花赤阿沙，父官怀远大将军	主上令为近侍	授宣武将军，武备寺同判	永昌路达鲁花赤	《大元肃州也可达鲁花赤世袭之碑》
	李闾伯	世祖	父祖均无显职，叔领诸路释教	早备宿卫	至元十七年授坚州达鲁花赤兼诸军奥鲁	江浙行省参知政事	《巴西集》卷下《陇西郡李公神道碑铭》
	卜颜帖木儿	武宗、仁宗、英宗	不详	早备宿卫	太常署丞	江浙行省平章	《元史·卜颜帖木儿传》
	福寿	英宗	不详	入备环卫	用年劳授长宁寺少卿	江南行台御史大夫	《元史·福寿传》
	昔宝赤	不详	不详	近侍	潞城县达鲁花赤	武强县达鲁花赤	《(康熙)武强县志》卷八
	买术	不详	不详	起身宿卫	“连佐省台”	海道督漕运万户	《东维子集》卷二十二《重建海道都漕运万户府碑》
	捏古伯	不详	不详	充御前怯薛歹	援兀歹拔都招讨	兀歹拔都招讨	《(嘉靖)辽东志》卷五
	永年	不详	不详	出入帷幄	出为饶州路达鲁花赤	南行台御史大夫	《夷白斋稿》卷二十
	囊加歹	不详	不详	选自怯薛簉仕	不详	永城县达鲁花赤	《(嘉靖)永城县志》卷六

二、入侍之途径与执事

在以上统计的50余名唐兀怯薛中，12个家族有两名或两名以上的家族成员出任怯薛，共计36人，约占72%，考虑到许多唐兀怯薛子嗣们的仕宦事迹史载不详，恐怕这一比例实际上还要更高。这说明进入怯薛的唐兀人仍然是色目功勋旧臣之后，符合“以宿卫之士比多冗杂，遵旧制，存蒙古、色目之有阀阅者，余皆革去”[①]的规定。那么，这些长期遣子弟入宿卫的唐兀阀阅之家是如何形成的呢？

无外乎以下几种。第一种是在成吉思汗征西夏时主动归附，大汗出于嘉奖的目的令其侍奉于左右，如自幼就被收养的察罕，在兀剌孩城被俘投降的西卑即西夏太傅西壁讹答[②]，迎太祖于不伦答儿哈纳之地的僧吉陀[③]，以及术速忽理、拉吉尔威、老索等等。第二种是经过在战场上奋不顾身的作战，最终取得蒙古统治者信任，成为能遣子弟入宿卫的阀阅之家，如在兀剌海迎降的谢睦欢，在攻打西京时被窝阔台救治，“良久乃苏，誓以死报，每遇敌，必身先之”[④]，其子谢仲温被尚在潜邸的元世祖收入宿卫；另一个例子是张掖也蒲氏家族，自第一代也蒲甘卜归附成吉思汗，到至元二十一年(1284)其孙昂阿秃被元世祖授速古儿赤，在也蒲甘卜和昂吉儿为蒙元政权征伐和镇戍淮南足足半个世纪后，该家族终获得遣子入宿卫的权利。第三种是以质子身份入宿卫，又称秃鲁花宿卫。中统四年(1263)二月诏“统军司及管军万户、千户等，可遵太祖之制，令各官以子弟入朝充秃鲁花”[⑤]，西夏皇室后裔李祯以质子入侍太宗就是这种情况。

虽然元代官场尤其重视出身之“跟脚”，但缺乏显赫祖先的西夏遗民也并不彻底与怯薛无缘，一些祖上并未担任高官，且没有军功的唐兀人或能以朝廷重臣之推荐或者自荐入充宿卫。唐兀人阔阔出进献良弓，自荐于元世祖，世祖首先询问其父何人，阔阔出之父祖皆为怯怜口行营弓匠百户，如仅看家世，绝无进入宿卫之可能，世祖“见其状貌魁伟”，能弓善射，于是留为近侍[⑥]。云京人刘容由国师八思巴推荐，入侍真金太子于东宫[⑦]；式腊唐兀台自西夏故地来见世祖皇帝，才能很快被察识，受命在左右[⑧]。不过从总体数量上看，以自荐或他人推荐而进入怯薛

---

① (明)宋濂等撰:《元史》,中华书局,1976年,第512页。

② 马明达,汤开建:《今本〈元史〉散佚在外的两个列传》,载吴凤霞:《〈辽史〉、〈金史〉、〈元史〉研究》(第九卷),中国大百科全书出版社,2009年,第430页。

③ (明)宋濂等撰:《元史》,中华书局,1976年,第3237页。

④ (明)宋濂等撰:《元史》,中华书局,1976年,第3977页。

⑤ (明)宋濂等撰:《元史》,中华书局,1976年,第2511页。

⑥ (明)宋濂等撰:《元史》,中华书局,1976年,第3265页。

⑦ (明)宋濂等撰:《元史》,中华书局,1976年,第3259页。

⑧ 马明达,汤开建:《今本〈元史〉散佚在外的两个列传》,载吴凤霞:《〈辽史〉、〈金史〉、〈元史〉研究》(第九卷),中国大百科全书出版社,2009年,第713页。

卫队的唐兀人，其数量要远远少于那些凭着“大跟脚”出身而入充宿卫的同族人。

“执事”是指每个怯薛丹在宿卫组织中的分工。除大而化之的“宿卫”、“近侍”等说法，有记载的唐兀怯薛所掌执事如下：亦力撒合、阿速及昂阿秃兄弟为速古儿赤，掌舆服；立智理威、僧吉陀、李祯为必阇赤，掌文书；西卑和术速忽里充博儿赤，掌膳食；僧吉陀还兼任怯里马赤，负责通译，与星吉曾祖孙四人相同；仙仙为舍儿伯赤，掌药物；塔出负责占对；刘容掌库藏；如果不出意外，阔阔出和脱欢极有可能以家传的制弓技能，充当主宰弓矢鹰隼事的火儿赤。

以上执掌的分配几乎无一不渗透着西夏文化的色彩。首先，元朝的统治者蒙古人起家自草原，是游牧文化代表，来自西域的色目人亦不熟悉礼仪文化。西夏立国近两百年，与中原的礼仪之邦长期并立，唐兀人是色目人中为数不多的长期受中原文化影响的民族。在西夏法典《天盛改旧新定律令》中，就有不少涉及君臣服饰、皇帝膳食和库藏的条例①。元朝入主中原后，在朝堂之上一定程度地改变了草原旧制，兼采华夏各式宫廷礼仪制度，用西夏遗民来执掌相关事宜，可谓是轻车熟路。

其次，从地缘上看，西夏东与辽、宋、金等中原王朝并立，西有高昌回鹘、喀剌汗、西辽等国，南有吐蕃诸部，北接蒙古各部，处于东西南北要冲，与周边军事、商业和文化交流频繁；再加上西夏国内除党项人外，还有汉、吐蕃、回鹘、沙陀等民族，有识之士也编纂了诸如《番汉合时掌中珠》这样的语言学习教材。很多唐兀人不只懂得一门语言。著名的长春真人丘处机与成吉思汗问对，就是由河西人阿里鲜充作通译完成的②。唐兀人在怯薛中出任怯里马赤或必阇赤能够做到人尽其才。

再次，建立西夏王国后，党项人依然保留了部分游牧民族的古老文化。与党项人一样，蒙古人也有战前以羊胛骨占卜之俗，史载成吉思汗“每征讨，必命楚材卜，帝亦自灼羊胛以相符应”，“睿宗令军中祈雪，又烧羊胛骨，卜得吉兆”③。相比之下，西夏占卜文化则远较当时的其他蒙古、色目民族发达，从现有材料来看，占卜的种类有“死跋焦”、“生跋焦”、“擗算”、“弓弦卜”、“云卜”、“相面”、“禳星”、“鸟卜”、“《周易》卜筮”等④。塔出以“占对称旨”而得到元世祖的器重，实际上是得益于党项人的传统文化。

① 《天盛改旧新定律令》，史金波，聂鸿音，白滨译，法律出版社，2000年，第282页，430—433页，418—423页。

② （金）丘处机著《丘处机集》，赵卫东辑校，齐鲁书社，2005年，第224页。

③ （明）宋濂等撰：《元史》，中华书局，1976年，第3456、3522页。

④ （宋）沈括撰：《梦溪笔谈》，上海书店出版社，2009年，第154页。[俄罗斯]聂历山：《西夏文字及其典藏》，载孙伯君编《国外早期西夏学论集》(2)，民族出版社，2005年，第239页。（元）虞集：《道园学古录》（万有文库第二集），商务印书馆，1937年，第83页。

《元史·兵志》所介绍的十余种怯薛执事中，主弓矢鹰隼者火儿赤、怯怜赤、昔宝赤，侍上带刀者云都赤，带弓矢者阔端赤，司阍者八剌哈赤，典车马者兀剌赤、莫伦赤，牧骆驼者帖麦赤，牧羊者火你赤，捕盗者忽剌罕赤，奏乐者虎儿赤[①]等十个执事未见有唐兀人出任。这些放牧、打猎、驾御、带弓矢刀剑的执事本来就是蒙古怯薛所擅长的，自然就无需唐兀人参与。唐兀人进入怯薛，扬长避短，恰好弥补了其他蒙古、色目怯薛中御服、文书、翻译、占卜等方面人才的不足。

三、时代分布

排除掉6名史载不详的，剩下的唐兀怯薛共侍奉皇帝或大汗51人次，分布如下表：

表2　唐兀怯薛宿卫皇帝人次一览表

皇帝	太祖	太宗	定宗	宪宗	世祖	裕宗	成宗	武宗	仁宗	英宗
人次	7	1	1	5	19	5	1	5	5	2

据表所示，在前四汗时期，成吉思汗和蒙哥汗拥有较多的唐兀怯薛，而窝阔台汗和贵由汗身边的唐兀怯薛却寥寥无几。曾侍奉成吉思汗的察罕、西卑、术速忽理、僧吉陀等人，其第二代往往直接侍奉蒙哥或忽必烈，未见有侍奉窝阔台或贵由者。究其原因，在于早期蒙古社会的幼子继承制：成吉思汗去世前曾下诏"掌管国家和大位是艰难的事，就让窝阔台掌管吧，而包括我所聚集起来的禹儿惕、家室，财产、库藏以及军队在内的一切，则让拖雷掌管"[②]。大汗在六盘山去世后，怯薛作为大汗的私人卫队也转归四皇子托雷继承，太祖怯薛的子孙也进而侍奉托雷及其后人蒙哥、忽必烈、阿里不哥等。窝阔台系的太宗、定宗只能重新在质子、功臣后嗣中选人组建怯薛。由于不存在太祖时征伐河西、吸纳西夏降将进入宿卫的历史背景，这一时段进入怯薛的唐兀人便寥寥无几了。

入侍世祖和裕宗(真金太子)于东宫的唐兀怯薛在数量上冠绝其他时期。一是由于元世祖作为托雷系后人，可直接吸纳太祖怯薛子嗣进入自己的宿卫。二是元世祖在位时间较长，以致不少唐兀怯薛世家有兄弟、父子、叔侄共侍一帝现象。三是忽必烈与阿里不哥争位时，原蒙哥汗的大怯薛为漠北的阿里不哥占据；"虽然后来阿里不哥被击败，但并未南下归附，原蒙哥汗的大怯薛自然不会全部专属忽必烈，即便陆续专属，也未必忠实于忽必烈汗"[③]，因而忽必烈在潜邸时和登基后都注意搜罗人才充宿卫、近侍。此外，忽必烈在登基前长期镇守漠南，深

① (明)宋濂等撰：《元史》，中华书局，1976年，第2524页。

② [伊朗]拉施特著：《史集》(第2卷)，余大钧、周建奇译，商务印书馆，1985年，第5页。

③ 李治安：《元代政治制度研究》，人民出版社，2003年，第61—62页。

受汉族士人及汉文化影响,宿卫中的汉人和唐兀人也比前四汗时多。

在泰定帝、天顺帝、明宗、文宗、宁宗、惠宗(即顺帝)等六帝统治的45年内,现有史籍中未见有入侍怯薛的西夏遗民。笔者推测有两种原因可能造成这种现象。首先,仕官途径的多样化,大德四年(1300),朝廷正式规定了高官子弟承荫的品级和程序;延祐二年(1315),元朝第一次开科取士;许多出身怯薛世家的唐兀人转而以承荫、科举、国子生贡举、吏员出仕等途径走上仕途①。然而,怯薛出身在元代官场仍然是最为显赫的资本,所以,由其他途径入仕应该不是西夏遗民主动追求,而是被动接受的。

自元朝中期以来,官府开始对怯薛的族籍进行严格限制。成宗大德七年(1303)、大德九年(1305),武宗至大二年(1309),仁宗皇庆元年(1312)、皇庆二年(1313),英宗至治二年(1322)曾数次下诏,严禁汉人、南人充宿卫②。屡次颁布这类诏书,至少说明在英宗朝之前,禁令没有得到有效贯彻,汉人、南人投充怯薛仍大有人在。英宗朝后,这种现象虽未禁绝,但已大量减少。西夏遗民若在元代为色目之属,那么便不应在限制内,何以像汉人、南人一般逐渐在怯薛队伍中绝迹?

笔者揣测,这或许与朝廷对西夏人的定位变化有关。按理来说,绝大部分西夏遗民充入怯薛的目的还是为了求官。而面对朝廷冗官问题的问策,元朝后期重臣欧阳玄曾建议"精铨选之本",他说道:"今之女真、河西,明有着令,而自混色目;北庭族属邻于近似,而均视蒙古,乘坚驱良,并列通显。盖我国人天性浑厚,不自标榜,愚恐百年之后,求麟趾之公姓,不可复别异矣。欲还淳古之风,去桀黠之习,则必如贞观之于崔、卢氏,命近臣编之,使其派系分明,不得揉进可也。"③欧阳玄身为翰林学士,朝廷重臣,曾参与编撰《经世大典》、《至正条格》,理应熟知元朝的各种政治制度,称河西人(西夏遗民)"自混"色目人的说法,显然是否认西夏遗民属于色目人,处于第二等级的地位,而将其和女真人一样列入到"汉人"之中。

与此同时,英宗朝后,其他民族的色目人却仍然在源源不断地入充宿卫。据侯子罡《元代怯薛入仕研究》一文附表统计,于英宗之后仍能入侍怯薛的色目人有康里、阿速、回回、畏兀儿、哈剌鲁等民族;其中尤其以康里氏为盛,侯文所列表

---

① 如杨朵儿只、杨教化、昔里孛的子嗣以荫叙入仕,速哥察儿之孙教化在泰定四年以进士入仕,刘完泽之子沙剌班由国子学释褐授官,均系怯薛世家转由别途入仕。

② 如至大二年诏"以宿卫之士,比多冗杂。遵旧制:存蒙古、色目之有阀阅者,余皆革去"(《元史》卷二十三《武宗纪》),皇庆元年"诏分汰宿卫士,汉人、高丽、南人冒入者,还其元籍"(《元史》卷二十四《仁宗纪》)等等,由于篇幅原因,不一一列出。

③ (元)欧阳玄撰:《圭斋文集》,《四部丛刊初编本》,商务印书馆,1935年,卷十二页六。

中显示元英宗朝之后共有5名康里人入充宿卫[①]。在元朝皇帝屡次下诏禁止汉人、南人投充怯薛的背景下，西夏遗民被排除出怯薛组织的现象或与元朝君臣们在一些领域中不再将他们视为色目人的一种有关。

四、唐兀怯薛的贡献

关于唐兀人对蒙元王朝的贡献，汤开建、马宏翔《元代西夏人的历史贡献》(《青海社会科学》1987第6期)已作出详细论证。但相比起其他文武官僚，唐兀怯薛以其身处大汗或皇帝左右，更受信任，对上之建言更易被听取采纳，对下之安抚与震慑也更具备权威性，故而能够作出许多超越其他西夏遗民的贡献。以下分四个方面予以讨论。

第一，随同大汗出征，帮助蒙元王朝开疆拓土，完成中华一统事业，粉碎分裂国家的叛乱。老索随成吉思汗分讨钦察、兀罗思、回回等国，"披坚执锐，亲冒矢石，为士卒先"，被赐号"八都儿(勇士)"[②]。木花里、塔出、术速忽里、来阿八赤、李祯、谢仲温则分别随同定宗、宪宗、世祖出征，为中华的统一事业立下汗马功劳。尤其值得一提的是术速忽里，他建议元宪宗放弃强攻四川的战略，改留偏师周旋，主力顺江而下会和鄂州诸军，全力突破荆襄。可惜宪宗未予采纳，后来元世祖听闻，抚掌而叹，道："当时若从此策，东南其足平乎！朕在鄂渚，日望上流之声势耳。"[③]后宋将刘整降元，再进"先攻襄阳，撤其扞蔽"[④]之策，终于迫使襄阳内附，进而敲响了宋朝的丧钟，也证明了唐兀将军术速忽里的战略眼光。

由于汗位继承问题和元世祖在中原推行汉法，窝阔台系和察合台系诸王屡屡在西北发动叛乱，元成宗及武宗在登基前均有过镇守漠北的经历。唐兀怯薛乞台普济、也克吉儿父子亲随皇太子海山出镇，多次击败叛王海都，逾越金山，斩获万余。乞台普济令麾下将士皆穿红甲，叛军见则退走，不敢迎击[⑤]。杨教化负责保管元成宗所赐印宝，代皇太子入奏军情。面对太府卿的刁难，教化据理力争，请求朝廷拨付军需物资，支援前线[⑥]。

第二，充任大汗特使，从事监察、安抚、监军、督运等事务。至元十五年

---

① 侯文认为西夏人福寿侍奉之皇帝应为元顺帝，前文已考其出仕后所任官职为元英宗皇后位下，故福寿不当在元顺帝而在英宗时入侍宿卫。侯子罡：《元代怯薛入仕研究》，硕士学位论文，宁夏大学2009年，第42—58页。

② 陈育宁，史金波主编：《中国藏西夏文献》第18册，甘肃人民出版社、敦煌文艺出版社，2007年，第138—150页。

③ (明)宋濂等撰：《元史》，中华书局，1976年，第3141页。

④ (明)宋濂等撰：《元史》，中华书局，1976年，第3786页。

⑤ (元)姚燧撰：《牧庵集》，《丛书集成初编本》，商务印书馆，1936年，第328—329页。

⑥ (元)虞集撰：《道园学古录》(万有文库第二集)，商务印书馆，1937年，第713页。

(1278)，唐兀怯薛刘容“奉旨使江西，抚慰新附之民。或劝其颇受送遗，归赂权贵人，可立致荣宠。容曰：‘剥民以自利，吾心何安？’使还，惟载书籍数车，献之皇太子”①。刘容没有利用尊荣的怯薛身份强取豪夺，而是恪守太子库藏官的身份，搜集书籍而非搜罗财宝。元朝统一前，蒙宋两军在四川相持近20年，“帝闵其地久受兵，百姓伤残，择近臣抚安之……立智理威奉诏甚谨，民安之，使者交荐其能。盗起云南，号数十万，声言欲寇成都。立智理威驰入告急，言辞恳切，继以泣涕。大臣疑其不然，帝曰：‘云南朕所经理，未可忽也。’乃推食以劳之。又语立智理威曰：‘南人生长乱离，岂不厌兵畏祸耶？御之乖方，保之不以其道，故为乱耳。其归以朕意告诸将，叛则讨之，服则舍之，毋多杀以伤生意，则人必定矣。’立智理威至蜀，宣布上旨”②。在百废待兴的元朝初年，饱受战火洗礼的民众期待平静安宁的生活，唐兀怯薛以大汗近侍的身份出使，在地方上赋有绝对的权威，他们能够执行怀柔的上谕，有助于国家恢复稳定。

第三，勇于直谏，规劝皇帝。怯薛是皇帝的家臣，即便出仕，仍能保留皇帝近侍的身份，这也意味着在京任职的官员能时常接触到皇帝。杨朵儿只自幼给侍元仁宗于藩邸。仁宗登基，以朵儿只为御史中丞。西夏遗民高智耀之孙纳麟，因上书言事，忤逆圣旨而断罪，朵儿只接连上奏以图解救，仁宗坚持不允。数日后，仁宗读《贞观政要》，朵儿只侍奉在侧，“帝顾谓曰：‘魏徵古之遗直也，朕安得用之。’对曰：‘直由太宗，太宗不听，徵虽直，将焉用之。’帝笑曰：‘卿意在纳璘耶？当赦之，以成尔直名也’”③。在朵儿只的讽谏下，仁宗最终原谅了纳麟。星吉奉诏修起居注，每侍英宗皇帝于侧，便将“中外利害乘间进说无虚时”④。亦力撒合为元世祖速古儿赤，“甚见亲幸，有大政时以访之，称之曰秀才而不名。尝奉使河西还，奏诸王只必帖木儿用官太滥，帝嘉之”⑤，他不畏强权，敢于揭发皇亲国戚，元世祖索性任命其为河东提刑按察使以尽其才。

第四，培育储君，辅佐东宫。真金太子、武宗和仁宗在担任储君时都有唐兀怯薛辅佐在侧。固然，真金太子之所以能够成长为元初朝中汉法派的顶梁柱，离不开“王恽等汉族文臣运用儒家文化对真金太子的刻意熏染和教化影响”⑥，但是在真金身边辅佐他的唐兀怯薛也应有一定的功劳，刘容就是其中之一。前文已然提及的掌东宫库藏，并搜集典籍献给皇太子等事迹。真金对刘容的才能十分

---

① (明)宋濂等撰：《元史》，中华书局，1976年，第3260页。

② (明)宋濂等撰：《元史》，中华书局，1976年，第2958页。

③ (元)虞集：《道园学古录》(万有文库第二集)，商务印书馆，1937年，第272页。

④ (明)宋濂等撰：《宋学士全集》，《丛书集成初编本》，商务印书馆，1935年，第649页。

⑤ (明)宋濂等撰：《元史》，中华书局，1976年，第2957页。

⑥ 李治安：《忽必烈传》，人民出版社，2004年，第686页。

器重。至元七年(1270)，真金受命巡抚称海，“闻容知吏事，召至，命权中书省掾”[①]。相应的，刘容也对真金的成长而倍加关照：至元十九年，朝廷立詹事院，“备左右辅翼皇太子之任”[②]，“容上言曰：‘太子天下本，苟不得端人正士左右辅翼之，使倾邪侧媚之徒进，必有损令德。’闻者是之。俄命为太子司议”[③]。至元二十年(1283)，李教化(大名路达鲁花赤小李钤部之孙)将大名路达鲁花赤兼新附军万户一职让弟，自己回归内廷，宿卫东宫，教化号称“孝友英发，乐问学，有蕴藉，至临政精核，矫矫有祖风”，也应是真金太子身边的重要儒臣。

元武宗自幼就由曾任真金近侍的乞台普济保育，“每帝召见，则必左右兼抱之至前。方幼而学，诏教之经。以其嫡额尔吉纳侍读，俟其遨嬉废诵，辄挞其子以警之，故能终业。大会将毕，聚诸侯王读太祖大训，加丁宁告戒之，始遣就国”[④]。武宗皇帝能兴儒道，加封孔子“大成至圣文宣王”，或许与幼年时乞台普济的谆谆教诲有一定联系。

五、元代唐兀怯薛的地位

元代之怯薛即使出仕，也仍然保留着宿卫的身份：“虽以才能受任，使服官政，贵盛之极，然一日归至内庭，则执其事如故”[⑤]；“诸省部官名隶宿卫者，昼出治事，夜入番直”[⑥]，相比起“三日一奏事，军国急务不拘此限”[⑦]的省规，怯薛出身的官员谒见皇帝的概率更大，对朝政的影响力也更大。前揭杨朵儿只以御史中丞的身份屡屡上奏帮纳麟解围，而不见采纳，唯独在近侍仁宗读书时借古讽今终说服皇帝，便能反映这一问题。屈文军先生认为“元代的中书省只是国家最重要的执行机关和政令上传下达最高一级的行政机构，而怯薛才是这个王朝政治活动中的中枢组织”[⑧]。

然而，唐兀入充怯薛者虽甚众，却极少出现能以内驭外、挟制宰相或参与御前决策等现象。他们之中的大多数人仍然是严守本分，安于自己的执事。在与中书省官僚相处的过程中，他们更多的是处于弱势地位。如唐兀怯薛昔里孛曾为仁宗掌尚辇，“平章政事萧拜住传旨取二腰带，公曰：‘带前此以赐人矣。’萧卞

---

① (明)宋濂等撰:《元史》,中华书局,1976年,第3259页。

② (明)宋濂等撰:《元史》,中华书局,1976年,第2243页。

③ (明)宋濂等撰:《元史》,中华书局,1976年,第3260页。

④ (元)姚燧:《牧庵集》,《丛书集成初编本》,商务印书馆,1936年,第327页。

⑤ (明)宋濂等撰:《元史》,中华书局,1976年,第2524页。

⑥ (明)宋濂等撰:《元史》,中华书局,1976年,第2616页。

⑦ (元)王恽撰:《秋涧先生大全集》,《元人文集珍本丛刊(二)》,新文丰出版公司,1985年,第377页。

⑧ 屈文军:《元代怯薛新论》,南京大学学报(哲学·人文科学·社会科学版)2003年第2期,第150页。

急，遽斥之。公曰：'平章何怒？有日历在。'取历示之，萧语塞而去。公叹曰：'丈夫生世，乃以虚名为人所辱至此。'即求去。同列以上眷顾，尼之。然公引退之志，实自此始"[①]。昔里孛虽能不卑不亢，据理力争，然而身为皇帝近臣却被没有怯薛背景的契丹人外臣颐指气使，以至于萌发出引退的想法。另一位怯薛刘容奉旨抚慰江西时，没有听从"颇受送遗，归赂权贵人，可立致荣宠"的建议，从而得罪外臣，"忌嫉者从而谗之"，真金为谗言所动，"由是稍疏容，然容亦终不辩"。[②]元朝君主没有给予唐兀怯薛足够的信任，他们在与省台官员的较量中并无十足的底气，往往只能忍气吞声。

怯薛预政的另一个条件则是在皇帝身边任职，外任怯薛不能入值宿卫，实际上已然丧失了以近臣身份干预朝政的可能。笔者遍检元代唐兀怯薛相关史籍，发现仅有3位西夏遗民在出仕后从未外任，仅占前文统计唐兀怯薛总数的6.5%，可谓是非常稀少。这三人是乞台普济、杨朵儿只和杨教化。当御史台准备奏请武宗任免杨教化出任江南湖北道肃政廉访使时，"上不悦，曰：'此朕左右手，何可若是其远耶？'即日留为将作院使，留之"[③]。可见，只有深得皇帝信任的唐兀怯薛，才会被皇帝留在京师任职。其他的西夏遗民由怯薛出仕后多派往地方任职，其中甚至有十余人再也未能调回中央任职。而故西夏丰州人谢仲温，自中统元年(1260)由怯薛出仕，被元世祖任命为平阳、太原两路宣抚使，直到至元三十年(1293)才再次进京面圣，元世祖居然惊喜的说道："汝非谢仲温乎？朕谓汝死矣！"[④]离开了权利中枢的唐兀怯薛，甚至连死活都不再为皇帝所知，这不得不说是一种悲哀！

六、结语

总而言之，蒙元时期的唐兀人在投充怯薛后多默默地安于自己的执事。他们既没有以内驭外的意图，更没有干预朝政的实力，反倒是常为外臣所制。同时，随着元朝中后期皇帝的怯薛宿卫开始逐渐排斥汉人和南人，本应不在受排斥之列的唐兀怯薛也随之在史籍中逐渐销声匿迹。然而不可否认的是，唐兀怯薛仍然在一定时间段利用着自己有限的影响力，为国家作出了不可磨灭的贡献。

---

① (明)唐锦纂：《(正德)大名府志》，天一阁明代方志选刊，上海古籍出版社，1981年，卷十页二八。

② (明)宋濂等撰：《元史》，中华书局，1976年，第3260页。

③ (元)虞集撰：《道园学古录》(万有文库第二集)，商务印书馆，1937年，第714页。

④ (明)宋濂等撰：《元史》，中华书局，1976年，第3978页。

元代海道都漕运万户府达鲁花赤买述丁考

买述丁，生卒年不详，字永锡。其本人历仕元成宗孛儿只斤铁穆耳至元惠帝孛儿只斤妥欢贴睦尔60余载，仕宦之旅由最初太学院老师，逐渐晋升为资善大夫、中政院使，海道都漕运万户府达鲁花赤、江西等处茶运使，为政期间，革新吏治，清除积弊，裁减冗员，轻徭减役，赈济灾荒，救助百姓，整顿海运，重建漕府，抗击海寇等，其事迹主要被同时代的著名文人杨维祯《东维子集》卷二十三《重建海道都漕运万户府碑》，朱德润《存复斋文集》卷一《资善大夫、中政院使买公世德之碑铭并序》及续集《资善大夫、海道都漕运万户府达鲁花赤买公（述丁）惠政之碑铭并序》、《送买院使序》[①]记载，据此，本文综合其他文献，对买述丁籍贯、家族及事迹作以下考述。

一、买述丁籍贯

买述丁的祖辈归降成吉思汗后，先居和林，又迁徙到山西大同，他本人名字的音译翻译有“买术丁”与“买述丁”两种，这两种翻译起始于元代，并延续至当今学者笔下。

关于买述丁籍贯，目前学术界有两种结论。一种认为是西夏人。此说法源于杨维祯所撰的《重建海道都漕运万户府碑》载：“买术公，字永锡，西夏人，起身宿卫，连佐省台，有风节，今以资善大夫为府之监”[②]。后世学者以此信息为依据，认为买术丁为西夏人。如：汤开建《〈元代西夏人物表》载：“买术，字永锡，西夏人，起身宿卫，连佐省台，资善大夫，海道都漕运万户府监，万户。”[③]杜建录《党项西夏文献研究》载：“买术，西夏人，字永锡”[④]。据此，长期以来西夏学界把买术丁归为西夏人。另一种观点认为是回回人。此观点源于朱德润所撰《资善大夫海道都漕运万户府达鲁花赤买公（述丁）惠政之碑铭并序》载：“买述丁，字永锡，不花剌氏”[⑤]。以此信息为依据的后世学者判定买述丁为回回人。如白寿彝《回族人物志（元代）》卷十、附卷之二《碑传题跋酬赠》[⑥]收录了买述丁的相关文献，余振贵、雷晓静《中国回族金石录》载“买述丁为元代回回名臣，著名回回天文学家马

---

① 现今刊行的朱润德《存复斋文集》，皆源自于明成化十一年刊本，《存复斋续集》是涵芬楼景印《存复斋文集》时意外发现的。

② 杨维祯撰：《东维子集》，《景影文渊阁四库全书》，（台北）“商务印书馆”，1986年，第1221册，第618页。

③ 汤开建：《党项与西夏史探微》，商务印书馆，2003年，第492页。

④ 杜建录：《党项西夏文献研究》，中华书局，2011年，第1048页。

⑤ （元）朱德润撰：《存复斋文集续集》，《丛书集成续编》册109，上海书店出版社，1994年，第884页。

⑥ 白寿彝：《回族人物志（元代）》，宁夏人民出版社，1985年，第138页，第351—357页。

合麻之曾孙”①。

杨维祯(1296—1370),字廉夫,号铁崖,元代著名诗人、文学家,有《东维子文集》、《铁崖先生古乐府》存世。朱德润(1294—1365),字泽民,号睢阳散人,元代著名画家、诗人,著《存复斋文集》10卷,附1卷。买述(或术)丁,生卒年不详。其步入仕途的最早时间信息为,元成宗批准“执经太学”②,成宗在位共12年(1295—1307),即这12年间的某年,他已是太学院的老师。另外,“至大中,授尚服院长史”③,元武宗海山至大年号只有4年,即至大元年(1308—1311)。杨维祯1296年出生,1308年其13岁;朱德润1294出生,1308年其15岁;买述丁1308年已任尚服院长史,据此判断买述丁的出生时间应该早于杨维祯、朱德润二位文人,他们三人应该是同时代的人,同为元朝廷效力,在元朝的政治舞台上,三人还是相互知道的。另外,据文献记载可知,买述丁在至正九年前往江西任职时,请朱德润为其撰写世德碑,以纪祖考,也就是说朱文所记买述丁家世是买述丁本人所述,信息是比较准确的。朱德润《资善大夫海道都漕运万户府达鲁花赤买公(述丁)惠政之碑铭并序》记载:“资善公字永锡,不花剌氏”④,《资善大夫中政院使买公世德之碑铭并序》一文更详细记载了买述丁家世,“皇元混一区宇,际天所覆,罔不臣服。于阗尤先效顺,时则有若不花剌氏,以佃巧手艺入附,徙置和林,又迁于西京。”⑤由此可知买述丁祖籍为花拉子模人,为不花剌氏。花拉子模位于今日乌兹别克斯坦及土库曼斯坦两国的土地上,公元7世纪,花拉子模被阿拉伯帝国征服,伊斯兰教成为该地区的宗教,1219年,元太祖成吉思汗发动西征,历时七年(1219—1225),灭花拉子模等国,《元史·卷一·太祖本纪一》载:“(十四年)夏六月,西域杀使者,帝帅师亲征,取讹答剌城,擒其酋哈只儿只兰秃”⑥。随后花拉子模归降成吉思汗,有着工艺手工的花拉子模匠人们被成吉思汗带回蒙古,买述丁的曾祖也在列,其懂天文学被朝廷重用。故买述丁籍贯花拉子模,为不花剌氏,归降元朝后,也称回回人。

---

① 余振贵、雷晓静:《中国回族金石录》,宁夏人民出版社,2001年,第585页。

② (元)朱德润撰:《存复斋文集》卷一,《历代画家诗文集》,(台北)学生书局,1973年,第23页。

③ (元)朱德润撰:《存复斋文集》卷一,《历代画家诗文集》,(台北)学生书局,1973年,第24页。

④ (元)朱德润撰:《存复斋文集续集》,《丛书集成续编》册109,上海书店出版社,1994年,第884页。

⑤ (元)朱德润撰:《存复斋文集》卷一,《历代画家诗文集》,(台北)学生书局,1973年,第22页。

⑥ (明)宋濂等撰:《元史》,中华书局,1976年,第20页。

二、买述丁家族世系

买述丁家族，第一代，1人，马合麻。花剌子模归降成吉思汗后，许多手工匠人被安置于和林①，又迁于西京②。朝廷设立局院以管理入附的的各类工匠，买述丁曾祖马合麻也在列。但其不受局院管理，以擅长天文学供职朝廷。马合麻与其子撒的迷失，在中统初(1260)，参与平定亲王阿里不哥叛乱有功，赐名马、白金。至元十七年(1280)，国家建立了洪城屯卫，授马合麻百夫长。洪城史籍也称作红城，《元史·卷一百·兵志》载："世祖至元二十九年(1292)十一月，命各万户府，摘大同、隆兴、太原、平阳等处军人四千名，于燕只哥赤斤地面及红城周回，置立屯田，开耕荒田二千顷，仍命西京宣慰司领其事，后改立大同等处屯储万户府以领之。"③又《元史·卷一百四十九·石安琬传》载："(安琬)累功至右卫亲军副都指挥使，进阶怀远大将军，赐金虎符，后授大同等处万户，领江左新附卒万人，屯田红城。"④

第二代，3人。马合麻有三子，长子撒的迷失、次子哈散、季子乌马儿。马合麻病危临终之时，语重心长地叮嘱自己的儿子们："吾自内附以来，心怀忠报，未竟所怀。汝曹勉之。"⑤又命长子撒的迷失留居京师，在京城当禁役，即在京城当护卫，这里的京城指西京大同。次子哈散袭百夫长；季子乌马儿早逝。撒的迷失，是买述丁爷爷，至顺中，即公元1330年—1331年，因孙子买述丁的功绩，被赠咸阳郡公。买述丁的三爷爷哈散一家，从文献记载看，因后来与买述丁家有矛盾，至此，其家族在与买述丁相关的文献记载里几乎没有再提起。第三代，1人，阿合麻。买述丁的父亲阿合麻，三十二岁，早逝，其仕途没有建树，以子贵，赠咸阳郡公。买述丁的母亲阿鲁温氏，是一位了不起的母亲，无论是管理家庭，还是教育子女都很成功，她育有二子一女，长子即买述丁，次子闾闾，仕止集贤院经历，一女，适翰林待制轧哈麻。买述丁父亲早逝，母亲守义不移，孤儿寡母，家族常有"阋墙之侮"⑥，即其家时常被三爷爷哈散家族欺负，为此买述丁母亲"辩甚直，朝端怜之，白成宗皇帝，得玺书护其家"⑦。并且成宗皇帝铁穆耳还下令买述丁执经太学。这位勇敢的母亲不仅站出来保护儿子，保护家庭，还时常语重心长

---

① 今蒙古国后杭爱省。
② 今山西省大同市。
③ (明)宋濂等撰:《元史》，中华书局，1976年，第2561页。
④ (明)宋濂等撰:《元史》，中华书局，1976年，第3528页。
⑤ (元)朱德润撰:《存复斋文集》卷一，《历代画家诗文集》，(台北)学生书局，1973年，第23页。
⑥ (元)朱德润撰:《存复斋文集》卷一，《历代画家诗文集》，(台北)学生书局，1973年，第23页。
⑦ (元)朱德润撰:《存复斋文集》卷一，《历代画家诗文集》，(台北)学生书局，1973年，第23页。

地教导儿子要“事上忠，律己严，抚民仁”①。遵循母亲的教导，买述丁在仕途上越做越好，至正四年(1344)，晋升资善大夫、中政院使，七年(1347)，任海道万户府达鲁花赤，九年(1349)，任江西等处茶运使。母亲阿鲁温氏，高寿八十，封咸阳郡夫人。从买述丁曾祖马合麻被带回蒙古，因懂天文学供职于朝廷，到买述丁本人，刻苦学习，踏入仕途，其家族四代九位主要人物，经历了整个蒙古帝国和元朝的创建和发展，甚至衰落，在蒙元政治舞台上留下了其足迹，建立了功勋。其家族人物世系见下表。

家族人物世系表

第一代	第二代	第三代	第四代
马合麻	撒的迷失	阿合麻 妻阿鲁温氏	买述丁
			间间，仕止集贤院经历。
			一女，适翰林待制轧哈麻
	乌马儿，蚤卒。		
	哈散，袭百夫长。		

三、买述丁事迹

1. 买述丁的仕途履历。买述丁进入仕途的最早记载，元成宗皇帝批准他执经太学，信息没有明确说明是哪年，但成宗铁穆耳在位(1295—1307)，共8年，买述丁应该是在此期间执教太学的，太学是中国古代的最高学府。接着被丞相李叔固推荐到大都当护卫，到大汗居住的地方当护卫的时间应该在公元1308年之前，因为至大中，他被授尚服院长史，至大是元武宗海山的年号(1308—1311)，共4年。后来又相继任利用监大使②、京畿运粮提举、河间运判、集贤经历。从公元1308年到泰定二年(1325)这十八年间，买述丁先后五次变动职务，至此以后，他的每次晋升都有确切时间记载，泰定二年(1325)，任南台监察御史。天历初(1328)，任内台监察御史。至顺初(1330)，为山南廉访副使，又晋升为左司郎中。至正元年(1341)，任户部尚书。三年(1343)，任中书参议，诏赐云龙金带。四年(1344)，改任宣徽同知，又授资善大夫、中政院使。至正七年(1347)，为海道万户府达鲁花赤。九年(1349)，为江西等处茶运使。其以后的仕宦信息在《夷白斋稿》卷二十七《光福观音显应记》有一条记载，至正十四年(1354)，江浙行中书右

① (元)朱德润撰:《存复斋文集》卷一,《历代画家诗文集》,(台北)学生书局,1973年,第24页。

② 元官署名。掌出纳皮货衣物。

丞西域买术丁、都水庸田使文殊讷、海道都漕运万户燕山脱因、平江路达鲁花赤六十、总管高履出俸金作诸佛事[①]。至此，买述丁已步入仕途近60载。

2. 买述丁政绩。买述丁从政60载，做到了他母亲教导的那样“事上忠、律己廉、抚民仁”。(1) 革新吏治，清除积弊，裁减冗员。泰定二年(1325)，买述丁任南台监察御史，为了减轻人民负担，提出精简官府机构人员驿饷配额。建言：“使官三品以下，止给驿饷一名，以苏民力。”[②]《元史》卷八十六载：“察院，品秩如内察院。至元十四年(1277)，置监察御史十员，书吏十员。二十三年，增蒙古御史十四员、书吏十四人，又增汉人御史四员、书吏四人。后定置御史二十八员、书吏二十八人。”[③]由此察院一职可窥元朝官府人员队伍组成规模。天历初(1328)，任内台监察御史时，强调为官不能搞特权。针对蒙古翰林院官吏，多次请求皇帝批玺书，以获得特权，都被买述丁奏请追还玺书，并严厉制止不得再请求。关于官员购买民众物品，提出不许压价。关于养老，政府在京城设立享受政府补贴待遇的老人名额50人，一些富商与官员勾结，使得享受优厚待遇的老人名额又徒增100名，借此逃避赋役，此事被买述丁查实，请求朝廷维持原定名额，朝廷均采纳了他的建议。在户部任职时，为节省官府开支，提议把宫廷所用素缎改织平缎，每年可省官费三万五千锭。(2) 轻徭减役，赈济灾荒，救助百姓。至顺初(1330)，买述丁担任山南廉访副使时，为了减轻人民劳役负担过重，建立文簿档案，对人员造册登记，排列次序，甲者先之，乙者次之。针对两京官府物品供应繁重，他要求官府给供货户预支现金，以便使他们有资金周转。了解到居庸关以北的一些地区干旱缺水，面对百姓苦于到远处取水，买述丁一方面自己捐俸禄二千五百缗，一方面申请官府资助，为那里的百姓挖井，解决了当地老百姓吃水困难的现状。遇到灾荒年份，积极救济灾民，一是利用官府存银赈济，一是以身示范并劝说富人出资救助，对流浪他乡的患病灾民，下令医生救治与安置，来春再遣返回乡。在户部任职时，看到造钞局工人生活贫穷，规定每人每年发放绵布一匹，这种做法后来被长期沿袭。(3) 整顿海运，修缮漕府，抗击海寇。元代从富庶的鱼米之乡江南调运粮食到大都，为了保证京师和北方军民所需粮食，设置了海道都漕运万户府。《元史》卷九十一载：“海道运粮万户府，至元二十年(1283)置。秩正三品。掌每岁海道运粮供给大都。达鲁花赤一员，万户一员，并正三品”[④]。又《元史》卷二十一载：大德七年(1303)十一月，“并海道运粮万户府为海道都漕运万户府，给

---

① (元)陈基撰：《夷白斋稿》，《景印文渊阁四库全书》，(台北)“商务印书馆”，1986年，第1222册，第319页。

② (元)朱德润撰：《存复斋文集》卷一，《历代画家诗文集》，(台北)学生书局，1973年，第24页。

③ (明)宋濂等撰：《元史》，中华书局，1976年，第2179页。

④ (明)宋濂等撰：《元史》，中华书局，1976年，第2315页。

印二”[1]。至正丁亥(1347),万户买述丁被任命管理海道都漕运万户府,此时海道都漕运万户府设置已65年,每年给京城运粮达三百万担。买述丁一到任,首先,着手整顿航运管理存在的弊端,颁布了一系列新规定:运户维修运舟,官府须按时发放费用;详审运户信息,以均漕运徭役;调换久任一处的各千户所官吏,以防舞弊;精简下级漕运管理部门多余人员,减轻人民负担。其次,漕府自建成以来年久失修,破败不已,买述丁带头捐出自己的俸禄,筹资重建漕府。第三,海运中,面对海寇频发的局面,他依然亲帅部众,进入到北洋诸岛,主动出击捕敌。第四,一系列普惠漕民的措施,如:规定若漕舟遭遇劫掠,不予追究运户责任,维护了运户利益;遇到逆风不能进入码头的,可以来年再运输;等等。对违反漕运各项规定的人与事,下令必须予以及时纠正。买述丁任海道都漕运万户府达鲁花赤两年间,也是元朝政局风雨飘摇之际,面对全国农民起义风起云涌,海寇肆略,买述丁依然竭尽其能,为国家为百姓做实事。

① (明)宋濂等撰:《元史》,中华书局,1976年,第455页。

典籍文献中的元代同名人物木八剌沙

元代是一个统一的多民族国家，取名“木八剌沙”的元代人就有许多位。他们来自于不同地域不同民族，有关他们的信息文献记载或多或少，最有争议的是杨维祯《东维子集》卷二十三《两浙盐使司同知木八剌沙侯善政碑》中的木八剌沙，与欧阳玄《圭斋文集》卷九《元赠效忠宣力功臣太傅开府仪同三司上柱国追封赵国公谥忠靖马合马沙碑》所载木八剌沙。依据这两篇文献，本文通过对此二人相关文献的对比研究，对他们二人的简历和事迹做了一些粗浅述考，其次对元代同名人物木八剌沙信息进行了梳理。

一、两浙盐使司同知木八剌沙

两浙盐使司同知木八剌沙，一说西夏人，一说回回人。这两种说法源于杨维祯《东维子集》卷二十三《两浙盐使司同知木八剌沙侯善政碑》（以下简称《善政碑》），白寿彝《回族人物志》，余振贵、雷晓静《中国回族金石录》中的《山东济南府历城县礼拜寺重修记》。《善政碑》记载木八剌沙，在出任两浙盐使司同知，分漕嘉禾时，正值元末农民起义风起云涌，官吏腐败，人民生活苦难，而木八剌沙一到任，便走访民情，并捐己款帮助老贫艰孤苦者，革新吏治，整顿盐务，惩治奸商与腐败，使嘉禾呈现出稳定祥和发展，因此，至正十三年（1353）春，杨维祯为其撰写了善政碑，碑文载：“侯西夏人，字某，平章某公之孙也。记铭曰：惟海殖利，利民利邦，谨政厥策，俱民有创。法苛亭困，法慢困商，官不理法，墨败我常。爰选才德，以量漕纲，惟我沙侯，良二千石。下车求言，民我休戚，指使循良，抶去蝨贼。刑罚不乖，尔亭我力，关石不颇，尔商我役。惟侯治法，廉厚秉心，其履怛怛，其德愔愔。”[①]此碑文主要记载木八剌沙的政绩，关于其家世、籍贯很简略，生卒年也不详，碑文没有说明木八剌沙哪年就任两浙盐使司同知，不过《万历杭州府志》载：“两浙都转运盐使司，至元十四年，置司杭州。运使二员俱正三品。同知二员俱正四品……至正十二年，木八剌沙任两浙盐使司同知。”[②]据此可知，公元1352年，木八剌沙任两浙盐使司同知。另外，查西夏遗民人物和元代重名人物木八剌沙相关文献，无一例与碑文所记“侯西夏人，字某，平章某公之孙”有关联。

西夏人说。认为木八剌沙是西夏人的当今学者有：韩阴晟《党项与西夏资料

① （元）杨维祯撰：《东维子集》，《景文渊阁四库全书》，（台北）“商务印书馆”，1986年，第1221册，第614页。

② （明）刘伯缙等修：《万历杭州府志》，《中国方志丛书·华中地方第524号》，台北成文出版公司，1983年，第713页。

汇编·人物传志》收录了《两浙盐使司同知木八剌沙侯善政碑》[1]，韩先生认同杨维祯的观点，确认其为西夏遗民。汤开建《增订元代西夏人物表》载“木八剌沙，西夏人，祖某，仕元为平章，至正时任两浙盐运使司同知，于嘉禾有善政，于上都屯田有绩效”[2]。这里需要说明一点，汤先生文章中涉及木八剌沙的史料来源，一是来自杨维祯的记载，一是来自《元史》。于上都屯田有绩效的信息，善政碑无记载，经检索此条信息《元史·卷十七·世祖十四》载：“（至元二十九年十一月）戊寅，枢密院奏：‘一卫万人，尝调二千屯田，木八剌沙上都屯田二年有成，拟增军千人。’从之。”[3]推算一下，至元二十九年（1292），于上都屯田有绩效的木八剌沙，假如这时20岁，到至正十二年（1352），前往两浙任盐使司同知，已80岁了，从时间跨度分析，这两个事件中的木八剌沙不是同一人，只是重名而已。杜建录《党项西夏文献研究》载“木八剌，西夏遗民，两浙盐使司同知”[4]，史料来源仍依据善政碑，只是把木八剌沙称作木八剌。

回回人说。有白寿彝《回族人物志》，认为两浙盐使司同知木八剌沙可能是回回人，但又不能确定，待考察[5]。余振贵、雷晓静《中国回族金石录》收录了一篇明弘治八年（1495）的碑文，即《山东济南府历城县礼拜寺重修记》载“礼拜寺旧在历山西南百许步，阙始莫详。大元乙未春，山东东路都转运盐使司都使木公八剌沙，奉命撤寺建盐运司，乃徙置于泺源门西锦缠沟东，聊建殿楹，立满喇艾迪掌焚修事”[6]，杨晓春利用礼拜寺重修记史料，撰《元代回回人分布补考》一文认为，礼拜寺重修记碑文所涉及的木八剌沙，与两浙盐使司同知木八剌沙或许是同一人，元代有两个乙未年，一为元贞元年（1295），一为至正十五年（1355），而西夏木八剌沙至正十三年任两浙盐使司同知，则碑中的乙未年应该为至正十五年。[7] 长期以来，西夏学界对两浙盐使司同知木八剌沙的研究探讨，仅仅以杨维祯撰写的善政碑史料为主，杨晓春的文章首次利用《中国回族金石录》中的碑文史料研究木八剌沙，并且推断两个木八剌沙或许是同一人，即木八剌沙是回回人。这个结论应该是成立的。因为第一，《元史·选举三》对官员调迁有明确规定，凡官吏迁叙，一般以三十月或三年为期限。[8] 至正十二年（1352）木八剌沙任两浙盐使司同知，在嘉禾管理盐务有绩效，任职满三年后，刚好是至正十五年，又调任山东东路

---

① 韩荫晟编：《党项与西夏资料汇编》，宁夏人民出版社，1983年，第556页。
② 汤开建著：《党项西夏史探微》，商务印书馆，2013年，第492页。
③ （明）宋濂等撰：《元史》，中华书局，1976年，第368页。
④ 杜建录主编：《党项西夏文献研究》，中华书局，2012年，第1048页。
⑤ 白寿彝主编：《回族人物志（元代）》，宁夏人民出版社，1985年，第482页。
⑥ 余振贵、雷晓静主编：《中国回族金石录》，宁夏人民出版社，2001年，第76页。
⑦ 杨晓春：《元代回回人分布补考》，《北方民族大学学报》2013年第1期，第23页。
⑧ （明）宋濂等撰：《元史》，中华书局，1976年，第2059页。

都转运盐使司都使，无论从时间点还是工作性质来说都是合理的。第二，木八剌沙奉命撤寺建盐运司，并把新寺建于泺源门西锦缠沟东，说明木八剌沙信仰伊斯兰教，官府才把这项工作交代与他办理，并且礼拜寺建好后，重修记也没忘记他的贡献。第三，杨维祯《东维子集》卷二十三《重建海道都漕运万户府碑》就把花拉子模人，不花剌氏买述丁，误认为西夏人，西夏是11—13世纪我国古代少数民族党项羌以今宁夏地区为主体建立的少数民族地方割据政权，主要活动在河西走廊和宁夏平原。西域人与西夏人都来自于中国西北部，杨维祯就把他们都归于西夏人，即"西夏人"一词在杨维祯的笔下只是对来自于中国西北部人的一种泛称而已，并不代表籍贯或者说不代表族群。

二、茶迭儿局木八剌沙

茶迭儿，是蒙古语，意为庐帐。茶迭儿局，官署名，元代工部下属机构。《元史·卷八十五·百官一》卷载："茶迭儿局总管府，秩正三品。管领诸色人匠造作等事。宪宗朝置。至元十六年，始设总管一员。二十七年，置同知一员。后定置府官，达鲁花赤一员，总管一员，同知一员，知事一员，提控案牍一员，司吏四人。"①

茶迭儿局木八剌沙家族的相关文献，主要有欧阳玄《圭斋文集》卷九《元赠效忠宣力功臣太傅开府仪同三司上柱国追封赵国公谥忠靖马合马沙碑》②，袁桷《清容居士集》卷三十六《监察御史沙某封赠祖父母》③，《茶迭儿局使沙正议赠父母》④，《元史》未给木八剌沙的爷爷也黑迭儿立传，但有零星的信息，《新元史》有传，称作也里迭儿，《元史氏族表》卷二也有记载，但其家族世系及事迹主要被欧阳玄《圭斋文集》卷九记载。第一代，也黑迭儿，系出西域，唐代时称作大食国人。中统元年(1260)，受命管茶迭儿局，领诸色人工匠造作等事。至元元年(1264)，修琼华岛(在今北海公园)。四年(1267)，与光禄大夫刘秉忠等，执掌修建元大都(今北京)。八年(1271)，授嘉议大夫、茶迭儿局诸色人匠总管府达鲁花赤，主持修筑大都宫殿，至元十　年(1274)完工。第二代，马合马沙。也黑迭儿去世后，儿子马合马沙，袭父职，历任正议大夫，工部尚书，茶迭儿局诸色人匠总管府达鲁花赤以终。第三代，蜜儿沙，木八剌沙，忽都鲁沙，阿鲁浑沙。马合马沙有四子：

---

① (明)宋濂等撰：《元史》，中华书局，1976年，第2147页。

② (元)欧阳玄撰：《圭斋文集》，《景影文渊阁四库全书》，(台北)"商务印书馆"，1986年，第1210册，第104页。

③ (元)袁桷撰：《清容居士集》，《景影文渊阁四库全书》，(台北)"商务印书馆"，1986年，第1203册，第486页。

④ (元)袁桷撰：《清容居士集》，《景影文渊阁四库全书》，(台北)"商务印书馆"，1986年，第1203册，第486页。

长子蜜儿沙,早逝。季子木八剌沙,历任正议大夫、茶迭儿局诸色人匠总管府达鲁花赤、工部尚书等职。三子忽都鲁沙,初任余杭浦江建县,历江南、陕西两台监察御史,最后升为正议大夫、户部尚书。四子阿鲁浑沙,未仕。第四代,蔑里沙。阿鲁浑沙子蔑里沙,袭曾祖之职,任茶迭儿局总管府达鲁花赤。木八剌沙在世时请于朝廷,于是爷爷也黑迭儿被封赠效忠宣力功臣、太傅、开府仪同三司、上柱国,追封赵国公,谥忠敏。父亲马合马沙被封赠推诚赞治功臣、太傅、开府仪同三司、上柱国,追封赵国公,谥忠靖。马合马沙碑文清楚地记载了也黑迭儿家族来自西域,一家前后四代任职工部,管理着茶迭儿局,也就是说茶迭儿局木八剌沙是回回人。韩荫晟《党项与西夏资料汇编》上卷《人物传志》收录了袁桷《清容居士集》卷三十六《茶迭儿局使沙正议赠父母》[①]一文,梳理该文所涉及的四个人物,茶迭儿局使沙正议是也黑迭儿之孙忽都鲁沙,即马合马沙的三儿子,显然他们家男性不可能是西夏人,他的嫡母与生母,文字记载主要褒扬她们的品质,没有其他信息表明她俩人的籍贯,所以说忽都鲁沙的嫡母与生母家世无从确认,也就无法判定她们是西夏人,韩荫晟先生在《党项与西夏资料汇编》上卷《人物传志》收录此文有误。

三、其他重名的木八剌沙信息

粗略检索文献可知,元代以木八剌沙为名的人物,还有:

1. 木八剌沙,窝阔台合罕曾孙。[②]

2. 察合台让哈剌旭烈兀代替他的父亲木秃坚当了汗位继承者。他的妻子是兀鲁忽乃哈敦,她生了木八剌沙。当哈剌旭烈兀去世时,他的堂兄弟,拜答儿的儿子阿鲁忽,按照阿里不哥的命令,当了察合台兀鲁思的君主,并娶了兀鲁忽乃哈敦。不久之后,他去世了,木八剌沙登上了父位。[③]

3. 木八剌沙,蒙古族,南阳府达鲁花赤。[④]

4. (至元)二十二年,以钞五万锭,令木八剌沙和籴于上都。[⑤]

5. 上都民仰食于官者众,诏佣民运米十万石致上都,官价石四十两,命留守木八剌沙总其事。[⑥]

6. 戊寅,枢密院奏:"一卫万人,尝调二千屯田,木八剌沙上都屯田二年有成,

---

① 韩荫晟编:《党项与西夏资料汇编》,宁夏人民出版社,1983年,第556页。

② [波斯]拉施特主编:《史集》,商务印书馆,1985年,第26页。

③ [波斯]拉施特主编:《史集》,商务印书馆,1985年,第168页。

④ (清)钱大昕:《元史氏族表》,《续修四库全书》,上海古籍出版社,1995年,第84页。

⑤ (明)宋濂等撰:《元史》,中华书局,1976年,第2469页。

⑥ (明)宋濂等撰:《元史》,中华书局,1976年,第343页。

拟增军千人。”从之。[①]

7. 木八剌沙，元慈溪县县尉，大德二年二月之任。[②]

8. 木八剌沙，大德七年三月至十二月，中书平章政事。[③]

9. 都水监卿木八剌沙传旨，给驿往取杭州所造龙舟，省臣谏曰：陛下践祚，诞告天下，凡非宣索，毋得擅进。诚取此舟，有乖前诏。[④]

10. 木八剌沙，元勤县达鲁花赤。[⑤]

11. 倒剌沙，亦回回人，中书左丞相。子马某沙，湖南行省左丞。孙泼皮，木八剌沙。[⑥]

12. 木八剌沙，舍剌甫丁之长子。[⑦]

13. 先是，有壬之父熙载仕长沙日，设义学，训诸生。既殁，而诸生思之，为立东冈书院，朝廷赐额设官，以为育才之地。南台御史木八剌沙，缘睚眦怨，言书院不当立，并构浮辞，诬蔑有壬，并其二弟有仪、有孚，有壬遂谢病归。[⑧]

14. 曲阳县重修城隍庙记

宗尧自至正十年春来至曲阳，有邑人屡称城隍土地，灵验昭彰。至辛卯春三月朔，有本县官达鲁花赤明理，县尹李脱因，主簿木八剌沙，尉郝文德、张裕，余亦偕至庙中，……[⑨]

从以上信息可以看出，以“木八剌沙”为名的元代同名人物，无需质疑他们是少数民族，重名的他们分别来自于不同地域不同民族，有些人因史料简单无法判断他们的籍贯，但这些以木八剌沙为名的人物信息，传递出木八剌沙不是某一个民族专用或习惯命名之词，研究工作中如遇见以“木八剌沙”为名的人物信息，要仔细分析，以免张冠李戴。

---

① (明)宋濂等撰：《元史》，中华书局，1976 年，第 368 页。

② (元)袁桷等撰：《延祐四明志》，《宋元方志丛刊》第一册，中华书局，1990 年，第 6174 页。

③ (明)宋濂等撰：《元史》，中华书局，1976 年，第 2809 页。

④ (明)宋濂等撰：《元史》，中华书局，1976 年，第 546 页。

⑤ (元)袁桷等撰：《延祐四明志》，《宋元方志丛刊》第一册，中华书局，1990 年，第 6169 页。

⑥ (清)钱大昕：《元史氏族表》，《续修四库全书》，上海古籍出版社，1995 年，第 262 页。

⑦ (清)阮元编：《两浙金石志》，《浙江文丛》，浙江古籍出版社，2012 年，第 395 页。

⑧ 吴海京编著：《资治通鉴续纪》，中国文史出版社，2014 年，第 1842 页。

⑨ 李修生编著：《全元文》，凤凰出版社，2004 年，第 608 页。

第三部分　附录

一、整理篇引用文献目录

（一）引用著作目录

(宋)周密，吴企明点校：《癸辛杂识》，《唐宋史料笔记丛刊》，中华书局，1988年。

(元)佚名撰，鲍思陶点校：《元朝秘史》，齐鲁书社，2005年。

(元)虞集撰：《道园类稿》，《元人文集珍本丛刊》(五、六)，台北新文丰出版公司，1985年。

(元)李志常著，党宝海译注：《长春真人西游记》，河北人民出版社，2001年。

(元)许有壬撰：《至正集》，《元人文集珍本丛刊》(七)，台北新文丰出版公司，1985年。

[波斯]拉施特主编，余大钧，周建奇译：《史集》(第一卷·第一分册·第三编)，商务印书馆，1985年。

(元)程文海撰：《雪楼集》，《景印文渊阁四库全书》，(台北)"商务印书馆"，1986年。

(元)姚燧撰：《牧庵集》，《四部丛刊初编》，商务印书馆，1922年。

(元)王恽撰：《秋涧先生大全文集》，《元人文集珍本丛刊》(一、二)，台北新文丰出版公司，1985年。

(元)苏天爵编：《元文类》，《国学基本丛书》，商务印书馆，1936年。

[越]黎崱：《安南志略》(武尚清点校本)，中华书局，1995年。

(元)脱因修，希鲁纂：《至顺镇江志》，《宋元地方志丛刊》(第一册)，中华书局，1990年。

(元)王毅撰：《木讷斋文集》，《续修四库全书》，上海古籍出版社，2002年。

(元)李祁撰：《云阳集》，《景印文渊阁四库全书》，(台北)"商务印书馆"，1986年。

(元)王逢撰：《梧溪集》，《北京图书馆古籍珍本丛刊95》，书目文献出版社，2000年。

(元)刘岳申撰:《申斋集》,《景印文渊阁四库全书》,(台北)“商务印书馆”,1986 年。

(元)柳贯撰:《柳待制文集》,《四部丛刊初编》,商务印书馆,1922 年。

(元)吴澄撰:《吴文正集》,《元人文集珍本丛刊》(四、五),台北新文丰出版公司,1985 年。

(元)张伯淳撰:《养蒙先生文集》,《景印文渊阁四库全书》,(台北)“商务印书馆”,1986 年。

(元)虞集撰:《道园学古录》,《景印文渊阁四库全书》,(台北)“商务印书馆”,1986 年。

(元)朱德润撰:《存复斋文集》,《历代画家诗文集》,(台北)学生书局,1973 年。

(元)虞集撰:《道园遗稿》,《景印文渊阁四库全书》,(台北)“商务印书馆”,1986 年。

(元)王沂撰:《伊滨集》,《景印文渊阁四库全书》,(台北)“商务印书馆”,1986 年。

(元)余阙撰:《青阳先生文集》,《四部丛刊续编》,商务印书馆,1934 年。

(元)姚桐寿撰:《乐郊私语》,《丛书集成初编》,中华书局,1991 年。

(元)宋褧撰:《燕石集》,《北京图书馆古籍珍本丛刊 92》,书目文献出版社,1998 年。

(元)黄溍撰:《金华黄先生文集》,《四部丛刊初编》,商务印书馆,1922 年。

(元)张雨撰:《句曲外史集》,《景印文渊阁四库全书》,(台北)“商务印书馆”,1986 年。

(元)顾英辑:《草堂雅集》,《景印文渊阁四库全书》,(台北)“商务印书馆”,1986 年。

(元)吴师道撰:《吴礼部集》,《北京图书馆古籍珍本丛刊 93》,书目文献出版社,1998 年。

(元)陈旅撰:《安雅堂集》,《景印文渊阁四库全书》,(台北)“商务印书馆”,1986 年。

(元)陈基撰:《夷白斋稿》,《景印文渊阁四库全书》,(台北)“商务印书馆”,1986 年。

(元)郑元佑撰:《侨吴集》,《北京图书馆古籍珍本丛刊 95》,书目文献出版社,1998 年。

(元)《元统元年进士录》,《庙学典礼》(外二种),《元代史料丛刊》,浙江古籍出版社,1992 年。

(元)余阙撰:《余忠宣青阳山房集》,韩荫晟:《党项与西夏资料汇编》(上卷),宁夏人民出版社,1983年。

(元)李士瞻撰:《经济文集》,《景印文渊阁四库全书》(台北)"商务印书馆",1986年。

(元)胡助撰:《纯白斋类稿》,王云五编:《丛书集成初编》,商务印书馆,1935年。

(元)周伯琦撰:《近光集》,《景印文渊阁四库全书》,(台北)"商务印书馆",1986年。

(元)郑玉撰:《师山遗文》,《景印文渊阁四库全书》,(台北)"商务印书馆",1986年。

(元)郑玉撰:《郑师山先生遗集》,《四部丛刊四编》,中国书店,2016年。

(元)纳延撰:《金台集》,《景印文渊阁四库全书》,(台北)"商务印书馆",1986年。

(元)丁鹤年撰:《鹤年诗集》,《景印文渊阁四库全书》,(台北)"商务印书馆",1986年。

(元)吴当撰:《学言稿》,《景印文渊阁四库全书》,(台北)"商务印书馆",1986年。

(元)戴良撰:《九灵山房集》,《景印文渊阁四库全书》,(台北)"商务印书馆",1986年。

(元)戴良撰:《九灵山房集》,《四部丛刊初编》,商务印书馆,1922年。

(元)杨维祯撰:《东维子文集》,《四部丛刊初编》,商务印书馆,1922年。

(元)徐勉之撰:《保越录》,《丛书集成初编》,中华书局,1985年。

(元)邵亨贞撰:《野处集》,《景印文渊阁四库全书》,(台北)"商务印书馆",1986年。

(元)谢应芳撰:《龟巢稿》,《景印文渊阁四库全书》,(台北)"商务印书馆",1986年。

(元)萨都剌撰:《雁门集》,《景印文渊阁四库全书》,(台北)"商务印书馆",1986年。

(元)释大昕撰:《蒲室集》,《四部丛刊四编》,中国书店,2016年。

(元)李孝光撰,陈增杰校注:《李孝光集校注》,《温州文献丛书》,上海社会科学院出版社,2005年。

(元)张铉纂:《至正金陵新志》,《景印文渊阁四库全书》,(台北)"商务印书馆",1986年。

(元)贡师泰撰:《贡礼部玩斋集》,《四部丛刊四编》,中国书店,2016年。

(元)吴海撰:《闻过斋集》,《元人文集珍本丛刊》(8),台北新文丰出版公司,1985年。

(元)王翰撰:《友石山人遗稿》,《景印文渊阁四库全书》,(台北)"商务印书馆",1986年。

(元)王翰撰:《友石山人遗稿》,刘承干辑刻:《嘉业堂丛书》(第45册),广陵书社,2015年。

(元)吴海撰:《闻过斋集》,《景印文渊阁四库全书》,(台北)"商务印书馆",1986年。

(元)脱脱等撰:《金史》,中华书局,1975年。

(元)李志常:《长春真人西游记》,《丛书集成初编本》,中华书局,1985年。

(元)陈桱撰:《通鉴续编》,《景印文渊阁四库全书》,(台北)"商务印书馆",1986年。

(元)杨瑀撰:《山居新话》,《景印文渊阁四库全书》,(台北)"商务印书馆",1986年。

(元)袁桷撰:《清容居士集》,《景印文渊阁四库全书》,(台北)"商务印书馆",1986年。

(元)释念常撰:《佛祖历代通载》,《大正新修大藏经》(史传部一),佛陀教育基金会,1990年。

(元)郑元佑撰:《遂昌杂录》,《景印文渊阁四库全书》,(台北)"商务印书馆",1986年。

(元)袁桷等撰:《延祐四明志》,《宋元方志丛刊》,中华书局,1990年。

(元)中国书店编辑:《元典章》,《海王邨古籍丛刊》,中国书店,1990年。

(元)邓文原撰:《巴西邓先生文集》,《北京图书馆古籍珍本丛刊92》,书目文献出版社,2000年。

(元)柳贯撰:《柳待制文集》,《景印文渊阁四库全书》,(台北)"商务印书馆",1986年。

(元)朱德润撰:《存复斋续集》,《丛书集成续编》,上海书店出版社,1994年。

(元)王士点,商企翁撰:《元秘书监志》,《景印文渊阁四库全书》,(台北)"商务印书馆",1986年。

李修生主编:《全元文》,凤凰出版社,2004年。

(元)陈镒撰:《午溪集》,《影印文渊阁四库全书》,(台北)"商务印书馆",1986年。

(元)黄溍撰:《金华黄先生文集》,《四部丛刊初编》,商务印书馆,1926年。

(元)杨谌纂:《至正昆山郡志》,《宋元地方志丛刊》,中华书局,1990年。

(元)孔齐撰:《静斋至正直记》,《丛书集成初编》,中华书局,1991 年。

(元)顾瑛辑:《玉山名胜集》,《景印文渊阁四库全书》,(台北)"商务印书馆",1986 年。

(元)傅若金撰:《傅与砺文集》,《北京图书馆古籍珍本丛刊 92》,书目文献出版社,1998 年。

(元)杨维祯撰:《铁崖文集》,韩荫晟:《党项与西夏资料汇编》(上卷),宁夏人民出版社,1983 年。

(元)舒頔撰:《贞素斋集》,《景印文渊阁四库全书》,(台北)"商务印书馆",1986 年。

(元)钟嗣成撰:《录鬼簿续编》,上海古典文学出版社,1957 年。

(元)周霆震撰:《石初集》,《景印文渊阁四库全书》,(台北)"商务印书馆",1986 年。

(元)胡行简撰:《樗隐集》,《景印文渊阁四库全书》,(台北)"商务印书馆",1986 年。

(元)马祖常撰:《马石田文集》,《元人文集珍本丛刊》(六),台北新文丰出版公司,1985 年。

(元)蔡巴·贡噶多吉撰:《红史》,西藏人民出版社,2002 年。

(元)杨崇喜初编,焦进文、杨富学校注:《元代西夏遗民文献述〈善集校〉注》,甘肃人民出版社,2001 年。

(明)宋濂等撰:《元史》,中华书局,1976 年。

(明)石禄修,唐锦纂:《正德大名府志》,《天一阁藏明代方志选刊》,上海古籍书店,1981 年。

(明)张才辑:《弘治保定郡志》:《天一阁藏明代方志选刊》,上海古籍书店,1981 年。

(明)李贤、彭时等撰:《明一统志》,《景印文渊阁四库全书》,(台北)"商务印书馆",1986 年。

(明)陶宗仪撰:《南村辍耕录》,《景印文渊阁四库全书》,(台北)"商务印书馆",1986 年。

(明)钱谷辑:《吴都文粹续集》,《景印文渊阁四库全书》,(台北)"商务印书馆",1986 年。

(明)申嘉瑞,李文纂修:《隆庆仪真县志》,《天一阁藏明代方志选刊》,上海古籍书店,1981 年。

(明)来复撰,法住编:《蒲庵集》,《禅门逸书》,明文书局,1981 年。

(明)陆钛纂修:《嘉靖山东通志》,《景印文渊阁四库全书》,(台北)“商务印书馆”,1986年。

(明)陶宗仪撰:《书史会要》,《景印文渊阁四库全书》,(台北)“商务印书馆”,1986年。

(明)范涞修,章潢纂:《万历新修南昌府志》,《日本藏中国罕见地方志丛刊》,书目文献出版社,1991年。

(明)朱存理撰:《赵氏铁网珊瑚》,《景印文渊阁四库全书》,(台北)“商务印书馆”,1986年。

(明)宋濂撰:《文宪集》,《景印文渊阁四库全书》,(台北)“商务印书馆”,1986年。

(明)朱善撰:《朱一斋先生文集》,《四库全书存目丛刊》,齐鲁书社,1997年。

(明)叶子齐撰:《草木子》,《景印文渊阁四库全书》,(台北)“商务印书馆”,1986年。

(明)镏绩撰:《霏雪录》,《景印文渊阁四库全书》,(台北)“商务印书馆”,1986年。

(明)任洛撰:《辽东志》,金毓黻主编:《辽海丛书影印本》,辽沈书社,1985年。

(明)徐一夔撰:《始丰稿》,《景印文渊阁四库全书》,(台北)“商务印书馆”,1986年。

(明)王祎:《王忠文集》,《景印文渊阁四库全书》,(台北)“商务印书馆”,1986年。

(明)刘炳撰:《刘彦昺集》,《景印文渊阁四库全书》,(台北)“商务印书馆”,1986年。

(明)贝琼撰:《清江贝先生文集诗集》,《四部丛刊初编》,商务印书馆,1922年。

(明)徐贲撰:《北郭集》,《景印文渊阁四库全书》,(台北)“商务印书馆”,1986年。

(明)郭春震纂修:《嘉靖潮州府志》,《日本藏中国罕见地方志丛刊》,书目文献出版社,1991年。

(明)黄一龙修,林大春纂:《隆庆潮阳县志》,《天一阁藏明代方志选刊》,上海古籍书店,1963年。

(明)王偁撰:《虚舟集》,《景印文渊阁四库全书》,(台北)“商务印书馆”,1986年。

(明)胡汝砺编,(明)管律重修,陈明猷校勘:《嘉靖宁夏新志》,宁夏人民出版社,1982年。

(明)杨宏、谢纯编,荀德麟、何振华点校:《漕运通志》,方志出版社,2006年。

(明)方瑜纂修:《嘉靖南宁府志》,《天一阁藏明代方志选刊续编》,上海书店,1990年。

(明)董天锡纂修:《嘉靖赣州府志》,《天一阁藏明代方志选刊》,上海古籍书店,1962年。

(明)释如惺撰:《大明高僧传》,上海古籍出版社,1995年。

(明)五世达赖喇嘛著,刘立千译:《西藏王臣记》,民族出版社,2000年。

(明)阳思谦纂修:《万历泉州府志》,《中国史学丛书》,台北学生书局,1987年。

(明)夏玉麟修,汪佃纂:《嘉靖建宁府志》,《天一阁藏明代方志选刊》,上海古籍书店,1964年。

(明)郜相修,樊深纂:《嘉靖河间府志》,《天一阁藏明代方志选刊》,上海古籍书店,1981年。

(明)钱谦益编:《列朝诗集小传》,《中国文学参考资料》,古典文学出版社,1957年。

(明)梅守德修:《嘉靖徐州志》,《中国史学丛书》,台北学生书局,1987年。

(明)王鏊撰:《姑苏志》,《北京图书馆古籍珍本丛刊26》,书目文献出版社,1990年。

(明)林富修:《嘉靖广西通志》,《四库全书存目丛书·史部第187册》,齐鲁书社,1996年。

(明)释明河撰:《补续高僧传》,《续藏经第134册》,台北新文丰出版公司,1994年。

(明)陈威纂修:《正德松江府志》,《四库全书存目丛书·史部第181册》,齐鲁书社,1996年。

(明)王懋德、陆凤仪纂修:《万历金华府志》,《四库全书存目丛书·史部第176册》,齐鲁书社,1996年。

(明)林策修:《嘉靖萧山县志》,《天一阁藏明代方志选刊续编》,上海书店,1990年。

(明)陆鏊、陈烜奎纂修:《崇祯肇庆府志》,《日本藏中国罕见地方志丛刊续编》,北京图书馆出版社,2003年。

(明)释来复辑:《澹游集》,《续修四库全书》,上海古籍出版社,1995年。

(明)唐臣、雷礼纂修:《嘉靖真定府志》,《四库全书存目丛书·史部第192册》,齐鲁书社,1996年。

(明)邓淮修,王瓒、蔡芳纂:《弘治温州府志》,《天一阁藏明代方志选刊续编》,上海书店,1990 年。

(明)唐肃撰:《丹崖集》,《续修四库全书》,上海古籍出版社,1995 年。

(明)萧良幹,张元忭等纂修:《万历绍兴府志》,《四库全书存目丛书·史部第 200—201 册》,齐鲁书社,1997 年。

(明)李逢申修:《天启慈溪县志》,《中国方志丛书·华中地方第 490 号》,台北成文出版公司,1976 年。

(明)卢熊撰:《洪武苏州府志》,《中国方志丛书·华中地方第 432 号》,台北成文出版公司,1983 年。

(明)莫旦纂:《弘治吴江志》,《中国方志丛书·华北地方第 446 号》,台北成文出版公司,1983 年。

(明)汪砢玉著:《珊瑚网》,《景印文渊阁四库全》,(台北)"商务印书馆",1986 年。

(明)钱谷撰:《吴都文粹续集》,《景印文渊阁四库全书》,(台北)"商务印书馆",1986 年。

(明)朱希召撰:《宋元科举题名录》,《北京图书馆古籍珍本丛刊 21》,书目文献出版社,1987 年。

(明)李侃,胡谧纂修:《成化山西通志》,《四库全书存目丛书·史部第 174 册》,齐鲁书社,1996 年。

(明)何乔远撰:《崇祯闽书》,福建人民出版社,1994 年。

(明)夏玉麟修,汪佃纂:《嘉靖建宁府志》,《天一阁藏明代方志选刊》,上海古籍书店,1964 年。

(明)田汝成编:《西湖游览志》,浙江人民出版社,1980 年。

(明)金幼孜撰:《金文靖集》,《景印文渊阁四库全书》,(台北)"商务印书馆",1986 年。

(明)朱旃著,吴忠礼笺证:《宁夏志笺证》,宁夏人民出版社,1996 年。

(明)柳瑛修:《成化中都志》,《四库全书存日丛书·史部第 176 册》,齐鲁书社,1996 年。

(明)钟崇文纂修:《隆庆岳州府志》,《天一阁藏明代方志选刊》,上海古籍书店,1963 年。

(明)张良知纂修:《嘉靖许州志》,《天一阁藏明代方志选刊》,上海古籍书店,1982 年。

(明)陈善等修:《万历杭州府志》,《中国方志丛书·华中地方第 524 号》,台北成文出版公司,1983 年。

(明)郑颙修,陈文纂:《景泰重修云南图经志》,《续修四库全书》,上海古籍出版社,2002 年。

(明)雷礼撰:《皇明大政纪》,北京大学出版社,1993 年。

(明)易登瀛、卢学礼修,于慎行纂:《万历兖州府志》,《天一阁藏明代方志选刊续编》,上海书店,1990 年。

(清)陈让、夏时正纂修:《成化杭州府志》,齐鲁书社,1997 年。

(清)屠寄撰:《蒙兀儿史记》,《元史二种》(下),上海古籍出版社,2012 年。

(清)邵远平撰:《元史类编》,《续修四库全书》,上海古籍出版社,2002 年。

(清)何秋涛校:《元圣武亲征录》,《四库全书存目丛书·史部第 45 册》,齐鲁书社,1996 年。

(清)金铁监修:《广西通志》,《景印文渊阁四库全书》,(台北)"商务印书馆",1986 年。

(清)范承勋等修:《云南通志》,《景印文渊阁四库全书》,(台北)"商务印书馆",1986 年。

(清)胡聘之编:《山右石刻丛编》,山西人民出版社,1988 年。

(清)许容等修:《甘肃通志》,《景印文渊阁四库全书》,(台北)"商务印书馆",1986 年。

(清)沈翼机、傅王露等纂:《浙江通志》,《景印文渊阁四库全书》,(台北)"商务印书馆",1986 年。

(清)顾嗣立、席世臣编:《元诗选(癸集)》,中华书局,2001 年。

(清)谢旻等监修:《江西通志》,《景印文渊阁四库全书》,(台北)"商务印书馆",1986 年。

(清)钱大昕撰:《元史氏族表》,《丛书集成初编》,中华书局,1991 年。

(清)张金城、杨浣雨纂,陈明猷点校:《乾隆宁夏府志》,《宁夏历代方志萃编》,宁夏人民出版社,1988 年。

(清)汪森辑:《粤西文载》,《景印文渊阁四库全书》,(台北)"商务印书馆",1986 年。

(清)陈焯编:《宋元诗会》,《景印文渊阁四库全书》,(台北)"商务印书馆",1986 年。

《畿辅通志》,《景印文渊阁四库全书》,(台北)"商务印书馆",1986 年。

(清)张楷纂修:《康熙安庆府志》,《中国地方志集成·安徽府县志辑》,江苏古籍出版社,1998 年。

(清)觉罗石麟:《山西通志》,《景印文渊阁四库全书》,(台北)"商务印书馆",1986 年。

(清)姚鸿杰,李运昌纂:《丰县志》,《中国方志丛书·华中地方第136号》,成文出版社有限公司,2007年。

(清)毕沅辑:《山左金石志》,中国东方文化研究会历史文化分会编:《历代碑志丛书》,江苏古籍出版社,1998年。

(清)郝玉麟等修,谢道承等纂:《福建通志》,《景印文渊阁四库全书》,(台北)"商务印书馆",1986年。

(清)郝玉麟等修,鲁曾煜等纂:《广东通志》,《景印文渊阁四库全书》,(台北)"商务印书馆",1986年。

(清)黄云修:《光绪续修庐州府志》,《中国地方志集成·安徽府县志辑》,江苏古籍出版社、上海书店、巴蜀书社,1998年。

(清)周硕勋纂修:《乾隆潮州府志》,《中国地方志集成·广东府县志辑》,上海书店,巴蜀书社,江苏古籍出版社,2003年。

(清)周恒重修,张其翻纂:《光绪潮阳县志》,《中国地方志集成·广东府县志辑》,上海书店,巴蜀书社,江苏古籍出版社,2003年。

(清)张廷玉等撰:《明史》,中华书局,1974年。

(清)王士俊等监修:《河南通志》,《景印文渊阁四库全书》,(台北)"商务印书馆",1986年。

(清)黄维翰修:《道光巨野县志》,《中国地方志集成·山东府县志辑》,凤凰出版社,上海书店,巴蜀书社,2004年。

(清)吴广成撰,龚世俊等校注:《西夏书事校正》,甘肃文化出版社,1995年。

(清)张扬彩、李士璜等纂:《康熙吉安府龙泉县重修县志》,《清代孤本方志选》,线装书局,2001年。

(清)韩亚熊纂:《咸丰澄城县志》,国家图书馆善本金石组编:《辽金元石刻文献全编(第三册)》,北京图书馆出版社,2003年。

(清)巴哈布修:《嘉庆湖南通志》清代(1821—1850),国家图书馆数字方志数据库:http://mylib.nlc.cn/web/guest/search/shuzifangzhi/medaDataObjectDisplay?metaData.id=965230&metaData.lId=969711&IdLib=40283415347ed8bd0134833ed5d60004.

(清)张奇勋修:《康熙衡州府志》,《北京图书馆古籍珍本丛刊36》,书目文献出版社,1990年。

(清)王建中修、刘绎纂:《同治永丰县志》,台北成文出版公司,1984年。

(清)俞锡纲等修:《光绪获鹿县志》,《中国地方志集成·河北府县志辑》,江苏古籍出版社、上海书店、巴蜀书社,2006年。

(清)邱育泉修、何才焕纂:《同治安化县志》清同治十一年(1872),国家图书馆数字方志数据库：http://mylib.nlc.cn/web/guest/search/shuzifangzhi/medaDataObjectDisplay? metaData.id=963114&metaData.lId=967595&IdLib=40283415347ed8bd0134833ed5d60004.

(清)支恒春修:《光绪松阳县志》,《中国方志丛书·华中地方第190号》,台北成文出版公司,1975年。

(清)宗源瀚等修:《同治湖州府志》,《中国方志丛书·华中地方第54号》,台北成文出版公司,1970年。

(清)侯元棐等修:《德清县志》,《中国方志丛书·华中地方第491号》,台北成文出版公司,1983年。

(清)郭茂泰修,胡在恪纂:《康熙荆州府志》,《中国地方志集成·湖北府县志辑》,江苏古籍出版社,2001年。

(清)阮元主编:《两浙金石志》,《浙江文丛》,浙江古籍出版社,2012年。

(清)吴都梁修:《康熙昌平州志》《中国地方志集成·北京府县志辑》,上海书店出版社,2002年。

(清)李德淦监修:《嘉庆泾县志》,《中国方志丛书·华中地方第231号》,台北成文出版公司,1975年。

(清)沈士秀修,梁奇纂:《康熙东乡县志》,《北京师范大学图书馆藏稀见方志丛刊续编》,北京学苑出版社,2009年。

(清)张松孙纂修:《乾隆安岳县志》,《故宫珍本丛刊》,海南出版社,2001年。

(清)顾嗣立编:《元诗选(二集)》,中华书局,1987年。

(清)康熙皇帝辑:《御选宋金元明四朝诗》,《景印文渊阁四库全书》,(台北)"商务印书馆",1986年。

(清)陈炳德编:《嘉庆旌德县志》,《中国地方志集成·安徽府县志辑》,江苏古籍出版社,1998年。

(清)鲁铨等纂修:《嘉庆宁国府志》,《中国地方志集成·安徽府县志辑》,江苏古籍出版社,1998年。

(清)钱大昕著:《十驾斋养新录》,上海书店,1983年。

(清)李福泰等修:《同治番禺县志》,《中国方志丛书第48号》,台北成文出版公司,1967年。

(清)杨泰亨,冯可镛纂:《光绪慈溪县志》,《中国地方志集成·浙江府县志辑》,江苏古籍出版社、上海书店、巴蜀书社,1990年。

(清)韩文焜撰修:《康熙利津县新志》,《中国方志丛书·华北地方第393号》,台北成文出版公司,1976年。

(清)沈涛撰:《常山贞石志》,《历代碑志丛书》,江苏古籍出版社,1998年。

(清)陈衍辑:《元诗纪事》,《万有文库本》,商务印书馆,1935 年。

(清)冼国干修、张星法纂:《康熙武强县志》,《故宫珍本丛刊第 72 册》,海南出版社,2001 年。

(清)钱谦益著:《牧斋初学集》,台北文海出版社,1966 年。

(清)沈凤翔纂:《同治稷山县之》,《中国方志丛书·华北地方第 424 号》,台北成文出版公司,1976 年。

(清)升允等修:《甘肃新通志》,江苏广陵古籍刻印社,1989 年。

(清)潘柽章撰:《国史考异》,《丛书集成初编》,中华书局,1985 年。

(清)齐德正纂修:《同治湘乡县志》,《中国地方志集成·湖南府县志辑》,江苏古籍出版社,2002 年。

(清)沈椿龄修:《乾隆诸暨县志》,《中国方志丛书·华中地方第 598 号》,台北成文出版公司,1983 年。

(清)胡德琳,赫绅泰,张官五修:《嘉庆东昌府志》,《中国地方志集成·山东府县志辑》,凤凰出版社,上海书店,巴蜀书社,2004 年。

(清)舒其绅,严长明修:《乾隆西安府志》,三秦出版社,2011 年。

(清)刘权之修:《乾隆池州府志》,《中国地方志集成·安徽府县志辑》,江苏古籍出版社,1998 年。

(民国)沈錫荣纂修:《宣统鄜县志》,《中国地方志集成·陕西府县志辑》,江苏古籍出版社,1998 年。

柯劭忞撰:《新元史》,《元史二种》(上),上海古籍出版社,2012 年。

大正一切经刊行会著:《大正藏》,台北新文丰出版公司(影印),1983 年。

(民国)喻长霖等纂修:《民国台州府志》,《中国地方志集成·浙江府县志辑》,上海书店,1993 年。

(民国)崔正春修:《民国威县志》,《中国方志丛书·华北地方第 517 号》,台北成文出版公司,1976 年。

(民国)符璋,刘绍宽等纂修:《平阳县志》,《中国地方志丛书·华中地方志第 72 号》,台北成文出版公司,1970 年。

(民国)张维撰:《陇右金石录》,国家图书馆善本金石组编:《明清石刻文献全编第三册》,北京图书馆出版社,2003 年。

“中央研究院”历史语言研究所校勘:《明太祖实录》,“中央研究院”历史语言研究所,1983 年。

宁夏大学西夏学研究中心、国家图书馆、甘肃省古籍文献整理编译中心:《中国藏西夏文献》(十八),甘肃人民出版社,敦煌文艺出版社,2005 年。

杜建录著:《党项西夏碑石整理研究》,上海古籍出版社,2015 年。

韩荫晟编:《党项与西夏资料汇编》(补遗),宁夏人民出版社,2000 年。

李际宁著:《佛经版本》,凤凰出版社,2003 年。

许添源主编:《清源山摩崖选粹》,中华书局,2004 年。

白滨编:《西夏史论文集》,宁夏人民出版社,1984 年。

北京辽金城垣博物馆编:《北京元代史迹图志》,燕山出版社,2009 年。

杨清江,陈苍松编著:《福建市舶司人物录:纪念泉州市舶司设置九百周年》,厦门海关出版社,1987 年。

班朝忠主编:《天书地字·大伾文化》,文物出版社,2006 年。

黄挺,马明达编:《潮汕金石文征》(宋元卷),广东人民出版社,1999 年。

洛阳市地方史志编纂委员会编:《洛阳市志》(白马寺·龙门石窟志),中州古籍出版社,1996 年。

桂林市文物管理委员会编:《桂林石刻》,桂林市文物管理委员会编印(内部资料),1977 年。

骆承烈汇编:《中国孔子基金会文库:石头上的儒家文献——曲阜碑文录》,齐鲁书社,2001 年。

史金波著:《西夏文化》,吉林教育出版社,1986 年。

史金波著:《西夏佛教史略》,宁夏人民出版社,1988 年。

(二) 引用论文目录

朱建路:《元代宣差大名路达鲁花赤小李钤部公墓志考释》,《民族研究》2014 年第 4 期。

朱建路、刘佳:《元代唐兀人李爱鲁墓志考释》,《民族研究》2012 年第 3 期。

朱建路:《元代唐兀人李爱鲁墓志释补》,《宁夏社会科学》2016 年第 1 期。

白滨、史金波:《大元肃州路也可达鲁花赤世袭之碑考释——论元代党项人在河西的活动》,《民族研究》1979 年第 1 期。

陈康:《石景山出土元代杨朵儿只墓志考》,《北京文博文丛》2018 年第 2 期。

梁松涛:《河西老索神道碑铭考释》,《民族研究》2007 年第 2 期。

高辉、于光建:《元敏公讲主江南求法功德碑考释》,《西夏研究》2012 年第 3 期。

王俊伟、周峰:《元代新安县的西夏遗民》,载《薪火相传——史金波先生 70 寿辰西夏学国际学术研讨会论文集》,中国社会科学出版社,2012 年。

方国瑜:《云南金石文物题跋》,见《方国瑜文集》第 4 辑,云南教育出版社,2001 年。

孙继民、宋坤:《元代西夏遗民踪迹的新发现——元重修鹿泉神应庙碑考释》,《宁夏社会科学》2011年第2期。

李逸友:《呼和浩特市万部华严经塔的金元明各代题记》,《文物》1977年第5期。

二、国内外西夏遗民研究论文目录

陈垣:《元西域人华化考》,《国立北京大学国学季刊》第1卷4期,1923年;《燕京学报》第2期,1927年;《励耘书屋丛刻》第1集,1934年刻本。英译本:Western and Central Asians in China Under the Mongols, Los Angeles, 1966;北京师范大学出版社,1982年。

札奇斯钦:《说元史中的唐古——唐兀惕》,《中国边政》第12卷3期,1963年。

郑绍宗、王静如:《保定出土明代西夏文石幢》,《考古学报》1977年第1期。

史金波、白滨:《明代西夏文经卷和石幢初探》,《考古学报》1977年第1期。

李范文:《关于明代西夏文经卷的年代和石幢的名称问题》,《考古》1979年第5期。

白滨、史金波:《〈大元肃州路也可达鲁花赤世袭之碑〉考释——论元代党项人在河西的活动》,《民族研究》1979年第1期。

李范文:《西夏遗民调查结束:获得丰富原始资料》,《宁夏社会科学通讯》1980年第1期。

李范文:《嘉戎与道孚族源考》,《宁夏社会科学》1982年第1期;《西夏研究论集》,宁夏人民出版社,1983年。

史金波、吴峰云:《党项人余阙及其后裔调查记》,《民族研究通讯》1981年第3期。

史金波、吴峰云:《西夏后裔在安徽》,《安徽大学学报》1983年第1期。

汤开建:《〈大元肃州路也可达鲁花赤世袭之碑〉补释》,《中国史研究》1983年第4期。

叶新民:《元代的钦察、康里、阿速、唐兀卫军》,《内蒙古社会科学》1983年第6期。

翟平:《余阙及其青阳先生文集》,《江淮论坛》1983年第4期。

马明达:《也谈安徽的西夏后裔》,《宁夏社会科学》1984年第4期。

史金波、白滨:《明代西夏文经卷和石幢再探》,载白滨编《西夏史论文集》,宁夏人民出版社,1984年。

Е. И. 克奇诺夫、高焕之:《唐兀惕和蒙古的文化联系》,《蒙古学资料与情报》

1984年第3期。

韩荫晟:《西夏人及其姓氏——读史杂谈》,《宁夏社会科学》1984年第4期。

史金波、吴峰云:《元代党项人余氏及其后裔》,《宁夏大学学报》1985年第2期。

任崇岳、穆朝庆:《略谈河南省的西夏遗民》,《宁夏社会科学》1986年第2期。

汤开建:《元代西夏人物表》,《甘肃民族研究》1986年第1期。

任崇岳、穆朝庆:《西夏遗民在河南》,《中州今古》1986年第5期。

李治斌:《元代宁夏境内的少数民族与宗教》,《宁夏日报》1986年1月8日。

陈高华:《略论杨琏真加和杨暗普父子》,《西北民族研究》1986年第1期。

桑珠:《西夏王族迁入西藏时间献疑》,《甘肃民族研究》1986年第4期。

耿世民:《回鹘文〈大元肃州路也可达鲁花赤世袭之碑〉译释》,载《向达先生纪念论文集》,新疆人民出版社,1986年。

桑朝凤、郭用和:《唐兀公碑》,《中州今古》1986年第3期。

任崇岳、穆朝庆:《西夏遗民在河南》,《中州今古》1986年第5期。

穆朝庆、任崇岳:《大元赠敦武校尉军民万户府百夫长唐兀公碑铭笺注》,《宁夏社会科学》1987年第1期。

汤开建:《元代西夏人的政治地位》,《甘肃民族研究》1987年第1、2期合刊。

史金波:《蒙元时期党项上层人物的活动》,载《民族史论丛》(第1辑),中华书局,1987年。

罗矛昆、许生根:《河南省濮阳地区西夏遗民调查》,《宁夏社会科学通讯》1987年第3期。

何宁生:《元代西夏人的历史贡献》,载《西北历史研究》,三秦出版社,1987年。

汤开建、马宏祥:《元代西夏人的历史贡献》,《青海社会研究》1987年第6期。

韩志远:《朱元璋与安庆余阙接壤说质疑》,《社会科学战线》1987年第2期。

李绍明:《传为蒙古族之西昌〈余氏族谱〉考辨》,《四川文物》1988年第4期。

张积礼:《略论余阙》,《兰州大学学报》1988年第1期。

马明达:《元末西夏人那木翰事迹考述》,《西北民族研究》1991年第2期。

孟楠:《浅析元代西夏人组成的军队》,《中央民族学院学报》1991年第3期。

李正宇:《以千骑降夏的瓜州王是谁》,《敦煌研究》1991年第2期。

孟楠:《元代西夏遗民婚姻研究》,《宁夏社会科学》1992年第2期。

张德萱、张相梅:《元代盝顶式建筑模型——唐兀公碑》,《中原文物》1992年第1期。

古跃:《西夏民族的下落》,《丝绸之路》(试刊号),1992年。

周群华:《党项、“弭药”与四川西夏遗民》,《宁夏社会科学》1993 年第 4 期。

韩荫晟:《元代西夏后裔事迹及其分布地区简介(一、二)》,《宁夏史志研究》1993 年第 1、2 期。

焦进文:《濮阳县发现元代乡规民约》,《中国文化报》1993 年 12 月 15 日。

李佩伦:《论元代宁夏诗人王翰》,《宁夏社会科学》1993 年第 4 期。

上官剑璧:《四川的木雅人与西夏》,《宁夏社会科学》1994 年第 3 期。

王继光:《跋〈李南哥墓志〉》,《青海社会科学》1994 年第 3 期。

李范文:《贡嘎山下木雅人》,《宁夏画报》1994 年 8 月 15 日。

庄电一:《西夏亡后,皇族未绝:九部皇族家谱提供新佐证》,《光明日报》1994 年 1 月 27 日。

孟楠:《元代西夏遗民的迁徙及与其他民族的融合》,《宁夏大学学报》1995 年第 3 期。

李范文:《西夏皇裔今何在:调查纪实》,《丝绸之路》1995 年第 2 期;《宁夏文史》(第 11 辑),1995 年。

熊西平:《揭开西夏王室失踪之谜》,《陕西档案》1995 年第 6 期。

李培业:《西夏皇族后裔考——西夏李氏世谱研究之一》,《西北大学学报》1995 年第 3 期。

周圣国:《保定西夏人探源——从西夏文经幢、老索神道碑看保定西夏人》,《文物春秋》1995 年第 3 期。

任崇岳:《浚州达鲁花赤追封魏郡伯墓碑考释》,《宁夏社会科学》1995 年第 2 期。

王小刚、马文锋:《西夏皇裔今尚在》,《宁夏日报》1995 年 11 月 23 日。

李范文:《关于党项族的族属及西夏灭后党项羌的去向问题》,载《民族与发展研究》,中国社会科学出版社,1995 年。

卢梅、聂鸿音:《藏文史料中的木雅诸王考》,《民族研究》1996 年第 5 期。

张相梅:《河南濮阳元代唐兀公碑》,《中原文物》1996 年第 3 期。

陈潮:《西夏皇族家谱引出一段佳话》,《民族》1996 年第 1 期。

王发国:《余阙和他的诗文:兼与〈羌族文学史·西夏羌族遗民的书面创作〉编写者商榷》,《西南民族学院学报》1996 年第 5 期。

大松:《李培业是西夏皇族后裔》,《齐鲁珠坛》1996 年第 6 期。

焦进文、张唤书:《〈龙祠乡约〉中原地区最早的乡规民约》,载《龙乡寻根》,河南教育出版社,1996 年。

白滨:《西夏遗民述论》,载《民大史学》(第 2 辑),民族出版社,1997 年。

史金波、白滨、聂鸿音:《西夏后裔考论》,载《辽金西夏史研究》,天津古籍出版社，1997年。

李培业：《西夏皇族后裔再考——西夏李氏世谱研究之二》，《西羌文化》1997年第1期。

朱玉麒：《元代党项羌作家余阙生平及创作初探》，《民族文学研究》1997年第1期。

任崇岳：《河南省少数民族的来源与姓氏》，《天中学刊》1997年第1期。

黄振华：《西夏龙（洛）族试考——兼谈西夏遗民南迁及其他》，《中国藏学》1998年第4期。

池田功："木雅语语音结构的几个问题"《内陆ァジァ言语の研究》第13号，1998年。

刘浦江：《关于契丹、党项与女真遗裔问题》，《大陆杂志》（台湾）1998年第6期。

牛达生：《西藏的西夏遗民》，《宁夏日报》1999年8月13日。

李清凌：《从〈述善集〉看河南濮阳西夏遗民的族属与汉化》，《固原师专学报》2000年第4期。

胡小鹏：《元朝统治下的西夏故地》，《西北师大学报》2000年第6期。

杨富学：《〈祖遗契券志〉——元代西夏遗民整理家藏契券档案的记录》，《档案》2000年第6期。

朱绍侯：《试论述善集的学术价值》，《史学月刊》2000年第4期。

朱绍侯：《述善集选注（二篇）》，《史学月刊》2000年第4期。

朵舜年：《西夏宰相斡道冲及其子孙的足迹》，《宁夏社会科学》2000年第4期。

考古：《寻找被遗忘的王朝》，《民族论坛》2000年第2期。

陈高华：《关于〈述善集〉有关内容的补遗和讨论（二则）读〈述善集〉选注（两篇）》，《史学月刊》2001年第3期。

杨富学、焦进文：《河南濮阳新发现的元末西夏遗民乡约》，《宁夏社会科学》2001年第5期。

朱绍侯：《元代西夏遗民研究的新成果——〈述善集〉研究论文集序》，《固原师专学报》2001年第4期。

杨富学：《元代西夏遗民文献〈唐兀公碑〉校释》，《甘肃民族研究》2001年第1期。

杨富学：《崇义书院史料辑注——元代西夏遗民兴学档案之一》，载《中国北方民族历史文化论稿》，甘肃人民出版社，2001年。

杨富学：《元政府护持学校文告二件——元代西夏遗民兴学档案之一》，《档案》2001 年第 2 期。

陈高华:《〈述善集〉碑传二篇所见元代探马赤军户》,载《庆祝何兹全先生九十岁论文集》,北京师范大学出版社,2001 年。

杨富学:《元代西夏遗民〈龙祠乡约〉探析》,载《中国北方民族历史文化论稿》,甘肃人民出版社,2001 年。

武勇:《四川发现西夏后裔》,《人民日报》(海外版)2001 年 5 月 10 日。

李范文:《国内首次发现西夏国相斡道冲的家谱和后裔》,《银川晚报》2001 年 11 月 15 日。

王天顺:《党项唐兀氏后裔徙居濮阳的时代背景及其家族在元代的社会地位》,《述善集研究论集》,甘肃人民出版社,2001 年。

张迎胜:《杨氏家族婚姻关系刍议——〈述善集〉管窥》,《述善集研究论集》,甘肃人民出版社,2001 年。

张迎胜:《家族文化的灿烂奇葩——杨氏家族教育刍议》,《述善集研究论集》,甘肃人民出版社,2001 年。

白滨:《元代唐兀氏与西夏遗民》,《述善集研究论集》,甘肃人民出版社,2001 年。

刘巧云:《〈述善集〉的学术价值刍议》,《述善集研究论集》,甘肃人民出版社,2001 年。

刘坤太:《元代唐兀杨氏〈述善集·龙祠乡约〉的伦理学探析》,《述善集研究论文集》,甘肃人民出版社,2001 年。

杨富学:《〈述善集〉与西夏遗民研究专题论著索引》,《述善集研究论文集》,甘肃人民出版社,2001 年。

池内功:"河南における元代非汉族诸族军人の家系",松天孝一编:《碑刻史料の的分析によるモンゴル帝国·元朝の政治·经济システムの基础的研究》,2002 年。

李范文、杨慎德:《寻访西夏国相斡道冲的后裔》,《宁夏画报》2002 年 2 月 20 日。

聂鸿音:《河西译语探析》,《宁夏大学学报》2002 年第 1 期。

段莉萍:《论羌族作家余阙对元代文论的贡献》,《西南民族学院学报》2002 年第 6 期。

杨富学:《〈述善集〉与西夏遗民研究》,《宁夏大学学报》2003 年第 1 期。

任崇岳:《西夏遗民何处寻》,《寻根》2003 年第 5 期。

汤开建:《增补〈元代西夏人物表〉,载《暨南史学》(第 2 辑),暨南大学出版社,2003 年。

孟楠:《略论元代的察罕及其家族》,《内蒙古大学学报》2003 年第 3 期。

唐荣尧:《西夏人到哪儿去了?》,《银川晚报》2003 年 12 月 24 日。

敖特根:《西夏沙州守将昔里钤部》,《敦煌学辑刊》2004 年第 1 期。

李蔚:《蒙元时期党项人物事迹述评》,《固原师专学报》2004 年第 4 期。

蔡家艺:《辽宋金夏境内的沙陀族遗民》,《民族研究》2004 年第 5 期。

杨富学:《二十世纪西夏遗民研究》,载《二十世纪西夏学》,宁夏人民出版社,2004 年。

石坤:《从黑水城出土汉文文书看元亦集乃路的西夏遗民》,《敦煌学辑刊》2005 年第 2 期。

秦永章:《元代甘宁青地区的民族杂居与民族融合》,《中央民族大学学报》2005 年第 3 期。

任崇岳:《元代中原地区的民族融合》,中州学刊 2005 年第 5 期。

王菡:《元代杭州刊刻大藏经与西夏的关系》,《文献》2005 年第 1 期。

魏红梅:《论余阙散文的儒家情怀》,《德州学院学报》2005 年第 2 期。

李吉和:《元代西夏遗民文献〈述善集〉校注述评》,《西夏学(第一辑)》,宁夏人民出版社,2006 年。

朱巧云:《关于述善集所收张以宁诗文的几个问题》,《宁夏大学学报》2006 年第 5 期。

李璟:《对木雅藏族的民族学与历史学考察》,四川大学硕士论文,2006 年。

崔红芬、文志勇:《西夏的灭亡及西夏佛教对蒙元时期河西地区的影响》,《敦煌学辑刊》2006 年第 1 期。

张文澍:《英雄歧路,末世悲歌——论元末西域作家余阙》,《民族文学研究》2006 年第 4 期。

云国霞:《余阙革章论简述》,《民族文学研究》2006 年第 2 期。

陈高华:《再论河西僧人杨琏真加》,《中华文史论丛》2006 年第 2 期。

魏红梅:《余阙生平论考》,《潍坊学院学报》2006 年第 1 期。

白滨:《元代西夏一行慧觉法师辑汉文〈华严忏仪〉补释》,《西夏学(第一辑)》,宁夏人民出版社,2006 年。

陆宁:《唐兀人察罕家族研究》,《宁夏大学学报》2007 年第 6 期。

梁松涛:《河西老索神道碑铭考释》,《民族研究》2007 年第 2 期。

殷晓燕:《论党项羌人王翰及其诗歌创作》,《中央民族大学学报》2007 年第 2 期。

彭茵:《不负科名:元末文人余阙述略——兼论元代少数民族文人群体出现的土壤》,《南京社会科学》2007 年第 8 期。

刘成群:《保定西夏文石幢之谜破解》,《河北日报》2007 年 6 月 21 日(第 11 版)。

查洪德、刘嘉伟:《理学视域下的元代色目文学家余阙》,《长春工程学院学报》2007 年第 4 期。

彭向前:《西夏遗民初到保定时间考》,《保定学院学报》2008 年第 1 期。

魏淑霞:《元代的西夏遗民——斡氏家族》,《西北第二民族学院学报》2008 年第 2 期。

陈旭:《吸收与融合——元代西夏遗民社会地位及其民族融合的历史考察》,《西北第二民族学院学报》2008 年第 2 期。

牛亚丽:《元初河西僧人简论》,《重庆工学院学报》2008 年第 2 期。

王颋:《元唐兀人刘伯温的家世与仕履》,《西北第二民族学院学报》2008 年第 6 期。

徐悦:《蒙元时期西夏遗民高氏及其后裔》,《宁夏大学学报》2008 年第 3 期。

邱强:《余阙在婺州的文化活动考略》,《民族文学研究》2008 年第 1 期。

王忠阁:《王翰的诗与元明之际的社会变迁》,《宁夏社会科学》2008 年第 6 期。

问永宁:《元代西夏遗民文献〈述善集〉校注标点献疑》,《社科纵横》2009 年第 6 期。

杨浣:《平乐府学记考释——兼论元末西夏遗裔也儿吉尼在广西的政绩》,《北方民族大学学报》2009 年第 5 期。

陈育宁、汤晓芳:《元代刻印西夏文佛经版画及艺术特征》,《宁夏社会科学》2009 年第 3 期。

王颋:《元代大名路达鲁花赤唐兀人昔李氏世系考》,《北方民族大学学报》2009 年第 1 期。

王颋、刘文飞:《唐兀人余阙的生平和作品》,《北方民族大学学报》2009 年第 5 期。

张沛之:《元代色目人家族的文化倾向——以唐兀昔里氏为例》,《历史教学》2009 年第 3 期。

钱汝平:《杨琏真伽发陵与宋末越中遗民诗社》,《绍兴文理学院学报》2009 年第 3 期。

段玉泉:《元刊西夏文大藏经的几个问题》,《文献》2009 年第 1 期。

胡若飞:《从〈述善集〉匾额看河南濮阳西夏遗民的家族文化》,《西夏研究》2010 年第 4 期。

刘成群:《玉山雅集与党项遗裔昂吉的创作》,《西夏学(第六辑)》,上海古籍出版社，2010 年。

张春海：《西夏后裔今何在》，《中国社会科学报》2010 年 12 月 14 日。

唐荣尧：《鄂托克草原上的唐古特》，《银川晚报》2010 年 6 月 25 日。

崔红芬：《僧人“慧觉”考略——兼谈西夏的华严信仰》，《世界宗教研究》2010 年第 4 期。

钟焓：《从“海内汗”到转轮王——回鹘文〈大元肃州路也可达鲁花赤世袭之碑〉中的元朝皇帝称衔考释》，《民族研究》2010 年第 6 期。

何晓玲：《消逝的党项族》，《浙江林业》2010 年第 5 期。

李杨：《保定西夏文经幢〈尊圣陀罗尼〉复原与研究》，《宁夏社会科学》2010 年第 5 期。

邱强：《唐兀氏诗人余阙的授徒及其影响》，《浙江社会科学》2010 年第 6 期。

赖天兵：《关于元代设于江淮/江浙的释教都总统所》，《世界宗教研究》2010 年第 1 期。

陈广恩：《元唐兀高氏家族考略》，《元史及民族与边疆研究集刊》第 22 集，上海古籍出版社，2010 年。

李灿、侯浩然：《西夏遗僧一行慧觉生平、著述新探》，《西夏学（第六辑）》，上海古籍出版社，2010 年。

刘成群：《玉山雅集与党项遗裔昂吉的创作》，《西夏学（第六辑）》，上海古籍出版社，2010 年。

孙继民、宋坤：《元代西夏遗民踪迹的新发现——元〈重修鹿泉神应庙碑〉考释》，《宁夏社会科学》2011 年第 2 期。

崔红芬：《泉州清源山三世佛造像记考论》，《民族研究》2011 年第 3 期。

李蔚：《西夏历史与文化》，《西夏研究》2011 年第 2 期。

王力春：《元人沙剌班考》，《北方论丛》2011 年第 3 期。

彭向前、杨浣：《保定出土明代西夏文石幢名称考》，《宁夏社会科学》2011 年第 4 期。

马云：《浅谈西夏后裔高智耀和察罕家族的汉化及成因》，山东大学硕士论文，2011 年。

孔庆利：《浅谈余阙的诗人风骨》，《大众文艺》2011 年第 9 期。

黄顺义：《蒙元西夏遗民唐兀崇喜及其家族历史文化变迁散论》，郑州大学硕士论文，2011 年。

魏红梅：《从交游对象看余阙的交游特点》，《山西财经大学学报》2012 年第 4 期。

李娜：《元代江南地区西夏人的社会活动》，西北师范大学硕士论文，2012 年。

狄重光:《杨髡发陵起因考》,《枣庄学院学报》2012 年第 4 期。

赖天兵:《元代杭州永福寺、〈普宁藏〉扉画与杨琏真伽及其肖像》,《中国藏学》2012 年第 1 期。

卢英振:《镇南塔与杨琏真珈》,《绍兴文理学院学报》2012 年第 1 期。

王泽:《论西夏党项遗裔进入中原的时间》,《河南社会科学》2012 年第 11 期。

朱建路、刘佳:《元代唐兀人李爱鲁墓志考释》,《民族研究》2012 年第 3 期。

高辉、于光建:《元〈敏公讲主江南求法功德碑〉考释》,《西夏研究》2012 年第 3 期。

王丽莺、杨浣、马升林:《夏尔巴人族源问题再探》,《四川民族学院学报》2012 年第 2 期。

刘晓:《高智耀卒年考证产生的相关问题——兼与赵华富诸先生商榷》,《隋唐辽宋金元史论丛》,上海古籍出版社,2012 年。

王泽:《谈〈唐兀公碑〉的族属问题》,《中原文物》2012 年第 6 期。

史金波:《西夏的汉族和党项民族的汉化》,《中南民族大学学报》2013 年第 1 期。

魏嘉媛:《余阙及其诗文研究》,西北师范大学硕士论文,2013 年。

宋晓云:《余阙的"河西情结"——读〈送归彦温赴河西廉使序〉》,《中央民族大学学报》2013 年第 6 期。

李玉年:《论元代余阙〈合肥修城记〉的地方历史文献价值》,《合肥学院学报》2013 年第 5 期。

魏红梅:《余阙对戴良诗风与人生价值取向的影响》,《芒忠》2013 年第 11 期。

邱树森、陈广恩:《元唐兀人星吉生平考论》,《西夏研究》2013 年第 1 期。

段海蓉:《元代海道都漕运万户西域唐兀人黄头事迹考》,《新疆大学学报》2013 年第 1 期。

邓文韬:《元代西夏遗民进士补考》,《西夏研究》2013 年第 3 期。

张琰玲、孙颖慧:《元代西夏女性遗民人物史料整理与研究》,《图书馆理论与实践》2013 年第 10 期。

王君、杨富学:《〈龙祠乡约〉所见元末西夏遗民的乡村建设》,《宁夏社会科学》2013 年第 1 期。

袁宗刚:《望国孤忠徒自愤,持身直道更何求——王翰遗民心态初探》,《重庆师范大学学报》2013 年第 6 期。

翟丽萍:《元代〈故漕运同知粘合公妻逸的氏墓志铭〉考释》,《北方民族大学学报》2013 年第 5 期。

钟焓:《晚期蒙古编年史所见唐兀惕哈屯形象及事迹的来源考析》,《民族研究》2013年第6期。

史金波:《河北邯郸大名出土小李钤部公墓志刍议》,《河北学刊》2014年第4期。

朱建路:《元代〈宣差大名路达鲁花赤小李钤部公墓志〉考释》,《民族研究》2014年第6期。

刘广瑞、朱建路:《大名新出夏汉文合璧墓志铭的价值和意义》,《光明日报》2014年5月21日。

刘广瑞:《河北新出西夏文墓志铭简释》,《西夏研究》2014年第3期。

周春江:《余阙及其〈青阳集〉研究》,安徽大学硕士论文,2014年。

邓文韬:《元代西夏遗民研究》,宁夏大学硕士论文,2014年。

张琰玲:《宁夏旧志西夏遗民史料整理与研究》,《民族图书馆学研究(七)》,辽宁民族出版社,2014年。

刘嘉伟:《西夏诗人余阙之诗风及成因》,《西夏研究》2014年第4期。

刘广瑞:《西夏遗民在河北——"元代夏汉文合璧墓志铭学术研讨会"在邯郸召开》,《西夏研究》2014年第2期。

周峰:《元代西夏遗民杨朵儿只父子事迹考述》,《民族研究》2014年第3期。

李玉年:《论余阙〈青阳集〉的合肥地方历史文献价值》,《合肥学院学报》2014年第6期。

崔红芬:《元代杨琏真伽佛事活动考略》,《西部蒙古论坛》2015年第4期。

孙少飞:《试论忽必烈、杨琏真加与江南佛教》,《浙江理工大学学报》2015年第5期。

邓文韬:《元代唐兀怯薛考论》,《西夏研究》2015年第2期。

邓文韬:《蒙元时期西夏遗民人物补表》,《西夏学(第十一辑)》,上海古籍出版社,2015年。

赵生泉:《〈元代唐兀人李爱鲁墓志考释〉补正》,《宁夏社会科学》2015年第4期。

邓如萍:《昔里钤部及沙陀后裔的神话:宗谱的忧虑与元代家族史》,《西夏研究》2015年第4期。

高仁、邓文韬:《唐兀人余阙盱眙题诗考释》,《淮阴师范学院学报》2015年第5期。

周峰:《元代西夏遗民买住的两通德政碑》,《西夏学(第十一辑)》,上海古籍出版社,2015年。

葛小禾:《〈全元诗〉余阙诗补遗》,《芜湖职业技术学院学报》2015年第4期。

刘志月、邓文韬:《元代西夏遗民著述篇目考》,《西夏研究》2016年第2期。

邓文韬:《元代西夏遗裔三旦八事迹考》,《宁夏社会科学》2016 年第 4 期。

张琰玲:《昔李钤部家族研究述论》,《西夏研究》2016 年第 4 期。

朱建路:《元代唐兀人李爱鲁墓志释补》,《宁夏社会科学》2016 年第 1 期。

聂鸿音:《元代僧人沙啰巴名字补证》,《徐州工程学院学报》2016 年第 1 期。

杨富学:《莫高窟第 61 窟甬道为元代西夏遗民营建说》,《西夏学》2017 年第 2 期。

刘志月:《元代西夏遗民李朵儿赤事迹考论》,《西夏研究》2017 年第 3 期。

邓文韬:《元代唐兀人研究》,宁夏大学博士论文,2017 年。

杨富学,胡蓉:《从〈述善集〉看宋元理学对濮阳西夏遗民的影响》,《西北师大学报(社会科学版)》2017 年第 3 期。

杜建录,邓文韬:《安徽歙县贞白里牌坊始建年代考——兼考西夏遗民余阙佥宪浙东道期间的史迹》,《宁夏社会科学》2017 年第 1 期。

邓文韬:《元代西夏遗裔婚姻若干问题补释》,《西夏研究》2017 年第 4 期。

刘志月:《元代西夏遗民理学世家考论——以〈师氏先茔碑铭并序〉为中心》,《西夏学》2018 年第 2 期。

任建敏:《西夏遗民也儿吉尼与元末广西行省的设置与维持》,《西夏学》2018 年第 1 期。

张琰玲:《百年西夏遗民研究综述》,《西夏研究》2018 年第 3 期。

和树苗:《敦煌社邑与少数民族社会组织的比较——以西夏遗民、侗族、土族以及维吾尔族为例》,南京师范大学硕士论文,2018 年。

胡蓉:《〈述善集〉多族士人圈及其文化倾向》,《西夏研究》2018 年第 1 期。

王海玉:《大元肃州路乜可达鲁花赤世袭之碑刍议》,《文物鉴定与鉴赏》2018 年第 14 期。

多洛肯:《民汉文化交融中的元代唐兀氏文人群体》,《新疆大学学报(哲学·人文社会科学版)》2018 年第 1 期。

邓文韬:《一件未刊布的黑水城出土元代借钱契考释》,《西夏研究》2019 年第 1 期。

胡蓉:《元末西夏遗民诗人王翰与东南文化》,《西北民族大学学报(哲学社会科学版)》2019 年第 2 期。